HERVÉ RYSSEN

PLANETARISCHE
HOFFNUNGEN

OMNIA VERITAS.

Hervé Ryssen

Hervé Ryssen (Frankreich) ist Historiker und ein umfassender Erforscher der jüdischen Geisteswelt. Er ist Autor von zwölf Büchern und mehreren Videodokumentationen über die Judenfrage. Im Jahr 2005 veröffentlichte er *Planetarische Hoffnungen*, ein Buch, in dem er die religiösen Ursprünge des globalistischen Projekts aufzeigt. *Psychoanalyse des Judentums*, veröffentlicht im Jahr 2006, zeigt, wie das intellektuelle Judentum alle Symptome einer hysterischen Pathologie aufweist. Es handelt sich nicht um eine „göttliche Wahl", sondern um die Manifestation einer Störung, die ihren Ursprung in der Praxis des Inzests hat. Freud hatte sich mit dieser Frage geduldig auseinandergesetzt, indem er sich auf die Beobachtungen in seiner eigenen Gemeinschaft stützte.

Frankreich ist die Heimat einer der größten jüdischen Gemeinden in der Diaspora mit einem sehr intensiven kulturellen und intellektuellen Leben. Hervé Ryssen konnte sein umfangreiches Werk auf der Grundlage zahlreicher internationaler und französischer historischer und zeitgenössischer Quellen entwickeln.

Planetarische Hoffnungen

Les espérances planétariennes, Levallois-Perret, *Baskerville, 2005.*

Übersetzt und herausgegeben von
Omnia Veritas Limited

⦰MNIA VERITAS®

www.omnia-veritas.com

© Omnia Veritas Limited - Hervé Ryssen - 2023

Anmerkung: Alle Fußnoten, die der Autor in diesem Buch zitiert, stammen aus Büchern, die zwischen 2003 und 2005 in drei Pariser Stadtbibliotheken eingesehen wurden.

D er Gedanke an eine Welt ohne Grenzen und an eine endlich geeinte Menschheit ist gewiss nicht neu. Das Neue am Beginn des dritten Jahrtausends ist, dass die Menschen im Westen zum ersten Mal in ihrer Geschichte das Gefühl haben, dass sich die gesamte Menschheit auf diesen Weg begeben hat. Der Fall der Berliner Mauer im Jahr 1989 und der Zusammenbruch des Sowjetblocks waren zweifellos wichtige Faktoren für die Verwirklichung der weltweiten Einigung und die Beschleunigung des Prozesses am Ende des 20. In diesen Jahren wurde die so genannte „Mundialisierung oder Globalisierung[1]" immer wieder diskutiert. Der Sieg der Demokratie über den Kommunismus schien die Tür zu einer neuen Ära, zu einer „Neuen Weltordnung", geöffnet zu haben und alle Nationen auf einen unvermeidlichen planetarischen Zusammenschluss vorzubereiten.

Die bipolare Welt, die das kurze 20. Jahrhundert (1914-1991) geprägt hatte, wich vorübergehend einer von der amerikanischen „Supermacht" beherrschten Welt, aber vor allem schien sich die Demokratie auf allen Kontinenten durchzusetzen und der Menschheit die Garantie für eine bessere Welt zu bieten, so dass manche bereits vom „Ende der Geschichte" sprachen: Konsumgesellschaft und Handel würden die Imperialismen und den Kriegstrieb ersetzen, die bisher das Schicksal der Menschheit geprägt hatten. In einem neuen Geist der Zusammenarbeit würden die Nationen enger zusammenrücken und sich bald zu einer Weltrepublik zusammenschließen, dem einzigen Garanten für den weltweiten Frieden.

Das „Ende der Geschichte", das 1992 mit dem Triumph der Demokratie vorausgesagt wurde, schien jedoch nach dem Fall der beiden Türme des World Trade Centers am 11. September 2001 nicht

---

[1]Die beiden Begriffe sind praktisch gleichwertig. In der französischsprachigen Welt ist der Begriff „Globalisierung" der gebräuchlichere (Anm. d. Übersetzers, im Folgenden).

mehr auf der Tagesordnung zu stehen. Doch anstatt den Vormarsch des demokratischen Ideals aufzuhalten, schien es im Gegenteil, dass dieses spektakuläre Ereignis den Lauf der Geschichte noch beschleunigte. Die Maschinerie lief aus dem Ruder, und die westlichen Demokratien nutzten das Trauma, um ihren Einfluss auszuweiten und ihren Willen mit neuem Elan durchzusetzen. Die Vereinigten Staaten drängten sich der Welt durch ihre Diplomatie, ihre Streitkräfte und ihre ständigen versteckten Manöver auf, die immer zu „großen demokratischen Revolutionen" in armen Ländern führten, mit roten T-Shirts für die Menge und einem weltweiten Medientriumph für den glücklichen Gewinner, während sich die europäischen Nationen schnell in ein großes und zunehmend multiethnisches Ganzes auflösten, mit vagen Umrissen, die vorwegnahmen, wie die Welt von morgen sein sollte: ohne Rassen und ohne Grenzen.

Die Westler, die auf die Einführung eines demokratischen Regimes in allen Ländern der Welt drängen, bestehen auch auf der absoluten Notwendigkeit der Achtung von Minderheiten und der Aufnahme von Flüchtlingen, so dass die Demokratie nur als ein „multikulturelles, multiethnisches und multirassisches" Ganzes konzipiert werden kann. Der geplante Zusammenschluss der Nationen der Welt beinhaltet, wie wir sehen können, die Schaffung „pluraler" Gesellschaften im Rahmen der parlamentarischen Demokratie. Die beiden Konzepte sind nun untrennbar miteinander verbunden. Das scheint der Bauplan dieser grandiosen Globalisierungsprojekte zu sein, die wiederum Produkte des westlichen Denkens und Wollens sind.

Die Welt von gestern, die wir „bipolar" nannten, war bereits hauptsächlich eine westliche Vision. Viele Länder Asiens, Afrikas und Südamerikas waren von unseren ideologischen Kämpfen betroffen und mussten sich auf die Seite Moskaus oder Washingtons stellen, obwohl die überwiegende Mehrheit dieser Bevölkerungen ihre angestammte Lebensweise bewahrt und das ganze Jahrhundert hindurch auf traditionelle Weise gelebt hatte, ohne zwischen dem marxistischen System und der Marktwirtschaft wählen zu müssen. Nach dem Zweiten Weltkrieg wurde es üblich, diese Länder unter dem Oberbegriff „Dritte Welt" zusammenzufassen, im Sinne von „Dritte Welt[2]." Und gerade diese dritte Welt hatte wenig Interesse an den ideologischen

---

[2]Der Begriff änderte seine Bedeutung und wurde später als Bezeichnung für arme Länder verwendet, die damals gemeinhin als „unterentwickelte Länder" bezeichnet wurden. In den 1990er Jahren wurde die „politisch korrektere" Bezeichnung „Entwicklungsländer" oder „Länder des Südens" bevorzugt.

Auseinandersetzungen, die das westliche Denken hervorbringt. Vermeiden wir also die Sünde des Westernismus.

Ist das Konzept der „Globalisierung" heute mehr gerechtfertigt? Der Begriff ist in erster Linie ein wirtschaftliches Phänomen. Die Vervielfachung des wirtschaftlichen Austauschs, die Entwicklung eines globalen Finanzkapitalismus, die Verlagerung von Unternehmen und das Aufkommen neuer Kommunikations- und Informationstechnologien haben die Volkswirtschaften der Welt einander näher gebracht und ihre gegenseitige Abhängigkeit verstärkt. Aus dieser wirtschaftlichen Perspektive kann man zu Recht von „Globalisierung" sprechen. Dies scheint die Fortsetzung eines langen Prozesses zu sein, der im 16. Jahrhundert mit der Entdeckung neuer Kontinente begann und sich mit der Verwestlichung der Welt bis ins 19. Jahrhundert mit der Kolonisierung Afrikas und Asiens, aber auch mit der Besiedlung Nordamerikas und Ozeaniens fortsetzte. Die Globalisierung der Ideen (Darwin, Sozialismus, Liberalismus) hatte Europas Hegemonie über die Welt vor 1914 vervollständigt, eine Hegemonie, die es nach zwei Kriegen, die ebenfalls globalisiert wurden, weitgehend verlieren sollte.

Wir sollten jedoch nicht glauben, dass die Entwicklung der Volkswirtschaften der Welt hin zu einer größeren Einheit ein regelmäßiger, kontinuierlicher und zwangsläufig unaufhaltsamer Prozess ist. Wirtschaftswissenschaftler sind sich einig, dass die Welt heute nicht offener ist als vor dem Ersten Weltkrieg. Im Jahr 1991 war das relative Niveau der Kapitalexporte niedriger als im Jahr 1915[3]. Was die multinationalen Unternehmen betrifft, so sind die meisten immer noch von ihren nationalen Wurzeln abhängig. Globale Unternehmen lassen sich nach wie vor an einer Hand abzählen. Für George Soros - den berühmten internationalen Spekulanten - fand die Entstehung eines wirklich globalen Kapitalismus in den 1970er Jahren statt. 1973 erhöhten die in der OPEC (Organisation erdölexportierender Länder) zusammengeschlossenen erdölfördernden Länder zum ersten Mal den Preis pro Barrel: „Die Erdölexporteure erfreuten sich plötzlicher und großer Überschüsse, während die erdölimportierenden Länder große Defizite finanzieren mussten. Die Verantwortung für die Wiederverwendung der Gelder lag bei den Geschäftsbanken, die von den westlichen Regierungen hinter den Kulissen unterstützt wurden.

---

[3]Elie Cohen, *Mondialisation et souveraineté*, Le Débat, November-Dezember 1997, S. 24-27.

Der Eurodollar wurde erfunden und große Offshore-Märkte entstanden[4]."

Aber der diffuse Sinn der Globalisierung ist noch viel jünger. Mitte der 1990er Jahre begannen die Europäer verwirrt zu spüren, dass die ganze Welt in eine beschleunigte Phase der globalen Einigung eingetreten war. Die zahlreichen Verlagerungen von Unternehmen in arbeitsintensive Niedriglohnländer und die daraus resultierenden Arbeitsplatzverluste heizten die Debatte regelmäßig an. Darüber hinaus könnten wir hinzufügen, dass die Popularisierung des Flugverkehrs, die Entwicklung des Tourismus und die Migrationsströme die Idee verstärkten, dass die Welt zu einem „globalen Dorf" geworden ist. Aber das ist nur ein Bild, denn während die Bauern von einst zwei- oder dreimal am Tag mit dem Karren oder auf dem Rücken eines Esels ihre Dörfer durchquerten, muss man zugeben, dass nur eine winzige Minderheit der Menschen auf dieser Erde regelmäßig internationale Flughäfen aufsucht. Die überwiegende Mehrheit der Menschheit ist immer noch in ihrem zivilisatorischen Bereich verankert, sogar in ihrer eigenen Heimatstadt. Die Möglichkeiten, die uns die Internettechnologie bietet, haben uns also keine neuen Freunde auf der anderen Seite des Planeten gebracht. Das fragliche „globale Dorf" ist keineswegs eine Realität, sondern eine Perspektive, eine mobilisierende Utopie, und genau das ist die ideologische Dimension, die die westliche Welt unserer Zeit kennzeichnet.

Die wirtschaftliche Globalisierung, von der wir in den letzten zehn Jahren so viel gehört haben, ist nicht der primäre Faktor für dieses planetarische Bewusstsein in der Projektphase. Globalisierung", wie die Engländer sagen, ist nicht nur ein wirtschaftliches Phänomen, das wir zur Kenntnis nehmen, sondern eine stille Sehnsucht, die Völker der Erde zu einem Ganzen zu verschmelzen, Grenzen abzuschaffen und eine Weltregierung zu errichten. Unsere gesamte Philosophie führt uns auf diesen Weg: Die Liberalen fordern die Liberalisierung des Handels und die Übernahme des demokratischen Systems und der „offenen Gesellschaft" durch alle Völker der Welt, während ihre „Gegner", die so genannten „Altglobalisten", für die Öffnung der Grenzen für alle Migranten der Welt und für die Übertragung von immer mehr Macht an internationale Gremien eintreten, die angeblich in der Lage sind, die großen globalen Probleme zu lösen, wie die Bewältigung der ökologischen Herausforderungen, den „ungleichen Handel" zwischen

---

[4]Ein Finanzmarkt, der sich außerhalb seines Ursprungslandes entwickelt. George Soros, *La crisis del capitalismo global; La sociedad abierta en peligro*, Editorial Debate, Madrid, 1999, S. 139, 140.

dem „Norden" und dem „Süden", den Hunger und die Armut in der Welt. Aus dieser planetarischen Perspektive sehen wir, wie sich diese plurale, multiethnische und multikulturelle Gesellschaft vor unseren Augen aufbaut, die der notwendige und obligatorische Schritt auf dem Weg zu der von den westlichen Ideologen angestrebten großen universellen Brüderlichkeit ist. Nur so können die festgefahrenen traditionellen Gesellschaften, die das Haupthindernis für dieses Projekt darstellen, schrittweise aufgelöst werden. Durch das demokratische Spiel der Wahlen wird jede nationalistische Reaktion durch das wachsende Gewicht der verschiedenen Minderheiten im Verhältnis zur ehemaligen Mehrheit verhindert. Durch die Förderung der Rassenmischung werden die ethnischen Grundlagen der indigenen Völker untergraben und ihre Identitätsreflexe ausgehebelt. Andererseits hat die Einwanderung - legal oder illegal - für die Arbeitgeber den unschätzbaren Vorteil, dass sie ein unerschöpfliches Reservoir an billigen Arbeitskräften darstellt. Wie wir sehen können, ist die pluralistische Gesellschaft in dieser Hinsicht unvergleichlich effektiver als die sowjetische Gesellschaft, die nach siebzig Jahren kommunistischer Erfahrung ihre Grenzen aufzeigte, obwohl ihre philosophischen Prinzipien ursprünglich genau die gleichen waren, die der liberalen Gesellschaft heute zugrunde liegen, nämlich die Achtung der menschlichen Person und die planetarische Brüderlichkeit.

Der Aufbau pluralistischer Gesellschaften in Europa ist unbestreitbar das wichtigste Phänomen des ausgehenden 20. Jahrhunderts, wenn nicht sogar der gesamten europäischen Geschichte der letzten 3000 Jahre. Die Tatsache, dass die Völker des Westens als einzige diesen Weg eingeschlagen haben, ist durchaus symptomatisch für den Fortschritt der planetarischen Idee in den westlichen Köpfen in den letzten Jahrzehnten. Die Welt, in der wir heute in den großen französischen Städten leben, ist nicht mehr dieselbe wie vor zwanzig Jahren: Die multiethnische Gesellschaft nimmt vor unseren Augen auf erstaunliche Weise Gestalt an, ohne dass dies mit den jüngsten wirtschaftlichen Veränderungen in Zusammenhang steht. Japan zum Beispiel, dessen Wirtschaft genauso globalisiert ist wie die unsere, ist nicht von diesem ideologischen Sog erfasst worden. Es handelt sich nämlich nicht um ein natürliches Phänomen, sondern um die Verwirklichung eines politischen Ziels, das für das westliche Denken sehr charakteristisch ist.

Diese planetarischen Hoffnungen, die so tief in die Köpfe der Menschen im Westen eingedrungen sind, sind nicht plötzlich mit dem

Fall der Berliner Mauer und dem Sieg der Demokratien aufgetaucht, obwohl sie sie sicherlich kräftig beflügelt haben. Ein Intellektueller wie Jean-François Revel, der 1983 noch das Verschwinden unserer Demokratien, „kurze und prekäre Klammern auf der Oberfläche der Geschichte" und den „wahrscheinlichen, um nicht zu sagen unausweichlichen" Sieg des Kommunismus voraussagte, kann uns im Rückblick zum Schmunzeln bringen, wenn wir die schillernde Entwicklung der Welt in nur wenigen Jahren betrachten. Sein Pessimismus lässt sich zwar durch die damalige Situation erklären: die Stagnation des afghanischen Widerstands gegen die UdSSR, das Wiederaufleben der Repression in Polen und die Selbstgefälligkeit der westlichen Regierungen[5]. Zehn Jahre später verkündete Francis Fukuyama in seinem 1992 veröffentlichten und weltweit übersetzten Essay *Das Ende der Geschichte und der letzte Mensch* den Triumph der liberalen Demokratien aus einer „globalistischen Perspektive[6]", wie es auf dem Umschlag heißt, und nichts weniger als „das Ende der Geschichte". Angesichts des Sieges der demokratischen Regime fast überall auf der Welt schrieb dieser amerikanische Autor: „Wenn sich die menschlichen Gesellschaften im Laufe der Jahrhunderte auf eine einzige Form der sozio-politischen Organisation, wie die liberale Demokratie, hinentwickeln oder sich ihr annähern, wenn es keine praktikablen Alternativen zur liberalen Demokratie zu geben scheint und wenn die Menschen, die in liberalen Demokratien leben, keine radikale Unzufriedenheit mit ihrem Leben zum Ausdruck bringen, können wir sagen, dass der Dialog zu einem endgültigen und definitiven Abschluss gekommen ist. Der historisch denkende Philosoph wird gezwungen sein, die Überlegenheit und Endgültigkeit der liberalen Demokratie zu akzeptieren, die er selbst proklamiert[7]. „Fukuyama zufolge muss der liberale Staat „universell" sein, obwohl der Autor damit nicht mehr meint als die Anerkennung, die jeder Staat allen seinen Bürgern ohne jegliche Diskriminierung gewährt. Nirgendwo in

---

[5]Jean-François Revel, *Comment les démocraties finissent*, Grasset, 1983.

[6]Wir ziehen es vor, den Begriff „Planetarier" zu verwenden, nicht um des Neologismus willen, der immer schwierig zu handhaben ist, besonders im Titel eines Werkes, sondern weil das Wort „mundialistisch" für uns einen ideologischen Aspekt zu haben scheint. Die Verwendung dieses Begriffs hat sich in den letzten Jahren geändert: Die radikale Linke, die sich bis 1998-99 als mundialistisch bezeichnete, behauptete dann, antiglobalistisch zu sein, und seit 2003 ist sie „alter-globalistisch". Das Banner der „Antiglobalisierung" wurde von den Nationalisten übernommen, und der Begriff „mundialistisch" scheint, zumindest in Frankreich, manchmal einen beleidigenden Beigeschmack zu haben.

[7]Francis Fukuyama, *El fin de la Historia y el último hombre*, Planeta, Barcelona, 1992, S. 199, 200.

seinem Essay hat er das Streben nach einem Weltstaat, einer Weltregierung, anklingen lassen, obwohl er davon ausging, dass internationale Institutionen die Geschicke der Menschheit leiten würden. Er stellte lediglich fest, dass „dieselben wirtschaftlichen Kräfte jetzt den Abbau der nationalen Schranken durch die Schaffung eines einzigen, integrierten Weltmarktes fördern", ohne jedoch die Möglichkeit der Zerstörung der Nationen und des Verschwindens der Staaten in Betracht zu ziehen. Nur der aggressive Nationalismus wird mit dem Sieg des liberalen Modells verschwinden müssen: „Die Tatsache, dass die politische Neutralisierung des Nationalismus vielleicht nicht in der jetzigen oder der nächsten Generation stattfindet, bedeutet nicht, dass sie nicht stattfinden wird[8]."

Dieses Ideal des universellen Friedens, das das demokratische Glaubensbekenntnis ebenso begleitet wie das kommunistische, wirft jedoch einige Fragen auf, denn „die Menschen werden gegen diese Idee rebellieren. Das heißt, sie werden gegen die Aussicht rebellieren, undifferenzierte Mitglieder des universellen und homogenen Staates zu werden, von denen jeder dem anderen gleicht, wo immer er sich auf dem Planeten befindet. „Dies war die einzige Passage in seinem 461 Seiten umfassenden Buch, in der die Möglichkeit eines Weltstaates angedeutet wurde, und es folgten sofort vernünftige Überlegungen über die „Langeweile", die eine solche Neue Weltordnung[9] mit sich bringen würde. Die neuen Weltbürger würden in der Tat das Gefühl haben, dass ein Leben im bloßen Konsumismus letztlich sehr „langweilig" sei; „sie werden Ideale haben wollen, für die sie leben und sterben können, und sie werden ihr Leben riskieren wollen, auch wenn es dem internationalen Staatensystem gelungen ist, die Möglichkeit eines Krieges abzuschaffen. „Die Studenten vom Mai 1968 zum Beispiel „hatten keinen rationalen Grund zu rebellieren, denn sie waren größtenteils verwöhnte Kinder einer der freiesten und wohlhabendsten Gesellschaften der Welt." Denn „das ist der Widerspruch, den die liberale Demokratie noch nicht gelöst hat[10]."Der Essay von Francis Fukuyama war letztlich recht klug; einige Intellektuelle, wie wir weiter

---

[8]Francis Fukuyama, *El fin de la Historia y el último hombre*, Planeta, Barcelona, 1992, S. 373.

[9]Der Ausdruck „Neue Weltordnung" stammt von US-Präsident George Bush Senior, der ihn in seiner Fernsehansprache bei der Vorbereitung der Bombardierung des Iraks von Saddam Hussein im Jahr 1991 mit besonderer Betonung aussprach. Die Neue Weltordnung sollte die Ära der Ost-West-Konfrontation nach dem Zusammenbruch des kommunistischen Systems ablösen.

[10]Francis Fukuyama, *El fin de la Historia y el último hombre*, Planeta, Barcelona, 1992, S. 419, 438.

unten sehen werden, bewegen sich viel kühner in dieser planetarischen Perspektive.

In jedem Fall sind diese Konzepte nicht neu; sie setzen in neuer Form die Ideen fort, die bereits von der Aufklärungsphilosophie des 18. Jahrhunderts dargelegt wurden. 1848 verkündete Tocqueville bereits, inspiriert von „einer ständigen Sorge und einem einzigen Gedanken: dem unwiderstehlichen und universellen Aufkommen der Demokratie in der Welt[11]. „Vor ihm hatte Kant, der einsame Philosoph, bereits 1784 die Auffassung vertreten, dass „ein kosmopolitischer Staat der öffentlichen Staatssicherheit geschaffen werden sollte, damit [die Staaten] sich nicht gegenseitig zerstören". Der Königsberger Philosoph hegte darüber hinaus „die Hoffnung, dass nach mehreren Umwälzungen der Umstrukturierung endlich das entstehen wird, was die Natur als höchste Absicht hat: ein universeller kosmopolitischer Staat, in dem sich alle ursprünglichen Anlagen der menschlichen Gattung entfalten werden[12]. „Die Menschen des 18. Jahrhunderts waren jedoch zu sehr mit Rassenvorurteilen behaftet, um sich die plurale, multiethnische und multikulturelle Gesellschaft vorstellen zu können, wie sie unsere planetarischen Philosophen verstehen. Die Wahrheit ist, dass die Anthropologie von Buffon, Maupertuis, Diderot, d'Alembert oder Voltaire für immer ein Tabuthema bleiben wird, mit dem man sich besser nicht befasst, wenn man diese großen Vorfahren im heiligen Pantheon der Demokratie behalten will.

Andererseits war in der Philosophie des Zeitalters der Aufklärung der Begriff „Humanität" in Mode, aber auch der Bezug auf die Nation war sehr häufig, und die beiden Begriffe wurden fast immer zusammen verwendet. Hingabe an die Menschheit und das Vaterland" war Teil der Phraseologie dieser Zeit. Außerdem hatte der Begriff „Menschheit" wahrscheinlich eine engere Bedeutung als heute, und in der Alltagssprache ging seine Bedeutung oft nicht weit über die des „Volkes" hinaus. Natürlich dachten die Philosophen dieser Zeit noch nicht konkret über die große universelle Verflechtung und das „globale Dorf" nach. Wir wissen, in welchem Maße die Männer der Französischen Revolution sowohl glühende Patrioten als auch Humanisten waren. Babeuf, Ahnherr des Sozialismus und glühender „Verteidiger des Vaterlandes", erklärte: „Nur uneigennützige Freunde der Menschheit und des Vaterlandes können eine wahre Republik

---

[11]Alexis de Tocqueville, *Die Demokratie in Amerika, Warnung vor der zwölften Auflage.*
[12]Immanuel Kant, *Idee zu einer Universalgeschichte im kosmopolitischen Schlüssel,* 1784, Universidad Nacional Autónoma de México, 2006, S. 54, 60.

gründen. „Obwohl die Philosophie ihres Kampfes humanistisch war, kümmerten sich die Soldaten des zweiten Revolutionsjahres nicht um die universelle Brüderlichkeit und waren mehr damit beschäftigt, die „tyrannischen" Regime Europas zu zerstören, als mit der Idee der Vereinigung der Völker. Die „Erklärung der Menschen- und Bürgerrechte" veranschaulicht dies sehr gut, denn sie enthält neben dem undifferenzierten „Menschen" auch den Begriff „Bürger": Mit anderen Worten, alle Franzosen waren nun rechtlich gleich, denn der Begriff „universal" wurde vor allem in diesem Sinne verstanden. So wurden Ausländer in der neuen Republik genau beobachtet.

Auch Francis Fukuyamas Idee vom „Ende der Geschichte" war nicht neu. Schon Hegel hatte die Geschichte als das unaufhaltsame Fortschreiten des Menschen zu den höchsten Höhen des Rationalismus und der Freiheit definiert. Dieser Prozess habe einen logischen Endpunkt im modernen liberalen Staat, der nach der amerikanischen Unabhängigkeitserklärung von 1776 und der französischen Revolution entstanden sei. Auch Marx teilte diesen Glauben an die Möglichkeit eines Endes der Geschichte.

Für die Marxisten würden auch die sozialen Klassen so unweigerlich verschwinden, wie sie sich einmal gebildet hatten, und der Staat selbst würde zur gleichen Zeit verschwinden. Friedrich Engels sagte: „Die Gesellschaft, die die Produktion auf der Grundlage einer freien Assoziation gleichberechtigter Produzenten neu organisiert, wird den gesamten Staatsapparat an seinen rechtmäßigen Platz schicken: ins Antiquitätenmuseum, neben das Spinnrad und die Bronzeaxt[13]. „Auch dabei war eine Übergangsphase der Diktatur unabdingbar: Das Proletariat wird die Staatsmacht ergreifen und die Produktionsmittel „provisorisch" in Staatseigentum überführen. Der kapitalistische Staatsapparat, die kapitalistische Polizei, der kapitalistische Funktionärsapparat, die kapitalistische Bürokratie werden durch den Machtapparat des Proletariats ersetzt werden, aber ohne die Klassengegensätze; so wird der proletarische Staat auf natürliche Weise aussterben.

Im Gegensatz zu anderen Formen des Sozialismus des 19. Jahrhunderts hatte der Marxsche Sozialismus einen starken universellen Anspruch. Der historische Prozess ziehe den Kapitalismus in Richtung Globalisierung und tendiere auf jeden Fall zur Errichtung eines Weltmarktes, auf dem die Grenzen verschwinden und die nationalen Unterschiede verschwinden würden. Die Proletarier könnten

---

[13]Friedrich Engels, *Der Ursprung der Familie, des Privateigentums und des Staates (IX Barbarei und Zivilisation)*, 1884

sich dann als abstrakte, ungebundene Individuen betrachten, was den großen Sprung in das klassenlose Paradies der kommunistischen Gesellschaft ermöglichen würde. Dieses universalisierte Proletariat ohne Nationalität würde dann zu einer Art universeller Nation werden, die auf den Ruinen der alten Nationen und Partikularismen errichtet wird.

In der Tat trat der zeitgenössische planetarische Messianismus zuerst mit dem Marxismus auf. Bucharins Worte über die bolschewistische Revolution von 1917 sind in dieser Hinsicht recht beredt: „Die neue Ära ist geboren. Die Epoche der Auflösung des Kapitalismus, seiner inneren Zersetzung, der kommunistischen Revolution des Proletariats (...) Sie wird die Herrschaft des Kapitals beugen, Kriege unmöglich machen, die Grenzen zwischen den Staaten auslöschen, die ganze Welt in eine Gemeinschaft verwandeln, die für sich selbst arbeitet, die Völker vereinigen und befreien[14]. „Dies waren die „Richtlinien der Kommunistischen Internationale", die von Bucharin selbst verfasst worden waren, wobei dem Leser die seltsamen Ähnlichkeiten mit den Worten der liberalen Denker aufgefallen sein dürften. Sie unterscheiden sich nur in ihren wirtschaftlichen Vorstellungen: Erstere dachten, dass die Kollektivierung das Proletariat von der Ausbeutung durch die Bourgeoisie befreien würde, während letztere das völlige Scheitern der kollektivierten Gesellschaft erkannten. Im Übrigen kann man nur mit Erstaunen feststellen, wie sehr die marxistischen Ziele denen der heutigen planetarischen Denker ähneln, bis hin zu ihrem Glauben an die Unausweichlichkeit der Einigung und das Ende der Geschichte. Die Welt entwickelt sich unweigerlich auf die Verwirklichung ihrer Bestimmung zu: den Prozess der endgültigen Einigung, den nichts auf der Welt verhindern kann. Dies ist ein wiederkehrender Gedanke im planetarischen Diskurs, und wir werden sehen, dass dieser unverrückbare Glaube stark mit einem religiösen Glauben verbunden ist.

Die Verbindung der Ansichten lässt sich auch leicht dadurch erklären, dass sie alle ihre Weltanschauung aus derselben Quelle schöpften - der Philosophie der Aufklärung -, die für marxistische Denker und vor allem für Liberale die obligatorische Referenz darstellt[15]. Es musste einfach aktualisiert und an die aktuellen

---

[14] Ernst Nolte, *The European Civil War, 1917-1945*, Fondo de cultura económica, Mexiko, 2001, S. 112, 113.

[15] In der Tat schöpfen sowohl der Marxismus als auch die klassische und neoklassische Wirtschaftsschule (die Liberalen) aus der Quelle der Aufklärung und ihres abstrakten, idealistischen und universellen Menschenbildes. Sie erheben den egoistischen und

Gegebenheiten angepasst werden. Im 19. Jahrhundert, mit der industriellen Revolution, war sie ein wenig verstaubt und schien nicht mehr in der Lage zu sein, die Arbeitermassen zu begeistern, die vor allem unter der liberalen bürgerlichen Gesellschaft gelitten hatten, oder die europäische Jugend, die im Laufe des Jahrhunderts ihre nationalen Befreiungsrevolutionen in Europa durchgeführt hatte und nun den Sturz der „gemeinen Bourgeoisie" anstrebte. Der Marxismus würde also die universelle Brüderlichkeit und die soziale Gleichheit ablösen, während der demokratische Geist im Patriotismus unterging und zum Ausbruch des Ersten Weltkriegs führte.

Aber wir sollten mit diesem Patriotismus nicht zu hart ins Gericht gehen. In der Tat ist es ein Patriotismus, dem man viel verzeihen kann, und unsere Intellektuellen empfinden heute noch ein gewisses Wohlwollen für den revanchistischen Enthusiasmus der Franzosen im Jahre 1914, denn dank des Blutes von einer Million vierhunderttausend Franzosen, die „für Frankreich getötet" wurden, konnten die preußische, österreichische, russische und osmanische Monarchie gestürzt und in ganz Europa demokratische Regime errichtet werden. Der Sturz der Monarchien und Reiche war das eigentliche Fest der Demokraten jener Zeit. Im Nachhinein betrachtet war die Elsass-Lothringen-Frage inmitten der gewaltigen Umwälzungen, die der europäische Konflikt mit sich brachte, nur ein sehr kleines Thema. Der Militarismus der Französischen Republik von 1914 wird daher von den Denkern des Planeten noch immer in Erinnerung gehalten und gefeiert, denn er war in erster Linie ein Militarismus, der in der Lage war, universelle Ideen denen aufzuzwingen, die sie noch nicht integriert hatten.

Genau das sagte uns der Historiker Michel Winock, der die patriotische Idee in einem planetarischen Sinn begriff, indem er zwischen einem „offenen Nationalismus, der aus der optimistischen Philosophie der Aufklärung und den Reminiszenzen an die Revolution stammt (z. B. bei Michelet[16], aber auch bei General De Gaulle), und einem geschlossenen Nationalismus, der auf einer pessimistischen Vision der historischen Entwicklung und der Idee der Dekadenz beruht", unterschied. Der offene Nationalismus", so Winock, „ist das

---

materialistischen *Homo oeconomicus* mit kosmopolitischer Berufung zu einer nicht reduzierbaren Kategorie. Dieser mächtigen Strömung, die auch heute noch vorherrscht, standen im 19. Jahrhundert die deutsche Romantik und die deutsche historizistische Wirtschaftsschule gegenüber (NdT).

[16] Einer der großen französischen Historiker des 19. Jahrhunderts, obwohl er in der zeitgenössischen Geschichtsschreibung seit Ende des 20. Als liberaler und antiklerikaler Politiker war er ein entschiedener Verfechter der Republik.

Kind einer jungen, expansiven und missionarischen Nation, die vom Glauben an den Fortschritt und die Brüderlichkeit der Völker geprägt ist. Es ist der Nationalismus „einer Nation, die von einer zivilisatorischen Mission durchdrungen ist, großzügig, gastfreundlich, solidarisch mit anderen Nationen im Aufbau, Verteidigerin der Unterdrückten, und die das Banner der Freiheit und Unabhängigkeit für alle Völker der Welt hochhält". „Im Gegenteil, der geschlossene Nationalismus ist ein „eingezäunter, ängstlicher und ausschließlicher Nationalismus, der die Nation dadurch definiert, dass er Eindringlinge ausschließt: Juden, Immigranten, Revolutionäre. „Dieser Nationalismus ist „eine kollektive Paranoia, die von der Obsession der Dekadenz und der Intrigen genährt wird". Dieser Nationalismus ist durchweg pessimistisch: „Frankreich ist vom Tod bedroht, von innen heraus untergraben durch seine parlamentarischen Institutionen, durch wirtschaftliche und soziale Veränderungen, ein Land, in dem immer wieder die „Hand des Juden" angeprangert wird, der Verfall der alten Gesellschaft, der Ruin der Familie und die Entchristlichung. Es handelt sich um einen „tödlichen Nationalismus"[17]."

Die Kriege der Revolution und des napoleonischen Kaiserreichs sind somit gerechtfertigt, da sie das Verdienst hatten, die Ideen der Aufklärung zu verbreiten und die alten aristokratischen Nationen Europas während dieses ersten Angriffs zu vernichten. Der Erste Weltkrieg ermöglichte die endgültige Beseitigung der katholischen Doppelmonarchie Österreich-Ungarns, den Sturz des Kaisers und die Errichtung einer Republik in Deutschland und vor allem den Sturz von Zar Nikolaus II, der sich immer noch weigerte, den Juden in Russland die Staatsbürgerschaft zu gewähren. In diesem Sinne kann man ein Patriot und ein Kriegstreiber sein. Man kann also den patriotischen Enthusiasmus der französischen Soldaten, die in gutem Glauben in das Massaker marschierten, um Elsass-Mosel zurückzuerobern, beklatschen, nicht weil man ihren schwachsinnigen Chauvinismus gutheißt, sondern weil man von ihnen erwartet, dass sie für die großen demokratischen Ideale kämpfen. Ihr Chauvinismus wird verurteilt, sobald der Krieg vorbei ist, ohne Rücksicht auf ihre Wunden und ihre Opfer.

In diesem Sinne verstehen ihn heute einige Persönlichkeiten aus dem Medien- und Kulturbereich, wie Jean-François Kahn, der Pressechef einer großen Wochenzeitung, als er erklärte: „Ich für meinen Teil bin so fanatisch patriotisch, wie es die Vernunft zulässt", und auf

---

[17] Michel Winock, *Nationalisme, antisémitisme et fascisme en France*, Points Seuil, 1990, S. 7, 22, 38.

der nächsten Seite seines Buches hinzufügte: *„Die Franzosen sind furchtbar*: „Es ist in der Tat „formidable", Franzose zu sein, insofern dieser Begriff die umfassende Bedeutung annimmt, die ihm die Geschichte gibt, und nicht die sehr begrenzte Bedeutung, die ihm begriffsstutzige Nationalisten und staatenlose Reaktionäre (die oft dieselben sind) geben[18]." In die gleiche Kerbe schlägt Jean Daniel, der Chef einer anderen großen progressiven Tageszeitung, mit seinem patriotischen Bekenntnis: „Frühstück mit Azoulay [dem berühmten „jüdischen Bankier" und Berater des marokkanischen Königs Hassan II]: Dieser Jude ist ein marokkanischer Patriot, genauso wie ich ein französischer Patriot bin. Fast. Mit anderen Worten, die Bindung an das Judentum ist sehr, sehr relativ, wenn es weder Verfolgung, noch Zwang, noch religiöses Bewusstsein[19] gibt."

Ein kommunistisch inspirierter Schriftsteller wie Guy Konopnicki, der den Sieg der französischen Fußballnationalmannschaft bei der Weltmeisterschaft 1998 feierte, verströmt den gleichen Patriotismus der Umstände. Es ist klar, dass Guy Konopnicki im Sieg der französischen Fußballmannschaft nicht das Frankreich des Heimatlandes sah, dem gegenüber er bereits seine Verachtung zum Ausdruck gebracht hatte, sondern den Triumph des gemischtrassigen *schwarz-blauen* Frankreichs[20]. In diesem Moment überkam ihn ein starker patriotischer Eifer, er riss Jean-Marie Le Pen die Trikolore aus den Händen und sang lautstark die *Marseillaise*. Einige Jahre später werden wir hören, wie er mit großer Aufrichtigkeit seine Verzweiflung darüber zum Ausdruck bringt, dass die Nationalhymne von den jungen Einwanderern, die er so sehr gelobt hatte, ausgebuht wurde. Am 6. Oktober 2001 pfiffen 70.000 Zuschauer nordafrikanischer Herkunft während des Spiels Frankreich-Algerien im *Stade de France in* Anwesenheit des Staatspräsidenten die *Marseillaise*. Für Guy Konopnicki bedeutete dies den Zusammenbruch seines Ideals eines multiethnischen Frankreichs, eines gemischtrassigen Frankreichs, das sich die *Intelligenz* so sehr wünscht: „Ich bin bestürzt,

---

[18] Jean-François Kahn, *Les Français son formidables*, Balland, 1987, S. 24-25. Wir werden uns an dieser Stelle eines Kommentars zu dieser seltsamen Mischung aus „begriffsstutzigen Nationalisten" und „staatenlosen Reaktionären" enthalten. Der Leser wird es natürlich verstehen, nachdem er sich im Laufe der Lektüre dieses Buches mit dem planetarischen Denken vertraut gemacht hat.

[19] Jean Daniel, *Soleils d'hiver, Carnets 1998-2000*, Grasset, Poche, 2000, S. 122 [Jean Daniel war der Gründer von *Le Nouvel Observateur*, Mitglied des Verwaltungsrats von Agence France-Presse (AFP) und Träger des Prinz-von-Asturien-Preises für Kommunikation und Geisteswissenschaften im Jahr 2004].

[20] Black-White-Maghrebi: Dieser Ausdruck wurde von der französischen Medien- und Kulturszene (NdT) geprägt.

wenn die *Marseillaise, die* ich inmitten einer Menge von Nordafrikanern gesungen habe, als Zidane und all die anderen uns einen so schönen Sieg bescherten, ausgebuht wird. Frankreich ist genau das Land, in dem wir trotz aller Schwierigkeiten und trotz des Rassismus alle zusammenleben, ohne irgendeinen Unterschied[21]." Es ist also klar, dass er nicht Frankreich liebt, sondern den Embryo einer Miniatur-Universalrepublik, den es darstellt.

Lange vor ihnen brachte der berühmte deutsche Dichter Heinrich Heine, der von den Nationalisten auf der anderen Seite des Rheins verabscheut wurde, seine Liebe für das republikanische Frankreich zum Ausdruck, das ihn aufgenommen hatte. 1830, nach der Abdankung von Karl X. - den er „diesen königlichen Verrückten" nannte -, schwärmte er von der französischen Revolutionsbewegung und dem alten General Lafayette: „Es ist schon sechzig Jahre her, dass er aus Amerika zurückgekehrt ist, dass er uns die Erklärung der Menschenrechte, die zehn Gebote der neuen Religion gebracht hat"; „Lafayette... die Trikolore... die Marseillaise... ich bin wie berauscht. Kühne Hoffnungen steigen aus meinem Herzen[22]." Wenn man Heinrich Heines Ansichten und seine Verachtung für die europäischen Kulturen kennt, wird auch hier deutlich, dass seine Liebe und Bewunderung nicht so sehr Frankreich galt, sondern der von ihm verkörperten Weltrepublik. Was seine „kühnen Hoffnungen" angeht, so wetten wir, dass er damit eine neue kleine Militärtour meinte, um Europa mit Blut und Feuer zu unterwerfen und ein paar gekrönte Häupter abzuschießen. In diesem Sinne kann man sich als „glühend patriotisch" bezeichnen.

Die Intellektuellen des Planeten, die von großzügigen Ideen des Pazifismus und der Toleranz erfüllt sind, stehen an der Spitze des Patriotismus und des aggressiven Militarismus, sobald es um eine demokratische „gerechte Sache" geht. In diesem Fall spielen sie das Horn ohne Komplexe und werden zu Propagandisten für die Streitkräfte. So waren die französischen Soldaten 1792, 1914 und 1940, als es darum ging, an die Front zu gehen, um nicht-demokratische politische Regime zu zerstören, „furchtbar". Ebenso „beeindruckend" sind die sowjetischen Truppen oder die serbischen Partisanen, die gegen die Nazis kämpften; ebenso wie die irakischen Patrioten, die sich hinter Saddam Hussein scharten und die der Westen in den 1980er Jahren großzügig in ihrem Krieg gegen das Mullah-Regime im benachbarten Iran unterstützte. Andererseits sind die französischen Soldaten im Algerienkrieg als Folterer berüchtigt. Das wollte uns Guy Konopnicki

[21] Guy Konopnicki, *La Faute des Juifs*, Balland, 2002, S. 26.
[22] Heinrich Heine, *De l'Allemagne*, 1835, Gallimard, 1998, S. 291.

unbedingt mitteilen: „Damals haben die jungen Pariser Juden radikal gegen den französischen Kolonialismus und seine Folterarmee Stellung bezogen[23]." Die serbischen Soldaten, die die bosnischen oder kosovarischen Muslime ablehnten, wurden ebenfalls zu „blutrünstigen Bestien" gemacht, die für riesige „Massengräber" verantwortlich waren. Sie werden daher 1999 von der US-Luftwaffe im Rahmen einer neuen Operation „Just Cause" bombardiert werden. Was die irakischen Soldaten von Saddam Hussein in den Jahren 1991 und 2003 betrifft, so sind sie heute nichts weiter als Spielfiguren im Dienste der Tyrannei, die man ohne Weiteres verunglimpfen kann. So wird der Patriotismus hochgehalten, wenn er mit den Interessen der planetarischen Politik übereinstimmt. Wenn die Sache gerecht erscheint, wird den westlichen Patrioten die Fahne aus den Händen gerissen, und sie singen lauthals ihre Nationalhymne, um sie in den Konflikt hineinzuziehen. Die fortschrittlichen Intellektuellen, die immer bereit sind, im Namen des Pazifismus und der universellen Brüderlichkeit zu mobilisieren und alle Petitionen zugunsten der Menschenrechte zu unterzeichnen, verfallen dann in eine Kriegstreiberei, die sich unweigerlich auf die Presse und alle Medien überträgt.

Diese Haltung ist das unmittelbare Ergebnis des kriegerischen Messianismus der Aufklärungsphilosophie. Aus diesen liberalen Ideen entstanden im 19. Jahrhundert nationale Befreiungsbewegungen, die sich gegen die so genannten „Tyranneien", d. h. die monarchischen Regime, richteten. Deutsche, ungarische und polnische Liberale sangen 1830 und 1848 die Marseillaise und verherrlichten damit den guten alten republikanischen Patriotismus. Die Identität des Volkes verkörperte sich nicht mehr in der Person des gekrönten Monarchen, sondern in der ganzen Nation und im bewaffneten Volk unter der Führung des neuen republikanischen Regimes, das die großen kollektiven Massaker des 20. Jahrhunderts bereits vorwegnahm.

Der Beginn der Herrschaft der Bourgeoisie und die schrecklichen Ungerechtigkeiten des triumphierenden Kapitalismus sollten jedoch das Misstrauen und die Feindseligkeit der Arbeiterwelt gegenüber liberalen Ideen wecken. Niemals haben bescheidene Menschen so sehr gelitten wie in dieser Zeit, die für immer eine der schrecklichsten Perioden der Geschichte für die Bescheidenen und Mittellosen bleiben wird. Unter diesen Bedingungen war der Sozialismus legitim. Doch der Sozialismus, der sich schließlich durchsetzen sollte, war nicht der von Proudhon, Blanqui oder Sorel[24], jener gallische Sozialismus, der im

---

[23] Guy Konopnicki, *La Faute des Juifs*, Balland, 2002, S. 20.
[24] Große alternative historische Persönlichkeiten des französischen Sozialismus,

Boden verwurzelt ist, der in der Geschichte und den Traditionen wurzelt, sondern der von Karl Marx. Von da an bis zur Zwischenkriegszeit hielt der Marxismus die Flamme des Pazifismus und des universellen Geistes, der aus dem Zeitalter der Aufklärung stammte, am Brennen: „Arbeiter aller Länder, vereinigt euch!". Die Liberalen ihrerseits bewahrten die Flamme des kriegerischen und patriotischen Geistes der großen Vorfahren, immer bereit, für eine „gerechte Sache" zu sterben[25]. Die planetarische Idee war, wie wir sehen können, zu dieser Zeit sowohl die Gewohnheit des militanten Pazifismus als auch die Gewohnheit des kriegerischen Patriotismus. Diese Idee war schon damals das „System", und die Opposition zum „System".

Zu Beginn des 20. Jahrhunderts waren die Konzepte des Pazifismus und der universellen Brüderlichkeit noch weitgehend von der sozialistischen Galaxie absorbiert, in der sich die marxistischen Theorien durchsetzen sollten. Aber der Marxismus war vor allem in Deutschland stark. Frankreich kannte damals den Marxismus in denaturierter Form kaum (Jaurès stand Michelet geistig näher als Marx); der englische Fabian-Sozialismus war überhaupt nicht marxistisch, und in den Vereinigten Staaten war diese Doktrin nur das Anliegen einer Handvoll jüdischer Einwanderer aus Osteuropa. Erst nach 1917 kam der Marxismus wirklich über den Rhein in den Westen.

Die anarchistische Strömung behielt in ihren italienischen, französischen, russischen und vor allem spanischen Hochburgen eine gewisse Vitalität. Aber dieser libertäre Sozialismus ähnelte den marxistischen Grundsätzen in Bezug auf den Universalismus der Ideen: die Abschaffung von Religion, Grenzen und Nationen; die Errichtung einer globalisierten Gesellschaft blieb das ultimative Ziel, das schließlich den universellen Frieden sicherstellen würde.

Innerhalb der sozialistischen Bewegung gab es jedoch immer noch Strömungen, die sich einen „Rassen"-Instinkt bewahrt hatten - ein Begriff, der damals sehr in Mode war - und in denen der Antisemitismus nicht völlig fehlte. In Frankreich wurde der Hass auf die Republik und ihr gesamtes ideologisches Arsenal offensichtlich zu einem großen Teil durch die schamlose Ausbeutung der Arbeiter und die gewaltsamen Repressionen hervorgerufen, denen sie durch die Hüter der demokratischen Ordnung ausgesetzt waren. Die Arbeiter gedachten der

---

Anarchismus und Syndikalismus (NdT).
[25] „Just Cause" war die Bezeichnung für eine US-Bombenoperation über Panama im Jahr 1990.

30.000 Toten, die bei der Unterdrückung der Kommune 1871 zu beklagen waren. Bei vielen Gelegenheiten hatte die Republik unter Ferry und Clemenceau nicht gezögert, auf die Armen zu schießen, um die bürgerliche Ordnung zu gewährleisten, was einige der Ressentiments erklärte. Am 1. Mai 1908 hängte das revolutionäre Proletariat auf der Place de la Bourse in Paris das Bildnis von Mariana, der „Schützin", auf und buhte es aus. „Es ist der bedeutendste Akt in unserer Geschichte seit dem 14. Juli", sagte Charles Maurras[26] in *La Action française* vom 4. August 1908. Die Syndikalisten von Georges Sorel und die „Reaktionäre" haben sich in der Tat angenähert, nachdem sie ihren gemeinsamen Widerstand gegen die bürgerliche Heuchelei analysiert und die Ähnlichkeit ihrer Schlussfolgerungen festgestellt hatten. Im Jahr 1911 entstand aus dem Zusammentreffen dieser beiden Strömungen der Proudhon-Kreis. Der Krieg von 1914 beendete dieses Experiment, und die sorelianische Tendenz des Sozialismus wurde in Frankreich an den Rand gedrängt, obwohl diese Verbindung von Nationalismus und Sozialismus eine ideologische Matrix von größter Bedeutung blieb, denn aus dieser Verbindung heraus formulierte Mussolini seine Konzeption des Faschismus, nachdem er sich am französischen Beispiel orientiert hatte.

Die zweite große lehrmäßige Veränderung in dieser Zeit fand 1916 statt. In diesem Jahr veröffentlichte Lenin seinen wichtigsten theoretischen Beitrag zum Marxismus, den *Imperialismus, das höchste Stadium des Kapitalismus*. Als die von Marx formulierten kapitalistischen Widersprüche um die Jahrhundertwende sowohl durch den Lauf der Geschichte als auch durch die Schlussfolgerungen Bernsteins über die Verbesserung der Lebensbedingungen der Arbeiter widerlegt werden sollten, legte Lenin eine theoretische Arbeit vor, die auf der Grundlage zeitgenössischer Daten eine neue Reihe von Widersprüchen aufzeigte. Der *Imperialismus* sollte für die moderne Epoche das Äquivalent zu Marx' *Manifest* von 1848 werden. Lenins Geniestreich bestand darin, die marxistische Theorie an die Situation der rückständigen Länder anzupassen. Für Marx traten gerade in den europäischen Industriegesellschaften die inneren und fatalen Widersprüche des Kapitalismus zutage. Lenin hat diese Widersprüche globalisiert: Die Rivalität der europäischen Mächte um die Aufteilung der Welt durch Kolonisierung könne nur in einem Krieg zwischen verfeindeten imperialistischen Rivalen enden, und aus dieser

---

[26] Charles Maurras (1868-1952): Wichtiger Intellektueller des 20. Jahrhunderts. Er war der Ideologe der nationalistischen, monarchistischen, antiparlamentarischen und antisemitischen *L'Action Française* (NdT).

Apokalypse werde die sozialistische Weltrevolution hervorgehen. So verlagerte die leninistische Theorie die treibende Kraft der Revolution vom internen Klassenkampf zum Krieg zwischen den Nationen. Der Antagonismus zwischen den ausbeutenden Nationen Europas und den kolonisierten Völkern legitimierte den Kampf des Weltproletariats für deren Befreiung. Diese Theorie erklärte, warum die Revolution in den fortgeschrittenen Gesellschaften so lange dauern konnte: Die Profite der Imperialisten erlaubten es ihnen, eine Arbeiteraristokratie an der Spitze der Arbeiterbewegung zu schaffen, die sich von ihrer Basis lossagte. Die isolierten Marxisten des rückständigen Russlands könnten daher die Macht ergreifen. Russland, das schwache Glied des Kapitalismus, wurde somit logischerweise zum Zentrum der Weltrevolution.

Die bolschewistische Revolution vom Oktober 1917[27] sollte in der ganzen Welt große Hoffnungen wecken. 1918, nach vier Jahren Krieg, repräsentiert der russische Kommunismus erneut die Hoffnungen der europäischen Pazifisten, die 1914 grausam enttäuscht waren, als sie hilflos mit ansehen mussten, wie die Massen in allen europäischen Ländern dem Patriotismus anhingen. Die Sieger in Russland, die Bolschewiki, die noch immer mit einem gewissen inneren Widerstand zu kämpfen hatten, wollten um jeden Preis Frieden, um ihre Revolution zu konsolidieren. Am 23. November 1917 baten sie um einen Waffenstillstand. Am 3. März unterzeichneten sie den Frieden von Brest-Litowsk, in dem sie Deutschland große Gebiete von der Ukraine bis zum Baltikum abtraten und die westlichen Verbündeten ohne Zögern aufgaben. Aus ihrer Sicht war dies kein Verrat, da der Krieg für sie ein Krieg zwischen kapitalistischen Staaten war, an dem sie kein Interesse hatten. Darüber hinaus appellierten sie am 7. Dezember 1917 an alle Völker des Ostens und forderten Länder wie Indien, Ägypten und alle kolonisierten Völker auf, sich vom Joch des Imperialismus zu befreien und so die Position der Briten und Franzosen weiter zu schwächen. Aus diesem Grund vertrat der Marxismus damals das pazifistische Ideal des Planeten und die Befreiung der Unterdrückten. Von der Dritten Arbeiterinternationale, der Kommunistischen Internationale, wurde erwartet, dass sie dort Erfolg haben würde, wo die sozialistische Zweite Internationale 1914 kläglich gescheitert war.

Der Aufbau der Sowjetgesellschaft in Russland sollte die revolutionären Ideale auf eine harte Probe stellen. Nach der Zerschlagung von Makhnos ukrainischen Anhängern und der blutigen

---

[27] Ende Oktober im julianischen Kalender in Russland; Anfang November 1917 im gregorianischen Kalender im Westen, mit einer Zeitverschiebung von 13 Tagen.

Unterdrückung von Kronsdadt im Jahr 1921 wurden Anarchisten in aller Welt schnell desillusioniert. Auch während des spanischen Bürgerkriegs wurden sie von den Roten schwer misshandelt, obwohl sie eine viel größere militante Masse darstellten. Die überwiegende Mehrheit der fortschrittlichen Intellektuellen im Westen blieb jedoch von der bolschewistischen Revolution fasziniert, ungeachtet der Exzesse, die sie hervorgebracht hatte, und der Großteil der Basis blieb der Sache und der Verteidigung der UdSSR mindestens bis zum Ende des Zweiten Weltkriegs und der Zerstörung des Nationalsozialismus treu, und in Bezug auf die Treue zu marxistischen Prinzipien sogar darüber hinaus.

Im Jahr 1918 waren nicht alle Pazifisten Marxisten, aber diejenigen, die sich zu solchen Ideen bekannten, wurden von ihren Gegnern als solche abgestempelt. Der Physiker Albert Einstein beispielsweise gehörte nach dem Ersten Weltkrieg zu den Persönlichkeiten, die in seinen Vorträgen an vorderster Front zur weltweiten Abrüstung aufriefen. Zwar kristallisierte sich in ihm der Hass der deutschen Nationalisten heraus, aber nicht so sehr als Apostel der Abrüstung, sondern als Propagandist des Globalismus, denn für Einstein konnte der Weltfrieden nur durch die Errichtung einer Weltregierung garantiert werden. In einem besiegten, vom Bürgerkrieg zerrissenen Deutschland, in dem die Kommunisten die führende Rolle spielten, war Einstein unweigerlich den Anschuldigungen und Drohungen derer ausgesetzt, die ihn als Verräter und Bolschewisten ansahen. Das heißt, dass seine pazifistischen Ideen damals dem Marxismus gleichgestellt wurden. Der große Wiener Schriftsteller Stefan Zweig hatte, wenn auch weniger dogmatisch in seinem Kampf für den Frieden, die gleichen Schwierigkeiten in Österreich.

Zweifellos hatte die bolschewistische Revolution viele Geister im Westen erschüttert und überall mörderischen Hass geweckt. Auf diese fast in den Rang einer Theologie erhobene Sakralisierung der marxistischen Doktrin", schrieb Pascal Bruckner, „antworteten die demokratischen Denker mit einem Lob der Mäßigung, um die Ausbrüche der Geschichte zu dämpfen. Es war die Größe eines Karl Popper, eines Isaiah Berlin, eines Raymond Aron, aufzustehen und zu versuchen, revolutionäre Hoffnungen zu demobilisieren, die totale Freiheit forderten, um den absoluten Terror auszuweiten[28]."

Ein anderer Wiener, der Philosoph Karl Popper, war in seiner Jugend tatsächlich vom Bolschewismus verführt worden, wandte sich aber schnell von ihm ab und wurde zum Verfechter der liberalen

---

[28] Pascal Bruckner, *La Mélancolie démocratique*, Éditions du Seuil, 1990, S. 150.

Demokratie. Wie Albert Einstein, Joseph Roth und Stefan Zweig war auch Karl Popper, der selbst Jude war, nach der Machtübernahme durch Adolf Hitler ins Exil gegangen. Er flüchtete nach London, wo er 1945 sein berühmtes Buch *The Open Society and its Enemies*[29] veröffentlichte, in dem er den Marxismus und totalitäre Systeme kritisierte. Dieses Buch sollte zu einem der obligatorischen Nachschlagewerke für liberale Denker werden und einen anderen Philosophen inspirieren, der für seine internationalen spekulativen Aktivitäten viel bekannter ist.

In der Tat hat der Milliardär George Soros Karl Popper stets als seinen Lehrer und Mentor anerkannt und sich selbst zum Apostel der „offenen Gesellschaft" gemacht, die er mit seiner Stiftung weltweit fördert. Der geistige Erbe von Karl Popper begnügt sich nicht damit, über Konzepte nachzudenken: Er gibt Milliarden aus, um demokratische Ideale zu verbreiten, insbesondere in den ehemaligen Ostblockländern und in Mitteleuropa, wo er ursprünglich herkommt. Doch wie er selbst sagte, hatte seine Aktion bereits vor dem Fall der Berliner Mauer begonnen: „1979, als ich mehr Geld verdient hatte, als ich jemals brauchen konnte, gründete ich eine Stiftung mit dem Namen Open Society Fund, deren Ziele ich so definierte, dass sie dazu beitragen sollte, geschlossene Gesellschaften zu öffnen, offene Gesellschaften lebensfähiger zu machen und eine kritische Denkweise zu fördern. Durch die Stiftung wurde ich tief in den Zerfall des sowjetischen Systems einbezogen[30]." Dies sind offensichtlich Aussagen, die uns bei der Interpretation des Untergangs des kommunistischen Regimes sehr weit bringen können: Starb es aufgrund seiner eigenen Schwächen oder wurde ihm geholfen zu sterben?

Es ist klar, dass die Entwicklung der kommunistischen Länder, die eine brüderliche Gesellschaft für die Proletarier aufbauen und vor allem die Welteinigung erreichen sollten, die planetarischen Bestrebungen hätten vereiteln können. Diese Enttäuschungen entfremdeten die westlichen Intellektuellen nach und nach vom internationalen Kommunismus, zumindest von der sowjetischen Version.

Eine der wichtigsten Zäsuren war zweifelsohne die sowjetische Politik gegenüber dem Staat Israel. Der 1948 gegründete Staat wurde sofort von der Sowjetunion anerkannt, die hoffte, ihn zu einem starken Verbündeten im Nahen Osten zu machen. Aber die israelischen Juden erhielten mehr finanzielle Unterstützung aus den Vereinigten Staaten,

---

[29] Karl Popper, *The open Society and its ennemies*, London, 1945.
[30] George Soros, *La crisis del capitalismo global; La sociedad abierta en peligro*. Editorial Debate, Madrid, 1999, S. 12.

so dass sie ihre Beziehungen zu diesem Land schnell ausbauten. Moskau änderte daraufhin abrupt seine Politik und unterstützte die arabischen Forderungen, was viele marxistische Intellektuelle in ein Cornel'sches Dilemma brachte: Wie sollten sie ihre Unterstützung für das Heimatland der Arbeiter mit ihrer Liebe zu Israel vereinbaren? Viele wandten sich zu dieser Zeit endgültig von der Sowjetunion ab, zumal die Radikalisierung der antizionistischen Linie der UdSSR eine antisemitische Wendung nahm, die 1951 noch deutlicher wurde. Die Verteidigung der *Verweigerer* - jener russischen Juden, die vom Sowjetregime an der Auswanderung nach Israel gehindert wurden - und die Achtung der Menschenrechte in der UdSSR standen damals im Mittelpunkt des Kampfes all dieser neuen Menschenrechtsaktivisten. Viele Juden nutzten diese neuen Bestimmungen des sowjetischen Staates als Vorwand für einen plötzlichen und sehr speziellen Antikommunismus, der umso virulenter war, als er es ihnen ermöglichte, ein System zu verleugnen, in dem einige Juden dreißig Jahre lang eine sehr wichtige und kompromittierende Rolle gespielt hatten.

In diesem Punkt ist das Zeugnis des großen russischen Schriftstellers Aleksandr Solschenizyn für uns von größter Bedeutung[31]. Er wies zu Recht darauf hin, dass weder die organisierte Hungersnot noch die blutigen Repressionen oder der millionenfache Tod in den Gulags während der schrecklichen Zeit der 1920er und 1930er Jahre in der UdSSR die Unterstützung der fortschrittlichen westlichen Intellektuellen für das bolschewistische Regime beeinträchtigt hatten. Während des Zweiten Weltkriegs wurden die sowjetischen Truppen, die von dem Filmemacher Eisenstein und dem Dichter Ilja Ehrenbourg gemäß der oben genannten Logik des „modulierbaren Patriotismus" angefeuert wurden, von der gesamten westlichen *Intelligenz* beklatscht und von den demokratischen Vereinigten Staaten reichlich mit Waffen, Flugzeugen sowie Militär- und Transportausrüstung aller Art versorgt. Erst als die deutschen Armeen vernichtet waren, vor allem dank des von den Russen vergossenen Blutes, und nachdem die Sowjetunion die arabischen Staaten unterstützt hatte, begannen diese Intellektuellen, dem kommunistischen Regime den Rücken zu kehren. Diese Tendenz wurde noch deutlicher, als die Juden der UdSSR ab 1951 aus den wichtigsten Führungspositionen entfernt wurden. Der Kampf für die Rechte der *Verweigerer* wurde dann zur großen globalen Sache und profitierte von der gesamten Medienmacht des Westens. Die Ideologie der

---

[31] Alexandre Soljénitsyne, *Deux siècles ensemble*, Fayard, 2003.

Menschenrechte wurde anscheinend nur zur Verteidigung der in der UdSSR entmachteten Juden herangezogen. Aber zig Millionen Sowjets, die sich ebenfalls für das Exil entschieden hätten, hatten keine andere Wahl, als schweigend zu leiden.

Dennoch übten die sozialistischen Ideen noch lange Zeit eine gewaltige Anziehungskraft auf die verschiedenen Strömungen des Marxismus aus, die zwar die UdSSR kritisierten, aber die planetarischen Hoffnungen auf den Kommunismus aufrecht erhielten. Die Mai-Revolte von 1968 zeugt von der Vorherrschaft dieser Ideologie an den Universitäten des Westens zu jener Zeit. Die UdSSR war nur noch ein Modell für die alten „Stalinisten" in der Kommunistischen Partei, aber der revolutionäre Mythos lebte im Trotzkismus, Maoismus, Anarchismus und ganz allgemein in allen Emanzipationskämpfen der Dritten Welt weiter. Sie alle glaubten weiterhin an jenen universellen Messianismus, der von den intellektuellen Produktionen der „Frankfurter Schule" genährt wurde, vertreten durch Herbert Marcuse, Max Horckheimer, Theodor Wiesengrund Adorno, Jürgen Habermas, die neben Marx, Lenin und Mao die Bannerträger der Rebellen waren. Es war noch nicht an der Zeit, auf die unbestrittenen Erfolge der liberalen Demokratie bei der Erreichung der planetarischen Ziele zurückzublicken und die Ideale der Jugend beiseite zu legen. Für die Studenten des Mai 1968 war der Feind, den es zu besiegen galt, immer noch der internationale Kapitalismus, der stets das Gesicht der europäischen Zivilisation trug, die sich schuldig gemacht hatte, den Kapitalismus und die Unterdrückung nicht nur der europäischen Proletarier, sondern auch und vor allem der Arbeiter in der ganzen Welt hervorgebracht zu haben. Der Kampf der Viet Minh wurde also auf die gleiche Weise unterstützt wie die algerischen FLN-Fellagas. Auch hier ging es nicht um Verrat, sondern um einen Befreiungskampf gegen die kapitalistische Unterdrückung. An die Stelle des revolutionären Mythos mit seinem Proletariat und seinen europäischen Arbeiterklassen, die die sozialistische Revolution anführen sollten, würden bald die Massen der Dritten Welt treten, die die Länder des Südens bevölkerten und die früher oder später auch die reichen Länder zunehmend bevölkern würden.

Es war tatsächlich an der Zeit, eine Ersatzarbeitsklasse zu finden. Die westlichen Gesellschaften durchliefen einen tiefgreifenden wirtschaftlichen Wandel, der durch eine starke Zunahme des tertiären Sektors zum Nachteil des industriellen Sektors gekennzeichnet war. Mit dem Übergang zu einer postindustriellen Wirtschaft begann die Zahl der Arbeitnehmer zu sinken. Diese Entwicklung der Gesellschaft und die allgemeine Bereicherung, die mit dieser wirtschaftlichen und sozialen Mutation einherging, beeinträchtigte in keiner Weise den Kampf der Progressiven, deren planetarische Überzeugungen mit noch größerem Nachdruck bekräftigt wurden. Ihre Hoffnungen richteten sich dann auf alle „unterdrückten Minderheiten": in erster Linie auf die Einwanderer, die Opfer der Kolonialisierung, aber auch auf alle Personengruppen, die sich von der bürgerlichen Gesellschaft und der Vorherrschaft des „weißen heterosexuellen Mannes" unterdrückt oder angegriffen fühlen könnten. Hinzu kamen die Forderungen der Feministinnen und aller sexuellen Minderheiten, die zusammen mit dem Kampf der Völker der Dritten Welt die Idee der Ersetzbarkeit des europäischen Proletariats nähren sollten, zumal die Einwanderer die große Reserve neuer Revolutionäre oder zumindest der neuen Wähler bilden sollten[32].

Die ärmsten Menschen litten offensichtlich unter der Konkurrenz dieser neuen Akkordarbeitskräfte, die von den großen Arbeitgebern importiert wurden, die auf dieses Reservoir zählten, um Druck auf die Löhne auszuüben. Die Schließungen und Verlagerungen von Unternehmen, die sich vervielfachten, mit all den Problemen, die sich aus dem Zusammenleben der Gemeinschaften in den einstigen Arbeitervororten ergaben, trafen die am meisten benachteiligten einheimischen Arbeitnehmer zuerst. Sie waren in der Tat die ersten, die unter dieser neuen Gesellschaftsform zu leiden hatten, die von den Ideologen erfunden und vom Großkapital unterstützt wurde. Der Zustrom ausländischer Arbeitskräfte aus dem Maghreb und Subsahara-Afrika und die massive Zuwanderung in den 1980er bis 1990er Jahren haben ihr soziales Umfeld erheblich verändert. Ein französischer Film aus den 1950er, 1960er, 1970er und sogar 1980er Jahren zeigte eine autochthone europäische Gesellschaft. In den letzten zwanzig Jahren hat die französische Gesellschaft einen tiefgreifenden demografischen Wandel durchlaufen, ein Phänomen von solchem Ausmaß, dass es unbestreitbar ist, dass sich eine globale Gesellschaft herausbildet.

Die Arbeitervororte der 1960er Jahre waren zu regelrechten städtischen Ghettos geworden, aus denen die Minderheit der „kleinen Weißen"[33] entkommen wollte. Wenn wir einen kühlen, weitsichtigen

---

[32] Diese postmarxistische „*Ausweitung des Schlachtfelds*" lässt sich durch die Lektüre eines Buches der zeitgenössischen Linken, insbesondere in der spanischsprachigen Welt, verstehen: *Hegemonie und sozialistische Strategie. Hacia una radicalización de la democracia* (1987), Ediciones Siglo XXI, Madrid, 2015, von Ernesto Laclau und Chantal Mouffe (NdT).

[33] Les *petits blancs*" ist ein abfälliger Ausdruck, der von manchen auf die Franzosen und weißen Europäer angewandt wird, um ihre angebliche Schwäche hervorzuheben. Das afrikanische Wort babtou, verlan de toubab, ist ebenfalls populär geworden.

Blick auf die Entwicklung der westlichen Welt werfen, stellen wir fest, dass nach einem Jahrhundert sozialer Kämpfe das einzige greifbare Ergebnis des lokalen Kommunismus in Frankreich darin besteht, seine Kommunen in Städte der Dritten Welt zu verwandeln, und zwar in einer überraschenden Übereinstimmung mit den Bossen.

Die „kleinen Weißen", die sich von ihren vermeintlichen Verteidigern verraten und von ihren Intellektuellen zugunsten von Einwanderern und Minderheiten aller Art im Stich gelassen fühlen, haben sich zu Recht in die Arme der „Populisten" geflüchtet. Laut Marx' *Kommunistischem Parteimanifest* „haben die Arbeiter kein Vaterland"; es sei denn, das ist alles, was sie haben. Im Diskurs der Progressiven wurden die „Proletarier" nun verächtlich als „*beaufs* [Bauerntrampel][34] „ bezeichnet, d. h. als rückständige Franzosen, die an ihren verachtenswerten Traditionen festhielten und nicht in der Lage waren, den immensen Fortschritt zu verstehen, den die pluralistische Gesellschaft darstellte. Wenn der Marxismus im 19. Jahrhundert die Verteidigung der Welt der Arbeiterklasse bedeutete, so hat das Ende des 20. Jahrhunderts die Bedeutung des Universalismus, der seiner Sache und seinem Projekt einer Weltgesellschaft, eines Weltstaates und einer Weltregierung innewohnt, am hellen Tag offenbart.

Das planetarische Ideal und der Wille zum Aufbau einer pluralistischen Gesellschaft haben sich schließlich gegen das antikapitalistische Credo durchgesetzt. Dieser Wandel hat sich auf natürliche Weise vollzogen, denn in den Köpfen aller Marxisten ist der Kapitalismus - bewusst oder unbewusst - mit einer arroganten und imperialistischen weißen Rasse gleichgesetzt. Die marxistische „Vulgata" vertritt seit langem die Auffassung, dass der weiße Mann an fast allen Übeln auf der Welt schuld ist. Er ist weitgehend verantwortlich für die schlimmsten Verbrechen und Gräueltaten der Geschichte, vom Massaker an den amerikanischen Indianern über den Völkermord an den Juden bis hin zu den Schrecken der Kolonialisierung und Sklaverei. Ihre ganze Geschichte ist ein unaussprechliches Grauen, und alle ihre Traditionen sind nicht einmal die edelsten Bräuche eines afrikanischen Stammes wert. Und zu allem Übel hat der weiße Mann diese verzweifelte Konsumgesellschaft geschaffen, in der wir derzeit bis zum Hals stecken. Das ist es, was der Marxismus von seinen verschiedenen Lehrstühlen aus lehrt. Es ist daher

---

[34] Die „*beaufs*", von „*beau-frère*", wörtlich die „Schwager", aber nicht im spanischen Sinne des „cuñadismo", sondern im Sinne des konservativ gesinnten, engstirnigen, voreingenommenen und intoleranten Durchschnittsbürgers, der von der kulturellen Sphäre der Unterhaltung oft parodiert und verspottet wird (NdT).

leichter zu verstehen, warum die europäische Jugend dazu neigt, alle Generationen vor ihr zu verabscheuen. Nirgendwo sonst auf der Welt gibt es diese Faszination für die multiethnische Gesellschaft, diese Liebe zur offenen Gesellschaft, aber auch diese Abneigung und Gleichgültigkeit gegenüber den eigenen Traditionen und den eigenen Völkern, die man so schnell wie möglich aussterben sehen möchte. Dieses Unternehmen aus tiefer Schuld hätte keine anderen Früchte tragen können. Wenn die Befürworter der Globalisierung laut und deutlich die Abschaffung der Grenzen nicht nur für Waren, sondern auch für alle Menschen fordern, dann wissen sie genau, dass die Migrationsströme in eine Richtung gehen und in die Länder des Nordens gelenkt werden. Ob bewusst oder unbewusst, sie wollen, dass ihre eigene Art verschwindet. Denn die Franzosen und auch viele Europäer sind davon überzeugt, dass ihre alten Traditionen, die ihnen von der Vergangenheit vermacht wurden, der universellen Liebe zwischen allen Bewohnern der Erde im Wege stehen. Sie sind nicht mehr in der Lage zu erkennen, dass der Wille zum Aufbau einer pluralistischen Gesellschaft, die an die Stelle der traditionellen Gesellschaften treten soll, spezifisch europäisch und westlich ist, und dass nirgendwo sonst auf der Welt die Grenzen ihres Territoriums geöffnet, ihre Vergangenheit, ihre Religion und ihre alten Bräuche im Namen eines sehr hypothetischen universellen Friedens abgelehnt werden.

Unter diesen Umständen ist die heutige Einwanderung kein natürliches Phänomen, sondern das Produkt einer universalistischen Ideologie, die auf das Verschwinden der Nationen hinarbeitet, was sowohl marxistischen als auch liberalen Bestrebungen entspricht. Die planetarischen Denker werden erklären, dass diese Entwicklung unvermeidlich ist, dass die Bewohner der armen Länder auf jede Art und Weise versuchen werden, die reichen Länder zu erreichen, und dass es völlig illusorisch ist, Drähte an den Grenzen anzubringen, solange das Problem der Unterernährung in Afrika nicht gelöst ist. Hier verbindet sich der politische Wille mit dem humanitären Credo, dem Westen im Namen von Menschenrechten und Demokratie die Hände zu binden. Die Wahrheit ist jedoch, dass die Unfähigkeit der Europäer, das Problem der Migrationsströme zu lösen, hauptsächlich auf ideologische Erwägungen zurückzuführen ist und nicht auf tatsächliche materielle Unmöglichkeiten. Mit weitaus prekäreren Mitteln erlauben sich die Länder des Südens regelmäßig, Zehntausende von Ausländern innerhalb weniger Tage aus ihrem Hoheitsgebiet zu vertreiben, wenn sie es für notwendig erachten: Im September 2003 wies Dschibuti

80.000 Somalier und Äthiopier (15 % der Bevölkerung) aus, die illegal ins Land gekommen waren; 1998 wies Äthiopien kurzerhand 50.000 Eritreer aus; 1996 entledigte sich Gabun von 80.000 illegalen Einwanderern und Libyen von 330.000; 1983 entledigte sich Nigeria von 1,5 Millionen unerwünschten Personen und wiederholte dies 1985, ohne dass die westlichen Medien eine Reaktion darauf zeigten.

Es ließen sich noch zahlreiche andere Beispiele anführen, aber um zu zeigen, dass die Grenzkontrolle nur vom politischen Willen abhängt, genügt es, auf die Fälle der untergegangenen Sowjetunion oder Chinas oder jedes anderen Landes hinzuweisen, das die „Menschenrechte" nicht zu seinem einzigen Bezugssystem macht, sondern sich auch auf das legitime Recht aller Völker dieser Erde stützt, auf einem bestimmten Gebiet nach ihren eigenen Regeln, Gesetzen und Gebräuchen zu leben. Denn das ist ja die grundlegende Vielfalt, die den Reichtum der Welt ausmacht. Wie wir sehen, ist die Einwanderung im Westen heute nicht unvermeidlich, und ihr „unausweichlicher" Charakter entspricht nur einem verschleierten politischen Diskurs, der sich unter der Maske der „Toleranz" und der Ideologie der Menschenrechte verbirgt.

Die derzeitigen Aktivisten und Sympathisanten des Marxismus, die Verteidiger der Armen und Bescheidenen, sehen keinen Widerspruch darin, in völliger Übereinstimmung mit dem Großkapital die Masseneinwanderung zu fördern, wenn diese, ob legal oder heimlich, eindeutig einen Druck auf die Löhne der am meisten benachteiligten französischen Arbeitnehmer ausübt und die alte Volkskultur zerstört. Der Marxismus hat in der Praxis dazu geführt, dass das Identitätsbewusstsein der Westler ausgelöscht wurde, die so entwurzelt sind, dass sie es für „reaktionär" halten, die bretonische Kultur zu verteidigen, aber für unabdingbar, einen Indianerstamm in Amazonien um jeden Preis zu retten. Außerdem werden sie sich in einem Einwandererviertel wohler fühlen als in einem französischen Viertel, weil sie die Überzeugung gewonnen haben, dass diese Einwanderer keine Eindringlinge sind, sondern die legitimen Vertreter des Weltproletariats, das als einziges in der Lage ist, die Welt von der kapitalistischen Gesellschaft zu befreien, die mehr oder weniger bewusst der unterdrückenden und erobernden weißen Rasse assimiliert wurde. Im Namen der Vielfalt wird die pluralistische Gesellschaft gepredigt, ohne sich darüber im Klaren zu sein, dass alle Traditionen, wie auch immer sie aussehen mögen, in der westlichen Konsumgesellschaft zerbröckeln und schließlich in der Art von amerikanischer Gesellschaft enden, die sie verabscheut und zu bekämpfen vorgibt.

Ein weiteres auffälliges Paradoxon, das uns vermuten lässt, dass die Idee, die europäische Welt zu beschuldigen, insbesondere durch eine tendenziöse Geschichtsschreibung, kein natürliches Phänomen ist, sondern zweifellos das Ziel bestimmter Intellektueller ist, die beschlossen haben, die alte Zivilisation zu zerstören.

Wir wissen, dass der Marxismus gegen die Kontrolle der Religionen ist, aller Religionen, die als „Opium des Volkes" betrachtet werden, weil sie nur dazu dienen, die Proletarier ihre Situation als vom Kapitalismus ausgebeutete Menschen vergessen zu lassen und die Herrschaft der besitzenden Klasse zu legitimieren. Aber wir können beobachten, wie sich der Kampf der Marxisten und der Anhänger des Laizismus stärker, fast ausschließlich, gegen den Katholizismus richtet als gegen den Protestantismus, ganz zu schweigen vom Judentum und dem Islam. Und doch ist der Protestantismus eine Religion, die viel näher an den Realitäten des Marktes ist. Es sind die Protestanten, die der Meinung sind, dass kommerzieller Erfolg ein Zeichen der Prädestination, der göttlichen Erwählung ist, nicht der Katholizismus. Es waren die angelsächsischen puritanischen Protestanten, die bewusst die nordamerikanischen Indianer massakrierten, weil sie sich mit dem Alten Testament und dem jüdischen Volk identifizierten, indem sie die Eingeborenen bis auf den letzten abschlachteten und glaubten, das neue auserwählte Volk zu sein, das das Land Kanaan in Besitz nimmt. Es war auch der puritanische Protestantismus, der die Religion am strengsten und „rückständigsten" darstellte: Es waren die englischen Puritaner, die Tanz, Theater und Rennen verboten, nicht die Katholiken. Ihre Genügsamkeit, ihre Selbstdisziplin, ihre Ehrlichkeit und ihre Abneigung gegen die einfachsten Vergnügungen stellten eine Art weltliche Askese dar, die logischerweise die militanten Marxisten hätte abstoßen müssen, deren einer der Slogans des Mai '68 „Genuss ohne Grenzen" lautete. Trotzdem ist es der Katholizismus, in dem sich der marxistische Hass auf die Religion herauskristallisiert. Der antikapitalistischen Vulgata muss also ein verstecktes externes Element hinzugefügt werden. Es gibt einen Widerspruch, der nur durch einen religiösen Hass erklärt werden kann, der im Marxismus vorhanden ist, den wir aber auch in vielen kulturellen Produkten unserer westlichen demokratischen Gesellschaft sehen.

Wir können auch sehen, dass im Westen keine Kritik am Hinduismus geübt wird, einer der wenigen großen Religionen, die nicht auf einer Doktrin der universellen Gleichheit beruht. Im Gegenteil, die

Hindu-Doktrin teilt die Menschen in ein starres Kastensystem ein, das die Rechte, Privilegien und Lebensweisen der einzelnen Kasten festlegt. Sie heiligt die Armut und soziale Unbeweglichkeit der unteren Kasten und verspricht ihnen die Möglichkeit einer höheren Reinkarnation in späteren Leben. In dieser Hinsicht sollte diese Religion stärker von den Doktrinären des Marxismus angegriffen werden, wie übrigens auch der Islam und das Judentum. Aber auch hier ist das nicht der Fall, und nur der Katholizismus ist das Ziel des üblichen Spottes.

Diese offensichtlichen Widersprüche bestätigen uns in unserer Auffassung, dass der Antikatholizismus nicht nur eine Reaktion der Verfechter der Freiheit gegen die „moralische Ordnung" ist; er ist nicht nur eine fortschrittliche Parteinahme gegen den „Obskurantismus", sondern der Ausdruck eines religiösen Hasses, der lange vor dem 19. Diese unerbittlichen Angriffe auf die traditionelle europäische Gesellschaft sind nicht ausschließlich dem Marxismus zuzuschreiben, denn wir stellen fest, dass dasselbe Thema der Schuldzuweisung im gesamten demokratischen System, in dem die Medien eine echte Machtposition einnehmen, weit verbreitet ist, so dass es schwierig ist, den Einfluss des Marxismus von dem des liberalen Denkens zu unterscheiden. Dies liegt daran, dass beide Politiken auf demselben, vom Kosmopolitismus befruchteten Boden wurzeln. Hier haben wir ein wichtiges Element, das dazu beiträgt, die traditionelle politische Kluft zwischen „rechts" und „links" zu verwischen.

Die Globalisierung ist also nicht so sehr ein wirtschaftliches Phänomen, sondern vielmehr das Ergebnis eines ganz bestimmten ideologischen und politischen Willens, die Welt auf die eine oder andere Weise zu vereinen. Unter diesem Gesichtspunkt war der Zusammenbruch des kommunistischen Blocks im Jahr 1991 ein sehr wichtiger Schritt. Vom sowjetischen Ballast befreit, hat sich der militante Marxismus seitdem vor allem im Westen als Träger kosmopolitischer Ideen und als Speerspitze einer pluralistischen Gesellschaft erwiesen. Während sie in ihrer früheren sowjetischen Version eine eher archaische, reaktionäre und militaristische Form annahm, wird sie heute als eine Kraft des Fortschritts dargestellt, die von der Komplizenschaft fast aller großen Medien und staatlichen Subventionen profitiert. Der westliche Marxismus ist weit davon entfernt, durch das Scheitern der sowjetischen Erfahrung besiegt und erdrückt worden zu sein, im Gegenteil, er hat sich völlig befreit. Seitdem hat sie eine rasende globalistische oder „alternativglobalistische" Propaganda betrieben, die eine Weltgesellschaft ohne Grenzen und ohne jegliche Diskriminierung zum Endziel ihres politischen Projekts macht.

Die geostrategischen Herausforderungen und der Antagonismus zwischen Moskau und Washington verdeckten in Wirklichkeit die außergewöhnlichen ideologischen Ähnlichkeiten zwischen dem marxistischen Denken und dem demokratischen Ideal. Es ist in der Tat aufschlussreich festzustellen, dass diese beiden Ideologien die gleichen Ziele verfolgen: Beide streben in ihren Grundsätzen nach der Einigung der Welt, der Abschaffung der Grenzen, der Errichtung einer Weltregierung und der Schaffung eines neuen Menschen. Aber in diesem Bereich, wie auch in fast allen anderen Bereichen, war das sowjetische Modell ein durchschlagender Misserfolg. Nach dem Fall der Berliner Mauer musste eine Bilanz des Experiments gezogen werden. Zweifellos hatte die kapitalistische Demokratie Erfolg, wo der Kommunismus versagt hatte. Der kontinuierliche Aufbau einer multiethnischen, pluralistischen Gesellschaft und der Entwurf einer Weltregierung waren das Werk der Demokratien. Darüber hinaus hatte der Kommunismus bei seiner historischen Aufgabe versagt, eine klassenlose Gesellschaft aufzubauen, in der die Menschenrechte und die verschiedenen Gemeinschaften geachtet werden. Stattdessen war die Sowjetunion zu einer Art verbarrikadiertem Lager geworden, in dem die Freiheit bewacht wurde, das Leben ziemlich schwierig war und es auf jeden Fall unmöglich war, es zu verlassen, außer für die Juden, die von der Unterstützung der westlichen Länder profitierten. Es war klar, dass die Verwirklichung der planetarischen Hoffnungen das Werk der Demokratie und nicht die Frucht der sowjetischen Erfahrung sein würde.

Schon vor langer Zeit hatten die meisten Intellektuellen im Westen, geprägt von Ideen einer egalitären Gesellschaft und messianischen Hoffnungen, das Ende des Heimatlandes des Sozialismus als Ideal für die Arbeiter der Welt akzeptiert. Die großen marxistischen Kirchengemeinden hatten das Scheitern des Sowjetismus längst erkannt und seine Mutation vollzogen. Sie hatten ihren Kampf in einem planetarischen Sinne neu ausgerichtet und mobilisierten ihre Truppen eher für humanitäre Anliegen als gegen die kapitalistische Produktionsweise: Die Gleichheit der Bürger, der „Kampf gegen Diskriminierung", der Kampf gegen den Rassismus im Westen und für die Anerkennung nationaler oder sexueller Minderheiten, der Aktivismus für die Abschaffung der Grenzen sowie für die Verteidigung der Umwelt im Rahmen einer planetarischen ökologischen Vision nahmen einen beispiellosen Aufschwung. Alle messianischen Hoffnungen des Marxismus schienen schnell von der liberalen Demokratie aufgenommen zu werden, während das revolutionäre Credo beibehalten wurde, um die massenhaft auftretenden Idealisten einer verzweifelten Konsumgesellschaft zu mobilisieren.

Der Romancier Mario Vargas Llosa[35] drückte dieses Gefühl in Bezug auf die Entwicklung des planetarischen Ideals sehr gut aus: „Eines der Ideale unserer Jugend - das Verschwinden der Grenzen, die Integration der Länder der Welt in ein System des Austauschs, das für alle von Vorteil ist - tendiert nun dazu, Wirklichkeit zu werden. Aber anders als wir dachten, war es nicht die sozialistische Revolution, die diese Internationalisierung herbeiführte, sondern ihr bête noire: der Kapitalismus und der Markt. Dies ist jedoch der schönste Fortschritt in der modernen Geschichte, denn er legt den Grundstein für eine neue Zivilisation auf planetarischer Ebene, die auf politischer Demokratie, der Vorherrschaft der Zivilgesellschaft, wirtschaftlicher Freiheit und Menschenrechten beruht[36]."

Der Intellektuelle Michel Winock sah sich in der Lage, dieselben Beweise zu erkennen, wenn auch etwas besessen von einem wiederkehrenden Thema, das viele Intellektuelle zu beunruhigen scheint: „Der reale Sozialismus, wie er im Osten unseres Kontinents aufgebaut wurde, hat sich als eine weitere geschlossene Gesellschaft entpuppt, in der die Juden, wie andere Minderheiten, ihren Platz suchen. Nur die „offene Gesellschaft" bietet die Möglichkeit einer echten pluralistischen Demokratie, die in der Lage ist, die Juden zu integrieren, ohne sie zu zwingen, ihr eigenes Wesen, ihr kollektives Gedächtnis, ihre doppelte Solidarität (französisch und jüdisch) zu entfremden[37]."

Für diese Intellektuellen, deren Vorgänger und ideologische Väter solche Ungeheuerlichkeiten hervorgebracht hatten, war das Ende des äußerst lästigen Sowjetregimes eine unendliche Erleichterung gewesen. Doch anstatt ihre Fehler einzugestehen und ein mea culpa auszusprechen, nutzten die westlichen Intellektuellen in den 1990er Jahren diese Zeit des Wandels, um sich kurzerhand in das andere kosmopolitische Projekt der demokratischen Gesellschaft zu stürzen. Die Arbeit innerhalb der Demokratie war viel effektiver. In der

---

[35] Vielfach preisgekrönter Schriftsteller und unterlegener Kandidat bei den Präsidentschaftswahlen in Peru in den 1990er Jahren.

[36] In Alain Finkielkraut, *La Humanidad perdida*, Anagrama, Barcelona, 1998, S. 144-145.

[37] Michel Winock, *Nationalisme, antisémitisme et fascisme en France*, Points Seuil, 1990, S. 223.

Literatur, in der Presse und im Kino wurden wir Zeuge einer ungezügelten Beschleunigung planetarischer Ideen, als müssten die tragischen Fehler der vergangenen Epoche so schnell wie möglich vergessen und die Verbrechen des Kommunismus ausgetrieben werden. Es gab keine Reue, keine Entschuldigung für den millionenfachen Tod im Gulag[38], die Deportationen, die Hungersnöte und die Morde, die im Namen des kommunistischen Ideals und der großen Brüderlichkeit der Völker von denjenigen verübt wurden, die seine glühendsten Propagandisten gewesen waren.

Im Westen hatte dieses historische Ereignis letztlich keine großen Auswirkungen. Die Gesellschaft entwickelte sich ohne größere Veränderungen weiter, abgesehen von der Agitation der planetarischen Intellektuellen, die daraufhin ihre Anstrengungen zur Förderung ihres Ideals verdoppelten. Ziel war es, ihren Fehler so schnell wie möglich zu vergessen, die egalitäre Gesellschaft neu zu denken und, wie sie es nannten, neue Utopien zu „erfinden". Die planetarischen Ideologen, die von einer tausendjährigen Begeisterung beseelt waren, schienen in den Trümmern der Berliner Mauer den Messias gefunden zu haben und waren überzeugt, dass die brüderliche Welt endlich Wirklichkeit werden würde.

Diese neue Philosophie, die das Loblied auf die Einheit der Menschheit und die pluralistische Demokratie als Ersatz für den kommunistischen Diskurs singt, hat in den 1990er Jahren richtig Fahrt aufgenommen. Die Blüte der intellektuellen Produktion auf dem Planeten, die durch den Marxismus in seinen kulturellen Versionen im Mai 1968 wirklich in Gang kam, setzt sich jetzt in noch ekstatischerer Weise mit demokratischen Intellektuellen fort, die mehr oder weniger vom kulturellen Marxismus durchdrungen sind, aber von allen schweren wirtschaftlichen Überlegungen befreit sind, die die marxistisch-leninistischen Werke schwer belasteten[39]. Andererseits ist ihre Verachtung für die alte europäische Kultur und die alte Zivilisation ungebrochen. Denn die Intellektuellen der 1990er Jahre sind die gleichen, die den Geist des Mai 1968 gefördert haben. Aus dieser Verbindung heraus wollen die planetarischen Intellektuellen die

---

[38] Gulag: Generaldirektion der Strafarbeitslager und Kolonien. Es war die Abteilung des NKWD, die das Strafsystem der Zwangsarbeitslager in der Sowjetunion leitete. Siehe Aleksandr Solschenizyn, *Archipel Gulag*, Tusquets, 2015. (NdT).

[39] Bezeichnenderweise wurde das, was in der materialistischen Analyse des Sozialismus im Hinblick auf die wirtschaftlichen und sozialen Bedingungen des europäischen Proletariats wissenschaftlich und rigoros war, nach und nach durch die entarteten Nebenprodukte der progressiven Linken des Systems wie Antifaschismus, Antirassismus, Umweltschutz usw. ersetzt (NdT).

Verwirklichung der planetarischen Hoffnungen auf eine andere Weise verfolgen.

Vorgefertigte, sofort einsetzbare Konzepte wie „die Erde gehört allen" sind daher sehr in Mode, und das nicht nur auf Schulhöfen. Wir nennen uns gerne „Weltbürger": Das ist weniger altmodisch als vulgär galicisch oder andalusisch zu sein und gibt keinen Anlass zu schrecklichen Anschuldigungen. Nach dem von der UNESCO beschlossenen Kanon wird eine wunderschöne Kirche aus dem 12. Jahrhundert zum „Welterbe der Menschheit" erklärt, was ganz im Sinne des Philosophen Lévy ist, der erklärte: „Wenn wir Japaner eine Partitur von Beethoven spielen oder Chinesen eine Oper von Verdi singen hören, sollten wir nicht denken, dass sie von „westlicher" Musik verführt wurden. Diese Musik ist nicht „westlich", sie ist universell[40]." Wir sind weit von der Vorstellung entfernt, dass Globalisierung gleichbedeutend mit wirtschaftlicher Entwicklung ist. Offensichtlich wurden diese Reflexe durch eine unermüdliche und permanente Sensibilisierungskampagne hervorgerufen, die seit Jahrzehnten über unsere Fernsehbildschirme läuft.

Das sowjetische System war in der Tat eine Anomalie, denn es entsprach ganz und gar nicht den großzügigen Ideen, die Millionen von Menschen begeistert hatten und auf die sich das aufgebaute Regime hätte stützen sollen. Nach dem Ende dieses Systems kann man sagen, dass wir in gewisser Weise zur Normalität zurückgekehrt sind. Wenn die lästige sibirische Last von ihren Schultern genommen ist, kann die kommunistische Idee ihre Rolle wieder richtig spielen, in Übereinstimmung mit ihren Prinzipien: der Stachel der Demokratie innerhalb der liberalen Demokratie selbst zu sein, um zu einer universellen pluralistischen Gesellschaft zu gelangen. In der Tat ist der Marxismus nur dann wirklich effektiv, wenn er in aktiver Opposition bleibt. In der Opposition kann sie ihre besten Dienste leisten, denn sie ermöglicht es ihr, die Gegner des liberalen Systems in einer planetarischen Perspektive zu halten. Sie ist gewissermaßen das Sicherheitsventil eines hoffnungslosen liberalen Systems, das rein materialistisch ist und auf fatale Weise radikale Widersprüche hervorruft. Diese werden durch das kommunistische Ideal wiedergewonnen und in der globalistischen Brühe aufgewärmt. Ohne sie würden sich die Gegner der bürgerlichen Demokratie und der Konsumgesellschaft unweigerlich den Identitäts- und ethnischen Reaktionsbewegungen anschließen, die das kosmopolitische System um nichts in der Welt haben will. Das Szenario, das sich vor unseren

---

[40] Pierre Lévy, *Weltphilosophie*, Odile Jacob, 2000, S. 150.

Augen abspielt, entspricht also dem, das sich Georges Orwell in seinem berühmten fiktiven Roman *1984* ausgemalt hat, in dem der Kopf der Untergrundopposition, der berühmte und schwer fassbare Goldstein, nichts anderes als ein Agent des Systems war, dessen Aufgabe es war, die Opposition zu kanalisieren. Der Kommunismus hat damit die Rolle wiedererlangt, die er eigentlich nie hätte aufgeben dürfen: die einer mobilisierenden Utopie innerhalb der Demokratie. Der Sowjetismus ist tot, vielleicht ist er sogar ermordet worden. Aber das kommunistische Ideal wurde sorgfältig bewahrt, in der liberalen Demokratie recycelt, in den Institutionen untergebracht und subventioniert. So funktioniert die Planetenspirale: auf der einen Seite das System, auf der anderen ein falscher und fiktiver Gegensatz. Beide Kräfte sind absolut komplementär und unverzichtbar füreinander.

Heute wird die Verbindung der planetarischen Ideale von Marxisten und westlichen Demokraten nicht mehr durch den geostrategischen Konflikt zwischen Moskau und Washington behindert. Der Westen kann endlich seinen Instinkten zur Beherrschung des Planeten freien Lauf lassen, die er siegreich in dem demokratischen Modell verkörpert, das er allen Völkern des Planeten aufzwingen will. Wie zu Zeiten der glorreichen Französischen Revolution wurde der „Krieg gegen Tyrannen" erklärt. Doch diesmal findet der Kampf auf globaler Ebene statt, und es sind die Vereinigten Staaten, die sofort die Befreiungsarmeen anführten, nachdem die zerschlagene UdSSR nicht mehr in der Lage war, sich diesen grandiosen Plänen entgegenzustellen. Auf den ersten Golfkrieg gegen den Irak im Jahr 1991 folgten die Bombardierung Serbiens im Jahr 1999, nach den Anschlägen vom 11. September 2001 die Invasion Afghanistans und ein zweiter Golfkrieg, der mit der Besetzung des Irak endete.

Es ist viel über die „Neokonservativen" gesagt worden, die sich um US-Präsident George W. Bush Junior scharten und seine kriegstreiberische Politik bestimmten. Diese ehemaligen Trotzkisten, die in den 1980er Jahren, in der Ära von Präsident Reagan, zu glühenden Demokraten mutiert waren, waren nun bereit, alle notwendigen Kriege zu erklären, um das demokratische Ideal in der ganzen Welt durchzusetzen. Auf die Gefahr hin, die Entwicklung der Welt falsch zu verstehen, muss jedoch gesagt werden, dass im Golfkrieg die geopolitischen Interessen des Staates Israel auf dem Spiel standen und dass die meisten Neokonservativen in der US-Regierung selbst stark vom Zionismus beeinflusst und davon überzeugt waren, dass eine irakische Macht, die eines Tages den hebräischen Staat bedrohen könnte, vernichtet werden musste[41].

Tatsächlich wurden die US-Kriege im Irak unbestreitbar von einem Großteil der internationalen jüdischen Gemeinschaft unterstützt. Wie im Falle der Kriege gegen Serbien und Afghanistan gehörten auch hier kosmopolitische Intellektuelle zu den eifrigsten Kriegslobbyisten, und zwar aus dem einfachen Grund, dass diese Kriege globalistischen Zielen entsprachen: Die Bombardierung Serbiens durch die NATO hatte zur Folge, dass die Ausbreitung des Islams auf dem Balkan gefördert wurde, womit das globalistische Ziel der Förderung multiethnischer Gesellschaften, die mit der Einführung der Demokratie einhergehen müssen, erfüllt wurde. General Wesley Clark, zum Zeitpunkt der Ereignisse Oberbefehlshaber der NATO in Europa, formulierte unverblümt: „In Europa darf es keinen Platz mehr für ethnisch homogene Gesellschaften geben.‟

Der Einmarsch der US-Truppen in Afghanistan war eine Reaktion auf die Anschläge vom 11. September 2001 und die Notwendigkeit, den vom Islam in der Welt verbreiteten Antisemitismus zu bekämpfen. Wir haben also gesehen, wie das demokratische System den Islam innerhalb der westlichen Staaten im Hinblick auf die Schaffung einer pluralistischen Gesellschaft gefördert hat, ihn aber auf der internationalen Bühne hart bekämpft hat, da er den Interessen Israels und der westlichen Staaten, insbesondere im Nahen Osten, entgegenstand.

Diese Kriege entsprechen genau dem Projekt des Aufbaus eines globalen Imperiums, das nur auf den Ruinen der traditionellen Gesellschaften und der nationalen Freiheiten errichtet werden kann. In dieser Perspektive stellt das Mediensystem offensichtlich den Eckpfeiler der planetarischen Hoffnungen dar, da sich diese Ideen durch kontinuierliche „Sensibilisierungskampagnen‟ allmählich in den Köpfen der westlichen Bevölkerung festsetzen werden. Es scheint jedoch, dass bei unseren Mitbürgern ein mehr oder weniger diffuses Misstrauen gegenüber einem allzu oft wiederholten beruhigenden politischen Diskurs aufkommt, der die Abschaffung der Grenzen zum Sesam-öffne-dich-Paradies auf Erden erklärt.

---

[41]John J. Mearsheimer - Stephen M. Walt: *The Israel Lobby and American Foreign Policy*, Harvard University, 2006. Die Geopolitik Israels wird oft mit seiner religiösen Eschatologie verwechselt. Auf der anderen Seite ist der militärisch-industrielle und der Energiekomplex der USA eindeutig an dieser Außenpolitik beteiligt und profitiert von ihr (NdT).

In dieser Hinsicht war die Ablehnung der europäischen Verfassung durch die französischen Wähler beim Referendum im Mai 2005 vielleicht ein Zeichen für das Bewusstsein der drohenden Gefahr, die hinter den edelsten und großzügigsten Ideen zu lauern scheint[42]. Denn in den Augen ihrer besser informierten Befürworter sind die europäische Verfassung und die Bildung einer europäischen Regierung Vorboten für die Verwirklichung viel größerer Projekte.

Die Idee eines universellen Friedens, der uns ein Europa ohne Grenzen garantieren würde, ist oft ein Argument, das die Menschen im Westen verführt, aber dieses Mal scheint es, dass unsere Landsleute ihre Stammesfreiheit allen Illusionen der Globalisierung vorzogen. Angesichts der Versprechungen von „Frieden" und „Wohlstand" (das berühmte soziale Europa, das von unseren Politikern so sehr angepriesen wird), zogen es die Franzosen vor, höflich abzulehnen, wie jemand, der einen leicht betrügerischen Hausierer ignoriert, der zu sehr darauf besteht, sein Wundermittel zu verkaufen. Wir werden im Folgenden sehen, dass die Worte „Toleranz" und „Menschenrechte" im Munde mancher Experten wie ein starkes Betäubungsmittel wirken und dass sich hinter wohlklingenden Reden, höflichen Umgangsformen und schönen Versprechungen unaussprechliche Absichten verbergen können.

---

[42]Das Referendum über den Vertrag über eine Verfassung für Europa wurde in Frankreich am 29. Mai 2005 abgehalten, um die Bürger zu befragen, ob Frankreich die EU-Verfassung ratifizieren möchte. Das Ergebnis war ein Sieg für die Nein-Partei mit 55 % Gegenstimmen und einer Wahlbeteiligung von 69 %. Nicolas Sarkozy hat dann versucht, diesen Vertrag durch eine Abstimmung in den Parlamentskammern zu genehmigen und damit die ultimative Verfassungswidrigkeit zu begehen. (NdT).

TEIL 1

KOSMOPOLITISCHES DENKEN

Kosmopolitisches Denken ist heute die vorherrschende Denkweise im gesamten Westen. Es ist die Art und Weise, wie der Einzelne die Welt durch das Prisma der Menschlichkeit sieht und versteht und nicht mehr durch das, was ihm nahe steht und was seine Identität ausmacht: seine Familie, seine Sprache, seine Arbeit, seine Region und seine Nation. Im Gegensatz zu den anderen Ländern der Welt definiert sich der kosmopolitische westliche Mensch als „Weltbürger". Er wurde auf der Erde geboren, in einer Familie, die er sich nicht ausgesucht hat, und er drückt sich in einer Sprache aus, von der er glaubt, dass sie ihm aufgezwungen wurde. Er glaubt, dass die Menschen auf der ganzen Welt einen gemeinsamen Ursprung haben - was von Wissenschaftlern bestätigt wurde - und dass es ihre Berufung ist, zu einem einzigen Volk zu verschmelzen und so ihre Unterschiede aufzuheben und den universellen und ewigen Frieden auf der Erde vorzubereiten. Im Idealfall sollten alle Sprachen verschwinden und die Menschheit sollte nur noch eine Sprache sprechen, damit die Menschen einander verstehen und miteinander kommunizieren können. Die Verwaltung der menschlichen Angelegenheiten würde offensichtlich einer Weltregierung übertragen, deren Weisheit und gutes Urteilsvermögen sicherlich die Hoffnungen der Menschheit widerspiegeln würde. Das ist das mentale Universum des durchschnittlichen kosmopolitischen europäischen Mannes. Diese tiefen Überzeugungen sind jedoch nicht frei von einigen Paradoxien. Obwohl er sich eine plurale, multiethnische und multikulturelle Gesellschaft wünscht, ist dieser Wunsch dem Westen vorbehalten, denn was die Länder des Südens betrifft, erklärt er sich als Kämpfer für das Recht auf Boden und Blut und als glühender Verteidiger der Indianer von Chiapas oder der von der Moderne bedrohten Eskimos. Er sagt, er sei bereit, seinen Mitmenschen in den Weiten Afrikas oder Amazoniens, die Opfer einer Klimakatastrophe sind, zu helfen, aber in seiner Nähe, auf den benachbarten Höfen im Landesinneren, begehen jedes Jahr Hunderte von Bauern in der allgemeinen Gleichgültigkeit Selbstmord. Als Mitglied einer Gewerkschaft verteidigt er die sozialen Rechte gegen die Bosse, aber er ist auch ein Verfechter der Rechte von Einwanderern und generell der Freizügigkeit, ohne etwas Offensichtliches zu erkennen: dass die Masseneinwanderung, ob legal oder illegal, die Löhne und die Beschäftigungsbedingungen drückt. Der vollendete kosmopolitische Mensch empfindet auch oft eine intuitive Feindseligkeit gegenüber Religionen, allen Religionen. Doch die Religion, die er am meisten verabscheut, ist ausnahmslos die katholische Religion. Als liberaler und hedonistischer Mensch wäre es für ihn logisch gewesen, den Islam oder den protestantischen Rigorismus abzulehnen, aber er behält sich seine stärkste Rachsucht für den Katholizismus vor. Auch hier gibt es keine logische Erklärung. All diese Widersprüche lassen sich durch den außerordentlichen Einfluss des Mediensystems und den Druck der Konformität erklären. In allen Medien, im Fernsehen, im Kino, in allen Radios und in der gesamten subventionierten Presse wird dieselbe Botschaft wiederholt: die unermüdliche Apologie der Demokratie und der bürgerlichen Gleichheit, ein steifer Diskurs, der aus den üblichen Klischees und gebrauchsfertigen Phrasen besteht. Wir werden dann verstehen, dass die „Verteidigung der Werte der Republik" eine größere „Wachsamkeit" gegen „jede Form der Diskriminierung" beinhaltet, dass die „Demokratie" die „Gleichheit" aller Bürger garantiert, dass „Rassismus" keine Meinung, sondern ein Verbrechen ist und dass der soziale Zusammenhalt die Verringerung der sozialen Kluft und eine größere Solidarität zwischen allen beinhaltet. In einem System, in dem nur die Regierung ihre Slogans über Lautsprecher auf den Straßen, Plätzen und Märkten verkündet, würden die Bürger die Propaganda ihrer Führer nicht ohne weiteres akzeptieren. Aber in einem Land, in dem das gesamte Medien- und Kultursystem unisono als Vermittler des „Bürgerbewusstseins" dient, scheint es kein Entrinnen zu geben, falls uns ein solcher Gedanke überhaupt noch in den Sinn kommen kann. Ein Film im Kino, ein Roman-Bestseller, eine populäre Fernsehsendung, ein politischer Kommentar in einem Radiosender: Sie alle führen uns immer wieder zur Anbetung der demokratischen Werte der westlichen Handelsgesellschaft. Ein Gegner, der vom Kapitalismus oder Liberalismus um ihn herum angewidert ist, könnte sich für die Verteidigung der Unterdrückten einsetzen, aber nicht jeder. Wenn man wie ein Globalist denkt, können die einzig wahren Unterdrückten nur die Menschen im Süden, jenseits der Ozeane sein. In allen Fällen dreht sich die Denkweise des westlichen Bürgers ausnahmslos um den Planeten, anstatt sich mit dem zu verbinden, was einst die wahre Stärke der großen Zivilisationen war: Geschichte, Respekt vor der Abstammung und Tradition. Die moderne westliche Zivilisation beruht auf einem dualen Grundprinzip: Sie erzeugt sowohl Macht als auch Widerstand gegen diese Macht. Der westliche Globalismus wird sowohl durch den merkantilen Liberalismus als auch durch seinen Gegenspieler in der marxistischen Tradition repräsentiert. In beiden Fällen steht die Idealisierung einer geeinten Welt und einer pluralistischen Gesellschaft im Mittelpunkt aller Bestrebungen.

Von da an können die Bürger in unseren Demokratien alles sagen, alles äußern: absolut alles. Und diese Freiheit ist umso bemerkenswerter, als sie in einem geschlossenen Modus, im Vakuum der Planetenspirale, funktioniert. Die ideologische Sicherheitsbarriere, die durch den Geist der „Menschenrechte" gekennzeichnet ist, bewahrt jeden davor, der Gefahrenzone zu nahe zu kommen und in den ekelerregenden Sumpf der „Intoleranz" und des „Hasses" zu geraten. Schon nach wenigen Metern in diese Richtung spürt man eine Spannung, die einen daran hindert, weiterzugehen. Wenn Sie sich trotz aller Warnzeichen weiterhin der Grenze nähern, riskieren Sie Ihr berufliches und soziales Leben durch einen ideologischen Stromschlag. Es ist daher völlig unmöglich, sich über die Reling zu lehnen, um eine fremde Welt zu beobachten. Jeder Gedanke, jedes kulturelle Produkt muss zwangsläufig durch das Sieb des Mediensystems gehen und die Genehmigung der Hohepriester erhalten. Und genau diese geschlossene Welt ist es, die „Wärme und Lebensfreude für die ganze Familie im Haus" bietet."

1. eine Erde für die Menschheit

Der Wunsch, die Welt zu vereinen und die Grenzen abzuschaffen, ist Teil eines ideologischen Prozesses, der dazu tendiert, das Schicksal der Menschheit aus einem planetarischen Blickwinkel zu betrachten. Da wir nicht mehr in Begriffen der Nation oder des Stammes denken, müssen wir uns ein wenig höher erheben und das große menschliche Epos von einem kosmischen Gesichtspunkt aus neu überdenken. Aus dem Weltraum betrachtet, sind die nationalen Grenzen in der Tat von der Erdoberfläche verschwunden. Es ist ein starkes Argument der planetarischen Ideologie. Andererseits ist der Nachweis eines gemeinsamen Ursprungs der Menschheit eine Möglichkeit, für eine künftige Vereinigung einzutreten. Die Nationen und Völker, die bis dahin die Vielfalt der Erde ausmachten, wären nur noch eine Klammer in der Geschichte der Menschheit. Es stellt sich dann die Frage, ob es wissenschaftliche Entdeckungen sind, die die planetarische Idee unterstützen, oder ob es die planetarische Idee ist, die einige wissenschaftliche Entdeckungen hervorbringt.

Die Kosmos-Zigeuner

Der ideologische Prozess, der auf die Beseitigung der nationalen Grenzen und die Vereinheitlichung der Welt abzielt, findet eine überwältigende Rechtfertigung, wenn man den Planeten aus dem Weltraum betrachtet. Und wie könnte man eine solche natürliche Sicht auf die Welt nicht haben, egal wie wenig man sich die Mühe macht, die Dinge von oben zu betrachten: Es gibt keine sichtbaren Grenzen mehr, außer Meeren und Bergen, und die Unterschiede zwischen den Menschen werden unmerklich. Unter diesem Gesichtspunkt kann man tatsächlich von einem „globalen Dorf" sprechen. Wenn wir unsere kleine Welt aus dem Weltraum betrachten, wird die Idee des Planeten majestätisch, und die Einheit der Erde wird deutlich. Aus kosmischer Sicht erscheint die Idee einer vereinten Erde sehr natürlich.

So erklärt es ein Teil der westlichen Intelligenz, der von der Idee einer vereinten Welt, in der universeller Frieden herrschen würde, fasziniert ist. Edgar Morin[43] gehört zu jenen französischen Intellektuellen, die die

---

[43]Edgar Morin (Paris, 1921), geboren als Edgar Nahum, ist ein hundertjähriger französischer Philosoph und Soziologe sephardischer Herkunft. Er ist ein produktiver und preisgekrönter Autor, der vielfach ins Englische übersetzt wurde.

Entwicklung der heutigen Welt mit Optimismus betrachten und sich für die großen Veränderungen begeistern, die die europäischen Gesellschaften durchlaufen. Die Beschleunigung des Globalisierungsprozesses am Ende des zweiten Jahrtausends ist nicht nur eine göttliche Überraschung, sondern auch der lang erwartete Beginn einer neuen Welt, die die Sitten revolutionieren und die Köpfe von allen alten nationalen Traditionen und Vorurteilen befreien wird. Seiner Ansicht nach „müssen wir unseren Planeten und unser Schicksal, unsere Meditationen, unsere Ideen, unser Streben, unsere Ängste und unseren Willen in den Kosmos stellen. „In Wirklichkeit sind wir nur „winzige Menschen auf dem winzigen Film des Lebens, der den winzigen Planeten umgibt, der in dem gigantischen Universum[44] verloren ist."

Die wissenschaftlichen Entdeckungen des 20. Jahrhunderts haben es möglich gemacht, das Schicksal der Menschheit im unendlichen Universum zu verorten, so dass diese neue Dimension dazu einlädt, die Menschheit aus einem breiteren Blickwinkel heraus zu betrachten, aus der Perspektive ihres universellen kollektiven Schicksals, weit entfernt von kleinlichen nationalen Streitigkeiten. „In den 1960er Jahren, als sich eine erstaunliche kosmische Entwicklung abzeichnete, tauchten im heutigen Universum bis dahin unvorstellbare Seltsamkeiten auf: Quasare (1963), Pulsare (1968), später Schwarze Löcher, und die Berechnungen der Astrophysiker legen nahe, dass wir nur etwa 10 % der Materie kennen, während die restlichen 90 % für unsere Erkennungsinstrumente noch unsichtbar sind (...). Wir befinden uns hier in einer Randgalaxie, der Milchstraße, die 8 Milliarden Jahre nach der Geburt der Welt entstand." Es ist unmöglich, nach solchen Überlegungen weiterhin in Begriffen von Nationen und Stämmen zu denken. Vom Kosmos aus betrachtet, erscheinen menschliche Konflikte lächerlich. Sie müssen ein für alle Mal verschwinden, um Platz für die Eroberung des Universums zu machen.

Es ist diese Weltraumansicht des Planeten, die so viele Drehbuchautoren von Hollywood produzierten Science-Fiction-Filmen inspiriert hat. Das amerikanische Kino hat wesentlich dazu beigetragen, den westlichen Geist mit dieser schwerelosen Sicht auf die Welt zu prägen. Der Feind ist nicht mehr irgendeine irdische Macht, sondern eine außerirdische Kraft, gegen die sich alle Menschen verbünden müssen. Die Kriege gegen außerirdische oder übermenschliche Mächte gehen also weiter und weiter, von *Star Wars* bis *Independence Day*, über die *Matrix*, *Star Trek*, *Alien* oder *Depredator*. Diese Fiktionen vermitteln den Menschen das Bild einer gegen eine äußere Gefahr geeinten Menschheit und verstärken die Idee, dass sich alle Menschen unter einem gemeinsamen Banner vereinen sollten. Wenn der heilige Paulus sagte, dass es „weder

---

[44]Edgar Morin und Anne-Brigitte Kern, *Terre-Patrie*, 1993, Editorial Kairós, Barcelona, 2005, S. 49-50, 74

Juden noch Griechen" gibt, scheint uns das Hollywood-Kino heute zu sagen: „Es gibt keine Weißen, keine Gelben und keine Schwarzen mehr. Es sind nur Menschen, die gegen das Imperium des Bösen kämpfen."

Man könnte darauf antworten, dass wir vielleicht darüber nachdenken sollten, auf den Boden der Tatsachen zurückzukommen und uns die Realitäten genauer anzusehen. Aber das planetarische Projekt ignoriert die Realitäten zugunsten der Idee eines intergalaktischen Schicksals der Menschheit. So werden die Turbulenzen und Schäden, die durch menschliche Konflikte infolge der Anwendung dieser Ideologie entstehen, als vorübergehende Übel angesehen, die nach und nach abklingen werden. Wenn die Idee schön ist, dann wird denjenigen, die ihre Prinzipien anwenden, viel verziehen. „Ein Planet als Heimatland? Ja, das ist unsere Verwurzelung im Kosmos[45]", schloss Edgar Morin. Wir werden die „Singhalesen des Kosmos" sein.

Lucy, die Großmutter der Menschheit

Die Anthropologen unterstützen die planetarische Idee nachdrücklich, indem sie feststellen, dass die gesamte Menschheit gemeinsame Vorfahren hat, insbesondere die sogenannte „Großmutter der Menschheit". Lucy - so lautet ihr Name - soll vor drei Millionen Jahren in der afrikanischen Region der Großen Seen gelebt haben. Ihr Skelett, das 1974 gefunden wurde, war das eines Australopithecinen, wahrscheinlich weiblich und weniger als zwanzig Jahre alt. Yves Coppens, Donald Johanson und Maurice Taïeb, die Co-Direktoren der Mission, die Lucy entdeckte, waren die Urheber dieser fantastischen Entdeckung. Dieses Triumvirat kann stolz darauf sein, ein wissenschaftliches Projekt durchgeführt zu haben, dessen Zweck über bloße Expertengespräche hinausging. Dank ihnen war die Menschheit eins, und die Menschen waren alle Brüder. Diese Entdeckung würde eine ganze Generation von Teenagern zum Staunen bringen, die sich bereitwillig als „Afrikaner" bezeichnen und darauf warten, sich als „Chinesen" oder „Malaysier" zu bezeichnen, nachdem das nächste älteste Skelett gefunden wurde[46]. „Lucy bleibt unbestreitbar der Vorfahre der Menschheit", erklärte Yves Coppens und fügte hinzu: „Schließlich ist eine Lucy als Gründerin einer tropischen, afrikanischen, farbigen, matriarchalischen Menschheit

---

[45] Edgar Morin und Anne-Brigitte Kern, *Tierra-Patria*, 1993, Editorial Kairós, Barcelona, 2005, S. 47, 48, 223, 224.

[46] *Le Figaro* vom 7. März 2005 berichtete, dass ein etwa 2,8 Millionen Jahre altes Australopithecus-Skelett etwa sechzig Kilometer vom Fundort von Lucy entfernt gefunden worden sei. Schließlich war Lucy nur 2,2 Millionen Jahre alt, so dass die Menschheit 800.000 Jahre jünger gewesen wäre als die Schätzung von 1999, bevor sie plötzlich wieder um 600.000 Jahre alterte. Das hat niemanden beunruhigt.

nicht das schlechteste Bild, das wir für die Menschheit der Ursprünge[47] finden konnten. „Wir werden später sehen, welche Rolle die Idee des Matriarchats im planetarischen Denken spielt.

Die Deutung dieser Entdeckung und vor allem die Publizität, die sie erhielt, machten Lucy zum Symbol für den gemeinsamen Ursprung aller Menschen. Diese Idee wurde offensichtlich von vielen Intellektuellen aufgegriffen und genutzt. So erklärte der Philosoph Pierre Lévy, dass wir dank der Entdeckung des Skeletts von Lucy in Afrika heute wissen, dass „unsere direktesten Vorfahren alle in demselben geografischen Gebiet lebten", nämlich im Gebiet der Großen Seen in Afrika. „Von diesem fast mythischen Ausgangspunkt aus beginnt sich die Menschheit von selbst zu trennen, sie zerstreut sich[48]." Die großen politischen Umwälzungen des 20. Jahrhunderts können daher als die Wechselfälle der Vereinigungskrise interpretiert werden, als „Umwälzungen von Gesellschaften und Kulturen, die aus der Divergenzphase hervorgegangen sind", wie Professor Langaney, Genetiker und Leiter des biologisch-anthropologischen Labors des Naturkundemuseums, erklärt: „Alle heutigen Menschen, d. h. etwa sechs Milliarden Individuen, stammen von einer einzigen kleinen prähistorischen Population ab - etwa dreißig- bis fünfzigtausend Menschen, die vor mindestens hunderttausend Jahren lebten. Wir sind also höchstwahrscheinlich die Nachkommen von Zehntausenden von paläolithischen Jägern, die in einem auf Afrika und den Nahen Osten begrenzten Gebiet lebten[49]. „Die Diaspora *des Homo sapiens* ", so Edgar Morin, „die vor dreizehnhundert Jahrhunderten begann, breitete sich über Afrika und Eurasien aus und überquerte vor hunderttausend Jahren die Beringstraße[50]."

Dieser gemeinsame Ursprung ist jedoch nicht von vornherein so offensichtlich. In La Humanité perdue[51] geht Alain Finkielkraut gleich auf der ersten Seite seines Buches auf diese Frage ein: „Die Vorstellung, dass alle Völker der Welt eine einzige Menschheit bilden, ist gewiss nicht gleichbedeutend mit der menschlichen Rasse. Der Mensch hat sich lange Zeit gerade dadurch von anderen Tierarten unterschieden, dass er sich gegenseitig nicht erkannt hat." In der Tat, wie Claude Lévi-Strauss bestätigte, als er zu diesem Thema zitiert wurde: „Der Begriff der Menschheit, der ohne Unterscheidung von Rasse oder Zivilisation alle

---

[47] Yves Coppens, *La rodilla de Lucy, los primeros pasos hacia la humanidad*, Tusquets, Barcelona, 2005, S. 149.

[48] Pierre Lévy, *Weltphilosophie*, Odile Jacob, 2000, S. 16-19.

[49] Interview mit André Langaney, Zeitschrift *L'Histoire*, Nr. 214, Oktober 1997.

[50] Edgar Morin und Anne-Brigitte Kern, *Tierra-Patria*, 1993, Editorial Kairós, Barcelona, 2005, S. 65.

[51] Alain Finkielkraut, *L'Humanité perdue*, Le Seuil, 1996.

Formen der menschlichen Spezies umfasst, ist erst sehr spät entstanden und von begrenzter Ausdehnung... Für große Teile der menschlichen Spezies und für Dutzende von Jahrtausenden scheint dieser Begriff völlig abwesend gewesen zu sein. „Die Frage bleibt dieselbe: „die schwierige Frage, wie wir von unserem Standort aus und im Rahmen unserer Möglichkeiten dazu beitragen können, die Welt zu einem bewohnbaren Ort für die gleichen und unterschiedlichen Wesen zu machen, die die Menschheit ausmachen[52].*" Eine menschliche Rasse*

Ein weiterer wichtiger Schritt im planetarischen Denken erfolgte im Februar 2001 mit der gleichzeitigen Veröffentlichung von wissenschaftlichen Analysen der Sequenzierung des menschlichen Genoms in den beiden angelsächsischen Fachzeitschriften *Nature* und *Science.* Diese zeigten, dass das menschliche Genom aus 30 000 Genen besteht und vor allem, dass das genetische Erbe bei allen Menschen nahezu identisch ist. In Frankreich behaupteten der Minister für wissenschaftliche Forschung Roger-Gérard Schwartzenberg und mit ihm fast alle Pariser Journalisten, dass diese Ergebnisse bestätigten, dass „Rassen nicht existieren"." Im *Courrier de l'Unesco* (Organisation der Vereinten Nationen für Erziehung, Wissenschaft und Kultur) vom September 2001 konnte man mehrere Analysen lesen, die diesen Ansatz unterstützen: „Das menschliche Genom ist endlich entschlüsselt. Mit der Fertigstellung dieses Projekts wird der Mythos der Rasse entkräftet. Die Forschung der Genetiker kommt zu dem Schluss, dass wir alle von einem einzigen gemeinsamen Vorfahren abstammen, der in Afrika geboren wurde. Die meisten genetischen Variationen sind in allen menschlichen Populationen ähnlich verteilt." „In der Tat behaupten Wissenschaftler, dass von unserem gesamten genetischen Material nur 0,012 % Variationen sind, die aus Unterschieden zwischen „Rassen" resultieren. Die wissenschaftliche Forschung zeigt also, dass fast unser gesamtes genetisches Erbe allen Menschen gemeinsam ist, was die Vorstellung entkräftet, dass einige Populationen genetisch intelligenter oder fortschrittlicher sind als andere[53]. „Es war in der Tat notwendig, dass die Wissenschaft in diesen sensiblen Wissensbereich eingreift, denn die rückständigsten Bevölkerungsgruppen haben immer gewisse Schwierigkeiten, dies zu erkennen.

Es sei daran erinnert, dass „der Kampf gegen Rassismus in der Verfassung der Unesco verankert ist" und dass sie „Unwissenheit und Vorurteile, das Dogma der Ungleichheit der Rassen und Menschen"

---

[52] Alain Finkielkraut, *La Humanidad perdida*, Anagrama, Barcelona, 1998, S. 13, 14, 130. *„Alle gleich, alle anders"* war der Titel einer 1994 vom Europarat finanzierten „Kampagne gegen Intoleranz". Die Präsentationsbroschüre zeigte auf dem Titelbild eine junge europäische Frau in den Armen eines jungen afrikanischen Mannes.
[53] *Le Courier de l'Unesco*, septembre 2001, S. 23

anprangert. „Seit einem halben Jahrhundert bekämpft die Organisation die Wurzeln des Bösen. Diese Dimension findet sich in den Bildungsprogrammen, die die internationale Organisation mitentwickelt, ebenso wie in den Vorlesungen zahlreicher Professoren, die auf Unesco-Lehrstühle an Universitäten in Entwicklungsländern berufen wurden.

Die Unesco bekämpft den Rassismus auch durch die exakten Wissenschaften. Der 55-köpfige Internationale Bioethik-Ausschuss (IBC) (Wissenschaftler, Juristen, Ökonomen, Demographen, Anthropologen, Philosophen, Ernährungswissenschaftler usw.) hat eine Allgemeine Erklärung über das menschliche Genom und die Menschenrechte (UDBHR) verfasst, die 1997 angenommen wurde. „Zwei Jahrzehnte nach der Unesco-Erklärung über Rasse und Rassenvorurteile (1978) entkräftet dieser erste internationale Text zur Bioethik endgültig die pseudowissenschaftlichen Grundlagen des Rassismus." Seit der Konvention zur Verhütung und Bekämpfung des Völkermordes (1948) haben die Vereinten Nationen eine Reihe von Konventionen und Erklärungen verabschiedet, ein internationales Jahr der Mobilisierung gegen den Rassismus (2001) ausgerufen, drei Jahrzehnte des Kampfes gegen den Rassismus (1973-1982, 1983-1992, 1994-2003) sowie zwei Weltkonferenzen zu diesem Thema in Genf (1978 und 1983) veranstaltet.

Die Weltkonferenz „Gegen Rassismus, Rassendiskriminierung, Fremdenfeindlichkeit und Intoleranz", die im September 2001 in Durban, Südafrika, stattfand, war Teil der Bemühungen der Vereinten Nationen zur Bekämpfung dieser Geißel. Der international renommierte Genetiker Axel Kahn, der auch einer der Organisatoren der Veranstaltung war, hielt eine herausragende Rede: „Die Überraschung der jüngsten wissenschaftlichen Erkenntnisse ist, dass der Mensch nicht mehr Gene hat als der Esel oder der Ochse und sogar weniger als die Kröte... Alle Menschen haben tatsächlich eine große genetische Homogenität, da ihr gemeinsamer Vorfahre im Vergleich zur Evolution des Lebens sehr jung ist; er lebte vor mehr als 200 000 Jahren in Afrika. Alle Kontinente scheinen von einer Bevölkerung bevölkert worden zu sein, deren Gruppen Afrika vor 70 000 Jahren verlassen haben dürften. Die Hautfarbe, die bei rassistischen Vorurteilen eine so wichtige Rolle spielt, spiegelt nicht so sehr die genetische Divergenz wider, sondern ist vielmehr ein Phänomen der fortschreitenden Bräunung der Epidermis, wenn man sich nach Norden in Richtung Äquator bewegt. Innerhalb einer bestimmten Ethnie gibt es im Durchschnitt mehr Vielfalt als zwischen zwei verschiedenen Ethnien, seien sie auch noch so unterschiedlich wie die skandinavische oder die melanesische Bevölkerung." Axel Kahn fuhr fort: „Dieser wissenschaftliche Nachweis ist zwar unverzichtbar, reicht aber möglicherweise nicht aus. Jeder kann sehen, dass die schlimmsten Auswüchse des Rassismus sehr gut an die Nichtexistenz menschlicher

Rassen angepasst sind... Alles in allem tragen die moderne Biologie und Genetik nicht dazu bei, rassistische Vorurteile zu bestätigen. Es wäre jedoch ein Widerspruch in sich, ein antirassistisches Engagement auf die Wissenschaft stützen zu wollen. Es gibt keine wissenschaftliche Definition der Menschenwürde; sie ist ein philosophisches Konzept. Der antirassistische Kampf für die Anerkennung der gleichen Würde aller Menschen ist also in erster Linie moralischer Natur und spiegelt eine tiefe Überzeugung wider, die nicht nur den Wissenschaftlern eigen ist. „Mit anderen Worten: Die Tatsache, dass es keine Rassen gibt, ist kein Grund, den Kampf gegen den Rassismus einzustellen.

So sagte der große Professor André Langaney: „Rasse ist im allgemeinen Sinne des Wortes im Wesentlichen ein ethologischer oder vielmehr ein Wahrnehmungsbegriff, der sich aus der Beobachtung eines Unterschieds und dem emotionalen Kontext ergibt, der diese Beobachtung hervorruft, d.h. je nach den Vorurteilen oder Reaktionen des Subjekts. Unter diesen Bedingungen hat die Rasse, die den Rassismus provoziert, nicht mehr viel mit derjenigen zu tun, die die Anthropologen definieren wollten, sondern körperliche Unterschiede sind neben vielen anderen eine der möglichen Ursachen für das, was man besser als *„Otrismus"* und nicht als Rassismus bezeichnen sollte. Die Kriterien, die zu Rassismus führen, sind oft eher kultureller, sprachlicher oder verhaltensbezogener Natur als physischer[54]. „Daher sind alle Menschen, abgesehen von kulturellen, sprachlichen, verhaltensmäßigen und körperlichen Unterschieden, in jeder Hinsicht absolut gleich.

Ökologie: Katastrophenszenario

Die Einigung der Welt ist in der Tat eine Notwendigkeit für das Überleben unseres Planeten. Die großen ökologischen Herausforderungen erfordern unverzüglich eine Weltautorität, die in der Lage ist, allen die Umsetzung einer wirksamen Politik zum Schutz unserer Umwelt und zur Lösung der großen planetarischen Probleme aufzuerlegen. Die alarmistischsten Berichte fordern uns auf, unsere Souveränität zugunsten einer Weltregierung aufzugeben:

Das ist erst der Anfang", warnte der Soziologe Edgar Morin. Die Zerstörung der Biosphäre schreitet voran, die Wüstenbildung und die Abholzung der Tropenwälder beschleunigen sich, die biologische Vielfalt nimmt ab. „Für die nächsten dreißig Jahre sehen die pessimistischsten Wissenschaftler „eine unumkehrbare Fortsetzung der allgemeinen Degradation der Biosphäre, mit der Veränderung des Klimas, dem Anstieg der Temperatur und der Evapotranspiration, dem Anstieg des

---

[54] André Langaney, *Les Hommes, passé, présent, conditionnel*, Armand Colin, 1988.

Meeresspiegels (von 30 auf 140 Zentimeter), der Ausdehnung der Dürrezonen, all dies bei einer wahrscheinlichen Demographie von 10 Milliarden Menschen." Aber auch wenn „Optimisten glauben, dass die Biosphäre in sich selbst das Potenzial zur Selbstregeneration und immunologischen Abwehr besitzt, das sie in die Lage versetzt, sich selbst zu schützen", warnt der Autor, dass „in jedem Fall Vorsicht geboten ist. „Der beste Weg, diese Probleme zu lösen, besteht darin, sie auf globaler Ebene zu bewältigen.

Ökologische Fragen erfordern daher die Bildung von internationalen Institutionen, ja sogar einer Weltregierung. „Auf jeden Fall, so betonte Edgar Morin, sind die Nationalstaaten, auch die großen polyethnischen Nationalstaaten, bereits zu klein für die großen inter- und transnationalen Probleme: die Probleme der Wirtschaft, der Entwicklung, der techno-industriellen Zivilisation, der Homogenisierung der Lebensstile und Lebensweisen, der Ökologie, der Drogen; das sind planetarische Probleme, die die nationalen Kompetenzen übersteigen[55]." Wie die Anthropologie und die Genetik, so ist auch die Ökologie eine Quelle der großen planetarischen Idee. Dieser Beweis muss nicht angetreten werden, und man wundert sich, dass Hollywood-Filme dieses Thema noch nicht in ihren Produktionen aufgegriffen haben. Die Hitzewelle des Sommers 2003 beispielsweise könnte ein gutes Katastrophenszenario sein, ebenso wie der Tsunami vom 26. Dezember 2004, als der ganze Planet, oder fast[56], sich solidarisch fühlte und in einem großen Akt der Brüderlichkeit mobilisierte, um den unglücklichen Opfern zu helfen.

Aufbruch aus der planetarischen Eisenzeit

Seit ihren Anfängen hat sich die Menschheit nur langsam weiterentwickelt, bevor sie sich ihrer universellen menschlichen Natur bewusst wurde. Erst seit dem 16. Jahrhundert unserer Zeitrechnung, mit der Entdeckung anderer Kontinente, sind wir in der Lage, die Endlichkeit des irdischen Universums zu erkennen. Dieses Kapitel könnte als das Jahr Null der „planetarischen Ära" betrachtet werden.

Dieser Einigungsprozess findet heute vor unseren Augen statt und erstreckt sich über zwei Jahrtausende. „Unser irdischer Stammbaum und unser irdischer Ausweis können heute, am Ende des fünften Jahrhunderts der planetarischen Ära, endlich bekannt sein", sagte Edgar Morin. Zu Beginn des 21. Jahrhunderts, „nach Jahrtausenden der Gefangenschaft im sich wiederholenden Zyklus der traditionellen Zivilisationen", betreten wir

---

[55] Edgar Morin und Anne-Brigitte Kern, *Tierra-Patria*, 1993, Editorial Kairós, Barcelona, 2005, S. 81, 82, 86.
[56] Wir werden später sehen, dass die Prioritäten nicht für alle gleich waren.

eine neue Welt. „Die menschliche Spezies erscheint uns jetzt als Menschheit. Von nun an können sich die Menschheit und der Planet in ihrer Einheit offenbaren, nicht nur physisch und biosphärisch, sondern auch historisch: die der planetarischen Ära. Migrationen und Kreuzungen, Erzeuger neuer Gesellschaften, Polykulturen scheinen die gemeinsame Heimat für alle Menschen zu verkünden[57]." Das „Streben nach Hominisierung" sollte es uns ermöglichen, die „planetarische Eisenzeit" zu überwinden. Wir dürfen nicht zurückblicken, sondern müssen nach vorne schauen. Unsere Aufgabe ist es, so Edgar Morin, „die westliche Zivilisation zu reformieren", „die Erde zu föderieren" und „die Ära der planetarischen Bürgerschaft einzuleiten". „Wir müssen daher „eine planetarische Staatsbürgerschaft in Betracht ziehen, die allen[58] irdische Rechte verleiht und garantiert." Zu Beginn des dritten Jahrtausends ist die Herausforderung also entscheidend: „die Menschheit retten, die Biosphäre mitsteuern, die Erde zivilisieren". Wird es den Menschen gelingen, den gigantischen Meteoriten abzuwehren, der unseren Planeten zu pulverisieren droht, wie es in den Weltuntergangsdrehbüchern Hollywoods vorhergesagt wird? „Die Aufgabe ist gewaltig und ungewiss", antwortete Edgar Morin, aber er betonte noch einmal: „Sie würde eine planetarische Bürgerschaft, ein planetarisches Bürgerbewusstsein, eine planetarische intellektuelle und wissenschaftliche Meinung, eine planetarische politische Meinung... eine planetarische öffentliche Meinung[59] erfordern." Was sind dann die „regenerativen Wege"? Wie kann man sich in der Tiefe zivilisieren? Wie kommt man aus der Vorgeschichte des menschlichen Geistes heraus? Wie kommt man aus unserer zivilisierten Barbarei heraus[60]? „Gewiss, Wolfgang Amadeus Mozart, Michelangelo oder Leonardo da Vinci, der Palast von Versailles oder die Kathedrale von Chartres sind nur Staubkörnchen im Vergleich zu der strahlenden Zukunft, die sich endlich vor uns auftut. Edgars berechtigte Fragen und Ängste könnten natürlicher aus dem Blickwinkel beantwortet werden, den er bereits ins Auge gefasst hat: im Kosmos. Von dort aus lassen sich die Probleme leicht lösen, und bald wird die Zeit kommen, in der interplanetarische Reisen für jeden Geldbeutel erschwinglich sein werden. Der Philosoph kann sich dann auf eine solche Reise begeben und seine gequälte Seele beruhigen.

---

[57] Edgar Morin und Anne-Brigitte Kern, *Tierra-Patria*, 1993, Editorial Kairós, Barcelona, 2005, S. 74, 223, 43.

[58] Edgar Morin und Anne-Brigitte Kern, *Tierra-Patria*, 1993, Editorial Kairós, Barcelona, 2005, S. 136, 142, 143.

[59] Edgar Morin und Anne-Brigitte Kern, *Tierra-Patria*, 1993, Editorial Kairós, Barcelona, 2005, S. 226, 229, 144.

[60] Edgar Morin, *El Método 6, Ética; Kapitel: Las vías regeneradoras*, Ediciones Cátedra-Anaya, Madrid, 2006, S. 187.

In *Die Melancholie der Demokratie* erklärt Pascal Bruckner gleich zu Beginn seines Buches, dass „der Planet eine beispiellose Phase seines Abenteuers erreicht hat; die Vereinheitlichung des Globus auf technischer und materieller Ebene ist dabei, auch politisch zu werden. Die Idee des Weltfriedens ist nicht mehr nur ein Traum von Utopisten, sondern wird immer mehr zur Realität. Alles, was wir im Namen der Geschichte ertragen haben, waren nichts als Umwälzungen und Erschütterungen, um diese glorreiche Etappe zu erreichen[61]." „Stellen Sie sich vor: Der ganze Planet ist an das Gas angeschlossen und nimmt an Parlamentswahlen teil, Armeen werden aufgelöst, die Reichen verteilen ihre Güter an die Armen, Männer behandeln Frauen als gleichberechtigt, Mörder werden zu Krankenschwestern, Jesus, Moses und Mohammed streichen die moralische Schuld der Menschheit, der Globus ist wieder ein Anhang von Eden: Sind wir dazu bereit?...Wir leben an einem Wendepunkt, an dem alle politischen und militärischen Schranken aufgehoben sind, an dem die Welt der Möglichkeiten unermesslich erscheint. Die Fähigkeit, diesen Planeten zu einem etwas besseren und vernünftigeren Ort zu machen, liegt in unserer Hand. Es ist sogar möglich, von einem gigantischen Aufstand für die Demokratie im Süden und einem globalen Aktionsplan zur Beendigung des Elends zu träumen[62]." Für Albert Jacquard, einen anderen Planetenphilosophen, hing der Erfolg dieser gigantischen Operation der globalen Einigung notwendigerweise von der Schaffung demokratischer Gesellschaften ab. Aber hier stehen wir auch vor dem großen Problem, das bereits Edgar Morin erkannt hat: Wie kann man den Planeten vereinheitlichen, ohne die ethnische und kulturelle Vielfalt, die den Reichtum der Erde ausmacht, zu vereinheitlichen und damit zu verarmen?

Wir müssen die Schaffung einer „ethischen Demokratie" fordern, die weitaus heikler ist als eine Managerdemokratie. Es wird notwendig sein, Verhaltensregeln festzulegen, die von allen respektiert werden, und zwar auf der Grundlage der Vielfalt der von jedem zum Ausdruck gebrachten Notwendigkeiten. Dieses Ziel setzt ein allgemeines Einvernehmen über den gemeinsamen Kern voraus, der von allen Völkern unter Wahrung ihrer Besonderheiten, ihrer Verschiedenartigkeit und aller Kulturen akzeptiert wird. Dieser gemeinsame Kern muss aus einer Reflexion über die Bedeutung hervorgehen, die wir unserem Lebensprojekt geben, und vor allem aus einer Reflexion über den Konvergenzpunkt dieses Projekts, der für alle[63] derselbe ist. „

Warum haben wir nicht früher daran gedacht? In der Tat ist das Problem fast gelöst. Es genügt, dass westliche Intellektuelle, Philosophen und Soziologen über neue ideologische Normen und Produkte nachdenken

---

[61] Pascal Bruckner, *La Mélancolie démocratique*, Éditions du Seuil, 1990, S. 13.
[62] Pascal Bruckner, *La Mélancolie démocratique*, Éditions du Seuil, 1990, S. 165.
[63] Albert Jacquard, *A Toi qui n'es pas encore né(e)*, Calmann-Lévy, 2000, S. 87.

und diese erfinden, um unser Schicksal zu gestalten. Das Unvermeidliche kann nicht vermieden werden. Die historische Entwicklung bestätigt, dass die Menschheit auf diese großen Räume zusteuert. Das 18. Jahrhundert war das Jahrhundert der triumphierenden Philosophie, das 19. Jahrhundert das Jahrhundert der triumphierenden Industrie und das 20. „Von nun an müssen wir uns entscheiden, was das 21. Jahrhundert sein wird: der Triumph der Barbarei oder der Triumph der Menschlichkeit[64] „, versicherte uns Albert Jacquard. Wenn sich die Dichter den Soziologen anschließen, kann die Sache des Guten nur triumphieren.

---

[64]Albert Jacquard, *Pequeña filosofía para no filósofos*, Debolsillo, Random House Mondadori, Barcelona, 2003, S. 220.

2. Das planetarische Ideal

Der planetarische Diskurs war noch nie so allgegenwärtig wie seit dem Zusammenbruch des kommunistischen Blocks. Während diese Ideen früher vor allem von der Mai 68-Bewegung und dem Marxismus im Allgemeinen verbreitet wurden, werden sie jetzt von einer Generation ehemals marxistischer Intellektueller vertreten, die sich der Sache der liberalen Demokratie und der Marktwirtschaft angeschlossen haben. In Frankreich ist Jacques Attali natürlich eines der emblematischsten Beispiele, sowohl wegen der Fülle seines literarischen Schaffens als auch wegen des Einflusses seiner Ideen und der herausragenden Funktionen, die er im französischen Staatsapparat innehatte. Edgar Morin, Alain Finkielkraut, Albert Jacquard, Guy Sorman, Marek Halter, Bernard-Henri Lévy, André Glucksmann, Alain Minc und Pascal Bruckner sind die wichtigsten Vertreter des kosmopolitischen Denkens, das heute in Frankreich so einflussreich ist. Sie sind glühende Demokraten und ihr Denken ist von denselben planetarischen Idealen durchdrungen wie das des Marxismus. Auf dieser Ebene gibt es keinen erkennbaren Unterschied. Sie alle streben nach einer Weltregierung, der Abschaffung der Grenzen und der Vermischung von Völkern und Zivilisationen, zumindest innerhalb des Westens. Der sehr berühmte und einflussreiche Philosoph Jacques Derrida, der im Sommer 2004 verstarb, war bis zuletzt seinen marxistischen Überzeugungen treu geblieben, aber sein Denken passte perfekt zu dem seiner demokratischen Kollegen. In der Tat sind sie alle durch den Einfluss des Freudo-Marxismus gekennzeichnet.

Über Wilhelm Reich, Herbert Marcuse und den Studentenführer Daniel Cohn-Bendit hatte die freudo-marxistische Strömung einen erheblichen Einfluss auf die Ereignisse des Mai '68. Die Grenze zwischen Marxismus und demokratischer Ideologie ist unscharf, verschiebbar und durchlässig. Albert Einstein zum Beispiel grenzte an beides. Jacques Attali, der in den 1980er Jahren der wichtigste Berater des sozialistischen Staatspräsidenten François Mitterrand und einer der wichtigsten Propagandisten der planetarischen Idee war, vertritt eine Denkweise, die auch den kulturellen Freudo-Marxismus und den Wirtschaftsliberalismus vermischt. Der Mann war später auch Direktor der Europäischen Bank für Wiederaufbau und Entwicklung.

Es stellt sich die Frage, ob sich die liberale Ideologie ohne die Hilfe marxistischer Ideen dem planetarischen Ideal angenähert hätte. Sicherlich war der Gedanke der Globalisierung bereits in der Philosophie der

Aufklärung vorhanden, aber in kleinen Dosen, denn niemand dachte damals an die Verschmelzung von Nationen. Auf der anderen Seite entwickelte das marxistische Denken dieses Thema umfassend, symbolisiert durch die berühmte internationalistische Losung: „ Arbeiter aller Länder, vereinigt euch! Seit dem Fall der Berliner Mauer im Jahr 1989 hat die liberale Ideologie die Initiative in der planetarischen Eskalation zurückgewonnen. Aber diesmal reicht es nicht mehr aus, eine Weltregierung zu errichten; es ist auch notwendig, die große universelle Rassenvermischung und Entwurzelung zu fördern. So weit war der Marxismus nicht gegangen. Die beiden Strömungen sind heute sehr stark miteinander verwoben, so dass es gar nicht so einfach ist, im planetarischen Denken zu unterscheiden, was spezifisch marxistisch oder liberal ist.

Bürger der Welt

Wenn junge Menschen auf Schulhöfen in gutem Glauben erklären, „Weltbürger" zu sein, könnte man zu Recht annehmen, dass ihre Überzeugungen nicht das Ergebnis einer tiefgreifenden Reflexion über ihren Status sind, sondern lediglich das Ergebnis von Sensibilisierungskampagnen der Medien. In Fernsehdebatten oder in Büchern, in Film, Presse und Rundfunk und jetzt auch im Internet wird das Konzept der Weltbürgerschaft unablässig eingebläut, so dass es notwendig ist, eine eigene Kultur zu schaffen, um zu versuchen, die ausgetretenen Pfade zu verlassen und den herrschenden Diskurs zu verstehen und die verschlüsselten Botschaften zu entschlüsseln.

Der berühmte französische Soziologe Albert Jacquard gehört zu jenen Intellektuellen, die eine dezidiert planetarische Sicht der Welt haben. Er wurde nicht in einem bescheidenen Dorf in der Auvergne oder der Bretagne geboren: „Ich wurde auf einem Planeten mit zwei Milliarden Einwohnern geboren[65] ", sagt er in seinem Wörterbuch. Auch er träumt von Harmonie, universeller Brüderlichkeit und Frieden für die menschliche Rasse. Der glücklichste Mensch ist nicht der zurückhaltende, der sich in seine Familie, seine Freunde und sein Dorf zurückzieht, sondern derjenige, der sich für alle Kulturen der Welt öffnet und den Kontakt zu Menschen aus anderen Kontinenten sucht:

„Jeder Mensch, den ich von den Bindungen, die ich knüpfe, ausschließe, ist eine Quelle, derer ich mich selbst beraube. Der Traum ist also, niemanden auszuschließen. „In dieser Perspektive muss man sich selbst zum „Weltbürger" erklären, wie es der Amerikaner Gary Davis 1947 tat, als er seinen Pass zerriss, um seinen Wunsch zu zeigen, alle Grenzen

---

[65] Albert Jacquard, *Pequeña filosofía para no filósofos*, Debolsillo, Random House Mondadori, Barcelona, 2003, S. 1.

verschwinden zu lassen. Damals hatte der Minister Georges Bidault erklärt, dass „Grenzen die Narben der Geschichte sind". Nun fügte Albert Jacquard klug und treffend hinzu: „Narben werden gebildet, um zu verschwinden." Eine „Gemeinschaft der Mittelmeervölker" wäre ein erster Schritt zur Einigung der Welt. „Eine mediterrane Kulturgemeinschaft muss aufgebaut werden[66] ", betonte er in einem anderen seiner Bücher. Dieser Gedanke taucht in seinen Werken immer wieder auf. Es sei „eine Übung, die es uns ermöglichen wird, die Gemeinschaft aller Nationen besser zu organisieren[67]." Der sehr produktive Essayist Jacques Attali ging offensichtlich noch weiter in diese Richtung. Sein *Wörterbuch des 21. Jahrhunderts* zeigt, dass er ein großer Visionär und ein hervorragender Ideengeber ist. Die Zukunft der Menschheit birgt für diesen Propheten[68] keine Geheimnisse. Die Globalisierung wird sich dank der internationalen Institutionen fortsetzen, beschleunigen und durchsetzen: „Ein Bewusstsein der weltweiten Einheit wird erwachen, dank dessen die internationalen Organisationen die Mittel für ihre Aufgaben finden werden; die UNO wird Regeln verbreiten und Pflichten durchsetzen; eine Weltpolizei wird in gesetzlosen Gebieten eingesetzt; der IWF, der mit der Erhebung und Verteilung einer Weltsteuer auf internationale Transaktionen beauftragt ist, wird die Finanzmärkte regulieren, die nicht mehr Orte und Agenten der Panik sein werden, sondern im Dienste der Verringerung der Ungerechtigkeit stehen." Dies ist das ideale Szenario, ein zu erreichendes Ziel oder zumindest ein Schritt zur Errichtung einer Weltregierung, obwohl er uns warnte, dass „tausend Rückschläge den Lauf dieses ruhigen Flusses trüben werden. „Während wir auf die Ankunft dieser besseren Welt warten, forderte Attali uns auf, die guten Gewohnheiten zu entwickeln, die uns dem irdischen Paradies, das in greifbarer Nähe liegt, ein wenig näher bringen: „Was zu tun ist, um das Schlimmste zu vermeiden, ist leicht zu sagen: Wissenschaft und Technologie in den Dienst der Gerechtigkeit stellen; ihr immenses Potenzial nutzen, um die Armut überall zu beseitigen, hierarchische Systeme aufzubrechen und die Demokratie neu zu denken: Vielfalt fördern, Reichtum teilen, Gesundheit und Bildung fördern, Rüstungsausgaben abschaffen, Wälder wieder aufforsten, saubere Energien entwickeln, sich der Kultur anderer öffnen, alle Arten von

---

[66] Albert Jacquard, *A Toi qui n'es pas encore né(e)*, Calmann-Lévy, 2000, S. 151.

[67] Albert Jacquard, *Pequeña filosofía para no filósofos*, Debolsillo, Random House Mondadori, Barcelona, 2003, S. 73, 162, 76.

[68] Jacques Attali ist eine Persönlichkeit, die im Laufe der Jahre für die spanische und spanischsprachige Öffentlichkeit immer sichtbarer geworden ist. Viele seiner Werke sind ins Spanische übersetzt worden. Eines seiner Bücher, das uns in Bezug auf das, was wir hier behandeln, am empfehlenswertesten erscheint, ist: *Breve historia del futuro*, Ediciones Paidós Ibérica, Barcelona, 2007. Dieses Werk wurde nach Hervé Ryssens *Las Esperanzas planetarianas* (Baskerville, 2005) veröffentlicht (NdT).

Rassenmischung fördern, lernen, global zu denken[69]." In dieser neuen Form der Zivilisation wird die „Hyperklasse" die herrschende Klasse sein. Sie wird sich „aus mobilen und transparenten Eliten zusammensetzen, die die gesamte Gesellschaft mit sich in die Utopie der Brüderlichkeit ziehen werden. Sie wird mehrere Dutzend Millionen Menschen zusammenbringen. Sie werden die Garanten der Freiheit, der Bürgerrechte, der Marktwirtschaft, des Liberalismus und des demokratischen Geistes sein. Sie werden ein scharfes Bewusstsein für die planetarischen Herausforderungen entwickeln und pflegen." Natürlich spiegeln diese Prophezeiungen nichts anderes als persönliche Absichten und Überzeugungen wider. Aber sie haben das Verdienst, dass sie von einem Mann, der im Frankreich des ausgehenden 20. Jahrhunderts eine wichtige Rolle gespielt hat, klar formuliert wurden.

Unter den planetarischen Denkern zu Beginn dieses Jahrtausends gibt es einen, dessen Begeisterung die von Jacques Attali noch übertrifft. Pierre Lévys Buch „Weltphilosophie" ist eine Ode an die planetarische Vereinigung, die in einem prophetischen Ton vorgetragen wird, der an eine göttliche Trance grenzt. Vom Anfang bis zum Ende des Buches spricht das Orakel zu uns: „Von nun an ist das große Abenteuer der Welt nicht mehr auf Länder, Nationen, Religionen oder irgendeinen anderen Ismus beschränkt. Das große Abenteuer ist das Abenteuer der Menschheit, das Abenteuer der intelligentesten Spezies im bekannten Universum. Diese Art ist nicht vollständig zivilisiert. Sie ist sich noch nicht voll bewusst, dass sie eine einzige intelligente Gesellschaft bildet. Aber die Einigung der Menschheit wird jetzt vollzogen. Nach so vielen Bemühungen ist die Einigung der Menschheit endlich erreicht[70]. „Wir müssen diese Rede verstehen: Beethoven, Molière, Botticeli und Van Gogh sind nichts als Ligen im Vergleich zu dem, was die endlich vereinte Menschheit, die im Entstehen begriffen ist, hervorbringen wird.

Für uns, die Menschen des Jahres 2000, „sind unsere Landsleute überall auf der Erde. Wir sind die erste Generation von Menschen, die im globalen Maßstab existiert", fuhr er fort. „Das Ende des 20. Jahrhunderts markiert eine entscheidende und unumkehrbare Schwelle im Prozess der planetarischen Einigung der menschlichen Gattung. „Die Welt, in der du bisher gelebt hast, liegt im Sterben. Kämpfe nicht, kämpfe nicht mehr. Lasst euch gehen, lasst euch führen. Deine Glieder sind schwer, sehr schwer. Lassen Sie sich von dieser wohltuenden Lethargie in den Schlaf wiegen.....

„Wir sollten uns bewusst machen, dass Ost und West versprochen sind, sich zu vermählen, und dass sie voneinander profitieren werden. Nur

---

[69] Jacques Attali, *Wörterbuch des 21. Jahrhunderts*, Paidós Ibérica Pocket, Barcelona, 2007, S. 16, 18.
[70] Pierre Lévy, *Weltphilosophie*, Odile Jacob, 2000, S. 12.

dann wird die Menschheit eins mit sich selbst sein. „Sieh dir die Juden an: eine Spitze des Ostens im Westen, ein Tropfen des Westens im Osten"; „Die Menschheit ist ein großer Teppich aus leuchtenden Perlen, auf dem leuchtende Formen kreisen[71] „; „Wir sind die Söhne und Töchter aller Dichter. Alle menschlichen Bemühungen um die Erweiterung unseres Bewusstseins laufen in einer Oosphäre zusammen, die von nun an in uns lebt, weil sie die Objektivierung des kollektiven Bewusstseins und der Intelligenz der Menschheit ist. „Lasst euch gehen, lasst euch machen... Ihr schlaft jetzt fest. „Wir haben keine Feinde: Wir sind ein Schauer von Diamanten, in dem das Licht der Welten funkelt[72]." Michel Serres hat sicherlich nicht das lyrische Talent von Lévy, er bleibt sogar weit hinter ihm zurück. Seine Ausdrucksweise ist äußerst konfus, was für einen Wissenschaftler, der in der französischen Akademie sitzt, überraschend ist. Wir beschränken uns daher darauf, einige kurze Sätze zu zitieren, denn seine Prosa ist sehr steinig und fast unverständlich. Hier und da kann man jedoch erkennen, dass der Autor von demselben planetarischen Eifer durchdrungen ist, wenn er beispielsweise die „antiquierten Absurditäten, die die Grenzen zwischen den Nationen darstellen"[73] kritisiert." „Ohne Land oder Stamm sind wir Bürger der Welt und Brüder der Menschen", schrieb er. Leider sind viele Passagen in seinen Büchern einfach unlesbar, ja sogar völlig unzusammenhängend, wie zum Beispiel diese, die wir unter anderem ausgewählt haben: „Die Familienwurzel gibt das Blut zugunsten der Adoption und einer Ausweitung der Familie auf die gesamte Menschheit auf, die von nun an eine richtungsweisende Entscheidung ist. Alle Menschen haben das Recht, sich überall und bei jedem zu Hause zu fühlen. Der Westen kam, um das Lokale zu verlassen und das Universelle[74] zur Entfaltung zu bringen. „Aus der Feder eines Akademikers sind solche Formulierungen ziemlich einzigartig. Ein amüsantes Detail fiel uns auf: Das Gesicht von Michel Serres sieht dem des italienischen Schriftstellers Alberto Moravia verblüffend ähnlich, der sich ebenfalls zu schönen und edlen planetarischen Ideen bekennt. Das gleiche Gefieder, das gleiche Geäst, wie der gute Monsieur de La Fontaine sagen würde[75].

„Der Mensch ist endlich menschlich, weil er endlich universell ist... Der Mensch ist nicht mehr volkstümlich, er ist planetarisch", schwärmte der große Philosoph Alain Finkielkraut, der uns verkündete:

---

[71] Pierre Lévy, *Weltphilosophie*, Odile Jacob, 2000, S. 153-156.

[72] Pierre Lévy, *Weltphilosophie*, Odile Jacob, 2000, S. 174-176, 184

[73] Michel Serres, *L'Incandescent*, Le Pommier, 2003, S. 113.

[74] Michel Serres, *L'Incandescent*, Le Pommier, 2003, S. 222.

[75] Jean de La Fontaine war ein französischer Dichter und Fabeldichter des 17. Jahrhunderts. Seine Fabeln sind ein Klassiker der Literatur, den die französischen Schulkinder früher lernten (NdT).

„Das Ende der abgeschotteten Existenz: Da die allgemeine Kommunikation und Verbindung die Falten, die die Grenzen in das Gesicht der Menschheit gezeichnet haben, auf wundersame Weise beseitigt haben, verschwindet die erlittene Zugehörigkeit zugunsten der gewählten Beziehung: alle Toten sind von nun an verfügbar; „Glück, wenn mir danach ist", jeder kann sein Kind auf jeden Namen der Erde taufen, sich, ohne sein Zimmer zu verlassen, in jede beliebige Unterhaltung einklinken, auf Live-Katastrophen zugreifen, auf dem Sofa liegend die entferntesten Kulturen erkunden, ohne Vorwarnung in alle denkwürdigen Orte eindringen, ohne das Haus zu verlassen, zum Schaufensterbummel in die Antipoden gehen und nach Belieben durch die Datenbanken des großen Weltamalgams navigieren, das Traditionen geworden ist[76]. „Finkielkraut hat hier wahrscheinlich eher seinen eigenen Anspruch als die Realität offenbart, aber sein Denken erhellt den Weg, den uns die zeitgenössische politische Philosophie in die richtige Richtung weist.

Alain Finkielkraut war sich jedoch bewusst, dass dieser revolutionäre Geist, der dazu tendiert, „die Vergangenheit auszulöschen" und „einen neuen Menschen zu schaffen", bereits in der Sowjetunion unter Lenin und Stalin in die Praxis umgesetzt worden war. Damals „verkörperte die UdSSR diese Apotheose gegenüber den exklusivistischen Heimatländern". Sie stellte „das Vaterland der Menschheit" dar und machte „die Teilung der Menschheit in Landsleute und Fremde überflüssig[77]. „Der Marxismus hatte alle glühenden Geister des egalitären Messianismus auf sich gezogen und ließ keinen Platz für eine andere Idee der planetarischen Vereinigung als seine eigene. Es muss jedoch anerkannt werden, dass die ideologische Zugehörigkeit zum Marxismus heute, nach dem Zusammenbruch dieses Systems und den uns bekannten Schrecken, nicht mehr wirklich positiv ist. Es ist daher notwendig, bei anderen Intellektuellen nach ideologischen Bezügen und Verwandtschaften zu suchen.

Julien Benda war vielleicht der einzige nicht-marxistische Vertreter des planetarischen Geistes während der Zwischenkriegszeit in Frankreich. Alain Finkielkraut und Bernard-Henri Lévy beziehen sich beide auf ihn,

---

[76] Alain Finkielkraut, *La Humanidad perdida*, Anagrama, Barcelona, 1998, S. 145, 146, 147.

[77] Alain Finkielkraut, *La Humanidad perdida*, Anagrama, Barcelona, 1998, S. 58, 59: „Eine Heimat ohne Wurzeln, eine Nation ohne Natur, ein Territorium, dessen Eingeborene keine Eingeborenen sind, weil in dieser Bastion der neuen Zeit die Institution über den Ursprung gesiegt hat, der menschliche Geist den Geist des Ortes besiegt hat. Dieser Sieg macht die Einteilung der Menschheit in Landsleute und Fremde überflüssig. Niemand ist ein Fremder, kein Gesicht wird abgelehnt oder vertrieben in einer Landschaft, die sich nicht mehr in geographischen, sondern in technischen Begriffen ausdrückt... Der Humanismus, der im Namen der UdSSR präsent ist, wird noch lange Zeit den politischen Kampf und die intellektuelle Arbeit inspirieren. Das Gleiche gilt für das Denken im Allgemeinen...." „

um ihre ideologischen Bezüge herzustellen. In *Der Verrat der Intellektuellen*, schrieb Finkielkraut, verherrlichte Julien Benda die „Aufklärung gegen die Romantik; die Verteidigung des Universellen gegen die Verherrlichung des Partikularen; die Bejahung der Freiheit des Geistes gegen die Verwurzelung des Menschen im Boden seiner Heimat, des Geistes in der Tradition, des Handelns in den Sitten und des Denkens in der Sprache[78]. „Im Werk dieses berühmten Intellektuellen, „des großen Priesters des Geistes[79] „, müssen wir die Elemente suchen, die die neue Zivilisation tragen werden. In seiner 1932 verfassten *Ansprache an die europäische Nation* präsentierte er sich als einziger nicht-marxistischer Denker, der einen globalistischen Diskurs verkündete, der erst gegen Ende des Jahrhunderts in Mode kommen sollte: „Ihr Intellektuellen aller Länder, ihr müsst diejenigen sein, die euren Nationen verkünden, dass sie ständig im Lager des Bösen sind, allein durch die Tatsache, dass sie Nationen sind". Plotinus errötete, einen Körper zu haben. Ihr müsst diejenigen sein, die erröten, wenn sie eine Nation haben. „Der Stil erinnert ein wenig an die Professorenschaft, aber die Lektion hat zumindest den Vorteil, dass sie klar ist.

Die Abschaffung der Grenzen und die Vermischung der Völker ist ein Ideal, das es zu erreichen gilt, aber eine offene Gesellschaft wird nur dann lebensfähig sein, wenn Rasseninstinkte und lokale Partikularismen ausgelöscht werden. Reine Rassen müssen überschritten werden, um Identitätsgefühle aufzulösen, die zu einem Wiederaufleben des Nationalismus führen könnten. Die Sprachen selbst müssen sogar zugunsten einer gemeinsamen Sprache verschwinden. Dies war das visionäre Ziel eines Mannes namens Ludwig Lazarus Zamenhof. Er war ein junger Student aus dem kultivierten polnischen Bürgertum, der sich schon in jungen Jahren der Entwicklung einer allgemein verständlichen Sprache widmete, die auf den gemeinsamen Wurzeln der gängigsten Sprachen der Welt beruht. Seine Arbeit gipfelte in der Veröffentlichung seines grundlegenden Werks im Jahr 1887, in dem er die Sprache Esperanto vorstellte:[80] : Fundamentals of Esperanto. Zamenhof erläuterte seine Beweggründe: „Die Menschen sind gleich: Sie sind Geschöpfe der gleichen Art. Sie alle haben ein Herz, ein Gehirn, lebenswichtige Organe, Bedürfnisse und Ideale; der Unterschied der Sprachen ist das Wesen der Unterschiede und der gegenseitigen

---

[78] Alain Finkielkraut, *La Humanidad perdida*, Anagrama, Barcelona, 1998, S. 64, 65.

[79] Alain Finkielkraut, *Le Mécontemporain*, Gallimard, 1991, S. 16.

[80] Der Wortschatz des Esperanto stammt hauptsächlich aus westeuropäischen Sprachen, während seine Syntax und Morphologie slawische Einflüsse und starke Ähnlichkeiten mit isolierenden und agglutinierenden Sprachen wie Chinesisch oder Japanisch aufweisen (NdT).

Feindschaft zwischen den Völkern. Sie unterscheiden sich nur durch Sprache und Nationalität.... Wäre ich kein Ghettojude gewesen, wäre ich nie auf die Idee gekommen, die Menschheit zu vereinen, oder ich wäre nicht mein Leben lang so hartnäckig davon besessen gewesen. Niemand kann das Unglück der menschlichen Teilung mehr spüren als ein Ghettojude. Niemand kann das Bedürfnis nach einer menschlich neutralen und anationalen Sprache so stark empfinden wie ein Jude, der gezwungen ist, in einer toten Sprache zu Gott zu beten, während er seine Erziehung und seinen Unterricht in der Sprache eines Volkes erhält, das ihn ablehnt und das überall auf der Welt Leidensgenossen hat, mit denen er sich nicht verstehen kann.... Meine jüdische Herkunft war der Hauptgrund dafür, dass ich mich seit meiner frühesten Kindheit einer grundlegenden Idee und einem Traum verschrieben habe: dem Traum von der Vereinigung der Menschheit[81]." Weltregierung

Die Bestrebungen, eine Weltregierung zu errichten, finden ihre Hauptbegründung in der Sehnsucht nach universellem Frieden. In diesem Sinne war Julien Benda ein Pionier, der einige der globalistischen Bestrebungen der Zwischenkriegszeit sehr gut zum Ausdruck brachte. In der Schlussfolgerung seines Buches *Der Verrat der Intellektuellen* betrachtete er auch die Verschmelzung der Völker mit charakteristischem prophetischem Enthusiasmus: „Der Wille, sich als anders zu präsentieren, würde von der Nation auf die Spezies übertragen, die sich stolz gegen alles erhebt, was nicht sie selbst ist. In Wirklichkeit gibt es eine solche Bewegung: Es gibt, über Klassen und Nationen hinaus, einen Willen der Gattung, sich von den Dingen lieben zu lassen, und wenn ein Mensch in wenigen Stunden von einem Ende der Erde zum anderen fliegt, erschaudert das ganze Menschengeschlecht vor Stolz und verehrt sich selbst, als ob es inmitten der Schöpfung gesondert wäre."....Man mag manchmal meinen, dass sich eine solche Bewegung immer mehr durchsetzen wird und dass auf diese Weise die Kriege zwischen den Menschen ausgelöscht werden; dass auf diese Weise eine „universelle Brüderlichkeit" erreicht wird, die aber keineswegs die Abschaffung des Geistes der Nation mit ihren Stolzen und Begierden bedeutet, sondern im Gegenteil ihre höchste Form sein wird, wobei die Nation sich selbst Mensch und der Feind sich Gott nennt. Und von da an, vereint in einer unermesslichen Armee, in einer unermesslichen Fabrik, die nichts anderes kennt als Heldentaten, Disziplinen, Erfindungen, die jede freie und uneigennützige Tätigkeit abwirft, die sich damit zufrieden gibt, das Gute jenseits der realen Welt zu stellen und die für Gott nicht mehr hat als sich selbst und ihre Begierden,

---

[81] Brief von Louis Lazarus Zamenhof vom 21. Februar 1905 an den französischen Esperantisten Michaux.

wird die Menschheit Großes erreichen, ich meine eine wahrhaft große Beherrschung der sie umgebenden Materie, ein wahrhaft freudiges Bewusstsein ihrer Macht und ihrer Größe[82]. „Nach der Anthropologie, der Genetik und der planetarischen Ökologie setzt sich auch der Pazifismus für die große Sache der Welteinigung ein. Nach dem Zweiten Weltkrieg wurde Julien Benda Reisebegleiter der Kommunistischen Partei. Seine großzügigen Ideen hinderten ihn nicht daran, die Niederschlagung des ungarischen Aufstandes von 1956 und die darauf folgenden Prozesse zu rechtfertigen.

Der sehr berühmte Wissenschaftler Albert Einstein war eine der ersten, vielleicht die erste zeitgenössische Persönlichkeit, die ausdrücklich die Einrichtung einer Weltregierung forderte. Vielleicht ist dies einer der Gründe, warum er so sehr verehrt wird, denn wir werden später in diesem Buch sehen, dass seine wissenschaftliche Aura in letzter Zeit etwas angeschlagen ist. Nach dem Krieg, im November 1945, veröffentlichte er einen Artikel in der Zeitschrift *Atlantic Monthly*: „Da die Vereinigten Staaten und Großbritannien das Geheimnis der Atombombe besitzen und die Sowjetunion nicht, sollten sie die Sowjetunion einladen, den ersten Entwurf einer Verfassung für die Weltregierung auszuarbeiten und vorzulegen....Nachdem die drei Großmächte eine Verfassung ausgearbeitet und angenommen haben, sollten die kleineren Nationen eingeladen werden, der Weltregierung beizutreten....Die Macht dieser Weltregierung würde alle militärischen Angelegenheiten umfassen, und sie müsste nur noch eine weitere Macht haben, nämlich die, in Ländern einzugreifen, in denen eine Minderheit die Mehrheit unterdrückt und damit die Art von Instabilität schafft, die zu Krieg führt. Bedingungen, wie sie derzeit in Argentinien und Spanien herrschen, sollten angegangen werden. Das Konzept der Nichteinmischung muss abgeschafft werden, denn seine Abschaffung ist Teil der Friedenssicherung." Und Einstein fügte mit einigem Aplomb hinzu: „Es stimmt zwar, dass die Sowjetunion von einer Minderheit regiert wird, aber ich bin nicht der Meinung, dass die inneren Verhältnisse an sich eine Bedrohung für den Weltfrieden darstellen[83]. „In einem Artikel, der im Januar 1946 in der Zeitschrift *Survey Graphic* veröffentlicht wurde, schrieb er weiter: „Der Wunsch der Menschheit nach Frieden kann nur durch die Schaffung einer Weltregierung verwirklicht werden." Auch der Soziologe Edgar Morin wollte eine Weltregierung gründen. Er bestritt jedoch, dass er Paternalismus oder Rassismus gegenüber der Bevölkerung des Südens fördern wollte. Denn diese grandiosen Errungenschaften müssen seiner Ansicht nach vom Westen

---

[82] Julien Benda, *La Traición de los intelectuales*, Ediciones Ercilla, Santiago de Chile, 1951, S. 187, 188.
[83] *Atlantic Monthly, Boston, November 1945, und November 1947*, in *Ideas and Opinions by Albert Einstein*, Crown Publishers, Inc. New York, 1954, S. 119.

erbracht werden, da dort die technologische Entwicklung und die Macht, diese Perspektiven dem Rest der Menschheit aufzuzwingen, zu finden sind. Das Glück der Menschen auf der Erde durchläuft zwangsläufig eine Phase, in der die Völker des Südens auf Biegen und Brechen die Idee der universellen Demokratie akzeptieren müssen. Solche Projekte rechtfertigen zweifelsohne ein „Recht auf Einmischung":

„Die menschliche Vereinigung, die wir anstreben, kann nicht (wie wir bereits an anderer Stelle gesagt haben[*]): „auf dem hegemonialen Modell des weißen, erwachsenen, technischen, westlichen Mannes beruhen; sie muss im Gegenteil die weiblichen, jugendlichen, senilen, multiethnischen, multikulturellen, zivilisatorischen Fermente offenbaren und erwecken...". [84]„, erklärte Edgar Morin. Es geht also nicht darum, die Vorherrschaft des weißen Mannes zu fördern, sondern einfach darum, seine Technologien und seine militärische Macht einzusetzen, um autoritäre Regime zu zerstören und den weltweiten Triumph der Demokratie zu sichern. Der Westen wird gewissermaßen das Laboratorium sein, in dem sich das multikulturelle Experiment entfalten wird, während er gleichzeitig der Hüter der neuen Weltordnung ist. „Es gibt vor allem die Unreife der Nationalstaaten, des Verstandes, des Gewissens, d.h. grundsätzlich die Unreife der Menschheit, sich selbst zu verwirklichen. Wir können die enormen Hindernisse, die dem Entstehen einer Weltgesellschaft im Wege stehen, nicht vor uns selbst verbergen. Das vereinheitlichende Fortschreiten der Globalisierung ruft nationale, ethnische und religiöse Widerstände hervor, die eine zunehmende Balkanisierung des Planeten bewirken, und die Beseitigung dieser Widerstände würde unter den derzeitigen Bedingungen eine unerbittliche Herrschaft bedeuten[85] „, warnte Edgar Morin.

Auch Jacques Attali greift in seinem Dictionnaire du XXIème siècle den Gedanken des Rechts auf Einmischung auf: „In einer globalisierten und vernetzten Welt wird jeder ein Interesse daran haben, dass sein Nachbar nicht in die Barbarei verfällt. Dies ist der Beginn einer Demokratie ohne Grenzen. „Ihm zufolge sollte die Neue Weltordnung in der Lage sein,

---

[84] Edgar Morin und Anne-Brigitte Kern, *Terre-Patrie*, 1993, Editorial Kairós, Barcelona, 2005, S. 144-145, *Edgar Morin, M. Piatelli-Pamarini, *L'Unité de l'homme*, Editions Seuil, Points Essais, 1978 S. 350-355. 350-355

[85] Edgar Morin, *El Método 6, Ética; Kapitel: Ética planetaria*, Ediciones Cátedra-Anaya, Madrid, 2006, S. 185. „Es gibt die Möglichkeit einer planetarischen öffentlichen Meinung: Durch die Medien blitzt eine planetarische Solidarität mit den rumänischen Waisen, den kambodschanischen Flüchtlingen auf... Die Möglichkeiten, sich des gemeinsamen Schicksals bewusst zu werden, wachsen mit den Gefahren; sie werden genährt durch die dämonischen Bedrohungen durch Atomwaffen, die Zerstörung der Biosphäre, die globale Zerstörung auch der Anthroposphäre durch Heroin und AIDS. „Edgar Morin, *Tierra-Patria*, Editorial Kairós, Barcelona, 2005, S. 162.

wenn nötig eine „rücksichtslose Herrschaft" auszuüben, wie Edgar Morin mit einigem Zögern vorschlug. Die Befugnisse der „internationalen Institutionen" würden beträchtlich zunehmen: „Die Verhütung von Konflikten und Kriegen wird eine planetarische Behörde erfordern, die eine Bestandsaufnahme der Bedrohungen vornimmt, die Finanzinstitute warnt und die Sanktionen im Falle von Verstößen überwacht. „Eine universelle Friedensorganisation wird in erster Linie bei den Gesprächen über die Einrichtung einer Weltregierung erörtert werden. „Es wird weniger von einem Recht auf Einmischung als von einer „Pflicht zur Einmischung" die Rede sein. Die „Globalisierung" wird schließlich vollendet sein: „Nach der Einrichtung der europäischen kontinentalen Institutionen wird vielleicht die dringende Notwendigkeit einer Weltregierung entstehen." Alle Nomaden

Jacques Attali ist, um es mit den Worten eines seiner Meisterwerke zu sagen, ein „hervorragender Ideengeber". Die von ihm angestrebte Weltregierung ist nicht nur der Garant für den Weltfrieden, sondern auch das Symbol einer neuen Zivilisationsform. Die alte Welt liegt im Sterben. Diese Welt, in der wir von der Wiege an ein Dach über dem Kopf, eine Familie, eine Religion und eine ganze Kultur hatten, in der wir unser Leben entwickeln konnten, ist vom Aussterben bedroht. Umso besser, versichert Jacques Attali, denn dann können Ungewissheit, Angst und Zögern unsere Kreativität beflügeln. Das Leben muss „neu erfunden" werden. Die Menschen müssen Kreativität zeigen, um ihr Schicksal zu gestalten. Die entstehende Weltzivilisation wird eine „größere Fluidität und Zirkulation von Wissen" bieten. Das „Civilego" wird „die Zivilisation der Zivilisationen" sein. Das „Civilego" wird die Harmonie aller Rassen organisieren, wird sie tolerant gegenüber einander machen, wird sie ermutigen, Erzeuger neuer Unterschiede zu sein. Das Civilego wird neue Nomadenstämme schaffen, die regionale Solidaritäten tragen." „Nomade" und „Nomadentum" sind in der Tat Schlüsselbegriffe im Denken von Jacques Attali; die meisten seiner Bücher kreisen immer irgendwann um diese Idee. „Zivilisationen", schrieb Attali, „die vor zehntausend Jahren sesshaft wurden, werden bald eine nach der anderen auf der Grundlage des Nomadentums wieder aufgebaut werden. Die Geschichte des Nomadentums zeigt, dass seine Stämme außergewöhnliche Künstler hervorbringen können, die sich auf leichte, tragbare Werke spezialisiert haben: Musik, Schmuck, Statuetten, Malerei, mündliche Literatur usw. Im Gegensatz zur Legende gibt es kein friedlicheres Wesen als den Nomaden. Jeder wird leicht, frei, gastfreundlich, wachsam, verbunden und brüderlich sein müssen." Ganz zu schweigen von den Hunderttausenden von asiatischen oder indischen Arbeitskräften, die in Israel, Arabien und den Golfemiraten als billige, ausbeuterische Akkordarbeiter eingesetzt werden.

Es geht um die von Jacques Attali entwickelte Vision der Welt, d.h. ein allgemeines Nomadentum, das vor allem die europäischen und westlichen Völker betreffen wird. Die westlichen Gesellschaften sind vielleicht noch nicht bereit für die Verallgemeinerung dieser Lebensweise, aber das Problem wird sich schnell lösen: „Es muss ein ganz spezielles Gesetz erfunden werden, das sich vom sesshaften Gesetz unterscheidet, denn ohne Gesetz gibt es kein Nomadentum. Der erste nomadische Gegenstand war nämlich das Gesetz selbst, ein Wort, das in der Wüste in Form von Steintafeln empfangen wurde, die in der Stiftshütte, einem heiligen Gegenstand par excellence, mitgeführt wurden. „Ist Jerusalem, die heilige Stadt unter allen, nicht bereits „eine internationale Stadt an der Spitze der vielfältigen Loyalitäten und der grenzenlosen Demokratie? „Die Lebensweisen werden sich völlig verändern. In der kommenden Welt muss alles erneuert werden. Die „Musik" beispielsweise wird in der Tat neue Lebensformen widerspiegeln: „Die Stadtnomaden werden neue Instrumente für eine unmittelbare, kollektive Musik schaffen, die für alle zugänglich ist, die Grenzen des Lernens überwindet und entfernte Kulturen vermischt; eine Mischung aus Instrumenten und Harmonien. „Sie werden verstehen, dass die Idee der Métissage für Jacques Attali eine Obsession ist.

Auch Alain Finkielkraut entwickelte in *Lost Humanity* die Idee dieser exklusiven, an Flughäfen gewohnten und ständig in der Welt unterwegs befindlichen Menschheit: „Der moderne Mensch kann stolz sein auf den Fortschritt, den er gemacht hat: Als Tourist seiner selbst und als Tourist des anderen wandert er, wie die Welt, durch einen riesigen Vergnügungspark, durch ein endloses Museum, in dem Identität und Differenz gleichermaßen seinem willkürlichen Blick angeboten werden. Der Tourismus ist also nicht nur die Art und Weise, wie die sesshaften Zeitgenossen ihre Freizeit verbringen, sondern der Zustand, auf den die Menschheit zusteuert, und dieser Zustand ist in der Bilanz der höchste Wert. Darüber hinaus hat der Reisezieltourismus den Status eines hoheitlichen Gutes. „Alle Touristen, Touristen für immer"! So lautet die endgültige Formel der Emanzipation und Brüderlichkeit[86]. „Alles, was bleibt, ist, den kleinen Vietnamesen dieses große Projekt zu erklären.

Für Pierre Lévy besteht der Hauptunterschied zu Jacques Attali in der Frage, ob wir uns auf den Zustand von „Nomaden" zubewegen oder ob der Begriff „mobil" angemessener wäre. Lévy war in diesem Punkt kategorisch: „Wir sind nicht mehr sesshaft, wir sind mobil. Nicht nomadisch, denn Nomaden hatten weder Felder noch Städte. Wir sind amerikanische Buddhisten, indische Informatiker, arabische Ökologen, japanische Pianisten, Ärzte ohne Grenzen[87]. Wir klammern uns nicht mehr

---

[86] Alain Finkielkraut, *La Humanidad perdida*, Anagrama, Barcelona, 1998, S. 150, 151.
[87] Im Mai 1968 verkündete ein Slogan: „Wir sind alle deutsche Juden".

an einen Beruf, eine Nation oder eine gemeinsame Identität. Wir ändern unsere Ernährung, unseren Job, unsere Religion. Wir wechseln von einem Leben zum anderen, wir erfinden ständig unsere Hobbys und unser Leben. Wir sind unbeständig, sowohl in unserem Familienleben als auch in unserem Berufsleben. Wir heiraten Menschen aus anderen Kulturen und anderen Religionen. Wir sind nicht untreu oder unloyal, wir sind mobil... Wir müssen immer mehr Dinge erfinden. Wir betreten die Zukunft, die wir erfinden, indem wir unseren Planeten bereisen. „Natürlich werden sich nicht alle Franzosen mit diesem Bild der neuen Menschheit identifizieren können. Denn es ist die „Hyperklasse", die hier beschrieben wurde, und nicht die sesshaften Tölpel, die immer veraltet sein werden. Wir Europäer sind immer noch zu egoistisch und von kruden Vorurteilen durchdrungen. „Die Unterscheidung zwischen unseren eigenen Landsleuten und „Ausländern" ist so absurd wie die Unterscheidung zwischen Menschen, die am Montag geboren sind, und solchen, die am Freitag geboren sind. Ein Mensch ist genauso wenig jüdisch, amerikanisch oder chinesisch, wie ein Jahr wirklich ungerade oder gerade ist", erklärte Lévy.

„Die Idee der Nationalität ist zu einer Sackgasse geworden... Grenzen sind die noch bestehenden Ruinen einer vergangenen Welt. Sie dienen nur dazu, Kriminelle zu beherbergen. „Die Menschen müssen sich „grenzenlos bewegen dürfen"; alle Menschen, wahrscheinlich sogar Gangster und Kriminelle. Unsere Aufgabe ist es, „die von der Globalisierung Ausgegrenzten aufzunehmen, anstatt diesen oder jenen Sündenbock zu beschuldigen oder aus der Ferne Almosen zu geben, ohne sie in unserer Nähe spüren zu wollen... Die Welt klopft an unsere Tür. Auch diese Welt will sich umsehen, will sich vernetzen, wie wir. Es will konsumieren wie wir... Du bist ein Mensch, willkommen auf dem Planeten Erde!"

Die Abschaffung der Grenzen und die Einwanderungsfreiheit sind die letzten Revolutionen, die es zu verwirklichen gilt", fuhr Lévy galant fort. Wir gehen mit großen Schritten auf die Ausrufung einer Weltkonföderation zu. Stellen Sie sich das Weltfest vor, das[88] sein wird! „Die Bolschewiki von 1917 hätten nicht enthusiastischer sein können.

Improvisieren Sie Ihre Identität

Es werden neue Bruderschaften entstehen, erklärt Jacques Attali in *Europa(s)*. Traditionelle Identitäten werden verschwimmen: „Wir werden lernen müssen, Nationen ohne Grenzen aufzubauen, indem wir die Mitgliedschaft in mehreren Gemeinschaften, mehrere Wahlrechte und mehrere Loyalitäten zulassen. Die neuen Technologien könnten die Bildung spezifischer Gruppen ermöglichen, die Solidarität erfinden, die

---

[88] Pierre Lévy, *Weltphilosophie*, Odile Jacob, 2000, S. 42.

Welt als Netzwerk und nicht als Hierarchie betrachten, neue Grenzen entdecken oder ziehen. „Über dem Leichnam der alten Identitäten wird das Gefühl der „Mehrfachzugehörigkeit" auftauchen: „Jeder wird das Recht haben, mehreren, bisher antagonistischen Stämmen anzugehören, mehrdeutig zu sein, sich an den Grenzen zweier Welten zu verorten. Sie leihen sich Elemente aus verschiedenen Kulturen und verwenden sie, um aus den Resten der anderen ihre eigenen zu improvisieren. „Wir wissen noch nicht, wie hoch die Selbstmordrate sein wird, aber es ist vor allem wichtig, sich darauf einzustellen und diese Revolution zu akzeptieren, denn der Prozess ist unumkehrbar. „Wenn Frankreich christlich, atlantisch und europäisch ist, ist es auch muslimisch, mediterran und afrikanisch. Ihre Zukunft liegt, wie die jeder Großmacht, in der Vielfalt ihrer Zugehörigkeit, in der entschlossenen Akzeptanz ihrer Ambivalenzen[89]." Der große Schriftsteller Marek Halter stimmte mit Jacques Attali in seinem Konzept der Identität überein, das auf „Mehrfachzugehörigkeit" und „mehrfachen Loyalitäten" beruht. Dieser ehemalige kommunistische Kämpfer fand im planetarischen Ideal eine neue Version der intellektuellen und spirituellen Erfüllung, wie viele seiner früheren Genossen. In seinem Buch *One Man, One Cry* verriet er einige seiner Beweggründe als Schriftsteller: „Schon vor der Lektüre von Herbert Marcuses *One-Dimensional Man war ich* misstrauisch gegenüber Ordnungshütern, weil sie durch eine einzige Funktion in der Gesellschaft definiert waren. Damit wurden sie zur leichten Beute für alle Diktaturen. Wenn sich ein Mensch ausschließlich als Deutscher, Franzose oder Pole definiert, genügt ein Appell an seinen Patriotismus, um ihn zum Gleichschritt zu bewegen. Jede zusätzliche kulturelle oder religiöse Dimension, die hinzukommt, macht den Menschen komplexer und schwieriger zu manipulieren. Auch freier. Ich bin also Franzose, Pole, Russe, Argentinier, Maler, Schriftsteller und auch Jude. Ich bin nicht nur Jude, weil meine Eltern jüdisch waren, nicht nur aus Treue zu den Riten meiner Vorfahren, sondern weil ich mich entschieden habe, es zu sein. Und ich habe mich dafür entschieden, weil diese Entscheidung meine Freiheit bestätigt[90]. „Die jüdische Identität des Autors erscheint hier wie ein Anhängsel, als etwas Überflüssiges, ohne große Bedeutung, obwohl sie diese multiple Identität ganz gut ergänzt. Marek Halter wollte uns damit sagen, dass das Jüdischsein für einen Juden letztlich nur einen winzigen Teil seiner selbst darstellt, eine dünne Schicht auf der Oberfläche der Komplexität und des Reichtums des menschlichen Wesens.

---

[89] Jacques Attali, *Europa(s)*, Fayard, 1994, S. 198.

[90] Marek Halter, *Un Homme, un cri*, Robert Laffont, Paris, 1991, S. 22.

Multikulturelle Gesellschaft

In den prophetischen Visionen von Jacques Attali sind die europäischen Nationen multikulturell und multirassisch geworden. Frankreich wird natürlich ein Projekt „Fraternity" in Angriff nehmen. Sie wird sich mit der muslimischen Frage innerhalb des strengen Rahmens des republikanischen Säkularismus befassen. Mehrere Muslime werden Minister sein. Die französische Gesellschaft könnte ein Leuchtturm für neue Kulturen sein, ein Laboratorium der brüderlichen und kreativen Zivilisation. Großbritannien wird ein „Nebeneinander von gleichgültigen Gemeinschaften aus den fünf Kontinenten, die erste europäische Zivilgesellschaft" sein. „Deutschland seinerseits wird sich der Überalterung seiner Bevölkerung stellen müssen. Sie wird sich daher „für die Einwanderung öffnen müssen, um das derzeitige demografische Defizit auszugleichen. Der Anteil der eingebürgerten ausländischen Bevölkerung dürfte in der Tat ein Drittel der Gesamtbevölkerung und die Hälfte des Anteils in den Städten erreichen", schrieb er vorausschauend. Eine andere Lösung bestünde darin, die deutsche Geburtenrate zu fördern, was Jacques Attali jedoch nicht ins Auge fasste, da nur eine multirassische Gesellschaft die Verwirklichung planetarischer Projekte garantiert.

Kanada wird das „Laboratorium der Utopie sein, ein beeindruckendes Land des Multikulturalismus und der Demokratie ohne Grenzen, in dem jeder gleichzeitig Mitglied mehrerer sich einst gegenseitig ausschließender Kollektive sein wird. „Brasilien wird „der beste Prototyp der „Lego-Kultur" sein, die als universell beworben wird: ein Schaufenster mit Fragmenten der Zivilisation, die jeder nach Belieben zusammensetzen kann". Die einzige Industrienation, die die Wertschätzung unserer Intellektuellen nicht verdiente, war schließlich Japan, eine Gesellschaft, die zweifellos zu homogen und unempfänglich für kosmopolitische Ideen war. Ihm zufolge ist Japan „eine Demokratie, die immer noch oberflächlich ist und weitgehend von korrupten Clans kontrolliert wird. Japan kann den Niedergang nur vermeiden, wenn es sich für die Ideen, Kulturen und Unternehmen anderer westlicher Eliten öffnet[91]." Michel Wieviorka, einer der größten Soziologen unserer Zeit, hat ebenfalls den Gedanken

---

[91] Jacques Attali, *Dictionnaire du XXIe siècle*, Fayard, Paris, 1998. „Die Anrainerstaaten des Mittelmeers werden sich in einem gemeinsamen Markt organisieren, dessen Institutionen in Jerusalem angesiedelt sein werden, das die Hauptstadt von zwei Staaten und drei Religionen sein wird. Die westliche, technische, kapitalistische und demokratische Zivilisation wird einer Zivilisation des Zusammenbaus weichen, einer Lego-Zivilisation (die ich civiLego nennen möchte), deren Ideal und Berufung die Wiederherstellung der Harmonie der Welt durch die Toleranz ihrer Gegensätze und die unendliche Vermischung ihrer Werte sein wird. „Jacques Attali, *Wörterbuch des 21. Jahrhunderts*, Paidós Ibérica Pocket, Barcelona, 2007, S. 15-16.

aufgegriffen, dass wir in der „neuen Ära", in die wir eintreten, „unsere Identitäten immer öfter erfinden und erfinden werden[92]. „Er stützte sich auf die Thesen des Vaters des Kulturrelativismus, Franz Boas, der den hybriden und sich verändernden Charakter von Kulturen erklärte. Er zitierte auch den berühmten amerikanischen Soziologen Nathan Glazer (*We are all multiculturalist now*, Cambridge, Harvard University Press, 1997). „Der Punkt ist klar", so Wieviorka, „es geht um die Anerkennung der kulturellen Vielfalt unserer Gesellschaften und der damit verbundenen Pluralität der Ansprüche[93]. „Heute geht es schlicht und einfach darum, „die Unterbewertung oder Ausgrenzung zu bekämpfen, von der Gruppen ständig betroffen sind, deren Mitglieder Opfer von Diskriminierung (bei der Beschäftigung, beim Zugang zu Bildung, Wohnraum usw.) sind, aber auch von Anfang an in ihrem sozialen Leben aufgrund ihrer nationalen Herkunft, ihrer Religion, ihrer körperlichen Merkmale, ihres Geschlechts und ihrer sexuellen Vorlieben usw. benachteiligt sind. „Das ist in der Tat das Problem aller multikulturellen und egalitären Gesellschaften, die der westliche Lebensstil durch die Gleichmacherei der ganzen Welt durchsetzen will. Ihm zufolge können einige Minderheiten als die großen Opfer der weißen westlichen Gesellschaft betrachtet werden. Dies sind die so genannten „primären Minderheiten": „Die Aborigines Australiens, die Maoris Neuseelands und die Indianer der drei Amerikas haben die Moderne mit voller Wucht empfangen. Diejenigen, die diese Völker heute verkörpern, so schrieb er, sind ein Überbleibsel der Geschichte. Sie stellen zweifellos das dar, was übrig bleibt, wenn alles durch die Gewalt der Eroberung zerstört wurde - mit all ihren verheerenden Folgen wie Krankheit, Alkoholismus, selbstzerstörerisches Verhalten des Einzelnen (Selbstmord) oder von Gruppennormen (Gewalt gegen Kinder, Vandalismus innerhalb der Gemeinschaft)." Diese Gruppen", fügte Michel Wieviorka hinzu, „sind manchmal zurückhaltend gegenüber einer multikulturellen Politik, die sie mit den eingewanderten Minderheiten auf eine Stufe stellt. Auch die primären Minderheiten sind von der Moderne betroffen, aber „paradoxerweise", so Wieviorka, „liegen ihre größten Überlebens- und Entwicklungschancen nicht im kommunalen Widerstand, der sie einschließt, ohne sie zu retten, sondern in der Offenheit für die Welt der Spätmoderne, in der Neuerfindung kultureller Formen, die die Vergangenheit nicht isolieren, sondern aufwerten, indem sie auf das große Merkmal unserer Zeit setzen: die Anerkennung von Unterschieden innerhalb der und dank der Demokratie[94]." Dies sei eine ziemlich paradoxe Sichtweise, so Wieviorka. „Dies ist eine ziemlich paradoxe Ansicht.

---

[92] Michel Wieviorka, *La Différence*, Balland, 2001, S. 1.
[93] Michel Wieviorka, *La Différence*, Balland, 2001, S. 83.
[94] Michel Wieviorka, *La Différence*, Balland, 2001, S. 112.

So heißt es, dass der letzte Stamm des Äquatorialwaldes der Wachsamkeit unserer modernen Denker nicht entgehen wird. Die Besessenheit von der Rassenmischung ist zweifelsohne charakteristisch für das planetarische Denken. Man beachte auch die häufige Verwendung des Begriffs „Erfindung", als ob alles, was von früheren Generationen hinterlassen wurde, zwangsläufig verworfen werden müsste.

Hybridisierung und Kreuzung

Es ist natürlich etwas widersprüchlich zu behaupten, dass man sich durch Vielfalt bereichert, wenn die gesamte Theorie Homogenisierung und Standardisierung durch Vermischung und Vermengung fördert.

Daraus ergibt sich das Paradoxon, dass die Kulturen bewahrt und gleichzeitig geöffnet werden müssen... Wir müssen die kulturellen Eigenheiten verteidigen und gleichzeitig die Hybridisierung und Rassenmischung fördern, wir müssen die Wahrung der Identitäten und die Propagierung einer mestizischen oder kosmopolitischen Universalität miteinander verbinden, die dazu neigt, diese Identitäten zu zerstören". „Das sind die Qualen des kosmopolitischen Geistes. Kosmopolitisch?

„Deshalb verstehen wir unter dem Wort Kosmopolit (wörtlich) Weltbürger und (konkret) Kind der Erde und nicht abstrakte Individuen, die alle ihre Wurzeln verloren haben. Wir wollen die Entwicklung von Netzwerken im planetarischen Gefüge. Wir predigen die Rassenmischung unter den Bedingungen, unter denen sie eine Symbiose darstellt und nicht die Aneignung der Substanz einer Zivilisation durch eine andere[95]." Es geht Edgar Morin also nicht darum, ein produktives und dominantes Volk zur Ausbreitung zu ermutigen, indem er ein zahlenmäßig unterlegenes Volk absorbiert und durch Mischehen zum Verschwinden bringt, sondern darum, in gewisser Weise eine Rassenmischung zu fördern, die ein dominantes Volk schwächt und seine Besonderheit aufhebt, während das dominierte Volk intakt bleibt, wie ein Fläschchen mit reiner Tinte, aus dem man die verschiedenen Mischungen weise dosieren kann.

Der italienische Schriftsteller Primo Levi war ebenfalls ein Befürworter einer gemischtrassigen Gesellschaft, zumindest für die europäischen Gesellschaften. Er war Autor zahlreicher Romane und Essays, die in alle Sprachen übersetzt wurden und sogar in Schulen und Instituten auf der ganzen Welt studiert wurden. In einem Sammelband mit dem Titel *Asymmetrie und Leben* setzte er sich im Kapitel *Rassenintoleranz* für die Rassenmischung ein: „Je weiter die Herkunftsgebiete entfernt sind, desto günstiger ist die Kreuzung, wie die natürliche Auslese nicht nur bei

---

[95] Edgar Morin und Anne-Brigitte Kern, *Tierra-Patria*, 1993, Editorial Kairós, Barcelona, 2005, S. 145, 149.

Tieren, sondern auch bei Pflanzen zeigt. „Um die Idee leichter akzeptabel zu machen, ohne das Risiko einzugehen, die Bevölkerungen zu beleidigen, müssen wir von dem Postulat ausgehen, dass wir bereits eine gemischte Rasse sind, und uns, wenn nötig, auf die Verstärkung durch genetische Beweise von Experten stützen: „Die indoeuropäische Rasse ist nicht rein, denn nichts beweist sie[96]. „In der Tat gibt es kaum Unterschiede zwischen den menschlichen Rassen. „In der Tat ist es trotz der Bemühungen aller Anthropologen keiner seriösen anthropologischen Studie gelungen, einen Wertunterschied zwischen den menschlichen Rassen nach Eliminierung nicht-rassischer, d.h. kultureller, Faktoren nachzuweisen. „Rassen gibt es nicht, die Frage ist also geklärt. Von diesem Zeitpunkt an sind alle Hoffnungen erlaubt. Das Verschwinden der Grenzen wird zu einer Vermischung der Weltbevölkerung und zu weit verbreiteter Rassenmischung führen. In diesem Sinne können wir das endgültige Verschwinden von Konflikten und Kriegen erwarten. Die triumphierende Menschlichkeit wird in gewisser Weise ein Sieg des Menschen über seinen tierischen Zustand sein: „Ich denke, dass Rassenvorurteile etwas sehr Unmenschliches sind. Ich denke, dass sie vormenschlich ist, dass sie dem Menschen vorausgeht, dass sie eher zur Tierwelt als zur menschlichen Welt gehört. Ich denke, es ist ein Vorurteil der wilden Art, der wilden Tiere." In seinem 2004 erschienenen Buch *Frankreich und die Einwanderung: von 1900 bis heute* versucht der Demograf Gérard Noiriel zu zeigen, dass die französische Bevölkerung das Ergebnis einer großen Mischung ist. Die Autorin hat sich dabei für eine originelle thematische und nicht chronologische Handlung in vier Teilen entschieden: *Weggehen, sich einen Platz schaffen, sich integrieren, Unterschiede pflegen*. Diese Darstellung ermöglicht es, alle nacheinander eingetroffenen Völker in denselben Kapiteln zu vermischen und so die Unterschiede zwischen den Polen und den animistischen und muslimischen Völkern Afrikas, die erst vor kurzem an Land gegangen sind, abzuschwächen. Es gibt keinen Unterschied. Es gibt keinen Unterschied.

Die Mestizo-Gesellschaft ist das Modell, das auch der talentierte Essayist Guy Sorman in *The World is my Tribe* vorschlägt. „Frankreich sollte seinen einzigartigen Weg fortsetzen, nämlich die Vermischung der Kulturen und nicht die Ausgrenzung der anderen. Frankreich - das Land der Menschenrechte - stellt für alle Autoren, die „eine gemischtrassige Welt, die sich immer mehr vermischt"[97], zu schätzen wissen, das ideale Modell einer Nation dar. „Das Phänomen der Globalisierung, das letztlich nichts anderes ist als die Amerikanisierung der Welt, führt die Menschheit glücklicherweise in dieses Schicksal.

---

[96] Primo Lévi, *L'Asymétrie et la vie*, Robert Laffont, 2002, S. 200.
[97] Guy Sorman, *Le Monde est ma tribu*, Fayard, 1997, S. 399.

Guy Sormans Entschuldigung für die Rassenmischung birgt jedoch einige einzigartige Widersprüche in sich. Seine Wanderschaft um die Welt führte ihn nach Argentinien, wo es eine große jüdische Gemeinde gibt. In der Bevölkerung beobachtete er die Nachkommen von Spaniern und Italienern. „Schließlich kamen die Juden. Sie brachten ihre Obsessionen und Komplexitäten in ihren Koffern mit. „Guy Sorman hat das Thema zwar nicht vertieft, aber er hat es in seinem Diskurs und seiner Wahrnehmung von Menschlichkeit und Völkern offenbart, wenn er beispielsweise den Rassismus der Argentinier anprangerte: „Die Argentinier - in diesem neuen Spanien genauso besessen von der Reinheit des Blutes wie im alten - hielten sich für das einzige weiße Volk Lateinamerikas (tatsächlich gibt es nur wenige Indianer und Mestizen, außer in den Randgebieten); bis heute rühmen sie sich ihres Weißseins, als wäre es eine Tugend[98]. „Guy Sorman schien daher einen latenten Rassismus in der argentinischen Bevölkerung zu vermuten, nur weil diese „weiß" ist. Es mag überraschen, dass sich die Juden gerade in Argentinien massenhaft niederließen und nicht in den benachbarten, eher gemischtrassigen Ländern. Ein weiterer offensichtlicher Widerspruch ergibt sich aus dem Interesse des Verfassers an Israel, denn die Bindung an dieses Heimatland, das auf irreduziblen ethnisch-religiösen Grundlagen beruht, ist grundsätzlich nicht mit einer Entschuldigung für die Rassenmischung und die Errichtung der universellen Gesellschaft vereinbar, für die er eintritt. Es sei denn, dieser humanistische Diskurs ist lediglich ein Exportprodukt, wie der Internationalismus und der kommunistische Pazifismus, der einst im Namen der Sowjetunion gegen die westlichen Länder gerichtet war. „Als Franzose jüdischer Herkunft, aber auch als Volterianer und weltlicher Franzose, kann ich nicht anders, als mir Sorgen um Israel zu machen, das so weit weg und doch so nah ist[99] „, sagte er uns einfach.

Ein weiteres klassisches Thema der planetarischen Idee taucht in seinem Werk auf: die Vergeblichkeit jeglicher Opposition, als ob das Schicksal der Menschheit bereits von höheren, sektiererischen oder religiösen Kräften vorgezeichnet wäre. Die großen Wanderungen der Völker des Südens in Richtung Norden zum Beispiel sind unausweichlich; es ist daher sinnlos, sich diesen Bewegungen entgegenstellen zu wollen: „In dieser Hinsicht wird man man McMundo vorschlagen, die Große Wanderung zu steuern, anstatt sie zu verbieten, denn ein solches Verbot ist sinnlos[100] „, schrieb er. Es ist daher völlig sinnlos, sich dem zu widersetzen, was bereits programmiert ist. Dieser Gedanke der Unausweichlichkeit

---

[98] Guy Sorman, *Die Welt ist mein Stamm*, Editorial Andrés Bello, Barcelona, 1998, S. 46.

[99] Guy Sorman, *Die Welt ist mein Stamm*, Editorial Andrés Bello, Barcelona, 1998, S. 337.

[100] Guy Sorman, *Le Monde est ma tribu*, Fayard, 1997, S. 181.

findet sich im planetarischen Diskurs ebenso wieder wie im marxistischen Diskurs, der den kommenden Sieg des Proletariats und das Verschwinden der sozialen Klassen vorhersagte.

Bürgerlicher Konsumismus

Das Aufkommen einer Welt ohne Grenzen wird durch die Verwandlung von eingefleischten Bürgern in planetarische Konsumenten erreicht. Die Konsumgesellschaft und die demokratischen Regime werden die letzten Schocks der Identitätskrisen, die wir wahrscheinlich gerade erleben, überwinden. Alain Finkielkraut hat es perfekt erklärt: „Der Konsum setzt die nationalistische Kriegstreiberei außer Kraft. „Der Philosoph beschrieb so die unaussprechlichen Freuden der Konsumgesellschaft und ihre bemerkenswerte Nützlichkeit bei der Entwurzelung der Identität des Einzelnen:

„Der postmoderne Mensch ist der Technik dankbar dafür, dass sie seine Verwurzelung durchbrochen hat. Er ist kein Nomade, sondern ein Tourist, der die Welt sieht und durch die großen Zelte der Menschheit wandert. Er ist ein Tourist mit einer Vorliebe für Süßes, der Indien und seinen Basmati-Reis oder Mitteleuropa und seinen Apfelstrudel schätzt. Aus dieser Position des touristischen Altruismus, der Shopping-Galerie-Xenophilie, verurteilt er unter dem Namen Fundamentalismus, Nationalismus oder Tribalismus alles, was in der posttotalitären Welt noch oder wieder an Vaterlandsliebe übrig ist. „So wird der „Antirassismus zu einer Modalität der Konsumgesellschaft, und der Konsum, auch wenn er mit fremden Aromen gewürzt ist, zu einer Variante des Antirassismus[101]. „Dies sind die Leitlinien, die das Gefüge der neuen menschlichen Gesellschaft der Zukunft bilden werden, der Gesellschaft, die schließlich universellen Frieden und Glück für alle Menschen garantieren wird. Obwohl wir die unverschämten und sardonischen Verleumder dieser „Supermarktphilosophie" schon von weitem kommen sehen.

Der Medienessayist Pascal Bruckner entwickelte eine ähnliche Analyse, die allerdings eher seinen politischen Hoffnungen als seiner Weltbeobachtung entspringt: „Wir müssen erkennen, dass der Konsum und die Unterhaltungsindustrie eine außergewöhnliche kollektive Schöpfung sind, die in der Geschichte keine Entsprechung hat. Zum ersten Mal haben Männer und Frauen die Schranken von Klasse, Rasse und Geschlecht überwunden und sind zu einer einzigen Menschenmenge verschmolzen,

---

[101] So lautet die eigentümliche Schlussfolgerung eines Buches über die Philosophie von Charles Péguy [französischer Philosoph, Dichter und Essayist, der als einer der wichtigsten modernen katholischen Schriftsteller gilt]: Alain Finkielkraut, *Le Mécontemporain*, Gallimard, 1991. Unabhängig vom Thema seiner Bücher ist die Schlussfolgerung immer ein Appell an den Universalismus.

die bereit ist, sich betäuben zu lassen, sich zu vergnügen, ohne an etwas anderes zu denken.... Das Einkaufen, die Ablenkung, das geistige Umherschweifen durch virtuelle Räume erzeugen eine Düsternis, die vielleicht lähmend ist, aber so sanft, dass sie sich für uns mit dem hellsten Licht vermischt[102]. „Dies ist eine der wenigen etwas wortgewandten Passagen in Pascal Bruckners Büchern, die, um die Wahrheit zu sagen, immer wie eine warme Suppe in einer bitterkalten Nacht in den Bergen sind.

Für Jacques Attali bleibt die Demokratie natürlich der obligatorische Rahmen für die Errichtung der offenen Gesellschaft, aber sie muss sich weiterentwickeln, um sich den Erfordernissen der neuen Weltordnung anzupassen: „Durch die Intensivierung des freien Waren-, Kapital-, Ideen- und Personenverkehrs wird der Markt die Grenzen niederreißen, die die Demokratie braucht, um das Territorium zu definieren, in dem das Wahlrecht ausgeübt wird und in dem die Republik institutionalisiert ist. Das internationale Recht wird die Staaten unter dem Druck der Wirtschaft dazu zwingen, ihr Steuer- und Sozialrecht auf dem niedrigstmöglichen Niveau zu vereinheitlichen und eine Welt zu schaffen, die an die Nomaden angepasst ist, während die Demokratie bis dahin für die Sesshaften gedacht war... Der Markt wird sich auf Bereiche ausdehnen, die heute verboten oder undenkbar sind: Bildung, Gesundheit, Justiz, Polizei, Staatsbürgerschaft, Luft, Wasser, Blut, Organtransplantationen - alles wird seinen Preis haben. „Aber wir sollten nicht denken, dass Attali den Marxismus wegen dieser wirtschaftlichen Überlegungen ablehnt. Im Gegenteil, die liberale Globalisierung verdankt der marxistischen Ideologie, die ihr historisch vorausging, viel in ihrem Bestreben, eine universelle Gesellschaft aufzubauen. Die liberale Globalisierung hat sich durchgesetzt und erreicht Punkt für Punkt, was der Marxismus nicht geschafft hat. Jacques Attali war in dieser Hinsicht sehr klar: „Der Marxismus wird als eine der wichtigsten Formen der Analyse und der Vorhersage der Entwicklung der menschlichen Gesellschaften anerkannt werden. „Sicherlich ist der Marxismus auch heute noch sehr nützlich, wenn es darum geht, den Geist der Rebellion zu kanalisieren, der unweigerlich eine liberale Gesellschaft durchdringt, die ihren jungen Leuten nur die Möglichkeit bietet, in Einkaufszentren herumzuwandern.

Pierre Lévy ist unbestreitbar der enthusiastischste der planetarischen Intellektuellen, auch der ausgefallenste: „Was weder die großen Religionen, noch die öffentliche Erziehung, noch die allgemeine Erklärung der Menschenrechte, noch der einfache Menschenverstand zu errichten vermochten - die konkrete Einheit der Menschheit -, wird durch den Handel

---

[102] Pascal Bruckner, *La tentación de la inocencia*, Anagrama, 1996, Barcelona, S. 71. Leuchtende Bilder und „leuchtende" Formen tauchen bereits in Lévys Prosa auf.

verwirklicht[103] ...Die Bewegung der intellektuellen, kulturellen und spirituellen Vereinigung der Menschheit wäre unverständlich, unvollständig, inkohärent und schlichtweg unmöglich, wenn sie nicht mit der globalen Vereinigungsbewegung des kapitalistischen Marktes und dem Wachstum eines gigantischen vernetzten, voneinander abhängigen und planetarischen technologischen Makrokosmos gekoppelt wäre und von diesem getragen würde, was im Cyberspace.... seinen vorläufigen Höhepunkt gefunden hat." „Wir wissen nicht mehr, wann wir arbeiten und wann wir nicht arbeiten. Wir werden die ganze Zeit über im Geschäft sein. Alle Arten von Geschäften... Sogar die Lohnempfänger, die mehr und mehr eine Entlohnung in Aktien verlangen, werden zu individuellen Unternehmern, die von einem Arbeitgeber zum anderen wechseln und ihre Karriere wie ein kleines Unternehmen führen... Die Praxis des Handels wird immer universeller werden, je mehr Öl im Motor der Wirtschaft ist, desto weniger Reibung (Gewalt, Macht, Lügen, Verbrechen) wird es in der Gesellschaft geben und desto größer wird die Zunahme des allgemeinen Wohlstands. Denn jeder wird kooperativ und wettbewerbsorientiert arbeiten, um mehr „Wert" zu produzieren... Das Spiel besteht darin, neue Spiele mit Symbolen zu erfinden. Viele einzelne Spekulationsblasen werden platzen, aber die Spekulationsblase der Weltwirtschaft und des Finanzwesens wird nie platzen. Im Gegenteil, sie wird ständig zunehmen... Es wird keinen Unterschied zwischen Denken und Geschäft geben. Das Geld wird Ideen belohnen, die die fabelhafteste Zukunft ermöglichen, die Zukunft, für die wir uns entscheiden werden[104]. „In dieser neuen Weltordnung gibt es keine „Familien" und keine „Nationen" mehr, die zusammenhalten. Wir lassen uns scheiden, wandern aus, wechseln die Region oder das Unternehmen.... Lassen Sie uns also die menschliche Entwicklung vorantreiben, anstatt eine Identität für uns selbst zu suchen[105]." „Der Cyberspace befindet sich derzeit im Epizentrum der selbstschöpferischen Schleife der kollektiven Intelligenz der Menschheit", so Lévy weiter. „Der Prozess der Deprogrammierung und Öffnung des menschlichen Geistes wird mehrere Jahrzehnte dauern, bevor er stattfindet, aber er ist unausweichlich. Es liegt an uns, sie so wenig wie möglich zu verzögern[106]. „Im marxistischen Schema war es die „klassenlose Gesellschaft", die „unausweichlich" sein sollte. Diese Analogie mag uns angesichts der „Kollateralschäden", die mit solchen Prophezeiungen immer einherzugehen scheinen, etwas nachdenklich stimmen.

---

[103] Pierre Lévy, *Weltphilosophie*, Odile Jacob, 2000, S. 61.
[104] Pierre Lévy, *Weltphilosophie*, Odile Jacob, 2000, S. 100.
[105] Pierre Lévy, *Weltphilosophie*, Odile Jacob, 2000, S. 83, 132
[106] Pierre Lévy, *Weltphilosophie*, Odile Jacob, 2000, S. 53, 120, 123

Matriarchalische Gesellschaft

Jacques Attali zufolge wird die kommende Welt nicht nur eine Welt der ethnischen und politischen Neuzusammensetzung sein. Der Wandel wird sich auf alle Aspekte des gesellschaftlichen Lebens erstrecken müssen, bis hin zur Umstrukturierung der Familieneinheit. Machen wir uns nichts vor: Ihre prophetischen Visionen sind nicht nur eine Erweiterung der aktuellen Orientierungen der zukünftigen Gesellschaft, die die planetarischen Ideologen anstreben. Nach Ansicht der Intellektuellen dieser Strömung waren die Traditionen jahrhundertelang ein Hindernis, das die Menschen an der Entwicklung hinderte. Die Religionen, insbesondere die katholische Religion, hielten die Europäer in einer Art Rückständigkeit. Es geht jetzt darum, den alten Flitter der europäischen Gesellschaften abzuschütteln und das reaktionäre Konzept der Familie und alles, was bei der „Geburt" vererbt wird, zu vergessen. (vgl. *Wörterbuch des 21. Jahrhunderts*):

„Jeder Mensch wird zu einem Wesen ohne Vater und Mutter, ohne Vorfahren, ohne Wurzeln und ohne Nachkommen, ein absoluter Nomade. „Die Revolution muss so weit wie möglich reichen. Die traditionelle „Ehe" muss neuen Formen der Partnerschaft Platz machen: „Jeder wird das Recht haben, mehrere Paare gleichzeitig zu bilden. Polygamie und Polyandrie werden die Norm sein. „Männer und Frauen werden endlich frei sein, ihre Sexualität voll auszuleben und ihre „erotischen" Wünsche zu befriedigen: „Es wird erlaubt sein, mittels eines „*Klonbildes*" alle sexuellen Beziehungen zu haben, die einem Menschen verboten sind. Sogar Beziehungen zu minderjährigen *Klonimago* werden genehmigt, sofern sichergestellt werden kann, dass sie nicht die Beteiligung eines echten Kindes erfordern oder implizieren. Onanismus und Nomadentum. Onanomadismus[107]. „ (sic)

Und was hat Jacques Attali von der Natur gehalten, die Vögel oder das Meer? Das Meer? Sie wird „zum gemeinsamen Eigentum der Menschheit erklärt". Es muss eine internationale Meerespolizei eingerichtet werden, um sicherzustellen, dass die Rechte künftiger Generationen respektiert werden. „Dies ist die planetarische Besessenheit; eine unermüdliche Propaganda für die Vereinigung der Menschheit und die Zerstörung der alten Zivilisation; es ist eine permanente Spannung zur Verwirklichung dieses Projekts, mit einer zugrunde liegenden mystischen und religiösen Dimension.

Auch wenn Jacques Attali sich in seiner Wirtschaftsauffassung dem Liberalismus zugewandt hat, bleibt er in allen Fragen, die soziale Phänomene betreffen, zweifellos ein Marxist, denn seine Überlegungen zur

---

[107] Jacques Attali, *Dictionnaire du XXIᵉ siècle*, Fayard, Paris, 1998.

sexuellen und familiären Umstrukturierung stehen unbestreitbar in der Tradition von Wilhelm Reich und Herbert Marcuse.

Der Vater des Konzepts der sexuellen Revolution ist der Theoretiker Wilhelm Reich, der als erster die Ideen von Sigmund Freud und Karl Marx synthetisierte: „Die sexualökonomische Soziologie", schrieb er 1933 in seiner *Massenpsychologie des Faschismus*, „entstand aus dem Bemühen, die Tiefenpsychologie von Freud mit der ökonomischen Lehre von Marx in Einklang zu bringen: „Die Psychoanalyse ist die Mutter und die Soziologie der Vater" dessen, was Reich „die sexuelle Ökonomie" nannte[108]." Wenn der Marxismus die Spaltung der menschlichen Gesellschaft in antagonistische Klassen proklamierte, so teilte Freud seinerseits die menschliche Individualität, in der er mehrere Schichten zu erkennen glaubte: eine sehr alte, breite Schicht, das „Ich", der Bereich des Unbewussten, das weder Gut noch Böse, noch Moral, noch irgendeinen anderen Wert außer dem „Lustprinzip" kennt. Unter dem Einfluss der Außenwelt entsteht eine abgeleitete Schicht, das „Ich", aus dem wiederum, dank der Wirkung sozialer Faktoren, das „Über-Ich" hervorgeht.

Freud schlug eine marxistische Analogie vor, um die Rolle der verschiedenen Schichten der Psyche zu erklären, die unter dem Einfluss der Zivilisation und der Sexualität, die die Infrastruktur des „Es" beherrscht, entstanden sind. So schrieb Freud 1930 in *Die Unruhe in der Kultur*: „Wir wissen bereits, dass die Kultur der Regel der ökonomischen psychischen Notwendigkeit gehorcht, denn sie ist gezwungen, der Sexualität einen großen Teil der psychischen Energie zu entziehen, die sie für ihren eigenen Konsum benötigt. Dabei verhält sie sich gegenüber der Sexualität genauso wie ein Volk oder eine soziale Klasse, die es geschafft hat, ein anderes Volk ihrer Ausbeutung zu unterwerfen[109]. „Die Sexualität, die auf der Ebene des „Es" nur das Vergnügen der verschiedenen Körperteile zum Ziel hat, muss der Fortpflanzungsfunktion unterworfen werden und konzentriert sich daher ausschließlich auf den Genitalbereich. Unbewusst bewahrt der Organismus die Erinnerung an einen idealen Zustand, in dem das „Lustprinzip" (die verschwundene klassenlose Gesellschaft) die absolute Vorherrschaft hatte, und versucht, sich aus dem Zustand der Sklaverei zu befreien, dem er unterworfen ist. Aber das „Ich" und das „Über-Ich" schaffen den Begriff der Moral und bezeichnen diese

---

[108] Wilhelm Reich, *La Psychologie de masse du fascisme*, 1933, 1969, 1972 pour la traduction française, Éditions Payot, 1998, S. 20. Und für die spanische Übersetzung: Wilhelm Reich, *Psicología de masas del fascismo*, EspaPdf (es.scribd.com), S. 69, 70.
[109] Sigmund Freud, *Das Unbehagen in der Kultur, Teil IV, Gesammelte Werke*, EpubLibre, Trans. Luis López Ballesteros y de Torres, 2001, S. 4085. (Auf Französisch wird diese Schrift Freuds, *Das Unbehagen in der Kultur*, mit *Le Malaise dans la civilisation* übersetzt).

Befreiungsversuche als „Perversion" oder „amoralische Handlungen". In einer Zivilisation, die auf diesen Grundlagen aufgebaut ist, bringt die Arbeit keine Freude, sondern wird zu einer Quelle des Unglücks und des Schmerzes.

Wilhelm Reich griff auf viele Entdeckungen Freuds zurück, insbesondere in Bezug auf die kindliche Sexualität. Für ihn ging es darum, die Menschen von der Unterdrückung der reproduktiven Sexualität zu befreien, damit eine „vorgenitale sexuelle Organisation" wiedergeboren werden konnte. Dazu war es notwendig, das anzugreifen, was den Rahmen für diese Sexualität bildet, nämlich die autoritäre patriarchalische Familienzelle, die auch die Matrix des Kapitalismus, des Faschismus und der reaktionären religiösen Stimmung ist.

Ihm zufolge wurde die Sexualität von Kindern und Jugendlichen in der Vergangenheit „in der ursprünglichen matriarchalischen Arbeitsdemokratie positiv bewertet". Die matriarchalische Sexualorganisation, deren „Grundlage das Fehlen von Privateigentum an den gesellschaftlichen Produktionsmitteln" war, war vorherrschend. In dieser Art von Idealgesellschaft kümmerten sich die Frauen allein um ihre Kinder, während die Männer aus der Kernfamilie herausgehalten wurden. Der Übergang zur patriarchalischen Gesellschaft, so Reich, erfolgte durch „die Übertragung von Macht und Reichtum von der demokratischen *gens* auf die autoritäre Familie des Häuptlings". „Auf diese Weise wurde die sexuelle Unterdrückung zu einem wesentlichen Bestandteil der Spaltung der Gesellschaft in Klassen[110]." Heute, so Reich, werde die kindliche Sexualität durch die Erziehungsmaßnahmen der autoritären Familienzelle „einer systematischen Unterdrückung unterworfen". Diese „moralische Hemmung der genitalen Sexualität des Säuglings macht ihn ängstlich, furchtsam, unterwürfig, gehorsam, kurz, 'gut' und 'fügsam' im autoritären Sinne; da von nun an jeder vitale und freie Impuls mit einer starken Dosis Angst aufgeladen ist, lähmt diese Einschränkung die rebellischen Kräfte im Menschen und reduziert seine Denk- und Kritikfähigkeit. „Kurz gesagt, die Hauptfunktion der patriarchalischen Familienzelle besteht darin, das Kind dazu zu bringen, sich an die autoritäre Ordnung anzupassen.

„Als erste Stufe dieser Anpassung durchläuft das Kind den autoritären Miniaturstaat der Familie, deren Strukturen es akzeptieren muss, um sich später in die allgemeine Gesellschaftsordnung integrieren zu können. „Wenn man die Idee der Nation zerstören will, muss man logischerweise auch die traditionelle Familie zerstören, denn die autoritäre Familie ist die Keimzelle des reaktionären Denkens, das seinerseits die Individuen einschränkt, indem es die Sexualität der Kinder unterdrückt.

---

[110] Wilhelm Reich, *Massenpsychologie des Faschismus*, (1933), EspaPdf (en.scribd.com), S. 398, 391, 402, 403

In den europäischen Gesellschaften führt diese Unterdrückung dazu, dass „die Sexualität verschiedenen Wegen der Ersatzbefriedigung folgt". So wird „die natürliche Aggression zu einem brutalen Sadismus gesteigert, der ein wesentlicher Bestandteil der Massenpsychologie des Krieges ist, der von einigen wenigen zur Befriedigung imperialistischer Interessen inszeniert wird. „Reich erklärte den Aufstieg des Nationalsozialismus von Adolf Hitler wie folgt: „Seine [Hitlers] Propaganda konnte aufgrund der autoritären und freiheitsliebenden Struktur der Menschen Fuß fassen. „Denn „der Faschismus ist ideologisch die Reaktion einer sexuell und wirtschaftlich gequälten Gesellschaft auf die schmerzhaften, aber entschlossenen Tendenzen des revolutionären Denkens in Richtung sexueller und wirtschaftlicher Freiheit, einer Freiheit, die den Reaktionären schon beim bloßen Gedanken daran tödliche Angst einjagt[111]. „Für diese Reaktionäre war Befreiung gleichbedeutend mit Chaos und sexueller Verderbtheit.

„Das natürliche Sexualleben gefährdet den Fortbestand der sexuellen Institutionen, wenn die wirtschaftliche Deklassierung des Kleinbürgertums beginnt. Da das Kleinbürgertum die tragende Säule der autoritären Ordnung ist, ist seine „Anständigkeit" und „Bewahrung" vor den Einflüssen der „Infrahumanität" von grundlegender Bedeutung; denn wenn das Kleinbürgertum seine moralische Haltung in sexuellen Fragen in gleichem Maße verlieren würde wie seine ökonomische Zwischenstellung zwischen der industriellen Arbeiterklasse und der Großbourgeoisie, wäre dies sicherlich die ernsthafteste Bedrohung für die Existenz der Diktaturen...Deshalb verstärkt die diktatorische Macht in Krisenzeiten immer die Propaganda zugunsten der des „Anstands" und der „Festigung von Ehe und Familie[112]."" Frauen und Kinder sind die Opfer dieser patriarchalischen Organisation. Um die Dauerhaftigkeit der „Institution der autoritären Familie" zu erreichen, bedarf es mehr als nur der wirtschaftlichen Abhängigkeit der Frauen und Kinder von ihren Ehemännern und Vätern. Für die Unterdrückten ist diese Abhängigkeit nur unter der Bedingung erträglich, dass das Bewusstsein von Frauen und Kindern als sexuelle Wesen so weit wie möglich ausgeschaltet wird. Die Frau darf nicht als sexuelles Wesen auftreten, sondern nur als Fortpflanzungsorgan. Die Idealisierung der Mutterschaft, ihre Vergöttlichung, die so sehr im Widerspruch zur tatsächlichen brutalen Behandlung der Mütter des arbeitenden Volkes steht, dient im Wesentlichen dazu, das Entstehen eines sexuellen Bewusstseins in den Frauen zu verhindern, das Aufbrechen der aufgezwungenen sexuellen

---

[111] Wilhelm Reich, *Massenpsychologie des Faschismus*, (1933), EspaPdf (en.scribd.com), S. 195, 196, 201, 229, 299
[112] Wilhelm Reich, *Massenpsychologie des Faschismus*, (1933), EspaPdf (en.scribd.com), S. 423-425

Unterdrückung und das Erliegen von sexuellen Ängsten und sexuellen Schuldgefühlen zu verhindern. Die Akzeptanz und Anerkennung der Frau als sexuelles Wesen würde den Zusammenbruch der gesamten autoritären Ideologie bedeuten. Es geht also darum, „die reaktionäre Gleichsetzung von Sexualität und Fortpflanzung abzuschaffen". „Die Frau muss der Feind des autoritären weißen Mannes werden. „Die antisexuelle moralische Hemmung hindert die konservative Frau daran, sich ihrer gesellschaftlichen Situation bewusst zu werden und bindet sie ebenso stark an die Kirche, wie sie den „sexuellen Bolschewismus" fürchtet. „Wilhelm Reich kam zu dem Schluss, dass „das Ergebnis Konservatismus, Angst vor der Freiheit, ja eine reaktionäre Mentalität ist." So „gehorcht die Ideologie des „Schicksals der Großfamilie" nicht nur den Interessen des aggressiven Imperialismus, sondern im Wesentlichen der Absicht, die sexuelle Funktion der Frau gegenüber ihrer Zeugungsfunktion in den Schatten zu stellen[113]. „Scheidung und alle Abweichungen, die geeignet sind, die Familie aufzulösen und Frauen und Kinder von der unerträglichen Unterdrückung durch den weißen Mann zu befreien, sollten daher gefördert und unterstützt werden: „Die einfache Paarung der Ära der natürlichen Arbeitsdemokratie, die eine Trennung zu jeder Zeit zuließ, hat sich in die dauerhafte monogame Ehe des Patriarchats verwandelt. „Die monogame und dauerhafte Ehe wurde zur grundlegenden Institution der patriarchalischen Gesellschaft und ist es auch heute noch. Um diese Ehen zu sichern, mussten die natürlichen genitalen Wünsche immer mehr eingeschränkt und abgewertet werden. „Die patriarchalische und autoritäre Sexualordnung wird zur ursprünglichen Grundlage der autoritären Ideologie, die Frauen, Kinder und Jugendliche ihrer sexuellen Freiheit beraubt, Sexualität zur Ware macht und sexuelle Interessen in den Dienst der wirtschaftlichen Herrschaft stellt. „Für die Männer sollte die brutale Sexualität die „natürliche, orgiastische Sinnlichkeit" ersetzen; und so setzte sich „bei den Frauen die Vorstellung durch, dass der sexuelle Akt für sie etwas Unehrenhaftes an sich haben müsse." Richtig sei, so Reich, dass „die Vorstellung von der „Dekadenz der Zivilisation" die Wahrnehmung des Einbruchs der natürlichen Sexualität ist. Und sie wird gerade deshalb als „Dekadenz" empfunden, weil sie eine Bedrohung für die auf zwanghafter Moral beruhende Lebensweise darstellt. Das Einzige, was objektiv untergeht, ist das System der sexuellen Diktatur, das im Interesse der autoritären Ehe und Familie moralische Zwangsinstanzen in den Individuen bewahrt hat". „Die keusche Sinnlichkeit des Matriarchats erscheint im Lichte der patriarchalen Ansprüche als laszive Entfesselung der tenebroiden Kräfte[114]." „Diese [patriarchalische] Idee ist nicht weniger

---

[113] Wilhelm Reich, *Massenpsychologie des Faschismus*, (1933), EspaPdf (en.scribd.com), S. 451-452, 198, 200, 453
[114] Wilhelm Reich, *Massenpsychologie des Faschismus*, (1933), EspaPdf

reaktionär, wenn sie von Kommunisten vertreten wird". In der Tat, so Reich, „zeigte sich bald, dass die kommunistischen Organisationen dieses entscheidende Terrain nicht nur brach liegen ließen, sondern sogar mit der Kirche in ihrer Verurteilung und Hemmung der Jugendsexualität übereinstimmten. „Die Situation in der UdSSR hatte sich in dieser Frage deutlich verändert, denn „bis etwa 1928 herrschte in der Sowjetunion die Ehe durch Paarung vor. Die Institution der Ehe im Sinne der autoritären und mystischen Auffassung war abgeschafft worden[115]."

Einem reaktionären russischen Autor, der „die systematische Zerstörung des ehelichen Familienlebens" in der Sowjetunion und die Pläne des bolschewistischen Regimes anprangerte, „unsittliche Ausschweifungen aller Art zu fördern", antwortete Reich gelassen: „Aus christlicher Sicht war das Sexualleben in der Sowjetunion in der Tat unsittlich. „Und als derselbe Autor auch „unnatürliche Beziehungen zwischen Brüdern und Schwestern sowie zwischen Eltern und Kindern" kritisierte, bemerkte Wilhelm Reich lakonisch in Klammern: „Das bezieht sich auf die Entkriminalisierung des Inzests in der Sowjetunion. „In der Tat ist der Inzest ein wiederkehrendes Thema in der kosmopolitischen Ideologie.

Wilhelm Reich beabsichtigte nicht nur, auf die Zerstörung der europäischen Familienzelle hinzuarbeiten, sondern wollte auch das ideologische Material liefern, um die Schädlichkeit des Christentums und der Kirche zu demontieren, wobei er auch „die Notwendigkeit eines unerbittlichen Kampfes gegen den Mystizismus" [Reich benutzte dieses Wort, um sich auf alles zu beziehen, was mit Religion zu tun hat] betonte: „Wir haben bereits darauf hingewiesen, dass das nationalistische Gefühl eine direkte Fortsetzung des autoritären Familiengefühls ist. Aber auch das mystische Gefühl ist eine Quelle der nationalistischen Ideologie. Daher sind patriarchalische Familieneinstellungen und mystische Haltungen die grundlegenden psychologischen Elemente des faschistischen und imperialistischen Nationalismus der Massen[116]."

„So wie sich die patriarchalische Herrschaft auf Gott beruft und tatsächlich auf die reale väterliche Autorität verweist, ruft das Kind, wenn es „Gott" sagt, tatsächlich den realen Vater an. Natürlich bilden in der Struktur der sexuellen Erregung des Kindes die Idee des Vaters und die

---

(en.scribd.com), S. 404, 395, 396, 406, 397

[115] Wilhelm Reich, *Massenpsychologie des Faschismus*, (1933), EspaPdf (en.scribd.com), S. 510, 535. Als Wilhelm Reich diese Zeilen schrieb, war Hitler noch nicht an die Macht gekommen. So wie Einstein ab Februar 1933 zum Militaristen und Kriegstreiber geworden war, sollte Reich zum Nativisten werden, damit die UdSSR im Krieg über Deutschland triumphieren konnte.

[116] Wilhelm Reich, *Massenpsychologie des Faschismus*, (1933), EspaPdf (en.scribd.com), S. 533-535, 701, 536

Idee Gottes eine Einheit[117]." Auch hier ist die „sexuelle Ökonomie" die beste Waffe im Kampf gegen den „Mystizismus", gegen die Macht der Kirche und zur Entmystifizierung der „Legende von Jesus". „Die natürliche Sexualität ist der Todfeind der mystischen Religion", schrieb er, denn der Glaube an Gott kann nur die Frucht der sexuellen Unterdrückung sein. Für Reich besteht in der Tat die Möglichkeit, dass „Glaube und Gottesfurcht eine energetische sexuelle Erregung sind, die ihr Ziel und ihren Inhalt verändert hat...Der religiöse Mensch verleugnet seine Sexualität durch die Mystifizierung der Erregung.... Natürlich glaubt er, dass diese Kraft von „Gott" kommt. In Wirklichkeit ist seine Sehnsucht nach und für Gott die Sehnsucht, die aus seiner Erregung der sexuellen Vorfreude kommt und nach ihrer Befriedigung schreit. Erlösung ist und kann nur die Erlösung von unerträglichen körperlichen Spannungen sein, die nur so lange angenehm sein können, wie sie sich mit einer phantasierten Vereinigung mit Gott, d.h. mit Befriedigung und Erleichterung, vermischen lassen. „Reichs Schlussfolgerung nach dieser klinischen Analyse war unanfechtbar: „Ein klares Sexualbewusstsein und die natürliche Ordnung des Sexuallebens müssen mystische Gefühle aller Art tödlich verletzen*[118].“ Die neue Gesellschaft, befreit von der Last der patriarchalischen Familie, der Kirche und des autoritären Staates, kann durch eine gesunde Erziehung der Jugend Gestalt annehmen. Diese jungen Menschen werden unterdrückt, aber sie wissen es nicht. Es geht also darum, zur Rebellion gegen den autoritären weißen Mann zu ermutigen: „Junge Menschen, vor allem junge Frauen, begreifen ihre soziale Verantwortung viel schneller, effektiver und bereitwilliger, wenn wir sie ihnen verständlich machen, indem wir ihnen ihre sexuelle Unterdrückung bewusst machen. Es kommt nur darauf an, die sexuelle Frage richtig zu formulieren und ihren Bezug zur allgemeinen gesellschaftlichen Situation aufzuzeigen." Für Wilhelm Reich „beruhte die totalitär-diktatorische Entartung der sowjetischen Demokratie bereits 1929 darauf, dass die sexuelle Revolution in der UdSSR nicht nur gebremst, sondern sogar absichtlich ausgeschaltet wurde. „Im Gegenteil: „Wir können wirklich demokratische gesellschaftliche Entwicklungen vorhersagen, wenn wir auf eine verständnisvolle und lebensbejahende Haltung der entscheidenden gesellschaftlichen Institutionen gegenüber dem Sexualleben von Kindern und Jugendlichen stoßen", sagt er. „Erzieherinnen und Erzieher sind verpflichtet, sich im Bereich der Sexalökonomie fortzubilden". „Was erreicht werden muss, ist die Beseitigung aller Hindernisse für die Freiheit[119]. „Wir erkennen hier

---

[117] Wilhelm Reich, *Massenpsychologie des Faschismus*, (1933), EspaPdf (en.scribd.com), S. 605

[118] Wilhelm Reich, *Massenpsychologie des Faschismus*, (1933), EspaPdf (en.scribd.com), S. 661, 700, 617, 602, 594

[119] Wilhelm Reich, *Massenpsychologie des Faschismus*, (1933), EspaPdf

einen Umriss des berühmten Slogans vom Mai '68: „Lasst uns ohne Grenzen anfassen[120]! „

Herbert Marcuse war einer der geistigen Führer der Bewegung des Mai '68. Dieser marxistische Philosoph hatte zu Lebzeiten an der Synthese von Freudianismus und sozialistischen Konzepten nach Reichs Werk gearbeitet. Seine Konzeption der sozialistischen Revolution stellt einen wichtigen Meilenstein in der Geschichte der Entwicklung der marxistischen Ideologie der Nachkriegszeit dar, denn er sah voraus, dass die Revolution nicht das Werk des Proletariats sein würde, dessen Einfluss in der postindustriellen Gesellschaft zu schwinden begann, sondern von Minderheiten, die von der neuen Konsumgesellschaft massenhaft hervorgebracht wurden: Immigranten, Homosexuelle, Feministen, Ausgegrenzte, entwürdigte Studenten usw.[121]. Marcuse hat seitdem einen starken Einfluss auf die westliche Jugend ausgeübt.

Freud war skeptisch und pessimistisch, denn für ihn waren Leiden und Geisteskrankheiten der unvermeidliche Preis, den man für die Zivilisation zahlen musste. Marcuse seinerseits versuchte, diese Sichtweise zu modifizieren und prophezeite eine zukünftige Befreiung. Die kapitalistische Gesellschaft ist repressiv, sagte er. Sie ist eine enorme Belastung für die Psyche des Einzelnen. Eine nicht-repressive Gesellschaft würde auf der Befreiung der Instinkte von der Kontrolle der repressiven Vernunft beruhen. Diese Befreiung würde sich „durch eine Aktivierung aller erotischen Zonen und somit durch die Wiedergeburt der prägenitalen polymorphen Sexualität [infantile Sexualität] und durch den Rückgang der genitalen Vorherrschaft" manifestieren. „Der ganze Körper wird zu einem Instrument des Vergnügens. „Diese Veränderung des Wertes und der Tragweite libidinöser Beziehungen würde zum Zerfall der Institutionen führen, insbesondere der patriarchalischen monogamen Familie." Der Protest gegen die repressive Ordnung der reproduktiven Sexualität kann verschiedene Formen annehmen: Homosexualität ist zum Beispiel eine davon. Das ist es, was Sigmund Freud bereits 1929 in *Malaise in Culture* vorstellte: „Auch der Mensch ist ein Tier von unzweifelhaft bisexueller Veranlagung. Das Individuum entspricht der Verschmelzung zweier symmetrischer Hälften, von denen die eine nach Ansicht einiger Forscher rein männlich und die andere rein weiblich ist. Es könnte aber auch sein, dass jede Hälfte primitiv hermaphroditisch ist[122]. „Die Aufstachelung zur

---

(en.scribd.com), S. 752, 831-833, 1320, 1331

[120] *Jouissons sans entrave!* (NdT)

[121] Herbert Marcuse, *Eros und Zivilisation. Eine philosophische Untersuchung über Freud*, Boston, 1955.

[122] Sigmund Freud, *Das Unbehagen in der Kultur, Teil IV, Gesammelte Werke*, EpubLibre, Trans. Luis López Ballesteros y de Torres, 2001, Fußnote, S. 6936: „Die

Homosexualität ist seit den 1990er Jahren in allen Medien zu beobachten. So haben die französischen Fernsehsender im Jahr 2001 570 Sendungen zum Thema Homosexualität ausgestrahlt (gegenüber 551 im Jahr 2000). Es geht nicht darum, über ein gesellschaftliches Phänomen zu berichten oder es zu begleiten, sondern es zu fördern. Ein weiteres Beispiel unter Tausenden: Tina Kieffer, die Chefin der Frauenzeitschrift *Marie-Claire*, stiftete nicht indirekt zur Homosexualität an, als sie fragte, „ob das andere Geschlecht noch gebraucht wird", oder als sie erklärte: „Es stimmt, die Schranken werden gesprengt und Männer kommen leichter zusammen. Und das gilt auch für Frauen. Diese Entwicklung der Sitten findet in einer Zeit statt, in der es die Möglichkeit der assistierten Fortpflanzung gibt." Die Befreiung der sexuellen Triebe fiel in den 1960er Jahren auf fruchtbaren Boden, und zwar in der so genannten „psychedelischen Revolution", d. h. dem massiven Drogenkonsum der jungen Bevölkerung. Selbst die provokante Idee des Schmutzes fand ihre Rechtfertigung in der Theorie, wonach das Ich und das Über-Ich die Geruchsinstinkte unterdrücken würden. Assoziieren die herrschenden Klassen die Idee des „Abfalls" nicht mit den unteren Klassen, die als „Abschaum der Gesellschaft" gelten? Diese Ideen dienen bis heute als theoretische Grundlage für die revolutionäre Kunst. Die unterdrückende oder erstickende Kultur muss zerstört werden. Experimente in der Malerei, der Bildhauerei und der Literatur, in denen die Idee des „Abfalls" als revolutionäre Unterstützung dient, müssen als alternative Mittel betrachtet werden, um die „bürgerliche Kultur" zu sprengen und den Weg zu einer neuen Welt zu öffnen.

Die feministische Bewegung ist offensichtlich eine Erbin dieser freudo-marxistischen Ideologie. Der große marxistische Philosoph der Dekonstruktion Jacques Derrida erinnerte an die Hintergründe der „Frauenbefreiungs"-Bewegung: „Am 26. August 1970 ging eine Gruppe von Frauen, die sich „Emma Goldman Brigade" nannten, zusammen mit vielen anderen Feministinnen die Fifth Avenue in New York hinunter und skandierte: „Emma sagte es 1910 / Jetzt sagen wir es auch". „Als anarchistische Feministin", schrieb Derrida[123], „forderte Emma Goldman die Umstrukturierung der Gesellschaft als Ganzes", d.h. die soziale Revolution und die Sprengung der europäischen Familienzelle. Goldman

---

Wissenschaft sieht in diesem Umstand das Zeichen einer Bisexualität, als ob das Individuum nicht männlich oder weiblich wäre, sondern immer beides, nur abwechselnd das eine mehr als das andere. Sie sind dann eingeladen, sich mit der Vorstellung vertraut zu machen, dass die Anteile der Mischung von Männlichem und Weiblichem im Individuum großen Schwankungen unterliegen. „ in Sigmund Freud, *Lektion XXXIII. Weiblichkeit, Gesammelte Werke*, EpubLibre, Trans. Luis López Ballesteros y de Torres, 2001, S. 4249.

[123] Jacques Derrida, *Points de suspensions, Entretiens*, Éditions Galiliée, 1992, S. 98.

war eine Aktivistin, deren Bestrebungen über den Aufstand gegen die Ungleichbehandlung von Frauen hinausgingen. In Frankreich wurde die feministische Bewegung seitdem von Persönlichkeiten wie Gisèle Halimi oder Elisabeth Badinter geprägt, die sich auch auf das Erbe von Emma Goldman und Louise Weiss berufen. Einmal mehr steht das Judentum an der Spitze der Befreiungsbewegung.

Der Einfluss von Wilhelm Reich und Herbert Marcuse war entscheidend für das Denken des Mai 1968. 1975 veröffentlichte Daniel Cohn-Bendit, einer der Hauptakteure der Pariser Bewegung und heutiger Europaabgeordneter der Umweltschützer, ein Buch mit dem Titel *Le grand Bazaar (Der große Basar), in dem er* von seinen Erfahrungen als Erzieher in einem Frankfurter Kindergarten berichtet: „Es war mir schon mehrmals passiert, dass einige Kinder meinen Hosenstall geöffnet hatten und anfingen, mich zu kitzeln. Ich habe je nach den Umständen unterschiedlich reagiert, aber ihr Wunsch war für mich ein Problem. Ich habe sie gefragt: Warum spielt ihr nicht zusammen, warum habt ihr mich ausgewählt und nicht die anderen Jungen? Aber wenn sie darauf bestanden, habe ich sie trotz allem gestreichelt". An anderer Stelle heißt es: „Ich wollte von ihnen bedingungslos akzeptiert werden. Ich wollte, dass die Kinder mich lieben, und ich habe alles getan, damit sie sich auf mich verlassen[124]."

Das Werk des großen italienischen Schriftstellers Alberto Moravia ist ganz von diesem „freudo-marxistischen" Denken durchdrungen. „Die Ehe zwischen Marx und Freud widerlegt das Weltbild der Renaissance, die machiavellistische Trennung von Moral und Politik. Genau diese Ehe bildet den Hintergrund für meine Romane. In *„Agostino"* beispielsweise wird die Unschuld als Unkenntnis von Geschlecht und sozialer Schicht verstanden, und die Entdeckung des Bösen erfolgt durch die Entdeckung von Geschlecht und sozialer Schicht. Auf jeden Fall glaube ich, dass der katholische Moralismus in Italien noch recht stark ist. Sie hat ihre Wurzeln in der Gegenreformation, die eine populäre und kleinbürgerliche, reaktionäre und intolerante Bewegung war[125]." Um sich mit der marxistischen Phraseologie vertraut zu machen, kann man mit großem Interesse den berühmten Philosophen Jürgen Habermas lesen, der zusammen mit Marcuse, Horckeimer und Wiesenthal Adorno ebenfalls zur so genannten Frankfurter Schule gehörte. In der *Rekonstruktion des historischen Materialismus* können wir im Vorwort lesen, dass Habermas - take air - „die sozio-historische Evolution als phylogenetische Parallele zur

---

[124] Daniel Cohn-Bendit, *Le grand Bazar*, Belfond, 1975. Daniel Cohn-Bendit berichtete am 23. April 1982 in der Kulturfernsehsendung *Apostrophes* offen über diese Erfahrungen. Die Sequenz kann weiterhin auf Internet-Videoplattformen (NdT) angesehen werden.
[125] Albert Moravia, in Géo, N° 76, Juin 1985.

Ontogenese der psycho-individuellen kognitiven Entwicklung thematisiert, die auf dem Modell der genetischen Psychologie aufbaut." Wenn Sie nach einer solchen Analyse immer noch auf dem Kriegspfad sind, können Sie weiter recherchieren und entdecken, dass Habermas Wilhelm Reichs Kritik an der patriarchalen Struktur der autoritären und unterdrückerischen Familie aufgegriffen hat. Er suchte nach den Ursprüngen ihrer Entstehung: „Der Mensch und nicht die Hominiden sind die ersten, die die soziale Struktur überwinden, die in der Wirbeltierordnung entstanden ist: die eindimensionale Hierarchie, in der jedem Tier vorübergehend ein Status und nur ein Status zuerkannt wird. Dieses Statussystem regelt bei Schimpansen und Pavianen die eher aggressiven Beziehungen zwischen Männchen, die sexuellen Beziehungen zwischen Männchen und Weibchen und die sozialen Beziehungen zwischen Erwachsenen und Jungen. Eine familienähnliche Beziehung besteht nur zwischen der Mutter und ihren Kindern oder zwischen Geschwistern... Selbst hominide Gesellschaften, die durch Sozialarbeit verändert wurden, kennen keine Familienstruktur[126]." Wir haben hier ein Modell einer matriarchalischen Gesellschaft. Habermas spricht erneut ein Thema an, das die Vertreter des kosmopolitischen Denkens zu beschäftigen scheint: „Inzest zwischen Mutter und heranwachsendem Sohn ist nicht erlaubt, obwohl es keine ähnliche Einschränkung für Inzest zwischen Vater und Tochter gibt, weil die Rolle des Vaters nicht existiert. „Die Rolle des Vaters ist in matriarchalischen Gesellschaften, in denen Polygamie vorherrscht, offensichtlich weniger wichtig. Wir haben bereits gesehen, wie Jacques Attali dieses Modell in seinem *Dictionnaire du XXIème siècle* gefördert hat. Noch auffälliger und beunruhigender ist es, in einem anderen Buch von Jacques Attali zu lesen, dass diese Gesellschaftsstruktur bei den Juden der Antike die Norm war: „Die Polygamie ist und bleibt in der Tat für lange Zeit die von den Hebräern zugelassene Praxis, wie sie es bei allen Völkern der Region ist[127]." Es ist auch seltsam, hier auf die Frage des Inzests zu stoßen, ein Thema, das im Judentum so häufig vorkommt. Wir wissen, dass die Rabbiner die Töchter von Loth entschuldigten. Indem sie mit ihrem Vater schliefen, hatten sie sich ihrer Meinung nach für das Wohl der Menschheit geopfert. Eine andere aufschlussreiche Stelle im Alten Testament erzählt, wie Amon, der Sohn Davids, seine Schwester Tamar vergewaltigt hatte: „Wohin sollte ich mit meiner Schande gehen? Und du würdest zu den Bösen in Israel gehören. Sieh, sprich mit dem König, der sich sicher nicht weigern wird, mich dir zu geben. „ Aber er wollte nicht auf sie hören, und da er stärker war als sie, schändete er sie und schlief mit

---

[126] Jürgen Habermas, *Die Rekonstruktion des historischen Materialismus*, Taurus Ediciones, Madrid, 1986-1992, S. 136.
[127] Jacques Attali, *Los judíos, el mundo y el dinero*, Fondo de cultura económica, 2005, Buenos Aires, S. 24.

ihr[128]." Wir wissen, dass der Talmud jüdischen Müttern verbietet, mit ihren Kindern ab dem Alter von neun Jahren und einem Tag zu schlafen. Nach diesem heiligen Buch gilt das gleiche Verbot für den Vater, wenn die Tochter über drei Jahre und einen Tag alt ist. Nach dem Talmud darf eine jüdische Witwe keine Hunde haben. Wenn wir also eine Frau sehen, die mit ihrem Hund auf der Straße spazieren geht, ist sie keine jüdische Witwe, obwohl sie vielleicht einen Hund hat. In diesem Zusammenhang sei daran erinnert, dass der Talmud im Osten entstanden ist und von östlichen Bräuchen inspiriert wurde. Léon Blum selbst, ehemaliger Präsident des Rates der Vierten Republik, schrieb: „Ich habe nie verstehen können, was am Inzest so abstoßend ist. In unserer Gesellschaft gilt er als Verbrechen, und ohne auf die Gründe eingehen zu wollen, warum Inzest in anderen Gesellschaften toleriert oder vorgeschrieben wird, stelle ich lediglich fest, dass es natürlich und häufig ist, seinen Bruder oder seine Schwester mit Liebe zu lieben[129]. Der Nobelpreisträger Thomas Mann beschrieb in seinem Roman *„Das Blut des Welsungos"*, wie sich ein junges jüdisches Mädchen am Vorabend ihrer Hochzeit mit einem Nichtjuden[130] ihrem Bruder anbietet. Serge Gainsbourgs umstrittener Song mit seiner Tochter Charlotte mit dem Titel *Lemon Incest* ist ebenfalls sehr bekannt.

Ein weiteres interessantes Phänomen sind die Verbindungen zwischen dem Judentum und dem Scheidungsrecht, das die „patriarchalische" Familienzelle zu sprengen begann. Der Initiator des Scheidungsrechts in Frankreich war Alfred Naquet. Er war Chemiker, Dozent, Abgeordneter und Senator und verfasste 1882 ein Buch mit dem Titel *Religion, Eigentum, Familie,* in dem er die Gemeinschaft von Eigentum und Frau forderte: „Die Ehe ist eine im Grunde tyrannische Einrichtung und ein Verstoß gegen die Freiheit des Menschen, die Ursache für die Entartung der menschlichen Gattung: das Konkubinat oder die freie Vereinigung ist vorzuziehen, ohne Einmischung der Obrigkeit, ohne religiöse Weihe und rechtliche Anerkennung. „Wir sehen also, dass Wilhelm Reich Vorgänger hatte.

Während einer Sitzung der Abgeordnetenkammer am 19. Juli 1884 hatte ein katholischer Redner, Monsignore Freppel, das Wort ergriffen: „Die Bewegung, die uns zur Verabschiedung des Scheidungsgesetzes führt, ist im wahrsten und wörtlichen Sinne des Wortes eine semitische Bewegung, eine Bewegung, die mit Herrn Crémieux begann und mit Herrn Naquet endete. „In der Tat war es der ehemalige Rabbiner von Brüssel, Astruc, der die Bestimmungen des Gesetzes entworfen hat. In der Tat kann man für all diese Fragen den rabbinischen Kodex *Even HaEzer* konsultieren. Nach dem Traktat *Kethuboth* kann man eine Frau in folgenden Fällen verstoßen, ohne ihr die Witwenrente zurückzugeben:

---

[128] *Historische Bücher, Zweites Buch Samuel (II Samuel, 13). (NdT).*
[129] Léon Blum, *Du Mariage,* 1937, S. 82.
[130] Goy, (Plural, Goyim). Ein jüdischer Begriff für Nicht-Juden, Heiden.

wenn sie ihrem Mann verbotene Speisen gibt; wenn sie ihn über ihre Menstruation täuscht; wenn sie ihre *halachische* Pflicht nicht erfüllt*131* ; wenn sie mit unbedecktem Kopf aus dem Haus geht; wenn sie auf die Straße läuft. Abba Saul fügte hinzu: „Wenn sie die Eltern ihres Mannes in seiner Gegenwart beleidigt. Rabbi Tarfon sagte: Wenn sie laut ist. Samuel versteht darunter, wenn sie zu Hause ihre Stimme erhebt und ihre Nachbarn sie hören. Laut Rab ist es jedoch nur die Frau, die während ihrer ehelichen Beziehungen aus einem anderen Raum gehört wird. Alles in allem scheint es, dass die Demokratie mit dem Scheidungsgesetz das jüdische Recht irgendwie einholte; und es könnte sein, dass das Inzestgesetz der Sowjetunion den gleichen Vorteil hatte.

Man könnte sogar vermuten, dass das Gesetz zur Abschaffung der Todesstrafe von 1981, das vor allem von dem sozialistischen Justizminister Robert Badinter initiiert wurde, ebenfalls auf religiöse Erfordernisse zurückzuführen ist. In der Tat ist es Nichtjuden strengstens untersagt, den Leichnam eines Juden zu berühren. Deshalb waren beispielsweise zahlreiche israelische Rettungsteams nach dem Tsunami, der in Südostasien fast 300.000 Menschen, darunter viele Touristen, getötet hatte, nach Thailand gereist. Die Europäer hatten zahlreiche Rettungsteams an den Ort des Geschehens geschickt, während der hebräische Staat der Suche nach jüdischen Leichen Vorrang einräumte. Tatsächlich durften sie unter keinen Umständen von unreinen Händen angefasst und auch nicht mit den Nichtjuden begraben werden.

Es könnte auch sein, dass die Psychoanalyse vollständig von hebräischen Themen durchdrungen ist, aber auch diese Frage würde eine eigene Studie erfordern[132]. Wir können nur sagen, dass die Psychoanalytiker lediglich die Rolle ersetzt haben, die die Priester früher in den Dörfern durch die Beichte hatten. Allerdings mit dem kleinen Unterschied, dass die Beichte kostenlos war und dass Psychoanalytiker von ihren Patienten hohe Gebühren verlangen, um den Erfolg der Therapie zu sichern.

Zum Abschluss dieses Freudschen Kapitels ein Beispiel für die Vorteile der psychoanalytischen Selbstbeobachtung: Eine Fernsehsendung befasste sich kürzlich mit dem Unwohlsein und der Depression in unseren Gesellschaften zu Beginn des 21. Uns wurden verschiedene Gruppenmethoden vorgestellt, um diese Krankheiten zu bekämpfen und sich selbst besser zu fühlen. Eine davon basierte auf Tanzen, Schauen und Körperkontakt. Alle lächelten und schienen mit diesen Sitzungen, in denen sie ihren Körper durch den Kontakt mit anderen befreiten, sehr zufrieden zu sein. Eine zweite Methode wurde von einem Psychiater geleitet: Etwa

---

[131] Vorschriften des jüdischen Rechts.
[132] Zu Judentum und Psychoanalyse siehe Hervé Ryssen, *Psychoanalyse des Judentums* (NdT).

fünfzehn Personen saßen in einem großen Raum im Sprechzimmer im Kreis, wo Gymnastikmatten ausgelegt worden waren. Jeder Teilnehmer musste sich selbst befreien, indem er seine emotionalen Frustrationen vor den Augen der anderen an die Oberfläche brachte. „Es muss wie ein Sturm sein, der am Himmel aufzieht", sagte der Psychiater. So zeigten einige Menschen mutig vor Millionen von Fernsehzuschauern ihre familiären Konflikte, ihre inneren Probleme, erschüttert von Krämpfen, mit tränenüberströmten Augen und vor Schmerz verzerrten Mündern. Der Kontrast zwischen den beiden Methoden war wirklich schockierend.

Nachdem man die seltsamen Ähnlichkeiten zwischen religiösen und ethnischen Geboten einerseits und politischen Positionen andererseits festgestellt hat, kann man sich zu Recht fragen, ob nicht die Gesamtheit der freudo-marxistischen Theorien unter dem Gesichtspunkt der hebräischen Religion analysiert werden sollte. Dies wäre sicherlich ein Weg, um zu versuchen, die Ursprünge des sozialistischen Denkens und die Entstehung des planetarischen Ideals im Allgemeinen tiefer zu erklären. In jedem Fall gehen diese Konzepte über die politischen Gegensätze hinaus, die in den heutigen westlichen demokratischen Systemen zunehmend fiktiv erscheinen.

3. Die planetarische Methode

Die Einigung des Globus erfordert eine kontinuierliche und geduldige Erziehungsarbeit für die Massen, die stets von den alten Dämonen des Nationalismus angezogen werden. Die Menschen im Westen müssen Toleranz und Offenheit gegenüber dem „Anderen" lernen, denn der Aufbau einer pluralen, multiethnischen und multikulturellen Gesellschaft ist der einzige Weg, um das globale Imperium zu erreichen, das gleichbedeutend mit dem Friedensreich ist. Es geht also darum, die Bevölkerung mit allen Mitteln für die Fragen der menschlichen Gleichheit und der globalen Solidarität zu sensibilisieren. In dieser Hinsicht war die Aktion „Medien-Tsunami" im Januar 2005, anlässlich der Flutwelle in Asien, ein außergewöhnlicher Erfolg. In der Tat hatte jeder zweite Spender in Frankreich für die asiatischen Opfer gespendet, die nun gegenüber ihren eigenen Landsleuten bevorzugt wurden.

Die alten Identitätsreflexe dürfen nicht mehr produziert werden, und es muss alles in Bewegung gesetzt werden, um nationalistische Reaktionen, die Überbleibsel eines Tribalismus aus anderen Zeiten, dafür verantwortlich zu machen. Die Europäer und der weiße Mann im Allgemeinen müssen davon überzeugt werden, dass sie weitgehend für die Übel der Menschheit verantwortlich sind. Sie sind verantwortlich für den Klimawandel, für den Krieg im Irak, für die Ausbeutung der Länder des Südens und für die Hungersnot in Afrika. Ihre gesamte Geschichte ist eine Abfolge von Ungeheuerlichkeiten: von der Inquisition bis Auschwitz, von den Religionskriegen bis zum Völkermord an den Indianern, von der afrikanischen Kolonisation bis zum Algerienkrieg. Den Europäern die Schuld zu geben, ist in der Tat der einzige Weg, ihre Identitätsreflexe auszulöschen. Auf diese Weise werden sie viel eher bereit sein, den Aufbau einer pluralistischen Gesellschaft auf ihrem Boden zu akzeptieren. Das europäische Aufbauwerk ist Teil dieser Weltsicht, denn durch die Abschaffung der alten Nationen zugunsten eines politischen Gebildes mit unklaren Konturen werden die Gefühle des ethnischen Widerstands weiter verwässert. Die Vereinigten Staaten sind in diesem Sinne das Vorbild, und viele ehemalige marxistische Intellektuelle verteidigen heute das demokratische Amerika genau aus diesem Grund. Sie sind also die intellektuellen Bollwerke der transnationalen Hochfinanz, deren Hauptinteresse offensichtlich darin besteht, weltweit den Aufbau demokratischer Gesellschaften zu fördern, in denen sich Menschen aller Couleur, undifferenziert und gleichberechtigt, versammeln, um die

Konsumgesellschaft zu verehren und mit rasender Begeisterung alle von der Matrix erzeugten Waren und Schmuckstücke zu genießen, wie Ameisen, die zu Tausenden um ein paar Tropfen köstlich süßen Insektizids schwärmen. So gibt es keine Rassen mehr, keine Religionen, keine Grenzen, nichts mehr, was dem Konsumideal und den Plänen der internationalen Hochfinanz im Wege stehen könnte. Das Mediensystem gibt uns dies auf möglichst spielerische und amüsante Weise zu verstehen, manchmal aber auch mit der Strenge eines Lehrers.

Eine große Verachtung für die Sesshaftigkeit

Die Missachtung der überlieferten Traditionen und der tief verwurzelten Kulturen ist ein vollwertiges Kapitel der planetarischen Philosophie. Verwurzelung, Abstammung, der Geist der Vererbung, die Religion der Väter sind eine Last, ein Hindernis für den Fortschritt der Menschheit, das so schnell wie möglich beseitigt werden muss.

Natürlich ist der Glaube an die Tugenden der Wurzellosigkeit und des Nomadentums ein gemeinsamer Nenner der planetarischen Intellektuellen. Der berühmte Philosoph Emmanuel Lévinas hat diesen Gedanken in seinem Essay *Schwierige Freiheit* deutlich zum Ausdruck gebracht. Die größte Rückständigkeit, die es je gab, war zweifellos die der heidnischen Zivilisationen des Altertums: „Das Heidentum ist der lokale Geist: der Nationalismus in all seiner Grausamkeit und Unbarmherzigkeit, d.h. unmittelbar, naiv und unbewusst. Der Baum wächst und speichert den gesamten Saft der Erde. Eine verwurzelte Menschheit... ist eine Waldmenschlichkeit, eine vormenschliche Menschlichkeit". Die polytheistischen europäischen Religionen beruhten also auf wilden Glaubensvorstellungen: Diese Barbarei musste durch eine Religion des Buches ersetzt werden, und eine Religion der Liebe und der universellen Brüderlichkeit musste diese blonden Barbaren durchdringen: „Wenn Europa durch das Christentum geistig entwurzelt worden wäre, wäre der Schaden nicht so groß... Aber war das Unglück Europas nicht darauf zurückzuführen, dass das Christentum es nicht ausreichend entwurzelt hatte? „Offensichtlich war es der Genius der semitischen Beduinen, der Europa aus seiner Lethargie holte: „Das Aufkommen der Schrift ist nicht die Unterordnung des Geistes unter einen Buchstaben, sondern die Ersetzung des Buchstabens durch den Boden. Der Geist ist im Buchstaben frei und in der Wurzel angekettet. In den trockenen Boden der Wüste, wo nichts feststeht, ist der wahre Geist in einem Text herabgestiegen, um sich universell zu verwirklichen[133]." In Wirklichkeit hat alles, was die Europäer

---

[133] Emmanuel Levinas, *Schwierige Freiheit, Aufsätze zum Judentum*. Ediciones Lilmod, Buenos Aires, 2004, S. 165, 164.

bisher geschaffen haben, ihnen nie erlaubt, die Flucht zu ergreifen. Vom Parthenon bis zum Vatikan, von Michelangelo bis Renoir, von Cervantes bis Dostojewski, von Bach bis Wagner - die europäische Zivilisation ist immer etwas mittelmäßig geblieben. Das liegt daran, dass wir durch unsere Verwurzelung in der Vergangenheit und unsere Traditionen unterentwickelt sind im Vergleich zu dem, was uns das nomadische Genie hätte bringen können: „Die Freiheit von sesshaften Existenzformen ist vielleicht die menschliche Art, in der Welt zu sein. Für das Judentum wird die Welt im Angesicht eines menschlichen Antlitzes verständlich und nicht wie für einen großen zeitgenössischen Philosophen, der einen wichtigen Aspekt des Westens in Form von Häusern, Tempeln und Brücken zusammenfasst... Er stellt verwurzelte Werte in den Hintergrund und setzt andere Formen der Treue und Verantwortung ein. Der Mensch ist schließlich kein Baum und die Menschheit ist kein Dschungel. Menschlichere Formen, da sie ein bewusstes Engagement implizieren; freiere, da sie den Blick über den Tellerrand des heimischen Dorfes und einer humanen Gesellschaft hinaus wagen[134]." „Der Glaube an die Befreiung des Menschen ist verbunden mit dem Zerfall der sesshaften Zivilisationen, mit dem Zerfall der Schwere der Vergangenheit, mit dem Verblassen des Lokalkolorits, mit den Rissen, die alle mit dem menschlichen Partikularismus verbundenen Armatostes und Stumpfsinnigkeiten aufbrechen. Man muss unterentwickelt sein, um sie als seine Daseinsberechtigung zu beanspruchen und für sie zu kämpfen, um einen Platz in der modernen Welt zu haben[135]. „Dies war die Botschaft, die Emmanuel Levinas, einer der größten Philosophen des Judentums des 20. Jahrhunderts, für uns hatte.

„Die Wahrheit ist nicht mehr notwendigerweise an die Tradition gebunden: Sie hat den gleichen Wert für alle, die nicht mehr von der Tradition geblendet sind", antwortete Alain Finkielkraut. Es sind die Fesseln der Vergangenheit, die uns daran hindern, die strahlende Zukunft

---

[134] Emmanuel Levinas, *Schwierige Freiheit, Aufsätze zum Judentum*. Ediciones Lilmod, Buenos Aires, 2004, S. 112, 113.
„Die jüdische Gemeinschaft ist im Gegenteil eine Gemeinschaft, die die Ewigkeit in ihrem eigenen Wesen verankert. Ihr Wesen beruht weder auf einem Land, noch auf einer Sprache, noch auf einer Gesetzgebung, die Erneuerungen und Umwälzungen unterworfen ist. Ihr Land ist „heilig" und ein Begriff der Nostalgie, ihre Sprache ist heilig und unausgesprochen. Sein Gesetz ist heilig und keine vorübergehende Gesetzgebung, die für die politische Kontrolle der Zeit formuliert wurde. Der Jude aber wird als Jude geboren und vertraut auf das ewige Leben, dessen Gewissheit er durch die fleischlichen Bande erfährt, die ihn mit seinen Vorfahren und seinen Nachkommen verbinden. „Emmanuel Levinas, „*Zwischen zwei Welten" (Der Weg von Franz Rosensweig)*, Vortrag gehalten am 27. September 1959 auf dem zweiten Kolloquium französischsprachiger jüdischer Intellektueller, organisiert von der französischen Sektion des Jüdischen Weltkongresses, in: *Schwierige Freiheit, Essays über das Judentum*, S. 217.
[135] Emmanuel Lévinas, *Difficile liberté*, Albin Michel, 1963, Ausgabe 1995, S. 299.

vor uns zu sehen. Werfen wir all die schwerfällige Mythologie, all die alten Religionen und Traditionen anderer Zeiten über Bord: „Ein hierarchisches Universum tut sich vor dem ruhigen Blick auf, der das Reich der großen Ursprungsgeschichten[136] abgeschafft hat." Alain Finkielkraut hat diesen Gedanken besonders hervorgehoben: Wenn man seine Wurzeln verleugnet, wenn man sein Heimatland verleugnet, wenn man sogar seine Vorfahren und Verwandten verleugnet, dann hat man eine Chance, sich zu retten: „Das Böse wird also aus Heimat und Vatersnamen geboren. Das Böse ist die Macht der Toten über die Lebenden und die Diktatur der Nachnamen über die Vornamen. Das Böse ist der Geist, der, anstatt die Flucht zu ergreifen, von seinem eigenen Gewicht erdrückt wird und zu Fleisch wird[137]. „Der postmoderne Mensch wird nicht vulgär an die Vergangenheit gebunden sein. „Er hört auf, die Spuren der Vergangenheit in sich selbst wie in anderen zu verfolgen. „Sein Ruhmestitel ist es, kosmopolitisch zu sein und dem provinziellen Geist den Kampf anzusagen[138]." Ähnlich äußerte sich Edgar Morin, als er „die großen Verzögerungen und die Lähmung aufgrund von Lokalismen und Provinzialismen" beklagte. „Millionen von Menschen leben immer noch in einem rückständigen Universum: „Die mit Flüchen behafteten Tabus, die die Immunabwehr archaischer Kulturen und dogmatischer Religionen waren, sind im planetarischen Zeitalter[139] zu Hindernissen für Kommunikation, Verständnis und Schöpfung geworden. „Gewiss, es ist noch ein langer Weg bis zur Vollendung dieser neuen Welt, dieser „planetarischen Konföderation", die wir anstreben.

Wir lesen bei George Steiner dasselbe atavistische Misstrauen gegenüber Nationen: „Die Nation ernährt sich von Lügen aus empirischer Notwendigkeit", schrieb er. „Der Ort der Wahrheit ist immer extraterritorial; ihre Verbreitung erfolgt heimlich durch die Stacheldrahtzäune und Wachtürme der nationalen Dogmen[140]." Pierre Lévy war vielleicht pädagogischer in seiner Entschuldigung für die „planetarische Staatsbürgerschaft": „Ich verstehe und teile die Sehnsucht nach einer Welt, in der es genügte, dem Weg der Vorfahren zu folgen, damit alles gut ging, einer Welt, in der jede Handlung des täglichen Lebens die ruhige Erfüllung eines Rituals war. Eine Welt, in der die Götter wohnten. Diese schöne und geordnete Welt... diese Welt, die es nicht mehr gibt. Aber

[136] Alain Finkielkraut, *La Humanidad perdida*, Anagrama, Barcelona, 1998, S. 16, 17.
[137] Alain Finkielkraut, *La Humanidad perdida*, Anagrama, Barcelona, 1998, S. 149.
[138] Alain Finkielkraut, *Le Mécontemporain*, Gallimard, 1991, S. 174-177.
[139] Edgar Morin und Anne-Brigitte Kern, *Tierra-Patria*, 1993, Editorial Kairós, Barcelona, 2005, S. 148. Der amerikanische Protestantismus scheint in dieser Hinsicht viel anpassungsfähiger zu sein als der Katholizismus und vor allem als der heutige Islam.
[140] George Steiner, *Pasión intacta. El texto, tierra de nuestro hogar*, Ediciones Siruela, Madrid, 1997, S. 422, 420.

wir müssen diese Nostalgie hinter uns lassen, denn sie wird leicht zu einer Quelle des Leidens und der entsetzten Ablehnung der wirklichen Bewegung der Welt, während sie voranschreitet... Wir müssen die Künstler unseres eigenen Lebens werden. Unsere Wurzeln werden sich in Rhizome verwandeln müssen, die horizontal in alle Richtungen wachsen... Wir werden eine tiefere, universellere Identität finden müssen als die, die uns von der Kultur, in der wir geboren wurden, angeboten wurde. „Wir müssen erkennen, dass Identitätskulturen Sackgassen sind. Indem wir uns in Identitätskulturen einschließen, trennen wir uns von denen, die anders sind... Identitätskulturen spalten uns. Sie sind gegen uns. Wir laufen Gefahr, in Angst und Hass gefangen zu sein[141]." In *Das neue Mittelalter* moralisiert Alain Minc über den Aufstieg der extremen Rechten, ohne dabei eine gewisse Verachtung für die leicht rückständigen Eingeborenen zu verbergen, die das große Schicksal der Menschheit noch nicht verstanden haben. Er kritisierte die „kleinmütige Versuchung" der Franzosen scharf. „Es gibt zwei Verwendungsmöglichkeiten für das Einkommen, das unser einheitlicher und zentralisierter Nationalstaat bietet. Entweder sich unter seinen schützenden Flügeln einzuschließen, sich wie die Bewohner des Mittelalters in den Bergfried ihrer Burg zu verkriechen, so weit wie möglich zu ignorieren, was außerhalb geschieht, und unser altes isolationistisches und protektionistisches Verhalten wieder aufzunehmen. Oder sie fühlen sich stärker im Angesicht des Sturms, sehen die Chance, in der Welt präsenter zu sein, wollen kämpferisch und innovativ sein, versuchen, den Lauf der Dinge zu beeinflussen. Diese beiden Versuchungen sind für Frankreich nicht neu, denn es schwankt seit jeher zwischen provinziellen Reflexen und Universalismus." Die französischen Dörfer und Bauern sind ohnehin dazu verdammt, früher oder später zu verschwinden, wodurch ein ganzer Teil der Bevölkerung, der typisch französisch und altmodisch ist, auf jeden Fall aber nicht „kosmopolitisch" genug, bereinigt wird. Diese bäuerliche Bevölkerung, die sich immer geweigert hat, sich der Welt zu öffnen und Fremde aufzunehmen, hat sich immer auf die gemeinste Weise in ihre Kirchen geflüchtet. Wir leben heute in einer Ära der positiven Vermischung. Die Franzosen müssen sich weiterentwickeln, sich mehr der Welt öffnen: „Wenn sie auf ihrer alten Weltsicht beharren und weiterhin glauben, dass wir eine kurze Anpassungsphase durchleben und dass alles zur Normalität, zur traditionellen Ordnung zurückkehren wird, dann werden sie verdammt sein. Die Ohnmächtigen, die Protektionisten, die reaktionären Anhänger des Nationalstaats, die Ängstlichen, die Fremdenfeinde werden sich durchsetzen und Frankreich wird die Möglichkeiten, die die neue Weltunordnung bietet, am schlechtesten nutzen[142]. „Diese neue

---

[141] Pierre Lévy, *Weltphilosophie*, Odile Jacob, 2000, S. 145-147.
[142] Alain Minc, *Le Nouveau Moyen-Age*, Gallimard, 1993, S. 246-247.

Weltunordnung ist ein Geschenk für uns, wir müssen daran glauben; sie ist eine echte Chance für Frankreich.

Doch während die sesshaften Menschen aufgefordert werden, „mit der Vergangenheit aufzuräumen", ihre angestammten Traditionen zu vergessen und alles abzulehnen, was sie mit ihrer Herkunftsgemeinschaft verbinden könnte, bleibt das „Gedächtnis" von größter Bedeutung, allerdings nur für Nomaden. Jacques Attali sagte in seinem *Dictionnaire*, dass das Gedächtnis „die Identität und das Gepäck des Nomaden ist, sein Luxus und seine Waffe, wenn sich Unsicherheit und Amnesie verallgemeinern. „Was für die einen gilt, gilt also nicht für die anderen. Ziel ist es, sesshafte Gesellschaften aufzulösen und eine nomadische Welt ohne Grenzen zu fördern, die den Weg zu Glück und universellem Frieden öffnet.

Der gleiche Geist der Entwurzelung wurde von der großen österreichischen Schriftstellerin Elfriede Jelinek zum Ausdruck gebracht. Nach der Verleihung des Nobelpreises für Literatur im Jahr 2004 wollte sie in einem Interview in der kommunistischen Tageszeitung *L'Humanité* ihre Gedanken erläutern. Die Schriftstellerin, „geboren als Sohn eines tschechisch-sozialistischen jüdischen Vaters, der früh in einer psychiatrischen Klinik starb", wollte sich vom Bild des heutigen reaktionären und konservativen Österreichs distanzieren, von „seinem Operettenalltag mit seiner scheinheiligen Naturverehrung, seinen zwei veralteten Fernsehkanälen, seiner musikalischen Folklore in Dauerschleife, seinem gutmütigen Apolitismus, seiner affektierten Herzlichkeit. „Von diesem widerlichen Österreich prangerte er an, dass „hinter den Ressentiments die alte Sehnsucht nach dem Kaiserreich, die tiefe Verwurzelung des Bodens und des Landes, das Misstrauen gegenüber Ausländern, die Macht eines rückständigen Katholizismus und seine Allianz mit der hartnäckigen Nazi-Ideologie stehen". „Mein Nobelpreis ist nicht als Blume im österreichischen Knopfloch zu sehen[143]." Aus Österreich natürlich nicht.

Auch der große Dichter Heinrich Heine war zu seiner Zeit sehr anmaßend gegenüber Deutschland: Heine steuerte die symbolische Summe von fünf Groschen für den Bau einer Statue des Arminius, des Siegers der römischen Legionen, bei, als er eine Subskription für den Bau der Statue startete. Diese Verachtung, die von den Deutschen nie vergessen wurde, muss neben all die Taten und Worte gestellt werden, die die unergründliche Verachtung der kosmopolitischen Geister für alles, was ihnen fremd ist, bezeichnen.

Bernard-Henri Lévy lehnte sich auch gegen „den Kult der Ethnien, der populären Mikrokulturen, der wiederhergestellten kollektiven

---

[143] *L'Humanité* vom 8. Oktober 2004.

Identitäten" auf: „Der Faschismus ist nicht nur die martialische Musik der Anhänger des Nationalstaates: Er kann auch einen Dialekt sprechen, ein paar Buben tanzen, zum Klang von Dudelsäcken marschieren... Angesichts all dessen, angesichts von so viel Dummheit, ist mir manchmal fast danach, die Hymne des einen und ewigen Frankreichs zu singen. Angesichts eines bewaffneten Korsen oder eines als Druide verkleideten Bretonen bin ich fast versucht, mich auf die Seite der Verfechter des territorialen Zusammenhalts des Landes zu schlagen. Was mich jedoch davon abhält, ist, dass sie alle gleich sind. Ob sie nun Infra-, Supra- oder einfach nur Nationalisten sind, im Grunde denken sie alle gleich, und das widert mich an. „Patrioten aller Art und ihre antiquarischen Utensilien[144] „ ekeln ihn sehr an. Sie sind nichts anderes als der Ausdruck einer „verkrampften und kleinmütigen Selbstverliebtheit in die ärmsten Identitäten". Wir werden später in diesem Buch sehen, wie die Bolschewiki ihre Verachtung für die russischen Traditionen in die Praxis umsetzten.

1985 finanzierte Pierre Bergé, der wohlhabende sozialistische Eigentümer von Yves Saint-Laurent, die Gründung der Zeitschrift *Globe*. In der ersten Ausgabe wurden die wichtigsten Punkte genannt: „Natürlich sind wir entschieden kosmopolitisch. Offensichtlich ist uns alles, was nach Terroir, Jotas, Dudelsack, Traditionellem oder Patriotischem riecht, fremd, ja abscheulich", schrieb BHL mit Vergnügen[145]. Die beiden kreativen Redakteure des Projekts waren Georges-Marc-Benamou, ein enger Mitarbeiter von Präsident Mitterrand, und Bernard-Henri Lévy, der übrigens gegenüber der Tageszeitung *Le Monde* erklärte: „Sie können es schreiben, ich halte mich für den besten Schriftsteller, den talentiertesten Essayisten meiner Generation[146]." Guy Konopnicki, ein Schriftsteller, der den kommunistischen Ideen nahe stand, äußerte sich zu diesem Thema genauso wie die demokratischen Intellektuellen. In einem seiner Essays mit dem Titel *La France du tiercé* schien der Schriftsteller nichts als Verachtung für das Land zu empfinden, das ihn willkommen geheißen hatte: „Selbst die lausigste Broadway-Revue wird das erbärmliche Spektakel der Volkstänze mit Souks immer übertreffen", schrieb er liebenswürdig. Das hinderte ihn nicht daran, anschließend zu erklären: „Als Einwanderer bin ich französischer als die Franzosen. „Alle seine Bücher drehen sich um immer wiederkehrende Themen: Rassismus der Arbeiterklasse, Judentum, das typisch französische Französisch und

---

[144] Bernard-Henri Lévy, *L'Idéologie française*, Grasset, 1981, S. 212-216.
[145] BHL, ein Akronym für den allgegenwärtigen Medienphilosophen Bernard-Henri Lévy.
[146] *Le Monde*, 21. März 1985. Das große Talent von Bernard-Henri Lévy zeigte sich auch einmal in Spanien, als er am 10. November 1979 von der spanischen Fernsehsendung *La Clave* eingeladen wurde, um unter anderem mit Santiago Carrillo und Roger Garaudy zu debattieren (NdT).

Frankreich: „eine heilige Dreifaltigkeit: Maria-Kirche-Prosbyrince. („*Les Filières noires*"). „Der Hass und der Groll des kleinen Galliers" lassen ihn würgen; „es wäre besser, dem kleinen Gallier den Hals umzudrehen und das klare französische Genie zu begradigen. Die politische Moderne verlangt dies. Wir müssen diesem Frankreich ein für alle Mal ein Ende setzen und aus diesem sechseckigen Kloster[147] herauskommen." Andererseits - und wir stoßen immer wieder auf das gleiche Paradoxon - ist dieser Mundialist besessen vom Verschwinden der jiddischen Sprache[148]. Sein Buch *Le Mur des fédérés* (Die Mauer der *Föderierten*) trug den jiddischen Untertitel *Der Rote Yid* (*Der Rote Jude*). Und wenn er einen Kriminalroman schreibt, nennt er ihn *Pas de Kaddish pour Sylberstein (Kein Kaddisch für Sylberstein)*. Es sei darauf hingewiesen, dass der Chefredakteur seines Verlags Bernard-Henri Lévy war.

Frankreich der Bastarde

Von allen planetarischen Autoren ist Bernard-Henri Lévy zweifellos einer der vehementesten und schärfsten Kritiker der traditionellen Gesellschaft. Auf jeden Fall ist er der Intellektuelle, der mit den schärfsten Worten gegen das Frankreich der Glockentürme und des Terroirs sowie gegen alle Gegner der offenen Gesellschaft wettert. Der Philosoph ist auch einer der reichsten Männer Frankreichs mit einem geschätzten Privatvermögen von 150 Millionen Euro, das er von der Holzhandelsfirma geerbt hat, die sein Vater in Marokko gegründet hatte. Der Mann leitet aber auch mehrere Finanzunternehmen. Wie Jacques Attali oder Alain Minc sind die sozialistischen und liberalen Philosophen heute Wirtschaftskönige und Fernsehstars, die es verstehen, die Öffentlichkeit zu verführen[149].

---

[147] Die Geographie Frankreichs bildet ein Sechseck. Frankreich wird oft als Sechseck bezeichnet.

[148] Mitteleuropäische jüdisch-deutsche Sprache.

[149] BHL gehörte zu der neuen Generation von Intellektuellen der 1970er Jahre, die als „*Les Nouveaux Philosophes*" bekannt waren. Seit den 1980er Jahren engagierte sich Lévy auf internationaler Ebene für zahlreiche Anliegen, und zwar mit einer intensiven Medienaktivität in der ganzen Welt. Seine Wanderschaft führte ihn nach Pakistan, um die afghanischen Mudschaheddin zu unterstützen, nach Bosnien-Herzegowina, um den bosnischen Muslimen gegen die Serben zu helfen, nach Georgien während des Krieges in Südossetien, nach Israel während des Gaza-Krieges 2008, nach Libyen, um die libysche Revolution gegen Muammar Kadafi zu unterstützen, nach Irakisch-Kurdistan, wo er die gegen Daheeh kämpfenden Peshmerga traf, nach Kiew nach dem Euromaidan-Putsch von 2013 und so weiter. Im Jahr 2017 wurde ihm die *Ehrendoktorwürde* der Bar-Ilan-Universität für „mehr als 40 Jahre einflussreicher Beiträge zum jüdischen Volk und seiner Nation" verliehen. Der gleiche Titel wurde ihm 2002 von der Universität Tel Aviv und 2008 von der Universität Jerusalem verliehen (NdT).

In seinem Buch *Die französische Ideologie* prangerte Bernard-Henri Lévy die Verantwortung der französischen Intellektuellen an, deren reaktionäre Ideen das Land unweigerlich in das Vichy-Regime und die Kollaboration mit Nazideutschland geführt hätten. Den sozialistischen Schriftstellern erging es nicht besser als den patriotischen und nationalistischen Denkern, die ihrerseits die „Plutokratie" und die Republik angriffen. Zu Beginn des 20. Jahrhunderts kam es in Frankreich zu einer ideologischen Annäherung zwischen den beiden „systemfeindlichen" Strömungen - den Sozialisten und den Nationalisten -, die ohne den Krieg von 1914 zum Untergang der Republik hätte führen können. Die radikalsten revolutionären sozialistischen Kreise waren damals sehr offen für bestimmte Themen, die man heute als „rechtsextrem" bezeichnen würde, während auf der anderen Seite, bei den Monarchisten der Action Française, Charles Maurras von einem „von seiner demokratischen und kosmopolitischen Komponente befreiten Sozialismus" träumte. „Eine proletarische Rechte und eine sozialistisch-revolutionäre Bewegung würden zusammenkommen und eine neue politische Bewegung hervorbringen, die als „Faschismus" bekannt ist.

Auf der extremen Linken war Georges Sorel, Autor von *Reflexionen über Gewalt*, der Intellektuelle des revolutionären Syndikalismus. Für ihn waren die Gewerkschaften der Schlüssel zu diesem Instrument, die Waffe, die dazu dienen sollte, das plutokratische Regime durch einen Generalstreik und einen Aufstand zu stürzen. Sein Sozialismus war für Bernard-Henri Lévy zu tief verwurzelt, denn er hatte sich zum Ziel gesetzt, die Gesellschaft von der internationalen Finanzwelt und dem Kaufmannsgeist zu befreien. Worte wie „Volk", „Blut" und „Traditionen" gehörten noch zum Wortschatz dieser Revolutionäre, für die die plutokratische Demokratie und nicht der „Faschismus" der Hauptfeind war. Und genau das ist es, was unseren kosmopolitischen Philosophen erschreckt. Zu dieser Zeit gab es keinen Cordon sanitaire um die extreme Rechte. Der Gedankenaustausch zwischen den politischen Gegnern war noch möglich. So sehr, dass Sorel in seinen *posthumen Betrachtungen* sowohl Edward Drumont, den Autor des *jüdischen Frankreichs*, als auch Charles Maurras lobte, den er als „wahren Führer" bezeichnete, der gegen „das demokratische Virus" immun sei. Im gleichen politischen Spektrum, in Gustave Hervés Tageszeitung *La Guerre sociale,* konnte man lesen, dass Jaurès' Zeitung *L'Humanité* von den Rothschilds finanziert wurde und „ganz im Dienste ihrer dunklen Ziele" stand. In dieser Atmosphäre bewegten sich viele Anarchisten und Sozialisten und die CGT (Confédération Générale du Travail) wurde geboren. Der Kult der Anstrengung, der Kampf gegen die liberalen Werte, gegen die demokratischen Überzeugungen, gegen die Philosophie der Aufklärung und die „Hochstapelei der Menschenrechte": Das war die Linie, die die französischen Sozialisten vor 1914 verfolgten.

Georges Sorel und Charles Maurras waren damals die beiden großen Symbolfiguren der französischen Reaktion gegen das Regime. Das Zusammentreffen der beiden revolutionären Strömungen sollte im Dezember 1911 in Paris stattfinden. Der Proudhon-Kreis war geboren. Zum ersten Mal in der Geschichte Europas sollten Männer der Linken und der Rechten einen gemeinsamen Diskurs führen, in dem Kritik an der Plutokratie, Hass auf den Kosmopolitismus, Verachtung des dekadenten Intellektualismus und Antisemitismus zum Ausdruck kamen. Das sozialistisch-revolutionäre Vokabular jener Zeit könnte unseren modernen planetarischen Intellektuellen auf die Nerven gehen: „Es gibt zwei Nobilitäten, sagte Edward Berth, Sorel-Schüler: die des Schwertes und die der Arbeit. „Wir brauchen „das Erwachen der Kraft und des Blutes gegen das Gold", um „eine endgültige Niederlage der Plutokratie" herbeizuführen (*Cahiers du Cercle Proudhon,* September 1912). Drei Jahre lang arbeitet der Proudhon-Zirkel daran, das „Erwachen der Kraft und des Blutes" und die Entstehung eines „bäuerlichen, kriegerischen und gallischen Sozialismus" zu beschleunigen. „Damals blickten die Patrioten in der ganzen Welt nach Frankreich, während Deutschland noch die Heimat des Marxismus und des „wissenschaftlichen Sozialismus" war. Frankreich war zweifellos die Heimat des Faschismus und des Nationalsozialismus, das Land, in dem der Dialog zwischen Nationalisten und Kommunisten frei geführt wurde.

Diese Erfahrung war nur von kurzer Dauer und hatte sich kaum in den intellektuellen Kreisen herumgesprochen, als der Krieg von 1914 ausbrach und sie für immer unterbrach. „Aber die Ungeheuer liefen frei herum", schrieb BHL, „die üble Bestie wurde geboren[150]."

Georges Valois gründete später *Le Faisceau,* die Partei, in der diese doktrinäre Synthese beibehalten werden sollte, und Berth trat 1920 der Kommunistischen Partei bei. Drieu La Rochelle, Lucien Rebatet, Marcel Deat und viele andere werden diese Erfahrung nie vergessen. Mussolini würde erkennen, dass der französische Sozialismus die Quelle der Inspiration für den italienischen Faschismus war. Im Jahr 1926 erklärte er: „Am meisten verdanke ich Georges Sorel". Sorel erkannte im italienischen Faschismus die Inkarnation seines Sozialismus, obwohl er auch die Erfahrung des Oktober 1917 begrüßte. In der Tat hatte Sorel trotz allem „eine seltsame Tendenz, den Marxismus zu beanspruchen, wo Maurras bestenfalls eine jüdische Doktrin sah." In der Zwischenkriegszeit stellte Bernard-Henri Lévy eher eine allgemeine Stimmung als ein ideologisches Zusammentreffen zwischen Sozialismus und Nationalismus fest. Er sah in

---

[150] Bernard-Henri Lévy, *L'Idéologie française*, Grasset, 1981, S. 149.

der kommunistischen Literatur denselben ungesunden Diskurs wie in der rechtsextremen Literatur, einen Diskurs, der die „Rasse" verherrlichte, ein Begriff, der seit Mitte des 19. Jahrhunderts in Mode war. Der Körperkult hatte einen heidnischen Beigeschmack, der den Intellektuellen, der sich vor Kraftausdrücken fürchtete, nur abstoßen konnte. Während die Ideologie des Vichy-Regimes die Jugend verherrlichte und sie ermutigte, „ihre Kräfte an der frischen Luft und in einer gesunden Gemeinschaft zu regenerieren", taten die Kommunisten zehn Jahre zuvor dasselbe, als sie den Körper und die körperliche Vitalität des Volkes verherrlichten. Die Tageszeitung *L'Humanité* hatte die Rückkehr der kommunistischen Delegation begrüßt, die auf den Moskauer Sportplätzen eine „lebensfrohe Jugend" bewundern wollte, die „stolz auf ihre robusten Körper" ist, die „vor Gesundheit strotzen" und „einen beeindruckenden Eindruck von der Stärke ihres Landes vermitteln". „Bernard-Henri Lévy lehnte diesen Enthusiasmus der Zeit ab und äußerte seine instinktive Abscheu gegenüber „dieser Fantasie eines athletischen Volkes, das ebenso in seinem Körper wie in seinem Land, seiner Rasse und seiner Nation verwurzelt ist." Die intellektuelle und politische Welt der Zwischenkriegszeit ekelte ihn zutiefst an. Allerdings hatte die extreme Rechte kein Monopol auf Abscheu: Die gesamte französische Intelligenz schien sich auf die Ankunft von Marschall Pétain und den Holocaust vorbereitet zu haben. Marschall Pétain war natürlich die „wirklich widerwärtigste" Figur. Durch sein „einzigartiges Delirium" offenbarte er „das wahnsinnige Ausmaß seines Projekts". Die rechtsextremen Intellektuellen verdienten nur Verachtung: „Die schändliche Freude der Brasillachs, Céline, Drieu, die den Zusammenbruch der Demokratie bejubeln", könne einem nur den Magen umdrehen. „Sie alle genossen die Abscheu vor der neuen Ordnung[151]." Man darf nie vergessen, dass die Atmosphäre, die in Frankreich nach der Niederlage der französischen Armeen herrschte, nur möglich war, weil sie Jahre zuvor von französischen Intellektuellen vorbereitet worden war, deren Feigheit erbärmlich war. Deutschland trägt weniger Verantwortung für die französische Ablehnung, als allgemein angenommen wird", sagte Lévy, „[152]." Es gab „keinen anderen Fall wie diesen im ganzen besiegten Europa, keine andere Nation als Frankreich, die so ruhig ihre Schandtitel für sich beanspruchte[153]." Péguy, Fabre-Luce, Maurras „zeugen von unserem Altertum der Ablehnung". Diese Leute repräsentierten „das Frankreich der Bastarde", „die große eitrige Wunde" der intellektuellen Welt. Maurice Barrés, der „Prinz der Jugend", wurde unter der Feder von Lévy „der Prinz der Abscheu, Barrés der Antisemit, der wütende Verrückte

---

[151] Bernard-Henri Lévy, *L'Idéologie française*, Grasset, 1981, S. 48.
[152] Bernard-Henri Lévy, *L'Idéologie française*, Grasset, 1981, S. 56.
[153] Bernard-Henri Lévy, *L'Idéologie française*, Grasset, 1981, S. 60.

und *Boulangist*[154]." Péguy sei ein „Narr", und wenn er von der „französischen Rasse" spreche, erzeuge er nur „heftigen Abscheu". Der schöne Marquis de Morès hat ihm auch kein gutes Gedächtnis hinterlassen, wenn man bedenkt, was er „in einigen der von seinem dummen Gehirn geschriebenen Pamphlete" fand. Léon Daudet war ein Intellektueller mit einem „kranken Gehirn"; Jean Giono, „dessen Philosophie sich in der Überzeugung zusammenfassen lässt, dass es besser ist, kriechend zu leben, als zu riskieren, auf den Füßen zu sterben", war nicht besser als Thierry Maulnier und seine Freunde von der Jungen Rechten, die „eine von alten Obsessionen geprägte Gemeinschaft" verherrlichten. „Was Céline betrifft, so war er einfach „der Meister des Abschaums, der Meister des Schmutzes[155]." Sie alle haben Marschall Pétain an die Macht kommen lassen. „Ja, es ist dieser Mann, schwor Lévy, es sind all jene Männer, die zum ersten Mal in unserer modernen Geschichte das absolute Verbrechen der Legalisierung von Rassismus und Fremdenfeindlichkeit begangen haben. In ihren Reihen wurde die Endlösung nach französischem Vorbild erdacht und geplant. Es sind diese gewöhnlichen, von Humanismus und klassischer Kultur durchdrungenen Gehirne, voller patriotischem Anstand und Konformität, die vier Jahre lang die französische Version der Abscheulichkeit des Jahrhunderts[156] hervorgebracht haben, die so zutiefst französisch ist. „Wir sehen hier eine ungeheure Verachtung für die einheimische Bevölkerung. In Wirklichkeit waren „Rassismus und Fremdenfeindlichkeit" seit Jahrhunderten in der gesamten europäischen und weltweiten Gesetzgebung präsent, in dem Sinne, dass ein Bürger Rechte hatte, die ein Ausländer nicht hatte. Hatten die Juden 1790 in Frankreich die Staatsbürgerschaft erhalten, mussten sie in den algerischen Departements bis 1870 warten. In Wirklichkeit bezog sich das „absolute Verbrechen", von dem Lévy sprach, auf den Verlust der französischen Staatsbürgerschaft im Jahr 1940.

---

[154] Georges Ernest Jean Marie Boulanger war ein französischer Offizier und Politiker, der in den ersten Jahren der Dritten Französischen Republik eine führende Rolle spielte. Mit seinen populistischen, chauvinistischen und revanchistischen Reden wurde er in der französischen Öffentlichkeit sehr populär, in einer Gesellschaft, die noch immer vom Verlust des Elsass und Lothringens im Deutsch-Französischen Krieg von 1870 traumatisiert war.

[155] Bernard-Henri Lévy, *L'Idéologie française*, Grasset, 1981, S. 113, 235, 260, 146, 205, 210, 22 [Louis Ferdinand Céline gilt trotz seiner polemischen und äußerst scharfen antisemitischen Pamphlete als einer der einflussreichsten Schriftsteller des 20. Jahrhunderts, da er einen neuen Schreibstil mit mündlichen Merkmalen entwickelte, der sowohl die französische als auch die Weltliteratur modernisierte. Nach Marcel Proust ist er der meistübersetzte und beliebteste Autor der französischen Literatur des 20. Jahrhunderts; sein bekanntester Roman ist *Reise ans Ende der Nacht*].

[156] Bernard-Henri Lévy, *L'Idéologie française*, Grasset, 1981, S. 68.

Die französischen Kommunisten und Sozialisten des letzten Jahrhunderts waren nicht weniger verantwortlich für die „französische Ablehnung". 1940, nach der Niederlage Nazideutschlands, baten die französischen Kommunisten die deutschen Behörden um das Recht, ihre Zeitungen zu veröffentlichen. Sie veröffentlichten den *„Appell an das Pariser Volk"*, in dem die Redakteure vorschlugen, „alle diejenigen anzuklagen, die Frankreich in den Krieg getrieben und das französische Volk getäuscht haben". „Auf dieser Ebene des Wahnsinns reicht es nicht mehr aus zu sagen, dass die Kommunisten dieselbe Sprache oder dasselbe Thema mit Vichy teilten: Sie konkurrieren um dieses Thema, leugnen ihre Urheberschaft am Regime und geben vor, den Diskurs und das Erbe selbst zu übernehmen[157]. Kurz gesagt, für Lévy kann man sagen, dass die Kommunisten und die Faschisten „in einem erbitterten Wettbewerb um die Aneignung und Kontrolle des Übels der Umwelt" in „einer abstoßenden mimetischen Rivalität" standen." Tatsächlich sollten sozialistische Anhänger die Reihen des Marschalls mit unerwarteten Rekruten verstärken: Gaston Bergery, 1933 Gründer der antifaschistischen Gemeinsamen Front; Frossard, ein Veteran des Sozialismus; Spinasse, ehemaliger Minister von Léon Blum; Marcel Déat, Minister im Jahr 1936; Lagardelle, Erbe von Georges Sorel und des revolutionären Syndikalismus; Yvetot, einer der würdigsten Überlebenden der Arbeiterkämpfe zu Beginn des Jahrhunderts; Charles Dhooges, ein Anarchist. Alle würden sich auf die Seite der nationalen Revolution von Marschall Pétain stellen.

Der Sozialismus in der französischen Tradition verbreitete den ganzen Dreck: „Schließlich, und das ist noch schlimmer, gibt es eine rein rassische Dimension, die unglaublich modern ist und von der man ohne Übertreibung sagen kann, dass sie in den Reihen der Sozialisten zum ersten Mal ihre größte Intensität erreichte[158]. In der Tat gibt es im französischen Sozialismus des 19. Jahrhunderts die „Idee, dass der Jude weniger verabscheuungswürdig ist, wie man bisher glaubte, weil er Christus getötet hat, als weil er ihn erfunden hat" und dass er „der Ursprung der modernen Lepra ist, die das Christentum ist": Diese Tendenz, die von Voltaire eingeleitet und von Blanqui fortgesetzt wurde und in den Büchern von Gustave Tridon, Blanquist und Communard gipfelt, der bereits 1865 in ein und demselben abscheulichen „Semitismus" die üblen Genies der Erde, nämlich den Katholizismus und das Judentum, vereinigt". Der „bestialische Rassismus, der das Denken von Proudhon durchdringt", die „gröbste linksextremistische Literatur, die von Sorel, Malon, Chirac, Toussenel" sind völlig zu verwerfen. Wir müssen „diesen Sozialismus vergessen", so Lévy, „mit der gleichen Energie und Entschlossenheit wie den marxistischen, leninistischen oder stalinistischen Sozialismus", ebenso

---

[157] Bernard-Henri Lévy, *L'Idéologie française*, Grasset, 1981, S. 86.
[158] Bernard-Henri Lévy, *L'Idéologie française*, Grasset, 1981, S. 129.

wie Jules Guesde, diesen „chauvinistischen, fremdenfeindlichen Patrioten, der eine Zeit lang dem *Boulangismus* nahe stand[159]. Fremdenfeindlichkeit durchzieht auch die Texte von Vaillant-Couturier, der die „harten Tugenden der Kämpfer" besingt, die „tief in der Erde verwurzelt" sind und deren Nachnamen „den Geschmack des Vaterlandes" haben". Die Kommunistische Partei der 1930er Jahre hatte die Begriffe „starkes Land" oder „zahlreiches Volk" perfekt integriert. Hat sich Aragon während der Lyssenko-Kontroverse in Frankreich nicht als Verfechter des ländlichen Raums gegen „dekadente, degenerierte, kosmopolitische und antinationale Kunst" bekannt? Es ist dieser Begriff des Terroirs und der Verwurzelung, der Bernard-Henri Lévy am meisten abstößt, und nicht der Sozialismus selbst. „Da ist der verdrängte Stinker. Der Rassismus, die Fremdenfeindlichkeit, der Unfug und die Dummheit. Arbeit, Familie, Heimat und das tiefe Frankreich[160]. „Das war „das Delirium, das dem Boden und den nationalen Gehirnen entsprang".

Die einzige intellektuelle Figur, die verschont wurde, war Julien Benda, der Internationalist, der sich nicht dem Marxismus unterwarf und das Paris von 1968 inspirierte, und sein großartiges „Wir sind alle deutsche Juden", das wie ein Schlag ins Gesicht des anderen Frankreichs, desjenigen der Kretins und Schurken, die lieber „Cohn-Bendit nach Dachau" riefen, geworfen wurde.

Die Empörung von Bernard-Henri Lévy beschränkte sich also nicht auf die Extreme des französischen politischen Schachbretts. Alles, was tief verwurzelt und typisch französisch war, stieß ihn ab. Sogar Mounier und seine Freunde bei der Zeitschrift *Esprit*, die von rassistischen oder antisemitischen Äußerungen weit entfernt sind, missfielen ihm. Im Januar 1941 hatte die Zeitschrift Folklore und Volkstänze gelobt, bei denen sich diejenigen auszeichneten, die das Glück hatten, „eine zelluläre Erinnerung an ihre ethnische Herkunft zu bewahren". BHL war wütend auf Mounier: War es nicht Mounier selbst, der 1940 in Frankreich „die Vitalität" und „Phantasie" als Beispiel anführte, die „der Hitlerismus Deutschland eingeimpft hat[161]?" Alle nationalen Traditionen rufen seinen Sarkasmus und seine Verachtung hervor. Er macht sich über alle französischen Autoren lustig, die Abstammung und Vorfahren verherrlichen: Gustave Thibon ist ein „fleißiger, aber mittelmäßiger Theoretiker, leicht blass und ein Sprecher unseres Vaterlandes und des gesunden französischen Menschenverstandes"; Mistral, Dichter und Sänger der Provence, „war neben Jeanne d'Arc die einzige Persönlichkeit, der Marschall Pétain die Ehre erwies, eine kurze, aber vollständige Botschaft zu übermitteln". Der

---

[159] Bernard-Henri Lévy, *L'Idéologie française*, Grasset, 1981, S. 166 (siehe Anmerkung 155).
[160] Bernard-Henri Lévy, *L'Idéologie française*, Grasset, 1981, S. 181.
[161] Bernard-Henri Lévy, *L'Idéologie française*, Grasset, 1981, S. 212, 32

Punkt ist klar: Alles, was nicht kosmopolitisch ist, ist gut für den Müll. Die alten französischen Traditionen, der Volksgeist, die Identitätssolidarität usw., all diese Dinge müssen für die intellektuellen Köpfe des Planeten ein für alle Mal ausgelöscht werden.

Systematische Schuldzuweisungen

Die planetarische Idee hat keinen Einfluss auf Völker, die stark von ihrer Identität geprägt sind und die inmitten zahlreicher Völker leben. Die Industrienationen und die reichen Länder hingegen reagieren empfindlicher auf alle Arten von Vorwürfen bezüglich ihrer Vergangenheit und der Herrschaft, die sie einst ausgeübt haben mögen. Offensichtlich richtet sich die Kritik gegen die herrschenden Völker, nicht gegen die beherrschten Völker. Aber seit mehreren Jahrzehnten richtet sich diese Kritik im Westen ausschließlich gegen die Menschen im Westen. Es wäre reiner Masochismus, wenn die Opfer selbst für diese harsche Kritik verantwortlich wären, die den Stolz der europäischen Völker ständig untergräbt. Dies ist nicht immer der Fall. Es gibt unzählige Bücher zu diesem Thema; die „Sensibilisierung" ist allgegenwärtig und wird durch Presse, Verlage, Fernsehen und Kino fortgesetzt. Wir beschränken uns daher auf einige aktuelle und emblematische Beispiele für dieses Unternehmen der permanenten Anschuldigung.

In einem 2004 erschienenen Buch mit dem vielsagenden Titel The Western Crime (Das Verbrechen des Westens) versuchte Viviane Forrester (geborene Dreyfus), wie viele andere vor ihr, die Schande der Europäer anzuprangern. Ihre Feigheit angesichts der Tortur der deutschen Juden war eindeutig kriminell: „In den 1930er Jahren", schrieb sie, „hätte das, was bereits über die Verbrechen der Nazis bekannt war und was in der Presse berichtet wurde, ausreichen müssen, um den hemmungslosen, kompromisslosen und entschlossenen Widerstand der demokratischen Nationen zu provozieren... Aber getreu ihrem Genie der Untätigkeit, wenn es um die Juden ging, die so günstig dezimiert wurden, bündelten die Führer der beiden Großmächte schließlich ihre Wissenschaft der Passivität. „Wir sollten uns darüber im Klaren sein, dass die Europäer sich schuldig fühlen sollten, dass sie nicht sofort zum Massaker zurückkehren wollten, als Hitler 1933 an die Macht kam.

Die Mitschuld des Westens an den Verbrechen des Zweiten Weltkriegs zeigte sich auch in seiner Untätigkeit während des Aufstands im Warschauer Ghetto. „Die einzige Antwort", schrieb Viviane Forrester, „war Schweigen, böswillige und schlaue Untätigkeit, die durchsichtige und kalkulierte rassistische Obstruktion des übrigen Westens." „Millionen von Juden wurden in den Gaskammern erstickt, aber niemand drohte den Deutschen mit Repressalien - es gab keine Drohung, ihre Städte zu vergasen[162]." Alle Europäer sind also schuldig, nicht nur die Deutschen. Hierzu ist anzumerken, dass weder in den Memoiren von Churchill, noch in denen von General de Gaulle oder Roosevelt die Gaskammern während des Krieges erwähnt werden. Das liegt wahrscheinlich daran, dass diese Menschen feige waren.

Aber das spielt keine Rolle, denn es geht vor allem darum zu zeigen, dass der Westen sich schuldig gemacht hat, die Augen vor den Geschehnissen in Europa während des Krieges zu verschließen. Frankreich, das „keine Juden aus Deutschland mehr aufnehmen wollte", wurde an den Pranger gestellt: „Der Schrecken bestand nicht darin, diese Männer, Frauen und Kinder vernichtet und gefoltert zu sehen, sondern darin, sie als gefährlichen Zustrom freizulassen; „Nicht in unserem Haus! Die Stimmen waren einstimmig[163]", schrieb Viviane Forrester. „Die allgemeine Flucht, sogar die Zustimmung zum Rassismus der Nazis durch Unterlassung, wurde versteckt, vergessen, unbemerkt. Die Trägheit des Westens gegenüber der Barbarei und seine Duldung des Antisemitismus wurden nicht erinnert, sondern so weit wie möglich in einem einvernehmlichen Schweigen einer freiwillig verdrängten Erinnerung gehalten[164]. „

Ohne eine große Historikerin zu sein, wäre Viviane Forrester im Jahr 1937 in der Nähe von Nowosibirsk zweifellos eine wunderbare Staatsanwältin gewesen.

Wir scheinen jedoch in der Lage zu sein, in seiner Rachsucht die Ursache für diese Parteilichkeit zu erkennen. So schrieb er zum Beispiel: „Dies war keine besondere Aggression gegen eine bestimmte Gemeinschaft, sondern ein Angriff gegen die Menschheit als Ganzes, gegen das Konzept der Menschlichkeit selbst[165]." Wir können mit Sicherheit sagen, dass dies ein Markenzeichen ist, das wir in diesem Buch noch oft unter der Feder anderer bedeutender Persönlichkeiten finden werden.

---

[162] Viviane Forrester, *Das abendländische Verbrechen*, Fayard, 2004, S. 15-16, 32-34. [Ich möchte vor den Vertretern so vieler Nationen, darunter auch einige, die keine Juden in ihrer Mitte haben, daran erinnern, was die Jahre 1933-1945 für die Juden in Europa waren. Unter den Millionen von Menschen, die dort Elend und Tod fanden, machten die Juden die einzigartige Erfahrung der totalen Hilflosigkeit. Sie kannten einen Zustand, der dem der Dinge unterlegen war, eine Erfahrung der totalen Passivität, eine Erfahrung der Passion. (...) Der Antisemitismus des 20. Jahrhunderts, der in der Vernichtung von sechs Millionen europäischen Juden gipfelte, bedeutete für die Juden die Krise einer Welt, die das Christentum 20 Jahrhunderte lang gestaltet hatte. „Emmanuel Levinas, *Schwierige Freiheit, Aufsätze zum Judentum*. Ediciones Lilmod, Buenos Aires, 2004, S. 100, 189].

[163] Viviane Forrester, *Das abendländische Verbrechen*, Fayard, 2004, S. 36.

[164] Viviane Forrester, *Das abendländische Verbrechen*, Fayard, 2004, S. 17.

[165] Viviane Forrester, *Das abendländische Verbrechen*, Fayard, 2004, S. 42.

Die Schmach der Europäer ist natürlich nicht auf die Episode des Zweiten Weltkriegs beschränkt. Ihre gesamte Geschichte zeugt von ihrer Grausamkeit und Erbärmlichkeit. Viviane Forrester wies besonders nachdrücklich auf diesen Punkt hin: „Enteignungen, Massaker und Völkermord an Völkern werden seit Jahrhunderten auf anderen Kontinenten von und für Europäer verübt. Und das alles mit gutem Gewissen, mit der Zustimmung und Bewunderung der Öffentlichkeit für solche Leistungen und ihrer Dankbarkeit, sobald ihr Verlangen nach Besitz gestillt ist. All dies dank der Fähigkeit der Menschen im Westen, das, was ihnen Unbehagen bereitet, zu verwalten, zu löschen und zu verbergen, ohne das Bild der Welt, das sie haben, oder die Rolle, die sie vorgeben zu spielen, zu verändern?Im Namen ihrer Vormachtstellung, mit einem angeborenen Sinn für Arroganz und der Gewissheit einer natürlichen Überlegenheit, die ihre universelle Arroganz rechtfertigt, haben sich die Menschen des Westens das Recht gegeben, ohne Skrupel und wie selbstverständlich die Unwichtigkeit zahlreicher als lästig empfundener Lebewesen und die untermenschliche Nichtigkeit ganzer Bevölkerungen zu dekretieren, selbst wenn sie angeblich schädlich sind. Von da an wurde das Ausplündern, Unterdrücken, Verfolgen, grenzenlose Ermorden dieser als unwillkommen und oft als katastrophal empfundenen halogenhaltigen Massen zulässig, ja sogar notwendig, oder besser noch: einforderbar[166]." Auf der Rückseite des Buches von Viviane Forrester ist zu lesen, wer die wirklichen Henker des palästinensischen Volkes sind: „Viviane Forrester zeigt, inwieweit Israelis und Palästinenser nicht Opfer des jeweils anderen sind, sondern Opfer einer langen europäischen Geschichte: der antisemitischen Verbrechen, an denen die einen beteiligt waren und die anderen nicht. „Der Fall ist klar: Wenn die Palästinenser heute verfolgt und wie Kaninchen abgeschlachtet werden, ist das die Schuld des arroganten und rassistischen weißen europäischen Mannes. Auf jeden Fall kann man Frau Forrester nicht vorwerfen, dass sie leichtfertig Geschichte schreibt und Unsinn erfindet. In der Tat enthält ihr Werk eine beeindruckende Bibliographie: 277 Referenzen für ein Buch von 214 Seiten. Wir wissen also, dass wir es mit einem seriösen Buch zu tun haben, das bei Fayard, einem sehr seriösen Verlag, erschienen ist. In dieser Bibliographie stoßen wir zum Beispiel auf das Buch von Alexander Solschenizyn über die Rolle der Juden in der russischen Revolution. Da wir selbst dieses Buch für die Zwecke unserer Studie eingehend geprüft haben, können wir mit Sicherheit sagen, dass Viviane Forrester es überhaupt nicht benutzt hat und dass ihre aufgeblähte Bibliographie daher nicht die Qualität ihres Buches widerspiegelt, obwohl sie für das vorgesehene Publikum durchaus passabel ist. Diese weltgewandte Persönlichkeit der Pariser Crème de la Crème, Tochter des

---

[166] Viviane Forrester, *Das abendländische Verbrechen*, Fayard, 2004, S. 57, 65.

steinreichen Bankiers und Reeders Edgar Dreyfus, hatte sich bereits 1996 mit ihrem Buch „*Der wirtschaftliche Horror"* einen Namen gemacht, das ein großer Erfolg in den Buchhandlungen war und bewies, dass die krasseste Werbung jeden Mangel wettmachen kann. Das Wichtigste ist jedoch, dass Viviane Forrester ihre Arbeit fortsetzt: noch ein paar Bücher, und vielleicht kann sie dann richtig Französisch schreiben.

Viviane Forrester war sicher nicht die erste, die auf die Schande der europäischen Zivilisation hingewiesen hat. Ein marxistischer Autor wie Lucien Goldmann, ein Schüler der Schule des großen George Lukacs, konnte nicht umhin, den Imperialismus der europäischen Nationen und die „koloniale Expansion mit den daraus resultierenden Superprofiten[167] „ anzuprangern. Diese Ausweitung sei „in ihren Funktionen und Folgen vor allem von Rosa Luxemburg analysiert worden". In jüngerer Zeit wurde sie auch von einem echten Historiker, Jacques Marseille, analysiert, der in seiner Magisterarbeit zusammen mit mehreren angelsächsischen Historikern nachwies, dass das französische Kolonialreich eine Belastung für die Metropole war und dass der französische Staat viel und vergeblich investierte[168]. Der derzeitige Spezialist auf diesem Gebiet, der Akademiker Bernard Lugan, beschäftigt sich in vielen seiner Werke mit diesem Thema.

Diese natürliche und systematische Tendenz, die europäische Zivilisation mit Schmach zu überziehen, hat sich in einer gewissen Populärliteratur, für die der Schriftsteller Bernard Werber ein guter Vertreter ist, ausgeweitet und angedeutet. Er ist ein erfolgreicher Autor: Seine Bücher, wie z. B. *Die Ameisen,* haben sich weltweit millionenfach verkauft. In einem anderen seiner Bücher, einem unprätentiösen kleinen Science-Fiction-Buch mit dem Titel *Unsere menschlichen Freunde[169]*, lässt Werber einen Mann und eine Frau in einem Glaskäfig irgendwo im Kosmos gefangen sein. Auf einer riesigen Leinwand im hinteren Teil des Raumes werden Bilder der Erde projiziert, auf denen die beiden Menschen wie in den 21-Uhr-Nachrichten darüber informiert werden, dass ein pakistanischer muslimischer Diktator in ihrer Abwesenheit enthüllt hat, dass er im Besitz einer schrecklichen Bombe ist. Er droht damit, den gesamten Planeten zu zerstören, „wenn Indien nicht alle seine Forderungen bezüglich Kaschmir erfüllt". Sein Ultimatum läuft in zehn Minuten ab, und wir stehen kurz vor der totalen Zerstörung des Planeten. Samantha[170] und Raul, die beiden Menschen im All, sind wie versteinert: Schließlich explodiert die Erde in Zeitlupe auf ihrem Bildschirm. Sie befinden sich nun

---

[167] Lucien Goldmann, *Marxisme et sciences humaines,* Éditions Gallimard, 1970, Poche, S. 317.

[168] Jacques Marseille, *Empire colonial et capitalisme français,* Albin Michel, 1984.

[169] Bernard Werber, *Nos Amis les humains,* Albin Michel, 2003

[170] Planeten-Autoren wählen oft „amerikanische" Namen für die Figuren ihrer Romane: Samantha, Jonathan, Jennifer, Samuel, Steven, usw.

in der Situation von Adam und Eva, den letzten Vertretern der menschlichen Spezies, die über die Wiederherstellung der Menschheit debattieren müssen. Aber hat die Menschheit eine zweite Chance verdient? Die Geschichte der Menschheit ist von gewaltsamen Invasionen durchzogen", erklärt Raul. Die Indoeuropäer zum Beispiel, die die Technik des Eisens, die Organisation der Kasten und den Einsatz von Pferden beherrschten, unterwarfen fünftausend Jahre lang alle Nachbarvölker, bis sie ihre kriegerischen Werte und ihren Kult der kämpfenden Helden durchsetzten. -Einwand", unterbricht Samantha. Sicherlich haben die Phönizier, die Hebräer und die Karthager zur gleichen Zeit den Handel aufgebaut und entwickelt, Handelsplätze eröffnet und die Seiden-, Tee- und Gewürzrouten eingerichtet. Sie verfügten nicht über mächtige Armeen, aber sie schlugen eine Alternative zu kriegerischen Invasionen vor: Bündnisse und Handel zwischen Völkern. Um besser zu navigieren, erfanden sie den Kompass, Karten und das Segeln. Das Ergebnis: Die Karthager wurden von den Römern vernichtet, die Phönizier wurden massakriert und die Hebräer wurden stets verfolgt." Mit diesem lehrreichen Dialog reiht sich Bernard Werber in die Reihe der Autoren ein, die von der Zerstörung der sesshaften europäischen Zivilisationen und der systematischen Entschuldigung der Semiten und semitischen Zivilisationen besessen sind. In der Tat entscheiden die Themen Schuld und Weltoffenheit oft über den Erfolg eines Buches und nicht sein literarischer Wert, denn auf dieser Ebene sind die Bücher zumeist spürbar mittelprächtig.

Auch der große Jean-Paul Sartre äußerte sich seinerzeit anklagend über die europäische Zivilisation. Im Vorwort zu Franz Fanons berühmtem Buch über die Dritte Welt, *Die Verdammten der Erde*, drückte er seine Gefühle als marxistischer Intellektueller aus, der voller Schuldgefühle über die Ungerechtigkeiten in der Welt war und sich entschlossen für die kolonisierten Völker einsetzte: „Die koloniale Gewalt, so sagte er, dient nicht nur dazu, den versklavten Menschen in Schach zu halten, sondern auch dazu, ihn zu entmenschlichen. Es wird ihnen nichts erspart bleiben, um ihre Traditionen zu liquidieren, ihre Sprache durch unsere zu ersetzen, ihre Kultur zu zerstören, ohne ihnen die unsere zu geben; sie werden vor Erschöpfung betäubt sein... die Gewehre werden auf die Bauern gerichtet sein. Wenn sie sich wehren, schießen die Soldaten und sie sind tot. „Der Hass auf seine eigene Kultur ließ ihn sogar sagen: „Einen Europäer zu töten bedeutet, zwei Fliegen mit einer Klappe zu schlagen, gleichzeitig einen Unterdrücker und einen Unterdrückten zu beseitigen: nur ein Mann bleibt tot und ein Mann frei; zum ersten Mal spürt der Überlebende unter seinen Füßen einen nationalen Boden". „Mit dem Tod des letzten vertriebenen oder assimilierten Siedlers verschwindet die Minderheit und macht ihren Platz der sozialistischen Bruderschaft frei... Wir waren Menschen auf seine

Kosten, er wird ein Mensch auf unsere Kosten. Ein anderer Mann: von besserer Qualität." In Wirklichkeit gibt es hier keinen Geist des Verrats, denn für den Marxisten ist der einzige Feind, den es zu besiegen gilt, das kapitalistische System, das von der westlichen Zivilisation und den weißen Völkern repräsentiert wird. Die Pflicht eines jeden Kämpfers, der sich der schamlosen Ausbeutung der armen Völker des Südens durch die reichen Kapitalisten des Nordens bewusst ist, besteht darin, bis zum Tod zu kämpfen, um die Macht der Bourgeoisie zu stürzen: „Im heutigen Europa ist die geringste Andeutung von Ablenkung im Denken eine kriminelle Komplizenschaft mit dem Kolonialismus. „Alle Weißen sind unterschiedslos Ausbeuter. Alles, was Europa geschaffen hat, verdankt es der harten Arbeit der präkolumbianischen, afrikanischen und asiatischen Völker und der Ausbeutung ihrer Reichtümer auf allen Kontinenten: „Ihr wisst ganz genau, dass wir Ausbeuter sind, ihr wisst ganz genau, dass wir das Gold und die Metalle und dann das Öl von den neuen Kontinenten genommen haben und alles in die alten Metropolen zurückgebracht haben. Mit hervorragenden Ergebnissen übrigens: Paläste, Kathedralen, Industriemetropolen; und wenn eine Krise kam, waren die kolonialen Märkte zur Stelle, um sie abzufedern oder abzuwenden. „Europa, „dieser fettige und lebendige Kontinent", wurde so „mit Reichtümern überhäuft"[171]. Angesichts von so viel Übel und Ungerechtigkeit, so betonte er, „stellt eure Passivität euch auf die Seite der Ausbeuter." Jean Daniel, der berühmte Pressedirektor, schrieb in der Zeitschrift *L'Express*: „*Die Verdammten der Erde* sind natürlich alle Menschen der unterentwickelten Welt, der Dritten Welt, alle, die den Klassenkampf des alten Europas auf eine internationale Ebene übertragen haben. Das Buch ist ein unerbittliches, manchmal irritierendes, immer fesselndes, außerordentlich wertvolles Werk[172]." Von 1962 bis 1966 reiste Jean-Paul Sartre bis zu zweimal im Jahr nach Moskau, wo er von Ilja Ehrenburg und Fedine, den beiden großen intellektuellen Hütern der Orthodoxie, empfangen wurde. Als er 1980 starb, vertrat der sehr bürgerliche Raymond Barre, der liberale Minister für Wirtschaft und Finanzen, die trauernde Regierung und würdigte „den Vorkämpfer der Freiheit", „den größten Philosophen des Jahrhunderts". Der sehr liberale Präsident der Republik Valéry Giscard d'Estaing (1974-1981) hielt seine Laudatio mit den Worten: „Ich empfinde seinen Tod, als ob eine der größten Persönlichkeiten unserer Zeit von uns ginge. Auf die Einsicht in die tragische Zukunft des Menschen reagierte er mit einer authentischen, kämpferischen und, trotz aller Kategorien,

---

[171] Die gotischen Kathedralen wurden fast alle zwischen dem 12. und 13. Jahrhundert erbaut, also vor der Entdeckung Amerikas und der Kolonialisierung.

[172] „Irritierend" und „lästig" scheinen die Haupttugenden planetarischer Intellektueller zu sein, die sich über die Ablehnung durch den Rest der Bevölkerung wundern.

einzigartig französischen Großzügigkeit. „Alexander Solschenizyn seinerseits weigerte sich, ihn zu treffen.

Ein Nachfolger von Giscard d'Estaing, der ebenfalls sehr liberale Präsident der Republik Jacques Chirac, hielt eine Laudatio auf den marxistischen Philosophen Jacques Derrida, als dieser im Sommer 2004 starb. Wieder einmal, und wie aus Gewohnheit, war die Verehrung des Liberalismus für den militanten Marxismus zu spüren.

Die Tendenz, die europäische Zivilisation mit Mist zu überziehen und den Europäern die Schuld zu geben, wurde auch bei dem russischen Schriftsteller Vasili Grossman, Autor des langen Romans *Leben und Schicksal*, festgestellt: „Dies ist eines der größten Bücher des Jahrhunderts", heißt es auf der Rückseite des Buches. Sein Autor, ein 1905 geborener russischer Jude, war lange Zeit ein absolut orthodoxer kommunistischer Schriftsteller und Journalist. Als er 1952 mit der Niederschrift dieser Chronik der Schlacht von Stalingrad begann, war er nicht mehr derselbe Mann. Er hatte den Ausbruch des Antisemitismus in seinem eigenen Land miterlebt, die Prozesse verfolgt und den Stalinismus analysiert. Vom KGB in den Ruhestand versetzt, zwanzig Jahre lang verschwunden, hat dieses Buch wie durch ein Wunder überlebt. Dieses Meisterwerk, das als „Krieg und Frieden" des 20. Jahrhunderts gefeiert wird, erzählt das Epos des menschlichen Überlebens und ist der erste große Schrei nach der Befreiung Russlands. Nach seiner Veröffentlichung wurde „Leben und Schicksal" mit dem Preis für den besten ausländischen Roman ausgezeichnet. Auf 800 Seiten lesen wir diese erhellende Passage, in der der Autor eine seiner Figuren sagen lässt: „Was hat diese Lehre von Frieden und Liebe [das Christentum] der Menschheit gebracht? Der byzantinische Ikonoklasmus, die Folterungen der Inquisition, der Kampf gegen Ketzereien in Frankreich, Italien, Flandern, Deutschland, der Kampf zwischen Protestantismus und Katholizismus, die Intrigen der Mönchsorden, der Kampf zwischen Nikon und Avvakum[173], das erdrückende Joch, dem Wissenschaft und Freiheit jahrhundertelang unterworfen waren, die christlichen Verfolgungen der heidnischen Bevölkerung Tasmaniens, die Übeltäter, die schwarze Dörfer in Afrika anzündeten. All dies verursachte größeres Leid als die Verbrechen der Banditen und Kriminellen, die das Böse um des Bösen willen praktizierten[174]..." Wenn man diese Zeilen liest, könnte man meinen, dass Vasili Grossman anstelle von Umberto Eco das Drehbuch für den berühmten Film *Der Name der Rose* geschrieben haben könnte, eine Adaption eines Buches, in dem das mittelalterliche Christentum als schreckliche Eiterbeule dargestellt wird. All dies ist nicht zufällig. Schon

---

[173] Russischer Patriarch und Kirchenmann, der im Mittelpunkt einer Spaltung der orthodoxen Kirche im Jahr 1654 stand.
[174] Vasili Grossman, *Leben und Schicksal*, Galaxia Gutenberg, 2007, Barcelona, S. 303.

damals haben Schriftsteller wie Heinrich Heine das Mittelalter beschworen: „Das Mittelalter, Jahrhunderte des Aberglaubens und der Vergewaltigung[175]... „Offensichtlich sind alle diese Autoren keine Anhänger des Katholizismus und scheinen sogar einen ganz besonderen Hass auf diese Religion zu hegen.

Eine umfassendere Untersuchung der Weltliteratur würde zweifellos zeigen, in welchem Maße diese Idee in der zeitgenössischen intellektuellen Welt fortbesteht. Ob marxistischer oder liberaler Herkunft, es gibt unzählige Geschichtsbücher, die den Europäern die Schuld geben. Wir denken hier an die Werke von Henri Rousso, Serge Bernstein, Catherine Coquery-Vidrovitch und Vidal-Naquet, um nur einige Autoren aus dem französischen Kulturkreis zu nennen. Für die breite Öffentlichkeit vielleicht noch auffälliger sind jedoch die Kinofilme, Fernsehserien und Dokumentarfilme. Wir werden ihnen ein eigenes Kapitel widmen.

Weisheit ist östlich

Um den Rassismus zu beenden, muss zunächst das Konzept der Rasse beseitigt werden. Unter diesem Gesichtspunkt muss gehandelt werden. Der Schriftsteller und Soziologe Albert Memmi stellte in seinem Essay über Rassismus fest, dass „wir fast alle Mischlinge sind[176]." Das Problem scheint zu sein, dass viele Menschen, vor allem unter den Europäern, dies zu ignorieren scheinen und sich weiterhin als anders als die anderen Mitglieder der menschlichen Spezies sehen. Der Kampf gegen diesen Rassismus ist eine Notwendigkeit, wenn wir diese geeinte und brüderliche Menschheit erreichen wollen: mit allen Mitteln. „Diese Plage muss ausgetrieben und bekämpft werden: zuerst in sich selbst, denn Antirassismus muss in erster Linie eine mentale Hygiene sein; dann durch Pädagogik, in Schulen und Universitäten; und schließlich durch Repression, wenn nötig[177]." Der Rassismus der Europäer gegenüber Minderheiten scheint immer noch weit verbreitet zu sein. Die Weißen sind in Europa immer noch in der Mehrheit und besetzen immer noch die besten Plätze. Die Einwanderungswellen am Ende des 20. Jahrhunderts haben jedoch, zumindest in Frankreich, in dreißig Jahren eine multiethnische Gesellschaft geschaffen, auch wenn die Mehrheit der Einwanderer immer noch die untersten Positionen in der Gesellschaft einnimmt. Diese Situation kann wissenschaftlich nicht durch eine spezifisch rassische Ursache erklärt werden und stellt daher eine Ungerechtigkeit dar, die unerbittlich angeprangert werden muss. Die Bekämpfung des sichtbaren

---

[175] Heinrich Heine, *De l'Allemagne*, 1835, Gallimard, 1998, S. 466.

[176] Albert Memmi, *Le Racisme*, Gallimard, 1982, Poche, 1994, S. 27.

[177] Albert Memmi, *Le Racisme*, Gallimard, 1982, Poche, 1994, S. 14.

Rassismus würde jedoch nur einen Teil des Problems lösen. Die Einwanderer sind nicht die einzigen, die unter Diskriminierung leiden. Auch andere Minderheiten sind Opfer der europäischen Gesellschaft. All diese unterdrückten Minderheiten müssen zusammengebracht werden, um ihre Kräfte gegen den Unterdrücker zu bündeln.

So hat Albert Memmi in seiner Analyse den Fall der Schwarzen und der „Kolonisierten" systematisch mit dem der Juden und sogar mit dem der Frauen, Proletarier und Homosexuellen verbunden. Sie alle sind Opfer eines einzigen Unterdrückers. Es geht also darum, die Kräfte gegen die einzige Quelle des Rassismus zu bündeln und alle Frustrationen, alle Ungerechtigkeiten zu schüren, um zu versuchen, sie zu beseitigen. Eine Gesellschaft, die sich aus ethnischen, religiösen und sexuellen Minderheiten zusammensetzt, die alle gleichberechtigt sind, ist der beste Weg, um Nationalismus und Extremismus ein für alle Mal auszurotten. In der Demokratie ist der Feind immer derselbe.

Für Albert Memmi ist „Minderheit" nicht nur ein demografischer Begriff: „Man kann auf verschiedene Weise eine Minderheit sein. In diesem Sinne sind die Frauen und die Kolonisierten, die demografisch gesehen zahlreicher sind als die Dominierenden, diesen zahlenmäßig unterlegen. Schwarze Amerikaner und Juden sind in doppelter Hinsicht Minderheiten[178]. „Aber das Ergebnis ist das gleiche: Unterdrückung. Der Rassist „sucht sich das günstigste Opfer, das resignierteste, dasjenige, das sich schlagen lässt, ohne eine Reaktion zu wagen. Es ist eine sehr angenehme Einstellung. Der Rassist stürzt sich instinktiv auf die Unterdrückten, er wendet sich, um seinen Triumph auszuüben, an die von der Geschichte bereits besiegten Menschen. Aus diesem Grund ist der Ausländer eine leichte Beute für den Rassisten. Die Zerbrechlichkeit des Ausländers zieht Rassismus an, ebenso wie Schwäche Sarkasmus und Verachtung hervorruft. „Der europäische Proletarier verachtet also den ausländischen Arbeiter, „um sich größer zu fühlen". „Kurz gesagt, jeder versucht, in den unteren Rängen dominant und relativ außergewöhnlich zu erscheinen. Rassismus ist ein Vergnügen, das allen zugänglich ist. Es ist eine „eitle, unbedeutende und ungerechte Entschädigung". Solange sie kolonisiert waren", erklärt Albert Memmi, „gab es eine Arabophobie, die nachlässt, sobald sie eine relative Wirtschaftsmacht geworden sind. Gleichzeitig leiden aber die eingewanderten Arbeitnehmer weiterhin darunter, denn die Unzufriedenen bleiben unter dem Joch der Europäer[179]." All dieses Leid hindert künftige Einwanderer nicht daran, um ein Visum zu kämpfen.

---

[178] Albert Memmi, *Le Racisme*, Gallimard, 1982, Poche, 1994, S. 97.
[179] Albert Memmi, *Le Racisme*, Gallimard, 1982, Poche, 1994, S. 169.

Eine Umfrage aus dem Jahr 1977 ergab, dass „die Feindseligkeit gegenüber Juden und Nordafrikanern hauptsächlich von Arbeitern und Rentnern ausgeht. Aber warum denken die französischen Arbeiter so? Der Grund dafür ist, dass die französischen Arbeitnehmer glauben, dass die Einwanderer die Vorteile, die sie ihnen gegenüber haben, in Frage stellen. Die Angst vor Arbeitslosigkeit zum Beispiel ist nicht unbeteiligt an dieser Feindseligkeit. Kürzlich haben wir in der Region Paris eine außerordentliche Aufregung in einer Bevölkerung erlebt, die alle Klassen durcheinanderbrachte, weil muslimische Einwanderer eine Moschee bauen wollten... Nun, in diesem Fall hätten die Muslime mit dem Bau der Moschee weder ihre Zahl erhöht noch ihr Wesen verändert. Dies bestätigt, dass das Böse nicht vom Opfer, sondern vom Ankläger[180] ausgeht. „Die Logik von Albert Memmi ist unaufhaltsam.

Die Angst vor dem Anderssein kennzeichnet den Rassisten. Furcht löst den Diskriminierungsreflex aus. „Man muss auf diese Komponente des Rassismus hinweisen: die Unordnung, die Angst vor dem Anderssein. Irgendwie ist der Fremde immer fremd und erschreckend. Und von der Angst bis zur Feindseligkeit, von der Feindseligkeit bis zur Aggression, ist der Abstand nicht groß." „Der Rassist ist ein Mensch, der Angst hat; der Angst hat, angegriffen zu werden oder der Angst hat, weil er sich angegriffen fühlt, und der angreift, um diese Angst zu vertreiben[181]. „Es ist die „aggressive und verunglimpfende Angst vor Frauen oder jungen Menschen, Homosexuellen oder älteren Menschen", die den Unterdrücker, den potenziellen Rassisten ausmacht. Kurz gesagt, nach Albert Memmi ist der Unterdrücker der weiße heterosexuelle Mann in seinen besten Jahren. Denn die Älteren sind zu schwach und die Jüngeren sind ausreichend formbar und empfänglich für Sensibilisierungskampagnen.

„Ich habe bis zum Ende meiner Jugend in Nordafrika in einer Atmosphäre gelebt, die, gelinde gesagt, von tiefem Misstrauen und gegenseitigem Argwohn zwischen den Gemeinschaften geprägt war", erklärt Albert Memmi[182]. Hier in Frankreich „hat die Gewohnheit der Demokratie glücklicherweise die gegenseitige Ablehnung gemildert, was

---

[180] Albert Memmi, *Le Racisme*, Gallimard, 1982, Poche, 1994, S. 121.

[181] Albert Memmi, *Le Racisme*, Gallimard, 1982, Poche, 1994, S. 147-149, 110. Albert Memmi ist der Erfinder des Begriffs der Heterophobie: „Die Ablehnung des Anderen im Namen irgendeiner Differenz".

[182] In der Tat berichten zahlreiche Zeugenaussagen über die starke Feindseligkeit der muslimischen und christlichen Bevölkerung gegenüber den Juden in Nordafrika. In seiner Biografie beschrieb Albert Memmi seinen Gemütszustand und den seiner Altersgenossen: „Wir lebten in begeisterter Erwartung neuer und unglaublicher Zeiten und glaubten, die Vorzeichen bereits zu erkennen: die Agonie der Religionen, der Familien und der Nationen. Wir hatten nur Wut, Verachtung und Ironie für die Zurückgebliebenen der Geschichte, die sich an diese Rückstände klammerten. „Albert Memmi, *Portrait d'un juif*, Gallimard, 1962.

ein großer Fortschritt ist. Aber es gibt immer noch eine ängstliche oder ironische Verachtung für Fremde, eine distanzierte Gegenseitigkeit, fast keine Gastfreundschaft, eine Vorliebe für Geheimhaltung und einen immer wieder aufkommenden Chauvinismus, die zeigen, dass die aggressive Angst vor den anderen immer latent vorhanden ist[183]. „Die Franzosen sind eindeutig unfreundlich, aber es ist trotzdem gut, sich in ihrem Land niederzulassen.

Die Intellektuellen des Planeten sind so sehr von ihrer Legitimität überzeugt, dass sie dazu neigen, ihre Gegner für geistesgestört zu halten. Albert Memmi gab uns eine Kostprobe jener Merkwürdigkeit, die zweifellos eines der charakteristischsten Merkmale der kosmopolitischen Mentalität ist, zusammen mit jenem unermüdlichen Aktivismus, der all ihren Handlungen und Reden den moralisierenden Touch eines Schulmeisters verleiht: „Der Rassismus ist keine Krankheit, sondern eine archaische Haltung, die der Gattung gemeinsam ist. Die Psychotherapie mancher bekennender Rassisten - vorausgesetzt, sie stimmen ihr zu - würde diese nicht unterdrücken. Es bedarf einer ständigen und allgemeinen Wachsamkeit, einer individuellen und kollektiven Anstrengung, die sowohl den Psychologen, den Soziologen als auch den Politiker betrifft. Der Kampf gegen Rassismus erfordert eine kontinuierliche Pädagogik, von der Kindheit bis zum Tod[184]. „

Albert Memmi erinnerte uns beiläufig an einige weise Gebote: „Denke daran, sagt die Bibel, dass du ein Fremder in Ägypten warst", was bedeutet, dass man sich um den Fremden kümmern sollte, weil man selbst ein Fremder war und vielleicht eines Tages wieder ein Fremder sein wird. „Dies ist natürlich eine sehr praktische Formel, um die Menschen, in deren Land man sich niederlassen will, daran zu erinnern. In jedem Fall ist Informations- und Aufklärungsarbeit notwendig, aber um den Rassismus auszurotten, so Albert Memmi, „müssen wir die Kolonialisierung oder die soziale und politische Struktur unserer Gesellschaften angreifen". Kurz gesagt, eine echte Revolution. „Die Universalisierung und Vereinigung der Erde, die Selbstbestätigung der Völker Afrikas, Asiens und Amerikas wird es vielleicht lächerlich machen, andere wegen ihrer Hautfarbe oder der Form ihrer Nase als minderwertig zu betrachten. „Um mit Albert Memmi zu schließen: „Erinnern wir uns daran, dass Weisheit orientalisch ist[185] „, wie er es so schön formulierte.

Der große und hoch angesehene Ethnologe Claude Lévi-Strauss äußerte sich weniger eindeutig zu diesem Thema. Dennoch veröffentlichte er wichtige Werke, wie das berühmte Buch *Race and History,* „ein Klassiker des Antirassismus", das 1952 erschien. Sie wurde von der

---

[183] Albert Memmi, *Le Racisme*, Gallimard, 1982, Poche, 1994, S. 40.

[184] Albert Memmi, *Le Racisme*, Gallimard, 1982, Poche, 1994, S. 160.

[185] Albert Memmi, *Le Racisme*, Gallimard, 1982, Poche, 1994, S. 208, 213.

Unesco in Auftrag gegeben. 1971 veröffentlichte er ein weiteres Werk mit dem Titel *Rasse und Kultur* für eine Unesco-Konferenz, mit der ein internationales Jahr des Kampfes gegen den Rassismus eingeleitet wurde. Sein antirassistisches Engagement hinderte ihn jedoch nicht daran, einige implizite oder explizite Antipathien zu empfinden: In *From Near and Far* schrieb er: „Der Kolonialismus war die größte Sünde des Westens" und bezeichnete damit die Europäer als Schuldige in den Augen der Geschichte. Ausdrücklicher schrieb er 1967 in einem Brief an Raymond Aron über die israelische Politik: „Ich kann natürlich die Vernichtung der Rothäute nicht als eine frische Wunde in meiner Seite empfinden und in die entgegengesetzte Richtung reagieren, wenn es sich um palästinensische Araber handelt, selbst wenn (wie in diesem Fall) die kurzen Kontakte, die ich mit der arabischen Welt hatte, mich mit einer unaussprechlichen Antipathie[186] inspiriert haben. „So bleibt die Schwierigkeit, den Rassismus loszuwerden, selbst in den höchsten Kreisen bestehen. „Ich weiß, dass ich ein Jude bin, und das Alter seines Blutes gefällt mir, wie ich vor einiger Zeit sagte", schrieb er dann, ohne seine eigene Identität aufgeben zu wollen. Vielleicht ist dies die Erklärung für einige seiner Abneigungen.

Offene Grenzen

Die Aufnahme des Fremden ist ein wesentlicher Grundsatz und eine Notwendigkeit für den Aufbau der „offenen Gesellschaft". Marek Halter erinnerte uns zu Recht an die Lehren der Tora: „Wenn ein Fremder in dein Land kommt, um bei dir zu leben, sollst du ihn nicht unterdrücken. Er soll euch wie einer der euren sein; ihr sollt ihn lieben wie euch selbst, denn ihr wart Fremde im Land Ägypten." „Wir müssen unsere Zeitgenossen an die weisen Worte aus Levitikus[187] erinnern", so Marek Halter. Es ist schon komisch, wenn sich ein Asylbewerber auf die Gebote seiner eigenen Religion beruft, um seinen Gastgeber davon zu überzeugen, ihn willkommen zu heißen; und das Argument bekommt eine bezeichnende Bedeutung, wenn man weiß, dass die Anhänger dieser Religion zu denjenigen gehören, die am wenigsten geneigt sind, Fremde und Integration zu praktizieren. Zu Beginn des dritten Jahrtausends werden Ausländer in Israel - vorausgesetzt, die Palästinenser sind Ausländer - nicht nach den biblischen Vorschriften behandelt.

In seinem letzten Buch hat Edgar Morin dieses Thema erneut aufgegriffen, ein Thema, das sich durch sein gesamtes Werk zieht: „Das Zeitalter des Planeten hat unzählige Migrationen aus armen Regionen in

---

[186] Claude Lévi-Strauss und Didier Eribon, *De cerca y de lejos*, Alianza Editorial, Madrid, 1990, S. 211, 207-208, 214.
[187] Marek Halter, *Un Homme, un cri*, Robert Laffont, Paris, 1991, S. 142.

reiche Nationen hervorgebracht, und anstelle von Ablehnung oder Verachtung fordert uns die Ethik der Gastfreundschaft auf, den Migranten willkommen zu heißen und ihn oder sie in unsere Gemeinschaft aufzunehmen[188]." Es handelt sich offensichtlich um die französische Gemeinschaft, der er jetzt angehört; der Diskurs passt also perfekt zu seiner Vorstellung von der Auflösung der Gemeinschaften und Nationen.

Der große Philosoph Jacques Derrida kam zu den gleichen Schlussfolgerungen: „Ich betonte, dass es viel mehr Platz als behauptet gab, um mehr Ausländer aufzunehmen, und dass die Einwanderung nicht zugenommen hatte, im Gegensatz zu dem, was behauptet wurde[189]. „In der Tat sind es die Rassisten, die sich einbilden, dass die Einwanderung zunimmt, obwohl alle Zahlen zeigen, dass sie abnimmt.

Auch Shmuel Trigano vertritt in *The Democratic Ideal* diese Perspektive. In dem subtilen Stil, der seine Schriften kennzeichnet, erklärte der Philosoph, dass seine „Arbeit Teil des demokratischen Projekts der menschlichen Befreiung ist. Die Wiederentdeckung der Einzigartigkeit und der Identität ist nur dann sinnvoll, wenn sie dazu dient, die Herausforderung des Zusammenlebens zu meistern, den Menschen im Menschen zu erkennen und schließlich die Gastfreundschaft in den Menschenrechten zu erfinden. „Erfinden" ist für planetarische Denker lebenswichtig: „Erfinden" neuer Konzepte, „Erfinden" neuer Produkte, „Erfinden" einer neuen Gesellschaft, „Erfinden" neuen Leidens. Es ist klar geworden, dass es vor allem darum geht, die alten Traditionen, die die Struktur der alten Gesellschaft bildeten, zu beseitigen.

Gastfreundschaft" steht im Mittelpunkt der Debatte über den Aufbau der neuen Weltordnung. Aber in dieser Angelegenheit wäre jede Gemeinheit eine Beleidigung des demokratischen Ideals, wie Shmuel Trigano erklärte: „Gastfreundschaft bedeutet, Gäste in seinem Haus in seinem eigenen Namen zu empfangen. Diese Aufnahme ist möglich, weil der Gastgeber, der sie einlädt, bereit ist, sie in seinem Schoß aufzunehmen, sich mehr als jeder andere zu öffnen und ihnen einen Platz zu geben. Alles dreht sich um die Überlegungen zu diesem Ort. Wenn dieser leere Platz als der eines Bürgers definiert wird, d.h. als ein Platz, der im Herzen des Volkes vom Volk angeboten wird, dann kommt die Identität hinzu, die - da sie den anderen aufgenommen hat - auch zu einer kollektiven Identität wird. Die Aufnahme des Anderen wird nicht mehr als Mangel an Identität empfunden[190]. „Das Problem von „zu viel" Einwanderung ist also ein

---

[188] Edgar Morin, *El Método 6, Ética; Kapitel: Ética planetaria,* Ediciones Cátedra-Anaya, Madrid, 2006, S. 183.

[189] Jacques Derrida, Élisabeth Roudinesco, *Y mañana, qué....* Fondo de Cultura Económica, Buenos Aires, 2002, S. 71.

[190] Shmuel Trigano, *L'Idéal démocratique,* Editions Odile Jacob, 1999, S. 337.

falsches Problem, solange man sich dafür entscheidet, „mehr als alle anderen zu öffnen". Es war in der Tat notwendig, darüber nachzudenken.

Allerdings sollte der Begriff „Volk" richtig definiert werden: „Das Volk ist der Rahmen, in dem Identität empfangen werden kann und in dem der Einzelne sie leben und seine Persönlichkeit formen kann. Sie trägt das Prinzip der Differenzierung, der Andersartigkeit in sich, insofern sie außer Kontrolle gerät und die Quelle der Exteriorität und Heteronomie im menschlichen Dasein ist[191]. „Es könnte nicht deutlicher sein. Shmuel Trigano fügte hinzu: „Das heutige Bedürfnis nach „Gemeinschaft" ist ein Bedürfnis nach Gastfreundschaft im kalten und leeren Universum der Staatsbürgerschaft, die den kollektiven Geist aufgegeben hat und in der die Erfahrung des Gemeinsamen aufgrund der Katastrophen, die sie hervorgebracht hat, missachtet wurde. Die demokratische Universalität, die auf diese Weise im Bündnis von Identität und Gastfreundschaft erreicht wird, wird von der Macht und der Versuchung der Totalität befreit, so dass der Mensch endlich in der Bestimmung der Menschheit[192] geboren werden kann. „Außerordentlicher Shmuel, sollen wir es hier lassen?

Der Nobelpreisträger Elie Wiesel hat sich in seinen *Memoiren (Band II)* zum Apostel der Flüchtlinge und Wanderer aufgeschwungen, wenn auch mit einer etwas rührseligen Rede: „Warum kann der Mensch nicht in jedem Kind sein eigenes Kind sehen? Wie sollten wir uns dem Fremden, dem Exilanten, dem Flüchtling gegenüber verhalten?... Ich bin auf seiner Seite. Eine ethische Haltung, die ich einfordere. Der Jude in mir hält sich an die Gemeinschaft der Wanderer, der Obdachlosen, der Ausgestoßenen. Auf der Seite derer, die ein Heiligtum suchen... Jeder Mensch - Mann, Frau oder Kind - ist ein Heiligtum, weil Gott in ihm wohnt. Und niemand hat das Recht, sie zu verletzen. In einigen Ländern werden Flüchtlinge als „illegal" bezeichnet. Dieser Begriff ist beleidigend. Ein menschliches Wesen ist niemals illegal. Ihre Handlungen mögen illegal sein, aber nicht ihre Essenz.... Können wir hoffen, dass dieses Jahrhundert noch vor Ende dieses Jahrhunderts diesen sozialen und politischen Kategorien ein Ende setzt? Stellen Sie sich eine menschliche Gemeinschaft ohne Flüchtlinge, ohne entwurzelte Menschen, ohne Exilanten vor: eine utopische Konstruktion des Geistes? Das menschliche Heiligtum ist ein Wesen, das von seiner Menschlichkeit träumt. Darin ist alles ganz einfach: Jeder ist da, dank jedem. Lasst uns von dem Tag träumen, an dem die ganze Erde ein Heiligtum wird. „All diese Worte hinderten Elie Wiesel nicht daran, ein paar Seiten später zu schreiben: „Ich mag keine Großsprecherei[193]." Daniel Cohn-Bendit ist kein Philosoph. Bei ihm kommt der Wille zur Schaffung einer multirassischen Gesellschaft auf brutalere Weise zum Ausdruck.

---

[191] Shmuel Trigano, *L'Idéal démocratique*, Editions Odile Jacob, 1999, S. 308.
[192] Shmuel Trigano, *L'Idéal démocratique*, Editions Odile Jacob, 1999, S. 338.
[193] Elie Wiesel, *Memoires (Tome II)*, Éditions du Seuil, 1996, S. 130-132, 148.

1987 wurde der ehemalige Anarchistenführer des Mai '68 in Davos, dem Welttempel des Einheitsdenkens, der merkantilen Werte und des Globalismus, bejubelt. Heute ist er stellvertretender Bürgermeister der Stadt Frankfurt am Main in Deutschland[194].

Er hat zumindest das Verdienst, sehr klar zu sein, wenn er sein politisches Denken anspricht. Seiner Meinung nach muss die europäische Integration die alten Nationalstaaten ersetzen. Es ist Aufgabe der europäischen Regierung, eine gemeinsame Migrationspolitik zu beschließen: „Ein europäisches Migrationsgesetz muss in Richtung Offenheit, mehr Freiheit und Gleichheit gehen... Man könnte zum Beispiel die Zahl von einer Million Einreisen pro Jahr für die gesamte Europäische Union festlegen." „In Frankfurt am Main, so schrieb er, besteht die Wohnbevölkerung zu 25 % aus Ausländern, und man kann sagen, dass Frankfurt nicht zusammenbrechen würde, wenn der Ausländeranteil eines Tages ein Drittel der Gesamtbevölkerung erreichen würde[195]." Ziel ist es, sich ein für alle Mal von den Lasten der Vergangenheit zu befreien. Wenn Europa im Vergleich zur großartigen Entwicklung der Völker der anderen Kontinente bisher nur dahinvegetiert hat, dann deshalb, weil es sich nicht genügend für Fremde geöffnet hat: „Indem das christliche Europa seine eigenen Fremden gegen jede Vernunft ablehnte, gab es einen Großteil seines schöpferischen Potentials in die Hände seiner Gegner[196]. „Natürlich kann an anderer Stelle des Buches das genaue Gegenteil behauptet werden, um das lange Bestehen der offenen Gesellschaft zu rechtfertigen. Das Wesentliche ist nicht die Wahrheit oder die Wissenschaft; das Wesentliche ist der Diskurs und die Vermittlung der Botschaft mit allen Mitteln: durch lästige Werbung, ständige Wiederholungen, Medienbombardements und notfalls auch durch Lügen. So stellte Dani-el-Rojo gelassen fest: „Die Zuwanderung, die wir seit einigen Jahrzehnten in der Bundesrepublik haben, ist kein neues Phänomen, sondern eine lange Tradition in der deutschen Geschichte. „Eine „lange Tradition", die wahrscheinlich auf die Jahre 1992-1993 zurückgeht. Zwar ist „das deutsche Einbürgerungsverfahren ein alter Hut[197]." Angesichts der Unfähigkeit der Eingeborenen, planetarische Pläne zu akzeptieren, glaubt Cohn-Bendit, dass es besser ist, die Evolution zu beschleunigen, als sie sanft durch Überredung zu vollziehen: „Da wir wissen, dass es immer Stimmen geben wird, die beim ersten Tropfen der Flut aufschreien, wäre es - für eine gewisse Zeit - sinnvoll, die Skala der zulässigen Aufnahmekapazität zu erhöhen. „In jedem Fall haben unerlöste Menschen in ihren Gebieten

---

[194] Nach London und Paris die drittgrößte Stadt Europas in Bezug auf Finanzaktivitäten und Sitz der Europäischen Zentralbank.

[195] Daniel Cohn-Bendit, *Xénophobies*, Hamburg, 1992, Grasset, 1998, S. 14.

[196] Daniel Cohn-Bendit, *Xénophobies*, Hamburg, 1992, Grasset, 1998, S. 102.

[197] Daniel Cohn-Bendit, *Xénophobies*, Hamburg, 1992, Grasset, 1998, S. 25, 165.

enorme Schwierigkeiten, die Situation zu verstehen, und reagieren auf gesellschaftliche Entwicklungen völlig unlogisch.

Cohn-Bendit zufolge gibt es keine kausale Beziehung zwischen dem Anteil der ausländischen Bevölkerung und dem Ausmaß der Fremdenfeindlichkeit. Fremdenfeindlichkeit spielt in Vierteln mit hoher ausländischer Bevölkerungsdichte eine wichtige Rolle, aber im Allgemeinen sind die Gründe dafür indirekt mit der Anwesenheit von Ausländern verbunden: Meistens handelt es sich um Viertel, in denen sich die Verlierer und Unterprivilegierten der Gesellschaft versammeln... Während die reale Anwesenheit von Ausländern in Fleisch und Blut Vereinbarungen mit den Deutschen ermöglicht, ruft die virtuelle oder eingebildete Anwesenheit einer großen Zahl von Ausländern viel größere Bedenken, Vorbehalte und sogar Ressentiments hervor. „Die Erklärung: Je mehr Ausländer in einem Viertel leben, desto mehr Deutsche verlassen das Viertel und desto weniger Rassismus gibt es. Das ist in der Tat völlig logisch und führt Cohn-Bendit zu einer weiteren Schlussfolgerung: „Man könnte daraus ableiten, dass es zur Eindämmung der Fremdenfeindlichkeit besser wäre, die Zahl der Ausländer zu erhöhen, anstatt sie zu verringern[198]." Auf jeden Fall ist es nicht so notwendig, rückständige Eingeborene mit Samthandschuhen anzufassen, denn die meisten von ihnen sind Elendsgestalten, Versager im Leben, „kleinmütige kleine Weiße": „Dieser Hass auf die Fremden um ihn herum, sowohl in der Gesellschaft als auch in der Hierarchie, wird auch von dem Individuum empfunden, das sich selbst gegenüber verfallen ist. Er hasst Ausländer, weil sie versuchen, den sozialen Raum zu besetzen, den er nicht erklimmen konnte, den er nicht verlassen konnte[199]." In seinem Buch *Waiting for the Barbarians* zitiert Guy Sorman im Kapitel *Who is German* die Worte von Cohn-Bendit, der seine multikulturellen Überzeugungen mit formidabler Souveränität bekräftigt: Ihm zufolge würde eine geschlossene Grenze die Migrationsströme in beide Richtungen fördern: „In Deutschland wie in Frankreich gibt es nichts Besseres als eine geschlossene Grenze, damit die Zahl der Ausländer zunimmt und die vorübergehende Auswanderung in eine dauerhafte Niederlassung umgewandelt wird[200]. „Deshalb sollten die Grenzen geöffnet werden, damit die Einwanderung zurückgeht.

„In Berlin, bemerkte Sorman, bilden die Türken jetzt eine kleine ursprüngliche Nation, deren Hauptstadt der Bezirk Kreuzberg ist..., und sie ist jetzt von anatolischen Bauern überbevölkert, deren Enkel in drei Generationen zu hervorragenden Berlinern geworden sind, die weder Türken noch Deutsche sind, es sei denn, sie sind beides zur gleichen Zeit. Die Regierung verweigert ihnen, wie sie sagen, die deutsche

---

[198] Daniel Cohn-Bendit, *Xénophobies*, Hamburg, 1992, Grasset, 1998, S. 43-45.
[199] Daniel Cohn-Bendit, *Xénophobies*, Hamburg, 1992, Grasset, 1998, S. 156.
[200] Guy Sorman, *Waiting for the Barbarians*, Seix Barral, 1993, Barcelona, S. 31.

Staatsangehörigkeit." Erinnern wir uns daran, dass die türkische Einwanderung nicht aus einer ehemaligen Kolonie stammt: Die unabhängige Türkei war während des Ersten Weltkriegs ein Verbündeter Deutschlands und unterhielt lange Zeit enge wirtschaftliche Beziehungen zum Reich. Aber es war nie eine Kolonie, wie es Algerien im Verhältnis zu Frankreich war. Das Migrationsphänomen in Deutschland ist heute genauso wichtig, wenn nicht sogar noch wichtiger, was übrigens beweist, dass der ehemalige Kolonialstatus nicht die Ursache für die heutige Einwanderung in Europa ist, wie wir zu glauben pflegen. Die starke Präsenz einer marokkanischen Gemeinschaft in den Niederlanden oder in Schweden beispielsweise lässt sich nicht mit dem Phänomen der Kolonisierung erklären. Es handelt sich um eine eminent politische Interpretation, die eine Vorstellung von Schuld und Wiedergutmachung mit sich bringt.

Cohn-Bendits Analyse des Rassismus ist immer wieder überraschend, so überraschend wie die Antwort eines Kaufmanns aus dem Sentier vor Gericht[201] : „Im Westen, wo die Ansiedlung von Einwanderern stark und langjährig ist, ist die Koexistenz einfacher. Folglich wäre es nicht die Anwesenheit von Ausländern, die Rassismus provozieren würde, sondern ihre Abwesenheit: Es wäre das Gespenst des Einwanderers, nicht der Einwanderer selbst, das Gewalt provozieren würde. „Es bleibt nur noch, die Franzosen und Deutschen davon zu überzeugen, dass modern sein bedeutet, multikulturell zu sein. Und: „Cohn-Bendit weiß zu überzeugen und multipliziert antirassistische Kampagnen mit der Unterstützung lokaler Fernsehsender, die *Spots* gegen nationalistischen Jingoismus ausstrahlen. Zum Beispiel: eine Weltkarte und der Text: „Überall auf der Welt außerhalb Deutschlands sind auch wir Deutschen Ausländer". Es ist ein Echo auf das „Wir sind alle deutsche Juden" vom Mai '68, als die damalige französische Regierung versuchte, den Studentenführer nach Deutschland auszuweisen. Cohn-Bendit hat eine Vorliebe für diesen an Ausländer gerichteten Slogan: „Bitte lasst uns mit den Deutschen nicht allein".

„Das Boot ist bei weitem nicht voll, es ist viel zu leer". Die Bevölkerung altert, die Deutschen wollen keine Kinder, sie müssen ersetzt werden, also willkommen Flüchtlinge, Einwanderer, alle Armen der Welt! Die neue Bestimmung Deutschlands ist es, sie willkommen zu heißen. Es ist keine große Sache, dass Deutschland immer weniger deutsch wird, im Gegenteil: Die Durchmischung des *Deutschtums* wird ein Wiederaufleben der Nazi-Vergangenheit verhindern. „Cohn-Bendit schlägt daher Quoten nach amerikanischem Vorbild vor[202]." Wenn wir so sehr auf der

---

[201] Eine Anspielung auf das traditionelle Pariser Judenviertel mit einer langen Geschichte von Finanzskandalen (siehe Hervé Ryssen, *The Jewish Mafia*).
[202] Guy Sorman, *Warten auf die Barbaren*, Seix Barral, 1993, Barcelona, S. 31-32, 47-51. Dies wäre eine Möglichkeit, die öffentliche Debatte auf die Bewertung von Quoten

Konstruktion der pluralen Gesellschaft bestehen müssen, dann deshalb, weil sie unendlich anregend ist: „Der Vertrag, den wir mit der multikulturellen Gesellschaft geschlossen haben, muss uns davor bewahren, zu gemütlich und bequem, traditionalistisch und selbstgefällig in unserer vertrauten Sphäre zu werden[203]." Die rückständigen Inder, die sich weigern, den Platz zu verlassen, haben Unrecht, wenn sie sich dagegen wehren, denn diese Entwicklung ist unausweichlich: „Ob die multikulturelle Gesellschaft wünschenswert ist oder nicht, diese Frage wird noch lange Zeit die Gemüter erregen; so oder so wird sie in jeder Form weiterbestehen, und es ist müßig, uns zu fragen, ob wir sie wollen oder nicht[204]. „Es hat keinen Sinn, die Unzufriedenheit, die die multikulturelle Gesellschaft bei der einheimischen Bevölkerung und den Neuankömmlingen hervorruft, zu verschleiern oder zu verteufeln. Dies ist eine leicht vorstellbare und sogar unvermeidliche Reaktion. Seien Sie bereit, den etwas überraschenden Charakter zu vergessen, und die Dinge werden sich schneller verbessern. „Der demokratische Staat hat ohnehin nicht die Mittel, um sich gegen die Einwanderung zu wehren". Jede Hoffnung in dieser Hinsicht ist vergebens. Da die Situation so ist, wie sie ist, ist es besser, sie zu beeinflussen und zu korrigieren, als untätig zu bleiben und die Konsequenzen zu tragen. Wir müssen uns an diese relative Unbequemlichkeit gewöhnen." Die einheimischen Völker Europas müssen begreifen, dass „Blockadeversuche angesichts der neuen Weltunordnung völlig illusorisch sind. Das ist der Preis der Demokratie[205]." „Die Einwanderungsgesellschaft ist jetzt eine Realität, und keine Macht der Welt wird in der Lage sein, sie rückgängig zu machen[206]. „Sie haben richtig gelesen: „Keine Macht in dieser Welt." In seinem 1987 erschienenen Buch *The Egalitarian Machine* spricht Alain Minc in denselben Worten von der Unausweichlichkeit der Globalisierung, als handele es sich um Prophezeiungen, die sich auf fatale Weise erfüllen, als seien sie biblische Offenbarungen. Das Kapitel mit der Überschrift „*Die zehn Gebote"* lässt keinen Zweifel aufkommen: „Zwischen einem Europa, das sich in einem völligen Bevölkerungsrückgang befindet, und den überbevölkerten Ländern des südlichen Mittelmeerraums ist der Effekt der kommunizierenden Schiffe unvermeidlich. Die Einwanderung wird ein Verhängnis, ein Drama oder eine gute Sache sein, je nachdem, wie sich

---

und nicht auf das Prinzip der Einwanderung an sich zu lenken", sagt er. Diese Quotendiskussion wäre konkret und würde zu interessanten Koalitionen führen: „Wir würden erleben, dass sich die Arbeitgeberbewegung aus wirtschaftlichen Gründen für die Einwanderung ausspricht und sich mit den Verteidigern der Menschenrechte und den Grünen verbündet, um die Quoten zu erhöhen." „

[203] Daniel Cohn-Bendit, *Xénophobies*, Hamburg, 1992, Grasset, 1998, S. 158.
[204] Daniel Cohn-Bendit, *Xénophobies*, Hamburg, 1992, Grasset, 1998, S. 26.
[205] Daniel Cohn-Bendit, *Xénophobies*, Hamburg, 1992, Grasset, 1998, S. 170, 160.
[206] Daniel Cohn-Bendit, *Xénophobies*, Hamburg, 1992, Grasset, 1998, S. 51.

Frankreich verhält. Fatal, wenn wir, unfähig, mit der Situation umzugehen, von Ausrede zu Ausrede wechseln, zwischen halb-xenophoben Reden, intoleranten Praktiken und gelegentlich ein wenig Mut: wie heute, in gewisser Weise. Ein Drama, wenn eine alternde, ängstliche, selbstverliebte Bevölkerung mit Ausgrenzung reagiert: eine Art Südafrika mit menschlichem Antlitz. Ein Glücksfall, wenn die französische Gesellschaft die Möglichkeit hat, flexibel zu sein, den Schmelztiegel in die Praxis umzusetzen und von der erhöhten Dynamik der Einwanderer zu profitieren, die ihr die Demographie sonst verbieten würde[207]." Franzosen und Deutsche müssten Ausländer willkommen heißen und etwas mehr Toleranz zeigen, denn ihre Kleinlichkeit sei manchmal schwer zu ertragen: „Ihr *ius soli* ist noch vorbildlich, aber ihre Flüchtlingspolitik ist so sparsam, dass sie von großem Egoismus zeugt[208]. „Genug der Kleinlichkeit und Kleinlichkeit. Es gibt keinen Grund, die Zukunft zu fürchten, keinen Grund, ängstlich zu sein. Der Egoismus der Franzosen, „die sich über hunderttausend Einwanderer pro Jahr aufregen", sollte sich ein Beispiel an den neuen deutschen Tugenden während des Jugoslawienkrieges nehmen. In der Tat nahm Deutschland „mit wahrer Mäßigung" „mehr als fünfhunderttausend offizielle Einwanderer pro Jahr auf, von denen zweihunderttausend Exil-Jugoslawen waren, sowie Illegale, die weitaus zahlreicher waren als in unserem Land[209]." So konnten die Franzosen ihren bürgerlichen Wohlstand genießen, egoistisch wie sie sind. „Bisher wurde Frankreich dank eines als Puffer dienenden Deutschlands von der gigantischen Ost-West-Einwanderung verschont und war nur mit einer Süd-Nord-Migration konfrontiert." Doch „die Integrationsmaschine läuft weiter". „Angesichts der Veränderungen im Bereich der Migration sollten sich die Franzosen jeden Tag dazu beglückwünschen, dass sie ihr Recht auf Land haben: Es vermeidet die Reibungen, die Deutschland auf seinem Territorium erlebt, mit ständig wachsenden Einwanderergemeinschaften, die *ad vitam æternam* zum Status von Bürgern zweiter Klasse verurteilt werden". In einem seltsamen Paradoxon sagte uns Alain Minc, der Cohn-Bendit an Kühnheit in nichts nachsteht: „Das Recht des Bodens wird Frankreich auf lange Sicht homogener machen als Deutschland mit seinem Recht des Blutes. „Es ist vielleicht eine paradoxe Vorstellung zu behaupten, dass ein Land durch die Ansiedlung ausländischer Gemeinschaften homogener wird. Aber das Paradoxon von heute wird dank der unermüdlichen Propaganda, die die planetarischen Hoffnungen unterstützt, durch Wiederholung das Vorurteil von morgen sein. Es gilt, neue Begriffe zu „erfinden", kühn zu sein, vor nichts zurückzuschrecken, auch nicht vor den gewaltigsten Prosopopöen, um die zurückgebliebenen und verblüfften

[207] Alain Minc, *La Machine égalitaire*, Grasset 1987, S. 264.
[208] Alain Minc, *Le Nouveau Moyen-Age*, Gallimard, 1993, S. 38.
[209] Alain Minc, *Le Nouveau Moyen-Age*, Gallimard, 1993, S. 20.

Eingeborenen weiter zu verblüffen. Natürlich würden die Deutschen, wenn sie „teilweise das Recht des Bodens übernehmen würden, ein heilsames Beispiel geben." Zehn Jahre später, in *That World to Come*, schien der sehr liberale Wirtschaftswissenschaftler Alain Minc immer noch von derselben Besessenheit besessen zu sein: „Die Einwanderung, schrieb er, ist kein Unglück, das Europa bedroht, sondern angesichts seiner Demografie eine lebenswichtige Notwendigkeit. „Es ist klar, dass eine einwanderungsfreundliche Politik nicht in Frage kommt. Im Gegenteil, die Gelegenheit sollte genutzt werden, um die Völker Europas miteinander zu vermischen. Alain Minc unterscheidet sich in keiner Weise von dem progressiven Europaabgeordneten Cohn-Bendit: „Werden die Europäer das Phänomen widerwillig ertragen oder werden sie es als Chance begreifen? „Da das Phänomen unvermeidlich ist, ist es sinnlos, sich dagegen zu wehren. Außerdem haben die Einheimischen endlich angefangen, es zu verstehen: „Die öffentliche Meinung glaubt nicht mehr an den Unsinn der Null-Einwanderung und an andere Fantasien, die von reiner Fremdenfeindlichkeit geprägt sind. „In diesem neuen Buch von Minc finden wir dieselbe Tendenz wieder, die Mentalitäten und Einstellungen der europäischen Gesellschaften revolutionieren und umstürzen zu wollen: „Die Europäer müssen ein neues Modell der wirtschaftlichen Entwicklung erfinden[210]. „Planetarische Denker ruhen nie. Im Kern ihres Wesens brennt eine ständige Erregung, die wirtschaftliche Nervosität, Börsentaumel oder soziale Revolutionen hervorruft, sowie der Wille, alles zu zerstören, was nicht die Frucht ihrer messianischen Vorstellung oder ihrer „Erfindung" ist.

Offenes Europa

Die europäische Idee, wie sie derzeit von der Europäischen Union mit Sitz in Brüssel konzipiert wird, ist Teil des ideologischen Arsenals der Globalisierungsbefürworter. Die Einführung des Euro im Jahr 2002 war ein gewaltiger Schritt zur Einigung des Kontinents, aber nur ein Schritt, denn Europa muss ein Sprungbrett zur globalen Einigung sein. Dies ist genau das Drehbuch, das Jacques Attali in seinem *Wörterbuch des 21. Jahrhunderts* vorsieht: „Der Euro wird am Ende des ersten Quartals des Jahrhunderts zur Schaffung einer europäischen Regierung führen. Sie wird in der zweiten Hälfte des Jahrhunderts sogar als Modell für die hypothetische Schaffung einer einheitlichen Weltwährung dienen." Dies sind Perspektiven, die auch von anderen planetarischen Denkern geteilt werden. Allerdings sollte man nicht glauben, dass die Idee der Abschaffung der Nationen zugunsten der europäischen Einheit in den Köpfen ihrer

---

[210] Alain Minc, *Ce Monde qui vient*, Grasset, 2004, S. 115, 136, 119

Schöpfer dazu dient, die Grundlagen für ein mächtiges Imperium zu schaffen, das den Herausforderungen des Jahrhunderts gewachsen ist. Die Beweggründe eines Vordenkers wie Julien Benda, der von Alain Finkielkraut in *La Humanité perdu* zitiert wird, gingen in eine andere Richtung: „Die europäische Grenze ist nur eine illusorische Unbeweglichkeit in einer Entwicklung, die nicht unterbrochen werden kann. Mit Europa wird der Mensch, der noch immer ein Gefangener des Vernünftigen ist, einen großen Schritt in Richtung seiner wahren Bestimmung gemacht haben", die keine andere ist als die der planetarischen Vereinigung.

Der Soziologe Bourdieu stand in direktem Zusammenhang mit dem Denker Julien Benda, als er auf einem Kolloquium von Intellektuellen, das im November 1991 während des Krieges in Kroatien in Straßburg stattfand, erklärte: „Ich würde mir wünschen, dass wir eine Art europäisches Kulturparlament werden. Europäisch in dem Sinne, dass es für mich eine Stufe ist, ein höherer Grad der Universalisierung, in dem Sinne, dass es bereits besser ist als Französisch zu sein. In diesem Sinne könnte man wie Benda der Meinung sein, dass „ein pietätloses Europa notwendigerweise weniger pietätlos sein wird als die Nation", weil „der Europäer fatalerweise weniger mit Europa verbunden sein wird als der Franzose mit Frankreich, als der Deutsche mit Deutschland". Er wird sich in seiner Entschlossenheit zum Boden, in seiner Treue zum Land lockerer gebunden fühlen. „Der Wunsch nach Entwurzelung ist zweifellos die Grundlage des europäischen Projekts, dem auch Alain Finkielkraut voll und ganz zustimmt, allerdings mit einer kleinen Prise Verachtung für die Eingeborenen: „Indem er Europäer wird, überwindet der Franzose seine heimatliche Kleinheit, vergrößert sein Stück Land und nimmt einen größeren, abstrakteren, rationaleren und zivilisierteren Raum ein als die Nation[211]." Am Ende des 20. Jahrhunderts, nach dem Zusammenbruch des kommunistischen Blocks, waren viele Intellektuelle begeistert von den gewaltigen Fortschritten der europäischen Integration, dem Eindringen des Geistes der Globalisierung und dem beschleunigten Aufbau einer pluralistischen Gesellschaft. Ihr Enthusiasmus wurde durch den Krieg, der im ehemaligen Jugoslawien zwischen Serben, Kroaten und Bosniern ausgebrochen war, nicht gebremst. Im Gegenteil, viele von ihnen griffen zur Feder und mobilisierten mit großem kriegerischen Eifer zur Verteidigung des multiethnischen Bosniens. Bernard-Henri Lévy und Alain Finkielkraut standen an der Spitze der ultra-belgischen Freiheitskämpfer, die zum Krieg gegen Serbien aufriefen. Ihre Beweggründe waren damals dieselben, wie Finkielkraut schrieb: „Den Nationen, die allein durch die Tatsache, dass sie Nationen sind, sündigen, stellte Bosnien ihre

---

[211] Alain Finkielkraut, *La Humanidad perdida*, Anagrama, Barcelona, 1998, S. 136-137.

ontologische Reinheit und ihre multinationale Unschuld entgegen. Befreit von jeglicher Abstammung, fremd von fleischlichen Trennungen, Zwietracht und Knechtschaft, mussten ihre Bürger nicht erröten oder sich für ihre Zugehörigkeit entschuldigen: ihr Name, mehr als ein Name, war das Emblem des Kosmopolitismus; ihr Territorium, mehr als ein besonderer Ort, war ein Modell des Universellen. Bosnisch zu sein war besser als Slowenisch, Kroatisch, Albanisch, Mazedonisch oder Serbisch zu sein[212]." In der US-Regierung von Bill Clinton waren die einflussreichen Männer, die diese Grundsätze vertraten, einige Jahre später dieselben, die sich um Präsident George Bush jr. drehten: dieselben Federn, dieselben Äste. Ein Krieg war daher unvermeidlich, und Serbien wurde bombardiert, um Bosnien und den Kosovo zu „befreien".

Die einzige Möglichkeit, den nationalen und identitären Widerstand endgültig auszulöschen, besteht darin, die Völker in der großen universellen Rassenmischung verschwinden zu lassen, allen voran die europäischen Völker, die sich der Neuen Weltordnung am ehesten widersetzen: „Die tödliche Gefahr, die der Kult der Zugehörigkeit, die Segmentierung der Menschheit und die Beschränkung des Einzelnen auf seine Rasse oder Kultur für die Welt darstellen, kann nur durch die Schaffung multiethnischer Gesellschaften endgültig vermieden werden[213] "‚ bestätigt Alain Finkielkraut.

Ethnisch homogene Nationen stellen das Haupthindernis für die Errichtung einer universellen Gesellschaft dar. Dies ist die wesentliche Herausforderung unserer Zeit. Nach der Bombardierung Serbiens durch die USA im Jahr 1999 wurden die Serben von den Kosovo-Albanern verfolgt und mussten aus ihrem historischen Gebiet fliehen. Letztendlich hatte die westliche Intervention zur Folge, dass der Aufstieg des Islam und der Mafia in der Region begünstigt wurde, aber immer im Interesse des Aufbaus eines multikulturellen Europas.

Die planetarische Idee ist nicht nur eine Philosophie, die den intellektuellen Kreisen der Republik vorbehalten ist. Sie durchdringt alle wichtigen Debatten in der Gesellschaft und inspiriert unsere Journalisten und Politiker. Als der *Courrier international* am 2. Mai 1996 auf seiner Titelseite titelte: „Europa fehlt es an Einwanderern", wusste sein Redakteur Alexandre Adler, dass er bei den politisch Verantwortlichen Gehör finden würde.

Zur gleichen Zeit verfolgte Josef Alfred Grinblat, der Leiter der Abteilung „Bevölkerung und Migration", eine identische Politik. In seinem Bericht an die Vereinten Nationen von 1999 über die Probleme, die sich

---

[212] Alain Finkielkraut, *La Humanidad perdida*, Anagrama, Barcelona, 1998, S. 138.
[213] Alain Finkielkraut, *La Humanité perdue*, Anagrama, Barcelona, 1998, S. 142. In Alain Finkielkraut, *L'Humanité perdue*, Seuil, 1996, S. 147, denn „(...) *sie kann nur durch die Errichtung multiethnischer Gesellschaften endgültig vermieden werden".*

aus der demografischen Entwicklung und der Überalterung der europäischen Bevölkerung ergeben, sprach auch er sich für eine „Ersatzmigration" aus. Dieser Bericht sah vor, der Europäischen Union nicht weniger als einen „Migrationsstrom von 159 Millionen Nicht-Europäern in den nächsten zwanzig Jahren" aufzuerlegen. Der sehr liberale Josef Grinblat war also mehr als zufrieden mit einem Mann der Linken wie Daniel Cohn-Bendit.

Wir haben auch zahlreiche andere Beispiele dafür gesehen, wie das des kommunistischen Bürgermeisters von Bobigny, Bernard Birsinger, der im Oktober 2004 den Muslimen seiner Gemeinde kostenlos ein großes Grundstück zum Bau einer Moschee überließ. Im Departement Hauts-de-Seine hat der liberale Bürgermeister von Asnières, Emmanuel Aeschlimann, Anfang 2005 ebenfalls ein Grundstück für den Bau einer Moschee zur Verfügung gestellt. Premierminister Nicolas Sarkozy (Vertreter der „harten" Rechten) legte den Grundstein.

Der europäische Aufbau ist ein Sprungbrett für die Errichtung einer Weltregierung. Ganz offiziell lesen wir im Brief Nr. 8 der Stiftung für politische Innovation vom Februar 2005 (eine Institution, die Präsident Jacques Chirac nahe steht) einen Artikel mit dem Titel „Europäische Identität? „Die Frage ist, ob wir unter Europa eine große Nation verstehen, die in ihrem Territorium begrenzt ist, wie das Frankreich von Vidal de la Blache in seinem Hexagon, oder ein offenes politisches Gebilde, das von der Vorstellung von Grenzen befreit ist, das sich von allen Formen rassischer, ethnischer, religiöser oder zivilisatorischer Identitäten emanzipiert und dazu bestimmt ist, sich auf der Grundlage seiner liberalen Prinzipien ständig zu erweitern. „Als Vertreter des Staatsoberhauptes stellte Ewald seine große Idee von Europa vor: „Europa hat keine Identität, es ist ein Versprechen. Sie ist dazu bestimmt, sich zu öffnen: morgen für die Ukraine und, warum nicht, übermorgen für die Maghreb-Länder. Welche größere Hoffnung kann es für das nächste Jahrhundert geben? „

Der ehemalige Vizepräsident der Europäischen Kommission, der berühmte Sir Leon Brittan, ein großer Europäer, der aus einer verfolgten litauischen Familie stammte, sprach sich bereits 1994 für die einheitliche Währung und die absolute europäische Integration aus. Natürlich wäre es falsch zu glauben, dass die Technokraten, die in Brüssel an der Macht sind, außergewöhnlichen politischen Weitblick beweisen, auch wenn alles im Voraus geplant zu sein scheint.

Es ist logisch, dass die Türkei früher oder später der Europäischen Union beitreten wird, es sei denn, eine Gegenreaktion der Bevölkerung verlangsamt den Prozess, danach wird Marokko an der Reihe sein und dann Israel, das bereits an europäischen Fußballwettbewerben und Eurovisionswettbewerben teilnimmt. Alle Geister des Planeten setzen sich bereits mit ganzem Herzen für die Sache der Türkei ein, von der extremen

Linken bis zur liberalen Rechten, und mit Unterstützung der verschiedenen US-Regierungen.

So meinte der sozialdemokratische Europaabgeordnete Moscovici, dass „der Beitritt der Türkei ein Schutz gegen den Terrorismus und ein Faktor zur Stärkung unserer Sicherheit sein könnte. Der muslimische Charakter der Türkei wäre eine Bereicherung. Europa muss multikulturell und multireligiös sein. Sie muss offen sein und verschiedene Vermächtnisse anerkennen. „Auf der anderen Seite des politischen Schachbretts vertrat Lellouche, stellvertretender Generalsekretär der großen rechtsliberalen Partei, eine ähnliche Meinung: „Es muss alles getan werden, damit der Fluss des Islam in den Ozean der Demokratie und der Menschenrechte mündet214. „Die Metapher gilt nur für den europäischen „Christenclub", denn in Israel zum Beispiel wird der Islam immer unlösbar sein. Als diplomatischer Berater von Jacques Chirac und Vizepräsident der französisch-israelischen Denkfabrik argumentierte Lellouche: „Zu glauben, dass der Islam in der Demokratie nicht lösbar ist, bedeutet, im Voraus einen Krieg der Zivilisationen zu akzeptieren. Die Frage ist, ob wir dem Islam helfen werden, sich mit den Menschenrechten und der Marktwirtschaft zu versöhnen, oder ob wir ihn in einen fundamentalistischen Rückzugsraum flüchten lassen werden." Der Chef der liberalen Rechten, Nicolas Sarkozy, der gerade aus Israel zurückgekehrt ist, erklärte am 21. Dezember 2004 bei einem Treffen des Kreises der Europäer: „Das Problem ist nicht die Türkei, sondern die Identität Europas. Wenn wir in dieser Region der Welt wirklich expandieren wollen, müssen wir zunächst Israel integrieren, dessen Bevölkerung, die überwiegend europäischer Herkunft ist, unsere Werte teilt." Jacques Attali schloss sich diesen Worten natürlich an und ging sogar noch weiter: Wir müssen die Türkei integrieren, schrieb er, denn „Frankreich ist aufgrund seiner geopolitischen Entscheidungen in der Vergangenheit eine muslimische Nation; der Islam ist die Religion von zwei Millionen französischen Bürgern und von einem Drittel der Einwanderer in diesem Land. „Man muss sich klarmachen, dass Europa, wie Frankreich, bereits „eine muslimische Nation" ist. Natürlich hatte Jacques Attali nicht vor, Europa zu einem Land des Islams zu machen, aber in seiner Vision ermöglichen es der Islam und die Einwanderung, die alten nationalen Gemeinschaften Europas aufzulösen, das Identitätsgefühl zu stören und die autochthone Bevölkerung moralisch zu entwurzeln. Der Islam ist daher sehr nützlich für planetarische Projekte.

In *Europa(s)* hatte Jacques Attali bereits 1994 gewarnt: „Europa sollte sich nicht mehr als christlicher Club verstehen, sondern als Raum ohne Grenzen, von Irland bis zur Türkei, von Portugal bis Russland, von

---

[214] *Le Parisien*, 15. September 2004.

Albanien bis Schweden; ein Raum, der kulturell das Nomadische gegenüber dem Sesshaften, die Großzügigkeit gegenüber der Selbstabschottung, die Toleranz gegenüber der Identität, kurz, die Mehrfachzugehörigkeit gegenüber der Ausgrenzung bevorzugt. Die jüngsten Debatten über das Wahlrecht von Ausländern, die Staatsbürgerschaft und das Asylrecht ebnen den Weg für diese Veränderungen215." Zehn Jahre später wird in der Debatte über die europäische Verfassung die Idee des Zusammenschlusses von Staaten und der Schaffung einer europäischen Regierung wieder aufgegriffen. Seit dem Zusammenbruch der Sowjetunion hat sich also sehr viel getan, und genau das bewegt die Gemüter. Das messianische Fieber scheint seinen Höhepunkt erreicht zu haben. Noch nie zuvor wurde Europa mit so viel planetarischem Diskurs überschwemmt. Sie wird überall in den Medien angedeutet: in der Presse, im Radio, in Fernsehberichten, in der Werbung oder im Kino, wo in kaum einem Jahrzehnt Rassenmischung und Multikulturalismus zu einer fast unantastbaren Norm geworden sind. All dies ist nicht ganz natürlich. Es handelt sich in der Tat um einen systematischen und obsessiven Willen, den Glauben an die messianische Botschaft der globalen Vereinigung zu verwirklichen.

Unter diesem Gesichtspunkt ist die Einigung Europas ein wesentlicher Schritt, wie ihn Jacques Attali in seinem *Wörterbuch des 21. Jahrhunderts* vorsieht, dessen Text dem der berühmten *Protokolle der Weisen von Zion*, die zu Beginn des 20. Jahrhunderts veröffentlicht wurden, sehr ähnlich ist. Europa wird das Sprungbrett für umfassendere Projekte sein: „Eine Mittelmeerunion der drei südeuropäischen Länder (Frankreich, Spanien, Italien) mit drei Maghreb-Ländern (Marokko, Algerien, Tunesien) wäre ein Ersatz oder sogar eine ergänzende Strategie. Mittelfristig würde eine solche Union genauso viele Einwohner haben wie die Europäische Union und zur politischen Stabilität einer für Frankreich wichtigen Region beitragen. Zunächst könnte ein gemeinsamer Markt geschaffen werden, um dann mit einer kulturellen und politischen Union weiterzugehen... Natürlich würden die Märkte des Südens nicht die Märkte Europas ersetzen - jedenfalls nicht für lange Zeit. Aber der Erfolg einer Mittelmeerunion würde die künftige Öffnung der großen afrikanischen Märkte vorbereiten. Der gemeinsame Markt zwischen Europa und Afrika wird das Ziel des nächsten Jahrhunderts sein. „Es könnte nicht deutlicher sein: Die Integration der Türkei ist nur eine Etappe in diesem Prozess.

Der Essayist Guy Sorman sprach sich in seinem 1997 erschienenen Buch *The World is My Tribe* bereits für den Beitritt der Türkei zu Europa aus: „Eine Annäherung an die Türkei ist dringend notwendig, denn sie würde zeigen, dass es möglich ist, Muslim und Europäer zu sein." Der

---

215 Jacques Attali, *Europa(s)*, Fayard, 1994, S. 196, 198

große Journalist und Pressedirektor Alexandre Adler war ebenfalls ein Kämpfer in dieser Richtung. In einem Artikel, den er im Oktober 2004 in *Le Figaro* schrieb, nahm er Rücksicht auf diejenigen, die er hinters Licht führen wollte: „Man sollte der französischen Öffentlichkeit nicht erzählen, dass der Beitritt der Türkei eine Kleinigkeit ist oder nur wenige Risiken birgt, denn diese Methode würde nur die Ängste eines sehr intelligenten Volkes verstärken216." Dies steht im Gegensatz zu den Hetzreden von Alain Minc und Bernard-Henri Lévy gegen den Widerstand der französischen Regierung gegen den Beitritt der Türkei. „Dies steht im Gegensatz zu den Hetzreden von Alain Minc und Bernard-Henri Lévy gegen die rückständigen Franzosen. Aber diese heimtückische Schmeichelei diente dazu, uns die Waren mit einem höheren Gewinn zu verkaufen. Die Türkei, so Adler weiter, ein Land mit „freien Wahlen, einer freien Presse, Intellektuellen, die uns um nichts zu beneiden brauchen, bewundernswerten, weltoffenen Universitäten", stelle eine „unerwartete Chance" dar. „Lassen Sie uns nun dieses Signal interpretieren, um die zukünftige Freiheit unseres Kontinents zu gewährleisten. Unsere Freiheit steht eindeutig auf dem Spiel. 1983 gehörte Alexandre Adler zu den Unterzeichnern einer von Henri Fiszbin geführten Liste zur Unterstützung dissidenter Kommunisten. Heute unterstützt er ganz offen die politischen Positionen der liberalen Rechten. Sein Lehrplan deckt sich schließlich mit dem der kosmopolitischen Denker, von denen die große Mehrheit erkannte, dass die liberale Demokratie für den Aufbau einer Gesellschaft ohne Grenzen viel wirksamer ist als der Kommunismus.

Alles scheint also im Voraus programmiert zu sein, es sei denn, ein Widerstand stoppt die Maschine. In dieser Hinsicht ist der Sieg der französischen „Nein"-Stimmen beim Referendum vom 29. Mai 2005 vielleicht ein Warnzeichen. Sie verdeutlichte die Kluft zwischen der politischen und intellektuellen Elite und dem französischen Volk. Am 1. März 2005 hatten die Senatoren und Abgeordneten des Kongresses von Versailles mit überwältigender Mehrheit (91,71 %) für die europäische Verfassung und den Übergang zu einem föderalen Europa gestimmt. Drei Monate später, am 29. Mai 2005, wurde diese Verfassung in den Wählerlisten mit 55 % der Stimmen abgelehnt.

Planetarische Kriege

Wenn man ein wenig in der Geschichte zurückgeht, kann man feststellen, dass eine gewisse Annäherung an die Türkei bereits in den „offeneren" Geistern des 19. Zu dieser Zeit stand der europäische Balkan

---

[216] In die gleiche Richtung geht das Buch *Les Français sont formidables (Die Franzosen sind furchterregend)* von Jean François Kahn aus dem Jahr 1987.

noch unter der Herrschaft des Osmanischen Reiches, das die nationalen Aufstände der Europäer unter seinem Joch mit äußerster Gewalt niederschlug. Die Vernichtung von Tausenden von Christen ohne Gegenwehr erregte die Empörung der zivilisierten Gewissen.

Der serbische Aufstand von 1875 beispielsweise war von den Türken blutig niedergeschlagen worden, und die Unterdrückung der Bulgaren im folgenden Jahr hatte zu entsetzlichen barbarischen Handlungen geführt. Dies bewegte Europa, und William Gladstone, der noch nicht Premierminister des Vereinigten Königreichs war, veröffentlichte sein berühmtes Werk *The Bulgarian Horrors and the Eastern Question (1876)*, in dem er die Türkei und insbesondere Disraelis pro-türkische Politik verurteilte. Dieser jüdische Premierminister - eine Ausnahme in der britischen Politikgeschichte - hat Großbritannien auch in den Krieg in Afghanistan geführt, der so viele Menschenleben und Geld gekostet hat, und zwar unter dem ewigen Vorwand angeblicher Straftaten, die es nie gegeben hat. Auch damals, 1881, versuchte Gladstone energisch, sich dieser verhängnisvollen Expedition entgegenzustellen, die dazu führte, dass die Briten die Sympathie der Afghanen verloren. Einhundertdreiundzwanzig Jahre später, im Jahr 2002, sollten die Afghanen eine neue angelsächsische Invasion unter der Führung von George Bush Jr. und seinen engsten Beratern, den ultrazionistischen „Neokonservativen"[217], erleiden. Die Anschläge vom 11. September 2001 in New York konnten nicht ungesühnt bleiben. Die Zwillingstürme in New York, deren Eigentümer Larry Silverstein ist, mussten gerächt werden.

Auf die Invasion Afghanistans im Jahr 2002 folgte die Invasion und Besetzung des Irak durch US-Truppen im Jahr 2003. Und das, obwohl Serbien, der Irak und Afghanistan keine Bedrohung für Europa darstellten, und wenn der Irak von Saddam Hussein überhaupt eine Bedrohung darstellte, dann nur für Israel. Diese US-Militärinterventionen waren eindeutig Teil des großen planetarischen Projekts. Ziel war es, den Islam im Land des Islams zu schwächen, da seine Anhänger bisher die einzigen zu sein schienen, die sich den Verfechtern der Neuen Weltordnung entschlossen entgegenstellten. Idealerweise sollten alle muslimischen Länder den Vorteilen der Marktdemokratie und des militanten Säkularismus unterworfen und direkt in diese umgewandelt werden. Andererseits fördert die Weltpolitik die Ansiedlung großer muslimischer

---

[217] Bei den Neokonservativen handelt es sich um ehemalige Aktivisten der extremen Linken der 1960er und 1970er Jahre, die sich in den 1980er und 1990er Jahren als ultraliberale Konservative neu formierten und verschiedene Schlüsselpositionen in der Welt der Politik und Kultur in den Vereinigten Staaten besetzten. Eine ausführliche Studie findet sich in Mark Gerson's *„The neoconservative vision. Vom Kalten Krieg zu den Kulturkriegen*, Madison Books, Maryland, USA, 1997. Zitiert in der Anmerkung von Israel Shamir, *La otra cara de Israel*, Ediciones Ojeda, Barcelona, 2004, S. 183.

Massen in den europäischen Ländern, um die nationalen Gemeinschaften aufzulösen und den Widerstand der „ethnisch homogenen" Völker zu unterdrücken.

So wurde Serbien beschuldigt, auf seinem Territorium eine Politik der ethnischen Säuberung zu betreiben, und verdiente es, von der „internationalen Gemeinschaft" bestraft zu werden. Im Jahr 1999 wurde sie von US-Flugzeugen aus Gewissensgründen bombardiert. Und wie üblich wurden, um die europäische Bevölkerung auf einen neuen Krieg vorzubereiten, riesige Massengräber mit Leichen entdeckt, um die These von einem blutrünstigen Regime zu untermauern, die Menschen im Westen wurden durch die Gefahr eines „neuen Hitler" und die furchterregenden Armeen des Tyrannen alarmiert, obwohl es sich um ein kleines, verarmtes Land handelte. Im Nachhinein stellte sich heraus, dass es sich bei diesen „Massengräbern" mit Leichen hauptsächlich um Soldatenfriedhöfe handelte. Wie bei dem berühmten Massengrab von Timisoara in Rumänien während des Sturzes des kommunistischen Regimes musste man zugeben, dass die Zahl der Opfer durch zehn geteilt werden musste. All diese Propaganda, diese „Sensibilisierung", diente dazu, die öffentliche Meinung auf einen geplanten Krieg vorzubereiten.

Während der Offensive gegen Serbien stand die US-Regierung unter dem starken Einfluss von Persönlichkeiten mit ultrazionistischen Überzeugungen, die vom planetarischen Glauben durchdrungen waren. Am 5. Dezember 1996 hat Präsident Bill Clinton sein außenpolitisches Kabinett umgestaltet. Im Außenministerium löste Madeleine K. Albright Warren Christopher ab. Albright war eigentlich der Nachname ihres früheren Ehemanns, während das „K." auf die Korbels, eine ursprünglich aus der Tschechoslowakei stammende Familie, hinwies. Im Verteidigungsministerium übergab William Perry sein Ressort an William S. Cohen. An der Spitze der CIA wurde schließlich John Deutch dem nominierten Anthony Lake[218] vorgezogen, obwohl beide Mitglieder des *Council on* Foreign Relations (des berühmten CFR) waren. Lakes früherer Stellvertreter, Samuel R. Berger, bekleidete nun den strategischen Posten des Nationalen Sicherheitsberaters.

Dank der amerikanischen Intervention gelang es den Muslimen, die Serben aus ihrer historischen Provinz zu vertreiben. Der serbische Exodus fand schrittweise statt, unter dem Pro-Konsulat des ehemaligen sozialistischen Ministers Bernard Kouchner, einem Delegierten der Vereinten Nationen. Die Muslime sind jetzt in der Mehrheit und haben unter allgemeiner Gleichgültigkeit eine weitere ethnische Säuberung durchgeführt. Sechs Jahre später, im Juni 2005, sprach Bernard-Henri Lévy in einer Fernsehsendung über sein politisches Engagement während des

---

[218] Anthony Lake konvertierte 2005 erst spät zum Judentum, bevor er seine jüdische Frau heiratete (NdT).

Krieges in Serbien und erklärte: „Mir wurde übel, als Präsident Mitterrand mir erklärte, dass Frankreich, solange er lebe, niemals in einen Krieg mit den Serben ziehen werde219." Der Sinneswandel eines kommunistischen Autors wie Guy Konopnicki war durchaus symptomatisch für die ideologische Entwicklung vieler westlicher jüdischer Intellektueller. Er beklagte nun den „Antiamerikanismus", der Frankreich von der extremen Linken bis zur extremen Rechten heimsuche: „Dieser Mangel an Menschlichkeit ist wirklich widerwärtig", schrieb er. Als Gründungsmitglied von SOS-Racisme war er am 18. Januar 1991 zusammen mit dem Milliardär Pierre Bergé aus Protest gegen die pazifistischen Positionen der Bewegung während des ersten Golfkriegs ausgetreten.

Damals schrieb er: „Lange Zeit gehörte ich zu denen, die demonstrierten, wenn irgendwo auf der Welt Bomben fielen. Diesmal, das sage ich ohne Scham, habe ich dem Feuerhagel, der auf den Irak niederging, applaudiert. „Eine Meinung, die der populäre Sänger Patrick Bruel (Benguigui) voll und ganz teilt, der ebenfalls seinen militanten Pazifismus aufgegeben hat, um die Aktionen der eifrigsten Kriegshetzer der US-Regierung zu unterstützen. Es stimmt, dass die Interessen Israels auf dem Spiel standen.

Trotzdem würde sich Konopnicki von niemandem des antimuslimischen Rassismus bezichtigen lassen: „Ich habe mich für die Gleichberechtigung junger Araber in unseren Vorstädten eingesetzt, an der Gründung von SOS-Rassismus mitgewirkt, den Aufstand der Afghanen gegen die sowjetische Invasion 1979 und die muslimischen Kämpfer unter der Belagerung in Sarajevo verteidigt220. „Aber in dieser neuen internationalen Krise konnte der Schriftsteller nicht anständig gleichgültig bleiben, vor allem, wenn die Juden direkt bedroht zu sein schienen. Den Islam in Frankreich zu fördern und ihn im Ausland zu bekämpfen - all dies schien vollkommen konsequent und im Einklang mit den kosmopolitischen Idealen zu stehen.

„Der Fanatismus traf New York mit der Zerstörung der Zwillingstürme, so wie er Florenz und Berlin mit der Bücherverbrennung und der *Kristallnacht* heimgesucht hatte. „Konopnicki wagte anzuprangern, was ausnahmslos alle Journalisten während dieser Ereignisse verschwiegen hatten: „Für Osama bin Laden war die Zerstörung des World Trade Centers eine Vorahnung einer anderen Zerstörung, von der nicht nur er träumte, nämlich der des Staates Israel. Für ihn waren die beiden Türme ein symbolisches Israel, ein Tempel der jüdischen Macht221.

---

[219] BHL, Samstag, 25. Juni 2005, *Forumssendung* auf dem deutsch-französischen Sender *Arte*.
[220] Guy Konopnicki, *La Faute des Juifs*, Balland, 2002, S. 17, 22.
[221] Guy Konopnicki, *La Faute des Juifs*, Balland, 2002, S. 128, 69

„Es musste gesagt werden, es muss gesagt werden. Wir können nun die Beweggründe der anderen und Konopnickis unerbittlichen Kampf gegen den neuen planetarischen Feind besser verstehen: „Die Totalitarismen des 20. Jahrhunderts hatten den Antisemitismus gemeinsam. Diejenige, die zu Beginn des 21. Jahrhunderts an Stärke gewinnt, mag sich noch so sehr in ein identitäres Gewand kleiden und sich als Ausdruck vergessener Völker präsentieren, sie zeichnet sich nicht durch Originalität aus. Der radikale Islamismus ist eine Ideologie des Todes, die wie alle anderen Ideologien auch Antisemitismus hervorruft222. „

Unter diesen Umständen müssen die Europäer aufgefordert werden, einen umfassenden Krieg gegen die Feinde Israels zu führen. Bei dieser Gelegenheit werden einmal mehr die Interessen Israels mit denen des „Westens" und noch mehr mit denen der „Zivilisation" und der „ganzen Welt" gleichgesetzt: „Der Frieden der Welt", so Konopnicki, „liegt nicht in den Händen der israelischen Regierung. Im Gegenteil, Frieden wird für Israel und die Palästinenser nur möglich sein, wenn die europäischen und amerikanischen Mächte in der Lage sind, dem Islamismus entgegenzutreten und ihn mit militärischen, wirtschaftlichen und politischen Mitteln in die Schranken zu weisen223." Die Hoffnungen des Planeten werden durch Kriege zwischen den Völkern genährt. Das Erstaunlichste ist jedoch, dass es den Intellektuellen, die diese Denkschule vertreten, gelungen ist, sich jahrzehntelang mit ungeheurer Frechheit als Verfechter des Friedens auszugeben.

Genau das wollte uns ein anderer glühender Kriegshetzer, Elie Wiesel, der nicht zögerte, mit großen Reden von Frieden und Liebe den Krieg gegen den Irak 1991 zu beschleunigen, sagen: „Es geht nicht nur darum, Kuwait zu helfen, es geht darum, die arabische Welt zu schützen. „Alle Menschen im Westen müssen sich gegen den „Mörder von Bagdad" mobilisieren. „Es ist zwingend erforderlich, ihren Krieg zu bekämpfen. Die zerstörerische Kraft, die er gegen die Menschheit einsetzt, muss durch eine größere Kraft bekämpft werden, wenn die Menschheit überleben soll. Denn davon hängt die Sicherheit der zivilisierten Welt, ihr Recht auf Frieden und nicht nur die Zukunft Israels ab... Durst nach Rache? Nein: ein Durst nach Gerechtigkeit. Und für den Frieden. „Das israelische Volk ist immer unschuldig, deshalb kann man nicht verstehen, warum der irakische Diktator versucht, sich an diesem Land für die US-Aggression zu rächen: „Weil die Amerikaner und ihre Verbündeten Bagdad angreifen, bombardiert der Irak Israel. Es handelt sich um eine sinnlose, kriminelle, absurde Aggression, aber wenn sie von Saddam Hussein ausgeht, überrascht das niemanden224."

---

222 Guy Konopnicki, *La Faute des Juifs*, Balland, 2002, S. 191.
223 Guy Konopnicki, *La Faute des Juifs*, Balland, 2002, S. 186.
224 Elie Wiesel, *Memoires (Tome II)*, Éditions du Seuil, 1996, S. 144, 16, 152.

Albert Einstein war ein großer Aktivist der Friedensbewegung in der Zwischenkriegszeit. In dem Buch „*Die nackte Macht"225* werden einige der darin veröffentlichten Briefe veröffentlicht, die Aufschluss über die Beweggründe des großen Mannes geben. Im Frühjahr 1914 verließ Einstein die Schweiz und ging nach Berlin, wo er zum Direktor eines wissenschaftlichen Instituts ernannt worden war. Damals war er Pazifist, wie er im Dezember 1914 an einen Freund schrieb: „Die internationale Katastrophe, in die wir hineingeraten sind, ist eine schwere Last für den Internationalisten, der ich bin". In jenen Jahren korrespondierte er mit dem französischen pazifistischen Schriftsteller Romain Rolland. Über seine erste Begegnung mit Einstein im Jahr 1915 berichtet er: „Einstein erwartet keine Erneuerung Deutschlands um seiner selbst willen. Er hofft auf einen Sieg der Alliierten, der die Macht Preußens und der Dynastie ruinieren wird. Trotz seiner mangelnden Sympathie für England zieht er ihren Sieg dem von Deutschland vor, weil es es besser wissen wird, als die Welt in Frieden leben zu lassen...". (Man beachte auch, dass Einstein ein Jude ist, was seinen Internationalismus und den sarkastischen Charakter seiner Kritik erklärt)".

Wenn wir Romain Rolland richtig verstehen, war Einstein also weniger Pazifist als Patriot, auch wenn sich sein Patriotismus eher mit den Feinden der deutschen Nation deckte, die ihn dennoch willkommen geheißen hatte. Dies lag daran, dass er sich mehr mit den demokratischen Idealen als mit Deutschland identifizierte. Im September 1918 schrieb Einstein an einen anderen Korrespondenten: „Die Rettung Deutschlands liegt meiner Meinung nach in einem schnellen und radikalen Demokratisierungsprozess nach dem Vorbild der demokratischen Institutionen der Westmächte. „Sein Wunsch sollte am 9. November, dem Tag der Ausrufung der Republik nach der Niederlage Deutschlands, in Erfüllung gehen. Damals schrieb er: „Ich bin sehr erfreut über die Wende der Ereignisse. Die deutsche Niederlage hat Wunder gewirkt. Die Universitätsgemeinschaft betrachtet mich als eine Art Erzsozialist." Ende 1918 hielt er als Universitätsabgeordneter eine Rede vor dem Reichstag, in der er seine Sympathie für kommunistische Ideen zum Ausdruck brachte: „Die alte Gesellschaft, in der wir von einer machtgierigen Klasse beherrscht wurden, ist gerade unter dem Gewicht ihrer eigenen Fehler und den Befreiungsschlägen der Soldaten zusammengebrochen. Die Räte[226], die sie unmittelbar gewählt haben und die von nun an im Einvernehmen mit den Arbeiterräten Entscheidungen treffen werden, müssen vorläufig als Organe des Volkswillens anerkannt werden. Wir schulden ihnen in diesen schwierigen Tagen unbedingten Gehorsam und unsere tatkräftige

---

[225] Albert Einstein, *Le Pouvoir nu, Propos sur la guerre et la paix*, Hermann, 1991.
[226] „Räte" ist die Übersetzung des russischen Begriffs „Sowjets".

Unterstützung. „Dies war eine sehr offene Unterstützung für die marxistische Revolution.

Einstein würde diesen radikalen Weg jedoch nicht weiterverfolgen. Am 2. April 1921 landete er zum ersten Mal in den Vereinigten Staaten, begleitet von Chaim Weizmann, dem einflussreichen Führer der zionistischen Bewegung. Seine pazifistischen Aktivitäten waren damals in den USA wenig bekannt, und das Ziel dieses ersten Aufenthalts bestand darin, die notwendigen Mittel für den Bau einer hebräischen Universität in Jerusalem aufzubringen, ein Projekt, das sich insbesondere dank der Großzügigkeit eines großen Teils der amerikanischen Ärzteschaft als erfolgreich erweisen sollte. Während seines Aufenthalts hielt Einstein mehrere wissenschaftliche Vorträge und machte sich so in der amerikanischen Öffentlichkeit bekannt.

Im Juli 1922, nach seiner Rückkehr nach Deutschland, vertraute er Max Planck an: „Mehrere vernünftige Leute haben mir geraten, Berlin für eine Weile zu verlassen und alle öffentlichen Auftritte in Deutschland zu vermeiden. Sie sagen, ich stünde auf der Liste derjenigen, die die Nationalisten ermorden wollen. „Zehn Tage später schrieb er an einen anderen Freund: „Seit dem schrecklichen Mord an Rathenau ist die Stadt in großer Aufregung. Es vergeht kein Tag, an dem ich nicht zur Vorsicht gemahnt werde; ich musste mich offiziell abmelden und alle meine Vorlesungen absagen. Der Antisemitismus ist auf dem Vormarsch. „Um die Bedeutung dieser Worte zu verstehen, muss man sich daran erinnern, dass Deutschland nach dem Krieg in einen Bürgerkrieg verwickelt war, in dem die bolschewistischen Führer - unter ihnen zahlreiche Juden wie Rosa Luxemburg und Karl Liebknecht - eine führende Rolle spielten.

Im Oktober 1922 schiffte sich Einstein in Marseille zu einer Reise in den Orient ein. Auf dem Rückweg würde er Palästina und Spanien durchqueren. Am 26. Oktober 1922 besuchte er Colombo auf der Insel Ceylon (Sri Lanka), wo er in seinem Reisebericht über die Einheimischen notierte: „Ihre Existenz scheint sich auf ein sanftes Leben unterwürfiger, aber dennoch gelassener Wesen zu beschränken. Wenn man diese Menschen leben sieht, verliert man jede Achtung vor den Europäern, die noch degenerierter und brutaler, noch grober und gieriger sind. „Diese Verachtung des europäischen Menschen wird in Zukunft eine sehr auffällige Konstante in der gesamten planetarischen Literatur und audiovisuellen Produktion sein.

Im Jahr 1924 wurde er erneut zum Mitglied der Völkerbundkommission für geistige Zusammenarbeit gewählt. Im April 1925 reiste er zum Silbersee. Zunächst nach Buenos Aires und dann nach Montevideo schrieb Einstein: „Möge der Teufel diese großen Staaten und ihren Stolz holen! Wenn ich könnte, würde ich sie alle in kleine Länder aufteilen." 1930 bekräftigte er in einer Publikation unverblümt seinen

Pazifismus: „Diese Männer, die in Reih und Glied, strahlend, zu den Klängen eines Orchesters marschieren, erfüllen mich mit tiefster Verachtung. Brauchen sie wirklich ein Gehirn? Hätte ihr Rückenmark nicht mehr als genügt? Für mich ist die Armee nichts anderes als eine beschämende Missbildung unserer Gesellschaft, die so schnell wie möglich geheilt werden sollte. Lieber würde ich tausend Qualen erleiden, als an einem solch entwürdigenden Spektakel teilzunehmen. Bei einem Empfang in New York hielt er im selben Jahr eine Rede, in der er seine Überzeugung von der „bedingungslosen Ablehnung des Krieges" und der „Verweigerung jeglicher Form des Militärdienstes" bekräftigte. In Ländern, in denen es eine Wehrpflicht gibt, ist es die erste Pflicht eines Pazifisten, diese zu verweigern. „In einer Rede in Lyon 1931 blieb er standhaft: „Ich fordere alle Zeitungen, die sich rühmen, pazifistische Ideale zu unterstützen, auf, ihre Leser zur Verweigerung des Militärdienstes aufzurufen. Ich appelliere an jeden Mann und jede Frau, von den Mächtigsten bis zu den Bescheidensten, noch vor der Eröffnung der Weltabrüstungskonferenz im Februar nächsten Jahres in Genf zu erklären, dass sie sich weigern werden, an irgendeinem künftigen Krieg oder an der Vorbereitung irgendeiner Form des bewaffneten Kampfes teilzunehmen." In jenen Jahren teilte er seine Überzeugungen mit Dr. Freud. Die Beziehung zwischen den beiden Männern erreichte im Sommer 1932 ihren Höhepunkt, als sich unter der Schirmherrschaft des Internationalen Instituts für geistige Zusammenarbeit eine öffentliche Debatte zwischen den beiden Männern über die Ursachen des Krieges und seine Abhilfen entwickelte. In jenem Sommer schrieb Einstein einen Brief an Freud, in dem er sagte: „Internationale Sicherheit bedeutet, dass jede Nation bis zu einem gewissen Grad ihre Handlungsfreiheit, d.h. ihre Souveränität227, aufgeben muss." Mit der Machtergreifung Hitlers im Jahr 1933 fanden diese Bestrebungen ein jähes Ende. Die neue politische Situation veranlasste ihn zu einer Kehrtwende in seinen Positionen. Er hörte auf, die Widerstandsbewegung im Krieg zu unterstützen, und begann, die Wiederaufrüstung der Westmächte zu fördern. Am 5. Mai desselben Jahres schrieb er in einem Brief an Paul Langevin: „Ich für meinen Teil bin überzeugt, dass es noch möglich ist, der deutschen Bedrohung durch ein Wirtschaftsembargo zu begegnen." Von Anfang an verleugnete er seine Vergangenheit als pazifistischer Aktivist und wurde zum Verfechter des Krieges gegen Hitlerdeutschland: „Es ist immer noch möglich, die Usurpatoren, die die Macht an sich gerissen

---

[227] „Wer den Krieg wirklich abschaffen will, muss sich entschieden dafür aussprechen, dass sein eigenes Land einen Teil seiner Souveränität zugunsten internationaler Institutionen aufgibt: Er muss bereit sein, sein eigenes Land im Streitfall dem Schiedsspruch eines internationalen Tribunals zu unterwerfen. „America and the Disarmament Conference of 1932, Mein Weltbild, Amsterdam, 1934, in Ideas and Opinions by Albert Einstein, Crown Publishers, Inc. New York, 1954, S. 101.

haben, zu vernichten. „Am 6. Juni schrieb er an Stephen Wise, den Rabbiner der New Yorker Freien Synagoge, und forderte die amerikanische Presse und die Medien auf, eine „Aufklärungskampagne" über den Krieg zu starten: „Die amerikanische Presse muss die Öffentlichkeit über die deutsche militärische Bedrohung informieren. Es ist die Aufgabe der amerikanischen Presse, die Öffentlichkeit auf die Katastrophen aufmerksam zu machen, die ein neuer Krieg in Europa mit sich bringen würde. „Die Amerikaner waren damals sehr pazifistisch und isolationistisch eingestellt: Sie mussten ein wenig aufgerüttelt werden, um sie dazu zu bringen, in den Krieg gegen Deutschland zu ziehen.

Am 20. Juli schrieb er auch an Königin Elisabeth von Belgien: „Ich sage Ihnen ganz offen: Wenn ich Belgier wäre, würde ich heute nicht den Militärdienst verweigern. Ich würde sie eher bereitwillig annehmen, weil ich die tiefe Überzeugung hätte, durch mein Handeln zur Bewahrung der Zivilisation beizutragen. Es ist notwendig, dass „Deutschland ein geeintes und militärisch starkes Europa vor sich hat"." Offensichtlich hatte ihn die bolschewistische Diktatur nicht zu den gleichen Überlegungen geführt. Es war also nicht der diktatorische Charakter des deutschen Regimes, der seine Opposition provozierte und seine neue Kriegsbegeisterung weckte, sondern sein antisemitischer Charakter: „Eine Bande von Gangstern hat es geschafft, die Macht zu ergreifen und hält den Rest der Bevölkerung in einem Zustand des Terrors, indem sie die Jugend systematisch indoktriniert[228]." In einer „unveröffentlichten" Notiz von ihm aus dem Jahr 1935 heißt es: „Was Hitler wirklich zum Herrn über Deutschland machte, war der heftige Hass, den er immer gegen alles Fremde hegte, die besondere Abneigung, die er gegen eine unverteidigte Minderheit, die der deutschen Juden, empfindet. Hitler konnte seine intellektuelle Sensibilität, die - und da teile ich ausnahmsweise seine Meinung - die deutsche Rasse als fremd ansieht, nie ertragen." Am 9. April 1938 schrieb er: „Es ist nicht weniger beunruhigend und empörend, als Zuschauer die Abschaffung elementarer politischer und individueller Rechte eines Teils der Bevölkerung bestimmter Nationen mitzuerleben, die einst stolz auf ihr kulturelles Erbe waren... Deutschland hat durch die unmenschlichen Verfolgungen der Juden im eigenen Land oder in Österreich den Weg der Zerstörung eingeschlagen, den ich soeben beschrieben habe. „Als diese Zeilen geschrieben wurden, hatten die Juden faktisch das Recht verloren, ihre Funktionen in vielen freien Berufen auszuüben: Es handelte sich um „unmenschliche Verfolgungen", die einen Vorgeschmack auf die ersten

---

[228] „1939 beschäftigte die Gestapo 7500 Personen, der NKWD im bolschewistischen Russland dagegen 366 000 (einschließlich des Gulag-Personals)", in *Du Passé faisons table rase, Histoire et mémoire du communisme en Europe,* ouvrage collectif, sous la direction de Stéphane Courtois, Robert Laffont, 2002, S. 209.

wirklichen Verfolgungen gaben, die wenig später, in der Reichspogromnacht vom 9. November 1938, stattfinden sollten.

Am 25. Oktober, auf dem Höhepunkt des Krieges, organisierte der *Jüdische Rat für die russische Kriegsfürsorge* ein Abendessen zu Ehren Einsteins. Aus gesundheitlichen Gründen an seinem Wohnsitz in Princeton in den Vereinigten Staaten unpässlich, schickte Einstein eine Botschaft, in der es heißt: „Ich möchte abschließend ein paar Worte sagen, die für uns Juden von großer Bedeutung sind. In Russland wird die Gleichheit aller nationalen und kulturellen Gruppen, aus denen sich das Land heute zusammensetzt, nicht nur in [Rechts-]Texten beschworen, sondern auch in die Praxis umgesetzt. Deshalb scheint es mir die elementarste Weisheit zu sein, Russland so gut wie möglich helfen zu wollen, indem wir alle uns zur Verfügung stehenden Mittel nutzen. „Hier ist ein weiteres Beispiel, das zeigt, dass Einstein in erster Linie als Mitglied der jüdischen Gemeinschaft argumentierte. Seine Positionen zu Militarismus, Pazifismus, Demokratie, Deutschland oder Russland spiegelten lediglich seine spezifischen Interessen wider, die sich je nach den Umständen ändern konnten. In den 1920er Jahren antimilitaristisch, mit Hitlers Machtübernahme kriegslüstern, von Anfang an prosowjetisch, wurde er antisowjetisch, als die Juden nach dem Zweiten Weltkrieg entmachtet wurden. Die Millionen von Opfern der bolschewistischen Macht in der Zwischenkriegszeit haben zu keiner Zeit sein Mitgefühl erregt.

Am 9. Juni 1944 wurde Einstein vom New Yorker *Free World Magazine* interviewt, in dem er erklärte: „Ich sehe keine andere Lösung: entweder wir vernichten das deutsche Volk oder wir halten es unterdrückt. Ich glaube nicht, dass es möglich ist, sie zu erziehen oder ihnen beizubringen, demokratisch zu denken und zu handeln - zumindest nicht in naher Zukunft." Nach dem Krieg und nachdem Chaim Weizmann, Einsteins alter Freund und erster Präsident des Staates Israel, am 9. November 1952 gestorben war, wurde ihm angeboten, zweiter Präsident des jüdischen Staates zu werden. Doch Einstein lehnte das Angebot ab, weil er der Meinung war, dass ihm die Fähigkeiten zur Führung eines Staates fehlten. Dies war seine zionistische Sicht des neuen Konflikts, der die Welt spaltet: „Wir [der Staat Israel] müssen angesichts des Antagonismus zwischen Ost und West eine Politik der Neutralität betreiben[229]." Doch manchmal ist es schwierig, den politischen Aktivisten von dem Vertreter seiner Gemeinschaft zu unterscheiden, wie zum Beispiel, als er Ende 1954, wenige Monate vor seinem Tod, an Joseph Lewis schrieb: „Du hast Recht, wenn du den Aberglauben und die Macht der Priester bekämpfen willst, denn wenn sie besiegt sind - und ich zweifle

---

[229] Brief von Albert Einstein an Zvi Lurie, Mitglied der Jewish Agency in Israel, 4. Januar 1955, in Albert Einstein, *Le Pouvoir nu, Propos sur la guerre et la paix*, Hermann, 1991.

nicht daran, dass wir eines Tages gewinnen werden -, wird es uns noch offensichtlicher erscheinen, dass der Mensch die Quelle der Übel, die ihn plagen, in seinem eigenen Erbe suchen muss und nirgendwo anders." Während des Zweiten Weltkriegs war Ilja Ehrenburg der offizielle Propagandist der UdSSR und Marschall Stalins im Krieg gegen Nazideutschland. In zahlreichen Gedichten und Texten forderte er ausdrücklich die Ausrottung der Deutschen, aller Deutschen, Männer, Frauen, Jungen und Alten ohne Unterschied, sogar die Tötung von Kindern im Mutterleib. Für die Deutschen stand Ehrenburg natürlich ganz oben auf der Liste der zu vernichtenden Feinde. Aber nach dem Sieg wurde der Mann natürlich ein Friedensapostel. Seine Biografin Lilly Marcou berichtet: „Dieser 'Friedensnomade' verbrachte den größten Teil seines Lebens zwischen Moskau und Paris. „Er war Zeuge der Oktoberrevolution, des Bürgerkriegs in Spanien, des Einmarschs der Deutschen in Paris", er war „immer an vorderster Front dabei". Nach dem Krieg war er „eine der großen Figuren der Friedensbewegung[230]. „Nachdem er seine Feinde vernichtet hatte, war er in der Tat immer für den Frieden.

Der amerikanische Mythos

Die Vereinigten Staaten, die von entwurzelten Einwanderern bevölkert werden, sind natürlich ein starkes Symbol in der planetarischen Vorstellungswelt. Der französische Schriftsteller George Perec war natürlich vom amerikanischen Mythos fasziniert, als er beschloss, mit Robert Bober einen Film über Ellis Island zu drehen. Diese Insel in New York, in der Nähe der Freiheitsstatue, war zwischen 1892 und 1954 das Zentrum für die Kontrolle von Auswanderern.

„Es ist nicht bekannt, wie viele Millionen Europäer, vor allem Italiener, russische Juden und Polen, diesen Ort passierten, der inzwischen in ein Museum umgewandelt worden ist. „In einem seiner Werke mit dem Titel *Nací* schrieb Georges Perec: „Von 1892 bis 1924 passierten fast sechzehn Millionen Menschen Ellis Island, das sind fünf- bis zehntausend pro Tag. Die meisten von ihnen würden nur einige Stunden bleiben; zwei oder drei Prozent würden abgewiesen werden. Letztendlich wäre Ellis Island nichts anderes als eine Fabrik zur Herstellung von Amerikanern, nach Überprüfung der Augen, der Taschen, der Impfung und der Desinfektion. 1954 wurde Ellis Island für immer geschlossen." Der Leser kann sich auch Elia Kazans wunderschönen Film *Amerika, Amerika* ansehen. Eine der Schlussszenen zeigt eindrucksvoll jenen Bahnhof, an dem ein Beamter in wenigen Sekunden den Einwanderern eine neue Identität gab, indem er einen unverständlichen Nachnamen einfügte. Doch

---

[230] Lilly Marcou, *Ilya Ehrenbourg*, Plon, 1992, S. 11

so schön der Film von Elia Kazan auch ist, er ist auch eine Ode an die Entwurzelung.

In einem aufrichtigen und bewegenden Zeugnis enthüllte George Perec das Wesen seiner Identität und den Grund für seine Nostalgie: „Ich bin in Frankreich geboren, ich bin Franzose, ich habe einen französischen Namen, Georges, einen fast französischen Nachnamen: Perec. Der Unterschied ist winzig: In meinem Nachnamen gibt es keinen Akzent auf dem ersten e, denn Perec ist die polnische Schreibweise von Peretz. Wäre ich in Polen geboren, würde ich zum Beispiel Mordechai Perec heißen, und jeder wüsste, dass ich Jude bin. Aber ich bin zum Glück nicht in Polen geboren, und ich habe einen fast bretonischen Nachnamen, den alle Perec oder Perrec schreiben: Mein Nachname wird nicht genau so geschrieben, wie er ausgesprochen wird. Zu diesem unbedeutenden Widerspruch gesellt sich das schwache, aber hartnäckige, heimtückische, unvermeidliche Gefühl, in Bezug auf etwas von mir selbst irgendwie fremd zu sein, „anders" zu sein, aber nicht so sehr anders als „die anderen", sondern anders als „mein eigenes[231] „". „Was ich auf Ellis Island gesucht habe, ist das Bild dieses Punktes, an dem es kein Zurück mehr gibt, das Bewusstsein dieses radikalen Bruchs.....Es scheint mir gelungen zu sein, gelegentlich einige dieser Worte wiederzugeben, die für mich untrennbar mit dem Begriff „Jude" verbunden sind: die Reise, das Warten, die Hoffnung, die Ungewissheit, der Unterschied, die Erinnerung und diese beiden unpräzisen, irreparablen, instabilen und schwer fassbaren Begriffe, die sich unaufhörlich ineinander spiegeln und die „Heimat" und „Gelobtes Land" genannt werden[232]."" Endlich gibt es ein bewegendes und tiefgründiges Zeugnis, das natürlich Sympathie hervorruft. Wir sind weit entfernt von der Verachtung und dem politischen, wissenschaftlichen und moralischen Bluff, den wir anderswo gelesen haben, wo Lügen, Unverschämtheiten und unverschämte Propaganda in unterschiedlichen Dosen gemischt werden.

Wie dem auch sei, das amerikanische Modell war in Frankreich nie sehr erfolgreich. Sie missfällt den Marxisten wegen ihres ungezügelten Wirtschaftsliberalismus und ihres religiösen Glaubens, und sie widert die Nationalisten wegen der Allgegenwart ihrer zionistischen Lobby, ihrer arroganten Finanzmacht, ihres *Schmelztiegels* und ihres unanständigen Materialismus an. Man könnte hinzufügen, dass der protestantische Puritanismus auch nicht jedermanns Sache ist, insbesondere in einem Land mit katholischen und hedonistischen Wurzeln wie Frankreich[233]. Auch die

---

[231] George Perec, *Nací, textos de la memoria y el olvido*. Abada Editores, Madrid, 2006, S. 102-103.

[232] George Perec, *Nací, textos de la memoria y el olvido*. Abada Editores, Madrid, 2006, S. 104-105.

[233] Zumindest bis 1914, denn mehrere literarische Berichte lassen vermuten, dass die Franzosen von da an etwas von ihrer Lebensfreude verloren.

überbordende Architektur weckt nicht gerade die Begeisterung des wohlgeborenen Europäers, der Mäßigung und Ausgewogenheit schätzt. Auch die Essgewohnheiten sind bedauerlich, die Fernsehserien oft unerträglich, und der Optimismus der Einwohner neigt dazu, den Durchschnittsfranzosen zu verärgern, der wahrscheinlich von so viel überbordender Energie überwältigt wird.

Die Intellektuellen des Planeten sehen die Dinge anders. In der Fernsehsendung *Riposte* von Serge Moati nannte der einflussreiche Pressedirektor und bekannte Schriftsteller Alexandre Adler seine Gründe für die Wertschätzung von US-Präsident George Bush: „Er ist der *farbenblindeste* aller US-Präsidenten234 „, sagte er, d.h. derjenige, der die meisten schwarzen Mitarbeiter unter seinen politischen Beratern und Ministern ausgewählt hat. Colin Powell und Condoleezza Rice waren die ersten Schwarzen, die solch wichtige Positionen in der US-Regierung bekamen. Alexandre Adler, der für den Multikulturalismus der US-Regierung sehr empfänglich war, erklärte sogar, dass er Colin Powell eines Tages als Präsident der Vereinigten Staaten sehen wolle.

Aber hier sind einige Klarstellungen, die helfen werden, Alexandre Adlers Ansichten zu verstehen: In den Vereinigten Staaten, in den 1950er Jahren, war die South Bronx (New York) die Heimat einer großen Vielfalt von Gemeinden, wobei die jüdische Gemeinde die wichtigste war, mit ihrer Synagoge, ihren Mikwen235, Bäckereien und koscheren Metzgereien236. Das Geschäft Sickser hatte sich auf Baby- und Kinderartikel spezialisiert (Kinderwagen, Wickeltische und -stühle, Kinderbetten usw.....). Man sprach Jiddisch, obwohl viele Kunden Jamaikaner, Schwarze und Italiener waren. Der Besitzer stellte dann einen arbeitslosen 13-jährigen schwarzen Jungen ein, der in der Nachbarschaft wohnte. Er war pünktlich, konzentriert bei der Arbeit, ehrlich und so lernwillig, dass er bis zum Ende seiner Schulzeit in der Werkstatt arbeitete und sich nach und nach hocharbeitete: Lkw entladen, Bestellungen vorbereiten, das Lager verwalten und so weiter. Obwohl er jamaikanischer Herkunft war, lernte er Jiddisch zu sprechen, vor allem mit den chassidischen Kunden237, die kein Englisch sprachen. Kurzum, er wurde zum idealen „*Schabbat-Goj*" (nichtjüdischer Angestellter jüdischer Familien, der die am Schabbat verbotenen wesentlichen Aufgaben erledigt). Im Alter von 17 Jahren ging er auf das City College of New York, wo er sich mit jüdischen Studenten anfreundete, weil er sie gut kannte und ihren Dialekt sprach. Während

---

234 Fernsehsendung *Riposte*, moderiert von Serge Moati, 6. Juni 2004.
235 Jüdische Reinigungsbäder.
236 „Richtig" oder „angemessen" für den Verzehr, d. h. es entspricht den Vorschriften der jüdischen Religion.
237 Das chassidische Judentum ist eine orthodoxe und mystische religiöse Bewegung innerhalb des Judentums. Siehe *Psychoanalyse des Judentums*.

seines gesamten Studiums (Ingenieurwesen und Biologie) waren diese Kenntnisse des Judentums für ihn von unschätzbarem Wert. Als er Jahre später Israel besuchte, erklärte er gegenüber Premierminister Yitzak Shamir: *„Men kent reden Yiddish"* (Wir *können* Jiddisch sprechen). Die beiden Männer unterhielten sich dann auf Jiddisch. Sein Name war: General Colin Powell, US-Verteidigungsminister238.

Alexandre Adler ist zu Beginn des 21. Jahrhunderts eine wichtige Persönlichkeit in den französischen Medien. In seiner Jugend, die er an der Ecole Normale Supérieure239 verbrachte, begeisterte er sich für den Kommunismus seines Lehrers Louis Althusser und trat bald der Kommunistischen Partei bei. Im Mai 1981 begeisterte er sich für den Machtantritt der Sozialisten. Derzeit ist er gelegentlicher Berater des Präsidenten der Republik. Nach den Anschlägen vom 11. September 2001 wurde Adler noch engagierter: „Ich bin im Krieg", erklärte er. Der Hass auf die Vereinigten Staaten sei „die perverseste und bösartigste Form des Selbsthasses", so der Autor. Er verteidigte George Bush und die Vereinigten Staaten, unterstützte Israel und Ariel Sharon vorbehaltlos und setzte sich für den Beitritt der Türkei zu Europa ein. Laut der Tageszeitung *Libération* (20. Juni 2004) ist er Jude und Deutscher durch seine Eltern; sein Vater „besteht aufgrund seiner materialistischen Überzeugungen darauf, Schweinefleisch zu essen, aber er hält seinen Kopf bedeckt! „Er kennt ein altes jiddisches Sprichwort seiner Mutter: „Wenn sie dir ins Gesicht spucken, sag nicht, dass es regnet". So trat er auch als Zeuge in einem Prozess gegen den Radioproduzenten von *France Inter,* Daniel Mermet, auf, einem „Rüpel", dem vorgeworfen wurde, einen israelfeindlichen Zuhörer auf dem Anrufbeantworter der Sendung *Là bas si j'y suis* duldet zu haben. Er erklärte jedoch, er wolle „niemanden knebeln". Er verabscheut „linkes Gesindel", insbesondere José Bové: „Ich mag die Poujade240 nicht, die sich als Mahatma Gandhi ausgibt, vor allem, wenn das Ganze in vulgärem Antijudaismus endet." Kurz gesagt, unabhängig von den politischen T-Shirts, die er trug, ist die einzige Konstante in seinem Diskurs seine globalistische Überzeugung, seine Unterstützung für Israel und seine epidermale Ablehnung von allem, was zu „typisch französisch" ist, wie der Bauer José Bové. Obwohl die

---

[238] Auszug aus Zev Roth, *Targum Press,* 2000, zitiert in *Faits et Documents* vom 1. Juli 2003.

[239] Die ENS gilt als die prestigeträchtigste Hochschule Frankreichs und bildet die wissenschaftliche Forschungselite des Landes aus. (NdT).

[240] Poujade: französischer Politiker und Gewerkschafter in der Mitte des 20. Jahrhunderts. Der Begriff *Poujadisme wurde zu einem* pejorativen Begriff, der eine Form des Korporatismus bezeichnete, die als demagogisch angesehen wurde. Der Begriff erhielt allmählich eine Bedeutung, die der des „Populismus" nahe kommt. José Bové ist ein Agrarpolitiker und Gewerkschafter, eine Galionsfigur der Antiglobalisierungsbewegung in den 2000er Jahren.

Bewegung der extremen Linken angehört, ist sie mit ihren antizionistischen Positionen bei denjenigen, die die Unterstützung Israels über alles andere stellen, nicht beliebt.

Der Wirtschaftswissenschaftler und Medienmann Alain Minc war ein weiterer glühender Befürworter der USA. 1991 unterstützte er die erste US-Offensive gegen den Irak von Saddam Hussein: „Die Weiterverbreitung von Atomwaffen, so sagte er, würde sich mit einem Irak, der im Besitz einer Bombe ist, unerträglich ausweiten. „Er rechtfertigte die Hegemonie der USA und ihre Vormachtstellung gegenüber der europäischen Diplomatie: „Es wird nicht lange dauern, bis wir diesen amerikanischen Wächter vermissen, den wir in dreißig Jahren Gaullo-Mitterandismus zu verhöhnen gelernt haben, obwohl wir von seinem Schutz profitieren. Mit ihm war die Ordnung in Europa nicht gewährleistet; ohne ihn ist die Unordnung241.‟ In *Le Figaro* vom 19. November 2004 lobte Guy Sorman ebenfalls die Vorzüge der Vereinigten Staaten: „Die Vereinigten Staaten neigen dazu oder behaupten, universell zu sein. Sie verspricht Freiheit und gleiche Würde für alle, ohne Diskriminierung von Rasse oder Religion; sie strebt nach beispiellosem wirtschaftlichem Wohlstand auf ihrem Territorium und weitet ihn über ihre Grenzen hinaus aus. Was verlangt sie im Gegenzug? Ein Mindestmaß an Loyalität, aber keine Knechtschaft. Kann man ihnen vorwerfen, dass sie die Demokratie exportieren, ohne die Vielfalt der Kulturen zu berücksichtigen? Bernard-Henri Lévy erklärte: „Ich möchte klarstellen, dass ich den *tiefen Süden*, die Heimat des Klu-Klux-Klan, das Land des Napalm auf Vietnam und der Verbündeten Pinochets, nicht als das unbestreitbare Vorbild der Freiheit betrachte. Was ich damit sagen will, ist, dass der grobe, brutale und totale Hass auf Amerika als solches zweifelsohne der Hass auf die Freiheit ist242.‟ Lassen Sie uns nun einem berühmten Amerikaner das Wort erteilen, dem weltberühmten Schriftsteller Norman Mailer. In seinem jüngsten Essay „*Why are we at war?*‟ geht es nicht um die Ursachen des von den USA geführten Krieges, sondern um die Mentalität der amerikanischen Intellektuellen auf dem Planeten. Auf der Rückseite des Buches heißt es: „Was sind über den Irak-Krieg hinaus die geheimen Motive der Bush-Regierung? Ist diese gewaltige militärische Präsenz im Nahen Osten dazu bestimmt, ein Sprungbrett für die Hegemonie der USA im Rest der Welt zu sein? Was sind die tiefen Wurzeln des amerikanischen Konservatismus - seine Mittel, seine Ziele, seine Moral? Norman Mailer legt uns ein knallhartes und kompromissloses Buch vor - in Anlehnung an sein berühmtes, vor mehr als dreißig Jahren veröffentlichtes Buch *Why Did We Go to Vietnam?* Mailer denkt Amerika, denkt die Welt, jenseits der religiösen Zwänge, die das Denken und Handeln aller prägen. Seine

---

[241] Alain Minc, *Le Nouveau Moyen-Age*, Gallimard, 1993, S. 28, 30
[242] Bernard-Henri Lévy, *L'Idéologie française*, Grasset, 1981, S. 280.

Überlegungen haben in den Vereinigten Staaten heftige Debatten ausgelöst." Das Programm war also sehr ermutigend, aber leider fanden wir die gleichen Klischees, die gleichen Fehler wie bei unseren französischen Intellektuellen: „Wir sind eine christliche Nation", schrieb er, als er über die Vereinigten Staaten im Krieg sprach. Die Präposition „Judeo" in der Formel „jüdisch-christlich" ist nichts weiter als eine Verschönerung." In der Tat sind die Christen, und nur die Christen, im Gegensatz zu den Behauptungen der Antisemiten die erbitterten Kriegstreiber. Christliche Konservative sind äußerst gefährliche Individuen: „Als die Sowjetunion fiel, dachten chauvinistische Konservative, dies sei ihre Chance, die Welt zu erobern. Sie dachten, sie seien die Einzigen, die wüssten, wie man es macht. Folglich war ihr Hunger unersättlich. Sie waren wütend, als Clinton gewählt wurde. Das ist einer der Gründe, warum sie ihn so sehr hassten. Er hat die Eroberung der Welt vereitelt. Aus ihrer Sicht schien es 1992 eine Selbstverständlichkeit und möglich[243]." Gegen die amerikanische reaktionäre Rechte und gegen die rassistischen christlichen Weißen, die die Weltherrschaft der amerikanischen Regierung bedrohten, positionierte sich Norman Mailer als entschiedener Verfechter der Unterdrückten und als Verfechter der multirassischen Gesellschaft: „In der modernen Welt der Technologie weiß ich nicht, ob Rasse oder Kultur eine transzendentale Frage ist. Langfristig gesehen ist die Welt eher rassenlos... Ich sehe die Einwanderung nicht als dringendes Problem, außer in dem Sinne, dass einige Weiße darüber so wütend sind, dass sie nicht an wichtigere Dinge denken können. Sie glauben, dass Amerika den Bach runtergeht. Gut, das Land geht den Bach runter, aber auf eine Weise, die nichts mit Rasse oder übermäßiger Einwanderung zu tun hat. Ein Beispiel: Amerika ist durch das Fernsehen aus dem Gleichgewicht geraten. In der Werbung erheben die Werber Lügen und Manipulation zu inneren Werten... Schlechte Architektur, aufdringliches Marketing, allgegenwärtiges Plastik... diese tödlichen Kräfte beunruhigen mich viel mehr als die Einwanderung. Ich könnte noch viel mehr darüber sagen. Unser Hauptproblem ist nicht die Einwanderung, sondern die amerikanische Wirtschaft. Sie sind die Kraft, die es geschafft hat, uns unser Land wegzunehmen[244]." „Wenn unsere Demokratie das edelste Experiment in der Geschichte der Zivilisation ist, dann ist sie vielleicht auch das am meisten gefährdete,[245]", schloss Norman Mailer.

---

[243] Norman Mailer, *Warum sind wir im Krieg?* Editorial Anagrama, 2003, Barcelona, S. 90.

[244] Norman Mailer, *Warum sind wir im Krieg?* Editorial Anagrama, 2003, Barcelona, S. 98-101.

[245] Norman Mailer, *Warum sind wir im Krieg?* Editorial Anagrama, 2003, Barcelona, S. 121.

Die Ähnlichkeiten mit den Äußerungen von Daniel Cohn-Bendit oder Alain Minc zu Einwanderung und pluralistischer Gesellschaft sind frappierend. Wir sehen dasselbe Misstrauen gegenüber der christlichen Religion, dieselbe Verachtung für die einheimischen Weißen, die sich erschrocken als Minderheit sehen, dieselbe Bereitschaft, andere für die eigene Schlechtigkeit verantwortlich zu machen, sei es in der Programmierung von Krieg, dem Wunsch, „die Welt zu beherrschen" oder „Lügen und Manipulation".

Die Mentalität und die ideologischen Reflexe der amerikanischen Journalisten und Intellektuellen des planetarischen Gehorsams scheinen vollkommen identisch mit denen unserer französischen und europäischen Intellektuellen zu sein. Am 17. Oktober 2002 veröffentlichte der *Courier International,* eine von Alexandre Adler herausgegebene Zeitung, einen Bericht mit dem Titel: *The End of White Society in the USA.* Darin konnte man einen Artikel lesen, der die Meinung von Norman Mailer und Daniel Cohn-Bendit bestätigte: „Ich sage oft, dass es in den Vereinigten Staaten kein Rassenproblem gibt. Es ist ein Problem der Argumentation", erklärte Yehudi Webster, Professor für Soziologie an der Universität von Kalifornien, Los Angeles, und fügte hinzu: „Die meisten Anthropologen sind sich einig, dass der Begriff der Rasse keine Grundlage in der Realität hat." Im selben Bericht prangerte ein Artikel von Patrick Goldstein die weiße Vorherrschaft in Hollywood an: „Hollywood leidet auch darunter, dass seine herrschenden Kreise allzu oft makellos weiß bleiben. „So formuliert, scheint es klar, dass weiße Rassisten das Kapital des Kinos dominieren. In einem dritten Artikel wurde das „faszinierende Buch" von Leon E. Wynter mit dem Titel *The Skin of America: Popular Culture, Big Business, and the End of White America246* vorgestellt. Der Autor zog „alle Beispiele heran, um zu zeigen, dass die alten Rassendefinitionen nicht mehr gelten und dass die amerikanische Populärkultur zunehmend „rassenübergreifend" ist." Multirassisch" entspricht einer Markterwartung, und zwar nicht, weil es politisch korrekt ist, sondern weil Amerika sich selbst als eine einheitliche multirassische Gesellschaft sehen will. „Die Autorin des Artikels, Michiko Kakutani, fügte jedoch hinzu: „Diese Sichtweise ist gelinde gesagt vereinfachend. Leon Wynter ignoriert die anhaltenden Probleme des Rassismus und der rassischen Klassifizierung in unserem Land, und der Eifer, die zentrale These seines Buches zu beweisen, verleitet ihn dazu, die Beweise zu leugnen." Leugnen der Beweise" ist ein Vorwurf, den Alexander Solschenizyn auch denjenigen machte, die sich weigerten, ihre Verantwortung für die Verbrechen des Kommunismus anzuerkennen. Doch als Patrick Goldstein vorgab, den weißen Rassismus in Hollywood anzuprangern, leugnete er nicht nur die

---

[246] Leon E. Wynter, *American skin: Pop culture, Big Business and the end of White America,* Crown Publishers, New York, 2002.

Beweise, sondern beschuldigte auch andere für das, wofür er sich selbst verantwortlich fühlte. Denn es ist bekannt, dass nicht die „Weißen" Hollywood dominieren, sondern die jüdische Gemeinschaft, deren Mitglieder sich je nach den Umständen und ihren exklusiven Interessen mal mit den „Weißen" und mal mit Minderheiten identifizieren.

Hollywood, so Jacques Attali in *Die Juden, die Welt und das Geld,* ist ein jüdisches Lehen: „Die wichtigsten Firmen von heute sind: Universal, Fox, Paramount, Warner Bros, MGM, RCA und CBS sind allesamt von jüdischen Einwanderern aus Osteuropa gegründet worden". „Adolf Zukor kam 1890 aus Ungarn (...) 1917 gründete er Paramount Pictures, die er in den Dienst der Kriegspropaganda stellte. „Carl Laemmle, ein gebürtiger Laupheimer aus Württemberg, der eine Schneiderlehre absolvierte, gründete 1912 die Universal Studios. 1923 gründeten die drei in Polen geborenen Warner-Brüder Warner Bros. Mayer, geboren in Minsk, gründete Metro. 1916 gründete Samuel Goldfish das Unternehmen Goldwyn, das er 1924 mit Metro fusionierte. Die Firma wird zu Metro Goldwyn Mayer, „dann MGM, was viele auf Jiddisch - die damals in Hollywood übliche Sprache - mit Mayer Ganze Mishpoje (die ganze Familie Mayer) übersetzen". „Goebbels prangerte daraufhin Hollywood als *chüdisches Geselschaft* an, aber weder die amerikanischen Medien noch die jüdischen Produzenten reagierten. Als Cecil B. De Mille 1937 auf einer Pressekonferenz Hollywood als „jüdisches Geselschaft" anprangerte. De Mille prangert 1937 „die Missbräuche des jüdischen Einflusses auf die Filmindustrie" an, John Ford verlässt den Raum und schlägt die Tür zu; aber kein jüdischer Produzent protestiert[247]." Obwohl Dysney nicht von einem Juden gegründet wurde, trägt sein derzeitiger Präsident denselben Nachnamen wie der berühmte bolschewistische Führer: Eisner. „David Sarnoff wurde 1891 in der Nähe von Minsk geboren und wanderte 1905 nach New York aus (...) er hatte die Idee, Radio und Phonograph zu kombinieren. Im Jahr 1926 gründete er das erste Rundfunknetz und wurde 1930 Präsident von RCA. 1939 führte er das Fernsehen ein und gründete NBC. „William S. Paley, Sohn eines russischen Emigranten, gründete im selben Jahr CBS. „Zwischen 1924 und 1938 gelang es 150.000 Juden aus Deutschland und Österreich, in die Vereinigten Staaten einzureisen, trotz der sehr begrenzten Quoten für Juden aus dem Reich[248]. „Das ist die wahre Natur der „weißen" Dominanz in Hollywood.

Außerdem ist es völlig unredlich, den Imperialismus der christlichen Weißen als Ursache für den Irak-Krieg anzuprangern, wenn der Einfluss jüdischer Kreise, die George Bush nahestehen, wohl bekannt ist. Der letzte

---

[247] Neal Gabler, *An Empire of Their Own: How the Jews Invented Hollywood,* New York, 1988, zitiert in Jacques Attali, *The Jews, the World and Money,* S. 416.
[248] Jacques Attali, *Los judíos, el mundo y el dinero,* Fondo de cultura económica, 2005, Buenos Aires, S. 413-417.

Strohhalm ist, dass dieselben Leute dann andere der „Lüge und Manipulation" beschuldigen. Zum Zeitpunkt der US-Intervention war Verteidigungsminister Donald Rumsfeld zwar kein Jude, aber seine Stellvertreter waren es. Paul Wolfowitz war stellvertretender Staatssekretär für Verteidigung; im März 2005 wurde er zum Chef der Weltbank ernannt. Douglas Feith, stellvertretender Verteidigungsminister, war für die Überwachung des Beitritts der Türkei zur Europäischen Union zuständig. Mickael Rubin war für die Angelegenheiten zwischen Iran und Irak zuständig. Richard Perle war der Stabschef von Dick Cheney, dessen Stellvertreter im Nationalen Sicherheitsrat John Hannah war, der wiederum Elliott Abrams auf den wichtigen Posten des Nahost-Chefs berufen hatte. John Bolton war Unterstaatssekretär für Rüstungskontrolle im Außenministerium von Colin Powell. Sein Stellvertreter war David Wurmser. Zu den Neokonservativen in verschiedenen strategischen Positionen gehörten Ari Fleischer, der Pressesprecher von George Bush, Thomas Dine, Direktor von Radio-Liberty, und der gefürchtete Robert Kagan, Doktrinär des Präventivkriegs und Inspirator der Außenpolitik von George Bush.

Die „neokonservativen" Intellektuellen, die derzeitigen Ideologen der amerikanischen Politik, sind jüdische Intellektuelle der extremen Linken der 1960er Jahre, die in den 1980er Jahren zum Reaganismus bekehrt wurden[249]. An ihrer Spitze standen berühmte Journalisten wie Irving Kristol und Norman Podhoretz. Ersterer gründete den *Weekly Standard*, der vom Milliardär Ruppert Murdoch gekauft und später von dessen Sohn William Kristol geleitet wurde. Letzteres führte zu einem *Kommentar*. Zwanzig Jahre später sollten diese beiden Zeitungen zu den Bastionen eines gewalttätigen pro-israelischen rechten Flügels werden.

Wir sollten auch nicht vergessen, dass George Tenet, der aus dem israelischen Geheimdienst kam, damals Direktor der CIA war und Marc Grossman Unterstaatssekretär für Verteidigung. Dies waren die „Christen", die Norman Mailer als Verantwortliche für den Irakkrieg anprangerte.

Zum ersten Mal hatte im April 2004 eine angelsächsische Zeitschrift Kritik an den Zielen der ultrazionistischen Entourage von George Bush veröffentlicht. Die kanadische Zeitschrift *Adbuster*, die in ganz Nordamerika, einschließlich der USA, verbreitet wird, widmete den Falken

---

[249] Die Leser können sich den interessanten Dokumentarfilm von Adam Curtis, einem britischen Autor und Dokumentarfilmer für die BBC, mit dem Titel *The Power of Nightmares* (2004) ansehen. Es legt die ideologischen Ursprünge dieser zumeist jüdisch-amerikanischen Neokonservativen und ihre Beteiligung an der US-Außenpolitik in Afghanistan in Absprache mit dem radikalen Islamismus sowie am anschließenden „Krieg gegen den Terror" der Organisation „Al Qaeda" offen. Siehe auch Anmerkung 217.

im Weißen Haus einen langen Artikel mit dem Titel *Bush White House Jewish Neo-Conservatives: Why won't anyone say they are Jewish?*

In Frankreich wurde über diese Informationen kaum berichtet und sie wurden nur in rechtsextremen und muslimischen Kreisen verbreitet, obwohl eine gründliche Suche im Internet Zugang zu allen Informationen ermöglichte. Am 23. Mai 2004 hatte der ehemalige US-Beauftragte für den Nahen Osten, Anthony Zini, in einem Interview mit NBC die Politik der Bush-Regierung ebenfalls scharf kritisiert und der „überwiegend jüdischen und neokonservativen" Regierung vorgeworfen, „die US-Außenpolitik für ihre eigenen Interessen missbraucht" zu haben. Wenige Tage zuvor hatte Senator Ernest Hollins Bush vorgeworfen, er habe sich in den Krieg treiben lassen, um „vor den Präsidentschaftswahlen den jüdischen Falken zu schmeicheln"." Senator John Kerry, Bushs Rivale, hatte diese Worte sofort als „absurd" bezeichnet. An dieser Stelle sei daran erinnert, dass John Kerry, der Gegner von George Bush bei den Präsidentschaftswahlen, selbst einer jüdischen Familie entstammt, die ursprünglich aus Mitteleuropa stammt. Sein Großvater, der als Fritz Kohn geboren wurde, änderte 1902, als sie noch in der Tschechoslowakei lebten, seinen Nachnamen in Frederick Kerry. Sein Bruder Cameron hatte Kathy Weismann geheiratet, die eine traditionalistische Jüdin war. John Kerry hatte in Frankreich von einer noch nie dagewesenen Medien- und Öffentlichkeitsarbeit für seine Kampagne profitiert. Jeder konnte an seinen Sieg glauben, wenn man bedenkt, wie selbstgefällig die Medien mit seiner Kandidatur umgingen. In Frankreich wäre er zweifelsohne gewählt worden. Das Problem war, dass die Wahl in den Vereinigten Staaten stattfand und er zur Überraschung der französischen Öffentlichkeit von George Bush deutlich geschlagen wurde. Aber niemand machte sich viel daraus, und der unaufhörliche Strom von Nachrichten über das demokratische Regime lenkte die Aufmerksamkeit der Öffentlichkeit auf sich.

Der Einfluss der Medien ist, wie wir feststellen können, der Eckpfeiler des demokratischen Systems. Der Medienrummel, der sich nach dem Ereignis plötzlich entlädt, ist zahllos. Die Aufmerksamkeit des Zuschauers wird sofort durch das Bimmeln einer weiteren Glocke gefordert, so dass die vorangegangene Erzählung schnell vergessen ist. Ein Beispiel unter Tausenden: die russischen Parlamentswahlen im Dezember 2003. Alle Medien sagten ein erdrutschartiges Ergebnis für die Demokraten voraus, die in der Iabloko-Partei (Apple, another Apple) zusammengeschlossen sind. Zu dieser Zeit war nur von Iabloko die Rede, dessen Einfluss offensichtlich entscheidend war. Der Aufstieg von Iabloko war unwiderstehlich. Der Präsident von Iabloko, Grigori Iavlinski - ein großer russisch-jüdischer Politiker - schien alles zu haben, um zu gewinnen und einen historischen Sieg zu erringen. Iabloko sollte Russland endlich aus der Depression führen und es vor dem Gespenst des Nationalismus bewahren.

Iabloko hier, Iabloko dort. Hätten die Wahlen in Frankreich stattgefunden, wäre Iabloko zweifellos an die Macht gekommen. Aber die Wahlen fanden in Russland statt, und Iabloko erhielt nur 1,5 % der Stimmen. Von da an hat man nie wieder etwas von Iabloko gehört.

Transnationale Hochfinanz

In der marxistischen Vorstellung kann die Hochfinanz nur im Dienste von Reaktion und Faschismus stehen. Das angebliche Bündnis zwischen den beiden Kräften ist in der Tat ein wichtiges Thema, um die Gegner des kapitalistischen Systems zusammenzubringen. Dies inspirierte z.B. einen marxistischen und libertären Autor wie Daniel Guérin[250] in seinem Buch *Faschismus und Großkapital*, das 1965 veröffentlicht wurde und noch immer viele anarchistische Aktivisten beeinflusst. Es braucht jedoch nicht viel Forschung, um zu beweisen, dass das „große Kapital" die planetarischen Hoffnungen im Großen und Ganzen unterstützt. Zwar gibt es wahrscheinlich alte französische Familien mit provinziellen Wurzeln, die die Reaktion oder sogar die extreme Rechte finanzieren, doch die großen Milliardäre unterstützen stets die pluralistische Demokratie und die Globalisierung. Und der Unterschied zwischen einem Millionär, dem Besitzer eines großen Anwesens, und einem „neureichen" Milliardär ist derselbe wie zwischen Fahrradfahren und dem Fahren eines Rolls-Royce.

Samuel Pisar war beispielsweise einer der wichtigsten Finanziers der sozialistischen Partei, die 1981 zum Sieg von François Mitterrand beitrug. Er ist auch ein berühmter Schriftsteller, Autor des internationalen *Bestsellers „Das Blut der Hoffnung"*. Wie Marek Halter wurde er in Polen geboren, genauer gesagt in Bialystok; wie Marek Halter erlebten er und seine Familie die Ankunft der sowjetischen Truppen nach der Teilung Polens zwischen Deutschland und der UdSSR im Jahr 1939. Angesichts des Vormarsches der deutschen Truppen am 22. Juni 1941 wurden die beiden Familien von den sowjetischen Behörden als Schutzmaßnahme in den Osten evakuiert. Nach dem Krieg emigrierte Samuel Pisar nach Frankreich, wo er sein Vermögen machte, obwohl er stets enge Beziehungen zur UdSSR unterhielt: „Seit fünfundzwanzig Jahren reise ich durch die Sowjetunion", erklärte er. Er gehörte zu einer Gruppe von Finanziers und internationalen Geschäftsleuten, die die wirtschaftliche Zusammenarbeit zwischen dem Westen und der UdSSR aufrechterhielten. Der erste, der diese Zusammenarbeit bereits 1918 initiierte, war der berühmte Amerikaner Armand Hammer, „Präsident der Western Petroleum

---

[250] Ein Anarchist und homosexueller Doktrinär, der in einer bürgerlichen Familie geboren wurde. Seine Mutter war eine Eichtal, eine Nachfahrin des israelischen Bankiers und Barons, des Gründers der Freien Schule für Politikwissenschaft.

Company und Multimillionär in seinen Zwanzigern". Samuel Pisar wurde sein Freund, mit dem er 1972 nach Moskau reiste. „Heute bin ich amerikanischer Staatsbürger, aber als Kind war ich auch ein sowjetischer Untertan. „Dennoch liebt er „das Frankreich der Menschenrechte, die Heimat des Herzens aller Menschen der Welt[251]." In seinem Buch *The Human Resource* hat Pisar einige interessante Erinnerungen festgehalten, die einen Einblick in seine Sicht der Welt geben. Jacques Sttali, der sich für die 1981 an die Macht gekommenen Sozialisten engagierte, gehörte ebenfalls zu seinen Freunden. Letzteres war, wie er sagte, „zweifellos der faszinierendste Ideenspeicher". Sie nennen ihn den „*Sherpa*" des Präsidenten - eine Anspielung auf die berühmten Bergführer, die sich in die Höhen des Himalaya wagen können. „Samuel Pisar stand auch in enger Verbindung mit den sozialistischen Ministern Robert Badinter, Laurent Fabius, Pierre Beregovoy - dessen Selbstmord immer eine schmerzliche Erinnerung bleiben wird - sowie dem sehr reichen amerikanischen Geschäftsmann David Rockefeller.

Er kannte die wichtigsten Aktienmärkte der Welt in- und auswendig: „Es gibt einen Guru an der Wall Street. Er ist dem Dollar und den Dollarliebhabern verpflichtet. Er ist der Chefökonom der mächtigen Salomon Brothers, die die Anleihen der meisten Regierungen und multinationalen Unternehmen der Welt in die Öffentlichkeit bringen. Sein Name ist Henry Kaufman. Wenn er spricht, und dazu braucht er nicht viele Worte, beginnen die Börsen der Welt zu hoffen oder zu zittern. Seine Prognosen werden in einem zweiten Schritt von den Banken aufgezeichnet und von den Kanzleien interpretiert. Schicksale werden gemacht und nicht gemacht[252]." Seine politischen Überzeugungen stehen in keiner Weise im Widerspruch zu seinen finanziellen Aktivitäten, ganz im Gegenteil. Sein finanzieller Kosmopolitismus geht Hand in Hand mit seinem humanistischen Kosmopolitismus. Wie alle planetarischen Intellektuellen sind seine Vorstellungen von der Welt geradezu zwanghaft, so als ob der Mann nicht nur von philosophischen Überzeugungen, sondern auch von einem glühenden religiösen Glauben beseelt wäre. Und dieser Glaube schlägt sich auch hier in einer unermüdlichen aktivistischen Missionierung nieder: „Die Konzepte der Rasse, der Nation, der Ideologie haben für immer Schiffbruch erlitten", erklärte er. „Wir verschwenden unsere Kräfte weiterhin in Streitigkeiten aus anderen Zeiten - über Grenzen, Doktrinen, Ideologien, Rassen und Eigentum. Im Gegenteil, wir können sie zusammenbringen, um uns durch gemeinsame Anstrengung zu höheren Höhen der Evolution zu erheben[253]. „Er teilte diese Überlegungen unermüdlich mit Jean-Jacques Servan-Schreiber, dem einflussreichen

---

[251] Samuel Pisar, *La Ressource humaine*, Jean-Claude Lattès, 1983, S. 148, 34, 18

[252] Samuel Pisar, *La Ressource humaine*, Jean-Claude Lattès, 1983, S. 24, 313.

[253] Samuel Pisar, *La Ressource humaine*, Jean-Claude Lattès, 1983, S. 356, 360.

Gründungsredakteur von *L'Express, einem* weiteren seiner Freunde. „Wir verwandeln das Universum. Es geht nicht darum, zu reparieren. Es geht darum,[254] zu erfinden. „Und auch hier erkennen wir das Vokabular wieder, das Alain Minc, Jacques Attali, Edgar Morin und Pierre Lévy so sehr am Herzen lag.

Zu den einflussreichsten Männern der Welt gehört auch der berühmte George Soros, einer der reichsten Männer der Welt und ein Symbol der internationalen Spekulation. Wenn er Goldminen kauft, steigt der Preis für das gelbe Metall, und er fällt, wenn die Märkte erfahren, dass er verkauft hat. Es war 1992, als er nach einem der größten Finanzcoups des Jahrhunderts den Höhepunkt seines Ruhmes erreichte. Innerhalb weniger Tage erkannte sie die Schwäche der britischen Währung und mobilisierte rund zehn Milliarden Dollar gegen das Pfund Sterling. Die Bank of England geriet angesichts der spekulativen Angriffe ins Wanken und musste schließlich abwerten und aus dem Europäischen Währungssystem aussteigen. Soros wurde dann „der Mann, der die Bank von England zerbrach". Dabei kassierte er in einer Woche mehr als eine Milliarde Dollar. Er positionierte sich jedoch als Gegner des Ultraliberalismus: „Wenn die Märkte nicht schnell reguliert werden, werden wir mit Katastrophen konfrontiert, die schlimmer sind als die der 1930er Jahre." Es ist jedoch nicht klar, wie sich dieser Gegner des Ultraliberalismus und von George Bush von den Ökonomen der neoliberalen Chicagoer Schule unterscheidet. Diese von Milton Friedman ins Leben gerufene Schule ist, wie Israel Shamir sie definierte, „der quasi wissenschaftliche Ausdruck der mammonistischen Tendenz, die die Überlegenheit der Marktkräfte verkündet. „Hayek, ein weiterer berühmter Ökonom dieser Ideologie, war den Idealen von George Soros gar nicht so unähnlich, als er schrieb, dass „die Beseitigung der staatlichen Souveränität das notwendige und logische Ziel des liberalen Programms ist." Angeblich ein Gegner des Ultraliberalismus, ist er kein Gegner der Macht des Geldes. George Soros hat 4 Milliarden Dollar in Argentinien investiert und ein 350.000 Hektar großes Grundstück in Patagonien gekauft. Doch der schwefelhaltige Ruf dieses furchterregenden Marktmanipulators ist nicht nur auf seine spekulativen Fähigkeiten zurückzuführen. George Soros ist nicht nur Milliardär, sondern auch Philosoph und Philanthrop und ein sehr geheimnisvoller Mann. Jedes Jahr spendet er 300 Millionen Dollar an ein Netzwerk von Stiftungen, die insbesondere in Osteuropa und Russland die „offene Gesellschaft" fördern. Seit dem Fall des Kommunismus im Jahr 1989 widmet er den größten Teil seiner Zeit seiner *Open Society Foundation*. Der größte Finanzier der Welt investiert die Hälfte seines Einkommens und, wie er selbst zugibt, 80 % seiner Zeit in diesen Bereich.

---

[254] Samuel Pisar, *La Ressource humaine*, Jean-Claude Lattès, 1983, S. 23.

Er tut dies nicht aus Herzensgüte oder Nächstenliebe - ein Wort, das er verabscheut -, sondern um die Grundsätze der Freiheit und der Menschenrechte zu verteidigen: „Die partizipative Demokratie und die Marktwirtschaft sind wesentliche Bestandteile einer offenen Gesellschaft, ebenso wie ein Mechanismus zur Regulierung der Märkte, insbesondere der Finanzmärkte, sowie einige Vorkehrungen zur Wahrung von Frieden, Recht und Ordnung auf globaler Ebene[255]. „Auf diese Weise finanziert Soros kulturelle und wissenschaftliche Projekte, unterstützt Schriftsteller, Künstler und „die unabhängige und demokratische Presse" (sic). 1995 unterhielten die Soros-Stiftungen fünfzig Büros in der ganzen Welt und beschäftigten eintausend Mitarbeiter. Seine Stiftungen lehren Toleranz und demokratische Werte der „offenen Gesellschaft", insbesondere in den mitteleuropäischen Ländern. Vielleicht ist sie deshalb das Ziel heftiger Angriffe, manchmal sogar von Hassattacken.

Seine Eltern stammten aus bürgerlichen Verhältnissen in Budapest. Im Frühjahr 1944 marschieren die Nazis in die ungarische Hauptstadt ein, zerstören die harmonische Welt des kleinen Georg und „eröffnen vor ihm eine Ära der Unsicherheit". Zwischen Gestapo und SS und unter falschen Identitäten musste George Soros lernen zu überleben. Im Jahr 1947 ließ er sich in London nieder, ein Lebensabschnitt, der ihn nicht daran hinderte, 1992 England zu verraten, wie wir bereits gesehen haben. Mein Vater war ein Esperantist", sagte Soros. Dank der Gewinne, die er mit der Herausgabe einer Zeitung in Esperanto erzielte, konnte er ein gewisses Kapital in Immobilien erwerben. Er ist der einzige Mensch, den ich kenne, der von seinem Einkommen gelebt hat. Es gelang ihm, Ungarn 1956 zu verlassen, und wir trafen uns in diesem Jahr in den Vereinigten Staaten[256]." Ideologisch identifizierte sich George Soros mit dem Erbe der Aufklärung. „Die Aufklärung hat die Grundlage für unsere Vorstellungen von Politik und Wirtschaft, ja für unsere gesamte Weltanschauung geschaffen. Die Philosophen der Aufklärung werden nicht mehr gelesen - für uns sind sie vielleicht sogar unlesbar -, aber ihre Ideen haben sich in unserer Denkweise festgesetzt. Die Herrschaft der Vernunft, die Vorherrschaft der Wissenschaft, die universelle Brüderlichkeit der Menschen: das waren ihre Hauptthemen[257]." „Die Aufklärung bot eine Reihe universeller Werte, und ihre Erinnerung lebt weiter, auch wenn sie etwas verblasst scheint. Anstatt sie zu verwerfen, sollten wir sie auf den neuesten Stand bringen[258] „,

---

[255] George Soros, *La crisis del capitalismo global; La sociedad abierta en peligro*. Editorial Debate, Madrid, 1999, S. 127.

[256] George Soros, *Le Défi de l'argent*, Plon, 1996, S. 43, 47.

[257] George Soros, *La crisis del capitalismo global; La sociedad abierta en peligro*. Editorial Debate, Madrid, 1999, S. 120.

[258] George Soros, *La crisis del capitalismo global; La sociedad abierta en peligro*. Editorial Debate, Madrid, 1999, S. 125.

schrieb er. Er fühlte sich aber vor allem dem Philosophen Karl Popper verpflichtet, der in seinem 1945 erschienenen Buch *Die offene Gesellschaft und ihre Feinde* die Ideen entwickelt hatte, die er sich zu eigen machen wollte, so dass er den Namen dieses Buches für den Namen seiner Stiftung übernahm. „Ich wurde stark von Karl Popper beeinflusst, der in seinem *Buch Die offene Gesellschaft und ihre Feinde* erklärte, dass die nationalsozialistischen und kommunistischen Regime... ein gemeinsames Merkmal hatten: Sie behaupteten, im Besitz der letzten Wahrheit zu sein, und zwangen der Welt ihre Ideen mit Hilfe von Gewalt auf." Die Rolle von George Soros und westlichen Milliardären beim Zusammenbruch des kommunistischen Systems bleibt rätselhaft. Dazu erklärte er schlicht: „1979, als ich mehr Geld verdient hatte, als ich brauchen konnte, gründete ich eine Stiftung namens *Open Society Fund*, deren Ziele ich so definierte, dass sie dazu beitragen sollte, geschlossene Gesellschaften zu öffnen, offene Gesellschaften lebensfähiger zu machen und eine kritische Denkweise zu fördern. Durch die Stiftung wurde ich tief in den Zerfall des sowjetischen Systems einbezogen[259]." Wir haben dazu eine interessante Analyse des Journalisten Neil Clark[260] gefunden, der schreibt: „Die gängige Meinung, die von vielen Linken geteilt wird, ist, dass der Sozialismus in Osteuropa aufgrund seiner systemischen Schwächen und des Versagens der politischen Elite, die Unterstützung der Bevölkerung zu gewinnen, zusammenbrach. Das mag zum Teil stimmen, aber die Rolle von Soros war entscheidend. Ab 1979 verteilte er jährlich 3 Millionen Dollar an Dissidenten wie die polnische Solidarnosc-Bewegung, die Charta 77 in der Tschechoslowakei und Andrei Sacharow in der Sowjetunion. Im Jahr 1984 gründete sie ihr erstes *Open Society Institute* in Ungarn und unterstützte oppositionelle Bewegungen und unabhängige Medien mit Millionen von Dollar. Diese Initiativen, die angeblich auf den Aufbau einer „Zivilgesellschaft" abzielten, sollten die bestehenden politischen Strukturen schwächen und den Weg für die letztendliche Kolonisierung Osteuropas durch das globale Kapital ebnen. Soros behauptet nun mit der ihm eigenen Unbescheidenheit, er sei für die „Amerikanisierung" Osteuropas verantwortlich.

Die Jugoslawen leisteten hartnäckigen Widerstand und brachten die unreformierte Sozialistische Partei von Slobodan Milosevic an die Regierung. Soros nahm die Herausforderung an. Seit 1991 ließ sein *Open Society Institute* mehr als 100 Millionen Dollar in die Kassen der Anti-Milosevic-Opposition fließen und finanzierte damit politische Parteien,

---

[259] George Soros, *La crisis del capitalismo global; La sociedad abierta en peligro.* Editorial Debate, Madrid, 1999, S. 11, 12.
[260] *George Soros, NS Profile*, von Neil Clark, The New Statesman, 2. Juni 2003, zitiert in Israel Shamir, *Pardès, Une étude de la Kabbale*, Al Qalam, 2005. Artikel auf https://anarchitext.wordpress.com/2011/04/26/ns-soros/

Verlage und „unabhängige" Medien wie Radio B92, den mutigen kleinen Studentensender der westlichen Mythologie, der in Wirklichkeit von einem der reichsten Männer der Welt im Namen der mächtigsten Nation der Welt finanziert wurde. „Was Soros mit seiner „Offenen Gesellschaft" anregte, war vielleicht nicht so sehr die Achtung der Menschenrechte und Grundfreiheiten, sondern der Grad der „Offenheit" der ehemals kommunistischen Länder für die wirtschaftliche Liberalisierung und die Privatisierung von Staatsvermögen zu Schleuderpreisen. „Mehr als ein Jahrzehnt nach dem Fall der Berliner Mauer ist Soros der ungekrönte König von Osteuropa. Seine Central European University mit Standorten in Budapest, Warschau und Prag und Austauschprogrammen in den USA propagiert ungeniert den Geist des neoliberalen Kapitalismus und klont die nächste Generation proamerikanischer politischer Führer in der Region." Zweifellos entspricht die heutige Globalisierung eher ihren Interessen und ihrem Ideal als das alte starre Staatssystem der ehemaligen UdSSR. „Um eine wirklich globale Wirtschaft zu stabilisieren und zu regulieren, ist ein globales System der politischen Entscheidungsfindung erforderlich. Mit einem Wort: Wir brauchen eine globale Gesellschaft, um unsere globale Wirtschaft zu unterstützen. Eine globale Gesellschaft ist nicht gleichbedeutend mit einem globalen Staat. Die Abschaffung der Märkte ist weder machbar noch wünschenswert; aber in dem Maße, in dem es kollektive Interessen gibt, die über die Staatsgrenzen hinausgehen, muss die Souveränität der Staaten dem internationalen Recht und den internationalen Institutionen untergeordnet werden[261]. „Soros schien hier besonnener zu sein als einige französische planetarische Intellektuelle, die, wie wir gesehen haben, das Verschwinden aller Grenzen anstreben. Seine Überzeugungen sind jedoch globalistisch:

„Die größte Herausforderung unserer Zeit ist es, einen allgemeingültigen Verhaltenskodex für unsere globale Gesellschaft zu schaffen... Wir brauchen daher allgemeingültige Regeln für die Beziehung zwischen Staat und Gesellschaft, die die Rechte des Einzelnen schützen... Die Gesellschaft muss sich mobilisieren, um dem Verhalten der Staaten Prinzipien aufzuerlegen, und die Prinzipien, die auferlegt werden müssen, sind die Prinzipien der offenen Gesellschaft... Demokratische Staaten... sollten einen Teil ihrer Souveränität aufgeben, um die Herrschaft des internationalen Rechts zu etablieren, und Wege finden, andere Staaten dazu zu bewegen, dasselbe zu tun. Das scheint im Prinzip gut zu sein, aber wir müssen uns vor unbeabsichtigten Folgen hüten. Die Einmischung in die inneren Angelegenheiten eines anderen Staates ist mit Gefahren verbunden, aber die Nichteinmischung kann noch schädlicher sein[262]. „Wie

---

[261] George Soros, *La crisis del capitalismo global; La sociedad abierta en peligro*. Editorial Debate, Madrid, 1999, S. 28.

[262] George Soros, *La crisis del capitalismo global; La sociedad abierta en peligro*.

der Pressedirektor Jean François Kahn, der ohne zu lachen die Flut der „politisch korrekten" Ideologie in den Medien anprangerte, zögerte auch Georges Soros nicht, mit köstlicher Frechheit zu erklären: „Ich weiß, dass ich gegen den Strom schwimme." Wenn George Soros von „Einmischung" spricht, ist das nicht nur eine Theorie. Im Dezember 2004 gewannen die Wahlen in der Ukraine den US-freundlichen Präsidenten. Nach den Ländern Mittel- und Osteuropas zu Beginn der 1990er Jahre und Georgien ein Jahrzehnt später war die Ukraine an der Reihe, sich aus der russischen Umlaufbahn in den Westen zu bewegen, nach der so genannten „orangenen Revolution", nach der Farbe der T-Shirts, die ihre Anhänger trugen. Auch hier muss man nicht lange recherchieren, um die Rolle der internationalen Finanzwelt beim Siegeszug der „offenen Gesellschaft" zu verstehen, an dem Madeleine Albrights „Freedom House" beteiligt war, das, wie wir uns erinnern, 1999 während der Bombardierung Serbiens an der Spitze des US-Außenministeriums stand.

Zwei Monate später, in *Le Figaro* vom 24. Februar 2005, lesen wir, dass „der Milliardär und Philanthrop George Soros den Ausschluss Russlands aus der G8 [der meisten Industrieländer] gefordert hat, um den Abbau der Freiheiten zu sanktionieren. „Es muss gesagt werden, dass seine unermüdliche Tätigkeit den russischen und weißrussischen Behörden nicht zu gefallen schien, die seine Stiftungen auf ihrem Territorium verboten hatten. Die einzige Erklärung, die man für diese Intoleranz finden kann, ist offensichtlich die Undankbarkeit dieser Regierungen und ein unverständlicher Antisemitismus. Doch trotz dieses begrenzten und lokal begrenzten Widerstands ließ sich der „milliardenschwere Philanthrop" nicht entmutigen: Im März 2005 startete er in Zusammenarbeit mit der Weltbank ein Programm zugunsten der Zigeuner (Roma) in Mitteleuropa mit dem Titel „*Jahrzehnt der Integration der Roma*". Wie Philosophen und Filmemacher sind auch die Finanziers des Planeten unermüdlich, fieberhaft und obsessiv tätig. Es hört nie auf.

Planetarisches Kino

Es wird oft gesagt, dass die Medien in einer Demokratie die „vierte Gewalt" nach der Exekutive (der Regierung), der Legislative (der Versammlung) und der Judikative (den Gerichten) darstellen. Die Bedeutung, die die audiovisuellen Medien in unserer Alltagswelt erlangt haben, widerspricht wahrscheinlich dieser von Juristen und Politikwissenschaftlern aufgestellten Ordnung. Die Wahrheit ist, dass die Medien, insbesondere das Fernsehen, eine wesentliche Rolle bei der

---

Editorial Debate, Madrid, 1999, S. 255-256.

Gehirnwäsche und Meinungsbildung unserer Zeitgenossen spielen. Es gibt keinen Grund, weiter darüber nachzudenken.

Auf unseren Fernsehbildschirmen ist das Kino zweifellos das beliebteste Vehikel, um Botschaften an die Massen zu vermitteln, die eingeladen sind, den „Ahnungen" von Fernsehprogrammen und Kritikern zu folgen, die sich immer für die humanistischsten und ideologischsten Filme entscheiden.

Das planetarische Kino propagiert dieselbe Botschaft wie die Philosophie desselben Genres: Es versucht immer, in der einen oder anderen Form, den Zuschauer dazu zu bringen, sich eine Welt ohne Grenzen vorzustellen und Toleranz gegenüber dem „Anderen" zu üben, sei es ein Einwanderer, ein Homosexueller, ein Monstrum, ein Außerirdischer, ein Mongoloider oder einfach nur ein Normaler. Der einzige Mensch, der keinen Platz in der kommenden Welt hat, ist derjenige, der die Kultur seiner Vorfahren und sein Territorium verteidigt. Natürlich geht es hier nicht darum, die Amazonas-Indianer oder die von der Moderne bedrohten afrikanischen Stämme, die sich nicht ausplündern lassen wollen, anzuprangern, sondern nur darum, die rückständigen weißen Rassisten, die eine pluralistische Gesellschaft immer noch ablehnen, in den Dreck zu ziehen.

In der audiovisuellen Welt ist es viel schwieriger, alle Details der Entwicklung der Welt zu theoretisieren und der Öffentlichkeit rational zu präsentieren. Das Publikum muss nicht zu viel nachdenken, denn es will sich in erster Linie entspannen. Sie müssen also durch die auf dem Bildschirm eingefangenen Emotionen für eine Sache sensibilisiert werden. Zu diesem Zweck stützt sich die Botschaft vor allem auf das menschliche Verhalten, die ethnischen Merkmale der Personen und eine Atmosphäre, die Abscheu oder Sympathie für die Figuren hervorruft. Eine Figur und ihr Verhalten müssen also eine Idee verkörpern: zum Beispiel einen schlechten Kolonisten und einen guten Kolonisierten oder einen heuchlerischen, verdrehten Priester und einen weltlichen, offenen und toleranten Lehrer. Oft ist die grobschlächtigste Propaganda sogar die wirkungsvollste bei den beliebtesten Zielgruppen. So haben manichäische Filme wie Rambo mit Sylvester Stalone dem Kommunismus weit mehr geschadet als intellektuelle Debatten vor den Fernsehkameras. Aber in den meisten Fällen liegt die Botschaft dahinter und ist in der Qualität der Figur enthalten. Das Bild eignet sich perfekt für eine Entschuldigung für Rassenmischung und Toleranz, ein immer wiederkehrendes Thema im Planetenkino.

Die ethnische Mischung oder Vielfalt im Film ist im Westen erst seit den 1990er Jahren wirklich sichtbar geworden, oft als Nebenaspekt des

Films, dem das Publikum keine große Aufmerksamkeit schenken sollte. Seitdem wird sie zunehmend trivialisiert[263].

Die ersten Filme, in denen gemischtrassige Paare auftreten, sind so auffällig, dass wir das Thema gesondert behandeln mussten. Soweit wir wissen, gab es keinen anderen Film dieses Genres vor dem des amerikanischen Regisseurs Stanley Kramer, der 1967 mit seinem Film *Guess Who's Coming Tonight* wahrscheinlich als erster eine Entschuldigung für die Rassenmischung in den Vereinigten Staaten vorbrachte. Kramer stellte sich eine junge Schönheit vor, die ihren Eltern ihren Mann vorstellt. Letzterer ist ein sympathischer, kultivierter und intelligenter Schwarzer, dessen natürlicher Charme und Freundlichkeit das instinktive und perverse Misstrauen der weißen amerikanischen Bourgeoisie überwindet. Der Film erhielt zehn Oscar-Nominierungen. In den folgenden Jahren schien die Filmproduktion dieser Art jedoch zu versiegen, aber vielleicht sind weitere Untersuchungen erforderlich, um sicher zu sein. In den 1990er Jahren wurden solche Schriften und Botschaften jedoch wieder sichtbar. In *The Affair* (USA) von 1995 stellte Paul Seed einen schwarzen amerikanischen Soldaten während des Zweiten Weltkriegs dar. Er leidet unter der Verachtung seiner Kameraden: Sie sind sehr gemeine und arrogante rassistische Weiße. Mit seinem Freund wird er in die Küche des Offizierskasinos geschickt, wo er Maggie kennenlernt, eine Mutter, deren Mann an der Front ist. Die beiden fühlen sich schnell zueinander hingezogen. Doch ihre Beziehung ist verpönt: Sie ist Engländerin und weiß, er ist Amerikaner und schwarz.

Auch Quentin Tarantino gewöhnt sein Publikum oft an ethnische Vielfalt: In *Pulp Fiction* (USA, 1993) werden wir Zeuge des mörderischen Treibens eines auffälligen Duos, eines Weißen und eines Schwarzen. Der Anführer der Bande ist ein Schwarzer, seine Frau ist eine völlig abgemagerte weiße Junkie-Frau. In *Jackie Brown* (1997) ist die Hauptfigur ein schwarzer Waffenschmuggler, dessen Frau eine zierliche Blondine ist, die ebenfalls total bekifft ist. In *Reservoir Dogs* (1992) sind die Figuren tollwütige Hunde, die sich in einem beeindruckenden Schlussmassaker gegenseitig auffressen. Sie sind alle weiß und mehr oder weniger verrückt. Der Regisseur Bob Rafelson förderte auch die ethnische Vermischung in For *No Apparent Reason*, das 2002 veröffentlicht wurde.

Auch das britische Kino erlebte diesen multikulturellen Trend. In *My beautifull laundrette* (UK, 1990) serviert Regisseur Stephen Frears einen

---

[263] Die Leser von heute wissen, dass dieses Phänomen heute die Norm ist. Die großen audiovisuellen Produktionsunternehmen und -plattformen (Netflix, HBO, Disney usw.) und sogar die Tech-Giganten (Amazon, Apple) haben diese Art der audiovisuellen Produktion (Filme und Serien) diversifiziert und massentauglich gemacht. Die invasive Werbung der großen Unternehmen und Konzerne ist ebenfalls einhellig multirassisch und fördert aktiv die Rassenmischung im Westen (NdT).

Cocktail aus politisch korrekten Klischees: Omar, ein junger Pakistaner, wird von seinem Onkel beauftragt, eine heruntergekommene Wäscherei in einem Londoner Slum wiederzubeleben. Da er sehr dynamisch ist, gelingt es ihm, es zu renovieren und das Geschäft wieder in Gang zu bringen. Er heuert einen alten Freund an, einen armen englischen homosexuellen Schläger, der sein Liebhaber wird. Seine Freunde lehnen sich gegen die Tatsache auf, dass einer von ihnen für die „Pakis" arbeitet. Offensichtlich sind sie sehr rassistisch und faul. Zum Glück sind die Pakis da, um die Wirtschaft am Laufen zu halten und die englischen Frauen zu schwängern, wie der Film zeigt. Apologie der Rassenmischung und der Homosexualität, Anprangerung des Rassismus: Der Film erhielt den Cesar[264] für den besten ausländischen Film, obwohl er völlig einschläfernd ist. Wenn jemand das Ende gesehen hat, kann er es uns mitteilen. In *Dirty Pretty things* (UK, 2002) erzählte derselbe Stefen Frears, ein wahrer Planetenfilmer, die Geschichte von Okwe, einem Nigerianer, der im Untergrund lebt und ein hartes Leben führt, tagsüber als Taxifahrer und nachts als Hotelwächter. Eines Nachts entdeckt er schließlich in einem der Zimmer ein menschliches Herz, eine schöne weiße Frau, die ihm das Leben in England schmackhaft machen wird.

Die französische Produktion in diesem Bereich ist beispielhaft: 1988 zeigte Coline Serreau mit *Romuald et Juliette* eine Liebesgeschichte zwischen Rassen. Romuald (Daniel A.) ist der junge Manager eines wichtigen Unternehmens, der sich in die Putzfrau, eine karibische Mutter von fünf Kindern, verliebt. Das Drehbuch ist nicht glaubwürdig, aber es spiegelt sehr gut den Willen wider, „Toleranz" und „Offenheit" gegenüber dem anderen zu vermitteln.

1989 bot uns Gérard Oury *Vanilla-Fresh*: Zwei Geheimagenten haben den Auftrag, ein Schiff mit Raketen in die Luft zu jagen: Er ist schwarz, ein Sprengstoffexperte und ein sehr netter Kerl, Pseudonym: Vanilla! Sie ist weiß und eine Kampfschwimmerin, Pseudonym: Strawberry!

1993 präsentierte Mathieu Kassovitz den Film *Métisse*: Lola ist eine „prächtige karibische Mulattin", die zwei Liebhaber hat. Der eine ist weiß, jüdisch und ein Rapper, der andere schwarz, Sohn eines Diplomaten und Jurastudent. Eines Tages ruft Lola sie zu sich, um ihnen mitzuteilen, dass sie schwanger ist. Es kommt zum Krieg zwischen den beiden Männern, aber der Rassismus zwischen dem Juden und dem Neger ist nicht so schlimm, und sie bilden schnell eine *Ménage à trois*: der Jude, der muslimische Neger und die christliche Halbkaste. „Eine belebende Komödie, die sich nicht vor dem Gewicht der Traditionen und dem Zusammenprall der Kulturen scheut", so das Urteil einer großen französischen Wochenzeitung.

---

[264] Französischer Akademiepreis, entspricht dem spanischen Goya-Preis (NdT).

Bertrand Bliers Film *Un, deux, trois soleil* (Frankreich, 1993) ist ein Musterbeispiel seiner Art: Er erzählt das düstere und gewöhnliche Leben von Victorine (Annouk Grinberg, die Frau des Regisseurs), die aus den Slums stammt. Ihre Mutter ist verrückt, ihr Vater ist Alkoholiker, und ihre erste Liebe wurde von einem Hinterwäldler, einem *„Beauf",* ermordet. Sie beruhigt ihr jähzorniges Temperament, indem sie Maurice trifft, der sie zweimal erwischt. Der weiße Polizist, ein Schwachkopf, ist mit einer schwarzen Frau verheiratet, die kleine Mulattenkinder zur Welt bringt. Die weiße Lehrerin träumt nur davon, von ihren schwarzen und braunen Schülern geritten zu werden. In einer Szene lässt Jean-Marielle nachts ihre Tür offen, damit kleine schwarze Diebe eintreten können, und lädt sie mit den folgenden Worten zum Abendessen ein: „Ihr seid ein Glück für mein Land. Wenn du groß bist, heirate eine sehr weiße Französin." 1997 präsentierte der Regisseur Robert Guédiguian *Marius et Jeanette*: In Marseille lebt Jeanette allein mit ihren beiden Kindern, die sie in zwei verschiedenen Betten geboren hat. Ihre älteste Tochter wurde ihr von einem Bastard hinterlassen, der sie im Stich gelassen hat: einem dummen weißen Mann. Der 12-jährige Junge ist ein kleiner afrikanischer Mulatte, der in der Schule sehr gut lernt. Leider ist sein Vater, den er vermisst, weil er so charmant war, auf einer Baustelle gestorben. Jeanette trifft dann Marius. Er ist ein großer, schweigsamer Mann, der als Wachmann in einer stillgelegten Fabrik arbeitet. Alle Figuren des Films sind gute, normale Menschen, von denen einige keinen Hehl aus ihren kommunistischen Sympathien machen. Der Film wurde natürlich 1998 mit dem César für die beste Schauspielerin ausgezeichnet.

Bernard Stora ist der Regisseur des Films *Un Dérangement considérable* (1999): „Seit seiner Kindheit widmet Laurent Mahaut seine ganze Energie seinem Lebenstraum: Fußballer zu werden. Wenn er es schafft, Profi zu werden, kann er für seine Mutter Rosa und seine Halbbrüder Djamel und Nassim sorgen. „Bernard Stora schrieb auch das Drehbuch für den Fernsehfilm *Une autre vie (*2004): Der junge Malier Ismael Traoré kommt nach Marseille, um trotz der arrangierten Ehe seines Onkels Medizin zu studieren. Im Krankenhaus lernt er Marta, eine schöne weiße Frau, kennen und vernachlässigt seine junge afrikanische Frau. Für Bernard Stora scheint die Entschuldigung der Rassenmischung eine Obsession zu sein: Während in Emmanuel Roblès' Roman der Arzt ein Weißer ist, hat Stora ihn durch einen Schwarzen ersetzt, um die Öffentlichkeit für dieses Thema zu sensibilisieren: ein zeitgemäßer Fernsehfilm für die „Integrationswoche" auf France 3. In *La Tresse d'Aminata (*1999) porträtierte Dominique Baron einen senegalesischen Teenager, der als Kind von einer bretonischen Familie adoptiert wurde. Im Jahr 2003 drehte Regisseur Olivier Lang ein Kapitel der *generalistischen Doktor-Dassin-Reihe* mit dem Titel Closely *guarded Secrets*: „Dassin trifft auf ein ungewöhnliches Paar, das seinen Verdacht weckt: einen fünfzigjährigen Franzosen, einen Sporttrainer, und ein achtzehnjähriges afrikanisches Mädchen, das zu abhängig von ihrem Mann lebt." In *The Man from Another Place* (Frankreich, 2004) erzählt François Luciani die Geschichte von Pedro, einem karibischen Arzt, der die vakante Arztpraxis in einer kleinen Provinzstadt übernimmt. Wir schreiben das Jahr 1893, und noch nie hat jemand einen Farbigen gesehen. Offensichtlich ist unser Arzt sehr sympathisch. Er ist liberal, groß, großzügig, hat einen guten Aufhänger und strotzt vor Freundlichkeit und Weisheit. François Luciani zeigt uns gegenüber misstrauische und ungebildete Weiße, die nicht mit ihm mithalten können. Und als die Patienten seine Praxis verhöhnen, platzt er heraus: „Für wen halten sie sich eigentlich, diese Leute in ihrem kalten und regnerischen Land! Eines Tages taucht im Dorf ein Wanderzoo auf, in dem er einige Brüder der gleichen Rasse hinter einem Schild mit der Aufschrift „Kannibalen" eingesperrt sieht. Die Weißen haben sich natürlich schlapp gelacht, grausam. Sein Blut kocht angesichts eines solchen Schauspiels, aber seine Wut vergeht, weil er ein großes Herz hat. Tatsächlich scheint die schönste Frau des Landes bereits in ihn verliebt zu sein. In einer anderen Szene informiert uns das Dienstmädchen unseres Arztes, dass der Bootsmann der Fabrik die Angewohnheit hat, alle Arbeiterinnen zu bürsten, und wenn sie schwanger werden, werden sie entlassen. „Er stirbt nicht aus Mitleid, all die Leute, die sonntags zur Messe gehen", schließt die Frau. Die katholische Religion ist natürlich die Religion der Bastarde und der Heuchelei. Eine andere Szene: Eine Epidemie breitet sich im Dorf aus; als der mutige Arzt den Ernst der Lage erkennt, geht er in den Gemeinderat, wo die Honoratioren versammelt sind. Natürlich verhindert der Rassismus der Bösewichte, dass er im Rat sitzt, aber dank seiner natürlichen Überlegenheit verschafft er sich dennoch vehement Gehör: „Bravo, meine Herren! Durch Ihre Gier und Ihre Dummheit haben Sie eine Cholera-Epidemie ausgelöst! „Aber was soll's, das Wichtigste ist, dass er in diesem Meer der Niedertracht ein zartes Herz gefunden hat. Zweifelsohne haben wir mit diesem erbaulichen Film den kosmopolitischen Stempel. François Luciani stammt wie der Regisseur und Schauspieler Roger Hanin aus einer Familie algerischer Repatriierter. Gemeinsam haben sie einen schönen Film gegen Intoleranz gedreht.

Auch die Fernsehserie PJ (Policia Judicial) spiegelte den obsessiven Wunsch wider, die Massen durch Geschichten zu sensibilisieren, die immer sehr „politisch korrekt" waren. In einer Folge dieser Serie ging es um die Situation in einem Vorort. Eine Gruppe „Jugendlicher", die etwas zu laut Musik hören, gibt Schüsse ab. Einer der Polizisten - eine weibliche Polizistin - ist ein rechtsextremer Aktivist. Später erfahren wir, dass sie einen Sohn hat, den sie versteckt hat, einen Mulatten. Der Vater ist ein

Westinder, Mitglied der Nationalen Front der Sicherheit. Dieses „*capilotractado*" Skript[265] „ ist von Alain Krief...

2004 bot uns der Filmemacher Eduardo Molinaro *The Hearts of Men*: Ein medizinisches Flugzeug aus dem Kongo fliegt mit Kindern, die operiert werden müssen, nach Paris. Ein Team französischer Ärzte gerät in den Bann dieser bezaubernden Kinder, die das Frankreich der Zukunft sind. Der Drehbuchautor Philippe Niang schien auch in *If I Had Millions* davon besessen zu sein, ethnische Vielfalt zu präsentieren, wie er es auch in *A Black Baby in a White Basket* tat. Wir werden in einem anderen Kapitel sehen, dass asiatische Nachnamen manchmal irreführend sind.

Im Jahr 2005 präsentierte Claude Berri *One Stays, One Goes* (mit einer ethnischen Besetzung: Daniel Auteuil, Pierre Arditi, Charlotte Gainsbourg, Nathalie Baye und Miou-Miou). „Zwei langjährige Freunde, Daniel und Alain, in den Fünfzigern, seit fünfzehn Jahren verheiratet, stehen kurz vor der Begegnung mit der Liebe. Für Daniel wird es Judith sein (sie heiraten immer innerhalb der Gemeinschaft), nachdem der Sohn, den er mit Anne-Marie hatte, nach einem Motorradunfall querschnittsgelähmt ist. Alain seinerseits lernt Farida kennen, eine junge Senegalesin, die er als Verkäuferin in seinem Geschäft für afrikanische Kunst eingestellt hat. „Im Jahr 2004 wurde die „typisch französische" Fernsehserie *Plus Belle la vie*[266] veröffentlicht, in der systematisch junge weiße Frauen mit Schwarzen gezeigt werden, während junge weiße Männer die Rolle von Homosexuellen spielen. Die Drehbücher stammen von Olivier Szulzynger.

Das Markenzeichen von Planetary ist auch im Rassismus zu erkennen, der in den Drehbüchern mehr oder weniger latent, aber auf der Leinwand immer deutlich sichtbar ist. Der Film *The Children of Brazil* (UK, USA, 1978), der auf dem Roman basiert, erzählt die Geschichte des Nazi-Jägers Ezra Liberman, der in den 1970er Jahren ein Komplott aufdeckt, das von einer Gruppe ehemaliger Nazi-Emigranten in Paraguay organisiert wird. Der grausame Dr. Mengele, ein ehemaliger medizinischer Folterer in Auschwitz, ist sein Chef. Er lebt in einer luxuriösen Villa, die ausreichend von der Welt abgeschirmt ist, um seine perversen Experimente zur Humangenetik fortzusetzen. Er scheint über eine Herde von amorphen, fast versklavten Dienern zu herrschen: Er ist der überhebliche weiße Mann in all seiner Pracht. Die Nazis scheinen zur Elite des paraguayischen Militärregimes zu gehören, die in prunkvollen Palästen Empfänge gibt. Sie haben ein geheimnisvolles Attentat ausgeheckt, das jedoch durch die Hartnäckigkeit des Bürgerwehrlers Liberman vereitelt wird. Der Film stammt von Franklin J. Schaffner.

---

[265] An den Haaren gezogen (*lateinisch: capilus-tractus*).
[266] 18 Spielzeiten im Jahr 2022. (NdT).

In *On the Brink of Suspicion* (USA, 1985) wird ein Redakteur einer großen kalifornischen Zeitung beschuldigt, seine Frau auf grausame Weise ermordet zu haben, um eine große Erbschaft zu erhalten. Ein berühmter Anwalt, der von seiner Unschuld überzeugt ist, erklärt sich bereit, ihn zu verteidigen. Im Laufe des Prozesses kommen ihr jedoch Zweifel, vor allem wegen des Verhaltens eines Zeugen, der alle Anzeichen eines gefährlichen Psychopathen aufweist: Er ist blond und hat einen nordischen Typ. Er sieht gefährlich aus und greift sogar den Anwalt auf dem Parkplatz an. Doch nicht er ist der Schuldige, sondern ihr eigener Auftraggeber, der Pressedirektor, der sie auf so perfide Weise verführen konnte. Er ist ebenfalls ein nordischer Blondschopf, aber die Anwältin erhält den Beweis für seine Schuld zufällig, nachdem sie den Prozess gewonnen und ihren Mandanten entlastet hat. Daraufhin beschließt sie, ihn zu denunzieren und die Schmach des Staatsanwalts öffentlich zu bekennen. In einem jahrelang zurückliegenden Fall hatte der Staatsanwalt einen Teil der Akte verschwinden lassen, der verhindert hätte, dass ein anderer Angeklagter zu einer zehnjährigen Haftstrafe verurteilt worden wäre. Die unglückliche Person, die zu Unrecht inhaftiert wurde, war ein Schwarzer. Schwarze sind gut, Weiße sind schlecht, und der Film ist von Richard Marquand.

In *Cry Freedom* (UK, 1987) entführt uns Richard Attenborough in das Südafrika der 1970er Jahre, als das Apartheidregime von den Afrikanern den Schwarzen aufgezwungen wurde. Der Herausgeber einer liberalen Zeitung setzt sich für die Schwarzen ein und freundet sich mit einem der wichtigsten Anführer, Steve Biko, an. Letzterer wird im Gefängnis von einigen der abscheulichsten und heimtückischsten Weißen ermordet. Die Schwarzen hingegen sind alle rührend, würdevoll und respektabel. Ihre friedlichen Demonstrationen werden von einer rücksichtslosen Polizei brutal unterdrückt. Ein Film, bei dem man sich schämt, weiß zu sein, und genau das ist der Punkt.

In die gleiche Richtung geht der Film *A World Apart* (UK, 1988) von Regisseur Chris Menges, der die Spannungen in Südafrika im Jahr 1963 schildert. Weiße Südafrikaner sind von Natur aus rassistisch, und die Polizei wird in einem denkbar schlechten Licht dargestellt: hasserfüllt, begriffsstutzig und besessen von einem unfassbaren Feind. Natürlich erhielt Menges' Werk 1988 den Großen Preis der Jury in Cannes. In *Lethal Weapon 2* (1989) zeigte Richard Donner weiße Südafrikaner ebenfalls als unwürdige Drogendealer.

Mit *Mississippi Burning* (USA, 1988) ließ sich Alan Parker von einer wahren Geschichte aus den 1960er Jahren inspirieren. Das US-amerikanische FBI untersucht das Verschwinden von drei jungen Männern, die einer Bürgerrechtsorganisation angehören. Sie - ein Schwarzer und zwei Juden - wurden von rassistischen Ku-Klux-Klan-Mitgliedern getötet. In dieser kleinen Stadt im amerikanischen Süden sind die Weißen feige, gemein, gemein und geradezu verkommen. Ihre Frauen gehorchen sanftmütig, träumen aber nur davon, von solchen Menschen getrennt zu werden. Milos Formans Film *Ragtime* (USA, 1991) hatte kein anderes Interesse, als ein moralisierender Film zu sein: 1906 in New York wird ein schwarzer Pianist, der sich ein Auto gekauft hat, Opfer von Neid und Rassismus einer Bande dummer Weißer.

In *Die Spur des Verrats* prangert Costa-Gavras (USA, 1988) die rechtsextremen Milizen in den Vereinigten Staaten an. Ein etwas provokanter und „liberaler" Radiomoderator wird in einem Parkhaus ermordet. Er war Jude, und seine Mörder hinterließen am Tatort ein Graffiti: „ZOG" (*Zionistische Besatzungsregierung*). FBI-Polizisten ermitteln gegen eine rechtsextreme Miliz im Mittleren Westen. Ein hübsches Mädchen wird damit beauftragt, sie zu infiltrieren. Gary verliebt sich schnell in sie und offenbart dabei seine psychopathischen Züge. Er besteht zum Beispiel darauf, dass sie mit seinen Freunden auf die Jagd geht. Es handelt sich um eine recht merkwürdige Jagd auf einen jungen Schwarzen, der nachts in einem Wald ausgesetzt wird. Der Mann wird natürlich vor den Augen der jungen Frau niedergeschossen. Gary wollte wahrscheinlich seine neue Liebe beeindrucken, aber sie war angewidert von dem, was sie gesehen hatte. Seine Vorgesetzten beim FBI, mit denen er in Kontakt steht, bestehen jedoch darauf, dass er das rechtsextreme Netzwerk weiter infiltriert. Ein paramilitärisches Lager zeigt, wie wichtig diese Organisation ist: Sie verfügt über hochentwickelte Waffen und zeigt große Entschlossenheit. Letztendlich werden sie alle verhaftet werden. Doch der Kampf gegen die Hydra ist noch lange nicht vorbei, denn es ist bekannt, dass diese Netze von mächtigen Persönlichkeiten und prominenten Politikern unterstützt werden, die ihre Absichten verbergen und hinterhältig handeln.

Jonathan Demmes berühmter Film *Das Schweigen der Lämmer* (USA, 1991) erzählt von der Verfolgung eines gefährlichen Psychopathen durch das FBI, der die Leichen junger Frauen hinterließ, die auf grausame Weise verstümmelt worden waren. Die berühmte „Agentin Starling" Clarisse, eine junge Polizistin mit viel Mut, ist dem Serienmörder auf der Spur. Der gefährliche Trottel heißt Billy: ein großer, blauäugiger, blonder Mann. Er lebt allein in einem schäbigen Haus und hält sein nächstes verängstigtes Opfer als Geisel in einer Grube im Keller. Billy liebt Schmetterlinge und Pistolen. Eine kurze Sequenz zeigt uns ein riesiges Hakenkreuz über seinem Bett.

In *The Firm* (USA, 1993) ist Mitch McDeere (Tom Cruise) ein junger Hochschulabsolvent, der gerade von The Firm, einer mächtigen Anwaltskanzlei in Memphis, eingestellt wurde. Zunächst ist er verführt und fasziniert von den Vorteilen, die sie ihm bieten, doch nach und nach wird ihm klar, dass die Anführer in Wirklichkeit für eine Chicagoer Mafia-

Bande arbeiten. Alle vorgestellten Juristen - gut dreißig an der Zahl - sind weiß, katholisch und vom nordischen Typ. Sie symbolisieren die heuchlerischste und widerwärtigste amerikanische Elite, die man sich vorstellen kann. Der Film ist von Sydney Pollack.

1993 wurde eine Komödie mit dem Titel *The Addams Family 2: The Tradition Continues* veröffentlicht. Die Familie Adams ist etwas Besonderes: Es ist nicht klar, ob sie Hexen oder Vampire sind, aber auf jeden Fall beten sie den Teufel an. Sie leben in einem abgelegenen Herrenhaus auf einem Hügel, tragen Schwarz, haben schwarzes Haar und einen leichenhaften Teint. Ihre Moral ist verwerflich; sie haben eine Leidenschaft für das Böse, obwohl ihre Exzentrik sie liebenswert macht. Die beiden Söhne werden in ein Sommercamp gebracht, zusammen mit den anderen kleinen Amerikanern, die fast alle blond sind und die schwachsinnige, feige und bigotte Mehrheit bilden. Schon bald werden die beiden schwarzhaarigen Teufelchen von der gemeinen Herde kleiner, von der bürgerlichen Moral geprägter Blondinen unter Quarantäne gestellt. Aber die kleinen Adams werden sich nicht einfach so mit Füßen treten lassen. Sie werden die anderen Unterdrückten des Lagers um sich scharen, all die schwarzhaarigen Kinder, die zu Unrecht von diesen arroganten Blondinen verachtet werden. Alle zusammen werden sie bei der Ausstellung am Ende der Ferien, an der auch die Eltern teilnehmen werden, für Aufsehen sorgen. Die Blondinen bekommen dann eine wohlverdiente Standpauke. Die Bösen und Hässlichen sind in Wirklichkeit die Guten, und die Bastarde sind ausnahmslos die Blondinen: Der Film ist von Barry Sonnenfeld.

The Green Mile (USA, 1999) ist ein Film von Frank Darabont. In der Todeszelle eines amerikanischen Zuchthauses im Jahr 1935 gibt es unwürdige Gefängniswärter und Häftlinge voller Menschlichkeit. All dies ist durchaus plausibel. Die übernatürlichen Kräfte des schwarzen Kolosses, der der Vergewaltigung und des Mordes an zwei jungen Mädchen beschuldigt wird, sind weniger bekannt. Er ist gut und unschuldig wie ein Lamm, obwohl er zu Unrecht beschuldigt wird. Er wird das Opfer der Menschen, der Ungerechtigkeit und der Grausamkeit der psychopathischen Wächter - der Weißen - sein.

In *The Believer* (USA, 2001) werden junge Neonazis von einer mächtigen extremistischen Organisation rekrutiert. Dany, ihr Anführer, der einzige kluge Kopf der Bande, ist in Wirklichkeit ein verzweifelter Jude, der sich von seiner Gemeinschaft distanziert hat. Eine Schlussszene im Drehbuch soll uns glaubhaft machen, dass diese Nazi-Organisationen von der amerikanischen Großbourgeoisie unterstützt werden: Der Film stammt von Henry Bean, das Drehbuch von Mark Jacobson.

The Jury (*Runaway Jury*, USA, 2002) ist die Geschichte der Manipulation von Geschworenen durch die Waffenlobby in den

Vereinigten Staaten. Die „Bösewichte" sind manipulative, gut organisierte und hocheffektive nordische Weiße, die für die Waffenlobby arbeiten. Spionage, Gewalt, Erpressung und Manipulation sind ihre Spezialität; sie lassen nichts unversucht, um den Prozess zu gewinnen, aber zum Glück werden die Bastarde dank der Intelligenz des kleinen Anwalts Dustin Hoffman verlieren: ein Film von Garry Fleder mit einem Drehbuch von David Lieven und Brian Koppelman.

Der politisch korrekte Geist ist offensichtlich in Disneys familienfreundlichem Zeichentrickfilm *Pocahontas* (USA, 1995) von Mike Gabriel und Eric Goldberg zu spüren. Pocahontas, ein unabhängiges junges Indianermädchen, lehnt den Ehemann ab, den ihr Vater für sie ausgewählt hat, und verliebt sich in einen jungen englischen Abenteurer, der weniger rassistisch ist als die anderen. Schließlich wird sie ihn aufgeben, um bei ihrem Volk zu bleiben. Die Engländer sind gierig, grausam und böse, während die Indianer gut, weise, edel und respektvoll sind. Pocahontas soll alle ansprechen: Sie ist dunkel, sexy, braungebrannt, mandeläugig und hat etwas von der Indianerin, der Schwarzen, der Chinesin, der Berberin und der Zigeunerin. Sie behauptet großartig ihre „planetarische Ethnizität[267]."

Das französische Kino ist in dieser Disziplin der Auspeitschung der Mehrheitsbevölkerung kein unbeschriebenes Blatt. Jean-Jacques Annaud zeigte in *La Victoire en chantantant* (Frankreich, 1976) ein Panorama der französischen Präsenz in Afrika im Jahr 1915, wo eine Siedlerbevölkerung, die ausschließlich aus alkoholkranken Kretins besteht, mit den Schwarzen mit viel Sinn für Humor konfrontiert wird.

1984 hat Roger Hanin mit Train *d'enfer (Zug aus der Hölle)* einen großen militanten Film gedreht. In der Ausgabe vom 11. Januar 1985 der unabhängigen Wochenzeitung *Tribune juive* kommentierte der für seine linken Sympathien bekannte Rabbiner Jacques Grunewald den Film von Roger Hanin wie folgt: „Grausamer Mord in einem Zug: ein junger Araber wird von drei beschwipsten Wehrpflichtigen gelyncht und gefoltert. Aus diesem Fall, einer rassistischen Tat dreier Ausgestoßener, hat Roger Hanin einen Film gemacht, aus dem er eine große moralische Lehre ziehen will, die diesmal ganz Frankreich betrifft. Es geht nicht mehr um drei isolierte, betrunkene Kinder. Es geht um ein echtes Neonazi-Netzwerk, in das eine ganze Stadt, ja sogar die ganze Welt verwickelt ist. *Tribune juive"* fügte hinzu: „Roger Hanin behauptet, dass er als algerischer Jude seit seiner Kindheit gelernt hat, Araber zu lieben. Offenbar wurde ihm nicht beigebracht, die Franzosen zu lieben. Der *„Train d'enfer"* wurde von der offiziellen Agentur für die Vorwegnahme der Einnahmen unter dem Vorsitz

---

[267] Der Leser kann das interessante Buch von Norbert Multeau, *Les Caméras du diable* [Die *Kammern des Teufels*], Éditions Dualpha, 2001, lesen.

von Bernard-Henri Lévy unterstützt, d.h. er erhielt eine Subvention, die aus dem Geld der französischen Steuerzahler finanziert wurde.

In *Outside the Law* (*Hors-la-loi*, Frankreich, 1984) „fliehen fünfzehn Jugendliche unterschiedlicher ethnischer Herkunft aus einer Justizvollzugsanstalt. Sie brechen in einen Dorftanz ein und der Barbesitzer, ein Rassist, eröffnet schließlich das Feuer auf sie." In *Der Hass* (*La Haine*) beschreibt Mathieu Kassovitz 1995 den Hass gegen die französische Gesellschaft, der drei junge Männer quält: einen Araber, einen Schwarzen und einen Juden aus einem Vorort. Wir sehen in diesem Film erneut die Tendenz, die Juden mit den am meisten benachteiligten Bevölkerungsgruppen zu assimilieren. Mathieu Kassovitz wird zum Bannerträger einer Gruppe von Einwanderern, die sich nicht an die Gesetze halten wollen und ihren Hass auf das System herausschreien. Schwarze und Mauren werden so zur Inkarnation des neuen Mythos des rebellischen Helden, obwohl sie regelmäßig in alle Fernsehsendungen eingeladen werden und von den großen Produktionsfirmen und Plattenlabels unterstützt werden. Mathieu Kassovitz kehrte im Jahr 2000 mit *Die purpurnen Flüsse* zurück: In den Gletschern der Alpen werden grausam verstümmelte Leichen gefunden, denen die Augen ausgestochen und die Hände abgetrennt wurden. Die Ermittler folgen einer Spur, die sie zur örtlichen Universität führt, die sich als Brutstätte für gefährliche Neonazis entpuppt. Auch hier ist das Drehbuch des Films nicht sehr glaubwürdig, obwohl es für das vorgesehene Publikum völlig ausreicht.

Mit *Taxi*, das 1998 erschien, hatte Gérard Pirès einen phänomenalen Erfolg: Sami Naceri, ein Verrückter am Steuer, schafft es, eine Bande von gefährlichen Kriminellen zu besiegen. Es sind Deutsche nordischer Prägung, die ebenso dumm wie böse sind. In *Les Enfants du soleil* aus dem Jahr 2004 wollte Alexandre Arcady von der Notlage der Franzosen in Algerien erzählen, obwohl sein Film eher eine Feier der israelischen Gemeinschaft war. Der französische „saubere, katholische *pied noir268* ", wie sich der Autor ausdrückt, heißt Lacombe. So wie „Lucien Lacombe", der einfältige und gefährliche Milizionär, den der Schriftsteller Patrick Modiano für den Film von Louis Malle erfunden hat.

1999 hat Alain Berberian seinen letzten Film *Six-Pack* gedreht: In Paris will ein Polizeikommissar einen amerikanischen Serienmörder festnehmen. Der Mann hat bereits fünf Frauen ermordet und verstümmelt. Aber er ist zufällig der Kulturattaché der amerikanischen Botschaft und genießt diplomatische Immunität. Alles deutet darauf hin, dass das Ministerium die Ermittlungen behindert, um die Verhaftung des Schuldigen zu verhindern. In der Tat wird der Fall von Paris genutzt, um die Handelsverhandlungen mit Washington zu beeinflussen. Die

---

[268] Franzosen, die nach der Unabhängigkeit aus Algerien repatriiert wurden.

Bösewichte werden von nordeuropäischen Männern gespielt (der Polizeichef, der Psychopath), während die Guten (Kommissar Nathan, Inspektor Saul) wieder einmal von sehr düsteren Schauspielern dargestellt werden.

2004 präsentierte der Regisseur Stéphane Kurc *Le Triporteur de Belleville*: 1940, während des großen militärischen Debakels der französischen Truppen, hat Victor Leizer, ein junger Jude aus dem Stadtteil Belleville, sein Regiment verloren. Zusammen mit einem anderen verirrten Soldaten wandern sie durch die von ihren Bewohnern verlassene französische Landschaft. Am Abend treffen die beiden Gefährten auf einem Bauernhof auf eine Gruppe von Senegalesen. Der Anführer der Senegalesen entpuppt sich als Professor für Französisch in Dakar. Er wurde gezwungen, weit weg von seiner Heimat an diesem Krieg teilzunehmen. Er drückt sich perfekt und in geschliffener Sprache aus: „Meine Herren, lassen Sie uns aufhören, in Kauderwelsch zu reden!." Der gute Mann würde lieber in großer Würde sterben, geschlagen von den Deutschen, als sich weit weg von seinem Land gefangen nehmen zu lassen. Unter den Millionen von Soldaten, die an der Front mobilisiert wurden, waren Juden und Schwarze zweifellos in der Mehrheit, auch wenn eine schnelle Berechnung ergeben würde, dass sie höchstens 1 oder 2 % ausmachten. Aber wenn es darum geht, die französischen Fernsehzuschauer zu sensibilisieren, ist alles möglich. Im Drehbuch von Stéphane Kurc sind die Bösen natürlich sehr böse und die Guten sehr gut.

Eine weitere Lächerlichkeit sahen wir in einer Folge von *La Crim*, einem typisch französischen Fernsehfilm: Ein *Skinhead* (eine fiktive Figur, ein gewalttätiger, kahlgeschorener Rechtsextremist) wird am Rande der Stadt erstochen. Alles deutet darauf hin, dass der Täter ein Araber ist, und er wird verhaftet. Doch die Ermittlungen ergeben, dass der Mörder der Vater des Skinheads war, der es nicht mehr ertragen konnte, dass sein Sohn ein Rechtsextremist war. Außerdem hatte er vor seinem Tod den Bruder des Arabers getötet, der zufällig auch ein Jugendfreund war. Dieses irrwitzige Drehbuch stammt aus der Feder von Ramsay Lévy.

In der romantischen Komödie *Das fabelhafte Schicksal der Amélie Poulain* (Frankreich, 2001) waren das Drehbuch und die Figuren zu französisch: Serge Kaganski, Kritiker der Zeitschrift *Les Inrockuptibles*, konnte es nicht ertragen und erklärte in der Tageszeitung *Libération* vom 30. Mai 2001: „Es ist ein Film mit einer eingefrorenen Ästhetik, der vor allem ein rückwärtsgewandtes, ethnisch reines, ekelerregendes Frankreich zeigt". Dieser Hass auf Frankreich und die Franzosen scheint eine unheilbare Obsession zu sein. Wenn all diese Regisseure uns in den Selbstmord treiben wollten, hätten sie es nicht anders gemacht. Dieses „ekelerregende" Frankreich wurde von François „Truffaut" in *The Last Underground* (1980) sehr gut dargestellt, *einem* Film über das Leben eines

Theaters während der deutschen Besatzung, in dem man einerseits die französische Abscheulichkeit und andererseits die Genialität der Menschheit sehr gut erkennen kann. Letzteres wird in der Schlussszene deutlich, die von allen Zuschauern begeistert gefeiert wird, die endlich das einzigartige, bewundernswerte schöpferische Genie erkennen, das sich in der Person des kleinen „Lucas Steiner" verkörpert, der sich die ganze Zeit über im Keller des Theaters verstecken musste.

In Alain Berbérians Komödie *Die Stadt der Angst* (La *Cité de la peur,* Frankreich, 1994) erbricht der Schauspieler Dominique Farrugia in einer urkomischen Szene einem Bastard ins Gesicht. Und noch viel lustiger ist es, wenn die Verspotteten den Verspotteten auslachen, der ihnen ins Gesicht lacht. Wie es in einem Vers von Dante heißt: „Mitten unter uns lacht der Lügner über uns", oder so ähnlich.

Der planetarische Geist im Filmschaffen manifestiert sich natürlich auch in einem gewissen Antichristentum. In seinem „großartigen und obsessiven" Film *Fanny und Alexander* (Schweden, 1982) stellt der brillante Regisseur Ingmar Bergman zwei Figuren einander gegenüber: einen Bischof - streng und düster - der lutherischen Kirche und einen Juden - sanft und charmant. Der Bischof misshandelt seine Adoptivkinder, die er in eine fensterlose Scheune entführt. Sie werden von dem Juden gerettet, der auch der Mutter hilft, sich zu befreien. Der Bischof stirbt auf grausame Weise, und der Jude tritt an seine Stelle an der Spitze der Familie. Bergman wollte seiner Fabel nicht den geringsten Hauch von Realismus verleihen: Sein Jude, ein Orthodoxer, der ein schwarzes *Jarmukle* trägt, trinkt zu Weihnachten in der Gesellschaft der Schweden Wein - etwas, was ein religiöser Jude um nichts in der Welt tun würde. Aber darum geht es nicht, das haben Sie schon verstanden. Bereits 1960 zeigte uns Richard Brooks in *The Fire and the Word,* dass sich hinter dem Gesicht des guten Pastors Elmer Gantry der schlimmste Abschaum verbergen kann. Sein Film wurde natürlich mit einem Oscar ausgezeichnet.

Das Vorbild in diesem Genre bleibt jedoch bis heute Jean-Jacques Annauds berühmter Film269, *Der Name der Rose* (Frankreich, 1986), dessen Drehbuch auf dem Roman des weltberühmten italienischen Schriftstellers Umberto Eco basiert: Es handelt sich um eine Detektivgeschichte, die in einem Benediktinerkloster in Norditalien zu Beginn des 14. Im Laufe des Films häufen sich die Klischees über das Mittelalter: Alle Mönche sind ausnahmslos Idioten oder auf die eine oder andere Weise abnormal. Sie profitieren von den armen Bauern, die ihnen

---

[269] Sie ist nicht verwandt mit Marthe Hanau, deren Betrug in den 1930er Jahren berühmt wurde. Die Reaktion eines Kleinsparers, der bei diesem Finanzskandal betrogen wurde, ist in einer amüsanten Szene in Henri Vincenots großartigem Buch „La Billebaude" beschrieben. [Nachzulesen in Hervé Ryssen, *Die jüdische Mafia*].

ihre mageren Ernten überlassen, und ernähren sich von dem Schlamm und den Abfällen, die die Mönche ihnen hinwerfen. Die katholische Kirche ist eine völlige Perversion: Sie hält die Geister in Knechtschaft und in Angst vor dem Teufel; das Kloster hält die griechischen Bücher, die seine Macht destabilisieren könnten, unter Verschluss. William von Baskerville, dem Franziskanermönch, meisterhaft gespielt von Sean Connery, gelingt es schließlich, das Rätsel zu lösen und einige dieser verbotenen Werke zu bergen und sie vor den Flammen zu retten. Das Ganze endet natürlich mit dem erwarteten Höhepunkt: Folter und Scheiterhaufen. Der Film wurde in Zusammenarbeit mit dem Experten Jacques Le Goff gedreht, einem Historiker der marxistischen Schule. Wer jedoch einen nicht-marxistischen Blick auf die großartige Epoche des Mittelalters werfen möchte, dem sei das kleine Buch *Pour en finir avec le moyen âge* von Régine Pernoud ans Herz gelegt, das 1977 bei Seuil erschienen ist. Niemand kann uns weismachen, dass die Kathedralen mit einem Volk von Elenden gebaut wurden, das hungerte und versklavt war. Es ist auch anzumerken, dass es in dem Film zu keinem Zeitpunkt um eine „Rose" geht. Es handelt sich offensichtlich um einen Titel für die Eingeweihten der Kabale. In der Tat haben wir festgestellt, dass der Schriftsteller Umberto Eco 2005 das Vorwort zu einem Buch von Moshe Idel mit dem Titel *Mystiques messianiques* geschrieben hat, in dem er eine Verbindung zwischen dem hebräischen Messianismus und dem Marxismus herstellt: „Viele haben die Spuren des Messianismus sogar in der Marx'schen Vorstellung von einer Umgestaltung der Welt dank der Erlösung der proletarischen Massen gesehen[270]. „Wir wussten bereits, dass für Marx die Religion „das Opium des Volkes" war, aber es musste klar sein, dass es sich in den Augen des Philosophen vor allem um die katholische Religion handelte.

Aber folgen wir dem antikatholischen Geist in dem gefeierten Film *Amen* des Regisseurs Constantine Costa-Gavras. Der Schauspieler Mathieu Kassovitz spielt die Rolle eines jungen Jesuiten, der während des Zweiten Weltkriegs versucht, den Vatikan aus seiner Unbeweglichkeit aufzurütteln und Papst Pius XII. dazu zu bewegen, die Nazi-Barbarei öffentlich anzuprangern. Das Filmplakat zeigte ein Hakenkreuz und ein katholisches Kreuz, die übereinander gelegt wurden. Die Kritiken für diesen „bewegenden und wahrheitsgetreuen" Film waren offensichtlich sehr positiv.

---

[270] Moshé Idel, *Mystiques messianiques, de la Kabbale au Hassidisme XIII-XIX siècles*, Calmann-Lévy, 2005. *Messianische Mystiker*, Yale University Press, New Haven, London, 1998. [Moshe Idel ist Inhaber des Lehrstuhls für jüdisches Denken an der Hebräischen Universität Jerusalem. Er ist der Nachfolger des großen Gershom Scholem (1897-1982), israelischer Gelehrter, Philologe und Historiker, eine führende Persönlichkeit innerhalb und außerhalb des Judentums, die einhellig als der weltweit führende Spezialist für jüdische Mystik gilt (siehe Anmerkung 543 unten)].

The Virgin Suicides (USA, 1999) ist ein Film von Sofia Coppola: Um 1970 hat sich die 13-jährige Cecilia in einer Kleinstadt in Michigan, die von ihren fundamentalistisch-katholischen Eltern erzogen wurde, selbst entjungfert. Alle ihre Schwestern begehen nach ihr Selbstmord, was beweist, dass eine katholische Erziehung die einer guten jüdischen Familie nicht wert ist: „Ein intelligenter und bewegender Film", so eine Fernsehzeitschrift. In Terry Gilliams Film *Brazil* (USA, 1984) erhalten wir einen kurzen Einblick in die schlechten Gewohnheiten einiger Anhänger des Katholizismus durch eine ältere Frau, die sich immer wieder kosmetischen Eingriffen unterzieht: eine echte wandelnde Leiche.

Man kann auch *Life Imprisonment* (USA, 1994) anführen, einen populären Film, in dem sich der Gefängnisdirektor als echter Bastard und gleichzeitig als sehr frommer Christ entpuppt. Der Film stammt von Frank Darabont, den wir bereits oben gesehen haben, was seine Berufung zum Planeten bestätigt.

Das Planetarische Kino, wie auch die ihm zugrunde liegende Philosophie, zielt darauf ab, Wurzeln und Traditionen zu zerstören. Der *Club der toten Dichter* wurde 1990 mit diesem Ziel geschaffen. Der Film zeigt uns ein Eliteinternat in den Vereinigten Staaten, eine alte und noble Einrichtung für die Kinder der High Society. Dort wird ein Literaturprofessor, Mr. Keating, das Leben seiner Studenten durcheinander bringen und die verstaubten alten Werte dieser zurückgezogenen Christen sprengen. Dieser revolutionäre Film, auch wenn er nicht so aussieht, lädt den Zuschauer ein, Traditionen und Normen abzulehnen. Der Regisseur war Peter Weir.

Dies ist auch die Botschaft des Films *Private School*271 von Robert Mandel *(School Ties,* USA, 1992): David Green ist Mitglied einer der begehrtesten Vorbereitungsschulen in Neuengland. Seine intellektuellen und sportlichen Qualitäten machen ihn schnell zu einem Star an der Schule. Für David öffnen sich Türen zu den besten Universitäten und die Hoffnung, aus seiner bescheidenen Lage auszubrechen. Doch um von seinen wohlhabenden, von antisemitischen Vorurteilen geprägten Altersgenossen akzeptiert und von einer jungen Frau aus gutem Hause geliebt zu werden, musste David sein Jüdischsein verbergen... bis zu dem Tag, an dem die Wahrheit ans Licht kommt. In diesem Moment verstehen wir, dass die katholische Kirche aus widerwärtigen Individuen besteht.

Selbst in einem amüsanten Zeichentrickfilm wie *Shrek* (USA, 2001) sehen wir diese Botschaft der Verachtung für die alte europäische Zivilisation. Im Mittelalter ist Shrek ein guter und liebenswerter Unhold, der zurückgezogen im Wald lebt. Er ist derjenige, der sich dem Drachen entgegenstellt und die schöne Prinzessin rettet. Der König ist ein

---

271 Keine bekannte Beziehung zu Ernest Mandel, dem trotzkistischen Führer der Vierten Arbeiterinternationale.

aggressiver und lächerlicher Zwerg, der nicht sehr repräsentativ für die europäische Tradition ist. Er will die Prinzessin heiraten, aber Shrek, der sich in sie verliebt hat, greift im letzten Moment in der Kathedrale ein, wo die Zeremonie stattfindet. Die Zerstörung der Glasfenster der Kathedrale durch den Drachen ist symbolisch. Das ist das Ergebnis der Erzählung von William Strig, dem Autor des Romans, und Ted Elliot, dem Drehbuchautor, mit der wir es zu tun haben.

Am Sonntag, den 3. April 2005, ist Papst Jean-Paul II. gestorben. Der Fernsehsender TF1 hat schließlich beschlossen, den amerikanischen Film *Sieben zu* deprogrammieren, in dem es um einen katholischen Schwachkopf geht, der beschlossen hat, sieben Morde zu begehen, die seinen Hass auf die sieben Todsünden symbolisieren. Der Film des kosmopolitischen Regisseurs David Fincher wird daher bei einer anderen Gelegenheit gezeigt werden. Am selben Abend beschloss auch France 2, sein Programm zu ändern: Der Film *The Devil's Advocate* (USA, 1997) wurde verschoben, um empfindliche Reaktionäre nicht zu verärgern. Diese außergewöhnliche Rücksichtnahme auf die katholische Öffentlichkeit spiegelte wahrscheinlich die Besorgnis über die möglichen epidermalen Reaktionen der seit langem gedemütigten Menschen wider, denn es ist nicht einzusehen, warum die Entscheidungsträger in den Medien bereit sein sollten, gegenüber den stark verachteten Steuerzahlern Mitgefühl oder Milde zu zeigen.

„Wir wollen reinen Tisch machen. Wenn es auch nicht möglich ist, die Geschichte vor 1789 vollständig auszulöschen, so kann sie doch allmählich ein wenig verfälscht werden, um die Öffentlichkeit daran zu gewöhnen, das kosmopolitische und pluralistische Universum der Gesellschaft der Zukunft zu akzeptieren. Dies ist der Fall in *Wild Wild West* (USA, 1999): Im Jahr 1869 sind in den Vereinigten Staaten renommierte Wissenschaftler auf mysteriöse Weise verschwunden. Präsident Grant bittet daraufhin die Agenten West und Gordon, dieses Rätsel zu lösen. Das Abenteuer ist eine Aneinanderreihung von Anachronismen und ein unglaublicher Spaß, bei dem Regisseur Barry Sonnenfeld die gute Idee hatte, einen schwarzen Schauspieler (Will Smith) für die Hauptrolle zu besetzen. *Der Pakt der Wölfe* (Frankreich, 2001) erzählt die Geschichte der Bestie von Gévaudan: Eine geheimnisvolle Bestie wütet 1766 in den Bergen des Gévaudan und hinterlässt zahlreiche Opfer, ohne dass jemand in der Lage ist, sie zu identifizieren und zu töten. Die Menschen sind verängstigt. Es war ein Monster aus der Hölle oder eine Strafe Gottes, das ist nicht klar. Der Fall nimmt eine nationale Dimension an und bedroht die Autorität des Königs. Der Ritter Gregor von Fronsac wird daraufhin in die abgelegene Region geschickt, um das Massaker zu verhindern. Begleitet wird er von dem seltsamen und schweigsamen Mani, einem Irokesen-Indianer vom Stamm der Mohawk. Er hat den schwarzen Gürtel in Kung-Fu und verprügelt die örtlichen Bauern, die wahrscheinlich sehr rassistisch sind: Es ist ein Film von Christophe Gans. In Kevin Reynolds' *Robin Hood* (USA, 1991) bringt ein schwarzer Mann Schießpulver nach Europa und begleitet den legendären Helden. Im Jahr 2001 musste Regisseur Peter Brook in Ermangelung guter weißer Darsteller ebenfalls einen schwarzen Schauspieler für Shakespeares *Hamlet* besetzen. Erinnern Sie sich an die Handlung: Der König von Dänemark ist gerade gestorben. Seine Frau, Königin Gertrude, Hamlets Mutter, heiratet Claudius, den Bruder ihres verstorbenen Mannes. Doch das Gespenst des Königs erscheint ihrem Sohn und bittet ihn, ihn zu rächen, denn er ist auf abscheuliche Weise ermordet worden... Etwas Ernstes geht im Königreich Dänemark vor sich. Zu Shakespeares Stück *„Der Jude von Venedig"*, das 1597 geschrieben wurde und den bezeichnenden Namen *„Der Kaufmann von Venedig"* trägt, wird Peter Brook sagen: „Solange es einen einzigen Antisemiten auf der Welt gibt, werde ich es nie aufführen[272]." „Ethnische Vielfalt ist zweifelsohne en vogue, auch im Theater, denn 2005 wurde am Broadway in Shakespeares *Julius Cäsar* auch ein schwarzer Schauspieler in der Rolle des Brutus aufgeführt. Dieses Mal führte Daniel Sullivan Regie.

In Science-Fiction-Filmen kommt das Ideal des Planeten sehr erfolgreich zum Tragen. Steven Spielberg lehrt uns in *E.T., the Extra-Terrestrial* (USA, 1982), den Anderen, den Außerirdischen, willkommen zu heißen, was ein absolutes Gut ist. *Star Trek*, die mythische Serie, in der alle ethnischen Minderheiten vertreten sind, ist ganz offensichtlich von einem planetarischen Geist durchdrungen. Einige Details bleiben den Eingeweihten, die einige der Prinzipien der vulkanischen Gesellschaft zu erkennen wissen, nicht verborgen. Die Drehbuchautoren der Fernsehserie sind Leonard Nimoy und William Shatner. Die Bösewichte werden überraschenderweise mit kaukasischen männlichen Zügen dargestellt, während die Guten eine multiethnische Menschheit bilden.

In *Terminator II* (USA, 1991) hat der als Polizist verkleidete Killer-Cyborg die Gesichtszüge eines blauäugigen Weißen mit nordischen Zügen, während das Computergenie, das den Mikrochip entwickelt, der die Menschheit revolutionieren soll, ein reuiger Schwarzer ist, der bereit ist, die Früchte seiner Arbeit zu zerstören, um die Menschheit zu retten.

Roland Enerichs *Independence Day* (USA, 1996) war eine gute Komödie: Eine riesige fliegende Untertasse dringt in den Himmel des Planeten ein und setzt zahlreiche kleinere Schiffe frei, die über den Großstädten der Welt schweben. Ein New Yorker Computerwissenschaftler entschlüsselt die Codes, mit denen die seltsamen Reisenden

---

[272] Jacques Attali, *Los judíos, el mundo y el dinero*, Fondo de cultura económica, 2005, Buenos Aires, S. 254.

kommunizieren. Sie sind alles andere als freundlich und bereiten einen Angriff auf die Erde vor. Die beiden Helden, die den Planeten retten werden, sind ein schwarzer Mann und ein chassidischer Jude. Es gibt keinen Grund, etwas zu verbergen, denn das Publikum sieht nichts.

In Larry und Andy Wachowskis *The Matrix* (USA, 1999) werden die Menschen einem Computerprogramm unterworfen, das ihr Leben und jeden ihrer Gedanken beherrscht. Sie glauben, dass sie existieren, aber in Wirklichkeit sind sie die Sklaven der Maschinen. Es gibt nur einen kleinen Brennpunkt des menschlichen Widerstands: Sion. Der Film ist voller kabbalistischer Botschaften: Der Held, Neo, ist „der Auserwählte", der von den Prophezeiungen angekündigte mythische Befreier der Menschheit, der „Zion" retten wird, wie es das „Orakel" offenbart. Die Menschen werden in Form einer multiethnischen Gesellschaft dargestellt, während die Matrix, die das Universum beherrschen will, von Vertretern des Systems mit weißen männlichen Zügen repräsentiert wird. Der ikonische Agent Smith in Anzug und Krawatte ist ganz offensichtlich sehr böse und bösartig. Wieder einmal müssen die Weißen die Verantwortung für die wirklichen Tyrannen übernehmen, denn die Matrix existiert „in echt": Sie hat den Film produziert.

Kurzum, wir werden nie aus diesem Spiel der Schuldzuweisungen herauskommen. All dies wäre nicht so schwerwiegend, wenn es sich nicht um ein systematisches Vorgehen handeln würde, aber es ist klar, dass die Wiederholung identischer Modelle den präzisen Wunsch offenbart, den europäischen Massen eine sehr klare Botschaft einzupflanzen, in der wir sehen, dass „Toleranz" mit einem starken und schmerzlosen Gift verglichen werden kann, das das Opfer betäubt, bevor es es tötet. Sicherlich könnte man einwenden, dass die meisten Hollywood-Stars immer noch Weiße sind, aber man sollte nicht aus den Augen verlieren, dass das Ziel nicht die völlige Zerstörung der weißen Gesellschaften ist, die für den Wohlstand der Unternehmen so nützlich sind, sondern sie dazu zu bringen, die pluralistische Gesellschaft anzunehmen, in der sie den ihnen zustehenden Platz einnehmen können: nämlich den zweiten Platz. Außerdem stellen diese Menschen immer noch die große Mehrheit der Kinobesucher. Wir müssen ein wenig behutsam mit ihnen umgehen und sie allmählich dazu bringen, die neuen planetarischen Normen zu akzeptieren. Wie Steven Spielbergs populärer Film *Raiders of the Lost Ark* (USA, 1981) zeigt, ist Jahwes Macht jedenfalls so groß, dass man nicht einmal im Traum daran denken kann, sich ihr zu widersetzen.

Dennoch kann Barry Levinsons Komödie *Wag the Dog* (USA, 1997) mit einigem Interesse betrachtet werden. Im Weißen Haus herrscht Chaos: Zwei Wochen vor den Wahlen ist der Präsident in einen Sexskandal verwickelt. Um die Aufmerksamkeit abzulenken, lanciert der Berater des Präsidenten (Robert de Niro) ein Gerücht über einen völlig imaginären

Krieg. Um ihn zu inszenieren, kontaktiert er einen Filmproduzenten (Dustin Hoffman). Die beiden werden die Öffentlichkeit ablenken und die gesamte Bevölkerung mit völlig falschen Fernsehmontagen täuschen. Ein amüsanter Film, in dem wir sehen können, wie das System sich seiner Macht so sicher ist, dass es sich selbst denunziert.

Aber das planetarische Ideal lässt sich auch sehr gut über den Text eines Liedes und seine Rhythmen verbreiten. Es besteht kein Zweifel daran, dass die schwarze Musik und die schwarzen Rhythmen in den letzten Jahrzehnten, insbesondere in den letzten dreißig Jahren, in den Medien weit verbreitet waren und viel Aufmerksamkeit auf sich gezogen haben. Wir beurteilen hier nicht die musikalische Qualität der Künstler oder die Musikstile. Wir stellen lediglich fest, dass beispielsweise der Rap, der in letzter Zeit so populär geworden ist, eine Musik ist, die für europäische Ohren a priori schwer zugänglich ist und sich nur nach ständiger Förderung und Bombardierung durch das gesamte Mediensystem durchsetzen konnte. Heutzutage sind die Europäer daran gewöhnt, ebenso wie der Rest. Tatsächlich gewöhnt sich der Mensch an alles.

Es sei daran erinnert, dass die Tonträgerindustrie stark konzentriert ist. Allein Edgar Bronfman, der zu den zehn größten Vermögen der Welt zählt, hat die Produktionsfirmen Polygram, Deutsche Gramophon, Decca, Philipps Music Group erworben. Wie die Tageszeitung *Libération* (23. Mai 1998) feststellte, „werden diese Übernahmen den Weltvertrieb von Tonträgern weiterhin in den Händen einer kleinen Gruppe von multinationalen Unternehmen konzentrieren, so dass der Markt für unabhängige Labels unzugänglich wird. „Die Tatsache, dass Edgar Bronfman auch Präsident des Jüdischen Weltkongresses ist, hat mit diesen wirtschaftlichen und musikalischen Überlegungen nichts zu tun.

Auch klassisches Liedgut oder „populäre Musik" kann mit ihren Texten eine großartige Unterstützung für planetarische Ideale sein. Wir können France Gall zitieren, wenn sie die Lieder von Michel Beger in *„Il jouait du piano debout"* singt; oder Julien Clerc mit *„Mélissa métisse d'Ibiza....* „Nicht zu vergessen der große Serge Gainsbourg mit *„couleur café"*, neben vielen anderen. Jean Ferrat, der aus Russland stammte, wo sein Vater Juwelier war, wählte den Beruf des Sängers, um seine humanistischen Ideen zu vermitteln. In der Tat war er der kommunistischen Partei sehr verbunden. „Der Kommunismus, sagte er, ist die Hoffnung der Welt. Nun, okay, manchmal schreitet die Geschichte nicht in gleichmäßigem Tempo voran. Es gibt Fortschritte und Rückschläge. In *„Nuit et brouillard"*, *„Potemkine"*, *„Les Guerilleros"*, *„Les Nomades"*, *„Cuba si"*, *„Les derniers Tsiganes"*, *„A moi l'Afrique"*, *„Hospitalité"*, *„Bruit des bottes"* usw. sang er von Toleranz und Menschenliebe. Alain Bashung komponierte den *„chant des potes"* (*„das Lied der Kollegen"*) während der großen Zeit von SOS Racisme. Als Verfechter der Menschen ohne Papiere (illegale Einwanderer) erklärte er im Februar 1997: „Die Einwanderung ist nicht das Problem. Diejenigen, die das behaupten, tun dies, um ihren Mangel an Vorstellungskraft zu verbergen. „Clémentine Célarié singt sehr schlecht, aber das Wichtigste ist der Text des Liedes: „Ich habe ihn zu einem Mestizen gemacht, meinen Sohn, damit die Erde vereint ist", sang sie. Er sprach von seinem Sohn Abraham. Clémentine setzt sich für große humanitäre Anliegen ein und wagt es sogar, einen HIV-positiven Mann im Fernsehen auf den Mund zu küssen. Sie fragte die Fernsehmoderatorin: „Würden Sie mir bei einer Kette von Küssen auf den Mund zwischen Homosexuellen, Heterosexuellen, HIV-Positiven, HIV-Negativen, alle zusammen, folgen? „Der 2. April 2005, der Tag der AIDS-"Sidaction", war ein denkwürdiger Tag. Die arme Clémentine war so verwirrt und peinlich berührt, nachdem sie in ihrem Duett mit Michel Jonasz so daneben lag. Der Komponist des „joueur de blues", Michel Jonasz, Sohn ungarischer kommunistischer Einwanderer, hat den guten Geschmack, seine Liebe zur Musik und seine Leidenschaft als Aktivist zu trennen; und er tut es mit einem gewissen Talent. Anders als Jean-Jacques Goldman, der es vorzieht, seine Texte mit planetarischen Botschaften zu füllen, wie in seinem Album „Entre gris claro y gris oscuro", u.a.273. Auch Charles-Elie Couture schien von den gleichen Obsessionen geplagt zu sein, ebenso wie Johnny Clegg, ein südafrikanischer Sänger mit dem Spitznamen „weißer Zulu" und ein Kämpfer für die Abschaffung der Apartheid. Eddy Mitchell hatte seinerseits bei einer Gala zur Unterstützung der Armee zu Weihnachten 1990 im Irak gesungen. Dann waren da noch der engagierte Sänger Georges Moustaki, ein Grieche „aus einer jüdischen Familie", und Perret, dessen Lied *Lily* noch immer die Herzen von Mädchen im Teenageralter höher schlagen lässt. Im Büro von Eddy Barclay lernte er seine Frau Simone Mazaltarim kennen, die er später Rebecca nennen sollte. Auch auf die Gefahr hin, sich isoliert zu fühlen, muss der Sänger Renaud, einer der wenigen echten Pariser, zu den pan-ethnischen Sängern gezählt werden, die immer bereit sind, sich für humanitäre Zwecke einzusetzen und gegen Ungerechtigkeit und Intoleranz aufzutreten.

Die neuen Ghettos

---

[273] „*Entre gris clair et gris foncé*": Erinnern wir uns an die Worte von Jacques Attali: „Jeder wird das Recht haben, mehreren Stämmen anzugehören, die bisher antagonistisch waren, zweideutig zu sein, sich an die Grenzen zweier Welten zu stellen". Alles, was offen, klar, mit scharfen und präzisen Konturen ist, scheint sie abzustoßen, so wie der Teufel das Weihwasser und die Vampire die Knoblauchzehen fürchten.

Natürlich kann die große planetarische Revolution die Ängstlichsten erschrecken. Sollten wir uns, kaum dass wir den Kommunismus hinter uns gelassen haben, in eine weitere globalistische Utopie stürzen? Sicherlich hatten die kommunistischen Ideen, so großzügig sie auch waren, katastrophale Folgen, und es wäre gut, ein wenig vorsichtig zu sein, bevor man die Menschheit auf einen neuen Wettlauf zum Paradies auf Erden schickt. Damals ging es auch darum, „die Vergangenheit auszulöschen" und die alte Welt zu zerstören.

Edgar Morin war sich der Ernsthaftigkeit der damit verbundenen Risiken bewusst: „Der Traum von der persönlichen Entfaltung eines jeden von uns, von der Abschaffung aller Formen der Ausbeutung und der Herrschaft, von der gerechten Verteilung der Güter, von einer wirksamen Solidarität unter allen, von einem allgemeinen Glück, hat diejenigen, die ihn durchsetzen wollten, dazu gebracht, barbarische Mittel anzuwenden, die ihr zivilisatorisches Vorhaben zunichte gemacht haben. Jede Entscheidung zur Unterdrückung von Konflikten und Unruhen, zur Herstellung von Harmonie und Transparenz führt zum Gegenteil, und die katastrophalen Folgen sind offensichtlich. Wie uns die Geschichte dieses Jahrhunderts gezeigt hat, hat der Wille, das Heil auf Erden zu schaffen, zur Schaffung der Hölle geführt. Wir dürfen nicht in den Traum des irdischen Heils zurückfallen... Es gibt also ein Schlüsselproblem[274] ", schloss er weise. Nachdem man zur Zerstörung von allem, was einer Tradition ähnelt, beigetragen hat, ist man gezwungen, bestimmte Störungen im Funktionieren der westlichen Gesellschaften festzustellen, die zu einer „weltweiten Entfesselung blinder Kräfte, positiver *Rückkopplungen*[275], selbstmörderischen Wahnsinns... Kräfte der Selbstzerstörung und Zerstörung, die in jedem Individuum und jeder Gesellschaft latent vorhanden sind... die tödliche Anziehungskraft harter Drogen, insbesondere von Heroin, breitet sich unwiderstehlich aus. „All dies scheint in der Tat sehr beunruhigend zu sein: „Die positiven *Rückkopplungen*, die zum *Runaway* führen, können schließlich eine Mutation hervorrufen. Aber die Kräfte der Kontrolle und Regulierung müssen sich durchsetzen. Es geht also darum, die technische Überflutung der Kulturen, der Zivilisation und der Natur zu bremsen, die die Kulturen, die Zivilisation und die Natur bedroht. Es geht darum, langsamer zu werden, um eine Explosion oder Implosion zu vermeiden[276]. „Kurz

---

[274] Edgar Morin und Anne-Brigitte Kern, *Tierra-Patria*, 1993, Editorial Kairós, Barcelona, 2005, S. 136.

[275] Rückkopplung, Antwort oder Reaktion in einem System.

[276] Edgar Morin und Anne-Brigitte Kern, *Tierra-Patria*, 1993, Editorial Kairós, Barcelona, 2005, S. 115, 116, 118: „Wir könnten den chaotischen und konfliktreichen Zustand der planetarischen Ära als ihren Normalzustand betrachten, ihre Störungen als unvermeidliche Bestandteile ihrer Komplexität, und es vermeiden, den inzwischen

gesagt: Wir bleiben auf Kurs, nehmen aber vorsichtig den Fuß vom Gaspedal.

Wie Edgar Morin stellte auch Alain Finkielkraut die gleichen Schwierigkeiten bei der Entstehung dieser neuen Weltgesellschaft fest. Das Verschwinden der angestammten Religionen und Traditionen und die beschleunigte Errichtung des multikulturellen Paradieses haben einen Wandel herbeigeführt, der für die einheimischen Europäer vielleicht etwas brutal ist, denn leider muss man zugeben, dass es „noch nie so viele Selbstmorde in Frankreich und in Europa gegeben hat. „So ist die Geburtenrate stark gesunken und der außerordentliche Verbrauch von Anxiolytika und Antidepressiva in die Höhe geschnellt.

Jacques Attalis *Wörterbuch des 21. Jahrhunderts* enthält auch einige beunruhigende Passagen, die im Gegensatz zu dem ungezügelten planetarischen Enthusiasmus stehen, der dem Gesamtwerk zugrunde liegt. Nach einigen Überlegungen zum universellen „Frieden" verweisen die Wörterbucheinträge - in alphabetischer Reihenfolge - kurioserweise auf die Wörter „Rebellion", „Revolte", „Revolution", „Risiken", *„Zauberei"* (*sorcellerie*), „Sterilität" (*sterilité*). Jacques Attali hat uns die kommenden Schwierigkeiten nicht vorenthalten. Lassen wir das Orakel sprechen: Mit der Herausforderung „Einwanderung" werden „neue Epidemien auftauchen, ebenso wie Barrieren, die errichtet werden, um Fremde einzudämmen, wie zur Zeit der großen Pest... Viele neue Krankheiten werden mit dem Nomadentum verbunden sein. Sie wird das erste ernsthafte Hindernis sein, das sich ihr entgegenstellt, aber auch die erste planetarische Polizei im Anfangsstadium. „Die Bewohner der Städte des Nordens werden sich nach dem Alltag der Dörfer des 20. Jahrhunderts zurücksehnen. Sie werden die großen städtischen Agglomerationen verlassen und versuchen, alle Arbeiten, die aus der Ferne erledigt werden können, auf dem Lande zu erledigen. Sie werden private Sicherheitsdienste finanzieren, um in Frieden zu leben. Wohndörfer und ihre Umgebung werden zu geschützten Parks, zu freiwilligen Lagern für die Reichen"... oder für jede andere Kategorie von Bürgern, die dem neuen multiethnischen Paradies entkommen wollen. All dies ist alles andere als schmeichelhaft und ermutigend, und es ist erstaunlich, dass unsere Intellektuellen, die sich all dieser drohenden Übel bewusst sind, immer noch bereit sind, weiter zu gehen. Nach den Erfahrungen des Kommunismus scheint die neue planetarische Zukunft tatsächlich voller Bedrohungen und Gefahren aller Art zu sein.

Auch Alain Minc war sich des von ihm vorgeschlagenen Modells durchaus bewusst, als er die aktuelle Entwicklung der Gesellschaft am Ende des 20. Die steigende Arbeitslosigkeit, die Entstehung von

---

trivialisierten und allumfassenden Begriff Krise zu verwenden. *„Erde-Heimat"*, S. 112

verbotenen Vierteln in den Vorstädten, die Zunahme der sozialen Ausgrenzung, die Entvölkerung des ländlichen Raums, der Druck der Unsicherheit, die Angst vor dem Fremden: das sind unbestreitbare Tatsachen277." „Die Kriminalitätsrate in Frankreich hat sich in fünfundzwanzig Jahren vervierfacht und die Zahl der bewaffneten Raubüberfälle verzehnfacht. Die Schwerkriminalität ist auf dem Vormarsch und die Kleinkriminalität nimmt zu, und das alles in einem Klima der Überemotionalität. „Das Schreckgespenst der Unsicherheit hat in den letzten Jahren Gestalt angenommen: „Mit der Nachbarschaftskriminalität steht die Unsicherheit im Zentrum des täglichen Lebens und bedroht es unmittelbar. Mit den Unruhen in den Vorstädten wird die Existenz exterritorialer Räume deutlich, von denen aus ein Angriff auf die traditionelle Gesellschaft ausgehen kann. Mit den Verbrechen wird die wachsende Macht aller Mafias deutlich. In jeder ihrer Erscheinungsformen zeigt die Gewalt, wie sehr sich unsere Welt gegen die schleichende Ausweitung aller Grauzonen und damit aller Formen der Unordnung wehrt. Die Angst vor dem Anderen sowie das Wiederaufflammen großer Epidemien278. „Nach Ansicht von Minc sollten wir uns jedoch nicht auf diese einfache Bilanz beschränken, denn „im Vergleich zu anderen Ländern scheint Frankreich eine Oase zu sein. „Wenn wir es also richtig verstehen, muss die Arbeit zunächst an uns selbst getan werden.

Bernard-Henri Lévy hat den gleichen paradoxen Diskurs geführt. Nachdem er in *The Dangerous Purity* alle Nationalismen, Fundamentalismen und Populismen angeprangert hatte, räumte auch er ein, dass die kommende Welt chaotisch sein werde: „Ich glaube, dass die großen Metropolen zunehmend von Mafias und Ghettos beherrscht werden... Ich glaube an eine Zunahme von Kriegen, allesamt Bürgerkriege... dass die Vereinigten Staaten den Bürgerkrieg wieder aufnehmen werden, aber an anderen Orten und unter anderen Formen: Wespen gegen Latinos; Weiße gegen Farbige. Ich glaube, dass es so viele Kriege geben wird, wie es Städte gibt, so viele Sezessionskriege, wie es Megalopole gibt... Ich glaube, dass ganze Staaten unter den Aktionen der planetarischen Mafia fallen werden; und dass sie, wenn sie nicht unter deren Aktionen fallen, in deren Hände fallen werden279." Der Essayist Guy Sorman hat in seinem ausgezeichneten Werk *Waiting for the Barbarians* von 1992 ebenfalls auf die Probleme hingewiesen, die mit einer im Entstehen begriffenen pluralen Gesellschaft verbunden sind. Das Kapitel *Der Richter, der Drogensüchtige, der Einwanderer* veranschaulichte perfekt die, wie George Soros es ausdrückte, „schwierige

---

[277] Alain Minc, *Le Nouveau Moyen-Age*, Gallimard, 1993, S. 236.
[278] Alain Minc, *Le Nouveau Moyen-Age*, Gallimard, 1993, S. 98.
[279] Bernard-Henri Lévy, *La pureza peligrosa*, Espasa Calpe, Madrid, 1996, S. 166-167.

Koexistenz zwischen dem Bourgeois und dem Barbaren". Die Verurteilung des afrikanischen Heroinhändlers Ozeye zu sechs Jahren Gefängnis veranlasste Guy Sorman zu folgenden Überlegungen: „Der Fall Ozeye mobilisierte monatelang mehrere Polizeiinspektoren, die ihn beobachteten, bis er in die Falle tappte; er mobilisierte auch Richter, Staatsanwälte, Notare, Anwälte, Sicherheitsbeamte, Strafvollzugsbeamte. Hätte man all diese Zeit und all dieses Geld nicht für die Bestrafung schwerwiegenderer Straftaten oder für deren Verhinderung verwenden können280? „Ist ein Drogendealer, der auf der Straße Heroin an Jugendliche verkauft, nicht letztlich etwas sehr Ernstes? Wie George Soros, ein Befürworter der Liberalisierung von Drogen, ist auch der sehr liberale Guy Sorman ein Verfechter einer gewissen Toleranz. „Ozeye und Drogen kommen beide von außen, und beide stehen für den Einbruch der Unordnung in die bürgerliche Gesellschaft. „Die Franzosen, die in ihrer Mentalität noch zu bürgerlich sind, müssen sich an die Moderne gewöhnen und sich für fremde Kulturen öffnen.

Das Kapitel mit dem Titel *„Die schwarzen Niederländer"* stellt von vornherein eine ziemlich harte Diagnose der pluralen Gesellschaft auf: „80 % der in Amsterdam begangenen Verbrechen und Vergehen werden von Angehörigen dieser Minderheiten begangen: in den Gefängnissen ist jede zweite Zelle mit Allochthonen belegt, obwohl diese nur 5 % der Gesamtbevölkerung ausmachen281." Eine in Surinam geborene Soziologin, Philomena Essed, „stellte fest, dass unzureichende Bildung oder unzureichende Sprachkenntnisse 50 % des Lohngefälles oder des beruflichen Rückstands im Verhältnis zum beruflichen Rückstand der Bevölkerung erklären. „Eine in Surinam geborene Soziologin, Philomena Essed, „fand heraus, dass unzureichende Bildung oder unzureichende Sprachkenntnisse für 50 % des Lohngefälles oder des beruflichen Rückstands gegenüber den Weißen verantwortlich sind. Die anderen 50 % sind auf nicht objektive Ursachen zurückzuführen, die sich nur durch Rassendiskriminierung erklären lassen... Minderheiten sollten nicht integriert werden, sondern die Niederländer sollten selbstkritisch sein. Es ist an der Zeit, dass sie die Schwächen ihrer eigenen Kultur kennen lernen, dass sie akzeptieren, dass sie rassistisch sind, und dass sie erkennen, was allogene Kulturen ihnen bringen können", erklärte Frau Essed. Guy Sorman wies darauf hin, dass Philomena Essed, eine Forscherin am Zentrum für rassische und ethnische Studien in Amsterdam, von dem toleranten Staat, den sie anprangerte, bezahlt wurde, und fügte zu Recht

---

[280] Guy Sorman, *Esperando a los bárbaros*, Seix Barral, 1993, Barcelona, S.8. „Los inmigrantes del exterior y los drogados del interior. Wird die bürgerliche, weiße und westliche Gesellschaft von den neuen Barbaren belagert? Ist dies eine reale oder imaginäre Bedrohung? „In *Esperando a los bárbaros*, Seix Barral, 1993.
[281] Guy Sorman, *Waiting for the Barbarians*, Seix Barral, 1993, Barcelona, S. 15.

hinzu, dass dies „in einer demokratischen Gesellschaft vielleicht das charakteristischste Zeichen ist: Dissens wird subventioniert282." Nach einer Reise nach Deutschland, wo er Daniel Cohn-Bendit kennen gelernt hatte, flog Guy Sorman in die Vereinigten Staaten, um „die amerikanischen Stämme" näher kennen zu lernen. Die Universität Stanford war die erste Station seiner Amerikareise: „Stanford ist ein Spiegelbild eines Amerikas, das nicht mehr ausschließlich weiß ist: Dank der *Affirmative Action* ist sie die stärkste aller Universitäten des Landes, und 45 % der Stanford-Studenten gehören einer Minderheit an", ein Prozentsatz, der ihrer Zahl im Staat Kalifornien entspricht. Sharon Parker, die Leiterin des Büros für Multikulturalismus, erklärte, dass die Universität Clubs und Demonstrationen für die schwarze, mexikanisch-amerikanische und indianische Gemeinschaft finanziert. „Die Schwulen-, Lesben- und Bisexuellenvereinigung fühlte sich diskriminiert, weil sie keinen Ort hatte, an dem sie sich treffen konnte, und Sharon Parker besorgte ihnen das alte Feuerwehrhaus auf dem Campus, das für sie frei wurde. Die Weißen als solche haben keinen Anspruch auf irgendetwas; die Herrenrasse muss Demut lernen; ihre alten Burschenschaften wurden verboten, weil der Verdacht besteht, dass sie rassistische Traditionen fortführen. „Dies ist eine positive Diskriminierung. Aber „es bleibt ein letztes Hindernis auf dem Weg der Minderheiten: das Diplom. Fünfundvierzig Prozent der zugelassenen Studenten gehören Minderheiten an, aber nur 20 Prozent erhalten ihr Diplom. Und zwar deshalb, weil die Prüfungen zur Erlangung des Diploms bisher für alle gleich sind. Sollten die Kriterien auch auf dieser Ebene diversifiziert werden? Einige zweitrangige Universitäten tun dies bereits, und sei es nur, um Minderheiten anzuziehen283. „Die positive Diskriminierung oder „*affirmative action*" wird also nicht nur den Zugang zur Universität erleichtern, sondern auch die Erlangung eines Diploms für diese Minderheiten, die in der Tat bald die Mehrheit darstellen werden, erleichtern284. Weiße, die nicht zufrieden sind, können immer noch woanders hinwandern, wenn sie wollen: die Tür steht offen.

Anschließend besuchte Sorman San Diego: „Wir sind schuldig, wir müssen es wiedergutmachen", erklärt Maureen O'Connor, Bürgermeisterin von San Diego, einer der wohlhabendsten Städte Kaliforniens. Frau O'Connor ist Republikanerin und ultrakonservativ, aber ihrer Meinung

---

282 Guy Sorman, *Warten auf die Barbaren*, Seix Barral, 1993, Barcelona, S. 15, 17-18.
283 Guy Sorman, *Warten auf die Barbaren*, Seix Barral, 1993, Barcelona, S. 78, 79, 80
284 „Auf dem Weg zu einer Mehrheitsgesellschaft in den kommenden Jahrzehnten hat das Land zwei weitere Meilensteine erreicht: Erstmals sank der Anteil der Weißen unter 60 %, von 63,7 % im Jahr 2010 auf 57,8 % im Jahr 2020. Und die Bevölkerung unter 18 Jahren ist jetzt mit 52,7 Prozent mehrheitlich schwarz. „ https://www.washingtonpost.com/dc-md-va/2021/08/12/census-data-race-ethnicity-neighborhoods/, 12. August 2021. (NdT).

nach gehört die positive Diskriminierung nicht zu den linken.... Wie bringt man einem weißen, männlichen Vorarbeiter bei, einem mexikanischen Landarbeiter nicht in die Augen zu schauen, weil das ein Angriff auf seine Kultur ist? Wie bringt man eine in Laos geborene Feuerwehrfrau dazu, mit einem philippinischen, einem mexikanischen und einem irischstämmigen Hauptmann zusammenzuarbeiten, wenn sie nicht einmal dieselbe Sprache sprechen? Es gibt keine stereotype Antwort; die einzige Lösung ist, zuzuhören. Wir hören uns genau an, was Minderheiten uns lehren können, und das ist spannend285 „, sagte Maureen O'Connor.

In Boston erklärte uns Guy Sorman, dass alle Kandidaten bei den Auswahlprüfungen für den Polizeidienst „dieselbe Prüfung ablegen müssen, aber die Ergebnisse werden auf zwei verschiedenen Listen geeigneter Kandidaten geführt: die der Weißen und die der anderen. Der Bürgermeister, der Polizeichef und der Feuerwehrchef sind verpflichtet, eine gleiche Anzahl von Beamten von jeder Liste einzustellen", um die Einstellung von Farbigen zu erleichtern. In Dallas sind die Unternehmen, an die die Stadtverwaltung Ausschreibungen vergibt, in erster Linie „minderheitengeführte" Unternehmen. „Der Stadtrat hat sich zum Ziel gesetzt, 35 % der städtischen Aufträge für *benachteiligte Unternehmen* (BDE) zu reservieren. Was ist ein BDE? Ein Unternehmen, das von einem Vertreter einer geschützten Minderheit - mexikanisch-amerikanisch, schwarz, indisch - oder einer Frau geführt oder kontrolliert wird? Kann ein englischer Geschäftsinhaber ein DBE sein? Ja, wenn es sich um eine Frau oder eine behinderte Person handelt286." Dies ist die „PC"-Ideologie (politisch korrekt) in den Vereinigten Staaten. Offensichtlich ist dieses Gefühl der weißen Schuld nicht natürlich. Sie ist das Ergebnis einer langen Arbeit, die von marxistischen und liberalen Intellektuellen in der zweiten Hälfte des 20. Jahrhunderts geleistet wurde. Zu diesen Denkströmungen hat sich in den Vereinigten Staaten eine afrozentristische Strömung gesellt, die dazu tendiert, Afrika seinen Platz in der kulturellen Evolution der Menschheit zurückzugeben. Es wird behauptet, dass Kleopatra schwarz oder fast schwarz war und dass das ägyptische Erbe von den Kretern und Phöniziern nach Athen gebracht wurde. Der Westen würde den Schwarzen also nicht nur sein genetisches Erbe verdanken, da der Homosapiens in Afrika entstand, wie die Anthropologen lehren, sondern auch sein philosophisches und religiöses Erbe287.

Das Referenzwerk zu diesem Thema ist das von Professor Martin Bernal. „Er lehrt Politikwissenschaft an der Cornell-Universität im Bundesstaat New York. Er ist der Guru des Afrozentrismus, und sein Buch *Black Athens* ist eine radikale Revision der Ursprünge der westlichen

---

285 Guy Sorman, *Waiting for the Barbarians*, Seix Barral, 1993, Barcelona, S. 81.
286Guy Sorman, *Warten auf die Barbaren*, Seix Barral, 1993, Barcelona, S. 84, 86.
287Guy Sorman, *Warten auf die Barbaren*, Seix Barral, 1993, Barcelona, S. 103-106.

Zivilisation, die zu einem Eckpfeiler des neuen schwarzen Bildungssystems geworden ist. „Bernal hingegen ist weiß und englischer Herkunft", stellte Guy Sorman fest, ohne zu lachen[288]. „Mein Ziel ist es, die intellektuelle Arroganz der Europäer abzubauen", sagt er in seinem Fazit. „Einmal mehr stoßen wir auf den Geist der Rache und den glühenden Hass, der die Intellektuellen des Planeten beseelt.

Mehrere französische Intellektuelle haben, manchmal unbewusst, aber oft entscheidend, zu dieser kontrollierten Zerstörung der klassischen Kultur beigetragen. „Aus dem Werk von Lévi-Strauss stammt die Idee, dass es keine Hierarchie zwischen den Kulturen gibt: Es gibt weder zivilisierte noch wilde Menschen". „Daraus hat die KP einen allgemeinen Kulturrelativismus abgeleitet. Doch der eigentliche Guru der KP, der persönlich in den Kampf eingreift, ist Jacques Derrida. Ohne Bezugnahme auf Derrida ist es schwierig, in den Vereinigten Staaten Literatur zu unterrichten. Dieser französische Philosoph, der in Frankreich nur einer Minderheit bekannt ist, ist an den besten Universitäten der Vereinigten Staaten eine feste Größe. Seine Methode, die als 'Dekonstruktion' des Textes bezeichnet wird, betont die radikale Instabilität der Bedeutung und privilegiert den Leser gegenüber dem Autor", schreibt Guy Sorman. Was ein Schüler über einen Autor denkt, wird wichtiger als das, was der Autor selbst schreibt.

„Man liest Shakespeare nicht mehr, um Shakespeare zu verstehen, sondern um sich selbst zu verstehen, um das eigene Bewusstsein zu schärfen und nicht das eigene Wissen. Die Verweigerung des Lernens wird zu einer Form der legitimen Verteidigung gegen die Unterdrückung von Wahrheit und Rationalität. In der dekonstruktivistischen Theorie ist die Wahrheit nicht die Wahrheit: Sie ist nur ein hierarchischer Diskurs, der Logozentrismus oder besser „Phallozentrismus", wie Derrida schreibt, der „alten, toten, weißen Männer"... Was bleibt von der klassischen Kultur übrig, wenn sie durch den Schredder der Dekonstruktion und des Relativismus gelaufen ist? Nichts", gibt Henry Louis Gates zu, ein führender Denker der PC-Bewegung und Leiter der Literaturabteilung in Harvard. Nichts, aber das ist auch nicht der Punkt. Was früher als Kultur, Werte und Moral bezeichnet wurde, war nichts anderes als eine Ideologie, die den unterdrückten Minderheiten von den Herren von gestern aufgezwungen wurde. Jetzt sind es die Minderheiten, die sprechen...". Meine Studenten", so Gates abschließend, „suchen alle nach der Herkunft von Minderheiten; wenn sie 1/32tel indisches Blut in sich finden, drehen

---

[288]Bernal ist ein historischer Nachname: ein gewisser Bernal war der „jüdische Arzt der Expedition von Christoph Kolumbus", der die ersten Tabakblätter nach Europa brachte, schrieb Roger Peyrefitte in *Les Juifs*, Éditions Flammarion, 1965, S. 157.

sie vor Freude durch und ändern sogar ihre Namen. Sie sind nicht mehr dummerweise Amerikaner, sondern multikulturell[289]. „

PC sein ist in Mode. Eine radikale und konformistische Mode. Um PC zu werden, muss man nicht viel lernen, man muss sich nur an die Regeln halten, das ist alles. Das erinnert uns an die Anekdote eines unserer Freunde, dessen Vater ihm beigebracht hatte, im Philosophieunterricht in der High School gute Noten zu bekommen. Während einer seiner Klassenkameraden sich über die schlechten Noten beklagte, die er trotz seiner Bemühungen erhielt, beschloss Marcos, sein Geheimnis zu lüften: Es war nicht harte Arbeit, die es ihm ermöglichte, gute Noten zu bekommen, im Gegenteil, er traf keine einzige Note. Er wusste einfach, dass diese „Lehrerin[290] „ von der PC-Ideologie imprägniert war, so dass sie ihre Dissertationen systematisch im planetarischen Sinne ausrichtete und immer „auf dasselbe beharrte": „Wenn du sagst, was du denkst", hatte sein Vater ihm gesagt, „wird sie dich fertig machen; aber wenn du schreibst, was sie hören will, dann machst du sie fertig! Bei den mündlichen Prüfungen vergaß er nie, sein T-Shirt mit der Aufschrift „Lévis" in großen Buchstaben zu tragen, um die Zustimmung der Jury zu gewinnen. Dies war das Geheimnis von Marcos, das es ihm ermöglichte, sein Diplom an der großen Pariser Schule für Politikwissenschaft zu erwerben, einem Vorbild für PC nach französischem Vorbild. Über die andere Schülerin sagte er: „Sie hat nichts verstanden! Das ist alles ziemlich trivial, wenn man sechzehn oder siebzehn Jahre alt ist, aber es ist auch wahr, dass sich viele westliche Erwachsene in der gleichen Situation befinden.

Guy Sorman fügte eine weitere Beobachtung hinzu: „Die Professoren von heute sind die studentischen Demonstranten von 1968". In jenem Jahr entstand an der Universität von Berkeley, auf der anderen Seite der Bucht von San Francisco, „an den Hängen der kalifornischen Hügel eine der authentischsten Revolutionen des Jahrhunderts... Ein erstaunlicher Cocktail - reiche Studenten und linke Professoren, die aus Europa importiert wurden, wie Herbert Marcuse; ein Sammelsurium aus Psychoanalyse, sexueller Freiheit, Hintergrundmusik, psychedelischen Drogen und marxistischer Vulgarität - veränderte Berkeley von Grund auf und verbreitete sich dann in Amerika, Japan und Europa. „Schließlich wurde die Revolution in Berkeley institutionalisiert, und heute „werden fast alle von der staatlichen Universität finanzierten

---

[289]Guy Sorman, *Warten auf die Barbaren*, Seix Barral, 1993, Barcelona, S. 110, 111, 112.

[290]Mit Albert Memmi und Wilhelm Reich haben wir gesehen, dass sich auch die westlichen Frauen von der Unterdrückung durch den weißen Mann befreien sollten. Die Feminisierung des Wortschatzes am Ende des 20. Jahrhunderts war Teil des PC-Trends in Frankreich. Aufgrund der Zurückhaltung der Bevölkerung wird es jedoch nur in sehr geringem Maße genutzt.

Gemeinschaftsaktivitäten von *Schwarzen*, Chicanos oder *amerikanischen Ureinwohnern* oder von Schwulen, Lesben und Bisexuellen kontrolliert. Der weiße Mann wehrt sich noch immer, aber letztlich scheint seine Vorherrschaft dem Untergang geweiht. Das Schicksal des weißen Mannes scheint durch die Demographie besiegelt zu sein", schrieb Guy Sorman, der das greifbare Ergebnis des marxistischen Aktivismus auf die europäische Zivilisation perfekt zusammenfasste. „Fünfundzwanzig Jahre später sind die Weißen in der Minderheit. Die Weißen sitzen *zwischen* Asiaten, die in den Zulassungsfragebögen besser abschneiden als die Weißen, und Schwarzen und Lateinamerikanern, die von den Fördermaßnahmen profitieren. Weiße Schüler, die größtenteils aus weißen Schulen kommen, werden zum ersten Mal in ihrem Leben damit konfrontiert, eine Minderheit zu sein und weiß zu sein... der Klassenkampf wurde durch einen Klassenkampf ersetzt, der ebenfalls unvermeidlich ist: People of Colour haben das Proletariat als die ausgebeutete Klasse ersetzt, die dazu bestimmt ist, dominant zu werden[291]." Guy Sorman hat die pluralistische Gesellschaft jedoch nicht verurteilt, ganz im Gegenteil, wie die folgenden, von Daniel Cohn-Bendit mindestens ebenso souverän verfassten Zeilen belegen: „Das Neue an der Einwanderung in Europa ist nicht so sehr die Zahl oder ihre ethnische oder religiöse Herkunft, sondern die Nicht-Integration der Einwanderer in die Gesellschaften.Unsere Vorfahren waren selten Gallier... unsere Ursprünge sind unklar, und deshalb wollen wir sie nicht anerkennen... Denn wir sind alle multikulturell, zumindest seit der römischen Invasion. Andererseits war Frankreich, in dem es vor einem Jahrhundert Hunderte von Dialekten, *Patois* und Regionalsprachen gab, damals multikultureller als heute[292]. „Und was die Schließung der Grenzen angeht, so sollten wir nicht einmal daran denken: „Die Grenzen schließen? Das ist unmöglich. Welcher Franzose wäre bereit, am Flughafen Roissy zwei Stunden zu warten, damit die Polizei die Identität jedes Reisenden und die Echtheit jedes Passes überprüfen kann? Die Ausweisung von Ausländern, die sich in einer irregulären Situation befinden, ist nur ein theoretischer Ausweg, und zwar aus denselben Gründen: Welcher Franzose würde sich damit abfinden, bei einer Polizeirazzia erwischt zu werden, zum Beispiel in der Metro, und darauf warten zu müssen, dass die Polizei die Bürger, die in Ordnung sind, von denen trennt, die nicht in Ordnung sind[293]." Das Argument ist unwiderlegbar.

Die Franzosen sind noch zu zaghaft angesichts der Modernität einer pluralistischen Gesellschaft, zumal die Entwicklung der französischen

---

[291]Guy Sorman, *Warten auf die Barbaren*, Seix Barral, 1993, Barcelona, S. 113, 114.

[292]Guy Sorman, *Warten auf die Barbaren*, Seix Barral, 1993, Barcelona, S. 158, 159, 163

[293]Guy Sorman, *Warten auf die Barbaren*, Seix Barral, 1993, Barcelona, S. 194.

Gesellschaft in den letzten Jahren Spannungen offenbart hat, die bisher verborgen waren. Die Wahrheit zwingt uns zu sagen, dass jedes Jahr zahlreiche Schändungen an christlichen Gotteshäusern und Friedhöfen begangen werden. So wurden in fünf Monaten, zwischen Dezember 2003 und April 2004, etwa zwanzig solcher Fälle registriert. Dutzende von christlichen Gräbern wurden geschändet, Kirchen verwüstet, Kirchenfenster zerstört, Statuen zertrümmert, ohne dass die Medien davon Wind bekamen. Im Gegenteil: Die kleinste antisemitische Beschmierung eines Briefkastens oder eines Grabes auf einem jüdischen Friedhof löste die gesamte Medienmaschinerie und die Absetzung des Ministers aus.

Doch von allen Spannungen und Konflikten, die die neue pluralistische Gesellschaft im Entstehen begriffen hat, ist die Demonstration der Gymnasiasten am 8. März 2005 in Paris ein Symbol und ein Vorbote für die Zukunft geblieben. Wie so oft nutzten zahlreiche „Jugendliche" aus den Vorstädten die Gelegenheit, um in der Nähe der Demonstration zu plündern und zu überfallen. Dieses Mal war die Gewalt besonders eindrucksvoll, vor allem gegen die Schüler selbst. Es waren nicht die Ereignisse selbst, die von Bedeutung waren, denn Angriffe auf Franzosen durch ethnische Banden gibt es in den Vorstädten schon seit vielen Jahren. Das Bemerkenswerteste war, dass die Mainstream-Presse im Anschluss an die Demonstration zum ersten Mal offen über das Phänomen berichtete. Dies war ein historischer Wendepunkt: Zum ersten Mal beschlossen die Medien, nicht mehr den Rassismus der Weißen gegen die Einwanderer anzuprangern (einige Dutzend Übergriffe pro Jahr unter den Hunderttausenden gemeldeten Gewalttaten), sondern endlich das, was alle Franzosen in den Vorstädten schon lange wussten: die Gewalt einiger Einwanderer gegen einheimische Franzosen. Sofort wurde eine Vereinigung „gegen den weißen Rassismus" gegründet... von Yoni Smadja, der eine Petition startete, die von Hachomer Hatzaïr und Alain Finkielkraut unterstützt wurde, der seine Jacke gewechselt hatte und nun an der Spitze der „Reaktion" stand.

Bei näherer Betrachtung stellte sich jedoch heraus, dass die verteidigten Interessen immer dieselben waren und dass das plötzliche Interesse an dem „kleinen Weißen" nur ein Indiz war. Es war klar, dass in der heutigen französischen Gesellschaft die jüdische Gemeinschaft die massive Präsenz muslimischer Einwanderer mehr und mehr fürchtete als die extreme Rechte, die seit Jahrzehnten mit Schlamm und Müll bedeckt war und um die man bewusst einen Cordon sanitaire errichtet hatte. Diese Offensive war auch eine Reaktion auf die antizionistischen „Provokationen" des französisch-kamerunischen Komikers Dieudonné, der die Gemeinschaft weiterhin mit seinem Sarkasmus angriff, obwohl siebzehn Klagen von „antirassistischen" Vereinigungen gegen ihn eingereicht wurden. Nieder mit den Schwarzen, dann[294]!

Le *Monde* startete die Offensive mit einem Artikel von Luc Bronner, der seinen Artikel vom 10. März betitelte: *Das Gespenst der anti-"weißen" Gewalt,* in dem zu lesen ist, dass „die Randalierer ihren Hass auf die kleinen Franzosen, die sie angreifen, zum Ausdruck bringen". Luc Bronner zitierte einige von ihnen, wie z.B. Heikel: „Ich bin nicht zur Demonstration gegangen, sondern um ein paar Telefone mitzunehmen und Leute zu verprügeln. Es gab kleine Gruppen, die herumliefen und randalierten. Und in der Mitte ein paar Clowns, die kleinen Franzosen mit den Gesichtern von Opfern. „Er behauptete, mit seiner Bande etwa fünfzehn Handys mit Gewalt zurückerobert zu haben. Heikel war nach Angaben der Polizei einer der 700 bis 1000 Jugendlichen, die hauptsächlich aus Seine-Saint-Denis und den nördlichen Bezirken von Paris kamen, um die Studenten während der Demonstration anzugreifen. In den Worten dieser Jugendlichen mischen sich wirtschaftliche Erklärungen („leichtes Geld verdienen"), spielerische („Freude am Verprügeln") und eine Mischung aus Rassismus und Sozialneid („sich an den Weißen rächen"). Dutzende Male wiederholte sich die gleiche Situation: Ein oder zwei Randalierer traten an einen Demonstranten heran und drohten ihm, sein Mobiltelefon, seinen MP3-Player oder seine Brieftasche zu stehlen; leistete die Beute Widerstand oder

---

[294]Dieudonné M'Bala M'Bala ist ein französischer Schauspieler und Komiker kamerunischer Herkunft, der in Frankreich sehr bekannt und umstritten ist. Dieudonné zeichnete sich durch eine aktive politische Militanz aus. Ursprünglich vertrat er linke und antirassistische Positionen, doch Anfang der 2000er Jahre wandte er sich Ansichten zu, die als „antisemitisch" angesehen wurden, was zu bemerkenswerten Kontroversen führte, die sich im Laufe der Jahre verschärften. Politisch hat sich der Komiker den Postulaten des Front National im Besonderen und der extremen Rechten im Allgemeinen angenähert und „negationistische" Positionen eingenommen. Diese Situation hat zu zahlreichen rechtlichen Problemen und dem Verbot einiger seiner Auftritte durch die französische Regierung von Emmanuel Valls geführt. In jenen Jahren zu Beginn des 21. Jahrhunderts verbreitete er in Frankreich die amerikanische antisemitische These, dass Juden eine grundlegende Rolle im Sklavenhandel und bei der Ausbeutung der Sklaven auf den Plantagen des amerikanischen Südens gespielt hätten. Diese Idee wurde von der Nation of Islam übernommen und verbreitet, aber von prominenten Persönlichkeiten der schwarzen Welt Amerikas wie dem Akademiker Henry Louis Gates als abwegig widerlegt. Michel Wieviorka kommentierte, dass Dieudonnés Shows „die Sympathie einer Bevölkerung anziehen, die mit dem klassischen Antisemitismus nichts mehr zu tun hat (nationalistisch, christlich, rechtsextrem), auf die Gefahr hin, sich mit ihm zu verbinden: Menschen subsaharischer oder nordafrikanischer Herkunft, manchmal auch Westindien, können sich mit dem Hass auf die Juden identifizieren, die verdächtigt werden, an ihrem historischen Unglück beteiligt gewesen zu sein und heute nicht über diese Vergangenheit sprechen zu wollen, was eine trügerische Konstruktion ist". (Quelle: wikipedia). [Zum Sklavenhandel und anderen Geschäften siehe Hervé Ryssen, *Die jüdische Mafia*, 2008-2022] (NdT).

nahm sie sogar an, wurde sie geschlagen, zu Boden geworfen und getreten. Meistens kommen andere junge Männer, bis zu zehn an der Zahl, und greifen das Opfer am Boden an. In ihrer Sprache nennen sie die „kleinen Weißen" „*Bolos*". „Ein *Bolos* ist ein Cousin, ein Opfer", erklärt Heikel, der wie die anderen nicht erklären kann, woher das Wort stammt. „Es ist, als stünde auf seiner Stirn geschrieben: „Komm und nimm meine Sachen". „Die *Kegler* schauen auf den Boden, weil sie Angst haben, weil sie feige sind", sagte ein anderer Schüler. „Die „kleinen Weißen" wissen nicht, wie man kämpft, und sie rennen nicht in Rudeln. Das Risiko, sie anzugreifen, ist weniger groß. „Andere Internetquellen berichteten, dass die Studenten, die buchstäblich verängstigt waren, über die Passivität der Bereitschaftspolizei erstaunt waren, die über ihr Unglück nur lachte. Es stimmt, dass die Polizei beim kleinsten Fehltritt oft sanktioniert und für als rassistisch eingestufte Handlungen verurteilt wird, was wahrscheinlich der Grund für eine gewisse Demotivation ist.

Dieser Presseartikel war ein Novum in der Medienlandschaft, da der vorherrschende Diskurs normalerweise ständig eine weiße, arrogante, kleinliche, gemeine, scheinheilige, stumpfe und rassistische Gesellschaft anprangert, die durch eine pluralistische Gesellschaft ersetzt werden muss.

Am Sonntag, den 17. April 2005, rückte eine Fernsehsendung diese Vorfälle wieder in den Mittelpunkt. Daniel Schneidermann hatte den Soziologen Michel Kokoreff und Yoni Smadja von der Vereinigung Hachomer Hatzaïr, die die Petition gegen den weißen Rassismus initiiert hatte, in sein Studio eingeladen. Einige Journalisten hatten während der Ermittlungen eingeräumt, dass die Angreifer zumeist Schwarze waren. Laurence Ulbrich von der Tageszeitung *France Soir war der* einzige, der dies nicht öffentlich zugab („Es gab alle Arten, es gab nicht nur eine ethnische Gruppe"), während Cyprien Haese von *e-télé sagte,* er habe „nur Schwarze gesehen". Wie wir sehen, sind die Zeugnisse der Menschen oft unterschiedlich und fragwürdig, heute wie damals.

Das Buch von Bernard Stasi aus dem Jahr 1984, *Immigration, ein Glück für Frankreich*, ist sehr gut gealtert, auch wenn Daniel Cohn-Bendit treffend feststellte: „Wir müssen uns an diese relativ kleine Unannehmlichkeit gewöhnen."

4. Messianismus

Messianismus ist die Erwartung des Messias. Es ist der Glaube, dass ein Messias kommen wird, um das Reich Gottes auf Erden zu errichten. Die Christen haben Jesus Christus als ihren Messias anerkannt, aber die Juden warten immer noch auf ihren Messias. Für sie wird das Warten auf den Messias mit dem Prozess der Einigung der Menschheit und dem Verschwinden der nationalen Grenzen verwechselt. Wenn dies geschieht, wird das Volk Israel endlich von allen als Gottes auserwähltes Volk anerkannt werden.

Messianischer Aktivismus

Der Kommunismus war für den größten Teil des 20. Jahrhunderts der Kristallisationspunkt planetarischer Hoffnungen[295]. Nach dem Zweiten Weltkrieg schien das Engagement für das kommunistische Ideal jedoch kaum mit der Unterstützung Israels vereinbar. Für viele Intellektuelle des Planeten war dies ein entscheidender Faktor, der den Bruch mit dem Sowjetkommunismus einleitete. Wie wir bereits gesehen haben, hatte die UdSSR bereits 1949 schnell Partei für die arabische Sache ergriffen und begann, den Zionismus in all seinen Formen zu verurteilen. Für viele linke Intellektuelle war dies ein schmerzhafter Einschnitt, wie Marek Halter erklärt: „Marcuse war, als ich ihn kennenlernte, bereits berühmt und alt. Wir schrieben uns zum ersten Mal 1967, als der Sechstagekrieg im Nahen Osten den israelisch-arabischen Konflikt in den Mittelpunkt linker Auseinandersetzungen und Polemiken gerückt hatte. Damals gab es einige von uns, die das Existenzrecht des Staates Israel und gleichzeitig den nationalen Anspruch der Palästinenser unterstützten. In intellektuellen Kreisen schien dies widersprüchlich. Wir wurden als Zionisten abgestempelt und beschuldigt, objektiv die Lakaien des US-Imperialismus zu sein. Um den Schlag abzufedern, um uns Gehör zu verschaffen, brauchten wir die Unterstützung von angesehenen Persönlichkeiten. Wir dachten an Marcuse. Er hat sofort auf unseren Brief an ihn geantwortet. Als Jude, der mit dem fast hysterischen Anti-Israelismus der Linken konfrontiert war, vor allem der extremen Linken, die sich zu ihm bekannte,

---

[295]Lesen Sie Hervé Ryssen, *Jüdischer Fanatismus*.

fühlte Marcuse das gleiche Unbehagen wie wir: Herzschmerz und Solidarität[296]. „

1968 traf Marek Halter Alain Krivine, den Chef des revolutionären Kommunistischen Bundes: „Ich glaube, als Jude verstand er unseren Kampf und unsere Beweggründe sehr gut, und trotz der Ideen, die er vertrat, war er der Meinung, dass wir Recht haben könnten. Viele Juden, die sich in der extremen Linken engagieren, sagten mir, dass sie um die Existenz Israels fürchteten, und fügten ironisch hinzu: „Jetzt, wo die physische Existenz Israels nicht mehr gefährdet ist, können wir antiisraelisch sein".

Es war genau das, was man in einem Buch eines anderen kommunistischen Aktivisten jener Zeit, Guy Konopnicki, lesen konnte: 1967 „Ich gestehe, ich war zweimal erleichtert, als Israel in die Offensive ging. Als Kommunist, weil ich die imperialistische Aggression verurteilen konnte. Als Jude, mehr insgeheim, weil ich nicht ignorieren konnte, dass ein arabischer Sieg ein Massaker bedeuten würde. Ich habe diese Momente nie vergessen, und auch nicht, wer ich damals war, als ich noch nichts von Lacan und der Spaltung des Subjekts wusste. In dem Saal in der Rue Lafayette 120, dem historischen Sitz der PCF, ergriff ich als dienender Jude zusammen mit Guy Hernier das Wort, um vor einer Versammlung kommunistischer Jugendlicher und Studenten die Bösartigkeit des Zionismus anzuprangern. Es war der siebte Tag, wie in der Genesis! Es bestand keine Gefahr mehr. Aber der Tag davor, ach, der Tag davor... Am sechsten Tag gestand ich meine Erleichterung, ja meinen Stolz, einem anderen Schizophrenen, der wie ich damals war, meinem Kameraden Alexandre Adler. Wir feierten gemeinsam lachend diesen Sieg des Klassenfeindes[297]! „Sehen wir hier nicht den gleichen Geist wie bei den Marranos, den Juden in Spanien, denen die Katholischen Könige 1492 zwei Möglichkeiten gelassen hatten: Konvertierung oder Exil? Wir wissen, dass diejenigen, die sich für die Konversion entschieden hatten, jahrzehntelang das Judentum im Verborgenen weiter praktizierten, und genau aus diesem Grund hatte Spanien das eingerichtet, worauf sich viele noch heute mit Schrecken beziehen: die Inquisition, deren Aufgabe es war, die Katholiken auf den rechten Weg zu bringen[298].

Die Unterstützung Israels prägte auch die Reaktionen vieler Intellektueller während des ersten Golfkriegs, den die Amerikaner und ihre westlichen Verbündeten 1991 gegen den Irak führten. Nach dem Einmarsch

---

[296]Marek Halter, *Un Homme, un cri*, Robert Laffont, Paris, 1991, S. 116.
[297]Guy Konopnicki, *La Faute des Juifs*, Balland, 2002, S. 121-122.
[298]Zur spanischen Heiligen Inquisition und vielen anderen kontroversen Themen der Geschichte empfehlen wir das unverzichtbare Buch von Jean Sévillia: *Historiquement correct, pour en finir avec le passé unique*, Perrin, 2003. *Historiquement incorrect, pour finir avec le passé unique*, Ed. El Buey mudo, 2005.

von Saddam Hussein in Kuwait war es notwendig, eine große westliche Koalition zu organisieren, um ihn zum Rückzug zu zwingen, da er Israel bedrohte und die Frechheit besaß, sich mit Nebukadnezar zu identifizieren", dem König von Babylon, der die Juden deportiert hatte. Sein Sturz im Jahr 2003, nach dem zweiten Golfkrieg, war geplant. Beim „Kampf um den Frieden" ging es wieder einmal um Bomben und Krieg.

Das Engagement von Intellektuellen für große humanitäre Anliegen ist nie völlig uneigennützig. Das Gleiche gilt für alles, was der planetarische Geist erschafft und verwirklicht. Sie hat immer eine politische Bedeutung, eine ideologische Dimension und einen aktivistischen Eifer. Der Künstler arbeitet nicht um der Schönheit willen oder aus reinem Desinteresse, sondern um seine Zeitgenossen zu beeinflussen und sie von einer Idee oder einem Ideal zu überzeugen, das ihn interessiert. Ich habe lange zwischen der Malerei und dem Schreiben geschwankt", räumt Marek Halter ein. Jedes Mal, wenn ich versuchte, eine Idee zu vermitteln oder meine Empörung durch Malerei auszudrücken, scheiterte ich. „Halter musste ein anderes Medium finden, um seine Ideen auszudrücken und zu versuchen, das Weltgeschehen zu beeinflussen.

Seine Empörung drückte sich besonders deutlich im Zusammenhang mit dem schmerzlichen Kapitel des Zweiten Weltkriegs aus. Marek Halter wurde in einer polnisch-jüdischen Familie geboren und erlebte in seiner Kindheit die Qualen des Exils. Seine Familie floh zunächst in die UdSSR, als die deutschen Truppen 1940 in Polen einmarschierten, und dann 1941, als sie in die UdSSR kamen. Die deutsche Offensive veranlasste das kommunistische Regime, eine Massenevakuierung der Juden hinter dem Uralgebirge zu organisieren, um sie zu schützen. So verbrachte Marek Halter den größten Teil seiner Kindheit im Heimatland des Sozialismus. Nach dem Krieg in Paris angekommen, bewegt er sich in den Kreisen der Kommunistischen Jugend und setzt sich für die Verteidigung Israels ein. In einem wichtigen Buch seiner Bibliographie, *The Fool and the Kings*[299], erinnerte Marek Halter an seinen unermüdlichen Kampf für den Frieden im Nahen Osten. Wir haben ihn hier zusammengefasst, weil er so charakteristisch für den engagierten Intellektuellen ist.

Im Jahr 1968 reiste er nach Israel, wo er Golda Meir traf. Nach seiner Rückkehr nach Paris gründete er eine Zeitschrift. Anschließend ging er nach New York, wo er Kontakte zu jüdischen Intellektuellen knüpfte, die sich wegen der israelfeindlichen Haltung der UdSSR von der Linken abgewandt hatten, und sicherte sich auf diese Weise die Unterstützung für seine Zeitung. Er kehrte über Israel nach Frankreich zurück, um eine internationale Konferenz über den Frieden im Nahen Osten und die Verteidigung Israels innerhalb der Linken zu organisieren. „Wir brachten

---

[299]Marek Halter, *Le Fou et les rois*, Albin Michel, Poche, 1976.

den Text zur Place des Vosges, zu der russischen Dame, die alle unsere Flugblätter vom Mai 1968 vervielfältigt hatte[300]." Anschließend reiste er zusammen mit Bernard Kouchner (zukünftiger Gauleiter von Bosnien, ndr) nach Ost-Berlin, um an einer Konferenz teilzunehmen; über Genf reiste er weiter nach Israel (die Reise wurde von Jean Daniel von *Le Nouvel Observateur* bezahlt) und schließlich zurück nach Paris. Eine Konferenz an der Harvard-Universität führte ihn in die Vereinigten Staaten. „Eine Stunde später saß er im Flugzeug nach New York. Anschließend besuchte er Herbert Marcuse in Kalifornien und reiste durch Israel, bevor er nach Paris zurückkehrte, „mit dem Plan, den wir vorbereitet hatten, und der Liste der Persönlichkeiten, die wir zu einer internationalen Konferenz in Rom einladen wollten". „Ein Anruf aus Tel Aviv holte mich in die Realität zurück. „Unter all diesen Anrufen war auch ein Anruf von Mendés France[301] : Er wollte mich sehen".

Sein Einsatz für den Frieden war unermüdlich: „Amsterdam, Den Haag, Köln, Frankfurt, wo wir die Sozialistische Studiengruppe für den Frieden im Nahen Osten gründeten, die Teil des Internationalen Komitees war. Besprechungen, Termine usw. Wir konnten den Nutzen all dieser Initiativen nur daran messen, was in *Le Monde*, unserem medialen Resonanzboden, oder in *Le Nouvel Observateur* berichtet wurde. „Konferenzen in Budapest, dann in Bologna: „Wir mussten uns das Geld für die Reise von Daniel Jacoby, dem Generalsekretär der Menschenrechtsliga, der bei uns war, leihen. „Turin, Rom, Florenz, Venedig, Paris. Er kehrte nach Beirut zurück: „Wir sind nicht nach Damaskus gegangen. Noch in derselben Nacht erhielten wir ein Telegramm: Wir wurden am nächsten Tag in Kairo erwartet. „Ich konnte es nicht glauben. In meinen Kindheitserinnerungen als polnischer Junge war Ägypten das Land, in dem die Hebräer nach der Osterlegende in der Sklaverei gelebt hatten. Dort hatten sie die Pyramiden gebaut, bevor sie sich an den Ufern des Nils befreiten und in das Gelobte Land aufbrachen. „Wir haben beschlossen, nach Beirut zurückzukehren. Zurück nach Kairo, dann nach Paris, von wo aus er mit Bernard Kouchner nach Rom reiste. „Im Mai 1972 waren wir wieder in Israel. „Ich würde nach Paris zurückkehren, ein Flugzeug nach Genf nehmen und dann nach Paris zurückkehren. „Die Operation Eliav war gescheitert, unser Treffen in London wurde abgesagt und die Konferenz in Bologna wurde abgesagt. New York: „Ich habe gerade mit Studenten über das Thema gesprochen: Müssen wir den Menschen ändern, um die Gesellschaft zu ändern, oder müssen wir die Gesellschaft ändern, um den Menschen zu ändern?" Paris,

---

[300]Der Schulterschluss zwischen den Revolutionären vom Mai 1968 und dem sehr bürgerlichen Place des Vosges mag überraschen, aber manche Solidaritäten - ethnische, religiöse, messianische - können manchmal soziale Grenzen überwinden.
[301]Mendès-France, ehemaliger Premierminister der 4. französischen Republik.

Israel, wieder Paris, dann Buenos Aires: „Ich bin vom argentinischen Komitee für Frieden im Nahen Osten eingeladen worden" (es gibt noch viel zu tun, ndr). „Die Argentinier haben nicht gezögert, den von mir vertretenen Ideen Beifall zu spenden. Das hat sie beruhigt. Man kann also Israel verteidigen und trotzdem ein Linker sein". „Am 6. Oktober 1973 war ich in New York, als ich die Nachricht hörte, dass im Nahen Osten erneut ein Krieg ausgebrochen war. „Reise nach Israel: „Wir kamen durch Paris, wo ich meine Mutter krank vorfand. Wir haben unsere Abreise verschoben. Sanae war erleichtert, so als hätte sie Angst, nach Ägypten zurückzukehren. Sie flog sofort in die Vereinigten Staaten, von wo aus sie mich später anrief, um mir ihre Absicht mitzuteilen, nach Israel zurückzukehren." Das ist es. Es waren vier Jahre, in denen Marek Halter ein rasantes Leben führte. Wäre die Frage von Krieg und Frieden im Nahen Osten nicht so ernst, könnte man an einen jener komischen Filme denken, die das Kino manchmal hervorbringt, wo die frenetische Atmosphäre ein verrücktes Tempo für burleske Abenteuer vorgibt. Seine unaufhaltsame Aktivität beschränkte sich nicht auf die vier Jahre zwischen den Kriegen im Nahen Osten (1968-1973) und dem Kampf um den Frieden. Sein humanitäres Engagement ging weiter. In seinem Buch *One Man, One Cry" (Ein Mann, ein Schrei)* lesen wir von den Erfolgen seiner grenzenlosen kämpferischen Tätigkeit. „Am 16. November 1979 rief mich Andrej Sacharows Frau Elena Bonner aus Moskau an. Die Olympischen Spiele sollten in der Sowjetunion stattfinden, und sie bat mich, eine Kampagne für politische Gefangene zu organisieren[302]. Marek Halter hatte sich auf die Verteidigung großer humanitärer Anliegen spezialisiert, denn bereits zwei Jahre zuvor hatte er einen „Aufruf zum Boykott der Fußballweltmeisterschaft in Argentinien" gestartet. Es wurde geschätzt, dass „zwischen 80.000 und 100.000 Juden Argentinien seit der Machtübernahme durch die Militärjunta verlassen haben. „Es ging also darum, den gleichen Coup mit den Olympischen Spielen in der Sowjetunion zu wiederholen, die jüdischen „*Verweigerer*" an der Auswanderung nach Israel zu hindern und so die Weltöffentlichkeit zu alarmieren: „Wir mussten diese Spiele nutzen, um eine große internationale Demonstration für die Menschenrechte zu machen. Wir mussten „gegen die Demütigung eines Landes protestieren, das die Ehre beansprucht, die olympische Botschaft zu erhalten". Die Olympischen Spiele in Moskau haben, ebenso wie die Fußballweltmeisterschaft in Buenos Aires, endlich stattgefunden. Doch unsere Kampagne trug Früchte: Amerikanische Athleten - auf Bitten von Präsident Jimmy Carter - und westdeutsche Athleten entschieden sich für einen Boykott. „ (Februar 1980).

---

[302]Marek Halter, *Un Homme, un cri*, Robert Laffont, Paris, 1991, S. 118.

So ist das Leben von Marek Halter. Mit einem so vollen Terminkalender und einem so hektischen Zeitplan in der ganzen Welt scheint es uns ganz klar, dass der große Schriftsteller als Mitglied der von Jacques Attali definierten „Hyperklasse" betrachtet werden kann. „Seit ich alt genug war, um zu kämpfen, habe ich gekämpft. Und je mehr ich kämpfe, desto mehr werde ich von meiner Ohnmacht überwältigt[303] ", gestand er. Der Kampf gegen Unterdrückung ist bei den Juden ein Erbe der jahrhundertelangen grausamen Verfolgung, die sie erlitten haben. Marek Halters Leben ist ein Leben des Leidens, der Kampf um den Frieden im Nahen Osten ist sein „Kreuz", seine jahrelange Last: „Jedes Leiden ist einzigartig für den, der leidet. Meine Lebensgeschichte zu erzählen, mein Gedächtnis zum Bluten zu bringen, hätte keinen Zweck, wenn es nicht darum ginge, meine Reaktionen in Israel und Palästina zu erklären[304]. „Es ist wichtig zu verstehen, dass der Kampf um Israel der Kampf der gesamten Menschheit ist: Laut Talmud „waren sechshunderttausend Menschen am Fuß des Berges Sinai, als Moses das Gesetz gab. Nur ein Drittel waren Juden. Das zweite Drittel gehörte zum Volk des Jethro, Oberhaupt eines Nomadenvolkes und Schwiegervater des Mose; das dritte Drittel bestand aus ägyptischen Sklaven[305]. „Das bedeutet, dass Gott das Gesetz nicht nur dem jüdischen Volk gegeben hat, sondern allen Menschen, auch den nichtjüdischen Sklaven, was eine wunderbare Nachricht für uns ist.

Der Lebensweg des Friedensnobelpreisträgers Elie Wiesel kann mit dem von Marek Halter verglichen werden. Die Ähnlichkeiten im Leben und Handeln der beiden sind recht aufschlussreich für eine kämpferische Haltung, die letztlich den Hintergrund der kosmopolitischen Persönlichkeit bildet. Die *Memoiren* von Elie Wiesel sind interessant, um die Beweggründe des großen Mannes und die Mentalität des Planeten im Allgemeinen zu verstehen:

„Seit dreißig Jahren reise ich bis zur Erschöpfung durch die Kontinente und bin durch meine Vorträge auf Konferenzen an einem Punkt angelangt, an dem ich den Klang meiner Stimme nicht mehr ertragen kann[306]. „Wie Marek Halter reist er durch die ganze Welt, um Frieden und universelle Liebe zu predigen und die Politik der großen Mächte der Welt zu beeinflussen: „Wir werden immer auf der gleichen Seite gegen die Händler des Hasses stehen. Unsere Unterschriften befinden sich auf den zahlreichen Petitionen für Menschenrechte[307]. „Und er fügte hinzu: „Ich sah mich selbst auf der Erde umherwandern, von Stadt zu Stadt, von Land

---

[303]Marek Halter, *Le Fou et les rois*, Albin Michel, Poche, 1976, S. 47.
[304]Marek Halter, *Le Fou et les rois*, Albin Michel, Poche, 1976, S. 85.
[305]Marek Halter, *Un Homme, un cri*, Robert Laffont, Paris, 1991, S. 192.
[306]Elie Wiesel, *Mémoires, tome II*, Éditions du Seuil, 1996, S. 214.
[307]Elie Wiesel, *Mémoires, tome II*, Éditions du Seuil, 1996, S. 47.

zu Land, wie der Verrückte in Rabbi Nahmans Erzählungen, um die Menschen daran zu erinnern, wozu sie fähig sind, im Guten wie im Bösen, um ihren Blick auf die zahllosen Geister zu lenken, die um uns herum kauern und lauern[308]." „Der Sieg von François Mitterrand wurde von mir als ein Akt der Gerechtigkeit empfunden... die Hauptstadt feiert, vor allem auf dem Place de la Bastille. Sie feiern die siegreiche Rose. Sie singen, sie tanzen... Im Pantheon dirigiert Roger Hanin die Zeremonie. Das Antlitz des neu gewählten Führers, einsam, aber majestätisch vor der Krypta von Jean Moulin,[309], ist ergreifend. Draußen regnet es in Strömen. Mit unbedecktem Kopf lauscht der neue Präsident unbeweglich und stoisch dem vierten Satz von Beethovens Neunter Symphonie unter der Leitung von Daniel Barenboim... Sobald der Kontakt zwischen uns hergestellt war, erwies er sich als solide und fruchtbar. Mitterrand besteht darauf, mich jedes Mal zu empfangen, wenn ich nach Paris komme. Er wiederholt dies mir gegenüber[310]." Anlässlich des Deutschlandbesuchs von Präsident Ronald Reagan im Jahr 1985, der auf Einladung von Bundeskanzler Helmut Kohl den deutschen Soldatenfriedhof in Bitburg besuchen sollte, war Elie Wiesel empört über das, was er als Affront empfand, und wandte sich an den amerikanischen Präsidenten: „Die jüdischen Kinder, Mr. President, ich habe sie gesehen, sie wurden in die Flammen geworfen, sie waren noch am Leben...'' Konnte ich ihn überzeugen? Das Fernsehen zeigte ihn überwältigt, seine Gesichtszüge waren von Trauer, vielleicht auch von Angst gezeichnet... Konnte ich ihm das Leid vor Augen führen, das er unzähligen Opfern, ihren Familien und Freunden zufügte?...Nach der Zeremonie wurde ich in den Garten geschleppt, wo er vom Medienrummel eingeholt wurde. Ich hätte nie geglaubt, dass es so viele akkreditierte Korrespondenten im Weißen Haus geben würde. Fragen kommen von überall her... Drinnen, in einem eleganten Raum, wird Champagner serviert. Ein Marineoffizier überreicht mir einen versiegelten Umschlag. Ich ziehe mich in eine Ecke zurück, um sie zu öffnen. Eine eilig geschriebene Notiz: „Ich bin im Büro nebenan, weil ich inkognito gekommen bin; ich kann mich nicht zeigen; ich habe Sie vor einiger Zeit auf dem Bildschirm gesehen; ich bin stolz auf Sie." Ich erkenne die Handschrift: Jacques Attali. „Attali war in der Tat ein guter Freund, was Elie Wiesel bestätigte: „Wir sehen uns jedes Mal, wenn ich von Präsident Mitterrand empfangen werde, weil man durch sein Büro gehen muss, um

---

[308]Elie Wiesel, *Mémoires, Band II*, Éditions du Seuil, 1996, S. 530.
[309]Jean Moulin (1899-1943) war ein französischer Politiker und Militäroffizier, der während der Besetzung Frankreichs durch die Armeen des Dritten Reichs den Nationalen Rat der Résistance leitete. Verfolgt von der Gestapo und der Vichy-Regierung wurde er schließlich gefangen genommen, gefoltert und getötet. Er gilt als einer der Helden der französischen Résistance und ist im Panthéon in Paris begraben.
[310]Elie Wiesel, *Mémoires, tome II*, Éditions du Seuil, 1996, S. 436.

in das Büro seines Chefs zu gelangen... Meine Beziehung zu ihm ist ausgezeichnet[311]. „

1986 wurde Elie Wiesel mit dem Nobelpreis ausgezeichnet. Nach den pompösen Feierlichkeiten in Oslo hielt er gemeinsam mit US-Außenminister Henry Kissinger einen Vortrag nach dem anderen in Stockholm, Kopenhagen, Jerusalem und Auschwitz. In Paris schrieb er: „Jacques Chirac überreicht mir die große rote Medaille. Dank Helena Ahrweiler, Rektorin und Kanzlerin der Pariser Universitäten, und Jacques Sopelza, Präsident der Universität Paris I, wird mir die Ehrendoktorwürde der Sorbonne verliehen... Der Geiger Ivry Gitlis spielt uns seine neue Komposition vor. Helena Ahrweiler ist wunderbar für ihre Intelligenz und Gelehrsamkeit[312]." In Moskau, in der Endphase des Sowjetregimes, schien Elie Wiesel als Herr und Meister zu sprechen: „Als er im Januar 1990 auf einer Konferenz über das „globale Überleben" das Wort ergriff, betonte er die Rolle der Erziehung durch Erinnerung. Nochmals, ich habe als Jude gesprochen. Ich forderte Michail Gorbatschow auf, entschiedener gegen Rassismus und Antisemitismus vorzugehen... Ich forderte den Präsidenten der UdSSR auf, die Archive der berüchtigten Prozesse der stalinistischen Ära zu öffnen: Ich sagte ihm, dass wir ein Recht darauf haben zu erfahren, wie die jiddischen Schriftsteller Peretz Markish und Der Nister ihre Inhaftierung und Hinrichtung erlebten[313]." Seine Initiativen waren jedoch nicht immer erfolgreich: „Eine Intervention hinterließ bei mir einen bitteren Beigeschmack. Das war der Fall von Abraham Sarfati. Anfang der 1980er Jahre bat mich Tahar Ben Jelloun, meine Kontakte in den Vereinigten Staaten zu nutzen, um diesem jüdischen und kommunistischen politischen Gefangenen zu helfen, den der marokkanische König nicht freilassen wollte. Ich sprach mit Leuten aus dem Umfeld von Präsident Jimmy Carter, mit Senatoren, mit befreundeten Journalisten; alle Bemühungen waren vergeblich[314]." Im postsowjetischen Rumänien wurde Elie Wiesel wie ein Herrscher empfangen, der seine Befehle erteilte: „Aurel Munteanu, Rumäniens ständiger Botschafter bei den Vereinten Nationen, begleitet uns auf allen unseren Reisen. Ich bringe meine Empörung über das Wiederaufleben des Antisemitismus zum Ausdruck, der in seinem Land Tradition hat... Als ich in einer Privataudienz von Präsident Iliescu und seinem Premierminister Petru Roman empfangen werde, die uns um Hilfe für Rumänien bitten, vor allem in wirtschaftlichen Angelegenheiten, vor

---

[311]Elie Wiesel, *Mémoires, tome II*, Éditions du Seuil, 1996, S. 347, 402.

[312] Elie Wiesel, *Mémoires, Band II*, Éditions du Seuil, 1996, S. 415.

[313] Elie Wiesel, *Mémoires, Band II*, Éditions du Seuil, 1996, S. 216.

[314]Elie Wiesel, *Mémoires, tome II*, Éditions du Seuil, 1996, S. 120. Abraham Sarfati war der Gründer der marokkanischen kommunistischen Partei. Tahar Ben Jelloun, der sich ihm nahe fühlte, schrieb ein Buch mit dem Titel *Le Racisme expliqué à ma fille* (*Der Rassismus erklärt meiner Tochter*).

allem aus Washington, antworte ich, dass ich das nicht tun werde. Warum sollte ich einem Regime helfen, das Hass toleriert?... Aber die hungernden Kinder", sagt Petru Roman, „vergisst du sie? Ich erwidere: „Machen Sie nicht uns für ihr Leid verantwortlich, sondern Sie sind es! Bringen Sie sie dazu, den Hass in Ihrem Land zum Schweigen zu bringen, und die ganze Welt wird Ihnen zu Hilfe kommen". Dennoch schien mir Präsident Iliescu aufrichtig zu sein. Er ordnete an, dass die Herausgeber und Redakteure der antisemitischen Wochenzeitungen strafrechtlich verfolgt werden. Er lud mich auch ein, ihn nach Sighet zu begleiten, um ihm meine Heimatstadt[315] zu zeigen." 1990 organisierte Elie Wiesel in Oslo ein Kolloquium gegen den Hass. Die Liste der Teilnehmer war beeindruckend: Staatspräsident François Mitterrand, der tschechische Präsident Vaclav Havel, der ehemalige US-Präsident Jimmy Carter, Nelson Mandela: „An die Männer und Frauen jeglicher Herkunft, jeglicher Nation und jeglicher Konfession richten wir diesen Appell, Ihre Anstrengungen zu vereinen, um den Hass zu bekämpfen, der unsere Menschheit bedroht[316]..." Es ist seltsam", schrieb Wiesel auf die Rückseite eines Blattes, „je wütender ich werde, je ärgerlicher ich werde, je mehr ich meine Forderungen und Unzufriedenheit äußere, desto mehr Beifall bekomme ich. Ich halte schockierende und verletzende Reden, die die Teilnehmer daran hindern sollten, ihr Essen herunterzuschlucken, und dennoch applaudieren sie und gratulieren mir... nach dem Essen. Das stimmt, stellen Sie sich vor:[317]." Wie sein Freund Marek Halter hat auch der Soziologe Edgar Morin den Kommunismus nach dem Zweiten Weltkrieg auf die lange Bank geschoben. In seinem Buch *Reliances* erklärt er: „So barbarisch er auch war, der stalinistische Kommunismus verkörperte die Zukunft, den universellen Frieden, die Brüderlichkeit. Ich gehörte zu den Kriegskommunisten, die nach dem Krieg die Partei verlassen haben. Ich habe nicht gesehen, dass die beiden Systeme totalitär sind. Für uns hingegen war es der Kapitalismus - wir nannten ihn die bürgerlichen Demokratien -, der den Bauch der üblen Bestie darstellte, aus dem Faschismus, Krieg, Tod[318] kamen. „Sein heldenhaftes Engagement im Widerstand gegen den Nationalsozialismus gab ihm eine gewisse Legitimation, sich gegen den Kommunismus auszusprechen: „Meine Familie stammt aus der großen sephardischen Familie des Mittelmeers. Morin ist das Pseudonym, das ich während der Résistance hatte, wenn auch aus Versehen. Ich hatte mich für Manin entschieden, die Figur aus Malraux' *La Esperanza*, aber sie verwechselten ihn von Anfang an mit Morin. Ich habe dieses Pseudonym beibehalten, ich

---

[315] Elie Wiesel, *Mémoires, Band II*, Éditions du Seuil, 1996, S. 421.

[316] Elie Wiesel, *Mémoires, Band II*, Éditions du Seuil, 1996, S. 503.

[317] Elie Wiesel, *Mémoires, tome II*, Éditions du Seuil, 1996, S. 48.

[318] Edgar Morin, *Reliances*, Éditions de l'Aube, 2000, mit einem Vorwort von Antoine Spire, S. 31.

war sogar versucht, es nach dem Krieg zu legalisieren, um meinen Nachnamen zu ändern. Aber ich habe es aufgegeben. Heute lebe ich in der Ambiguität. In meinen Papieren steht Nahoum alias Morin, Nahoum-Morin[319]. „Die Opposition gegen den Sowjetkommunismus bedeutete jedoch keine frontale Opposition zu den Anhängern des Marxismus in Frankreich, da die humanistischen Ideen, die ihnen allen gemeinsam waren, sie in den wesentlichen Punkten übereinstimmen ließen.

Anders als Marek Halter oder Edgar Morin blieb der große französische Philosoph Jacques Derrida bis zum Ende seiner Tage ein orthodoxer Marxist. Er starb am 9. Oktober 2004 an einem Krebsleiden, das ihn seit Monaten zerfressen hatte. Vor seinem Tod war er für den Nobelpreis nominiert worden. Derrida hatte in den 1960er Jahren begonnen zu publizieren, um zum „Papst" des „politisch korrekten" Denkens an amerikanischen Universitäten zu werden. Sein Werk der „Dekonstruktion" ist nichts Geringeres als ein Unternehmen zur Abschaffung der westlichen Metaphysik. „Es gibt keine Zukunft ohne Marx", schrieb er 1993 in *Spectres of Marx*. An seinem Todestag widmete die kommunistische Tageszeitung *L'Humanité* dem Werk dieses großen Philosophen mehrere Seiten. Sein großer Leser und Übersetzer, Geoffrey Benington, erläuterte die Arbeit und das Engagement des Philosophen, der sein ganzes Leben lang von Gleichheit und Humanismus besessen war: „Von der Dekonstruktion des Textes bis zu seinem Engagement für tschechische Dissidenten im Jahr 1982, das ihn für zwei Tage ins Prager Gefängnis brachte, über seinen Kampf gegen rassistische Gewalt, seine Verteidigung des Gefangenen Mumia Abu-Jamal[320] im Internationalen Schriftstellerparlament, dessen Vizepräsident er war, seine Unterstützung für die Streikenden vom Dezember 1995 und gegen die Ausweisung von Einwanderern ohne Papiere im Namen des Konzepts der Gastfreundschaft, hat Jacques Derrida nie aufgehört....sich nach den ihm eigenen intellektuellen Modalitäten und Formen zu engagieren[321]. „In Bezug auf

---

[319]Edgar Morin, *Reliances*, Éditions de l'Aube, 2000, S. 25.

[320]Mumia Abu-Jamal war ein Afroamerikaner, der wegen der Ermordung mehrerer weißer Polizisten in den USA zum Tode verurteilt worden war. Im ganzen Westen wurden zahlreiche Komitees zur Unterstützung seiner Sache gebildet.

[321] Hier ein Beispiel für philosophische „Dekonstruktion", angewandt auf das Konzept der „Gastfreundschaft" von Jacques Derrida:

„J.D- (...) Ich stelle regelmäßig die bedingungslose Gastfreundschaft, die reine Gastfreundschaft oder die Gastfreundschaft des Besuchs - die darin besteht, den Besucher, den unerwarteten Neuankömmling kommen zu lassen, ohne ihn nach einer Rechnung zu fragen, ohne nach seinem Pass zu fragen - der Gastfreundschaft der Einladung gegenüber. Reine oder bedingungslose Gastfreundschaft setzt voraus, dass der Neuankömmling nicht dort eingeladen wird, wo ich noch der Herr in meinem Haus bin und wo ich mein Haus, mein Territorium, meine Sprache kontrolliere, wo er sich (nach den Regeln der bedingten Gastfreundschaft, im Gegenteil) irgendwie den Regeln

Form und Stil hatte der Philosoph der „Dekonstruktion" zweifellos eines: Sein außerordentlich tiefes Denken wurde durch eine zu schwere Prosa eher schlecht wiedergegeben. In der Tat hatten die Sätze des Philosophen der „Dekonstruktion" jeweils das Gewicht eines Sackes Zement.

Auch der Philosoph Etienne Balibar wurde von dem starken Genie, dem er in seiner Jugend begegnete, für sein Leben geprägt. Balibar war der Autor eines weiteren Artikels in dieser Hommage-Ausgabe von *L'Humanité*. Er schrieb: „Ich erinnere mich an seine Ankunft an der École Normale Supérieure, wo wir uns auf den Posten des Attachés vorbereiteten. Ihm eilt der Ruf voraus, „der beste Phänomenologe Frankreichs" zu sein. Für uns war Derrida vor allem der Autor des schillernden Aufsatzes über den Ursprung der Husserlschen Geometrie, in dem die Frage nach der Historizität der Wahrheit aus den Debatten zwischen Soziologismus und Psychologismus herausgenommen wurde. Ich erinnere mich an die Veröffentlichung der drei Manifeste dieser neuen Methode, die man später „Dekonstruktion" nennen sollte, im Jahr 1967: *Die Stimme und das Phänomen, Von Grammatologie, Schrift und Differenz*. Wir teilten die Überzeugung, dass Intellektuelle und Künstler eine Rolle bei der Konstituierung eines vielgestaltigen und multipolaren Widerstands gegen die Kontrolle durch staatliche oder marktwirtschaftliche Souveränitäten spielen müssen, die Massengewalt hervorbringen und in diese

---

unterwerfen muss, die an dem Ort gelten, der ihn aufnimmt. Die reine Gastfreundschaft besteht darin, das eigene Haus dem unerwarteten Neuankömmling zu öffnen, der ein Eindringling sein kann, sogar ein gefährlicher Eindringling, der Schaden anrichten kann. Diese reine oder unbedingte Gastfreundschaft ist kein politisches oder rechtliches Konzept. Für eine organisierte Gesellschaft, die ihre eigenen Gesetze hat und die souveräne Kontrolle über ihr Territorium, ihre Kultur, ihre Sprache, ihre Nation behalten will, für eine Familie, für eine Nation, die ein Interesse daran hat, ihre Praxis der Gastfreundschaft zu kontrollieren, ist es in der Tat notwendig, die Gastfreundschaft zu begrenzen und zu konditionieren. Manchmal ist es möglich, dies mit den besten Absichten der Welt zu tun, denn bedingungslose Gastfreundschaft kann auch perverse Auswirkungen haben. Diese beiden Formen der Gastfreundschaft lassen sich jedoch nicht aufeinander reduzieren. Diese Unterscheidung erfordert eine Bezugnahme auf die Gastfreundschaft, deren Traum und manchmal quälende Sehnsucht wir bewahren, nämlich die, sich dem auszusetzen, was ankommt. Diese reine Gastfreundschaft, ohne die es keinen Begriff von Gastfreundschaft gibt, gilt für das Überschreiten der Grenzen eines Landes, aber sie spielt auch im Alltag eine Rolle: Wenn jemand kommt, wenn zum Beispiel die Liebe kommt, gehen wir ein Risiko ein, wir setzen uns aus. Um diese Situationen zu verstehen, müssen wir diesen Horizont ohne Horizont, diese Grenzenlosigkeit der bedingungslosen Gastfreundschaft beibehalten, immer in dem Wissen, dass es nicht möglich ist, sie in ein politisches oder rechtliches Konzept zu verwandeln. Für diese Art von Gastfreundschaft gibt es in Recht und Politik keinen Platz.

E.R. - In dieser Angelegenheit intervenieren Sie auf dekonstruktive Art und Weise. „In Jacques Derrida, Élisabeth Roudinesco, *Y mañana qué*...Fondo de Cultura Económica, Buenos Aires, 2002, S. 69-70. (NdT).

zurückfließen... Er hatte gerade ein Beispiel für einen konstruktiven Dialog gegeben, indem er sich mit „seinem alten Feind Habermas" zusammentat, um die Propagandamaschine des endlosen Krieges gegen Terrorismus und Schurkenstaaten zu demontieren." Es sei daran erinnert, dass sich die Kommunisten gegen die beiden US-Kriege im Irak 1991 und 2003 ausgesprochen hatten. Für sie war es, wie die zahlreichen von ihnen verteilten Flugblätter andeuteten, ein „rassistischer und imperialistischer Krieg". Die bösen Weißen wollten weiterhin den Planeten beherrschen, wie in der Kolonialzeit. In Wirklichkeit war die US-Armee multiethnisch, während die Truppen von Saddam Hussein ausschließlich aus Arabern bestanden. Wenn bei diesen tragischen Ereignissen Rassismus im Spiel war, dann ist er in der US-Regierung zu suchen, die in der Tat recht einfarbig war, wie wir bereits gesehen haben. Aber dieser Aspekt ist für einfache kommunistische Aktivisten völlig unverständlich, ebenso wie für die meisten westlichen Massen.

Um dieses Kapitel der Grabreden für eine so bedeutende Persönlichkeit zu beenden, fehlen nur noch die Worte einer Persönlichkeit, die wir im Folgenden wiedergeben: „Jacques Derrida hat in seinem Werk versucht, die freie Geste zu finden, die dem Denken zugrunde liegt. Er teilte die gleiche Leidenschaft für griechisches und jüdisches Denken, für Philosophie und Poesie. Jacques Derrida war ein Denker des Universellen und verstand sich als Weltbürger. Man wird sich an ihn als Erfinder, Entdecker und außerordentlich produktiven Lehrer erinnern. „So wie Präsident Valéry Giscard d'Estaing oder Minister Raymond Barre zu ihrer Zeit Jean-Paul Sartre lobten, verkörperte Jacques Chirac[322] - der Autor dieser Zeilen - von seiner herausragenden Position aus erneut den brüderlichen Gruß des Liberalismus an den militanten Marxismus. Wie sollte man da nicht an George Orwells Roman *1984* denken, der die Methoden der totalitären Gesellschaft beschreibt: Goldstein, der Dissident, Goldstein, der Ungehorsame, Goldstein, der Rebell, der den heimlichen Widerstand verkörpert, wird im Büro des Präsidenten empfangen und begrüßt respektvoll den Großen Bruder. In diesem Fall gratuliert Big Brother Goldstein zu seiner Arbeit[323]. In dem totalitären System, das Orwell sich vorstellt, ist der Widerstand in Wirklichkeit nichts anderes als eine fiktive Opposition, die vom System selbst organisiert wird und die es ermöglicht, Gegner ausfindig zu machen und zu unterdrücken. Nach dem Zerfall der Sowjetunion scheint der kulturelle Marxismus, der in den

---

[322]Im Jahr 2004 war Jacques Chirac noch Präsident der Republik.

[323]Lesen Sie das faszinierende Werk, das unter dem Namen von J.B.E Goldstein veröffentlicht wurde, *Théorie et pratique du collectivisme oligarchique*, Originalübersetzung veröffentlicht unter dem Titel *Теория и практика олигархического коллективизма*. 1948, Vettaz Edition Limited, 2021. (*Theorie und Praxis des oligarchischen Kollektivismus*) (NdT).

Demokratien verankert ist und finanziert wird, tatsächlich die Rolle eines Treffpunkts für alle Unzufriedenheiten und Frustrationen zu spielen.

Eine bemerkenswerte Eigenschaft von Jacques Derrida war, dass er ein instinktives Misstrauen gegenüber anderen organischen Gemeinschaften als seiner eigenen empfand: „Ich habe immer dem Identitätskult misstraut, ebenso wie dem Kommunitarismus, der so oft mit ihm verbunden ist. Ich versuche ständig, mich an die immer notwendiger werdende Trennung zwischen dem Politischen und dem Territorialen zu erinnern... Ich zögere nicht, wenn auch in bescheidenem Maße, Anliegen wie die von Feministinnen, Homosexuellen, kolonisierten Völkern zu unterstützen, bis zu dem Punkt, an dem mir die Logik der Forderung potenziell pervers oder gefährlich erscheint. Der Kommunitarismus oder der Staatsnationalismus sind die offensichtlichsten Beispiele für dieses Risiko und damit für die Grenzen der Solidarität[324].‟ Diese Aussagen sind sehr aufschlussreich und durchaus symptomatisch. So haben viele Intellektuelle die Einwanderung von Siedlern unterstützt, bis zu dem Tag, an dem diese Einwanderer muslimischer Herkunft aggressiv gegenüber der jüdischen Gemeinschaft wurden. Der große ideologische Wandel im planetarischen Denken in Frankreich lässt sich auf das Jahr 2000 datieren. In der Tat begannen nach der zweiten palästinensischen Intifada Millionen junger Araber in Frankreich, ihre Solidarität mit dem palästinensischen Volk und ihre Feindseligkeit gegenüber den Juden deutlich zum Ausdruck zu bringen. Dies hat Philosophen wie Alain Finkielkraut dazu veranlasst, sich in die Röcke französischer Patrioten zu flüchten, nachdem sie sie mit Mist und Unrat bedeckt hatten, und die Gründung einer Vereinigung „gegen den antifaschistischen Rassismus‟ zu unterstützen. Die Juden, die bis dahin systematisch an die anderen unterdrückten Minderheiten, an diese armen, schutzlosen Einwanderer assimiliert worden waren, wie die „Liga gegen Rassismus und Antisemitismus‟ verkündete, sollten fortan an den Westen und die Zivilisation assimiliert werden. Damals wurden die Werte der Republik und der staatsbürgerliche Geist der Franzosen beschworen, um den aggressiven Islamismus in der ganzen Welt zu bekämpfen. Kurz gesagt, man ist reaktionär oder fortschrittlich, je nach den Umständen und vor allem je nach den objektiven Interessen, die immer den Interessen der planetarischen Sache und der eigenen Gemeinschaft entsprechen. Denn während man die Nationen und den Stammesgeist verabscheut und die Entwurzelung, die Ablehnung von Traditionen und der Vergangenheit fördert, kultiviert man eifrig die „Erinnerung‟ und den Gemeinschaftsgeist für sich selbst.

Jacques Derrida wurde 1930 in El-Biar in einer jüdischen Familie in Algerien geboren. Wie der Pole Marek Halter schien er wirklich unter dem

---

[324]Jacques Derrida, Élisabeth Roudinesco, *Y mañana qué...* Fondo de Cultura Económica, Buenos Aires, 2002, S. 31.

Einfluss eines unbändigen vitalen Bedürfnisses zu stehen, sich durch unermüdlichen Aktivismus für alle Dinge einzusetzen, die er für gerecht hielt. Im Buch der Dialoge mit der Psychologin Elisabeth Roudinesco werden seine Beweggründe deutlicher: „Ich denke, ich kann sagen, dass meine Wachsamkeit in Bezug auf Rassismus und Antisemitismus seit meinem zehnten Lebensjahr unermüdlich war." „In *The Backstreet* sagst du, dass du nicht zur jüdischen Gemeinschaft gehören wolltest. Sie haben das Wort Gemeinschaft verabscheut, so wie Sie heute den Ethnizismus, den Kommunitarismus, genauso verabscheuen wie ich. Andererseits spricht er in Bezug auf diese dreifache Identität (jüdisch/maghrebinisch/französisch) von einer distanzierten Identität... Heute fällt es mir schwer, nicht über diese Frage nachzudenken, sowohl um von der kommunitaristischen Versuchung abzuweichen als auch um etwas - einen Rest - von einer Art „Gefühl des Jüdischseins" zu bewahren..... „Derrida antwortete: „In mir ist dieses „Gefühl" obskur, abgründig und vor allem instabil. Widersprüchlich. (Als ob eine Tiefe des Gedächtnisses mir erlaubt, zu vergessen, vielleicht das Archaischste zu leugnen, mich vom Wesentlichen abzulenken. Diese aktive, sogar energische Ablenkung lenkt mich so sehr ab, dass ich sie manchmal auch als widersprüchlich, zufällig, oberflächlich, extrinsisch empfinde.) Nichts zählt für mich mehr als mein Jüdischsein, das jedoch in vielerlei Hinsicht so wenig in meinem Leben zählt. (Ich weiß, dass solche Aussagen widersprüchlich, ja sogar bar jeden gesunden Menschenverstands erscheinen. Aber sie wären nur so in der Sichtweise dessen, der nicht „Ich" sagen könnte, in einem Stück, sondern indem er alle Andersartigkeit, alle Heterogenität, alle Spaltung, sogar alle Auseinandersetzung, alle „Erklärung" mit sich selbst ausschließt. Ich bin nicht allein mit mir, nicht mehr als ein anderer, ich bin nicht allein. Ein „Ich" ist kein unteilbares Atom)...Ich habe in der Tat den Rückzug kultiviert, ich halte mich sogar über jede jüdische Gemeinschaft auf dem Laufenden. Aber bei den geringsten Anzeichen von Antisemitismus werde ich mein Jüdischsein nicht verleugnen und werde es auch nie tun[325]." Dies hatte er bereits 1992 in *Puntos suspensivos zum* Ausdruck gebracht, wo er sagte, er fühle in seinem Innersten einen „Wunsch nach Integration in die nichtjüdische Gemeinschaft, eine Mischung aus schmerzlicher Faszination und Misstrauen, mit einer nervösen Wachsamkeit und einer erschöpfenden Fähigkeit, die Zeichen des Rassismus wahrzunehmen, sowohl in seinen diskretesten Ausprägungen als auch in seinen lautesten Leugnungen[326]. „Diese Besessenheit begegnet uns ständig und ausnahmslos bei allen Intellektuellen des Planeten, ob sie nun erklärt und explizit ist oder unterschwellig und zweideutig.

---

[325]Jacques Derrida, Élisabeth Roudinesco, *Y mañana qué...* Fondo de Cultura Económica, Buenos Aires, 2002, S. 123-125, 207.
[326]Jacques Derrida, *Points de suspensions, Entretiens,* Galilée, 1992, S. 130.

Auch Shmuel Trigano steht in der Tradition der französischen Intellektuellen der Nachkriegszeit, deren messianische Leidenschaften zum Teil die heutige Begeisterung für Universalismus und das planetarische Ideal erklären. Nach den schrecklichen Erfahrungen des Holocaust, so Trigano, entstand in Paris ein spezifisch französisch-jüdisches Denken", das in den 1960er bis 1970er Jahren als Pariser Schule" bezeichnet wurde, mit Intellektuellen wie Edmond Jabes, Emmanuel Lévinas, Jacques Derrida, Georges Perec und Maurice Blanchot. „Nur an diesem Ort, in Frankreich, wo die Erinnerung und die Suche nach dem Universellen lebendig gehalten wurden, konnte das europäische Judentum so schnell wiedergeboren werden, nachdem es aus der Dunkelheit der Nacht aufgetaucht war. „Diese Schule hatte zum Ziel, die spirituelle Botschaft des Judentums in den Begriffen des zeitgenössischen Denkens hörbar zu machen. „Der Holocaust hat das jüdische Gewissen gezwungen, vor der Menschheit Verantwortung zu übernehmen. Der Völkermord kompromittierte den modernen Menschen und drängte das jüdische Bewusstsein dazu, eine Antwort auf die mangelhafte Modernität zu finden, eine Kompensation. Indem sie ihre Einzigartigkeit sicherten, waren die Juden somit Zeugen des Menschlichen. Das Ziel war nicht, die Besonderheit des jüdischen Martyriums in ein abstraktes Universum zu verwandeln, sondern es als Zentrum des universellen menschlichen Schicksals zu betrachten." Wenn wir also Shmuel Trigano richtig verstehen, muss die Besonderheit des jüdischen Denkens zu einem Bezugspunkt für die ganze Welt werden. Er fügte in seinem unvergleichlichen Stil hinzu: „Alle modernen Menschen werden auf irgendeine Weise „Juden", indem sie sich unter dem Zeichen des Buchstabens eintragen, und die Juden werden zu Menschen, aber sie haben keinen Platz mehr, um als Juden in der Stadt zu wohnen, das heißt unter ihrem Namen als Mensch[327]. Im Gegenteil", erklärt Trigano, „im Zionismus geht es um den Zugang zur Menschlichkeit (und nicht mehr zur Staatsbürgerschaft), um die zentrale Herausforderung (denn es ist diese Menschlichkeit, die dem Juden den Antisemitismus grundsätzlich verweigert, indem sie ihn von seiner Staatsbürgerschaft distanziert, ohne ihn in seinem Jüdischsein, das seine Form der Menschlichkeit ist, zu akzeptieren). „Die 338 Seiten des Buches lehren uns den richtigen Umgang mit den verschiedenen Konzepten, die für diejenigen, die mit den Ideen dieser neuen Scholastik, der „Pariser Schule", weniger vertraut sind, vielleicht etwas schwer zu verstehen sind.

„Alle Grenzen, die der Wiederherstellung der jüdischen Einzigartigkeit nach dem Krieg gesetzt sind, fordern die jüdische Welt, die die Frage nach dem Juden an den Menschen gestellt hat, heraus, die Frage

---

[327]Shmuel Trigano, *L'Idéal démocratique*, Editions Odile Jacob, 1999, S. 101, 115.

an sich selbst zu stellen und die Frage nach dem Menschen an die Menschen zu stellen. Die jüdische Frage ist letztlich die Frage nach dem Menschen, die die Juden den Menschen stellen[328]. „Nicht einmal Sartre hat an diese Umkehrung seines sprichwörtlich gewordenen Vorschlags gedacht: „Der Jude ist ein Mensch, den andere Menschen als Juden betrachten"[329]."..Es wäre der Beginn einer neuen Ära", schloss der Philosoph brillant.

Der Jude ist die Menschheit, und die Menschheit ist der Jude. Dies war bereits die Meinung von Elie Wiesel, der in seinen *Memoiren* schrieb: „Es ist so, und man kann nichts dagegen tun: Der Feind der Juden ist der Feind der Menschheit... Indem sie die Juden töteten, nahmen die Mörder den Mord an der ganzen Menschheit auf sich... Die jüdische Tragödie von Auschwitz hat die ganze Menschheit betroffen, aber erst nach Hiroshima wurde sie uns bewusst. In diesem Sinne kann man heute denken, dass die ganze Welt (metaphorisch) jüdisch geworden ist. Mit anderen Worten, es hat eine totale Verschmelzung zwischen dem jüdischen Zustand und dem menschlichen Zustand[330] stattgefunden." In seinem Buch *Die menschliche Ressource* hat der Finanzier Samuel Pisar einige interessante und eindrucksvolle Erinnerungen an seine Sicht der Welt festgehalten. Der kleine Einwanderer aus Polen war nun ein sehr reicher Mann, der an Empfänge im Schloss von Versailles gewöhnt war: „Ich war schon dreimal in Versailles gewesen, um an drei verschiedenen Soireen teilzunehmen, eine schöner als die andere. Wir haben den Kapitalismus gefeiert, dann den Kommunismus, und schließlich den Zionismus. David Rockefeller, Eigentümer der berühmten Chase Manhattan Bank, einer Säule der Wall Street, hatte den Spiegelsaal für ein außergewöhnliches Abendessen zu Ehren seines internationalen Vorstands reserviert. Die Crème de la Crème der Weltwirtschaft und der Finanzwelt war anwesend... David Rockefeller kehrte aus Moskau zurück, wohin ich ihn begleitet hatte. Dort sah ich, wie er an einem unkonventionellen Ereignis teilnahm: der Einweihung der ersten Filiale der Chase Bank in der Sowjetunion, die ihre Büros in der Karl-Marx-Allee eröffnete...

Mein dritter Abend in Versailles war der von Baron Guy de Rothschild, dem Herrscher über das berühmteste Industrie- und Finanzimperium Europas, der dieses Abendessen ausrichtete. Das Rothschild-Empfangspersonal war tadellos gekleidet und verkehrte mit Perücken in der Galerie von Les Battles. Ich genoss das Paradoxon: In dieser kriegerischen Atmosphäre sollte ich die Rede halten, mit der ich die abendliche Debatte über das Thema einleitete, das ich „Die Waffen des

---

[328]Shmuel Trigano, *L'Idéal démocratique*, Editions Odile Jacob, 1999, S. 97, 303.

[329]Zitiert wird Jean-Paul Sartre, *Überlegungen zur Judenfrage*, Seix Barral, Barcelona, 2005.

[330] Elie Wiesel, *Mémoires, tome II*, Éditions du Seuil, 1996, S. 72, 319, 135.

Friedens" getauft hatte. Und, als Beispiel, über die Möglichkeiten der Koexistenz und Zusammenarbeit zwischen Israel und der arabischen Welt. Vor den prächtigen Fresken der französischen Marschälle der Geschichte, die uns beobachteten, dachte ich, während ich sprach, an die aktuellen Marschälle, die von Israel: Dayan, Weizmann, Sharon, die selbst Waffen und Krieg für das Überleben ihres Heimatlandes, des jüdischen Staates[331], verehrten." Wie wir sehen können, haben die Finanziers des Sozialismus manchmal Gedanken, die weit von den Sorgen ihrer europäischen Wähler entfernt sind. Wie im Fall von Guy Konopnicki sehen wir, dass schöne Reden nicht unbedingt den Gedanken des Sprechers entsprechen. Obwohl er die Vergangenheit verachtet, schätzt und genießt Samuel Pisar die Räume des Schlosses von Versailles; obwohl er sich für den Frieden einsetzt, ist er auch ein militanter Unterstützer Israels und seiner Generäle. Was über diese Widersprüche hinausgeht - und wir werden in einem anderen Kapitel sehen, dass es noch weitere gibt - ist der Glaube; ein messianischer Glaube, der seine planetarischen Hoffnungen stützt: „So wie ich die unsäglichen Verwüstungen der Vergangenheit verachte, so glaube ich an eine unbegrenzte Zukunft für die Intelligenz des befriedeten Menschen. Weder Leid, noch Angst, noch Schrecken haben diesen Glauben in mir erschüttert. Ein absoluter Glaube[332]. „Mit diesem Glaubensbekenntnis schloss er sein Buch ab.

George Soros ist von demselben messianischen Glauben beseelt wie Samuel Pisar. Für ihn ist das Leben ein Kampf. Er plädiert für den Triumph der „universellen offenen Gesellschaft", die die Nachfolge des im Osten zusammengebrochenen Systems antreten muss, das „die Quintessenz der geschlossenen Gesellschaft" darstellte. „Dieser Kampf umfasst kontinuierliche Kampagnen zur „Sensibilisierung[333] " der Bevölkerung: „Wir tragen aktiv zur Ausbildung von Lehrern und zur Veröffentlichung neuer Schulbücher bei, die marxistisch-leninistische Werke ersetzen sollen. Wir drucken in Russland jedes Jahr Millionen von Büchern, und ich werde unsere Bemühungen fortsetzen, die großen Zeitungen am Leben zu erhalten, d.h. die Kulturpresse, die eine so große Rolle in der Geschichte dieses Landes gespielt hat[334]." „Hatte die Tatsache, dass Sie Jude sind, etwas mit Ihrer Zugehörigkeit zur offenen Gesellschaft zu tun? Wenn man sieht, wie Juden auf Verfolgung reagieren, erkennt man, dass sie dazu neigen, einen oder zwei Auswege zu suchen, immer die gleichen. Entweder sie überwinden ihre Probleme, indem sie sich an etwas Universellem orientieren, oder sie identifizieren sich mit ihren Unterdrückern und

---

[331]Samuel Pisar, *La Ressource humaine*, Jean-Claude Lattès, 1983, S. 20-21.
[332]Samuel Pisar, *La Ressource humaine*, Jean-Claude Lattès, 1983, S. 379.
[333]Dieser Begriff ist dem Begriff „Propaganda" vorzuziehen, da letzterer vielleicht zu sehr von totalitären Reminiszenzen geprägt ist.
[334]George Soros, *Le Défi de l'argent*, Plon 1996, S. 115.

versuchen, so zu sein wie sie. Ich stamme aus einer assimilatorischen Familie und habe den ersten Weg gewählt. Eine dritte Möglichkeit ist der Zionismus, die Gründung eines Staates, in dem die Juden in der Mehrheit sind. „George Soros hätte ausdrücklich den kommunistischen Weg erwähnen können, auf dem die Juden eine so „herausragende" Rolle spielten, aber wir werden in einem anderen Kapitel sehen, wie alles darauf hinzudeuten scheint, dass sie das Blatt gewendet haben und dass es in diesem Punkt der Geschichte besser ist, sich nicht zu sehr auf die „Erinnerung" zu berufen. „Ich bin stolz darauf, ein Jude zu sein. Ich glaube, dass das jüdische Genie existiert. Sehen Sie sich nur den Erfolg der Juden in der Wissenschaft, im Wirtschaftsleben und in der Kunst an. Es ist das Ergebnis ihrer Bemühungen, ihren Minderheitenstatus zu überwinden und etwas Universelles zu erreichen. Das Jüdischsein ist ein wesentliches Element meiner Persönlichkeit, und wie ich schon sagte, bin ich sehr stolz darauf. Ich bin mir auch bewusst, dass ich in meiner Denkweise einen Teil der jüdischen Utopie in mir trage. Meine Stiftungen sind mit dieser Tradition verbunden. Um Ihre anfängliche Frage zu beantworten: Haben meine Ansichten etwas mit meinem jüdischen Erbe zu tun? - Ich würde sagen, ja, auf jeden Fall. Und ich wüsste nicht, warum das ein Problem sein sollte." Die planetarischen Erwartungen scheinen hier durch das Judentum bestimmt zu sein: „Als Teenager träumte ich davon, ein Supermann zu sein. Ich habe bereits von meinen messianischen Impulsen gesprochen[335]. „Und es ist in der Tat dieser messianische Glaube, der die Planetengeister stets beseelt und sie zu dem unermüdlichen Aktivismus führt, der jede ihrer Aktionen kennzeichnet. Nachdem er sein Vermögen gemacht hat, verfügt George Soros nun über die Mittel, den Lauf der Geschichte weitreichend zu beeinflussen: „Ich bin buchstäblich fasziniert von der Geschichte, und ich habe den tiefen Wunsch, sie zu beeinflussen. „Sie hören nie auf. In diesem kämpferischen Volk ist das gesamte Leben von diesem absoluten Glauben an die Notwendigkeit einer planetarischen Vereinigung geprägt, um die Prophezeiungen endlich wahr werden zu lassen.

Die religiösen Quellen des Globalismus

Die Philosophie der Aufklärung, die im Laufe des 18. Jahrhunderts allmählich die herrschenden Klassen der Gesellschaft des Ancien Régime durchdrungen hatte, führte schließlich zum Sturz der Monarchie und zur Errichtung der Republik. Mit der Proklamation der Gleichheit aller Menschen hatte die Französische Revolution die politischen Grundlagen für den ersten Schritt zur Schaffung einer besseren Welt gelegt. Frankreich wurde so zum „Land der Menschenrechte": nicht mehr ein Land, das von

[335]George Soros, *Le Défi de l'argent*, Plon 1996, S. 186.

Franzosen in vulgärer Stammesmanier bewohnt wird, sondern eine Nation mit einer universalistischen Berufung, deren historischer Auftrag von nun an darin besteht, sich für die universelle Brüderlichkeit einzusetzen. In diesen Zeiten ist Frankreich das moderne Laboratorium, in dem die multikulturelle, multiethnische und multirassische Gesellschaft aufgebaut werden muss; es ist ein Beispiel für die gesamte Menschheit vor der allgemeinen Auflösung aller Nationen; durch es wird das Schicksal der Menschheit verwirklicht.

Aber das Zeitalter der Aufklärung im 18. Jahrhundert, die Französische Revolution und die Gründung der Republik, die durch das Siegel der Gleichheit und den antireligiösen Kampf gekennzeichnet waren, bedeuteten für die Juden ganz andere Dinge, mehr als nur politische Veränderungen. So sagte der berühmte Philosoph Emmanuel Levinas in seinem Essay *„Schwierige Freiheit"*: „In den jüdischen Vierteln Osteuropas war Frankreich das Land, in dem sich die Prophezeiungen erfüllten[336]. „In allen europäischen Ländern, in denen die liberalen Ideen der Revolution im 19. Jahrhundert vorherrschten, gewährten die Regierungen den Juden die gleichen Rechte wie den Europäern. Es war der Beginn der Integration der jüdischen Gemeinden in die europäische Gesellschaft und für sie der Beginn eines rasanten sozialen, finanziellen und politischen Aufstiegs.

Wir finden bei Planetenautoren oft diese Vorliebe für Prophezeiungen, diesen absoluten Glauben an die Richtigkeit ihrer Analysen, als ob sie auf einem religiösen Glauben beruhen würden. Emmanuel Levinas hat in dieser Frage einiges Licht ins Dunkel gebracht. Die antiken Prophezeiungen scheinen der intellektuelle Sauerteig für unsere modernen Philosophen zu sein:

„Es ist in der Tat möglich, die Verheißungen der Propheten in zwei Kategorien einzuteilen: die politische und die soziale. Die Ungerechtigkeit und Entfremdung, die durch die Willkür politischer Mächte in jedes menschliche Streben eingebracht wird, wird verschwinden; aber die soziale Ungerechtigkeit, die Herrschaft der Reichen über die Armen, wird gleichzeitig mit der politischen Gewalt verschwinden. Die talmudische Tradition, vertreten durch Rabbi Chiya ben Abba, der im Namen von Rabbi Jochanan spricht, sieht in der messianischen Zeit die gleichzeitige Verwirklichung all dieser politischen und sozialen Verheißungen...Was die zukünftige Welt betrifft, so scheint sie auf einer anderen Ebene zu liegen. Unser Text definiert es als „das Privileg desjenigen, der dich erwartet". Es handelt sich im Prinzip um eine persönliche und intime Ordnung, außerhalb der Errungenschaften der Geschichte, die eine Menschheit erwartet, die auf dem Weg ist, sich in einem kollektiven Schicksal zu

---

[336]Emmanuel Lévinas, *Difficile liberté*, Albin Michel, 1963, édition de 1995, S. 330, 334.

vereinen... Es gibt eine gegenteilige Meinung zu diesem Punkt, die von Samuel, der sagt: „Zwischen dieser Welt und dem messianischen Zeitalter gibt es keinen anderen Unterschied als das Ende des 'Jochs der Nationen' - der Gewalt und der politischen Unterdrückung". Ein bekannter Text, den Maimonides wieder aufgreift und seinerseits versucht, eine Synthese zwischen Samuels Meinung und der von Rabbi Jochanan337 herzustellen." Die hebräischen Prophezeiungen versprechen uns also den Fortschritt der Menschheit hin zu einer grenzenlosen, vereinten Welt und parallel dazu die Beseitigung der sozialen Ungleichheiten. Friede wird in der Welt herrschen, die Erde wird im Überfluss fließen, und die Menschen werden frei und glücklich in vollkommener Gleichheit in der Luft leben. Natürlich erkennen wir hier die primitiven Quellen des Marxismus ebenso wie diejenigen, die heute unsere planetarische Ideologie zu Beginn des dritten Jahrtausends inspirieren und die durch die Veröffentlichung so viele unserer Mitbürger zum Träumen bringen.

Die Befreiung des Menschen kann nur auf menschlicher und globaler Ebene konzipiert werden. Und diese Idee ist, wie der Philosoph Emmanuel Levinas bestätigte, „die Idee einer brüderlichen Menschheit, die im selben Schicksal vereint ist, ist eine mosaische Offenbarung[338]. „Durch die Vernichtung der alten Völker werden sich die göttlichen Verheißungen erfüllen und Israel wird schließlich die gesamte Menschheit zu Glück und Wohlstand führen können: „Unsere alten Texte lehren gerade den Universalismus, der von jedem Partikularismus des eigenen Landes, von jeder Erinnerung an das Gepflanzte gereinigt ist. Sie lehren die menschliche Solidarität eines durch Ideen geeinten Volkes[339] „, schrieb Levinas, der die Lektion des Turmbaus zu Babel vergessen zu haben schien.

„Wir haben den Ruf, dass wir das auserwählte Volk sind, und dieser Ruf schadet dem Universalismus sehr. Die Idee eines auserwählten Volkes sollte nicht als Stolz betrachtet werden. Es handelt sich nicht um ein Bewusstsein von außergewöhnlichen Rechten, sondern von außergewöhnlichen Pflichten. Es ist das Attribut des moralischen Gewissens selbst. Ein Gewissen, das weiß, dass es im Zentrum der Welt steht und dass die Welt für es nicht homogen ist: Da ich immer der Einzige bin, der dem Ruf folgen kann, bin ich unersetzlich, wenn es darum geht, Verantwortung zu übernehmen. Die Wahl ist ein Überschuss an Verpflichtungen, für die das „Ich" des moralischen Gewissens

---

[337]Emmanuel Levinas, *Schwierige Freiheit, Aufsätze zum Judentum*. Ediciones Lilmod, Buenos Aires, 2004, S. 283, 284.

[338]Emmanuel Lévinas, *Difficile liberté*, Albin Michel, 1963, 1995, S. 310.

[339]Emmanuel Levinas, *Schwierige Freiheit, Aufsätze zum Judentum*. Ediciones Lilmod, Buenos Aires, 2004, S. 254.

ausgesprochen wird340... Die Juden sind notwendig für die Zukunft einer Menschheit, die, da sie weiß, dass sie gerettet ist, nichts mehr zu hoffen hat. Die Anwesenheit der Juden erinnert die Konformisten aller Art daran, dass in der besten aller Welten nicht alles gut ist.[341] „Es ist eine seltsame Offenbarung für einen Intellektuellen, naiv zu erklären, dass die Juden auf der Erde sind, um andere Völker daran zu hindern, nach ihren eigenen Maßstäben zu leben.

Der Diskurs ist umso kurioser, wenn man bedenkt, dass paradoxerweise die Grundsätze, die man anderen eintrichtern will, nicht für das jüdische Volk zu gelten scheinen: „Israel ist gleichbedeutend mit Menschlichkeit, aber die Menschlichkeit enthält etwas Unmenschliches, und so bezieht sich Israel auf Israel, auf das jüdische Volk, auf seine Sprache, seine Bücher, sein Gesetz, sein Land. „Israel schöpft seine Stärke aus seiner Vergangenheit und seiner Erinnerung. In dem klaren Bewusstsein, als geeintes Volk zu existieren, das in seinen Traditionen und seiner Religion verwurzelt ist, kann es weiterhin unter den Nationen gedeihen, ohne Angst zu haben, durch Assimilation oder Rassenmischung zu verschwinden.

Dies ist die Erklärung für ein solches Paradoxon: „Im Gegensatz zu den nationalen Geschichten steht Israels Vergangenheit als alte Zivilisation wie ein Sternenhimmel über den Nationen. Wir sind die lebendige Himmelsleiter342... Diese „Abgrenzung von den Völkern" - von der der Pentateuch spricht - findet ihre Verwirklichung im Konzept Israels und seinem Partikularismus. Es ist ein Partikularismus, der die Universalität bedingt. Und es ist eben eine moralische Kategorie als Israel als historisches Faktum, auch wenn das historische Israel in der Tat dem Begriff Israel treu geblieben ist und sich in der Moral Verantwortungen und Pflichten auferlegt hat, die es von niemandem verlangt, die aber die Welt tragen...Das Judentum verspricht eine Rückeroberung, eine Freude der Selbstbeherrschung im universellen Zittern, ein Strahlen der Ewigkeit durch die Vergänglichkeit343. „Offensichtlich bezieht sich die Korruption auf die anderen Nationen der Welt, die aufgefordert werden, ihre Vergangenheit, ihre Traditionen und ihre Religion zu vergessen, um das Eintreffen der Prophezeiungen zu erleichtern und sich so den Gesetzen des auserwählten Volkes anzupassen.

Die Worte von Emmanuel Levinas wiesen sowohl inhaltlich als auch formal deutliche Ähnlichkeiten mit denen von Jacob Kaplan, dem

[340]Emmanuel Levinas, *Schwierige Freiheit, Aufsätze zum Judentum*. Ediciones Lilmod, Buenos Aires, 2004, S. 199.
[341]Emmanuel Lévinas, *Difficile liberté*, Albin Michel, 1963, 1995, S. 261.
[342]Emmanuel Lévinas, *Difficile liberté*, Albin Michel, 1963, 1995, S. 280, 288.
[343]Emmanuel Levinas, *Schwierige Freiheit, Aufsätze zum Judentum*. Ediciones Lilmod, Buenos Aires, 2004, S. 111, 249.

Oberrabbiner des Zentralkonsistoriums, auf. In *Das wahre Gesicht des Judentums344* legte er eine Vision dar, die denselben messianischen Glauben an die Vereinigung der Welt und an den universellen Frieden widerspiegelt. Über den Messianismus schrieb er: „Ich erinnere mich an die berühmteste Stelle: „Der Wolf wird bei dem Lamm wohnen, der Leopard wird sich mit dem Zicklein niederlassen, das Kalb, das Raubtier und das Masttier zusammen, und ein kleines Kind wird sie führen. Die Kuh und der Bär weiden, ihre Jungen liegen beieinander, und der Löwe frisst Stroh wie der Ochse. Ein saugendes Kind soll über der Kobra spielen, und ein Säugling soll seine Hand über der Viper ausstrecken. Nichts Böses oder Schlechtes soll auf meinem ganzen heiligen Berg geschehen; denn die Erde wird voll Andacht zu Jahwe sein, wie die Wasser das Meer bedecken345ᵃ." „Es ist offensichtlich ein Bild für die Beziehungen, die zwischen den Nationen aufgebaut werden, um die Einheit und Eintracht zwischen ihnen zu erhalten", fügte Kaplan hinzu.

Um dieses Ziel zu erreichen, steht der Menschheit seit 1948 ein Referenztext zur Verfügung: „Für den Beginn einer Ära ohne Bedrohung der menschlichen Rasse können wir auf die Allgemeine Erklärung der Menschenrechte zurückgreifen", so Rabbi Kaplan weiter. Sie ist im Wesentlichen ein Werk der Gerechtigkeit, und da sie auf Gerechtigkeit beruht, ist sie ein Werk des Friedens. Die Rolle, die Präsident René Cassin bei der Ausarbeitung dieser Erklärung gespielt hat, ist uns allen bekannt [dem Publikum der Synagoge in der Rue de la Victoire in Paris, ndlr], aber die Schwierigkeiten, mit denen er dabei zu kämpfen hatte, sind uns allen nicht bekannt346...René Cassin selbst bestätigte dies in einer Fußnote zu seinem Vortrag, in der er feststellte: „Die Talmudisten waren die ersten, die behaupteten, dass die Gebote des Dekalogs die Anerkennung der Rechte des Menschen auf Leben, auf Eigentum, auf Religion... darstellten". Die Achtung der Allgemeinen Erklärung der Menschenrechte ist eine so zwingende Verpflichtung, dass sie für alle die Pflicht mit sich bringt, zu allen Maßnahmen beizutragen, die auf ihre allgemeine und umfassende Umsetzung abzielen. „Die ganze Menschheit muss sich unterwerfen. Man könnte sagen, dass die „Menschenrechte" das bevorzugte Mittel sind, um die göttlichen Verheißungen zu verwirklichen347.

---

[344]Jacob Kaplan, *Das wahre Antlitz des Judentums*, Stock, 1987.

[345]Jacob Kaplan, *Das wahre Antlitz des Judentums*, Stock, 1987. *Communication à l'académie des sciences morales et politiques, février 1985.*[a: Jesaja, XI, 6-9, Biblia Israelita Nazarena, 2011. Auf Bibliatodo.com für die englischen Versionen der Bibel].

[346]René Cassin war der Generalsekretär der Universal Israelite Alliance. 1945 wurde er von General de Gaulle zum Vorsitzenden des Staatsrats ernannt. Seine sterblichen Überreste ruhen im Panthéon, dem Tempel der großen Männer der französischen Republik.

[347]„Das Judentum kann nur in dem Maße überleben, in dem es von Laien anerkannt und verbreitet wird, die außerhalb des gesamten Judentums die Förderer des gemeinsamen

Shmuel Trigano bestätigt die enge Verbindung zwischen demokratischen Ideen und dem Judentum, indem er erwähnt, dass die mittelalterlichen jüdischen Gemeinden durch eine Charta von Rechten und Pflichten regiert wurden, die die Mitglieder aneinander banden: „Die hebräische Idee des Bundes ist somit eine der Hauptquellen der modernen Demokratie348." Was die soziale Gerechtigkeit betrifft, so fuhr Jacob Kaplan fort, „sind die Lehren des Judentums sehr klar: Israel steht für die soziale Gleichheit, nicht nur, weil es mehr als alle anderen unter der Ungerechtigkeit gelitten hat und immer noch darunter leidet, wo die Zivilisation noch nicht angekommen oder auf dem Rückzug ist, sondern weil seine Lehre, durchdrungen von der Liebe zur Menschlichkeit und der Leidenschaft für die Gerechtigkeit, heute wie damals der emotionalste Protest bleibt, der im Namen Gottes und des Gewissens gegen den Missbrauch von Gewalt und die Verletzung des Rechts erhoben wird349...Die Welt wird von der Stabilität profitieren, die durch die Harmonie entsteht, die in der Welt entstehen wird.Die Welt wird von der Stabilität profitieren, weil die Harmonie zwischen den Völkern durch die Achtung der Gerechtigkeit hergestellt wird, und aufgrund dieser Achtung werden soziale Ungerechtigkeit, Unterernährung, Elend, Slums, Egoismus und Gleichgültigkeit gegenüber dem Schicksal der anderen verschwinden. Natürlich wird es lange dauern, bis dieses Ziel erreicht ist. Das Judentum kennt dies350." Die Vereinigung der Nationen kann nur durch die Ausrottung alter Vorurteile erreicht werden: „Für den gläubigen Juden bedeutet die Abschaffung des Rassismus und die Vorbereitung auf das Aufkommen menschlicher Brüderlichkeit, die biblische Lehre von der Einheit der Menschheit in die Praxis umzusetzen351. „Leider ist das Judentum nur allzu oft „das Ziel der Feinde der Zivilisation". Denn „in jedem Zeitalter, in jedem Land hat das verfolgte und gemarterte Israel die Grundsätze verkörpert, die mit dem Fortschritt des menschlichen Geistes triumphieren sollten. Als Nimrod Abraham, den Begründer unserer Religion, verfolgte, weil er sich nicht vor falschen Göttern niederwerfen wollte, wer von beiden repräsentierte die Zivilisation: Nimrod, der grausame und götzendienerische Tyrann, oder Abraham, der friedliche und tugendhafte Hirte? Als Antiochus IV. Epiphanes zur Zeit des Judas Makkabäus den Juden die frivolen Götter und die ausschweifende Moral

---

Lebens der Menschen sind", Emmanuel Levinas, *Schwierige Freiheit, Essays über das Judentum.* Ediciones Lilmod, Buenos Aires, 2004 S. 244.

[348]Shmuel Trigano, *L'Idéal démocratique,* Editions Odile Jacob, 1999, S. 88.

[349]*Cahier de la Voix d'Israel,* 1937, in Jacob Kaplan, *Le vrai visage du Judaísme,* Stock, 1987.

[350]Jacob Kaplan, *Das wahre Antlitz des Judentums,* Stock, 1987. *Mitteilung an die Akademie für Moralische und Politische Wissenschaften, Februar 1985.*

[351]Jacob Kaplan, *Das wahre Antlitz des Judentums,* Stock, 1987. *Predigt in der Synagoge rue de la Victoire am 20. April 1967.*

Griechenlands aufzwingen wollte, bei wem lag da die Zukunft der Zivilisation? Bei den Griechen unbeschwert, spöttisch, amoralisch, oder bei den Juden ernst, nüchtern und würdevoll352?"

Der Glaube an die Überlegenheit des jüdischen Volkes ist hier offensichtlich, aber täuschen Sie sich nicht: Das jüdische Volk ist nicht rassistisch, es kann nicht rassistisch sein. Elie Wiesel schrieb: „In allen Vorträgen, in denen ich jüdische Themen anspreche, betone ich die Ethik des Judentums, die per Definition den Rassismus ablehnt. Ein Jude kann kein Rassist sein; ein Jude hat die Pflicht, jedes System zu bekämpfen, das den anderen als ein minderwertiges Wesen betrachtet. Deshalb kann jeder - unabhängig von Hautfarbe, Herkunft oder sozialem Status - Jude werden: Er muss lediglich das Gesetz353 annehmen." Wenn in der Weltgeschichte kein Volk so viele Märtyrer erlitten hat wie das Volk Gottes", schrieb Rabbi Kaplan, „und wenn jedes Mal, wenn die Zivilisation innehält oder die Barbarei ihr Haupt erhebt, die Mitglieder der jüdischen Gemeinschaft die ersten Opfer der Reaktion sind, dann deshalb, weil das Judentum an der Spitze der Zivilisation steht. „In den Ermahnungen des fünften Buches Mose steht geschrieben: „Denn ihr seid ein Volk, das Jahwe, eurem Elohim, geweiht ist; von allen Völkern der Erde hat Jahwe, euer Elohim, euch zu seinem besonderen Volk erwählt354. „Israel ist der Auserwählte des Herrn. „Nach dem schönen Bild eines unserer berühmtesten Theologen des Mittelalters, Juda Halevi, ist die jüdische Gemeinschaft nach dem Willen Gottes die Saat, die die künftige Menschheit zum Keimen bringen wird...

---

[352] Jacob Kaplan, *Le vrai visage du Judaísme*, Stock, 1987, Kapitel „*Racisme et Judaïsme*".

[353] Elie Wiesel, *Mémoires, tome II*, Éditions du Seuil, 1996, S. 217 [Hier ist anzumerken, dass das Judentum zwar theoretisch allen offen steht, es aber in der Realität für einen Nichtjuden äußerst schwierig ist, in das Judentum aufgenommen zu werden. Jeder Rabbiner wird Ihnen dies bestätigen - oder auch nicht. Aber es gibt auch eine Alternative für Nichtjuden, den Noachismus anzunehmen (https://noahideworldcenter.org/). Emmanuel Levinas hat es so erklärt: „Das traditionelle jüdische Denken bietet ansonsten den Rahmen für die Vorstellung einer universellen menschlichen Gesellschaft, die die Gerechten aller Nationen und aller Religionen umfasst, mit denen eine ultimative Intimität möglich ist - die, wie der Talmud formuliert, allen Gerechten die Teilhabe an der kommenden Welt vorbehält... Mit jemandem, der kein Jude ist und Moral praktiziert, mit dem Noachiden, kann ein Jude genauso intim und religiös kommunizieren wie mit einem Juden. Der rabbinische Grundsatz, dass die Gerechten aller Völker an der kommenden Welt teilhaben, ist nicht nur Ausdruck einer eschatologischen Perspektive. Sie bejaht die Möglichkeit dieser ultimativen Intimität, jenseits der Dogmen, die von dem einen oder dem anderen bekräftigt werden, die Intimität ohne Vorbehalt. Darin liegt unser Universalismus. In der Höhle, in der die Patriarchen und unsere Mütter ruhen, lässt der Talmud Adam und Eva ruhen: das Judentum ist für die ganze Menschheit gekommen", *Difficult Freedom, Essays on Judaism*, S. 192, 199.

[354] *Deutoronomium VII, 6*, Israelitische Nazarener-Bibel, 2011.

Damit die Ideen des Judentums, gestärkt durch die Kraft der Wahrheit und unzerstörbar durch Gewalt, sich in der ganzen Welt verbreiten und zur geistigen Nahrung der zivilisierten Völker werden." Es ist daher klar, dass die europäischen Völker wie auch die anderen Völker der Welt ohne das jüdische Volk nicht in der Lage sind, sich auf die Ebene der Zivilisation zu erheben. Der große Rabbi Kaplan fügte hinzu: „Keine irdische Kraft wird die von Gott gewollte Entwicklung der Menschheit aufhalten, keine Macht dieser Welt wird uns von der Aufgabe abbringen können, die er uns gestellt hat. Wir haben eine unerschütterliche Gewissheit, die sich sowohl auf die biblischen Verheißungen als auch auf die Erfahrungen der fernen und jüngsten Vergangenheit stützt. Diese Zeit wird gewiss kommen, gerufen von dieser Stimme, die wie ein Schrei unbesiegbarer Hoffnung bereits Jahrhunderte und Jahrtausende durchquert hat und die, wenn nötig, weitere Jahrhunderte, weitere Jahrtausende durchqueren wird, die aber schließlich von allen gehört werden wird: „An jenem Tag wird Jahwe der einzige sein, und sein Name wird der einzige Name sein355ª." „Erinnern wir uns an die Worte von Daniel Cohn-Bendit: „Die Einwanderungsgesellschaft ist jetzt eine Realität, und keine Macht der Welt kann sie zurückdrehen356. „Solche Überzeugungen scheinen die grundlegende Motivation vieler Intellektueller, Künstler und Politiker unserer Zeit zu sein.

Wir können nun erkennen, in welchem Maße die marxistische Ideologie die messianische Erwartung in gewissem Maße säkularisiert hat. In diesem Sinne konnte George Steiner den Marxismus unter dem Gesichtspunkt der biblischen Prophezeiungen darstellen: „Der Marxismus ist im Grunde ein ungeduldiges Judentum. Der Messias hat zu lange gebraucht, um zu kommen, oder genauer gesagt, um überhaupt nicht zu kommen. Es ist die Aufgabe des Menschen, hier und jetzt das Reich der Gerechtigkeit auf dieser Erde zu errichten. Liebe muss gegen Liebe getauscht werden, Gerechtigkeit gegen Gerechtigkeit, predigte Karl Marx in seinen Schriften von 1844, in denen die Phraseologie der Psalmen und der Propheten deutlich widerhallt. Im egalitären Programm des Kommunismus gibt es nur noch wenig, was nicht schon Amos unerbittlich gepredigt hat, als er Gottes Abscheu gegen die Reichen und ihre Abscheulichkeit des Eigentums verkündete. Dort, wo der Marxismus triumphierte, auch und gerade in seinen brutalsten Formen, erfüllte er jene Rache der Wüste an der Stadt, die in Amos und den anderen prophetischen und apokalyptischen Texten der sozialen Vergeltung so deutlich wird357. „Das Thema Rache taucht in der Tat immer wieder in der Gedankenwelt

---

[355]Jacob Kaplan, *Le vrai visage du Judaisme*, Stock, 1987, Predigt vom 22. Mai 1950. a : *Sacharja, XIV, 9*, Bibel Kadosh Israelite Messianic.
[356]Daniel Cohn-Bendit, *Xénophobies*, Hamburg, 1992, Grasset, 1998, S. 51.
[357]George Steiner, *De la Bible à Kafka*, 1996, Bayard, 2002, für die französische Ausgabe.

der Globalisierungsbefürworter auf; wir werden sehen, welche dramatischen Folgen es im bolschewistischen Russland hatte.

Die Nähe des Denkens von George Steiner zu dem von Levinas oder Rabbi Kaplan ist in seiner Vorstellung von der Rolle des Judentums noch deutlich spürbar: „So haben die Juden dreimal zur individuellen und sozialen Vervollkommnung aufgerufen, sie waren die Nachtwächter, die nicht für Ruhe sorgen, sondern im Gegenteil den Menschen aus dem Schlaf der Selbstachtung und der gewöhnlichen Bequemlichkeit wecken (Freud hat uns sogar aus der Unschuld des Schlafes geweckt[358].)". Das Gleiche klingt in den Worten von Daniel Cohn-Bendit an, als er sagte: „Der Vertrag, den wir mit der multikulturellen Gesellschaft geschlossen haben, muss uns davor bewahren, zu gemütlich und bequem, zu traditionalistisch und selbstgefällig in unserer vertrauten Umgebung zu werden[359]." „Es ist nicht das todbringende Volk, das das Christentum im Mittelalter bis an die Grenze der Auslöschung verfolgt hat, es ist „der Schöpfer Gottes", der Sprecher, der nicht aufgehört hat, die Menschheit daran zu erinnern, was sie werden könnte, was sie werden muss, damit der Mensch wahrhaftig Mensch ist... Mit der vollständigen physischen Auslöschung aller Juden vom Angesicht der Erde würde der Beweis und der Beweis für die Existenz Gottes zusammenbrechen, und die Kirche würde ihre Daseinsberechtigung verlieren: die Kirche würde untergehen[360]. „Einmal mehr kommt die Vorstellung, dass andere Völker irgendwie unterentwickelt sind, ganz klar zum Ausdruck. Das jüdische Volk wird über die anderen Nationen gestellt, die sich ihren Prinzipien anpassen müssen, um ihrerseits in den Rang der Menschheit aufzusteigen.

Wir verstehen nun besser die ekstatischen Visionen des Philosophen Pierre Levy in *World Philosophie*, einem Buch, das dennoch profan sein soll und sich an die Allgemeinheit wendet: „Männer und Frauen, Reiche und Arme, Atheisten und Gläubige, Buddhisten und Katholiken, Menschen hier und Menschen dort, warum nicht einander lieben? Das ist es! Jetzt sofort, jetzt sofort... Helfen wir den Armen, helfen wir den Reichen, es gibt keinen Unterschied. Wir müssen lernen, dass es keine soziale Hierarchie gibt, weder oben noch unten, und dass all diese Unterscheidungen keine Rolle spielen. Dies könnte wirklich dazu beitragen, die Gesellschaft zu verändern. In der Tat", so Levy weiter, „ist die Idee der sozialen Klasse eine Sackgasse, genau wie die Idee der Nation[361]. „Entspricht das nicht genau den Prophezeiungen?

---

[358]George Steiner, *Pasión intacta. A través de ese espejo, en en enigma*, Ediciones Siruela, Madrid, 1997, S. 447.

[359]Daniel Cohn-Bendit, *Xénophobies*, Hamburg, 1992, Grasset, 1998, S. 158.

[360]George Steiner, *De la Bible à Kafka*, 1996, Bayard, 2002, S. 22, 24.

[361]Pierre Lévy, *Weltphilosophie*, Odile Jacob, 2000, S. 183, 184.

Auch Alain Finkielkraut zeigte sich begeistert von der Aufgeschlossenheit und Bereitschaft der europäischen und westlichen Öffentlichkeit für diese neuen Ideen: „Das postmoderne Subjekt möchte sich von jener „Freiheit von den sesshaften Formen des Daseins" inspirieren lassen, die nach Levinas die jüdische Definition des Menschen ausmacht362. „Daher „die zeitgenössische Begeisterung für das jüdische Thema des Exils". Wir schlagen Alain Finkielkraut demütig vor, anstelle des Wortes „Exil" lieber einen anderen Begriff zu verwenden, zum Beispiel den der „Transhumanz", denn es scheint, dass dieses doppelte Menschenbild nur dem eines Hirten und seiner Herde entspricht.

Die Entwicklung des planetarischen Denkens im Laufe der Jahrhunderte und der Revolutionen würde natürlich eine umfassende Studie erfordern, insbesondere durch die Analyse der religiösen Texte, die aus der mosaischen Tradition stammen. Im Rahmen der vorliegenden Studie können wir nur einen der wichtigsten und wesentlichsten Vertreter dieser Geschichte vorstellen: Baruch Spinoza, den wir mit den Augen des Essayisten Alain Minc betrachten können: „Spinoza war der erste einer ganz besonderen Genealogie, der von jüdischen Ausgestoßenen, die am Rande ihrer Gemeinschaft standen und sich ihr manchmal gewaltsam widersetzten, allesamt intellektuelle Abtrünnige, alle ohne Abstammung, aber alle am Ursprung einer schillernden oder manchmal weniger ehrenhaften Abstammung. Spinoza, Marx, Freud, Einstein: ein erstaunliches Quartett, das die für die etablierten Autoritäten der jüdischen Gemeinschaft unannehmbare Idee veranschaulicht, dass das Judentum niemals entscheidender für den Lauf der Menschheit ist, als wenn es außerhalb seiner eigenen Mauern installiert wird363." Wie Marx und viele andere Intellektuelle war Spinoza ein Jude, der sich gegen seine eigene Gemeinschaft auflehnte: „Die Juden sind nicht nur dumm, sondern auch böse... Ihre Gemeinheit ist nur mit der der Hebräer vergleichbar, deren Hass auf Fremde wohlbekannt ist... Sie haben andere Nationen weder an Wissenschaft noch an Frömmigkeit übertroffen....Sie waren nicht die Auserwählten Gottes auf der Grundlage des wahren Lebens und hoher Spekulationen...Wenn sie in irgendetwas anderen Völkern überlegen waren, dann in der Prosperität ihrer Geschäfte, in dem, was die Sicherheit des Lebens betraf, und in dem Glück, mit dem sie große Gefahren überwanden. „Die Wahl der Juden war also nur auf ihren Reichtum zurückzuführen. In der Tat „haben die Juden heute absolut nichts, was sie

---

362Emmanuel Levinas, *Schwierige Freiheit, Aufsätze zum Judentum*. Ediciones Lilmod, Buenos Aires, 2004, S. 112, zitiert in Alain Finkielkraut, *Le Mécontemporain*, Gallimard, 1991, S. 177.
363Alain Minc, *Spinoza, un roman juif*, Gallimard, 1999, S. 12-13 (siehe Anmerkung 348).

über die Völker erhebt364." „Dieser Mann hat etwas von Drumont365 „,
rief Alain Minc aus. 1656 wurde Spinoza jedoch nicht exkommuniziert,
weil er sich zu einem primären Antijudaismus bekannte, sondern weil er
sakrilegische, fast atheistische Ideen verbreitete und weil er alle Religionen
angriff. Er war ein Außenseiter, ein Dissident, ein Revolutionär. „Wenn es
in der jüdischen Tradition die Exkommunikation gegeben hätte, wäre Marx
exkommuniziert worden, und Freud, obwohl ein guter Jude, hätte das
gleiche Schicksal erlitten. Nur Einstein wäre davon verschont
geblieben366." Er war auch ein merkwürdiger Charakter: „Alle, die
Spinoza nahe kamen, bezeugten, dass es ihm schwer fiel, zu lachen oder
gar zu lächeln. Das schweigsame Genie, der melancholische Philosoph, der
nostalgische Denker auf der Suche nach einer versunkenen Vergangenheit
lacht nur in einem Fall: bei Spinnen, die bis zum Tod kämpfen, oder wenn
eine von ihnen im Begriff ist, die andere zu zerstückeln... Er lacht nur beim
Anblick von Insekten, die mit der gleichen Präzision zerstückeln wie die
Henker auf der Place de Grève367." Baruch Spinoza wurde in Amsterdam
als Sohn einer portugiesisch-jüdischen Familie geboren. Holland, erklärt
Alain Minc, die bürgerliche Republik der Vereinigten Provinzen, war „die
erste freie Gesellschaft des Westens". „Im 17. Jahrhundert herrschte in
Holland große religiöse Toleranz, und das Land war zum offiziellen
Zufluchtsort für alle Geächteten der damaligen Zeit geworden. Aber das
kleine Holland war auch eine furchterregende Handelsmacht. Das große
Geschäft der niederländischen protestantischen und jüdischen Kaufleute
war der internationale Handel, den sie entwickelten, um das Land über
Jahrzehnte zur führenden Handelsnation in Europa zu machen. Diese
wirtschaftliche Vormachtstellung sowie die Tatsache, dass sie durch die
Verbreitung der reformierten Religion einen Brennpunkt der Opposition
darstellte, irritierte andere Mächte, insbesondere das Frankreich Ludwigs
XIV. Im Jahr 1672 brach ein Krieg zwischen den beiden Ländern aus, und
Frankreich marschierte in die kleine Republik ein.

Dies führte zu einer bizarren Episode. Mitten im Krieg überquerte
Spinoza, der immer die Vorzüge der Niederlande gepriesen hatte, auf
Einladung von Stouppe, dem neuen Gouverneur der Stadt Utrecht, der vom
Großherzog von Enghien und Marschall von Frankreich ernannt worden
war, die Frontlinie im Feindesland. „Später wird er für weniger als das

---

[364]Alain Minc, *Spinoza, un roman juif*, Gallimard, 1999, S. 106.

[365]Edward Drumont war ein antisemitischer Schriftsteller des späten 19. Jahrhunderts.
Er war der Autor des Buches *Das jüdische Frankreich* (1886), das ein großer Erfolg
war.

[366]Alain Minc, *Spinoza, un roman juif*, Gallimard, 1999, S. 10, 12-13.

[367]Alain Minc, *Spinoza, un roman juif*, Gallimard, 1999, S. 120-121. [Der heutige Place
du Mairie in Paris. Unter dem Ancien Régime wurde der Place de Grève (bis 1803)
auch für öffentliche Hinrichtungen genutzt.)

erschossen werden", bemerkte Alain Minc zu Recht368. Diese unbegreifliche Flucht bleibt ein Rätsel in Spinozas Leben. Warum wollte er Condé so dringend sehen, was wollte er von ihm, erwartete er einen Beschützer?

Stouppe, ein Protestant schweizerischer Herkunft, hatte wenig Achtung vor der niederländischen Nation. Die Niederländer, obwohl Anhänger des Protestantismus, nahmen in ihrem Land alle Religionen und Sekten auf: „Römische Katholiken, Lutheraner, Brownisten, Wiedertäufer, Sozianisten, Unabhängige, Quäker, Borelisten, Armenier, Moskowiter, Libertiner, Juden, Perser und eine Vielzahl von Neugierigen, die nicht wissen, zu welcher Gruppe sie gehören. „Der wahre Gott der Niederländer ist also der Mammon", schloss Stouppe, „es ist das Geld369. In Bezug auf Spinoza schrieb Stouppe: „Vor einigen Jahren schrieb er ein Buch mit dem Titel *Tractatus theologico-politicus*: Das wesentliche Ziel scheint darin zu bestehen, alle Religionen, insbesondere die jüdische und die christliche, zu zerstören und die Tür zum Atheismus, zum Libertarismus und zur Freiheit für alle zu öffnen." „Wie kann man Stouppe vorwerfen, dass er in ein Land einmarschiert, das nur dem Namen nach protestantisch ist und dessen theologische Lauheit so groß ist, dass niemand es wagt, Spinozas dämonische Ideen zu widerlegen370?"

Nachdem sein Werk lange Zeit zum Schweigen gebracht worden war, schrieb Alain Minc, „bahnte sich Spinoza seinen Weg durch das 18. Jahrhundert in einer immer weniger unterirdischen Form und übergab den Staffelstab einige Jahrzehnte später an Hegel, der der Ursprung all dessen war, was folgte371. Im 20. Jahrhundert fand „die Wiederentdeckung des politischen Philosophen" paradoxerweise unter der Schirmherrschaft von „zwei Zweigen statt, einem liberalen und einem marxistischen, wobei Popper und Althusser in diesem Fall die unerwartete Rolle von Zwillingen spielten". „Wir finden hier die Keime des Marxismus und des Liberalismus, die beiden Stränge des Globalismus, die in ihren dogmatischen Ursprüngen durch den Mosaikkitt miteinander verschmolzen sind.

---

[368]Es werden immer wieder Anschuldigungen wegen Verrats erhoben.

[369]Man kann mit Interesse Max Webers berühmte These über die Beziehung zwischen dem kapitalistischen Geist und der calvinistischen Religion lesen (*Die protestantische Ethik und der Geist des Kapitalismus*, 1920), ein Buch, das regelmäßig neu aufgelegt wird; man kann auch Werner Sombarts *Les Juifs et la vie économique* (Payot, 1923) lesen, ein Buch, das unauffindbar ist (außer vielleicht für den guten Bruder William von Baskerville) und nie neu aufgelegt wurde, aber ebenso interessant und lehrreich. [Seit der Neuauflage auf Französisch im Jahr 2012. *Los Judíos y la vida económica*, ebenfalls auf Spanisch von der Universidad Completense de Madrid 2008 veröffentlicht].

[370]Alain Minc, *Spinoza, un roman juif*, Gallimard, 1999, S. 180-182.

[371]Alain Minc, *Spinoza, un roman juif*, Gallimard, 1999, S. 12.

Wie Marx war Spinoza, obwohl unreligiös und von seiner Gemeinde abgelehnt, nicht weniger Jude: „Spinoza ist von oben bis unten von den Denk- und Gefühlsweisen durchdrungen, die für die lebendige jüdische Intelligenz charakteristisch sind. Ich habe das Gefühl, schrieb Minc, dass ich mich Spinoza nicht so nahe fühlen könnte, wenn ich nicht selbst Jude wäre und mich nicht in einem jüdischen Umfeld entwickelt hätte...Spinoza ist ein jüdischer Intellektueller...Für die einen ist Spinoza der schlechte Roman eines Juden: für die anderen ist er der Roman eines schlechten Juden; zweifellos ist er ein jüdischer Roman372." In einem Science-Fiction-Roman mit dem vielsagenden Titel „*Er wird kommen*" vermittelte der produktive Jacques Attali einen Teil der religiösen und politischen Botschaft des messianischen Ideals. In seiner Geschichte stellte er sich ein Wunderkind vor, das der von Israel so sehr ersehnte Messias werden könnte. In einer apokalyptischen Atmosphäre reist der Vater des Jungen nach Israel, um sich mit den Rabbinern zu treffen.

Die folgenden kurzen Auszüge zeigen die Beständigkeit bestimmter Themen in der planetarischen Literatur, wie z. B. Humanismus, Afrika, die offene Gesellschaft, das „Beben", die „Leiter", „Nomaden", „Erfinden", „Rettung der Menschheit", Krieg, Rache und Inzest. Lesen Sie sorgfältig:

„Jonathan war noch nicht einmal zwölf Jahre alt. Sie waren im Begriff, die äthiopische Wüste zu verlassen, als Mortimer begann, sich über seine Sprache und sein Verhalten zu wundern. Zweifellos war er sich der Einzigartigkeit seines ältesten Sohnes seit langem bewusst... Nach fünfzehn Jahren, die er in Afrika verbracht hatte, um die Opfer der Barbarei zu lindern und zu heilen, war Mortimer als Professor Simmons nach London zurückgekehrt... Eine Woche zuvor waren zwei Polizisten gekommen, um Mortimer höflich über Jonathan und seine Verbindungen zur Open Society zu befragen. Damals kursierte an den Universitäten und in einigen Nachtclubs ein Lied von ihm, in dem von einem Vulkan, von Lava, vom Osten, von Vogelnestern und von einem Erdbeben die Rede war373." Um die wahre Natur seines Sohnes zu erkennen, reiste Mortimer nach Jerusalem, um einige weise Männer in einer Krypta zu befragen. Die versammelten Rabbiner, fasziniert und neugierig auf das Phänomen, befanden sich „genau unter dem Eingang des ehemaligen Allerheiligsten des zweiten Tempels, genau dort, wo es vor mehr als zweitausend Jahren gestanden hatte. „Einer der Rabbiner erklärte: „Wir sind nicht überlegen. Wir sind anders. Wir wären gerne ignoriert worden, vergessen in unseren Ländern. Aber wir wurden aus der Stadt vertrieben. Wir wurden zu Nomaden, die gezwungen waren, sich an den Feind heranzupirschen und die Zeit zu erfinden. Danach fielen wir in die Sklaverei. Als wir befreit wurden, hat Gott uns den Auftrag erteilt, Menschen zu retten und in seinem

---

372Alain Minc, *Spinoza, un roman juif*, Gallimard, 1999, S. 225-227.
373Jacques Attali, *Il viendra*, Fayard, 1994, S. 29.

Namen zu sprechen. Wir haben nicht darum gebeten. Wenn es über unseren Köpfen nicht mehr nur Steine und Unkraut gibt, sondern den einzigen Ort, der würdig ist, Gott auf diesem Planeten zu empfangen, dann kann sich die Welt auf eine perfekte Zeit vorbereiten[374]. „Es reicht also aus, den Tempel an der Stelle der Großen Moschee wieder aufzubauen, wie es eine wachsende Zahl orthodoxer israelischer Juden heute vorschlägt. „Das Gebet", wiederholt er, indem er seinen Blick auf die Augen seines Gastes richtet, „ist wie eine große Treppe, die zum Himmel hinaufführt... Unsere Texte sagen, dass 'die himmlischen Heerscharen sich mit großem Getöse erheben werden', dass 'die Grundfesten der Welt erschüttert werden'. Der Krieg der Mächtigen in den Himmeln wird sich über die ganze Welt ausbreiten"...Unsere Kabbala erklärt, dass der Gesandte dann das Gewand der Rache tragen, den bösen König vernichten und Israel rächen wird, bevor er zurückkehrt, um sich im Garten Eden zu verstecken375." In einer anderen Szene wird dieses Gespräch zwischen den Rabbinern gezeigt:

Wenn es nach Ihnen geht, werden sogar die sexuellen Tabus abgeschafft", lächelte Mortimer. - Auf jeden Fall", sagte Nahman. - Sogar Inzest, wagte Mortimer zu fragen. - Du lästerst, Nahman!", rief MHRL und hinderte den jungen Rabbiner daran, zu antworten[376]." Es sind Anspielungen dieser Art, die uns verstehen lassen, was viele Geister seit langem beunruhigt hat. Die kosmopolitische Literatur ist oft mit solchen Anspielungen gespickt, die nur von Eingeweihten wahrgenommen werden. Dieses Augenzwinkern entlockt den Lesern ein wissendes Lächeln, denn sie wissen, dass die breite Öffentlichkeit sie selten sieht oder versteht. Das Gleiche gilt für die folgende Passage:

„Der Schriftgelehrte Esra erklärt ausdrücklich, dass die messianische Ordnung vier Jahrhunderte lang herrschen wird. Danach wird eine andere Ordnung entstehen, die sich der menschliche Geist noch nicht vorstellen kann. Eine Art reines und vollkommenes geistiges Leben, jenseits aller materiellen und politischen Zufälligkeiten. Es wird keine Macht mehr geben, keinen Ehrgeiz, keinen Hunger, keinen Durst, keine Krankheiten, keine Sexualität und keinen Mangel. Tabus sind überflüssig, denn es wird keine Begierden mehr geben. Erst dann werden die Naturgesetze außer Kraft gesetzt377.

„Aber warum glauben Sie, dass das Schicksal der Welt von dem guten Willen eines kleinen Volkes abhängt? Die Juden sind nach wie vor das

---

[374]Jacques Attali, *Il viendra*, Fayard, 1994, S. 82.

[375]Jacques Attali, *Il viendra*, Fayard, 1994, S. 192, 227

[376]Jacques Attali, *Il viendra*, S. 264. Das hebräische Alphabet enthält nur Konsonanten. Deshalb sind z. B. Cohen, Kun, Kahn, Caen oder Cohn ein und derselbe Nachname und bezeichnen im Hebräischen „Priester".

[377]Jacques Attali, *Il viendra*, Fayard, 1994, S. 266.

auserwählte Volk, aber es ist nicht ihre Geschichte auf dieser Erde, die das Kommen des Messias bestimmt.

Vielleicht, weil die Juden mit ihrem Wahnsinn in der Lage sind, viele Massaker und Katastrophen zu verursachen", murmelt Eliav und dreht sich um sich selbst.

- Sie sind gewiss nicht die einzigen, denn sie allein können die Apokalypse nicht herbeiführen!

-Lassen Sie uns sagen, dass jüdische Dummheiten leichter als andere universelle Folgen haben können.

- Das ist wahr! Wenn die Verrückten der Wiederaufbaupartei mit dem Wiederaufbau des Tempels beginnen würden, würde dies mit Sicherheit einen planetarischen Krieg auslösen.

- Ich bin einverstanden! Aber es ist unser Recht, vielleicht sogar unsere Pflicht. Wir sind die Entdecker Gottes, das priesterliche Volk der Menschheit. Für uns wäre es normal, unseren Tempel dort zu haben, wo unsere Religion lange vor den anderen gegründet wurde. Niemand kann etwas dagegen tun. Nicht einmal wir[378] „, schloss die Figur von Jacques Attali. Religiöser Glaube hat zweifellos einige sehr bequeme Vorteile, wie die Vermeidung von Fragen und das Lamentieren über „Kollateralschäden", wie man seit dem Golfkrieg sagt. Es gibt nichts zu tun...

Der Messianismus wird meist aus historischer Frustration geboren. Sie erscheint im kollektiven Bewusstsein als Wiedergutmachung eines Verlustes, als utopisches Versprechen, das gegenwärtige Unglück zu kompensieren. In seinem Buch *Messianismus*[379] erklärt David Banon, dass „die Visionen der Propheten Israels von Anfang an im Kontext einer Reihe von nationalen Katastrophen erscheinen: Jesaja prophezeit am Horizont die Zerstörung des Königreichs durch die Assyrer; Jeremia und Hesekiel nach dem Zusammenbruch des Königreichs Juda und dem babylonischen Exil. Später wird die talmudische Eschatologie auf die Zerstörung des zweiten Tempels durch die Römer und die Zerstreuung der Juden reagieren. Sogar die Kabbala wird von Gershom Scholem (1897-1982) als „religiöse Antwort des Judentums" auf die Vertreibung der Juden aus Spanien gesehen380... „Der Messianismus ist also mit der Erfahrung des Scheiterns verbunden.

---

[378]Jacques Attali, *Il viendra*, Fayard, 1994, S. 309.

[379]David Banon, *Le Messianisme*, Presses Universitaires de France, 1998.

[380]Siehe auch Hervé Ryssen, *Psychoanalysis of Judaism*, und Gershom Scholem, *Le Messianisme juif*, 1971, Les Belles Lettres, 2020 (französische Ausgabe), Gershom Scholem, *The Messianic Idea in Judaism: And Other Essays on Jewish Spirituality*, Schocken, 1995 (englische Ausgabe). (NdT).

„In seinem Wesen ist es das Streben nach dem Unmöglichen. Die messianische Spannung ist ein fieberhaftes Warten, eine rastlose Hoffnung, die weder Ruhe noch Erholung kennt... Die messianische Spannung lässt das jüdische Volk immer in der Erwartung leben, dass eine radikale Umgestaltung des Lebens auf der Erde unmittelbar bevorsteht... Die Erlösung ist immer nahe, aber wenn sie käme, würde sie sofort im Namen des absoluten Anspruchs, den sie zu erfüllen vorgibt, in Frage gestellt".

„Die am Ende der Zeit versprochene Erlösung hält eine Wirklichkeit aufrecht, die immer jenseits des Bestehenden liegt und daher nie erreicht werden wird. Aber der Mensch muss ständig nach ihr streben. Der Messias ist immer derjenige, der eines Tages kommen wird... aber derjenige, der schließlich erscheint, kann nur ein falscher Messias sein[381]. „In den kommenden Tagen wird der Berg des Hauses Jahwes höher sein als die Berge und höher als die Hügel, und alle Völker werden ihn mit Freude betrachten... So wird er zwischen den Nationen richten und zwischen den vielen Völkern schlichten, und sie werden ihre Schwerter zu Pflugscharen und ihre Spieße zu Sicheln machen; Nation wird nicht mehr das Schwert gegen Nation erheben; sie werden keinen Krieg mehr kennen. O Haus Jahwes! Kommt, lasst uns im Licht Jahwes wandeln. „ (Jesaja, II, 2, 4, 5, Israelitischer Nazarener, 2011).

Es ist nicht nur für Israel, dass sich diese Gesellschaft um den wiederaufgebauten Tempel versammelt, sondern für die gesamte Menschheit, erklärte David Banon weiter: „Nur noch eine kleine Weile, ruft Haggai, und Gott wird Himmel und Erde, das Meer und das trockene Land erschüttern und alle Völker erschüttern, und die Elite aller Völker wird kommen, und ich werde dieses Haus mit Herrlichkeit erfüllen382. „(Haggai, II, 6-7) Wenn man den Text direkt in der Thora (Altes Testament) nachschlägt, ohne David Banon zu bemühen, können wir Folgendes lesen: „Denn so spricht Jahwe-Tzevaot [der Heerscharen]: Es wird nicht mehr lange dauern, bis ich Himmel und Erde, das Meer und das trockene Land erschüttern werde, und ich werde alle Völker erschüttern, so dass die Schätze aller Völker einströmen werden, und ich werde dieses Haus mit Herrlichkeit erfüllen, spricht Jahwe-Tzevaot. „Das Silber ist mein, und das Gold ist mein", sagt Jahwe-Tzevaot" (Haggai, II, 6-8, Kadosch messianischer Jisraelit). Wir sehen, dass sich der Text von Version zu Version leicht unterscheidet; diese ist vielleicht etwas weniger edel, aber die Änderung hat einige nicht unerhebliche Vorteile.

---

[381]David Banon, *Le Messianisme*, Presses Universitaires de France, 1998, S. 5-7, 11
[382]Etwa fünfzehn französische Minister und andere hochrangige Persönlichkeiten der Republik waren beim letzten Abendessen des Repräsentativen Rates der jüdischen Institutionen Frankreichs (Crif) im Februar 2005 anwesend. Die jährlichen Crif-Empfänge sind in der Französischen Republik zu einem obligatorischen Ereignis ersten Ranges geworden.

Wenn wir die Bibel erneut zu Rate ziehen, finden wir bei Haggai folgendes: „Ich werde die Throne der Königreiche stürzen, ich werde die Macht der Königreiche der Nationen zerstören..." (Haggai, II, 22, Kadosh Israelite Messianic). „(Haggai, II, 22, Messianischer Israelit Kadosch). Wäre man abergläubisch, könnte man meinen, dass diese Worte tatsächlich prophetisch sind: Scheinen sie nicht die Situation in Europa im Jahr 1919 zu beschreiben, als der Zar von Russland, der Kaiser von Deutschland, der Kaiser von Österreich-Ungarn und der osmanische Sultan nach vier Jahren Weltkrieg ihre Throne verloren hatten? Erinnern wir uns einfach daran, dass die Balfour-Erklärung vom 2. November 1917 - benannt nach dem britischen Minister - den Juden eine nationale Heimstätte in Palästina zusicherte. Dies geschah zur gleichen Zeit, als die Bolschewiken, die von einigen mächtigen New Yorker Finanziers finanziert wurden, den von Israel gehassten Zaren stürzten. All dies hatte nichts mit göttlichem Eingreifen zu tun, nährt aber im Nachhinein den geheimen Mythos der messianischen Geister.

Um die Überzeugung der Juden zu erklären, den Marsch der Menschheit anzuführen, lud David Banon dazu ein, die Visionen von Sacharja zu lesen: „Wenn diese Zeit kommt, wird sich mein Wort erfüllen, wenn zehn Männer aus zehn Sprachen der Völker den Mantel eines Juden ergreifen und sagen: „Wir wollen mit dir gehen, denn wir haben gehört, dass Jahwe mit dir ist",, (Sacharja, VIII, 23, Messianischer Israelit Kadosch). „Selbst Maleachi eröffnet in seiner Prophezeiung eine weite Zukunftsperspektive, indem er ankündigt, dass der Prophet Elija der Bote des Messias sein wird (Maleachi, III, 1 und 23)". Aber wenn wir die magischen Formeln direkt im Text überprüfen, finden wir wieder zusätzliche Informationen, die für das Verständnis der Mentalität, die unsere heutigen Intellektuellen beseelt, unverzichtbar sind: „[Du] wirst die Bösen mit Füßen treten, denn sie werden Staub unter deinen Füßen sein an dem Tag, den ich bereite", sagt Jahwe der Heerscharen. „ (Maleachi, III, 21, Israelitischer Nazarener 2011). Und hier fangen wir an, den Ursprung des Begriffs „böse" zu verstehen, den wir auch in bestimmten Literaturen und Kriegsreden, die den Krieg gegen das Böse propagieren, immer wieder finden.

„Das messianische Zeitalter, wie es von allen Propheten beschrieben wird, besteht in der Abschaffung von politischer Gewalt und sozialer Ungerechtigkeit. „Die messianische Zeit markiert das Ende der politischen Gewalt und aller Entfremdungen, obwohl der Beginn dieser neuen Ära von großen Katastrophen begleitet sein wird. So sagte der Meister Rabbi Yohanan: „In der Generation, in der der Messias, der Sohn Davids, kommen wird, werden die Toragelehrten in der Minderheit sein; was den Rest des Volkes betrifft, so werden ihre Augen vor Kummer und Trauer weinen, und Unheil wird folgen. Und es werden strenge Verordnungen erlassen; bevor die erste erlassen ist, wird die zweite schnell kommen. „ (Sanhedrin 97a383). „Diese Zeit wird nicht nur wegen der erbarmungslosen Kriege gefürchtet, in denen der Messias untergehen wird, sondern auch wegen des Verfalls der Sitten und des Glaubens, der in einem Rückfall in die Bestialität endet384." Vielleicht ist dies der Grund, warum viele einflussreiche Persönlichkeiten den „Abbau der Sitten" und „erbarmungslose Kriege" propagieren: Es geht einfach darum, das Kommen des Messias vorzubereiten.

Der Zeitpunkt seines Kommens ist noch unbekannt, und die Weisen des Talmuds verbieten diesbezüglich strikt Vermutungen: „Verflucht seien die, die das Ende der Tage berechnen" (Sanhedrin 97b), denn sie sind ein Hindernis und eine Störung für das Volk. Aber ihr Kommen ist unausweichlich: „Damit es möglich ist, muss das menschliche Bewusstsein vorbereitet sein und mit jeder Faser seines Seins danach streben385 „; daher diese Spannung, diese Fieberhaftigkeit, diese ständige Erregung, diese ständige „Sensibilisierung".

1967 wurde ein neomessianischer Ansatz zum Sechstagekrieg gefördert und betont, der als Manifestation der göttlichen Gegenwart an der Seite des Volkes Israel interpretiert wurde, und mit der Eroberung Jerusalems und Judäa-Samarias, die es den Juden ermöglichte, das gesamte Land Israel zurückzuerobern, wurde das messianische Zeitalter eingeläutet386." Für die religiösen Zionisten war das Land Israel also endlich in der Hand der Juden. „Für die religiösen Zionisten war das Land Israel also endlich vollständig in jüdischer Hand. Wozu also ein neuer Krieg im Jahr 1973? Auf die Zweifel und Ängste der Bevölkerung antwortete die messianische Bewegung Gush Emunim: Der Kippur-Krieg von 1973 wurde „als eine der Geburtswehen des Messias" empfunden. „So wurde der Krieg trotz des überwältigenden Sieges über die arabischen Armeen zu einem weiteren Leiden für das israelische Volk. Die ultraorthodoxen Juden ihrerseits interpretierten die Ereignisse auf diese Weise: „Die Leiden Israels haben jetzt ein erschreckendes Ausmaß erreicht; das Volk Israel wird von Geburtswehen überwältigt. Die Zeit der bevorstehenden Befreiung ist gekommen. Sie ist die einzig wahre Antwort auf die Zerstörung der Welt und auf die Leiden, die unser Volk heimgesucht haben.... Bereitet euch auf die Erlösung vor, die bald kommen wird!... Der Befreier der Gerechtigkeit ist hinter unseren Mauern, und die Zeit, sich darauf vorzubereiten, ihn zu empfangen, ist sehr kurz[387]!" „Es ist

---

[383]Quelle unter https://www.sefaria.org. (NdT).
[384]David Banon, *Le Messianisme*, Presses Universitaires de France, 1998, S. 15-16.
[385]David Banon, *Le Messianisme*, Presses Universitaires de France, 1998, S. 49.
[386]David Banon, *Le Messianisme*, Presses Universitaires de France, 1998, S.110
[387]David Banon, *Le Messianisme*, Presses Universitaires de France, 1998, S. 120. Rabbi Yosef Yitzchak Schneerson (1880-1950), Chabad-Lubawitsch-Lehrer, zitiert von David

unmöglich", fuhr Rabbi Schneerson fort, „dass der Trost nicht kommt, denn die Leiden sind unerträglich. „Kurz gesagt, je mehr ihr leidet, je mehr ihr eure Leiden zeigt, je mehr ihr eure Leiden herausschreit, desto mehr beschleunigt ihr das Kommen des Messias. Dies kann vielleicht einige Verhaltensweisen erklären, die manchmal ein wenig invasiv sind.

Das Buch von Moshe Idel, *Messianismus und Mystik*, hat uns ein besseres Verständnis dieses geistigen Universums vermittelt, das sich so sehr von unserem eigenen unterscheidet. Die Figur des Rabbi Shelomo Molkho (ex Diogo Pires), eines portugiesischen Marranen, der zum Judentum zurückkehrte, spielte zu Beginn des 16. Jahrhunderts eine wichtige Rolle. Dieser Weise liefert uns ein einzigartiges Beispiel für messianisches Denken: „Molkhos Gefühl, der Messias zu sein, ist unbestreitbar", schrieb Moshe Idel. In einem seiner Gedichte deutet er an, er sei der Messias, der Sohn von Joseph[388]. „Zu seinen Lebzeiten und in den Generationen nach seinem Tod hielten ihn viele für eine messianische Figur. Hier sind einige Verse, die dem handschriftlichen Text entsprechen:
„Mit verborgenen Worten/ sage ich dem Volk/ auserwählte Worte/ wie parfümiertes Schießpulver/ vom Berg Karmel/ sendet Gott/ den Mann der frohen Botschaft/ der Rache gegen die Völker/ die Nationen werden kämpfen/ die Helden werden drängen/ die Fremden werden gebrochen/ und wir werden Frieden haben/ die Stadt des Nordens/ wird einen Sohn für ihre Tochter verlangen/ den Sohn Esaus, der Edom ist Frieden/ Die Stadt des Nordens/ Wird einen Sohn für ihre Tochter verlangen/ Der Sohn von Esau, der Edom ist[389] / Der junge Schelomo/ Wird sein Schwert schärfen/ Das Feinste/ Um seinem Volk zu Hilfe zu kommen/ Um es aus der Dunkelheit zu holen/ Die Völker werden zittern/ Sie werden Geschenke geben/ Und Beleidigungen werden ausgetauscht/ Gegen einen Gruß[390]." „Molkhos Gedicht beschwört eindeutig das Aufkommen einer doppelten Rache herauf: gegen Edom und gegen Ismael", d.h. gegen das Christentum und den Islam, kommentiert Moshe Idel, der etwas weiter ausholt: „Einige Details dieser Legende beziehen sich auf seine Bemühungen, die Kirche zu erschüttern...Gott offenbart nicht nur, wie man gegen das Christentum kämpft oder wie man sich dem wahren Geheimnis der Wissenschaft nähert, sondern auch, wie man die Kraft des Christentums bricht, damit die

---

Banon. Über die Chabad-Lubawitsch lesen *Psychoanalyse des Judentums, (2022)*.
[388]Nach der jüdischen Theologie sind zwei Messiasse vorgesehen: der Messias des Kriegers, der Messias ben Joseph (Sohn Josephs), der als Versager stirbt, aber den eschatologischen Boden bereitet, und der Messias ben David (Sohn Davids), der nach der Erlösung herrschen wird (NdT).
[389]Nach der hebräischen Exegese wird Esau traditionell mit Edom, dem Christentum, gleichgesetzt. Auch für Amalek, gemäß seiner Genealogie.
[390]Moshe Idel, *Messianismus und Mystik*, Éditon du Cerf, 1994, S. 65-66.

Erlösung stattfinden kann391." In den 1970er Jahren waren messianische Überzeugungen und Hoffnungen untrennbar mit bestimmten historischen Persönlichkeiten verbunden, unter denen Isaac Luria, der Schöpfer der neuen Kabbala, die unter dem Namen „Aris Kabbala" bekannt ist und einen enormen Einfluss hatte, eine herausragende Rolle spielte. Auch hier stoßen wir auf die üblichen Probleme, die moderne Denker des späten 20. und frühen 21. Jahrhunderts beschäftigen: Laut Luria und seinen Jüngern in den palästinensischen Gebieten „müssen die Kabbalisten die göttlichen Funken freisetzen. Im Rahmen dieses messianischen Prozesses müssen sie entweder die Hüllen zerstören, die sie gefangen halten, oder sie sprengen. Diese Schalen werden mit den Nationen der Welt identifiziert, was bedeutet, dass die Länder außerhalb des Landes Israel an sich wertlos sind und beherrscht werden sollten. Daher ist nach dieser Auffassung das Land Israel das Zentrum der Welt392." Mitte des 17. Jahrhunderts schrieb Rabbi Naftali seinerseits: „Möge die Luft außerhalb der verschiedenen Länder, in denen die Völker leben, in Zukunft gereinigt werden, dank der Reinheit des Landes Israel, das selbst in Zeiten der Verwüstung seine Heiligkeit bewahrt. „Der glühende Hass auf das Christentum oder die grenzenlose Verachtung von Bernard-Henri Levy, Alain Minc oder Emmanuel Levinas haben die Jahrhunderte überdauert. Nur die Reinheit Israels kann die Menschheit retten.

Auch der große deutsche Schriftsteller und Dichter des 19. Jahrhunderts, Heinrich Heine, fühlte sich am Ende seines Lebens sehr von der Bibel angezogen: „Ich bin zum Alten Testament zurückgekehrt. Was für ein großartiges Buch! Bemerkenswerter als ihr Inhalt ist für mich ihre Form, diese Sprache, die sozusagen ein Produkt der Natur ist, wie ein Baum, wie eine Blume, wie die Sterne, wie der Mensch selbst. Alles entspringt, fließt, leuchtet, lächelt. Es ist wirklich das Wort Gottes, während alle anderen Bücher nur von dem raffinierten Genie des Menschen zeugen393." Für ihn war die Bibel eine „tragbare Heimat", wie Bernard-

---

391Moshe Idel, *Messianismus und Mystik*, Éditon du Cerf, 1994, S. 48.

392Moshe Idel, *Messianisme et mystique*, Éditon du Cerf, 1994, S. 87-89. [Zum Messianismus und zur Kabbala von Ari siehe auch Hervé Ryssen, *Psychoanalyse des Judentums*, (NdT)].

393Heinrich Heine, *De l'Allemagne*, 1835, Gallimard, 1998, S. 285. „In meinem letzten Buch habe ich mich über die Verwandlung geäußert, die in meinem Geist stattgefunden hat, über göttliche Dinge. Seitdem hat man mir mit christlicher Impertinenz zahllose Fragen über die Wege gestellt, die die optimale Erleuchtung in mir genommen hat... Man möchte wissen, ob ich nicht wie Saulus [Paulus] ein Licht auf der Straße nach Damaskus gesehen habe... Nein, fromme Seelen, ich war nie in Damaskus, und ich weiß auch nichts über Damaskus, außer dass die Juden dort in letzter Zeit beschuldigt wurden, alte Kapuziner zu essen....In Wirklichkeit hat mich weder eine Vision, noch eine himmlische Stimme, noch ein wunderbarer Traum, noch ein wundersames Phantom auf den Weg der Erlösung gebracht, sondern ich verdanke mein neues Licht

Henri Levy es ausdrückte, der diesen Ausdruck benutzte, aber vergaß, seine Quellen zu nennen. Aber nicht alles scheint im Alten Testament so wunderbar zu sein. Ohne jemandem zu nahe treten zu wollen, neigen wir dazu, Voltaires Meinung zu diesem Text zu teilen, weil er unserer eigenen Kultur so fremd erscheint. Um die Wahrheit zu sagen, ist es etwas schwierig zu verstehen, wie diese Texte Millionen von protestantischen Männern in Nordeuropa faszinieren konnten. Es besteht jedoch kein Zweifel, dass dieses Buch die englischen Puritaner bei ihrer Eroberung Amerikas inspiriert hat. Die angelsächsischen Eroberer dieses neuen Landes Kanaan identifizierten sich mit dem hebräischen Volk und rotteten die Indianer aus, so wie es die Hebräer bei der Eroberung des Gelobten Landes getan hatten, wie im Buch Josua berichtet wird. Die zahllosen Massaker und Vernichtungen bilden in der Tat den wesentlichen Teil „dieses heiligen und schönen Buches der Erziehung, geschrieben für Kinder jeden Alters[394] „, wie Heinrich Heine bemerkte. Dennoch donnert darin „der Zorn Jahwes" unaufhörlich: „Wer den Namen Jahwes lästert, soll getötet werden; die ganze Gemeinde soll ihn steinigen. Sowohl der Ausländer als auch der Staatsbürger sollen hingerichtet werden, wenn sie den Namen Gottes lästern. „(Levitikus, XXIV, 16, Messianischer Israelit Kadosch). Aus diesem Grund werden wir unsere Erklärungen abschwächen und nuancieren....

Offensichtlich hat die Wut auf die Zerstörung von Nationen, die wir bei unseren zeitgenössischen Autoren beobachten können, dort ihren primären Ursprung. Die Völker zu zerbrechen und zu unterwerfen, ihre Traditionen zu zerstören, ihre Tempel zu plündern, die eroberten Völker zu versklaven und von ihrem Reichtum zu profitieren: Das sind die göttlichen Gesetze, denen man sich unterwerfen muss: „Wenn Jahwe, dein Elohim, dich in das Land bringt, das du betreten wirst, um es in Besitz zu nehmen, wird er viele Völker vor dir vertreiben... [wenn] Jahwe, dein Elohim, sie dir ausliefert und du sie besiegst, musst du sie zur Vernichtung bestimmen: Gib ihnen keinen Waffenstillstand, gib ihnen keine Schonung. Du sollst keinen Ehebund mit ihnen schließen; du sollst deine Töchter nicht ihren Söhnen geben und ihre Töchter nicht für deine Söhne nehmen. Denn sie werden deine Söhne von mir abwenden und andere Götter anbeten, und der Zorn Jahwes wird sich gegen dich erheben, und er wird dich schnell vertilgen. Aber das werden sie ihnen antun: Sie werden eure Altäre niederreißen und eure Säulen abbrechen und eure heiligen Pfosten umhauen und eure Götzenbilder ins Feuer werfen. Denn du bist ein Volk,

---

einzig und allein der Lektüre eines Buches...Und dieses Buch heißt...das Buch, die Bibel...Wer seinen Gott verloren hat, kann ihn in diesem Buch wiederfinden.... „, in Heinrich Heine, *Zur Geschichte der Religion und Philosophie in Deutschland*, Alianza Editorial, Madrid, 2008, S. 221-222.

[394]Heinrich Heine, *De l'Allemagne*, 1835, Gallimard, 1998, S. 467.

das Jahwe, deinem Elohim, geweiht ist; von allen Völkern der Erde hat Jahwe, dein Elohim, dich zu seinem besonderen Volk erwählt. „(Deuteronomium VII, 1-6, Israelitischer Nazarener 2011).

Und glaubt nicht, dass die Schwachen verschont werden, im Gegenteil: „Tötet alte Männer, junge Männer, Mädchen, Frauen und Kinder; aber nähert euch keinem, der das Zeichen trägt. Beginnen Sie hier in meinem Heiligtum. So begannen sie mit den alten Männern, die vor dem Haus standen. „(Hesekiel IX, 6, Israelitischer Nazarener 2011). Und weiter: „Habt ihr die Frauen am Leben gelassen?...Nun tötet alle männlichen Kinder und tötet alle Frauen, die mit einem Mann geschlafen haben. Aber die jungen Mädchen, die noch nie mit einem Mann geschlafen haben, solltet ihr am Leben lassen. „(Numeri XXXI, 15-18, Messianischer Israelit Kadosch). „(...) Er plünderte die Stadt und riss allen schwangeren Frauen die Gebärmutter aus. „(II. Könige; XV, 16, Kadosch messianischer Israelit).

„Du sollst alle Völker verschlingen, die Jahwe, dein Elohim, dir ausliefert - zeige ihnen kein Mitleid und diene nicht ihren Göttern..... Wenn ihr euch denkt: „Diese Völker sind zahlreicher als wir; wie können wir sie vertreiben?", dann werdet ihr sie nicht fürchten; ihr werdet euch gut daran erinnern, was Jahwe, euer Elohim, dem Pharao angetan hat... Jahwe wird dasselbe mit allen Völkern tun, vor denen ihr euch fürchtet. Und Jahwe, dein Elohim, wird die Wespe unter die Übriggebliebenen schicken, und die, die sich versteckt haben, werden vor dir umkommen. Du sollst dich nicht vor ihnen fürchten, denn Jahwe, dein Elohim, ist bei dir, ein großer und furchtbarer Elohim. Jahwe, dein Elohim, wird diese Völker nach und nach vor dir vertreiben... Jahwe, dein Elohim, wird sie dir ausliefern und ein Unglück nach dem anderen über sie bringen, bis sie vernichtet sind. Er wird ihre Könige an dich ausliefern, und du wirst ihre Namen unter dem Himmel auslöschen; keiner von ihnen wird sie ertragen können, bis du sie vernichtet hast. „(Deuteronomium VII, 16-24, Messianischer Israelit Kadosch). „Geh hin und greife Amalek an und vernichte alles, was sie haben. Ihr sollt sie nicht verschonen, sondern Männer und Frauen, Kinder und Säuglinge, Rinder und Schafe, Kamele und Esel töten. Und du sollst ihn und alles, was ihm gehört, der Vernichtung weihen. „(I Samuel XV, 3, Messianischer Israelit Kadosch)

„Die Söhne Jahudas nahmen weitere 10.000 Lebende, brachten sie auf die Spitze des Felsens und warfen sie von der Spitze des Felsens, so dass sie alle zerschmettert wurden. „(II. Chronik, XXV, 12, Messianischer Israelit Kadosch).

Josuas Eroberung Palästinas stellte einen der Höhepunkte dieser Zerstörungs- und Vernichtungswut dar: In Makkeda, in Libna, in Lachisch, in Eglon, in Hebron und in Debir folgten die freudigen Massaker in eintöniger, sich wiederholender Weise aufeinander: Die gesamte

Bevölkerung wurde mit dem Schwert erschlagen: „Jahoschua [Josua]... vernichtete sie völlig, alle dort - er ließ keinen Menschen übrig". „So schlug Jahoschua das ganze Land - das Gebirge, den Negev, die Schefela und die Berghänge - und alle seine Könige; er ließ niemanden übrig, sondern vernichtete alles, was atmet, wie Jahwe, der Elohim von Jisra'el, geboten hatte395. „(Josua X, 28-40, Messianischer Israelit Kadosch).

Das Buch Esther erzählt, wie es den Juden gelang, den Plan des bösen Haman, des Premierministers von Ahasverus, zu vereiteln, und wie sie dank Esther, der Geliebten des Königs, 75.000 Feinde auslöschen ließen. Hier ist ein Auszug aus dem biblischen Text, in dem der „Großkönig Ahasverus", der noch unter dem Einfluss des bösen Haman stand, ein Dekret erließ:

„Der große König Ahaschwerosch [Ahasveros] schreibt dies an die Fürsten und Statthalter, die ihm unterstehen, von Indien bis Kusch [Äthiopien], in den hundertundsiebenundzwanzig Provinzen:

Nachdem ich Herr über viele Völker geworden war und über die ganze Erde herrschte, ließ ich mich nicht durch die Anmaßung meiner Autorität hochmütig machen, sondern verhielt mich gerecht und freundlich und beschloss, meine Untertanen in ein ruhiges Leben zu versetzen und mein Reich friedlich zu machen und es für den Durchzug bis zu den fernsten Gestaden zu öffnen, was von allen Menschen gewünscht wird. „Als ich aber meine Berater fragte, wie es dazu gekommen sei, erklärte uns Haman, dass in allen Völkern der Erde ein bösartiges Volk verstreut sei, das Gesetze habe, die allen Völkern zuwider seien, und das die Gebote der Könige ständig verachte. So kann die Vereinigung unserer Königreiche, die wir ehrenvoll beabsichtigen, nicht vorankommen. Wenn wir also sehen, dass dieses Volk allein ständig in Opposition zu allen Menschen steht, sich in der seltsamen Art und Weise ihrer Gesetze unterscheidet und verfluchte Wirkung auf unseren Staat hat, indem es allen Schaden anrichtet, den es kann, so dass unser Reich nicht fest errichtet werden kann. Darum haben wir angeordnet, dass alle, die euch von Haman, der über die Angelegenheiten bestimmt ist und uns am nächsten steht, schriftlich benannt werden, alle mit ihren Frauen und Kindern durch das Schwert ihrer Feinde vernichtet werden sollen, ohne jede Barmherzigkeit und Gnade.... „(Esther III, 13, Messianischer Israelit Kadosch). Die schöne Esther, die Geliebte des Königs, „verriet weder ihr Volk noch ihre Familienbande, denn Mordechai hatte ihr befohlen, niemandem etwas zu sagen. „(Esther

---

[395]Der sowjetische Schriftsteller Ilja Ehrenburg, der offizielle Propagandist des Regimes, schrieb im Oktober 1944: „Töten, töten, töten! Es gibt keine Unschuldigen unter den Deutschen, weder unter den Lebenden noch unter den Ungeborenen. Den Stolz der deutschen Frauen gewaltsam besiegen. Nehmen Sie sie als legitime Beute. Tötet, tötet, tötet, tapfere Soldaten der Roten Armee in eurem unwiderstehlichen Angriff. „(in Amiral Doenitz, *Dix ans et vingt jours*, S. 343-344).

II, 10, Messianischer Israelit Kadosch). Dank ihrer Schönheit und ihres Einflusses gelang es Esther, den König zu überzeugen, ein weiteres Dekret zu erlassen: „In dem Brief hieß es, der König habe den Jahudim [Juden] in allen Städten das Recht zugestanden, sich zu versammeln und ihr Leben zu verteidigen, indem sie jede Kraft aus irgendeiner Stadt oder Provinz, die sie, ihre Kinder oder ihre Frauen angreift oder versucht, ihr Eigentum zu plündern, am festgelegten Tag in irgendeiner der Provinzen von König Achaschwerosch, nämlich am dreizehnten Tag des zwölften Monats, dem Monat Adar, zerstören, töten und vernichten. „(Esther VIII, 11-12, Messianischer Israelit Kadosch). „Die Jahuditer schlugen ihre Feinde mit dem Schwert, töteten und zerstörten sie; sie taten mit ihren Feinden, was ihnen gefiel... Die übrigen Jahuditer, die in den Provinzen des Königs lebten, versammelten sich auf die gleiche Weise und kämpften um ihr Leben. Sie beseitigten ihre Feinde und töteten fünfundsiebzigtausend ihrer Gegner. Dies geschah am dreizehnten Tag des Monats Adar; und am vierzehnten Tag desselben Monats ruhten sie und machten ihn zu einem Tag des Festes und der Freude. „(Esther IX, 5-17, Israelitischer Nazarener 2011). Dieser große Sieg ist der Ursprung des Purimfestes, das die Juden heute einen Monat vor Pessach feiern: ein bisschen so, wie die Polen jedes Jahr an ein altes und blutiges Pogrom aus dem 17. Seltsame Bräuche...

Von da an konnten die Juden all ihre Reichtümer genießen, die sie erworben hatten:

„Dann wird Jahwe alle diese Völker vor euch vertreiben, und ihr werdet Völker enteignen, die größer und stärker sind als ihr. „(Deuteronomium XI, 23, Messianischer Israelit Kadosch). Und weiter: „Wenn Jahwe, euer Elohim, euch in das Land gebracht hat, von dem er euren Vätern Avraham, Yitzchak und Ya'akov geschworen hat, dass er es euch geben würde - große und blühende Städte, die ihr nicht gebaut habt; Häuser, gefüllt mit allerlei guten Dingen, die ihr nicht gefüllt habt; Wenn ihr Wasserzisternen gegraben habt, die ihr nicht gegraben habt, Weinberge und Olivenhaine, die ihr nicht gepflanzt habt, und wenn ihr euch satt gegessen habt, dann achtet darauf, dass ihr Jahwe, euren Elohim, nicht vergesst, der euch aus dem Land Mitzrayim [Ägypten] herausgeführt hat, wo ihr als Sklaven gelebt habt. „(Deuteronomium VI, 10-12, Messianischer Israelit Kadosch).

„Was die Männer und Frauen betrifft, die ihr als Sklaven haben dürft: Ihr sollt männliche und weibliche Sklaven aus den Völkern kaufen, die euch umgeben. Sie können auch die Kinder von bei Ihnen lebenden Ausländern und deren in Ihrem Land geborenen Familienangehörigen kaufen. Ihr könnt sie auch euren Kindern als Erbe überlassen; von diesen Gruppen könnt ihr eure Sklaven für immer nehmen. Aber deine Brüder, die Söhne Jisra'els, sollen nicht hart gegeneinander vorgehen. „(Levitikus XXV, 44-46, Messianischer Israelit Kadosch).

„Könige werden eure Pflegeeltern sein und Prinzessinnen eure Ammen. Sie werden sich vor dir verbeugen, mit dem Gesicht zur Erde, und dir den Staub von den Füßen lecken. Dann werdet ihr erkennen, dass ich Jahwe bin - wer auf mich wartet, wird nicht trauern. „(Jesaja XLIX, 23, Messianischer Israelit Kadosch).

„Fremde werden deine Mauern wieder aufbauen, ihre Könige werden dir zu Diensten sein; denn in meinem Zorn habe ich dich geschlagen, aber in meiner Barmherzigkeit liebe ich dich. Deine Tore sollen immer offen stehen und weder bei Tag noch bei Nacht verschlossen sein, damit man dir den Reichtum der Gojim und ihre gefangenen Könige bringen kann. Denn das Volk oder Königreich, das dir nicht dienen will, soll untergehen; ja, diese Völker sollen völlig vernichtet werden. „(Jesaja LX, 10-12, Messianischer Israelit Kadosch).

Kurzum, all dieses heitere Geplänkel lässt sich mit diesem Glaubensbekenntnis zusammenfassen: „Jahwe, wie sehr hasse ich die, die dich hassen! Ich bin verzweifelt wegen deiner Feinde! Ich hasse sie mit grenzenlosem Hass! Sie sind auch meine Feinde geworden. „(Psalmen CXXXIX, 21-22, Messianischer Israelit Kadosch).

Die Menschen, die zur Nummer 1 gewählt wurden? Es ist klar, dass man sich mit solch heiligen Texten zwangsläufig einige Feinde macht. Wenn zum Alten Testament (der Thora) noch der Talmud und die Kabbala hinzukommen, führt dies unweigerlich zu einer unangenehmen Situation mit ihren Nachbarn.

Das Alte Testament inspirierte Voltaire natürlich zu seinen ätzenden Sarkasmen, die wir in unzähligen Passagen seines Werkes lesen können: „Ich würde nie fertig werden, wenn ich auf alle unerhörten Extravaganzen eingehen wollte, die aus diesem Buch hervorquellen; der gesunde Menschenverstand wurde nie mit solcher Unanständigkeit und Wut angegriffen. „ (Voltaire, *Sermont des Cinquantes*).

„Zwei Ochsen... zogen (den Tresor) auf einem Karren; die Leute fielen vor ihm mit dem Gesicht auf den Boden und wagten nicht, ihn anzuschauen. Adonai ließ eines Tages 5070 Juden durch plötzlichen Tod umkommen, weil sie seinen Tresor ansahen, begnügte sich aber damit, den Philistern, die seinen Tresor gestohlen hatten, Hämorrhoiden zuzufügen und ihnen eine Rattenplage auf seine Felder zu schicken, bis sie ihm fünf goldene Rattenfiguren und fünf goldene Ösenfiguren schenkten, die seinen Tresor zurückgaben.... Ist es möglich, dass der menschliche Geist so schwachsinnig war, sich solch infamen Aberglauben und solch lächerliche Fabeln auszudenken?" (Voltaire, *Profession de foi des théistes. Des Superstitions*).

„Gott befiehlt Jesaja ausdrücklich, nackt zu gehen und sein Gesäß zu zeigen (Jesaja XX). Gott befiehlt Jeremia, ein Joch um seinen Hals zu legen (Jeremia XXVII, 2). Gott befiehlt Hesekiel, Brot mit Scheiße zu kochen

(Hesekiel IV, 12). Gott befiehlt Hosea, eine Dirne zu heiraten... Füge zu all diesen Wundern eine ununterbrochene Reihe von Massakern hinzu, und du wirst sehen, dass alles in ihnen göttlich ist, denn es gibt nichts, was nach den so genannten ehrlichen Gesetzen unter den Menschen geregelt wird. „ (Voltaire, *Mélanges. Il faut prendre un parti*, Kap. 22).

Auch einige übertriebene Zahlen provozierten seine Ironie. Die Zahl der Tiere, die die Hebräer opferten, erschien unglaubwürdig: „Als Opfergabe für Jahwe brachte Salomo zweiundzwanzigtausend Rinder und hundertzwanzigtausend Schafe dar. „ (I Könige VIII, 63). Oder: „Vespasian und Titus führten eine denkwürdige Belagerung durch, die mit der Zerstörung der Stadt endete. Flavius Josephus, der Übertreiber, behauptet, dass während dieses kurzen Krieges eine Million Juden abgeschlachtet wurden. Kein Wunder, dass ein Autor, der fünfzehntausend Menschen in eine Stadt bringt, eine Million Menschen tötet. „(Voltaire, *Dictionnaire philosophique*).

Andere Bräuche, von denen in der Bibel berichtet wird, erregten bei Voltaire eher Abscheu als Ironie: „Die Juden, die ihren Gesetzen folgten, brachten Menschenopfer dar. Diese religiöse Handlung entspricht ihren Bräuchen; in ihren eigenen Büchern wird dargestellt, dass sie allen, denen sie begegnen, gnadenlos die Kehle aufschlitzen und nur die Mädchen für sich behalten. „(Voltaire, *Dictionnaire philosophique*).

In Bezug auf Abimelech, der siebzig seiner Brüder die Kehle durchschnitt, schrieb Voltaire: „Die Kritiker erheben sich gegen diese abscheuliche Menge von Brudermorden... Es scheint, dass die Juden nur aus Freude am Töten töten. Sie werden immer wieder als das grausamste und schwachsinnigste Volk dargestellt, das jemals die Erde mit Blut besudelt hat (Voltaire, *Mélanges. La Bible enfin expliquée*).

„Ihr werdet in ihnen nichts anderes finden als ein unwissendes und barbarisches Volk, das von alters her den schäbigsten Geiz mit dem abscheulichsten Aberglauben und dem unbesiegbarsten Hass auf alle Völker verbindet, die es dulden und bereichern. „(Voltaire, *Dictionnaire philosophique*, nicht korrigiert[396]).

„Ihr habt die Barbarei und den Aberglauben dieses Volkes gesehen... Alle anderen Völker haben Verbrechen begangen; die Juden sind die einzigen, die sich ihrer rühmen. Sie wurden alle mit der Wut des Fanatismus in ihren Herzen geboren, so wie die Bretonen und die Deutschen mit blondem Haar geboren werden. Es würde mich nicht überraschen, wenn sich diese Nation eines Tages als katastrophal für die gesamte Menschheit erweisen würde. „(Voltaire, *Mélanges, deuxième lettre de Memmius à Cicéron*).

---

[396]voltaire-integral.com/19/juifs.htm

Stimmt Voltaire nicht mit Jacques Attali und den Worten seines Rabbiners überein: „Vielleicht, weil die Juden mit ihrem Wahnsinn in der Lage sind, viele Massaker und Katastrophen zu verursachen", murmelt Eliav und dreht sich um." Schließlich müssen wir nach der Lektüre dieser abscheulichen Überlegungen Voltaires zugeben, dass sich der Geist der Aufklärung des 18. Jahrhunderts noch nicht von den ekelerregenden Miasmen des Antisemitismus befreit hatte. Aber auch Tacitus, Cicero, Ronsard, Shakespeare, Quevedo, Chateaubriand, Gogol, Hugo, Balzac, Dostojewski, Renan, Schopenhauer, Michelet, Bakunin, Proudhon, Nietzsche, Wagner, Gide, Giraudoux, Morand, Hamsun, Vincenot und Hunderte mehr haben die gleichen Schrecken zum Ausdruck gebracht. So sehr Voltaire auch ein Apostel der Toleranz war, so zeigt sich doch, dass er noch mit Vorurteilen aus einer anderen Zeit behaftet war, die erst in den folgenden Jahrhunderten im Laufe der Zeit und dank der staatsbürgerlichen Erziehung verschwinden sollten. Dennoch ist angesichts dieses Phänomens weiterhin Wachsamkeit geboten, denn die Zerstörung Nazi-Deutschlands durch Phosphor- und Brandbomben bewahrt uns nicht ad vitam aeternam vor dem Wiederaufleben der ranzigen Vorurteile des Mittelalters. Es stellt sich nun die Frage, ob Voltaires Genie es rechtfertigt, dass er weiterhin in den öffentlichen Schulen gelehrt wird: Ist er nicht doch, wie Derrida zu Recht sagte, eines jener *„weißen toten europäischen Übel*[397]*?"*

---

[397] „Die alten toten weißen Männer"

TEIL ZWEI

DAS ENDE EINES MESSIANISCHEN TRAUMS

Die Verwirklichung der sozialistischen Idee im 20. Jahrhundert und der Aufbau der sozialistischen Staaten nach der bolschewistischen Revolution von 1917 stellen eine absolut einzigartige Episode in der Entwicklung der planetarischen Idee dar. In der Tat war es mehrere Jahrzehnte lang vor allem der Marxismus, der die Hoffnungen der Globalisierungsbefürworter mobilisiert hat. Obwohl sich viele seiner westlichen Intellektuellen allmählich auf die Seite der liberalen Demokratie schlugen, als das Scheitern der kommunistischen Erfahrung offensichtlich wurde, war der Untergang des Sowjetblocks nicht weniger überraschend und brutal und blieb das Ende einer Klammer in der Geschichte, die manche um jeden Preis vergessen möchten. In diesem Fall ist die „Pflicht der historischen Erinnerung" nicht akzeptabel.

Seit dem Fall der Berliner Mauer haben sich die Zungen ein wenig gelockert. Seit dem Ende des Regimes ist es legal, über kommunistische Verbrechen zu sprechen, anders als zu Zeiten der Diktatur, als Kritik daran als reaktionäre, ja sogar hasserfüllte Meinung galt. Die Gräueltaten, die begangen wurden, sind nun bekannt, nachdem sie von der westlichen intellektuellen Elite jahrzehntelang verschwiegen wurden. Die Welt und die Mentalitäten entwickeln sich weiter. Vielleicht wird es bald möglich sein, frei über die Rolle der Juden in der kommunistischen Revolution zu sprechen. Soweit wir wissen, war Aleksandr Solschenizyn der erste im Westen, der ein Buch veröffentlichte, das das Thema in seiner Gesamtheit behandelt. Vor ihm hatten die Historiker die Angewohnheit, solche Informationen entweder ganz zu vermeiden oder sie nur teilweise zu enthüllen, um als Erklärungsfaktor zu dienen. Eine Analyse bestimmter historischer Werke zeigt jedoch, dass das Thema bekannt war, dass es aber zum guten Ton gehörte, nicht darüber zu sprechen. Wenn wir uns in der vorliegenden Studie entschlossen haben, diesen Aspekt der Geschichte des Kommunismus zu analysieren, dann deshalb, weil er uns als eine wesentliche Etappe im Verlauf der planetarischen Hoffnungen erschien, die nicht nur aus den idyllischen und brüderlichen Visionen der Orakel bestehen, wie wir noch sehen werden.

1. Die bolschewistischen Saturnalien

Die Interpretation der Geschichte des 20. Jahrhunderts wurde durch die Veröffentlichung eines Buches im Jahr 2003 etwas auf den Kopf gestellt. Es ist das Buch des größten sowjetischen Dissidenten, des allseits gefeierten Alexander Solschenizyn, dessen Feder das Regime bereits mit dem *Archipel Gulag* erschüttert hatte, *einem* Buch, in dem er die Realität der Konzentrationslager in der Sowjetunion aufdeckte - eine Realität, die die westliche intellektuelle Elite schließlich nur unter großen Schwierigkeiten anerkennen würde.

Erst am Ende seines Lebens veröffentlichte er *Zweihundert gemeinsame Jahre (1795-1995), deren* zweiter Band sich mit der Rolle der Juden in der Sowjetzeit befasst. Das Zeugnis von Alexander Solschenizyn ist von besonderem Interesse, nicht nur wegen des Umfangs der von ihm durchgeführten Forschungen, sondern auch wegen des internationalen Rufs seines Autors und vor allem wegen der Tatsache, dass sein Buch die einzige für die breite Öffentlichkeit bestimmte Synthese zu diesem Thema ist, was den unglaublichen Erfolg seiner Veröffentlichung erklärt.

Wir mussten also 70 Jahre warten, um endlich Zugang zu den überraschenden Offenbarungen zu haben, die kaum im Verdacht stehen, voreingenommen zu sein, da ihre zahllosen bibliografischen Hinweise im Wesentlichen aus hebräischen Quellen stammen. Dieses Erdbeben in der Geschichtsschreibung hat uns auf die Idee gebracht, unsere eigenen Forschungen zu beginnen, da wir damals den Eindruck hatten, dass ein großer Teil der Geschichte im Dunkeln liegt, was das Verständnis der zeitgenössischen Ereignisse beeinträchtigt. Wir haben daher hier eine Zusammenfassung dieses grundlegenden Buches zusammengestellt, wobei wir uns bemühen, den allgemeinen Ton des Werkes des russischen Autors zu respektieren. Wir haben nichts hinzugefügt, um Aleksandr Solschenizyns Absicht nicht zu verfälschen.

Führende Züge

Die russische Revolution von 1917 gliedert sich in zwei Abschnitte: eine bürgerliche, demokratische Revolution im Februar und eine kommunistische, bolschewistische Revolution im Oktober desselben Jahres. Im Februar befand sich Russland immer noch im Krieg mit seinen französischen und britischen Verbündeten. Millionen von Männern wurden mobilisiert, um gegen die zentralen Reiche zu kämpfen. Der erste

Gesetzgebungsakt der Provisorischen Regierung hatte, anders als erwartet, nichts mit der dringenden und tragischen Kriegssituation zu tun. Am 20. März 1917 nahm die Regierung die von Justizminister Kerenski vorbereitete Resolution an, die „jede Diskriminierung von Rechten aufgrund der Zugehörigkeit zu einer Konfession, einer religiösen Lehre oder einer nationalen Gruppe" abschaffte. Die Veröffentlichung des Gesetzes löste in der westlichen Presse große Begeisterung und eine Reihe leidenschaftlicher Stellungnahmen aus. Die Frau von Maxime Vinaver, Rosa Georgieva, schrieb in ihren Erinnerungen: „Das Ereignis fiel mit dem Pessachfest zusammen. Es schien wie ein zweiter Exodus aus Ägypten. „Die Ankündigung der Emanzipation der Juden Russlands löste in den jüdischen Gemeinden im Westen und in der ganzen Welt einen Ausbruch der Freude aus[398].

Den Erinnerungen vieler Autoren zufolge waren die Beobachter von den ersten Tagen der Revolution an erstaunt über die Zahl der Juden unter den Mitgliedern der Verhörkommissionen und unter den Zeitschriftenverkäufern an öffentlichen Plätzen. Die Revolution schien ihrer politischen Tätigkeit freien Lauf zu lassen; sie konnten nun vor den Augen aller handeln. Ein unvoreingenommener Beobachter wie der Methodistenpastor Simons, ein Amerikaner, der zehn Jahre in St. Petersburg gelebt hatte und die Stadt gut kannte, antwortete 1919 dem Untersuchungsausschuss des US-Senats: „Bald nach der Revolution vom März 1917 sahen wir überall in St. Petersburg Gruppen von Juden, die auf Bänken oder Seifenkisten standen und die Massen anpöbelten[399]." Die Märzwochen waren gekennzeichnet durch ein hartes Vorgehen gegen erklärte oder vermeintliche Antisemiten. Auch Ermittlungsrichter, Staatsanwälte, Verleger und Buchhändler wurden verhaftet. Die Buchläden der Monarchistischen Union wurden niedergebrannt. Überall in Russland wurden Hunderte von Menschen verhaftet, nur weil sie während des Zarenregimes eine verantwortungsvolle Position innegehabt hatten oder einfach wegen ihrer Denkweise.

Die Repressionsorgane waren schnell organisiert. In St. Petersburg wurde sofort eine revolutionäre Miliz gebildet, deren Sprecher der Journalist Solomon Kaplun war, Zinovievs zukünftiger Gefolgsmann. Rechtsanwalt Goldstein wurde Vorsitzender der von der Anwaltskammer der Stadt eingesetzten Sonderkommission, die ohne Gerichtsverfahren über das Schicksal von Tausenden von Personen entscheiden sollte, die wegen ihrer subversiven Ansichten verhaftet wurden oder verhaftet werden sollten. „Zum ersten Mal in der russischen Geschichte besetzten Juden

---

[398]Dies erinnert an die Eile, mit der die neue französische Republik 1870 den Juden Algeriens die französische Staatsbürgerschaft verlieh, als gäbe es nichts Eiligeres, während die preußischen Armeen die Hauptstadt belagerten.

[399]Alexandre Soljénisyne, *Deux siècles ensemble*, Éditions Fayard. 2003, S. 43.

hohe Positionen in der zentralen und lokalen Verwaltung[400]. „In der Intelligenz gab es in der Tat viele Juden, aber das erlaubt uns nicht zu sagen, dass die Revolution jüdisch war. Die Februarrevolution wurde zweifellos von Russen durchgeführt, obwohl, wie Solschenizyn schrieb, „ihre Ideologie eine bedeutende und entscheidende Rolle spielte, absolut kompromisslos in Bezug auf die russische historische Macht." Die tatsächliche Macht lag in den Händen eines „Exekutivkomitees des Sowjets der Arbeiter- und Soldatendeputierten", das in den ersten Stunden der Revolution gebildet wurde und eine Art Schattenregierung darstellte, die die Provisorische Regierung ihrer Autonomie und tatsächlichen Macht beraubte. Die Zusammensetzung dieses Exekutivausschusses warf in der russischen Presse und Öffentlichkeit viele Fragen auf. Zwei Monate lang traten die Mitglieder nur unter Pseudonymen auf und hüteten sich, in der Öffentlichkeit aufzutreten, so dass nicht klar war, wer Russland regierte. „Später wurde bekannt, dass dem Exekutivkomitee etwa ein Dutzend verrohter Soldaten angehörte, die sich nicht zu erkennen gaben. Von den etwa dreißig wirklich aktiven Mitgliedern waren mehr als die Hälfte jüdische Sozialisten. Es gab Russen, Kaukasier, Letten und Polen, aber die Russen machten weniger als ein Viertel" der Mitglieder aus.

Das Geheimnis der Pseudonyme faszinierte die gebildeten Kreise in St. Petersburg und warf in der Presse Zweifel und Fragen auf. Dieses Verschweigen führte zu allgemeiner Verärgerung, auch in den unteren Schichten der Bevölkerung. Im Mai, nach zwei Monaten des Schweigens, gab es keine andere Wahl, als die wahre Identität aller Mitglieder des Exekutivausschusses öffentlich zu machen. Boris Katz präsentierte sich unter dem Pseudonym „Kamkov", Lourié unter dem Pseudonym „Larine" und Mandelstam unter dem Pseudonym „Liadov". Für die Menschen der damaligen Zeit waren nur Diebe in der Lage, ihre Identität zu verschleiern oder ihren Vor- und Nachnamen zu ändern. Es stimmt, dass viele ihre Pseudonyme aus der Zeit des Untergrunds, als sie sich verstecken mussten, beibehalten hatten, aber viele andere nahmen 1917 ein Pseudonym an. Eines ist klar: Wenn sich ein Revolutionär hinter einem Pseudonym versteckt, versucht er, jemanden zu täuschen, und vielleicht nicht nur die Polizei und die Regierung. Woher wissen wir, wer unsere neuen Führer wirklich sind, fragte sich der Mann auf der Straße? Als im Mai die Kandidaten Sinowjew und Kamenew für das Präsidium des Sowjets vorgeschlagen wurden, wurde im Saal der Ruf laut: „Gebt uns ihre richtigen Nachnamen! „

In den beiden berühmten Zügen, die Deutschland durchquerten - dem Lenin-Zug (30 Personen) und dem Natanson-Martov-Zug (160) - waren Juden in der überwältigenden Mehrheit; fast alle ihre Parteien waren

---

[400]Alexandre Soljénisyne, *Deux siècles ensemble*, Éditions Fayard. 2003, S. 44.

vertreten. Von diesen zweihundert Personen sollten viele eine bedeutende Rolle im politischen Leben Russlands spielen. Es wurde schnell klar, dass es sehr schwierig sein würde, nach einem solch zerstörerischen Enthusiasmus umzukehren. Dies war die Ansicht von David Aisman, der mit einer bemerkenswerten Überzeugung schrieb: „Die Juden müssen um jeden Preis die Errungenschaften der Revolution konsolidieren. „Es besteht kein Zweifel daran, was mit den Juden „im Falle des Sieges der Konterrevolution" geschehen würde, denn es würde zu Massenerschießungen führen. Deshalb „muss dieser unwürdige Schurke im Keim erstickt werden. Und auch sein Same muss vernichtet werden[401]." „Dies war bereits das Programm der Bolschewiki, aber in biblischen Begriffen ausgedrückt", schloss Solschenizyn.

Vor dem Oktoberputsch war der Bolschewismus bei den Juden nicht sehr beliebt. Tatsächlich hatte die Februarrevolution ihnen bereits die Bürgerrechte und die volle Rede- und Handlungsfreiheit gegeben, so dass eine bolschewistische Revolution nicht mehr notwendig erschien. Doch kurz vor diesem Ereignis schloss die linke S.R. (Sozialistisch-Revolutionäre) unter der Führung von Natanson, Kamkow und Steiberg ein Bündnis mit Trotzki und Kamenjew und spielte an der Seite der Bolschewiki eine führende Rolle bei den ersten Siegen, die diese errangen.

Der Anteil der Juden in den Führungsetagen des Regierungsapparats, der die Macht übernehmen sollte, war erheblich. Auf dem letzten Kongress der Russischen Sozialdemokratischen Arbeiterpartei, der 1907 in London stattfand und gemeinsam mit den Menschewiki abgehalten wurde, waren 160 von 302 Delegierten Juden, also mehr als die Hälfte. Auf dem Sechsten Sommerkongress der Russischen Kommunistischen Partei der Bolschewiki (der neue Name der Arbeiterpartei) wurden elf Mitglieder in das Zentralkomitee gewählt, darunter Grigorij Sinowjew, Jakow Swerdlow, Lew Dawidowitsch Bronstein „Trotzki" und Moshei Solomonowitsch Uritski. Das erste „Politbüro", das eine so glänzende Zukunft haben sollte, wurde auf der historischen Sitzung vom 10. Oktober 1917 in der Karpowastraße, in der Wohnung von Himmer und Flaksermann, gewählt. Zu den sieben Mitgliedern gehörten Trotzki, Sinowjew, Kamenjew und Sokolnikow. Auf dieser Sitzung wurde der Beschluss gefasst, den bolschewistischen Staatsstreich durchzuführen.

Betäubt von der Atmosphäre der Freiheit in den ersten Monaten der Februarrevolution erkannten und verstanden viele jüdische Redner nicht, dass ihre häufigen Auftritte auf den Podien bei Kundgebungen das Erstaunen und den Argwohn eines Großteils der Bevölkerung zu wecken begannen. Während es zur Zeit der Februarrevolution keinen „Volksantisemitismus" in Russland gab, außer in der Zone der

---

[401]Rousskaïa Volia, 1917, 13. April, S. 3 [S. 62]. In Klammern: Verweise auf das Buch von Solschenizyn.

Residenz402, entwickelte er sich in den ersten Monaten danach. Dieses Gefühl wuchs in der Folgezeit noch, und eine Welle der Volksverärgerung entlud sich gegen diese Emporkömmlinge, die aus ihrer revolutionären Begeisterung keinen Hehl machten und Funktionen übernahmen, in denen sie noch nie gesehen worden waren, die aber niemand in den Warteschlangen der hungernden Menschen vor den Geschäften sah. Trotzdem kam es im gesamten Jahr 1917 zu keinem einzigen Pogrom.

Oktober

Wir wissen, dass der Sowjetkongress in der Nacht zum 27. Oktober auf einer als „historisch" bezeichneten Sitzung sein „Dekret über den Frieden" und sein „Dekret über das Land" verkündet hat. Weniger bekannt ist, dass inmitten dieser beiden Dekrete auch eine Resolution verabschiedet wurde, die besagte, dass „die örtlichen Sowjets die dunklen Kräfte daran hindern sollten, Pogrome gegen Juden oder andere Bevölkerungsgruppen zu verüben[403]. „Immer wieder hatte die jüdische Frage Vorrang vor der bäuerlichen Frage.

Es gab zwar keinen einzigen jüdischen Minister, aber vier Juden, die Staatssekretariate leiteten, die aber im Vergleich zum Exekutivkomitee, dessen Einfluss entscheidend war, kein großes Gewicht hatten. Das erste politische Büro des Zentralen Exekutivkomitees der Sowjets bestand aus neun Mitgliedern, von denen fünf Juden waren (die revolutionären Sozialisten Gotz und Mandelstam, der Menschewik Dan, der Bundist[404] Liber und ein führender Bolschewik: Kamenew), der Georgier Nikolay Chkheidze, der Armenier Saakian, der Pole Kruchinsky und schließlich Nicolsky: ein Russe! Sie waren es, die in jenem kritischen Moment der russischen Geschichte die Macht ergriffen hatten. „Die meisten Russen - vom einfachen Bürger bis zum General - waren buchstäblich verblüfft über das plötzliche und spektakuläre Auftauchen dieser neuen Gesichter unter den Rednern bei Kundgebungen, Organisatoren von Demonstrationen und politischen Führern." Lenin war Russe, wenn auch gemischter Abstammung: Sein Großvater väterlicherseits, Nikolai Uljanow, war kalmückischer und tschuwaschischer Abstammung; seine Großmutter, Anna Aleksejewna Smirnowa, war eine Kalmücke; sein anderer Großvater,

---

[402]Vor der Februarrevolution durften sich Juden nur in den westlichen Regionen des Reiches, in Polen, der Ukraine und Moldawien, niederlassen und leben. [Über die Zone der Residenz (das revolutionäre Jiddischland) und die kommunistischen Revolutionen in Europa, siehe Hervé Ryssen, *Jüdischer Fanatismus*].

[403]Leo Trotzki, *Histoire de la révolution* (auf Russisch), Berlin, Band II, S. 361.

[404]Zu Beginn des 20. Jahrhunderts war der Bund die wichtigste jüdische politische Organisation in der Wohnzone. Sie versammelte Tausende von Kämpfern. Siehe Hervé Ryssen, *Jüdischer Fanatismus*.

Israel (Aleksandr, sein Taufname) Dawidowitsch Blank, war Jude; und seine andere Großmutter, Anna Groschop, war die Tochter eines Deutschen und einer Schwedin. „Aber das ändert nichts an der Sache, betonte Solschenizyn, denn es gibt nichts, was ihn vom russischen Volk ausschließen würde. Wir können ihn auf keinen Fall verleugnen." Seit Lenins Rückkehr nach Russland waren geheime Subventionen aus Deutschland über Olof Aschbergs Nia Banken, aber auch über ins Ausland geflohene russische Bankiers an die Bolschewiki geflossen. Der bekannte amerikanische Forscher Anthony Sutton hat nach einem halben Jahrhundert Archivdokumente gefunden, aus denen hervorgeht, dass sich unter diesen bolschewistischen Bankiers auch der berüchtigte Dimitri Rubinstien befand, der zugunsten der Februarrevolution aus dem Gefängnis entlassen worden war und nach Stockholm geflohen war. Es gab auch Abram Chirinowski, einen Verwandten von Trotzki und Lew Kamenjew. Zu den Mitgliedern des Syndikats gehörten „Denisov von der ehemaligen Bank von Sibirien, Kamenka von der Azov-Don Bank und Davidov von der Bank für Außenhandel. Weitere bolschewistische Bankiers waren: Grigori Lessine, Shifter, Yakov Berline und sein Agent Isidoro Kohn[405]." Diese waren aus Russland gekommen, aber andere, weitaus zahlreichere, kamen aus den Vereinigten Staaten mit dem Ziel, die „Neue Welt des allgemeinen Glücks" zu errichten. Sie kamen aus New York oder San Francisco über den Ozean; einige waren ehemalige Untertanen des Russischen Reiches, andere waren amerikanische Staatsbürger, die weder die russische Sprache noch das Land kannten, aber alle waren von der ekstatischsten revolutionären Begeisterung beseelt. All diese Menschen hatten gute Gründe, nach Russland zurückzukehren, und in den ersten Monaten wuchs ihr Einfluss nur.

Im Februar 1920 äußerte sich Winston Churchill in der Zeitung *Sunday Herald* zu diesem Thema. In einem Artikel mit dem Titel *Zionismus versus Bolschewismus* schrieb Winston Churchill: „Eine „Bande außergewöhnlicher Charaktere aus der Unterwelt der großen Städte Europas und Amerikas hat das russische Volk an der Gurgel gepackt und sich praktisch zum unbestrittenen Herrn eines riesigen Reiches gemacht[406]." Unter den nach Russland Zurückgekehrten befanden sich viele bekannte Namen und Nachnamen. Gruzenberg zum Beispiel, der in England und dann in den Vereinigten Staaten gelebt hatte. Wir sehen ihn 1919 auf dem Posten des Generalkonsuls der UdSSR in Mexiko (einem

---

[405] Anthony Sutton, *Ouol strit i bolchevitskaïa revolioutsiia. Wall Street und die bolschewistische Revolution*, Übersetzung aus dem Englischen, 1998, S. 141-142, [S. 115]. [*Wall Street and the Bolshevik Revolution: The Remarkable Story of the American Capitalists Who financed the Russian Communists*, Clairview Books, 2011. (NdT)].
[406] Ernst Nolte, *The European Civil War, 1917-1945*, Fondo de cultura económica, Mexiko, 2001, S. 131.

Land, in das die Revolutionäre große Hoffnungen gesetzt hatten); im selben Jahr sehen wir ihn in den zentralen Organen der Komintern sitzen. Er kehrte nach Schweden und dann nach Schottland zurück, wo er verhaftet wurde. Wenig später tauchte er 1923 unter dem Namen Borodine mit einer ganzen Bande von Spionen wieder in China auf und war „der wichtigste politische Berater des Exekutivkomitees der Kuomintang", eine Position, die es ihm ermöglichen sollte, die Karriere von Mao Tse-Tung und Zhou Enlai zu fördern. Chiang Kai-shek verdächtigte Borodine-Gruzenberg jedoch subversiver Aktivitäten und verwies ihn 1927 aus China. Danach kehrte er in die UdSSR zurück, wo er Chefredakteur des sowjetischen Informationsbüros wurde. 1951 wurde er schließlich erschossen.

Von den ersten Stunden ihrer Machtübernahme an wandten sich die Bolschewiki an die Juden und boten einigen von ihnen Führungspositionen an, anderen leitende Aufgaben im Sowjetapparat. Eine große Anzahl von ihnen folgte dem Aufruf und verpflichtete sich sofort. Es war ein echtes Massenphänomen. Von diesem Zeitpunkt an versuchten die Juden, die die Provinzen der ehemaligen Aufenthaltszone verließen, nicht mehr, sich in den ehemals verbotenen Provinzen niederzulassen, sondern setzten alles daran, sich in den großen Hauptstädten niederzulassen. Lenin war sich dieser Tatsache bewusst, auch wenn er es nicht für angebracht hielt, dass die Presse darauf hinwies: „Die Tatsache, dass sich ein großer Teil der jüdischen Mittelintelligenz in den russischen Städten niedergelassen hat, hat der Revolution einen großen Dienst erwiesen. Sie waren es, die in der schicksalhaften Stunde die Revolution gerettet haben. Wenn es uns gelungen ist, den Staatsapparat zu übernehmen und umzustrukturieren, dann ausschließlich dank dieser Brutstätte neuer Beamter - klar, gebildet und einigermaßen kompetent407. „Diese Tatsache wurde von Leonard Schapiro bestätigt: „Tausende von Juden schlossen sich massenhaft den Bolschewiki an, weil sie in ihnen die glühendsten Verteidiger der Revolution und die zuverlässigsten Internationalisten sahen. Auch in den unteren Schichten des Parteiapparats waren Juden reichlich vertreten408. „Die Entstehung des Bolschewismus ist mit den Besonderheiten der russischen Geschichte verbunden, aber seine hervorragende Organisation verdankt der Bolschewismus zum Teil dem Wirken jüdischer Kommissare", bestätigte auch Pasmanij409. „Die Abschaffung der Aufenthaltszone im Jahr 1917 führte in der Tat zu einem sofortigen Exodus der Juden ins Landesinnere, um die Hauptstädte zu erobern.

---

[407]V. Lénine, *O evreiskom voprose v Rossii* [*Über die Judenfrage in Russland*], Vorwort von S. Diamanstein, M., Proletarii, 1924, S. 17-18. [p. 87]
[408]Leonard Schapiro, *The role of the Jews in the Russian revolutionary movement*, Bd. 40, London, Athlone Press, 1961, S. 164.
[409]Alexandre Soljénisyne, *Deux siècles ensemble*, Éditions Fayard. 2003, S. 89.

Der gewaltsame Umsturz im Oktober fiel zeitlich mit der Balfour-Erklärung zusammen, die den Grundstein für einen unabhängigen jüdischen Staat in Palästina legte. Ein Teil der neuen jüdischen Generation hatte den Weg von Herzl und Jabotinski eingeschlagen, aber die Mehrheit der Juden war in jenen Jahren den Sirenengesängen des Bolschewismus erlegen. Herzls Weg schien noch weit entfernt und unrealistisch, während Trotzkis Weg es den Juden ermöglichte, sofort an Ansehen zu gewinnen. Auch der Bund und die Zionisten hatten sich gespalten und ihre Führer hatten sich auf die Seite der Sieger geschlagen und die Ideale des demokratischen Sozialismus verleugnet. „Der wichtigste und aktivste Teil des Bundes, der bis dahin die Rolle der Vertretung der jüdischen Arbeitermassen übernommen hatte, schloss sich den Bolschewiki an[410]." Die anderen sozialistischen Parteien, die Sozialistisch-Revolutionären und die Menschewiki, die viele Juden in ihren Reihen und an ihrer Spitze hatten, zögerten ebenfalls, sich den Bolschewiki anzuschließen und spalteten sich. Unter den menschewistischen Überläufern war der berühmte Lew Mejlis im Sekretariat Stalins, in der Redaktion der *Prawda[411]*, Leiter der politischen Abteilung der Roten Armee, im Verteidigungskommissariat und Kommissar in der Staatskontrolle. Seine Asche ist in der Kremlmauer versiegelt. Allerdings gab es auch einige Juden unter den Anführern des Widerstands gegen die Bolschewiki, wie Solschenizyn feststellte.

Der mythische Trotzki, der die Rote Armee anführte, war ein unbestrittener Internationalist, und man kann ihm glauben, wenn er mit Nachdruck erklärt, dass er jede Mitgliedschaft in der jüdischen Gemeinschaft ablehnt. Aber wenn man sich die Auswahl seiner Nominierungen ansieht, ist es offensichtlich, dass ihm die Juden näher standen als die Russen. Seine beiden engsten Mitarbeiter waren Glazman und Sermuks; der Chef seiner Leibwache war ein gewisser Dreiter; und als ein autoritärer und rücksichtsloser Ersatz für den Posten des Kriegskommissars gefunden werden musste, ernannte er Ephraim Sklianski, einen Arzt, der weder etwas mit einem Militär noch mit einem Kommissar zu tun hatte. In Moskau galt diese Person als der erste Diamantenkäufer. „Er war in Litauen bei der Gepäckkontrolle von Znovievs Frau Zlata Bernstein-Lilina mit Schmuck im Wert von mehreren Millionen Rubel[412] entdeckt worden. „Solche Anekdoten trüben ein wenig die Legende, dass die ersten Revolutionsführer große, selbstlose Idealisten waren.

---

[410]I. M. Biekerman, RiE, *Rossa i evrei*, (*Russland und die Juden*), Berlin, 1924, Paris, 1978, S. 44.
[411]Sie war von 1918 bis 1991 die offizielle Publikation der Kommunistischen Partei.
[412]Alexandre Soljénisyne, *Deux siècles ensemble*, Éditions Fayard. 2003, S. 94.

Die erste wirklich wichtige Aktion der Bolschewiki war die Unterzeichnung des Separatfriedens von Brest-Litowsk, mit dem ein großer Teil des russischen Territoriums an Deutschland abgetreten wurde, um die bolschewistische Macht über das restliche Territorium zu etablieren. Der Leiter der Unterzeichnerdelegation war Adolf Iofe, der Leiter der Außenpolitik war Trotzki. Sein Sekretär und Bevollmächtigter, I. Zalkin, hatte das Ministerkabinett besetzt und eine Säuberung innerhalb des alten Apparates durchgeführt. Swerdlow stand an der Spitze des Staates, Sinowjew und Kamenew leiteten die beiden Hauptstädte, wobei ersterer auch die Komintern (Internationale) leitete; Salomon Lozovsky befehligte die Profintern (Internationale Rote Union) und Oscar Ryvkine den Komsomol (Jugendorganisation). Nach diesem Ereignis übernahm Lazar Abramovitch Chatskine die Führung der Kommunistischen Jugendinternationale. Die Allrussische Kommission für die Wahlen zur Konstituierenden Versammlung war dem jungen Brodski anvertraut worden; die Leitung der Versammlung oblag Uritski, der mit Hilfe von Drabkin eine neue Kanzlei einrichten musste.

Es ist unmöglich, alle Namen derjenigen aufzuzählen, die wichtige Positionen innehatten, sogar viele der Schlüsselpositionen. Unter den herausragenden Persönlichkeiten ist „die höchst illustre Rosalia Samoilowna Zulkind-Zemljatschka, eine wahre Furie des Terrors" zu nennen, die ihren Namen in Verbindung mit den Massakern auf der Krim in die Geschichte eingehen ließ. In den Jahren 1917-1920 war sie zusammen mit Zagorski, Zelenski und Piatniki (Osip Aronowitsch Tarchis) Sekretärin des Komitees der Moskauer Bolschewiki. Der aufsteigende Stern dieser revolutionären Szene war Lazar Mosheyevich Kaganovich, der damals Vorsitzender des Provinzparteikomitees in Nizhny Novgorod (der drittgrößten Stadt Russlands) war, wo er einen „Massenterror" ausübte. Arkadi Rosengoltz war ein weiterer Akteur des Staatsstreichs in Moskau. Er war auch Mitglied der Kriegsräte mehrerer Armeekorps. Er war Trotzkis engster Mitarbeiter. Semkhon Nakhimson war der „scharfe Kommissar der Militärregion Jaroslawl". Samuel Zwilling übernahm den Vorsitz des Exekutivausschusses der Region Orenburg. Abraham Bielenki war der Chef von Lenins Leibwache; Samuel Filler, ein Apothekerlehrling aus der Provinz, stieg ins Präsidium der Moskauer Tscheka auf. Es wäre langwierig und ermüdend, sie alle aufzuzählen.

Die Rolle der Juden war in den Verwaltungsorganen, die sich mit dem dringendsten Problem jener Jahre befassten, nämlich der Versorgung, besonders sichtbar und relevant. Auch hier ist die Liste der Personen in Schlüsselpositionen besonders aussagekräftig. „Die Requisitionen sollten ohne Rücksicht auf die Folgen durchgeführt werden, indem das gesamte Getreide in den Dörfern beschlagnahmt wurde und den

Erzeugern nur eine Hungerration übrig blieb, wenn es nötig war". So lautete die offizielle Anweisung des Kommissars für Versorgung im Gebiet Tjumen. Grigorij Indenbaum forderte in einem von ihm unterzeichneten Telegramm *„die rücksichtsloseste Unterdrückung und systematische Beschlagnahme von Weizen".* Er befahl den Bauern, die dem Staat nicht die festgelegte Menge an Schafwolle geliefert hatten, diese am Ende des Herbstes (kurz vor dem Winter) ein zweites Mal zu scheren. Andere ebenso inkompetente Kommissare ließen Hirse zur Aussaat verteilen, oder sogar geröstete Sonnenblumenkerne, oder drohten, die Aussaat von Malz zu verbieten413. Auf dem 10. Parteitag berichtete die Delegation aus Tjumen, dass *„Bauern, die sich weigerten, ihren Weizen abzugeben, stehend in die Gruben gestellt, mit Wasser besprengt und dort erfroren wurden."* Die Anwesenheit einiger Juden auf der Seite der Bolschewiki hatte in jenen schrecklichen Wochen und Monaten entsetzliche Folgen. Dazu gehörte die Ermordung der kaiserlichen Familie, die schließlich von Lenin angeordnet wurde, der die völlige Gleichgültigkeit der Alliierten und die Schwäche der konservativen Schichten des russischen Volkes vorausgesehen hatte. Das Attentat auf den Bruder des Zaren, Großfürst Michael Romanow, wurde zwar von Russen verübt, aber es ist bekannt, dass die aktivsten Juden auf dem Höhepunkt der Ereignisse um die Ermordung des Zaren und seiner Familie anwesend waren. Die Wächter waren Letten, Russen und Magyaren, aber zwei Personen spielten eine entscheidende Rolle: Filipp Iljewitsch Goloschtschokin und Jakow Jurowski. Goloschtschokin, ein enger Freund von Jakow Swerdlow, war Mitglied des Zentralkomitees der bolschewistischen Partei. Nach dem Staatsstreich wurde er als Militärkommissar und Sekretär des Komitees des Uraler Sowjets zum absoluten Herrscher über die Region Ural. Was Yurovsky betrifft, so brüstete er sich damit, dass er der Beste gewesen sei: *„Es war die Kugel aus meinem Colt, die Nicolas erstarren ließ. „Voikov, der Versorgungskommissar der Region, besorgte die Fässer mit Benzin und Schwefelsäure, die zur Vernichtung der Leichen benötigt wurden. Nach dem Zweiten Weltkrieg, „nachdem die kommunistische Macht die Beziehungen zum Weltjudentum abgebrochen hatte, fühlten sich Juden und Kommunisten unbehaglich, und Angst überkam sie, sie zogen es vor zu schweigen und die starke Beteiligung der Juden an der Revolution zu verbergen. Gleichzeitig wurde jede Erinnerung an diese Ereignisse von den Juden absichtlich als antisemitisch bezeichnet414."* Der Terror

---

413Alexandre Soljénisyne, *Deux siècles ensemble*, Éditions Fayard. 2003, S. 243.
414Alexandre Soljénisyne, *Deux siècles ensemble*, Éditions Fayard. 2003, S. 90.

Auf dem Höhepunkt des Jahres 1918 nahm Lenin auf einem Grammophon eine „Sonderrede über den Antisemitismus und die Juden" auf: „Die verfluchte zaristische Autokratie hat die ungebildeten Arbeiter und Bauern immer gegen die Juden aufgehetzt... Judenfeindschaft ist nur dort lebendig, wo die kapitalistische Kabale den Geist der Arbeiter und Bauern verdunkelt hat. Die Juden sind unsere Brüder, die wie wir vom Kapitalismus unterdrückt werden. Sie sind unsere Kameraden, die wie wir für den Sozialismus kämpfen. Schande über diejenigen, die Judenfeindschaft säen!" Die Aufzeichnungen dieser Rede wurden in den Städten und Gemeinden Russlands und in den speziellen Propagandazügen, die durch das Land fuhren, weithin verbreitet. Diese Rede wurde in Clubs, auf Kundgebungen und Versammlungen übertragen.

Am 27. Juli 1918, kurz nach der Hinrichtung der kaiserlichen Familie, verkündete das Sownarkom (Rat der Volkskommissare) ein Sondergesetz über den Antisemitismus, dessen Schlussfolgerung in Lenins Handschrift verfasst war: „Das Sownarkom befiehlt allen Abgeordneten des Sowjets, den Antisemitismus auszurotten. Die Anstifter von Pogromen und diejenigen, die sie propagieren, werden für vogelfrei erklärt" Unterzeichnet: Wl. Uljanow (Lenin). Antisemiten für „vogelfrei" zu erklären, bedeutete damals, wie Lourié - der Verfechter des „Kriegskommunismus" - bestätigt hatte, einfach „sie zu erschießen".

Um die Aufstände niederzuschlagen, brauchte die bolschewistische Macht eine reguläre Armee. 1918 gründete Leo Trotzki mit Hilfe von Ephraim Skliansky und Jakow Swerdlow die Rote Armee. Jüdische Kämpfer waren in ihren Reihen und in ihrer Befehlskette zahlreich vertreten. In den 1980er Jahren erstellte der israelische Forscher Aron Abramovich eine detaillierte Liste der Juden, die vom Bürgerkrieg bis zum Zweiten Weltkrieg Führungspositionen in der Roten Armee innehatten. Seine Studie ergab, dass unter den Stabschefs in den Revolutionsräten der zwanzig Armeen zwischen einem und zwei von drei Juden waren (etwa zwei Drittel). „Der Anteil der Juden in den politischen Adjunkten war in allen Rängen der Armee besonders hoch", ebenso in der Versorgung der Armeekorps und in der Militärmedizin.

Die Tscheka, die Allrussische Außerordentliche Kommission zur Bekämpfung von Konterrevolution und Sabotage, institutionalisierte den Roten Terror lange vor seiner offiziellen Ausrufung am 5. September 1918. Sie hat sie bereits bei ihrer Gründung im September 1917 eingeführt und nach dem Bürgerkrieg weiter angewandt. Bereits im Januar 1918 wurde die „Todesstrafe auf der Stelle, ohne Gerichtsverfahren oder Ermittlungen" angewandt. Dann folgten die Verhaftungen von Hunderten und Tausenden völlig unschuldiger Geiseln, die nachts erschossen oder in mit Gefangenen überfüllten Kähnen in Flüssen ertränkt wurden. Die Tscheka wurde zum Nervenzentrum der Staatsführung. In Sewastopol wurden nach dem

Zusammenbruch des Widerstands die Verdächtigen zu Dutzenden, zu Hunderten gehängt und erschlagen. Die Nakhimov Avenue war voll von gehängten Männern, die auf der Straße verhaftet und ohne Gerichtsverfahren hingerichtet worden waren415. Es ist völlig lächerlich zu behaupten, dass „die fanatischsten und vorsichtigsten Tscheka-Schützen gar keine Juden waren, angeblich Ritualisten, sondern Generäle und Offiziere, ehemals treue Diener des Throns416." Wer hätte sie in der Tscheka geduldet", antwortete Solschenizyn. Wenn sie eingeladen wurden, dann nur, um sie zu erschießen! „In Anbetracht der verfügbaren Archivdokumente kam ein zeitgenössischer Forscher - der erste, der die Rolle der Minderheiten im sowjetischen Staatsapparat untersuchte - zu dem Schluss, dass „in der Zeit des Roten Terrors nationale Minderheiten mehr als 50 % des zentralen Tscheka-Apparats ausmachten und etwa 70 % in verantwortlichen Positionen. „Unter diesen nationalen Minderheiten gab es neben einer großen Anzahl von Letten und einer nicht unerheblichen Anzahl von Polen auch eine beachtliche Anzahl von Juden, insbesondere in verantwortlichen Positionen. Unter den Untersuchungsrichtern, die die Aufgabe hatten, die Konterrevolution zu bekämpfen, waren die Hälfte Juden.

Dieser Umstand führte dazu, dass die gesamte russische Bevölkerung, sowohl in den Reihen der Roten als auch der Weißen, den Terror als „jüdischen Terror" betrachtete. Rebecca Plastinima-Maizel zum Beispiel, Mitglied des Revolutionskomitees der Provinz Archangel, war im russischen Norden für ihre Grausamkeit berüchtigt. Sie liebte es, absichtlich „Hälse und Stirnen zu durchbohren". Er erschoss mehr als hundert Menschen mit seinen eigenen Händen und machte in den 1940er Jahren Karriere als Mitglied des Obersten Gerichtshofs.

Und was ist mit den Hekatomben am Don, dem mächtigen Fluss, der Tausende von Kosaken in der Blüte ihres Lebens überflutete? Im August 1919 entdeckte die Freiwilligenarmee, die in Kiew einrückte, Massengräber mit erschossenen Leichen. Wie immer wurde die russische Elite zuerst erschossen. In Kiew schwankte die Zahl der Tscheka-Kollaborateure zwischen 150 und 300. Der Anteil der Juden an der Gesamtzahl der Kollaborateure lag bei einem von vier, aber die meisten Schlüsselpositionen waren in ihren Händen: von den 20 Mitgliedern der Kommission, die über das Schicksal der Menschen entschieden, waren 14 Juden. In einem umgebauten Hangar brachten die Henker das Opfer völlig nackt herein, befahlen ihm, sich mit dem Gesicht nach unten auf den Boden zu legen und schossen ihm in den Hinterkopf. Die Hinrichtungen wurden mit Revolvern (meist mit einem Colt) durchgeführt. Das nächste Opfer wurde an denselben Ort gebracht und neben ihm niedergelegt. Wenn die

---

[415]S.P. Melgounov, *La Terreur rouge en Russie*, Berlin, 1924.
[416]*Tribune juive*, Paris, 1924, 1. Februar, S. 3. [p. 139].

Zahl der Opfer die Kapazität des Hangars überstieg, wurden die neuen Opfer auf die Leichen der zuvor getöteten417 gelegt.

Kirchen mit Energie versorgen

Im Sommer 1918 fand der Angriff auf den orthodoxen Klerus statt. Die Verfolgung von Priestern und die Schändung von Reliquien wurden von einem nie dagewesenen Ausbruch von Sarkasmus in der Presse begleitet. Der für kirchliche Angelegenheiten zuständige Untersuchungsrichter Chpitsberg empörte sich öffentlich über den religiösen Glauben des Volkes und verspottete in seinem 1919 erschienenen Buch (*Die Religionspest*) offen die heiligen Rituale, indem er Christus mit Schimpfnamen bedachte. Ein derartiger Hass und eine derartige Verachtung für die Religion der Russen konnten nicht unbemerkt oder unbemerkt bleiben.

Solschenizyn vertrat die Auffassung, dass mehrere schwerwiegende Fehler gemacht worden waren, wie die Ernennung von Gubelman-Jaroslawski zum Vorsitzenden der Union der Gottlosen, die Umbenennung der Wladimirkirche in „Nachimson", die Umwandlung von Elisabetgrad in „Sinowjowsk" und die Benennung der Stadt Jekaterinburg, in der der Zar ermordet worden war, in „Swerdlowsk". S. Boulgakov, der genau beobachtet hatte, was mit dem orthodoxen Christentum unter dem Joch der Bolschewiki geschah, schrieb 1941: „In der UdSSR hat die Christenverfolgung an Gewalt und Ausmaß alle bisher bekannten Verfolgungen in der Geschichte übertroffen. Sicherlich ist nicht alles den Juden anzulasten, aber ihr Einfluss sollte auch nicht heruntergespielt werden418. „Zweifellos haben die heftigen Verfolgungen, Verbrechen und Morde, die gegen die Mehrheitsreligion verübt wurden, das russische Volk tief verwundet.

In den 1920er Jahren wurde der russische Klerus rücksichtslos vernichtet. Auch die Grundlagen und Vertreter der russischen Wissenschaft in zahlreichen Disziplinen - Geschichte, Archäologie, Ethnologie - wurden zerstört; die Russen sollten keine Vergangenheit mehr haben. Der Begriff der „russischen Geschichte" wurde aufgegeben. Schon das Wort „russisch", wenn man zum Beispiel sagte: „Ich bin Russe", wurde als provokant und konterrevolutionär empfunden. In den Kolumnen von *Vetchernaïa Moskva* erlaubte sich V. Blum die Forderung, „all den historischen Müll von den Plätzen unserer Städte zu fegen": das Denkmal von Minin und Pozharsky auf dem Roten Platz, das Denkmal zum Gedenken an das Millennium Russlands in Novgorod, die Statue des

---

[417]Alexandre Soljénisyne, *Deux siècles ensemble*, Éditions Fayard. 2003, S. 148.
[418]Alexandre Soljénisyne, *Deux siècles ensemble*, Éditions Fayard. 2003, S. 107.

heiligen Wladimir in Kiew; „all diese Tonnen Metall sollten schon längst auf einer Mülldeponie sein." Der Sprengmeister Kaganowitsch sprengte die Christ-Erlöser-Kathedrale in Moskau in die Luft und bestand darauf, dass auch die Basilius-Kathedrale dem Erdboden gleichgemacht wird. Die orthodoxe Kirche war das Ziel öffentlicher Angriffe durch eine ganze Fraktion „militanter Atheisten", an deren Spitze Gubelman-Yaroslavsky stand. Zwar waren viele russische Bauernsöhne an solchen Aktionen beteiligt, doch die Beteiligung anderer Nationalitäten an der Verfolgung der orthodoxen Kirche hinterließ den stärksten Eindruck und blieb im Gedächtnis haften.

Das waren die Henker der Revolution, aber was wurde aus den Opfern? Geiseln und Gefangene in industrieller Zahl - Russen; die in überfüllten Kähnen Erschossenen und Ertrunkenen - Russen; die Offiziere - Russen; die Adligen - meist Russen; die Priester - Russen; die Mitglieder der Zemstvos419 - Russen; die Bauern, die vor der Einberufung zur Roten Armee flohen und in den Wäldern verhaftet wurden - alles Russen. Könnte man heute die Namen und Vornamen aller in den ersten Jahren der Sowjetmacht Erschossenen und Ertrunkenen bis 1918 zurückzählen und eine Statistik erstellen, würde man überrascht feststellen, dass die Revolution keineswegs internationalistisch, sondern eindeutig antislawisch geprägt war420. Nein, fuhr Solschenizyn fort, „die Juden waren nicht die treibende Kraft hinter dem Oktoberputsch. Es brachte ihnen nichts, denn die Februarrevolution hatte ihnen bereits die volle und vollständige Freiheit gewährt. Doch nach der gewaltsamen Machtergreifung wechselte die junge säkularisierte Generation schnell das Reittier und setzte sich selbstbewusst in den höllischen Galopp des Bolschewismus." Korolenko, liberal und tolerant wie er war, notierte im Frühjahr 1919 in seinen Notizbüchern: „Unter den Bolschewiki gibt es eine große Anzahl von Juden und Jüdinnen. Ihre Taktlosigkeit und ihr Selbstvertrauen sind schockierend und irritierend421. „Andere Beobachtungen aus dieser Zeit sind uns überliefert. So notierte Nakhivin seine Eindrücke aus den ersten Tagen der Sowjetmacht: Im Kreml, in der Verwaltung des Sovnarkom, „herrschen Unordnung und Chaos. Man sieht nur Letten und noch mehr Letten, Juden und noch mehr Juden. Ich war nie ein Antisemit, aber das... Es waren so viele von ihnen, dass es offensichtlich war, alle sehr jung. „In den ersten Jahren der Sowjetmacht waren die Juden nicht nur in den oberen Rängen der Partei, sondern auch in den unteren Schichten und in den lokalen Verwaltungen in der Mehrheit. Aronson, Autor des *Buches The Book of the Jews in Russia,* erwähnt: „Die Tätigkeit zahlreicher jüdischer

---

[419]Das Zemstwo: eine Form der lokalen Verwaltung, die durch die liberalen Reformen des Russischen Reiches von Zar Alexander II. eingeführt wurde.

[420]Alexandre Soljénisyne, *Deux siècles ensemble*, Éditions Fayard. 2003, S. 103.

[421]Alexandre Soljénisyne, *Deux siècles ensemble*, Éditions Fayard. 2003, S. 99.

Bolschewiken, die in den Ortschaften als untergeordnete Agenten der Diktatur arbeiteten und der Bevölkerung des Landes unzähligen Schaden zufügten422. „Es war nicht so sehr die nationale Herkunft, die in Frage gestellt wurde, sondern die antinationale und antirussische Haltung, die Verachtung dieses „internationalen Pöbels" für alles, was sich in Jahrhunderten russischer Geschichte angesammelt hatte.

Eine, zwei, drei Umdrehungen

Der Wunsch, die Revolution in ganz Europa zu exportieren423, veranlasste die Bolschewiki, in Polen einzumarschieren. Die örtliche jüdische Bevölkerung hieß die Rote Armee offenbar herzlich willkommen und ergriff massiv Partei für die Bolschewiki. „Ganze Bataillone jüdischer Arbeiter nahmen 1920 an den Kämpfen gegen die Polen teil". Die Sowjets, die in aller Eile eine Regierung für dieses Land gebildet hatten, setzten Felix Dserschinski und seine rechte Hand Marchlewski an deren Spitze. Der ehemalige Apotheker Rotenberg, der Leiter des NKWD in Moskau gewesen war, wurde zum Spezialisten für „Blutfälle" ernannt; Bela Kun und Zalkind waren ebenfalls an der Regierung beteiligt, bevor sie nach dem Scheitern in Polen zur „Säuberung der Krim" aufbrachen.

Die Rote Revolution breitete sich 1919 auf Ungarn und Deutschland aus. Ein amerikanischer Forscher, John Müller, schrieb, dass „der Anteil jüdischer Aktivisten in der deutschen kommunistischen Partei, die von der sehr berühmten Rosa Luxemburg geführt wurde, absolut unverhältnismäßig war". Angeführt wurde der Münchner Aufstand von einem „böhmischen" Juden, dem Literaturkritiker Kurt Eisner. Er wurde ermordet, aber im sehr katholischen und konservativen Bayern fiel die Macht an „eine neue Regierung von linksgerichteten jüdischen Intellektuellen, die die „Sowjetrepublik Bayern" ausriefen (Landauer, Toller, Muzam, Neirat). Eine Woche später wurde diese Republik „von einer noch radikaleren Gruppe" gestürzt, die unter der Führung von Eugen Leviné die „Zweite Sowjetrepublik Bayern" ausrief. „Im Mai 1919 wurde der Aufstand niedergeschlagen. Dass die Anführer der unterdrückten kommunistischen Aufstände Juden waren, ist eine der Hauptursachen für den Aufschwung des politischen Antisemitismus im nachrevolutionären Deutschland", räumte John Müller, „424 „, ein. Die Ukraine nutzte den Bürgerkrieg, um im Januar 1918 ihre Unabhängigkeit zu proklamieren. Unmittelbar danach begann die bolschewistische Offensive, auf die Ende des Monats die Einsetzung einer neuen Regierung in Kiew folgte. Der neue

---

[422]G. Aronson, *Evreiskaïa obschestvennost v Rossii 1917-1918*, Petite Encyclopédie juive - 2, 1968, S. 16.
[423]Lesen Sie Hervé Ryssen, *Jüdischer Fanatismus*.
[424]John Müller, *L'Antisémitisme et le communisme*, 1990.

Kiewer Stadtkommissar war Gregory Chudnovsky; im Finanzbereich war es Kreisberg, in der Presse Raichman und in der Armee Schapiro. „Es gab keinen Mangel an jüdischen Nachnamen in den höchsten Rängen der bolschewistischen Behörden in den Zentren von Odessa oder Jekaterinoslaw425." All dies reichte aus, schrieb Solschenizyn, um die Rede von „jüdischen Bolschewiken" anzuheizen. Die Unterzeichnung des Friedensvertrags mit Deutschland in Brest-Litowsk Anfang Februar 1918 änderte die Lage grundlegend. Die unabhängige ukrainische Regierung kehrte unter dem Schutz österreichisch-deutscher Bajonette nach Kiew zurück und erlaubte den Kosaken, die jüdischen Kommissare abzufangen und zu erschießen. Die Pogrome kamen etwas später: Es war also nicht die Weiße Armee, die sie auslöste, sondern die ukrainischen Armeen des Demokraten Petljura und des Sozialisten Winnitschenko. Von Dezember 1918 bis August 1919 forderten die Pogrome nach Angaben der Internationalen Rotkreuz-Kommission rund 50.000 Opfer. Diese Pogrome „erklären zu einem großen Teil die schwache und zögerliche Hilfe, die der Westen den weißen Armeen leistete426 „, schätzte Solschenizyn. Außerdem waren die Berechnungen der Wall Street natürlich günstig für die Bolschewiki, da man davon ausging, dass sie die zukünftigen Herren des russischen Reichtums sein würden.

Die Entente427, die keine der weißen Regierungen anerkannt hatte, beeilte sich, alle nationalen Regierungen anzuerkennen, die sich an der Peripherie Russlands bildeten. Die Briten stürzten sich auf die Ölquellen von Baku, die Japaner besetzten den Fernen Osten und Kamtschatka, und die Amerikaner halfen den Bolschewiken bei der Besetzung der Küste. Die Alliierten ließen sich jede Hilfe für die weißen Armeen teuer bezahlen, sei es in Gold oder in Form von Zugeständnissen. Als die Briten Archangel an der Nordfront verließen, nahmen sie einen Teil der militärischen Ausrüstung aus der Zarenzeit mit, gaben einen Teil den Roten und warfen den Rest über Bord, damit die Weißen ihn nicht benutzen konnten. Im Sommer 1920 leistete Frankreich Wrangel spärliche Hilfe bei der Befreiung Polens und verlangte sechs Monate später die Bezahlung von Lebensmitteln für russische Kämpfer, die in Gallipoli Schutz suchten.

Im selben Jahr war ein erstaunlicher Text in ganz Europa ein außerordentlicher Erfolg: *Die Protokolle der Weisen von Zion* hatten in Frankreich, England, Deutschland und den Vereinigten Staaten eine beachtliche Auflage erreicht. Die *Protokolle* waren Zar Nikolaus II. 1906

---

[425]Alexandre Soljénisyne, *Deux siècles ensemble*, Éditions Fayard. 2003, S. 155.
[426]Alexandre Soljénisyne, *Deux siècles ensemble*, Éditions Fayard. 2003, S. 171.
[427]Entente cordiale (herzliche Verständigung) ist der Name des 1904 zwischen dem Vereinigten Königreich und Frankreich unterzeichneten Vertrags über Nichtangriff und Regelung der kolonialen Expansion, der die Grundlage des Bündnisses im Ersten Weltkrieg bildete und bis heute in Kraft ist. Sie ist auch heute noch in Kraft.

vorgelegt worden: „Welcher Weitblick, welche Genauigkeit in der Ausführung! „ rief der Zar. Er ordnete jedoch das Verbot des Textes an, nachdem er eine Untersuchung durch Stolypin angeordnet hatte, die ergab, dass es sich um eine Fälschung handelte.

Die Eroberung der Hauptstädte

Die wichtigen Positionen in den beiden großen Hauptstädten brachten natürlich viele große Vorteile mit sich, wie z. B. die Nutzung der von den Eigentümern verlassenen leeren Wohnungen. In diese Wohnungen könnte eine ganze Familie aus dem ehemaligen Wohngebiet einziehen. Die Menschen wanderten massenhaft von Odessa nach Moskau aus. Es war ein echter Exodus, an dem Zehntausende von Menschen beteiligt waren. Diese neuen Mieter erhielten reichlich Proviant aus einem speziellen Verteilungszentrum: „Kaviar, Käse, Butter, geräucherter Stör fehlten nie auf ihren Tischen. Alles war speziell für die neue Elite gedacht: Kindergärten, Schulen, Clubs, Bibliotheken usw. Die Kinder aus den Nachbarhäusern hassten die aus den „Sowjethäusern" und hackten bei der ersten Gelegenheit auf ihnen herum428." Ab 1917 strömten viele Juden nach Leningrad, Moskau und in die großen Städte. Im Jahr 1926 gab es in der Sowjetunion 2 211 000 Juden, die in den Städten lebten (83 % der jüdischen Bevölkerung), und 467 000 auf dem Lande. Obwohl sie etwa 23 % der städtischen Bevölkerung in der Ukraine und bis zu 40 % in den Städten Weißrusslands ausmachten, waren sie nur 1,82 % der gesamten sowjetischen Bevölkerung. 1923 brachte Biekerman seine Besorgnis zum Ausdruck: „Heute ist der Jude überall, in allen Bereichen der Macht. Der russische Mann sieht ihn an der Spitze Moskaus, der ersten Hauptstadt Russlands, an der Spitze Petrograds, an der Spitze der Roten Armee. Er sieht, dass die St. Vladimir's Avenue jetzt den Namen des glorreichen Nachimson trägt. Der Russe sieht in dem Juden den Richter und den Henker; auf Schritt und Tritt begegnet er Juden, die keine Kommunisten sind, die genauso mittellos sind wie er selbst, die aber trotzdem alles in die Hand nehmen und für die Sowjetmacht arbeiten. Kein Wunder, dass der russische Mensch, wenn er das Alte mit dem Neuen vergleicht, überzeugt ist, dass die gegenwärtige Macht jüdisch ist, dass diese Macht für die Juden gemacht ist und ihren Interessen dient429." Die jüdische Bourgeoisie war nicht so systematisch beseitigt worden wie die russische Bourgeoisie. Jüdische Kaufleute konnten Unterstützung und Schutz im sowjetischen Apparat finden, wo sie Verwandte oder Bekannte hatten, die sich für sie

---

[428]Alexandre Soljénisyne, *Deux siècles ensemble*, Éditions Fayard. 2003, S. 126.
[429]Alexandre Soljénisyne, *Deux siècles ensemble*, Éditions Fayard. 2003, S. 220.

einsetzten oder sie im Voraus vor Beschlagnahmungen oder Razzien warnten.

Die Russen standen zehn Stunden lang in der Kälte oder im Regen vor den staatlichen Geschäften Schlange, was sie sehr unglücklich machte, vor allem im Vergleich zu den relativ gut sortierten Geschäften der jüdischen Händler. Lourié-Larin, der fanatische Organisator des „Kriegskommunismus", reagierte schnell auf diese Volksunruhen: „Wir verhehlen nicht die Zunahme der jüdischen Bevölkerung in Moskau und anderen Großstädten. Dies wird auch in Zukunft unvermeidlich sein. „Er sagte sogar die Ankunft von 600.000 zusätzlichen Juden aus der Ukraine und Weißrussland voraus. „Dieses Phänomen sollte nicht als etwas Schändliches betrachtet werden, das die Partei verschweigen sollte. Der Arbeiterklasse muss klar gemacht werden, dass jeder, der sich öffentlich gegen die Ankunft der Juden in Moskau ausspricht, bewusst oder unbewusst ein Konterrevolutionär ist. „Die Migration der Juden in die Großstädte hat in den dreißiger Jahren nicht aufgehört. Der Jüdischen Enzyklopädie ist zu entnehmen, dass die Zahl der Juden in Moskau nach der Volkszählung von 1926 131 000, 1933 226 000 und 1939 250 000 betrug[430]. Dies war das, was man in den 1920er Jahren die „Eroberung" der Hauptstädte und Großstädte Russlands nannte, wo die Lebens- und Versorgungsbedingungen deutlich besser waren. Ähnliche Bevölkerungsbewegungen fanden innerhalb der Städte in die angenehmeren Stadtteile statt.

Scharfrichter auf dem Vormarsch

Im Jahr 1922 stellten Juden 26 % der auf dem Kongress gewählten Mitglieder des Zentralkomitees. Unter den 25 Mitgliedern des Parteipräsidiums, deren Porträts in der *Pravda* veröffentlicht wurden, waren 11 Juden, 8 Russen, 3 Kaukasier und 3 Letten. 1918 waren die Juden am Tisch des Präsidiums in der absoluten Mehrheit[431]. Sinowjew hatte eine große Anzahl von Juden in den Petrograder Regierungsorganen um sich geschart. Auf dem Zwölften Parteitag 1923 waren drei der sechs Mitglieder des Politbüros Juden. Ein solches zahlenmäßiges Missverhältnis in den oberen Rängen der Partei muss einigen Führern unerträglich erschienen sein, schrieb Solschenizyn.

Was die tatsächliche Macht betrifft, so stand die Tscheka an zweiter Stelle. Kritchevsky, ein Spezialist für die Archive der damaligen Zeit, nennt einige interessante Daten: „Mitte der 1920er Jahre ging der Anteil der

---

[430]Alexandre Soljénisyne, *Deux siècles ensemble*, Éditions Fayard. 2003, S. 344.
[431]Alexandre Soljénisyne, *Deux siècles ensemble*, Éditions Fayard. 2003, S. 226.

Vertreter nationaler Minderheiten schrittweise zurück. Für die OGPU432 insgesamt sank sie auf 30-35 % und in den führenden Gremien auf 40-45 %, während sie während des Roten Terrors bei 50 % bzw. 70 % lag. Es ist jedoch festzustellen, dass der prozentuale Anteil der Letten sinkt und der Anteil der Juden steigt. In den 1920er Jahren gab es einen bedeutenden Zustrom von jüdischen Führungskräften in die Führungsgremien der OGPU433. „Von den vier Stellvertretern Dserschinskis, als er Leiter der OGPU war, waren drei Juden: Yagoda, Gerrson und Loutski.

Wenn wir die Laufbahn all dieser Scharfrichter untersuchen, sehen wir, dass sie ständig unterwegs waren und mit erstaunlicher Mobilität von einem Posten zum anderen wechselten. Dieses ständige Kommen und Gehen im ganzen Gebiet erklärte sich zu Lenins Zeiten durch den offensichtlichen Mangel an zuverlässigen Führern und durch das Misstrauen unter Stalin: Jede Verbindung, die sie an den Orten, an denen sie stationiert waren, eingehen konnten, musste im Keim erstickt werden.

Zur Feier des zehnjährigen Bestehens der ruhmreichen Tscheka listete der allgegenwärtige Iósif Unszlicht (ein polnischer Jude), einer der Gründer und stellvertretender Vorsitzender der Tscheka im Jahr 1921, in einem Dekret die Namen derjenigen auf, die für „außergewöhnliche Verdienste" ausgezeichnet worden waren. „Jeder von ihnen hätte uns mit einer kleinen Handbewegung in Schutt und Asche legen können", so Solschenizyn: Genrij Jagoda, Michail [Meier Abramowitsch] Trilisser, Jakow Agranow (der jahrelang die Anklagen in den wichtigsten politischen Prozessen komplett erfand), Sinowi Katnelson, Marvei Berman, Lew Belski und so weiter. Nejamkin, der in eine chassidische Familie in Gomel hineingeboren wurde, war Staatsanwalt der Sowjetunion und Mitglied der sowjetischen Delegation bei den Nürnberger Prozessen, für Solschenizyn „ein Symbol434." Für den russischen Bauern warfen die unzähligen Namen, die er nicht aussprechen konnte, vom polnischen Dzerzhinsky bis zum lettischen Vatsetis, Fragen auf. Gerade die Letten waren auch eine ziemlich lautstarke Minderheit: Es waren die lettischen Schützen, die die verfassungsgebende Versammlung auflösten und dann während des gesamten Bürgerkriegs den Schutz der Kremlführung sicherstellten.

„Zu dieser Zeit lag nicht alle Macht in den Händen der Juden. Es handelte sich um eine plurinationale Macht, zu der auch eine große Zahl von Russen gehörte. Aber auch wenn sie sehr heteroklitisch

---

[432]Die geheime Staatspolizei, die aus der ursprünglichen Tscheka hervorging, wurde ab 1922 in die GPU umgewandelt, die 1923 zur OGPU wurde, und später, grob gesagt, in den NKWD, den MVD und schließlich den KGB (NdT).

[433]Kritchevski, *Les Juifs dans l'appareil de la Tchéka et du Guépéou dans les années vingt*, Moskau-Jerusalem, 1999.

[434]Alexandre Soljénisyne, *Deux siècles ensemble*, Éditions Fayard. 2003, S. 230.

zusammengesetzt war, drehte sich diese Macht um bewusst antirussische Positionen, mit dem Willen, den russischen Staat und die russischen Traditionen zu zerstören. „Aber, wie Leonard Shapiro feststellte, „jeder, der das Pech hatte, der Tscheka in die Hände zu fallen, musste fast sicher sein, einem jüdischen Untersuchungsrichter gegenüberzustehen oder auf dessen Befehl erschossen zu werden435." Schon bei den ersten internationalen Konferenzen, an denen die UdSSR teilnahm - Genua und Den Haag (1922) -, konnte Europa nicht übersehen, dass die sowjetischen Delegationen hauptsächlich aus Juden bestanden. In einer Studie eines gewissen M. Zarubezhnie mit dem Titel The Jews in the Kremlin (Die Juden im Kreml) bemerkte dieser Autor, der sich auf das Jahrbuch des Volkskommissariats für Auswärtige Angelegenheiten von 1925 stützte, dass „es kein Land gab, in das der Kreml nicht einen seiner treuen Juden schickte." Leugnung der Beweise

Die schnellen Erfolge der Juden in der bolschewistischen Verwaltung blieben weder in Europa noch in den Vereinigten Staaten unbemerkt. Sie wurden sogar bewundert, und nach dem Oktoberputsch machte die jüdische öffentliche Meinung in den Vereinigten Staaten keinen Hehl aus ihrer Sympathie für die russische Revolution. Sie hatten eine „wilde und unbegrenzte Macht" erhalten, schrieb Solschenizyn. Denn das war die Wahrheit: In den 1920er Jahren beeilten sich viele, dem bolschewistischen Moloch zu dienen, ohne an das elende Land zu denken, das als Testgelände dienen sollte. Eines Tages wurde Gorki in der Presse wegen eines Artikels heftig angegriffen, in dem er der sowjetischen Regierung vorwarf, ihr zu viele verantwortungsvolle Positionen übertragen zu haben. Er hatte nichts gegen die Juden als solche, war aber der Meinung, dass die Russen dominieren und in der Mehrheit sein sollten. Die Moskauer Zeitung *Der Emes* („*Die Wahrheit*") empörte sich: „Kurz gesagt, er schlägt vor, dass die Juden auf ihre Beteiligung an den Angelegenheiten des Staates verzichten. Raus hier! Eine solche Entscheidung kann nur von Konterrevolutionären oder Feiglingen getroffen werden." Bereits in den 1920er Jahren, am Ende des Bürgerkriegs, wurden Argumente zur Entschuldigung der Juden propagiert. Es wurde auf die Lebensbedingungen aufmerksam gemacht, in denen sich viele Juden nach dem Oktoberputsch befanden. Zweiundvierzig Prozent der jüdischen Bevölkerung Russlands übten eine gewerbliche Tätigkeit aus, die von der neuen Regierung verboten worden war, und befanden sich daher in einer prekären Lage, in der sie keine andere Wahl hatten, als in den sowjetischen Staatsapparat einzutreten, um nicht zu verhungern. Der Schriftsteller Pomerants rechtfertigte den massenhaften Eintritt von Juden in die Verwaltung folgendermaßen: „Es gab für sie

---

[435]Alexandre Soljénisyne, *Deux siècles ensemble*, Éditions Fayard. 2003, S. 231.

keinen anderen Ausweg als den Staatsdienst". „Es gab keinen anderen Ausweg", empörte sich Solschenizyn. „Aber die Zehntausende von russischen Beamten, die sich weigerten, dem Bolschewismus zu dienen, zogen es vor, Widerstand zu leisten, selbst um den Preis von tausend Leiden. Außerdem erhielten sie keine Nahrungsmittelhilfe von Einrichtungen wie der Junta oder dem ORT436, die von den wohlhabenden Juden des Westens finanziert wurden. „Der Eintritt in die Tscheka war nie die einzige Alternative, wie auch Pasmanik argumentierte437.

Auch das Argument, die russischen Juden hätten sich den Bolschewiki wegen ihrer früheren Demütigungen in die Arme geworfen, ist nicht stichhaltig. Es ist notwendig, die Situation mit den beiden anderen kommunistischen Gewaltputschen in Bayern und Ungarn zu vergleichen, die zur gleichen Zeit wie der Putsch Lenins stattfanden. Wir lesen diese Beschreibung in I. Levine438 : „Die Zahl der Juden im Dienste des bolschewistischen Regimes in diesen beiden Ländern ist sehr hoch. In Bayern finden wir unter den Kommissaren die Juden Levine, Axelrod, den anarchistischen Ideologen Landauer und Ernst Toller", während „der Anteil der Juden, die die Führung der bolschewistischen Bewegung in Ungarn übernommen haben, 95 % beträgt. Nun war die bürgerrechtliche Situation der Juden in Ungarn, wo es lange Zeit keine Einschränkungen gegeben hatte, hervorragend; im kulturellen und wirtschaftlichen Bereich nahmen die Juden eine so herausragende Stellung ein, dass die Antisemiten sogar von einer totalen Kontrolle der Juden sprachen. „Erinnern wir uns auch daran, dass der massenhafte Eintritt von Juden in den Sowjetapparat Ende 1917, also vor den Pogromen während des Bürgerkriegs 1919, stattgefunden hat. Es waren also nicht diese Ereignisse, die die Juden dazu brachten, sich für den Bolschewismus zu engagieren; im Gegenteil, die übermäßige Beteiligung der Juden am Bolschewismus war die Ursache für die Pogrome von 1919.

Die Pariser Tageszeitung *Tribune juive* erwähnte dieses Thema und lehnte jede Form einer möglichen Debatte oder Selbstreflexion über die Ereignisse in Russland ab: „Die Frage nach der Verantwortung der Juden für die russische Revolution wurde bisher nur von Antisemiten gestellt. Jetzt kommt die Ankündigung einer Kampagne der Reue und der Anklagen. Nichts Neues, außer einer Reihe von Namen, von denen wir die Nase voll haben439." Boris Pasternaks Gefühle waren ziemlich einzigartig. Als er in seinem *Doktor Schiwago* die „fromme, aufopferungsvolle Art der Juden, sich abzuschotten" und „ihre Schwäche

---

[436]Obchtchestvo Pemeslennogo Trouda soudé evreiev: Verein für jüdische Handwerksarbeit.
[437]D.S. Pasmanik, *La Révolution russe et les Juifs*, S. 156, [S. 111].
[438]Alexandre Soljénisyne, *Deux siècles ensemble*, Éditions Fayard. 2003, S. 114.
[439]Alexandre Soljénisyne, *Deux siècles ensemble*, Éditions Fayard. 2003, S. 150, 171.

und Unfähigkeit, zurückzuschlagen" beschrieb, war ein Zeitgenosse jener Jahre „sprachlos", schrieb Solschenizyn. Ein anderer jüdischer Autor sagte über die 1920er Jahre: „In den Klassenzimmern der Universitäten waren es oft die Juden, die den Ton angaben, ohne sich darüber im Klaren zu sein, dass ihr intellektuelles Fest vor dem Hintergrund der Zerstörung der Bevölkerungsmehrheit des Landes stattfand. „Und er fügte hinzu: „Ich bin überrascht über die Einmütigkeit, mit der meine Landsleute jede Verantwortung für die russische Geschichte im 20. Jahrhundert leugnen440. „

„Worte wie diese wären heilsam für unsere beiden Völker, wenn sie nicht so hoffnungslos minderjährig und isoliert wären.... „Denn „die Geschichte muss nicht in Erinnerung gerufen werden, um Rechnungen zu begleichen oder um gegenseitige Anschuldigungen zu wiederholen... Die Frage der massenhaften Beteiligung der Juden an der bolschewistischen Verwaltung und an den von ihr begangenen Gräueltaten muss im Geiste einer klarsichtigen Analyse der Geschichte geklärt werden. Es ist nicht akzeptabel, der Frage auszuweichen, indem man sagt: „Sie waren Pöbel, Abtrünnige vom Judentum, wir müssen uns nicht für sie verantworten". Wenn die Juden Russlands nur noch Erinnerungen an diese Zeit haben, um sich zu rechtfertigen, fügte Solschenizyn hinzu, würde dies bedeuten, dass das nationale Bewusstsein gesunken ist, dass dieses Bewusstsein verloren gegangen ist. Die Deutschen könnten auch ihre Verantwortung für die Hitlerzeit leugnen, indem sie sagen: „Das waren keine echten Deutschen, das war der Abschaum der Gesellschaft, sie haben uns nicht nach unserer Meinung gefragt". Aber alle Völker verantworten sich für ihre Vergangenheit, auch für ihre schändlichsten Zeiten. Wie können sie sich verantworten? Indem wir uns um Bewusstsein und Verständnis bemühen: Wie konnte so etwas passieren, wo liegt unsere Schuld, besteht die Gefahr, dass es wieder passiert? In diesem Sinne sollte sich das jüdische Volk sowohl gegenüber seinen mörderischen Revolutionären als auch gegenüber denjenigen, die ihnen gedient haben, verantworten. Es geht hier nicht darum, sich vor anderen Menschen zu verantworten, sondern vor sich selbst, vor seinem Gewissen und vor Gott. Genauso wie wir Russen uns für die Pogrome verantworten müssen, für unsere brandstiftenden Bauern, die keine Gnade kennen, und für unsere roten Soldaten, die dem Wahnsinn verfallen sind, und für unsere Seeleute, die sich in wilde Tiere verwandelt haben441." Mörderischer Verdacht

---

[440]G. Chourmak, *Choulgine et ses apologètes*, Novy mir, 1994, Nr. 11, S. 244, [S. 299].
[441]Alexandre Soljénisyne, *Deux siècles ensemble*, Éditions Fayard. 2003, S. 131.

Der alte Antisemitismus war durch die tiefgreifende Oktoberrevolution vollständig aus dem Land gefegt worden. Diejenigen, die den Thron verteidigt hatten, das gesamte Kleinbürgertum der Städte, waren erschossen oder in Lager gesperrt worden. Vor der Revolution gab es unter den russischen Arbeitern und Bauern keinen Antisemitismus, und die Intelligenz empfand „tiefe Sympathie für die Juden", was die bolschewistische Führung auch anerkannte. Doch der Antisemitismus kam wieder stärker zum Vorschein. „Sie erschien in Regionen, in denen Juden einst fast unbekannt waren und in denen die jüdische Frage den Bewohnern nicht einmal in den Sinn kam442. „In den Kreisen der Arbeiter- und Bauernschaft waren die Reaktionen beredt: „Es genügt, wenn ein Jude - und sei es ein einfacher Bekannter - sich zu ihnen gesellt, damit sie ihr Gespräch ändern. „

Das Presseorgan der Zionisten in Paris, *Rassvet*, schrieb 1922: „Kürzlich hat Gorki im Wesentlichen erklärt, dass „die jüdischen Bolschewiken selbst durch ihr oft unangebrachtes Verhalten zum Aufkommen des Antisemitismus in Russland beitragen. Das ist die reine Wahrheit!". „Und dabei ging es nicht um Trotzki, Kamenjew oder Sinowjew: „Gorki spricht nicht von ihnen, sondern von den einfachen kommunistischen Juden, von denen, die an der Spitze der kleinen und mittleren Sowjetorgane stehen, von denen, die durch ihre Funktionen täglich und ständig mit der Bevölkerung in Kontakt kommen443. „Die Rekrutierung von Verwaltungsangestellten war für die Juden sehr vorteilhaft, da sie sich die Solidarität zunutze machten, die sie miteinander verband. „Diese Vorliebe für die eigenen Leute nahm für die anderen oft eine ziemlich grobe und demütigende Form an", schrieb Maslov.

Die bolschewistische Führung hatte andere Erklärungen. Für sie war der Antisemitismus in erster Linie eine Frage der sozialen Schicht und nicht der Nationalität. Aber man konnte auch „die Hand einer konterrevolutionären Untergrundorganisation sehen, die Lügen unter den Arbeiterklassen verbreitet444." Larine zufolge war der „zentrale Punkt des Antisemitismus" in Wirklichkeit das städtische Bürgertum: „Der Kampf gegen den bürgerlichen Antisemitismus wird mit der Frage der Ausrottung der Bourgeoisie selbst verwechselt", erklärte der Bolschewik. So wird der „bürgerliche Antisemitismus mit der Bourgeoisie verschwinden"." Larine räumte jedoch ein, dass sich der Antisemitismus in der Arbeiterwelt „häufiger und intensiver als in den Jahren zuvor" manifestiere. Es war klar, dass es sich um Propaganda handelte, die von Geheimorganisationen der Weißen Armee inszeniert wurde: „Hinter der antijüdischen Propaganda sehen wir die Hand monarchistischer Geheimorganisationen"." „Der

---

[442]Maslov, *La Russie, après quatre ans de révolution*, Paris, 1922.
[443]D.S. Pasmanik, *La Révolution russe et les Juifs*, S. 198
[444]Larine (Michel Lourié), *Juifs et l'antisémitisme*. [p. 246-252]

Antisemitismus, so schloss Larine, ist eine versteckte Mobilisierung gegen die Sowjetregierung, und wer gegen die Haltung der Sowjetregierung in der Judenfrage ist, ist folglich gegen die Arbeiter und für den Kapitalismus." Von dort aus konnte die sowjetische Propagandamaschine in Gang gesetzt werden, um die Bevölkerung zu „sensibilisieren": „Es ist wichtig, den Massen klar zu machen, dass die antijüdische Agitation in Wirklichkeit die Konterrevolution vorbereitet. Die Massen müssen lernen, jedem zu misstrauen, der antisemitische Sympathien zum Ausdruck bringt. Die Massen müssen in ihm entweder einen Konterrevolutionär oder einen Mittelsmann der monarchistischen Geheimorganisationen445 sehen. „In den Fabriken sollen öffentliche Sitzungen des „Volksgerichtshofs für Fälle von Antisemitismus" organisiert werden. Die verzögernden Elemente sind zu „melden, die aktiven Elemente sind zu unterdrücken... Es gibt keinen Grund, warum das Leninsche Gesetz nicht angewendet werden sollte." Nach Lenins berühmtem Gesetz vom 27. Juli 1918, so Solschenizyn, sollten „aktive Antisemiten für 'vogelfrei' erklärt, d. h. erschossen werden, wenn sie sich der Anstiftung zu Pogromen schuldig machten", und nicht nur, wenn sie daran teilnahmen. Das Gesetz ermutigte die Juden, jede Verletzung ihrer nationalen Würde anzuprangern. Artikel 59-7 des Strafgesetzbuchs von 1922 („Aufstachelung zu nationalem oder religiösem Hass und Spaltung") reichte für Verurteilungen bis hin zur Einziehung des Vermögens oder zur Todesstrafe völlig aus. Dieser Artikel bezog sich auf die Bestimmungen über Verbrechen gegen den Staat vom 26. Februar 1927, die „den Begriff der Aufstachelung zum Nationalhass" auf „die Verbreitung, das Verfassen oder den Besitz von Schriftstücken" ausdehnten. Der bloße Besitz von schriftlichen Dokumenten kann zu den schlimmsten Komplikationen führen.

So stand im Mai 1928 der Kampf gegen den Antisemitismus auf der Tagesordnung der Parteiversammlungen und musste in öffentlichen Vorträgen, in der Presse, im Rundfunk, im Kino und in den Schulbüchern erwähnt werden; es galt, unbarmherzig zu sein und die strengsten Disziplinarmaßnahmen anzuwenden. Es folgte eine heftige Pressekampagne: „Tod den Komplizen der Konterrevolution! „Kommunistische Aktivisten in einem Moskauer Bezirk beschlossen, das Thema in die Lehrpläne aufzunehmen: „Antisemitismus wird nicht immer so streng behandelt, wie es sein sollte. Sie sollte als soziale Perversion eingestuft werden, wie Alkoholismus oder Ausschweifungen446." 1929 erklärte der Sekretär des Zentralkomitees des Komsomol, Rachmanow, dass „das Schlimmste unter den gegenwärtigen Umständen der versteckte

---

445Larine (Michel Lourié), *Juifs et l'antisémitisme.* [p. 251]
446„Antisemitismus ist keine Meinung. Das ist eine Perversion. Eine Perversion, die tötet. „Die Rede von Jacques Chirac bei der Einweihung des Holocaust-Mahnmals in Paris am Dienstag, den 25. Januar 2005.

Antisemitismus ist". Diejenigen, die unsere sowjetische Sprache kannten, so Solschenizyn, verstanden sofort, dass es darum ging, Meinungen allein auf der Grundlage von Verdächtigungen zu bekämpfen. Grigori Landau sagte über seine jüdischen Gegner: „Sie verdächtigen und beschuldigen alle Nationalitäten um uns herum des Antisemitismus. Diejenigen, die sich ungünstig über Juden äußern, werden von ihnen als erklärte Antisemiten betrachtet, während diejenigen, die dies nicht tun, als versteckte Antisemiten gelten447. „Der wütendste Antisemit hätte kein besseres Argument finden können, um die Menschen dazu zu bringen, die Sowjetmacht mit den Juden zu identifizieren. Im Jahr 1930 musste der Oberste Gerichtshof folgende Klarstellungen vornehmen: Artikel 59-7 war nicht anzuwenden „im Falle von Aggressionen gegen Personen, die nationalen Minderheiten angehören, im Rahmen einer persönlichen Auseinandersetzung". Dabei zeigte sich, dass der Justizapparat bereits in vollem Gange war.

Land ist nicht genug

In ihrem Streben nach Krediten suchte die Sowjetmacht die Sympathie und Gunst der ausländischen Bourgeoisie, insbesondere der jüdischen Bourgeoisie in der Diaspora. Diese Finanzierungsquelle würde jedoch schnell versiegen, und es musste ein Weg gefunden werden, die Auslandshilfe wieder aufzustocken. Es scheint, dass das grandiose Landbesiedlungsprojekt Propagandazwecken diente. In der Tat löste der Gedanke an eine Rehabilitierung der Landarbeit für Juden eine Welle freudiger Hoffnung in der internationalen jüdischen Gemeinschaft aus. In zahlreichen Ländern wurden Sammlungen organisiert, und jeder trug dazu bei. Ursprünglich war geplant, etwa 100.000 jüdische Familien, d. h. etwa 20 % der jüdischen Bevölkerung der Sowjetunion, in die Südukraine und auf die Krim zu verlegen. Es war auch geplant, autonome jüdische Gebiete zu schaffen. Ziel war es, die Juden in der übrigen Welt an die kommunistische Macht zu binden. Auf diese Weise konnten die reichen Amerikaner erpresst werden: Wenn die Sowjetmacht zusammenbräche, würde ein riesiges Pogrom alle gegründeten jüdischen Kolonien hinwegfegen; es wäre daher notwendig, die Sowjetmacht um jeden Preis zu unterstützen.

Im Herbst 1924 wurde ein Regierungskomitee für die Ansiedlung jüdischer Arbeiter auf dem Lande gegründet, das von einer gesamtrussischen Union der Freiwilligen für die Ansiedlung jüdischer Arbeiter flankiert wurde. Solschenizyn brachte eine Kindheitserinnerung mit einem Hauch von Ironie zur Sprache: „In den Jahren 1927-1928

---

[447] Alexandre Soljénisyne, *Deux siècles ensemble*, Éditions Fayard. 2003, S. 253.

wurden wir in der Schule gezwungen, dem Verein der Freunde der Kinder der besagten Allrussischen Union einen Beitrag zu leisten - das heißt, unsere Eltern um Geld zu bitten. In verschiedenen Ländern wurden zahlreiche Vereinigungen gegründet, um diese Initiative zu unterstützen." Diese jüdischen Siedlungen entwickelten sich jedoch nicht wie erwartet. Zum einen, weil „viele Juden, obwohl sie arbeitslos waren, sich weigerten, in der Landwirtschaft tätig zu sein448. „Darüber hinaus rief die Ansiedlung jüdischer Siedler auf der Krim feindselige Reaktionen der Tataren und der örtlichen Bauernschaft hervor, die ohnehin schon unter Landmangel litten. In diese Region wurden jedoch die meisten Hoffnungen gesetzt, obwohl das Projekt die amerikanischen Zionisten verärgerte, die darin eine Alternative zum Zionismus und zur Idee einer Rückkehr nach Israel sahen. Dieses Programm zur Umstellung der Juden auf die Landwirtschaft war also ein Fehlschlag. Statt der erwarteten fünfzehntausend Familien ließen sich nur fünftausend auf der Krim nieder. Viele Siedler kehrten an ihre früheren Wohnorte zurück oder zogen in die nächstgelegenen Städte. Die jüdischen Kolchosen wurden in die anderen integriert, und die Projekte der jüdischen Kolonisation in der Ukraine und auf der Krim wurden endgültig aufgegeben. Die wichtigste Initiative in diesem Bereich sollte Birobiyan sein, ein asiatisches Gebiet, das eine jüdische Republik werden sollte. Aber auch dieser Plan scheiterte, da nur 14 % der jüdischen Siedler dort blieben. Im Jahr 1933 betrug die jüdische Bevölkerung kaum 6.000.

Die intellektuelle Elite

Die jüdische Kultur war in den 1920er Jahren bereits eine „proletarische" sowjetische Kultur, allerdings in jiddischer Sprache. So konnte sie von der staatlichen Unterstützung für ihre Zeitungen und Theater profitieren. Im Gegensatz dazu wurde die „bürgerliche" Kultur in Hebräisch ausgerottet. Eine Verhaftungswelle löschte die zionistischen Kreise im September 1924 aus. Die Geschichte des jüdischen Volkes wurde völlig ausgeblendet, während gleichzeitig die historische Schule und die russische Philosophie demontiert wurden. Das vom Regime subventionierte Jüdische Staatstheater machte die Sitten und die Religion der kleinen vorrevolutionären jüdischen Gemeinden Russlands lächerlich und war bestrebt, die Autorität des Sowjetregimes in den Augen der Juden in aller Welt durch zahlreiche Tourneen in Europa zu stärken. Unter dem Einfluss der kommunistischen Ideologie hatte sich die jüdische Jugend von ihrer Religion und nationalen Kultur abgewandt, um eine egalitäre Gesellschaft aufzubauen.

---

[448]*Petite Encyclopedie juive*, Jérusalem, 1976, S. 185.

Eine Autorin aus den 1990er Jahren, Sonja Margolina, bestätigt dies: „Die Juden wurden einem Prozess der politischen Bolschewisierung und sozialen Sowjetisierung unterworfen: Die jüdische Gemeinschaft als ethnische, religiöse und nationale Struktur verschwand spurlos." Doch während die Behörden die orthodoxe Kirche gnadenlos schlugen und sie als einen der „gefährlichsten Feinde des Sowjetregimes" betrachteten (449), verhielt sich die bolschewistische Macht, die grundsätzlich jeder Form von Religion feindlich gegenüberstand, gegenüber der Religionsausübung der Juden recht tolerant. Die meisten Synagogen funktionierten weiter, und die jüdische Gemeinde war die einzige in Moskau, die in den 1920er Jahren die Erlaubnis zum Bau neuer religiöser Gebäude erhielt. Andererseits herrschte während des orthodoxen Osterfestes die Zerstörungswut der Komsomolzen: „Sie rissen den Gemeindemitgliedern die Kerzen aus den Händen, warfen die gesegneten Osterkuchen weg, kletterten auf die Kuppeln und rissen die Kreuze ab. Tausende von schönen Kirchen wurden zerstört und zu Steinhaufen zerlegt, Tausende von Priestern wurden erschossen, Tausende weitere in Lager deportiert450." Schon in den ersten Jahren des Regimes standen der jüdischen Intelligenz und Jugend die Türen zu Wissenschaft und Kultur offen. Die kulturelle Elite wurde zunächst von Olga Kamenewa, Trotzkis Schwester, beherrscht. Viele Juden wurden Leiter von Filmstudios, eine Kunstform, die Lenin wegen ihres Propagandapotenzials sehr schätzte. Der weltweite Erfolg von Eisensteins *Panzerkreuzer Potemkin zum* Beispiel war eine prosowjetische Kriegsmaschine, die den Hass auf das alte Russland schürte. Das Massaker auf der Großen Treppe von Odessa war eine „reine Erfindung". Eisenstein sollte Stalin mehrmals als Propagandist dienen. Mit Alexander Newski, der den Patriotismus der Russen durch die Schilderung des Sieges über den Deutschen Orden im Jahr 1242 verherrlichte, stachelte er die Truppen gegen Hitlerdeutschland an. In der Tat hatte Stalin während des Krieges erkannt, dass nur Patriotismus Soldaten motivieren konnte, die nicht bereit waren, ihr Leben für die marxistische Ideologie und das kommunistische System zu geben. Die patriotischen Gefühle der Mehrheit der Russen wurden so ausgenutzt und in den Dienst des Sowjetstaates gestellt.

Stalins Lieblingsmaler war Isaac Brodski, der der offizielle Porträtist des Regimes wurde. Er malte mehrere Porträts von Lenin, Trotzki und anderen Würdenträgern des Regimes und wurde 1934 zum Direktor der Akademie der Schönen Künste ernannt. Das sowjetische Theater wurde von der Figur Meyerholds dominiert. Er hatte seine treuen Bewunderer, aber auch einige Kritiker. A. Tirkova-Williams schrieb in seinen

---

[449]*Petite Encyclopedie juive, Band VIII*, Jerusalem, 1976, S. 194.
[450]Alexandre Soljénisyne, *Deux siècles ensemble*, Éditions Fayard. 2003, S. 287.

Memoiren, dass er die Moral von Autoren und Schauspielern „mit seinem dogmatischen Geist und seiner unsensiblen Härte" zu brechen pflegte.

Der Ruin der Kaufleute

Die allgemeine Sympathie ermöglichte es der sowjetischen Führung, problemlos Finanzhilfen aus dem Westen, insbesondere aus den Vereinigten Staaten, auszuhandeln. Ohne diese Hilfe wären sie nicht in der Lage gewesen, das Land aus der wirtschaftlichen Depression zu führen. Der amerikanische Geschäftsmann Armand Hammer, ein Günstling Lenins, erhielt 1921 die Konzession für die Asbestvorkommen in Alapajewsk. Später exportierte er die Schätze der kaiserlichen Sammlungen schamlos in die USA. Unter Stalin und Chruschtschow kehrte Hammer regelmäßig nach Moskau zurück, um Frachtschiffe mit Ikonen, Gemälden, Porzellan und Fabergé-Gold- und Silberwaren451 zu übernehmen.

Der Erfolg der ersten beiden Fünfjahrespläne war nicht nur auf die erzwungene Ausbeutung der arbeitenden Massen zurückzuführen, sondern erforderte auch eine reichliche Versorgung mit Material und die Mitarbeit von Experten. Alle diese Waren kamen aus den westlichen kapitalistischen Ländern, hauptsächlich aus den USA. Die sowjetischen Kommunisten zahlten großzügig mit Naturalien - Mineralien, Holz, Rohstoffen -, indem sie all den Reichtum exportierten, den sie aus dem ehemaligen Zarenreich geraubt hatten. Diese Geschäfte wurden unter der Aufsicht internationaler Finanzmagnaten abgewickelt und verliefen über die während des Bürgerkriegs eröffneten Handelswege. Schiffe voller Gold und Kunstwerke aus dem Eremitage-Museum waren auf dem Weg zu Häfen auf der anderen Seite des Atlantiks. Der amerikanische Historiker Anthony Sutton konnte in kürzlich geöffneten diplomatischen und finanziellen Archiven452 Treffen zwischen der Wall Street und den Bolschewiken nachweisen.

„Die Bolschewiki und die Banker haben eine gemeinsame Plattform: den Internationalismus. „In diesem Sinne, schrieb Solschenizyn, sei die Unterstützung „von Morgan und Rockfeller für kollektivierte Unternehmen und die Abschaffung der individuellen Rechte" keineswegs

---

451 „Armand Hammer (...) wurde einer der führenden Köpfe des Ost-West-Handels, der seine Freundschaft mit Lenin und sein uneingeschränktes Bekenntnis zum kapitalistischen System miteinander in Einklang brachte. Er beutete Asbestminen in der UdSSR aus, importierte Autos und Traktoren und kaufte dem Staat russische Kunstwerke im Tausch gegen Industrieprodukte ab. „In Jacques Attali, Los Judíos, el mundo y el dinero, Fondo de cultura económica, Buenos Aires, 2005, S. 403.
452 Anthony Sutton, Wall Street und die bolschewistische Revolution. Wall Street und die bolschewistische Revolution, S. 210 [S. 302].

seltsam. Amerikanische Finanziers hatten sich vor der Revolution stets hartnäckig geweigert, Russland Geld zu leihen, wobei sie die Notlage der Juden als Vorwand anführten, trotz der saftigen Gewinne, die sie hätten einstreichen können. Wenn sie damals bereit waren, ihre eigenen Interessen zu untergraben, war es klar, dass jetzt, Anfang der 1930er Jahre, der geringste Verdacht auf Judenverfolgung in der Sowjetunion das „Rockfeller-Imperium" vom sowjetischen Markt vertrieben hätte und letzterer die Unterstützung der Bolschewiki eingestellt hätte.

In der Zeit der wirtschaftlichen Liberalisierung, die als NEP (Neue Wirtschaftspolitik, 1921-1926453) bezeichnet wird, waren 1924 in Moskau 75 % der Apotheken und Parfümerien in jüdischem Besitz, 55 % der Läden für Industrieerzeugnisse und 49 % der Schmuckgeschäfte. „Wenn der jüdische Händler in einer ihm unbekannten Stadt ankam, gewann er seine Kundschaft, indem er auf dem Privatmarkt hohe Rabatte gewährte. Juden gehörten häufig zu denjenigen, die während der NEP als erste reich geworden waren. Der Hass auf sie war auch darauf zurückzuführen, dass sie viele Verbindungen in den sowjetischen Apparat hatten, was viele Verfahren und Formalitäten erleichterte454. „Dies wurde auch durch die in der *Iswestija* vom 22. April 1928 veröffentlichte beeindruckende Liste derjenigen bestätigt, „die ihre Steuern nicht bezahlt oder sich der Steuererhebung entzogen hatten".

Ende 1926 begann die vollständige Demontage der NEP. Dieser Prozess begann mit dem Verbot des privaten Getreidehandels. Im Jahr 1927 wurden die Verkaufspreise im Handel festgelegt. Die Juden, die hauptsächlich im Finanzwesen, im Handel und im Handwerk tätig waren, waren die ersten, die von den antikapitalistischen Maßnahmen betroffen waren. Schwere Strafen trafen den privaten Handel: Beschlagnahmung von Waren und Immobilien und Entzug der Bürgerrechte. Sozial- und Wirtschaftsexperimente, Verstaatlichungen und Kollektivierungen aller Art betrafen nicht nur das mittlere Bürgertum, sondern entzogen auch den kleinen Ladenbesitzern und Handwerkern ihre Ressourcen. Die Ladenbesitzer mussten ihre Läden wegen der Steuerlast schließen, und viele jüdische Ladenbesitzer landeten auf der Straße. So sehr, dass der Sowjet der Volkskommissare Ende 1929 eine Resolution „über die Maßnahmen, die für die wirtschaftliche Lage der jüdischen Massen zu ergreifen sind" herausgab. „Viele traten dann in den Dienst des Staates, aber immer im Finanz-, Bank- und Handelsbereich.

---

[453]Neue Ökonomische Politik: war eine Wirtschaftspolitik des „Staatskapitalismus", die von Lenin eingeführt wurde, um die ruinöse wirtschaftliche Situation nach der Revolution und dem Bürgerkrieg zu stabilisieren. (NdT).
[454]Alexandre Soljénisyne, *Deux siècles ensemble*, Éditions Fayard. 2003, S. 255.

Der Feind des Landwirts

Die Kulaken waren nicht viel mehr als die Mudschiks, die russischen Bauern. Sie besaßen ein Pferd und zwei oder drei Kühe und stellten für einige Monate im Jahr ein oder zwei Bauern ein, die ärmer waren als sie selbst. Auf dem XV. Parteitag im Dezember 1927 musste das heikle Problem der Bauernschaft angegangen werden. Stalin muss wohl gedacht haben, dass es für diesen Feldzug, der sich massiv gegen die slawische Bevölkerung richten sollte, sicherer war, sich auf die Juden zu verlassen als auf die Russen. Im Gosplan (Komitee für Wirtschaftsplanung) hatte Stalin eine solide jüdische Mehrheit. Zu den Organen, die die Kollektivierung konzipierten und durchführten, gehörten natürlich Larine sowie Leon Kristman, der ab 1928 das Landwirtschaftliche Institut leitete, und Jakowlew-Epstein Jakow, der das Kommissariat für Landwirtschaft leitete. Es wäre natürlich falsch, dieses rücksichtslose Unternehmen zur Vernichtung der Bauernschaft damit zu erklären, dass man den Juden die Schuld für ihre Rolle gibt", so Solschenizyn. Wäre Jakowlew-Epstein nicht da gewesen, hätte durchaus ein Russe die Leitung des Landwirtschaftskommissariats übernehmen können; die sowjetische Geschichte hat dies hinreichend bewiesen. „Es blieb jedoch richtig, dass Lenin seine Strategie gegen das russische Volk gerichtet hatte, das er als „Haupthindernis455 „ betrachtete.

Alle großen Schriftsteller blieben angesichts „dieser kalten Vernichtung der russischen Bauernschaft" stumm. „Der ganze Westen hat in jenen schrecklichen Jahren geschwiegen, als 15 Millionen Bauern ruiniert, wie Tiere eingepfercht, aus ihren Häusern vertrieben und in den sicheren Tod in die Enge der Taiga und der Tundra deportiert wurden. Hat jemand seine Stimme zur Verteidigung der Bauern erhoben? Kurz darauf, in den Jahren 1932-1933, verhungerten zwischen fünf und sechs Millionen Menschen in einer Hungersnot, die von der Sowjetmacht geplant und organisiert wurde, um die Landbevölkerung zu vernichten. Die „freie Presse der freien Welt" blieb wieder einmal stumm. Die Ukraine sei in dieser Zeit besonders betroffen und gekränkt gewesen, da viele Juden „mit einer Macht über Leben und Tod über die Bauernschaft ausgestattet" gewesen seien. Aus diesem Grund hatten die Ukrainer den Eindruck, dass die Hungersnot direkt auf die Juden zurückzuführen war. „Während der Kollektivierung hat sich die Vorstellung vom Juden als unerbittlichem Feind des Bauern endgültig durchgesetzt - selbst in den

---

[455]Alexandre Soljénisyne, *Deux siècles ensemble*, Éditions Fayard. 2003, S. 294.

entlegensten Orten, wo noch nie ein Jude leibhaftig gesehen wurde456. "

Nichts hat sich geändert

Zwischen 1923 und 1924 kämpften Stalin und Trotzki erbittert um die Macht. Dann beanspruchte Sinowjew mit gleicher Vehemenz den ersten Platz in der Partei. Von Stalin getäuscht, verbündeten sich Sinowjew und Kamenjew 1926 mit Trotzki zu einer „Vereinigten Opposition". „Mit anderen Worten, so Solschenizyn, positionierten sich drei jüdische Führer der ersten Ordnung an derselben Front. „Irgendwann hatte Stalin wahrscheinlich den Trumpf des Antisemitismus gegen diese vereinte Opposition in Betracht gezogen. Das mag kurzfristig von Vorteil gewesen sein, aber sein unvergleichlicher politischer Scharfsinn hat ihn gerade dann davon abgehalten, als es schien, dass er sich für diese Lösung entschieden hatte. Er wusste, dass die Juden damals noch sehr zahlreich in der Partei waren und dass sie sehr wertvoll waren, um ausländische Unterstützung zu gewinnen. Schließlich dachte er wahrscheinlich, dass er die Führer der jüdischen Partei noch brauchen würde. In der Tat hat er sich nie von seinem Lieblingsgefolgsmann Lew Mejlis und auch nicht von seinem treuen Kameraden aus dem Bürgerkrieg, Moses Ruchimowitsch, getrennt. Er prangerte antisemitische Äußerungen im Kampf gegen die Opposition an und förderte die jüdische Durchdringung zahlreicher Gremien und Institutionen457. Auf dem 16. Parteitag im Jahr 1930 erklärte Stalin, dass der „russische Chauvinismus" „die größte Gefahr für die nationale Frage" darstelle.

Als die trotzkistische Opposition vollständig besiegt war, wurde die Zahl der Juden im Parteiapparat erheblich reduziert, obwohl diese Säuberung keineswegs antijüdisch war. Im Politbüro blieb Lazar Kaganowitsch, „ein unheimlich rücksichtsloser und lächerlich mittelmäßiger Kerl", der alle seine Brüder in wichtige Ämter berufen ließ458, in einer herausragenden Position. Anfang der 1930er Jahre zerschlug Stalin zwei gesamtrussische nationalistische Oppositionen, die Rýkov-Bucharin-Tomsky-Opposition auf der einen und die Syrtsov-Ryutin-Uglanov-Opposition auf der anderen Seite. Er verließ sich auf die jüdischen Führer der Bolschewiki.

Viele Juden waren weiterhin in Organen wie der GPU, der Armee, der Diplomatie und an der ideologischen Front aktiv. Wir beschränken uns hier auf einen kurzen Überblick, der sich auf die Tagebücher der damaligen Zeit und die neuesten jüdischen Enzyklopädien stützt. Im Präsidium der Zentralen Kontrollkommission des 16. Parteikongresses (1930) waren 10 von 25 Mitgliedern Juden; vergleicht man dies mit der Situation des

---

[456]Sonja Margolina, [S. 84].
[457]Alexandre Soljénisyne, *Deux siècles ensemble*, Éditions Fayard. 2003, S. 292.
[458]Alexandre Soljénisyne, *Deux siècles ensemble*, Éditions Fayard. 2003, S. 304.

Zentralen Parteikomitees in den 1920er Jahren, so stellt man fest, dass sich nichts wirklich geändert hatte: Juden machten ein Sechstel der Mitglieder aus. Die eigentliche Macht der Bolschewiki war jedoch in den Händen der Volkskommissare konzentriert. Im Jahr 1936 zählten acht Juden dazu: Maksim Litvinov für das Außenministerium, der nicht minder berühmte Gutenrij Yagoda für das Innenministerium, Lazar Kaganóvich für das Eisenbahnwesen, I. Weitser für den Außenhandel; M. Kalmanovich für die Sowchose (1932 gegründetes Kommissariat); Grigory Kaminski für das Gesundheitswesen; Z. Belenski leitete die sowjetische Kontrollkommission. In derselben Regierung gab es auch zahlreiche jüdische Nachnamen in den stellvertretenden Kommissariaten der verschiedenen Kommissariate für Finanzen, Kommunikation, Verkehr, Landwirtschaft, Justiz, Bildung, Verteidigung usw. Stalin hatte bereits den finsteren Jakowlew-Epstein mit der Durchführung der Kollektivierung des Landes beauftragt. Ab 1934 wurde er Vorsitzender des Kolchos-Sowjets.

Sie besetzten von Anfang an wichtige Positionen in den politischen Organen der Armee. Der gesamte zentrale politische Dienst der Roten Armee war durch die Hände von Lev Mejlis gegangen (Solschenizyn führte eine lange Liste von Inspektoren, Direktoren, Dienstchefs und Militärstaatsanwälten an). 1934 wurde die GPU in das NKVD (Volkskommissariat für innere Angelegenheiten) umgewandelt, an dessen Spitze Gutenj Yagoda stand. Zum ersten Mal wurden die Namen der Kommissare der Staatssicherheit veröffentlicht, und die Hälfte von ihnen waren Juden (Solschenizyn lieferte eine weitere lange Liste von Persönlichkeiten). Abram Slutsky war Leiter des sowjetischen Auslandsnachrichtendienstes des NKWD; er leitete also die Spionagedienste. Seine Stellvertreter waren Boris Berman und Sergei Chpiguelglas. Drei Tage nach der Ernennung von Nikolai Jezhov zum Kommissar für innere Angelegenheiten trat sein Stellvertreter sein Amt an: Matvei Berman, der gleichzeitig sein Amt als Leiter des Gulag behielt. Mikhail Litvine wurde Leiter des NKVD-Exekutivdienstes. Isaac Shapiro, ein weiterer treuer Mitarbeiter, wurde zum Leiter des NKVD-Sekretariats ernannt. Im Dezember 1936 gab es sieben Juden in den zehn Abteilungen der glorreichen GUGB (Hauptdirektion für Staatssicherheit) des NKWD, der Geheimpolizei.

Im Jahr 1990 wurde dank Glasnot („Transparenz") bekannt, dass die Vergasungswagen (mobile Gaskammern) nicht von Hitler, sondern von Isai Dawidowitsch Berg, dem Leiter des Wirtschaftsdienstes des NKWD in der Region Moskau, erfunden worden waren. Berg war für die Vollstreckung der Urteile des regionalen NKVD zuständig. Seine Aufgabe war es, die Verurteilten zum Ort der Hinrichtung zu fahren. Als jedoch drei Gerichte gleichzeitig voll ausgelastet waren, wurde die

Aufgabe der Exekutionskommandos fast unmöglich. Jemand kam auf die Idee, die Opfer nackt auszuziehen, sie zu fesseln und zu knebeln, damit sie nicht schreien, und sie in geschlossene Lieferwagen zu werfen, die als Brotlieferwagen getarnt waren. Während der langen Fahrt traten Dämpfe in das Fahrzeug aus. Als sie ihr Ziel, den Rand einer zufälligen Grube, erreichten, lagen die Gefangenen bereits tot da459. Berg wurde 1939 erschossen, nicht wegen seiner grausamen Methoden, sondern wegen Verschwörung. Er wurde 1956 wieder eingestellt, obwohl die tödliche Erfindung in seiner Akte stand. „Es ist nicht zu leugnen", schloss Solschenizyn, „die Geschichte hat viele Juden zu Vollstreckern des traurigen Schicksals des russischen Volkes geweiht." Man schämt sich, wenn man liest, dass

Lazar Kogan war zum Leiter des Gulag ernannt worden, bevor er zum Weißmeer-Kanal geschickt wurde. Zinovi Katznelsohn stand in der Hierarchie an zweiter Stelle. Ab 1936 wurde Israel Pliner Leiter des Gulag, und unter seinem Befehl wurden die Arbeiten am Moskau-Wolga-Kanal abgeschlossen. Es muss betont werden, dass die Sekretäre der regionalen Komitees nicht die absolute Macht innehatten, sondern vielmehr die Potentaten des GPU-NKVD, die eigentlichen Herren all dieser Gebiete waren. Diese regionalen Machthaber wechselten unter größter Geheimhaltung ständig ihre Einsatzorte und hatten das Recht auf Leben und Tod über jeden einzelnen Einwohner. Einige sind unter ihrem vollen Namen bekannt, andere nur unter ihrem Nachnamen, wieder andere nur unter ihren Initialen.

Der Lette Ans Bernstein, schrieb Solschenizyn, einer meiner Zeugen bei der Abfassung des „Archipel Gulag", glaubte, dass er in den Zwangsarbeitslagern überleben konnte, weil er sich in den dunkelsten Momenten an Juden gewandt hatte, die ihn wegen seines Nachnamens und seines Aussehens für einen der ihren hielten und ihm seither immer geholfen hatten. Er wies auch darauf hin, dass in den Lagern, in denen er inhaftiert war (z. B. in Buriepolomski, dessen Leiter ein gewisser Perelman war), immer Juden für die Posten der freien Mitarbeiter rekrutiert wurden (Chulman, Leiter der Spezialabteilung; Grindberg, Leiter des Lagers; Keguels, Chefmechaniker der Fabrik) und diese wiederum Juden aus den Reihen der Häftlinge als ihre Stellvertreter wählten.Der freie Jude war nicht so dumm, in einem jüdischen Gefangenen einen „Volksfeind" zu sehen, wie es ein mit einem anderen Russen indoktrinierter Russe tat. Sie sahen in ihm vor allem einen unglücklichen Landsmann." Manchmal bildete sich eine Gruppe jüdischer Häftlinge, die sich nicht um ihr

---

[459]Alexandre Soljénisyne, *Deux siècles ensemble*, Éditions Fayard. 2003, S. 322. Der polnische Journalist und Fotograf Tomasz Kizny hat diese Zeit dokumentiert: *La Grande Terreur en URSS 1937-1938*, Les Editions Noir Sur Blanc, 2013.

Überleben kümmerten. Was taten sie dann? Der Ingenieur Abram Zisman erzählte eine Anekdote: Im Gefängnis von Nowo-Archangel „nutzten wir die freie Zeit, um zu zählen, wie viele antijüdische Pogrome es in der Zeit des russischen Staates gegeben hatte. Diese Frage interessierte die Verantwortlichen des Lagers. Der Leiter des Lagers war Hauptmann Gremine [N. Gerchel, Sohn eines jüdischen Schneiders]. Er schickte einen Brief nach Leningrad, an das Archiv des ehemaligen MVD. Die Antwort kam acht Monate später: Zwischen 1811 und 1917 habe es in ganz Russland 76 antijüdische Pogrome gegeben, die rund 3000 Opfer gefordert hätten (ob es sich dabei nur um Tote handelte, wurde nicht angegeben).

Das Ausmaß der Todesopfer unter dem Sowjetregime ist natürlich ein ganz anderes. Das berühmte Zuchthaus am Weißmeer-Ostseekanal verschlang in den Jahren 1931-1932 Hunderttausende von russischen und ukrainischen Landarbeitern. In einer Zeitung vom August 1933, die der Fertigstellung des Kanals gewidmet war, konnte man die Liste der Ausgezeichneten lesen: viele bescheidene Medaillen für die Schalungsbauer und Zimmerleute, aber prestigeträchtige Medaillen - der Leninorden - für acht Personen, deren Fotos im Großformat veröffentlicht wurden. Unter ihnen waren nur zwei Ingenieure, denn die gesamte Führungsspitze der Baustelle wurde belohnt. An der Spitze des Kollektivs standen Ghenrij Yagoda, Kommissar des NKWD; Mavtei Berman, Leiter des Gulag; Semion Firine, Leiter von BelBalt; Lazar Kogan, Leiter des Bauwesens; Yakov Rappoport, stellvertretender Leiter des Bauwesens; Naftali Frenkel, Leiter der Bauarbeiten am Weißen Meer (der als das böse Genie des gesamten Archipels gilt). Vierzig Jahre nach den Ereignissen veröffentlichte Solschenizyn in *Archipel Gulag* die Porträts dieser „elenden Sechs": „Man hat mir vorgeworfen, dass ich die Porträts der Leiter der Baustelle des berühmten Weißmeer-Ostsee-Kanals veröffentlicht habe, und ich wurde beschuldigt, nur Juden ausgewählt zu haben. Aber ich habe niemanden ausgewählt: Ich habe die Fotos aller Feldkommandeure veröffentlicht, die in einem Jahrbuch von 1936 erschienen sind. Wer ist schuld daran, dass es Juden waren460? „ „Ich habe sie so genommen, wie sie waren, ohne sie auszuwählen, aber die ganze Welt hat sich empört. Das war Antisemitismus! Und wo haben sie hingeschaut, als diese Porträts 1933 zum ersten Mal veröffentlicht wurden? Warum haben sie damals nicht ihre Empörung zum Ausdruck gebracht? „So können die Überlegungen einiger Intellektueller provokativ sein. Wenn z.B. Herr S. Schwartz von der „Legende der jüdischen Herrschaft" und „falschen Vorstellungen über die übertriebene Macht der Juden in den Organen des Staates461 „ spricht, wird man stutzig. Ihm zufolge gab es für jüdische Intellektuelle „fast keine andere Möglichkeit des Überlebens als den Dienst am Staat". „Man schämt

---

460Alexandre Soljénisyne, *Deux siècles ensemble*, Éditions Fayard. 2003, S. 317.
461S. Schwartz, *L'antisémitisme en Union Soviétique*, New York, 1962, S. 118, [S. 335].

sich, das zu lesen", empörte sich Solschenizyn, „Was ist das für eine Situation der Unterdrückung und der Hoffnungslosigkeit, die einem keine andere Überlebensmöglichkeit lässt als die privilegiertesten Positionen? „

Die Großmetzgerei

Die großen stalinistischen Säuberungen von 1937-1938 waren ein brutaler und unerwarteter Schlag für die Juden, der ihre gesamte Welt aus den Fugen brachte. Studiert man die Listen der hochrangigen Würdenträger, die in den Jahren 1937-1938 umgekommen sind, so stellt man fest, dass ein großer Teil von ihnen Juden waren. Ein zeitgenössischer Historiker schrieb: „Während Vertreter dieser Nationalität an der Spitze von 50 % der wichtigsten Dienststellen des Zentralapparats für innere Angelegenheiten standen, besetzten sie am 1. Januar 1939 nur 6 % der Stellen462." Anhand der zahlreichen Listen der Erschossenen, die in den letzten zehn Jahren veröffentlicht wurden, und anhand der biografischen Bände der *Neuen* Jüdisch-Russischen *Enzyklopädie*, so Solschenizyn, können wir das Schicksal der Tschekisten, der Chefs der Roten Armee, der Diplomaten und der Parteiführer nachvollziehen. In der Tat waren es die Tschekisten, die während der „Jeschowschen" Säuberungen, benannt nach dem Nachnamen des neuen NKWD-Chefs Nikolai Jeschow, den schwersten Preis für ihre Vergangenheit zahlten. Das große Gemetzel verschonte auch die alten Bolschewiki nicht: Kamenew und Sinowjew natürlich, aber auch Rjasanow und Goloschtschokin. Der Henker der Krim, Bela Kun selbst, verschwand ebenfalls, und mit ihm zwölf weitere Volkskommissare der kommunistischen Regierung in Budapest. Nur Kaganóvich blieb im Amt und nahm sogar an weiteren Säuberungen teil. Im Sommer 1938 waren ausnahmslos alle Kommandanten der Militärregionen liquidiert worden. Unter den hochrangigen Politikern, die umgekommen waren, befanden sich alle 17 Armeekommissare, 25 der 28 Korpskommissare und 34 der 36 Divisionskommissare. Auf den Listen der in den Jahren 1937-1938 erschossenen Kriegshäuptlinge war ein hoher Anteil von Juden zu finden463, aber dieses Phänomen wurde an sich nicht als eine speziell gegen Juden gerichtete Offensive wahrgenommen: Juden gerieten in den Fleischwolf, weil sie eine große Anzahl herausragender Positionen besetzten.

Mitte der 1930er Jahre war sich Stalin der Komplikationen bewusst geworden, die eine allzu feindselige Haltung gegenüber den Juden nach dem Vorbild Hitlers und der Nationalsozialistischen Partei mit sich bringen

462Kostyrtchenko, *La politique de Staline*, Moskau, 2001, S. 210, [S. 320].
463Souvenirov, *La Tragédie de l'Armée rouge*, 1998, [S. 324].

würde464. Dennoch ist es möglich, dass er ihnen gegenüber eine gewisse Feindseligkeit hegte - die Memoiren seiner Tochter scheinen dies zu bestätigen -, auch wenn er dies seinen engsten Mitarbeitern gegenüber nicht zu erkennen gab. Neben dem frontalen Kampf gegen die Trotzkisten vernachlässigte Stalin nicht einen anderen Aspekt, der für ihn von großem Vorteil war: die Möglichkeit, endlich freie Hand zu haben, um den Einfluss der Juden innerhalb der Partei zu verringern. Außerdem muss Stalin angesichts des drohenden Krieges in Europa gespürt haben, dass ihm nicht die „proletarische Internationale" helfen würde, sondern die patriotischen Gefühle der Russen, die für diesen Fall wiederbelebt werden müssten. Dennoch war die offizielle Atmosphäre des sowjetischen Regimes in den 1930er Jahren frei von Antipathie gegenüber den Juden. Bis zum Krieg blieb die große Mehrheit der sowjetischen Juden auf der Linie des Regimes465.

Nie an vorderster Front

Der Einmarsch der deutschen Armeen in das Gebiet hatte die rasche Evakuierung der Bevölkerung zur Folge, die am meisten von den Nazis zu befürchten hatte. Mehrere jüdische Quellen weisen eindeutig auf die energischen Maßnahmen der sowjetischen Behörden in dieser Angelegenheit hin, die es vielen Juden ermöglichten, der Vernichtung zu entkommen. In vielen Städten wurden die Juden vor den anderen evakuiert. Sie hatten Priorität, ebenso wie hohe Beamte, Industriearbeiter und Werktätige. Die sowjetischen Behörden hatten speziell für die Evakuierung der Juden Tausende von Zügen gechartert, die so weit wie möglich über den Ural hinaus fuhren466. Das Ausmaß der Evakuierung der Juden durch das sowjetische Regime angesichts der deutschen Invasion ist einhellig anerkannt worden. Die Dokumente des Europäischen Antifaschistischen Komitees bestätigen dies: „Etwa eineinhalb Millionen Juden wurden zu Beginn des Krieges nach Usbekistan, Kasachstan und anderen zentralasiatischen Republiken evakuiert. „Insgesamt wurden von Kriegsbeginn bis November 1941 12 Millionen Menschen aus den bedrohten Gebieten in das Landesinnere evakuiert.

Während des Zweiten Weltkriegs spielten die Juden weiterhin eine sehr wichtige Rolle im Machtapparat und in der Roten Armee. Ein israelischer Historiker veröffentlichte eine Nominierungsliste jüdischer Generäle und Admirale, die 270 Namen enthielt, eine kolossale Zahl. Er

---

[464]Der Leser wird an die berühmte Schlagzeile auf der Titelseite des *Londoner Daily Express* vom 24. März 1933 erinnert: *„Judäa erklärt Deutschland den Krieg - Juden der ganzen Welt vereinigen sich - Boykott deutscher Waren - Massendemonstrationen"*.
[465]Alexandre Soljénisyne, *Deux siècles ensemble*, Éditions Fayard. 2003, S. 348.
[466]Siehe die Zeugnisse von Marek Halter und Samuel Pisar.

nannte auch die vier Volkskommissare der Kriegszeit: neben Kaganóvich waren dies Boris Vannikov für Munition, Semyon Guinzburg für das Bauwesen und Isaac Zaltsman für die Panzerindustrie. Die Liste umfasste auch die Oberbefehlshaber von 4 Armeen, die Befehlshaber von 23 Korps, 72 Divisionen und 103 Brigaden467. „In keiner alliierten Armee, auch nicht in der amerikanischen, haben Juden so hohe Positionen eingenommen wie in der sowjetischen Armee", bestätigte ich. Arad. Es ist daher nicht gerechtfertigt, von einem Ausschluss der Juden aus den höchsten Positionen während des Konflikts zu sprechen.

Die überwältigende Mehrheit der Slawen hatte jedoch den unangenehmen Eindruck, dass die Juden eine mutigere Rolle im Krieg hätten spielen können, dass es mehr Juden an der Front hätte geben können, zusammen mit den einfachen Soldaten. Eines „schrie zum Himmel": Sie waren viel zahlreicher im Generalstab, im Quartiermeisterkorps, im Sanitätskorps, in verschiedenen technischen Einheiten im Hinterland und natürlich im Verwaltungsstab, zusammen mit allen Schreiberlingen der Propagandamaschine und sogar in den Varietéorchestern und Wandertheatertruppen an der Front468. Ein israelischer Historiker stellte mit Bedauern fest, „dass in der Armee und im Hinterland der Eindruck weit verbreitet war, dass Juden die Teilnahme an den Kämpfen mieden469. „Dennoch muss man anerkennen, dass einige Juden tatsächlich mutig waren und große Risiken eingegangen sind. Das berühmte „Rote Orchester" von Trepper und Gurewitsch, das bis zum Herbst 1942 Hitlers Reihen ausspionierte und wertvolle Informationen weitergab, ist ein berühmtes Beispiel. Die beiden Agenten wurden von der Gestapo inhaftiert, bevor sie nach dem Krieg in der UdSSR inhaftiert wurden.

Ein anderer Zeithistoriker, der sich auf in den 1990er Jahren freigegebene Archivdokumente stützt, kommt zu folgendem Schluss: „Während der gesamten 1940er Jahre blieb die Rolle der Juden in den Repressionsorganen äußerst wichtig; sie wurde erst nach dem Krieg, während der Kampagne gegen den Kosmopolitismus470, auf Null reduziert. „In den späten 1970er Jahren schrieb Dan Levine: „Ich stimme mit Professor Branover überein, dass die Katastrophe weitgehend eine Strafe für bestimmte Sünden war, vor allem für die, die kommunistische Bewegung angeführt zu haben471." Aber solche Ansichten sind nicht mehrheitsfähig", schrieb Solschenizyn. Heute betrachten fast alle Juden

---

467Alexandre Soljénisyne, *Deux siècles ensemble*, Éditions Fayard. 2003, S. 386.
468Alexandre Soljénisyne, *Deux siècles ensemble*, Éditions Fayard. 2003, S. 391.
469S. Schwartz, *Les Juifs en Union soviétique*, S. 154
470L. Kritchevski, *Les Juifs dans l'appareil du Vétchéka dans les années 20*, 1999
471Dan Lévine, *Au bord de la temptation*, Interview in „22", 1978, Nr. 1, S. 55.

diese Einschätzung als beleidigend und blasphemisch. Und das ist katastrophal472. „

Ein verdächtiger Todesfall

1947 setzte sich Stalin, wahrscheinlich um ein Gegengewicht zu Großbritannien zu schaffen, aber auch um neue Unterstützung zu gewinnen, aktiv für die Schaffung eines unabhängigen jüdischen Staates in Palästina ein, und zwar sowohl in der UNO mit Gromyko als auch durch die Genehmigung von Waffenlieferungen aus der Tschechoslowakei. Im Mai 1948 beschloss die UdSSR innerhalb von 48 Stunden, die israelische Unabhängigkeitserklärung anzuerkennen. Sofort vervielfachten sich die Anträge auf Einwanderung nach Israel, obwohl es den Anschein hatte, dass der israelische Staat eine pro-westliche Haltung einnehmen und der Einfluss der USA überwiegen würde.

Dies überzeugte Stalin, seine Politik Ende 1948 zu ändern, allerdings ohne Ankündigungseffekt. Das Jüdische Antifaschistische Komitee, das zum repräsentativen Organ des gesamten sowjetischen Judentums geworden war, wurde schrittweise aufgelöst. Die Räumlichkeiten wurden versiegelt, die Zeitung und der Verlag geschlossen. Im Januar 1949 startete Stalin eine Offensive gegen Juden, die im kulturellen Bereich tätig waren. Bereits 1946 wurde in Berichten des Zentralkomitees festgestellt, dass „von den neunundzwanzig aktiven Theaterkritikern nur sechs Russen waren", aber der Angriff auf Fadejew, den allmächtigen Vorsitzenden des Schriftstellerverbandes und Stalins Liebling, erwies sich als Fehlschlag. Diese „Theaterkritiker"-Affäre, die 1949 wieder auftauchen sollte, diente als Vorspiel für die lange Kampagne gegen die „Kosmopoliten", die später zur „schwachsinnigen Verherrlichung der russischen Überlegenheit auf allen Gebieten der Wissenschaft, Technik und Kultur" führte. „In den meisten Fällen wurden die „Kosmopoliten" nicht verhaftet, sondern öffentlich gemaßregelt und ihrer Ämter enthoben. Sie wurden aus den Redaktionen der Zeitungen, den ideologischen und kulturellen Institutionen, der Agentur TASS, den staatlichen Verlagen, den Literaturfakultäten, den Theatern, der Philharmonie und manchmal auch aus der Partei473 entfernt. Die Säuberungen erstreckten sich auf wissenschaftliche Kreise, die Industrie und die Verwaltung. Zwischen 1948 und 1953 wurden die Juden in großem Umfang aus hohen Positionen vertrieben. Sie wurden aus den Führungspositionen des KGB, der Parteiorgane und der Armee verbannt, und in vielen Universitäten, kulturellen und wissenschaftlichen Einrichtungen wurde der Numerus

---

472Alexandre Soljénisyne, *Deux siècles ensemble*, Éditions Fayard. 2003, S. 421.
473Alexandre Soljénisyne, *Deux siècles ensemble*, Éditions Fayard. 2003, S. 435.

clausus wieder eingeführt. Von nun an sollte die internationale jüdische Gemeinschaft ihr Schicksal noch enger mit dem der Vereinigten Staaten verknüpfen.

Ab Herbst 1952 war Stalin bereits auf dem Vormarsch: Im Oktober begannen die Verhaftungen unter den Medizinprofessoren in Kiew sowie in literarischen Kreisen. Die Nachricht verbreitete sich sofort unter den Juden in der Sowjetunion und im Rest der Welt. Im November fand in Prag ein Prozess nach stalinistischem Vorbild statt. Der Prozess gegen Slanski, den ersten Sekretär der Kommunistischen Partei der Tschechoslowakei, war offen antijüdisch geprägt. Von den elf Verurteilten, die gehängt wurden, waren acht Juden. Der Zionismus wurde direkt als neuer Kanal angeprangert, durch den Verrat und Spionage die Kommunistische Partei infiltrierten.

In der Zwischenzeit, im Sommer 1951, wurde im Verborgenen das „Ärztekomplott" ausgeheckt. Bereits 1937, während des Bucharin-Prozesses, waren Kreml-Ärzte wegen krimineller Praktiken gegen einige sowjetische Führer angeklagt worden. Der gleiche Schritt wurde wiederholt. Dieser Fall löste landesweit eine Welle der Verfolgung jüdischer Ärzte aus. Sie trauten sich nicht mehr, zur Arbeit zu gehen, und ihre Patienten wandten sich von ihnen ab, weil sie Angst hatten, sie zu konsultieren. Dies war der erste Fehler Stalins, so Solschenizyn, der erste seiner Karriere. Der Ausbruch von Empörung in der ganzen Welt fiel mit einem harten Durchgreifen der Kräfte im Lande zusammen, die angeblich beschlossen hatten, Stalin zu beseitigen. Eingesperrt und geschützt hinter seinen gepanzerten Türen, erkannte Stalin nicht, dass die Auswirkungen dieses Falles eine persönliche Gefahr für ihn darstellen könnten. Nach der offiziellen Bekanntgabe des Komplotts der Ärzte lebte Stalin noch 51 Tage. Solschenizyn war seltsam diskret, was den Tod des Diktators betraf: Was war wirklich geschehen? „Die Entlastung und Freilassung der Ärzte wurde von den sowjetischen Juden der älteren Generation als eine Wiederholung des Purimwunders empfunden", schrieb er, als ob das Datum im Voraus gewählt worden wäre. Tatsächlich verschwand Stalin am selben Tag wie das Purimfest, dem Tag, an dem Esther die Juden Persiens vor dem von Haman angeordneten Massaker rettete474.

Innerhalb der nächsten drei Monate wurden die diplomatischen Beziehungen zu Israel wiederhergestellt. Dies und die Stärkung von Berias Position ließen bei den sowjetischen Juden kurzzeitig die Hoffnung aufkommen, dass sich neue, vielversprechende Perspektiven eröffnen würden. Doch seine rasche Beseitigung, der Triumph von Nikita Chruschtschow über seine Gegner in der Partei und die

---

474K. Chtourman, in „22", 1985, Nr. 42, S. 140-141, [S. 443].

Entlassung von Kaganhovich im Jahr 1957 markierten einen endgültigen Wendepunkt. Es war das Ende einer Ära. Die Zahlen sprechen für sich: „Die Juden waren nicht nur aus den führenden Organen der Partei, sondern auch aus der Regierung475 verschwunden." Ein plötzlicher Kurswechsel

Ein Großteil der internationalen jüdischen Gemeinschaft, die sich bereits vom Bolschewismus abgewandt hatte, wandte sich nun scharf gegen ihn. „In diesem Moment, so Solschenizyn, hätten sie in einer Bewegung der läuternden Reue die aktive Rolle erkennen müssen, die sie beim Triumph des Sowjetregimes gespielt hatten, und auch die grausame Rolle, die sie dabei gespielt hatten. Aber das taten sie nicht oder kaum. „Autoren wie F. Kolker schrieben: „Unter den zahlreichen Nationalitäten, die in der Sowjetunion leben, galten die Juden immer als das am wenigsten zuverlässige Element476. „Iou Chtern ging in seinen Leugnungen sogar noch weiter: „Die sowjetische Geschichte ist ganz und gar von dem ständigen Willen geprägt, die Juden zu vernichten und auszurotten... Die Sowjetmacht war besonders hart zu den Juden477." „Was für eine Amnesie muss man haben, um so etwas 1983 zu schreiben? Kann man denn alles so vergessen haben?", empörte sich Solschenizyn erneut. Glücklicherweise gibt es einige Überlegungen, die von einem gewissen Bewusstsein, ja sogar von echter Reue bei einigen Juden zeugen. Dan Levine, ein in Israel lebender amerikanischer Intellektueller, schrieb: „In Russland rührt ein Großteil des verbreiteten Antisemitismus daher, dass das russische Volk die Juden als Ursache für alles ansieht, was es während der Revolution erdulden musste478." „Was für eine Freude, das zu hören", rief Solschenizyn aus, „und was für eine Hoffnung479! „Dies bestätigt die Idee, dass vielleicht eine gegenseitige, aufrichtige und nachsichtige Anerkennung zwischen Russen und Juden möglich ist.

Doch als sie abrupt mit dem Bolschewismus brachen, verspürten viele Juden nicht den geringsten Anflug von Reue in ihrer Seele, nicht einmal einen Hauch von Scham. Im Gegenteil, sie wandten sich wütend gegen das russische Volk. Anfang der 1970er Jahre nahmen die Angriffe gegen Russland stetig zu: Ein anonymer Artikel mit der Überschrift „Ein menschlicher Schweinestall", unterzeichnet von einem gewissen S. Teleguine, wurde im Samizdat480 veröffentlicht. Der Text war voller

---

[475]L. Shapiro, *Les Juifs en Russie soviétiques après Staline*, S. 360.
[476]F. Kolker, *Un nouveau plan d'aide aux Juifs soviétiques*, in „22", 1978, Nr. 3, S. 147.
[477]Iou Chtern, in „22", 1984, Nr. 38, S. 130.
[478]Dan Lévine, *Au bord de la temptation*, Interview in „22", 1978, Nr. 1, S. 55.
[479]Alexandre Soljénisyne, *Deux siècles ensemble*, Éditions Fayard. 2003, S. 481.
[480]Samizdat war das heimliche Kopieren und Verbreiten von Literatur, die vom Sowjetregime verboten war.

Verachtung für Russland, das als bloßes Rohmaterial betrachtet wurde, aus dem nichts mehr zu gewinnen war. B. Chasanow schrieb seinerseits: „Das Russland, das ich um mich herum sehe, ekelt mich an... es ist ein einzigartiger Augiasstall... seine Bewohner sind lausig... der Tag wird kommen, an dem es eine schreckliche Strafe für all das erleiden wird, was es heute darstellt481. „Ein anderer Autor, Arcady Belinkov, war 1968 ins Ausland geflüchtet. Was er danach von dort aus schrieb, deutet darauf hin, dass er weniger ein Gegner des Regimes als vielmehr ein Gegner des russischen Volkes geworden war: „Ein Land von Sklaven, ein Land von Herren... eine Herde von Verrätern, von Denunzianten, von Henkern....Die Angst war russisch, sie bereiteten warme Kleidung vor und warteten auf ein Klopfen an der Tür... Eine elende Gesellschaft von Sklaven, von Nachkommen von Sklaven, von Vorfahren von Sklaven... eine Gesellschaft von zitternden Bestien, voller Angst und Hass... sie machten sich in die Hose, voller Angst vor dem, was passieren könnte482. „Es sei darauf hingewiesen, dass Belinkov nicht ein einziges Mal das Wort „sowjetisch" verwendet hat. Yakov Yakir äußerte sich ähnlich: „Sie krochen auf allen Vieren und warfen sich vor Bäumen und Steinen nieder, obwohl wir ihnen den Gott Abrahams, Isaaks und Jakobs483 gaben. „M. Grobman erklärte seinerseits direkt, dass „die Orthodoxie eine Religion der Wilden" sei.

Der plötzliche Wandel vieler Juden in Russland bestätigte die Überlegungen des Zionistenführers Zeev Jabotinsky, der bereits zu Beginn des 20. Jahrhunderts feststellte: „Wenn sich der Jude einer fremden Kultur anpasst, sollte man sich nicht auf die Tiefe und Beständigkeit der Veränderung verlassen. Ein assimilierter Jude gibt auf den ersten Drücker nach, gibt die geliehene Kultur ohne den geringsten Widerstand auf, sobald er überzeugt ist, dass seine Herrschaft vorbei ist[484]. „A.B. Joshua, ein zeitgenössischer Autor, schrieb kurzerhand: „Ein Jude „galout485 „ ist ein amoralisches Wesen. Er nutzt alle Vorteile des Landes, das ihn aufnimmt, identifiziert sich aber gleichzeitig nicht vollständig mit ihm"; „Solche Menschen verlangen einen Sonderstatus, den kein Volk der Welt besitzt: dass sie zwei Heimatländer haben dürfen, eines, in dem sie leben, und ein anderes, in dem „ihr Herz wohnt". Dann wundern sie sich, warum sie gehasst werden[486]."

---

[481]B. Khazanov, *Novaïa Rossia*, in VM, 1976, Nr. 8, S. 143.

[482]A. Bélinkov, in Novy Kolokol, London, 1972, S. 323-350.

[483]Iakov Iakir, in Nacha strana, Tel-Aviv, 1973, 12. Dezember. Cité d'après Novy Journal, 1974, Nr. 117, S. 190.

[484]Alexandre Solschenizyn, *Deux siècles ensemble, tome II*, Fayard, S. 550 und VI. Jabotinski, VI. Feulletons, StP, 1913, S. 251, 260-263.

[485]„Galout": im Exil, aus der Diaspora.

[486]A.B. Joshua, Artikel cité, S. 159, [S. 555].

Verlassen Sie das Schiff um jeden Preis

Die Auswanderung der Juden aus der UdSSR wurde zum Problem Nummer eins für das allgemeine Bewusstsein. Wer in den 1950er bis 1980er Jahren amerikanische Radio- oder Fernsehsendungen über die UdSSR hörte, hatte den Eindruck, dass es in diesem Land kein ernsteres Thema gab als die Judenfrage. Es ging um die Verteidigung der jüdischen Refuzniks, also der Juden, denen ein Visum für die Einreise nach Israel verweigert worden war. In den Vereinigten Staaten und in Europa wurde die Unterstützung für die jüdische Auswanderung immer dringlicher. Hunderte von Protestdemonstrationen wurden organisiert. Die größten Demonstrationen fanden an den jährlichen „Sonntagen der Solidarität" in New York statt, an denen zwischen 1974 und 1987 bis zu 250.000 Menschen teilnahmen.

Als das Präsidium des Obersten Sowjets der Sowjetunion 1972 für die am besten ausgebildeten Emigrationskandidaten die Rückerstattung der staatlichen Investitionen in ihre Ausbildung festlegte, brach ein weltweiter Aufschrei aus. Keines der massiven Verbrechen, die das Regime begangen hat, hatte einen derartigen weltweiten und einhelligen Aufschrei für eine Steuer auf Einwanderer mit Hochschulbildung hervorgerufen. Amerikanische Akademiker, fünftausend Professoren, unterzeichneten im Herbst 1972 eine Petition[487]. Zwei Drittel der US-Senatoren blockierten den ausgehandelten Handelsvertrag, der der UdSSR die Meistbegünstigungsklausel gewährte. „Die europäischen Parlamentarier folgten diesem Beispiel, und die sowjetische Regierung lenkte ein. Wir werden nur dann helfen, wenn die sowjetische Regierung zustimmt, die Juden herauszulassen - und nur die Juden! Niemand hier hatte jemals das Recht zu emigrieren, und niemals haben Politiker im Westen protestiert, als Millionen unserer Landsleute vor diesem abscheulichen Regime fliehen wollten", schrieb Solschenizyn. Fünfzehn Millionen Bauern wurden im Zuge der „Deskulakisierung" vernichtet, sechs Millionen Bauern verhungerten 1932, ganz zu schweigen von den Massenexekutionen und den Millionen, die in Arbeitslagern landeten, und währenddessen wurden selbstgefällig Verträge mit der sowjetischen Führung unterzeichnet, Geld geliehen und Gefälligkeiten vom Regime erbeten. Erst als die Juden geschädigt und ihrer Rechte beraubt wurden, war der gesamte Westen schockiert und empfand tiefes Mitgefühl. Es genügte, dass ein unbekannter Refuznik eine Erklärung über die Nicht-Emigrationsberechtigung unterschrieb, und schon wurde sie zusammen mit den wichtigsten Weltnachrichten auf *Radio-Liberté*, *La Voix de l'Amérique* oder der *BBC* gesendet. „Selbst heute ist es schwer zu glauben, dass sie von einem

---

[487]Lesen Sie die Stellungnahme von Marek Halter zu diesem Thema.

solchen Medienrummel profitieren würden." Die jüdische Auswanderung aus der UdSSR begann 1971: 13.000 Menschen in einem Jahr (98 % von ihnen ließen sich in Israel nieder), 32.000 im Jahr 1972, 35.000 im Jahr 1973 und so weiter. Zunächst lag der Schwerpunkt auf denjenigen, die nicht nach Israel auswanderten, doch schon bald wanderten immer mehr Juden in die wohlhabenden USA aus. Mitte der 1980er Jahre herrschte völlige Freiheit, nach Israel auszuwandern. Auf dem sinkenden Schiff, das die Sowjetunion war, war es ein großes Privileg, ein Rettungsboot zu haben. Nach siebzig Jahren sowjetischer Herrschaft hatten die Juden plötzlich das Recht erhalten, das Land zu verlassen. Der Beginn des Exodus markierte das Ende der zwei Jahrhunderte, in denen Juden und Russen zusammenleben mussten488.

---

[488]Aber einige wenige Juden blieben, um die postsowjetische demokratische Ära einzuleiten, und nutzten die neuen Möglichkeiten. Siehe Hervé Ryssen, *Die jüdische Mafia*.

2. Exemplarische Diskretion

Das Buch von Alexander Solschenizyn hat zweifellos ein neues Licht auf die Geschichte des 20. Jahrhunderts und die Entwicklung der planetarischen Idee geworfen. Jetzt muss man nur noch verstehen, warum dieser Aspekt der Zeitgeschichte bis vor kurzem verdrängt wurde. Das Studium anderer wichtiger Werke über die bolschewistische Revolution bestätigt, wenn auch weit weniger eindringlich, das Werk des großen russischen Dissidenten.

Der Historikerstreit

Ernst Nolte gab Anlass zu dem, was in Deutschland als „Historikerstreit" bekannt wurde. Er wurde von der Historikerzunft abgelehnt, weil er versucht hatte, das nationalsozialistische Phänomen in erster Linie als eine Reaktion auf die bolschewistische Revolution zu erklären. In *The European Civil War, 1917-1945*, das 1997 veröffentlicht wurde, griff er seine frühere Analyse in zusammengefasster Form wieder auf, diesmal mit der Unterstützung von Stéphane Courtois, dem Hauptautor des berühmten *Schwarzbuchs des Kommunismus*, der im Vorwort [der französischen Ausgabe] schrieb: „Die Nazipartei behauptete zunächst, die Partei der bolschewistischen Gegendiktatur, die Partei des Gegenbürgerkriegs zu sein. Der Antibolschewismus wurde zum Antimarxismus, der die Anwesenheit zahlreicher Juden in den revolutionären Großstaaten, auch in Deutschland, wie z. B. während der Räterepublik in Bayern 1919, zum Vorwand nahm. Nun war es in München, wo Hitler 1923 seinen ersten subversiven Putschversuch unternahm... Nolte argumentiert, dass der Antisemitismus der Hitlerianer angesichts der Umstände durch die starke Präsenz von Aktivisten jüdischer Herkunft in der kommunistischen Bewegung, sowohl in Russland als auch in Deutschland, angeheizt wurde489." So schrieb Nolte und erinnerte daran, dass Antisemitismus keineswegs Teil der Politik der kaiserlichen Regierung war: „Das Deutsche Reich hatte im Ersten Weltkrieg bei seinen türkischen Verbündeten und in den besetzten Ostgebieten eine dezidiert judenfreundliche Politik betrieben, und die antisemitischen Parteien, deren Einfluss nicht größer war als der der entsprechenden Gruppierungen und

---

489Ernst Nolte, *The European Civil War, 1917-1945*, München, 1997, Éditions de Syrtes, 2000, 625 Seiten, S. 10-11.

Strömungen in Frankreich, Russland und Rumänien, waren in den Jahren vor 1914 fast verschwunden. Es muss schon etwas ganz Besonderes passiert sein, damit eine so radikale Judenfeindlichkeit wie die von Hitler und Rosenberg entstehen konnte[490]." Im Deutschland der Weimarer Republik war die Angst vor dem Bolschewismus in weiten Teilen der Bevölkerung sehr groß. Was in der UdSSR geschah, war den Deutschen viel besser bekannt als den Franzosen, da sie mit den Hunderttausenden von Deutschrussen korrespondierten, die sich seit dem 18. Die schrecklichen Massaker, die geplante Hungersnot und die politische Unterdrückung hatten ein besonders negatives Bild von der sowjetischen Erfahrung in Deutschland geschaffen. „Die große Hungersnot von 1931-1933, bei der Millionen Menschen starben, vor allem in der Ukraine, wo ganze Dörfer ausgelöscht wurden, löste Entsetzen aus. „In Deutschland war man darüber gut informiert, denn die Ereignisse betrafen eine beträchtliche Anzahl deutschstämmiger Bauern, deren bewegende Hilferufe vom *Hilfswerk Brüder in Not*[491] verbreitet wurden. „Schon zu Beginn des Regimes deuteten die Äußerungen der Führer auf die folgenden Ereignisse hin: Am 17. September 1918 sagte Grigorij Sinowjew auf einer Versammlung der Petrograder Partei in seiner Rede: „Um unsere Feinde zu besiegen, müssen wir uns auf unseren eigenen sozialistischen Militarismus stützen. Von den 100 Millionen Einwohnern Russlands unter den Sowjets müssen wir 90 Millionen für unsere Sache gewinnen. Den anderen haben wir nichts zu sagen; sie müssen ausgerottet werden[492]." Laut Nolte waren die Akteure der bolschewistischen Revolution bekannt. Der Unterschied zwischen westlichen Liberalen und Konservativen „war am leichtesten an dem Unterschied zu erkennen, ob sie nur die extrem starke Beteiligung von Elementen außerhalb des Volkes an der russischen Revolution feststellten oder ob sie in den Juden eine besondere Ursache dafür sahen. In den ersten Monaten nach der Februarrevolution gab es zahlreiche Beobachter, vor allem in Frankreich und Italien, die sich sehr darüber ärgerten, dass die Befürworter des Friedens so oft deutsche Nachnamen wie Zederbaum, Apfelbaum oder Sobelsohn[493] trugen oder getragen hatten." Es wäre jedoch falsch zu glauben, dass Ernst Nolte sich auf dieses Thema konzentriert hat. Nichts könnte weiter von der Wahrheit entfernt sein. Von den 550 Seiten seines Buches wird die Rolle der Juden in der bolschewistischen Revolution nur auf den Seiten erwähnt, die wir hier zitiert haben. Lediglich im Fall der großen Säuberungen von 1936-1938 geht Nolte näher auf diesen Aspekt des Problems ein: „Die Säuberung forderte eine

---

[490]Ernst Nolte, *The European Civil War, 1917-1945*.

[491]Ernst Nolte, *The European Civil War, 1917-1945*.

[492]Ernst Nolte, *The European Civil War, 1917-1945*, 2001, S. 91, zitiert nach David Shub, *Lenin*, Wiesbaden, 1957, *Severnaia Kommuna*, 18. September 1918, S. 375.

[493]Ernst Nolte, *The European Civil War, 1917-1945*.

beträchtliche Zahl von Opfern unter Juden, Letten und Polen und allgemein unter Angehörigen nationaler Minderheiten. Sinowjew, Kamenew, Gamarnik, Jakir und andere waren Juden... Die Tatsache, dass die meisten der führenden Vertreter der westlichen oder intellektuellen kritischen Tendenz Juden waren, erleichterte ihre Beseitigung, obwohl die Sowjetunion das einzige Land der Welt war, das die Todesstrafe für Antisemitismus vorsah494." In den 1998 erschienenen *Historischen Grundlagen des Nationalsozialismus* konnte man bei Ernst Nolte einige heimliche Passagen feststellen, die Aleksandr Solschenizyns Beobachtungen bestätigen. Für Hitler schrieb er: „Der Marxismus ist das Werk der Juden. Und diese Idee war keine bloße Einbildung, denn Thomas Mann und Winston Churchill teilten sie." Die Interpretation von Ernst Nolte scheint uns jedoch etwas fragil zu sein. Der Kampf Hitlers und der Nationalsozialisten gegen das, was sie „Judenbolschewismus" nannten, kann den Antisemitismus der Nazis nicht allein beschreiben. Der Aufstieg des Nationalsozialismus war nicht nur eine Reaktion auf die sowjetische Barbarei, und Nolte schien zu vergessen, dass Millionen von Deutschen, die unter Inflation und Arbeitslosigkeit litten, einen gewissen Groll gegen die Weimarer Republik hegten, ein demokratisches Regime, dessen Weltoffenheit sie nicht gutheißen konnten. In einem Klima der intellektuellen Unterdrückung, das in Europa und insbesondere in Deutschland in der zweiten Hälfte des 20. Jahrhunderts herrschte, versuchte Nolte wahrscheinlich einen neuen historischen Ansatz, der sich von dem vorherrschenden unterschied, alles mit dem Wahnsinn Hitlers und des deutschen Volkes als Ganzes zu erklären. In Ermangelung der Möglichkeit, das Regime der Weimarer Republik anzuklagen, was ihn von seinen Kollegen geächtet und wahrscheinlich der Strafverfolgung ausgesetzt hätte, stützte Nolte seine Erklärung auf die These der Ablehnung des Kommunismus, ein Ansatz, der heute in den westlichen Demokratien toleriert und teilweise sogar gefördert wird, solange er nicht die Themen berührt, die Solschenizyn enthüllte[495]. In der Tat scheint es uns, dass Nolte mit wenig Überzeugung schreibt, dass „die Verherrlichung der multikulturellen Gesellschaft" eine „notwendige Sache496 „ ist; als ob er

---

[494]Ernst Nolte, *The European Civil War, 1917-1945*, Fondo de cultura económica, Mexiko, 2001, S. 272, 274.

[495]Solschenizyns Buch konnte wahrscheinlich deshalb auf Französisch veröffentlicht und weit verbreitet werden, weil der Verlag Fayard vertraglich an den Autor gebunden war. Allerdings wurde das Buch in Frankreich nicht in den Medien beworben. [Leider gibt es keine englische Übersetzung. Die Leser können diese Rezension des Werks des russischen Schriftstellers im Internet lesen: *Solschenizyn, Russland und die Juden: Neue Überlegungen*, von Daniel J. Mahoney].

[496]Ernst Nolte, *Les Fondements historiques du national-socialisme*, Mailand, 1998, Paris, Editions du Rocher, 2002, für die französische Übersetzung, S. 162.

gewisse Zugeständnisse machen oder Signale geben müsste, um sich im Voraus für schreckliche Anschuldigungen zu entschuldigen.

*Zu Beginn seines Buches über die historischen Grundlagen des Nationalsozialismus veröffentlichte Nolte einen Teil seiner Korrespondenz mit dem berühmten französischen Historiker François Furet, der den Druck, dem dieser ebenfalls ausgesetzt war, um den deutschen Historiker zu unterstützen, perfekt belegte. In seinem ersten Brief an Nolte kommentierte François Furet ihren berühmten Briefwechsel von 1996[497] : „Als ich Ihnen einen langen Kommentar schrieb, war ich mir bewusst, dass ich damit in Ihrem Land, aber auch außerhalb, Feindseligkeit gegenüber meinem Buch hervorrufen würde. Genau das ist geschehen; allein die Tatsache, dass ich daraus zitiert habe, hat bei den Linken einen geradezu „pawlowschen" Reflex ausgelöst. Selbst so unterschiedliche angelsächsische Historiker wie Eric Hobsbawn und Tony Judt haben mir vorgeworfen, nur Ihren Namen zu nennen, ohne es für nötig zu halten, eine solche Exkommunikation zu rechtfertigen. Das Anathema eines solchen magischen Denkens muss gebrochen werden; daher bereue ich mein Handeln weniger denn je."
Stalin, „der Georgier"*

François Furet hatte ein kleines Erdbeben ausgelöst, indem er sich in der Kontroverse auf die Seite von Ernst Nolte stellte. In seinem Buch *Die Vergangenheit einer Illusion*[498] erklärt er: „Eines seiner Verdienste bestand darin, sehr früh das Verbot übersehen zu haben, Parallelen zwischen Kommunismus und Nationalsozialismus zu ziehen: ein mehr oder weniger allgemeines Verbot in Westeuropa, vor allem in Frankreich und Italien, und besonders absolut in Deutschland. 1963 erklärte Ernst Nolte in seinem Buch *„Der Faschismus in seiner Zeit"* und 1966 in *„Faschistische Bewegungen"*, dass der bolschewistische Extremismus auf fatale Weise eine deutsche Reaktion provoziert hatte. „Das Traurige war, dass Noltes Interpretation in der Diskussion der deutschen Historiker über den Nationalsozialismus durch die Übertreibung seiner These geschwächt wurde: Er wollte die Juden zu den organisierten Gegnern Hitlers machen, zu Verbündeten seiner Feinde.... Bei dem Versuch, Hitlers antisemitische Paranoia zu entschlüsseln, schien Nolte in einem kürzlich erschienenen

---

[497]Ernst Nolte, *Les Fondements historiques du national-socialisme*, Mailand, 1998, Paris, Editions du Rocher, 2002, S. 9, und in Ernst Nolte, *La guerre civil européenne, 1917-1945*, S. 523 (Brief von François Furet an Ernst Nolte).
[498]François Furet, *Le Passé d'une illusion, essai sur l'idée communiste au XXe siècle*, Paris, Robert Laffont, 1995. François Furet, *Die Vergangenheit einer Illusion, Essay über die kommunistische Idee im 20. Jahrhundert*, 1995, Lectulandia.com, Queequeg digital publisher.

Aufsatz eine Art „rationale" Grundlage dafür in einer Erklärung zu finden, die Chaim Weizman im September 1939 im Namen des Jüdischen Weltkongresses abgab und in der er forderte, dass die Juden der ganzen Welt an der Seite Englands kämpfen sollten. Seine Argumentation ist sowohl schockierend als auch falsch[499]."

Der Jude vor 1914 war bürgerlich oder sozialistisch", schrieb Furet. Der Nachkriegsjude ist auch ein Kommunist. Die Figur hat den unvergleichlichen Vorteil, dass sie sowohl den Kapitalismus als auch den Kommunismus, den Liberalismus und dessen Negation verkörpert. Unter dem Deckmantel des Geldes zersetzt er Gesellschaften und Nationen. Unter dem Deckmantel des Bolschewismus bedroht er sie in ihrer Existenz. Er ist derjenige, in dem sich die beiden Feinde des Nationalsozialismus verkörpern: der Bourgeois und der Bolschewik, die auch die Figuren der *Zivilisation* sind, die beiden Versionen des homo oeconomicus, die beiden Formen des heutigen Materialismus[500]. „Wir wissen nicht, ob es wirklich ein „Vorteil" für die Juden oder für die Antisemiten war, wie François Furet ironisch sagte, um die Extravaganz antisemitischer Ideen zu diskreditieren. In der Tat kann diese doppelte Qualität für jeden, der mit dem Thema nicht vertraut ist, so grotesk erscheinen, dass diejenigen, die solche Theorien aufgreifen, Gefahr laufen, als aufgeklärt zu gelten. Ihre Gegner können sie dann leicht als solche darstellen, wie wir noch sehen werden.

Es stimmt jedoch, dass Hitlers Kampf gegen den Bolschewismus nicht ausreicht, um das nationalsozialistische Phänomen zu erklären, wie Nolte es ausdrückt: „Hitler verabscheut im Bolschewismus die neueste Form der jüdischen Verschwörung und machte den Kampf gegen die bolschewistischen Ambitionen für Deutschland zu einer seiner ersten Parolen. Aber er teilt mit den Bolschewiki den Hass und die Verachtung für die liberale Demokratie und die revolutionäre Gewissheit, dass die Epoche der Bourgeoisie am Ende ist. Der Ausgangspunkt der jüdischen Eroberung, ihre tiefsten Wurzeln liegen dort, im modernen Liberalismus, und später im Christentum, das die Kommunisten ebenfalls zu entwurzeln versuchen. Die Konfrontation zwischen Nationalsozialismus und Bolschewismus ist also nicht primär ideologisch." Hitlers Kampf richtete sich zwar direkt gegen den Bolschewismus, doch sein bemerkenswerter Hass auf die liberale Demokratie führte dazu, dass er den kommunistischen Kämpfern, die wie er das bürgerliche Regime stürzen wollten, gegenüber nachsichtig war. Die stalinistischen Säuberungen und die Ausweisung der wichtigsten jüdischen Führer aus der UdSSR während der Säuberungen von 1936-1938 sollten diese Tendenz verstärken, deren erstes Ergebnis der Molotow-Ribbentrop-

---

[499]François Furet, *Die Vergangenheit einer Illusion, Essay über die kommunistische Idee im 20. Jahrhundert*, S. 580.
[500]François Furet, *Die Vergangenheit einer Illusion, Essay über die kommunistische Idee im 20. Jahrhundert*, S. 209-210.

Pakt vom 23. August 1939 war. Von nun an würden sich die beiden antibürgerlichen Nationen gegen den kapitalistischen Westen verbünden.

„Stalin, schrieb François Furet, hatte sich von der weitgehend jüdischen alten Garde der Lenin-Genossen befreit: Trotzki, Sinowjew, Kamenjew und Radek, die seit 1927 verfolgt oder unterdrückt worden waren. „Nicht Deutschland wird bolschewistisch werden", prophezeite Hitler im Frühjahr 1934 gegenüber Rauschning, sondern der Bolschewismus wird zu einer Art Nationalsozialismus werden. Außerdem gibt es mehr Verbindungen, die uns mit dem Bolschewismus verbinden, als es Elemente gibt, die uns von ihm trennen. Es gibt vor allem ein wahres revolutionäres Gefühl, das überall in Russland lebendig ist, außer dort, wo es marxistische Juden gibt. Ich habe es immer verstanden, allem seinen Platz zu geben, und ich habe immer angeordnet, dass ehemalige Kommunisten unverzüglich in die Partei aufgenommen werden sollten. Der kleinbürgerliche Sozialist und der Gewerkschaftsboss werden niemals Nationalsozialisten sein, aber der kommunistische Kämpfer501."" Man sollte auch nicht denken, dass François Furet in seinem Buch die Rolle und die Verantwortung der Juden im Kommunismus oder in der Demokratie besonders hervorhebt, ganz im Gegenteil. *Die Vergangenheit einer Illusion* ist in diesem Sinne ein Muster an Diskretion: von den 800 Seiten der Taschenbuchausgabe sind nur drei Seiten dem Thema gewidmet: über die Rolle der Juden im Sozialismus und in der Revolution von 1917 wird in seinem Buch nichts gesagt, außer dem, was hier zitiert wird. Auch kein Wort über ihre Rolle bei den Revolutionen in Bayern und Ungarn, die auch einen Teil des ungarischen Antisemitismus der Zwischenkriegszeit erklären. „Das in Ungarn unwillkommene Experiment wurde am 1. August 1919 nach 133 Tagen durch die Intervention rumänischer Truppen beendet", schrieb er schlicht502. Andererseits betonte er mehrmals die Nationalität Stalins: „Der georgische Ex-Seminarist entspricht der Nationalität Stalins..."; „Ein Georgier sein..."; „Ein Georgier sein...". „; „Als Georgier wird er russischer als die Russen"; „Stalin, Georgier, entschied sich, Russe zu sein, weil er ein Revolutionär war.... Der Georgier besetzt die Spitze des Apparates..."; „Der Georgier besetzt die Spitze des Apparates...". „; „Der georgische Diktator...". „; „Der georgische Diktator..."; „Der zynische Georgier...". „; „Der zynische Georgier503..." Furet vermied es weitestgehend, an die Herkunft der anderen großen bolschewistischen Führer zu erinnern, außer bei einigen wenigen Porträts bedeutender

---

[501]François Furet, *Die Vergangenheit einer Illusion, Essay über die kommunistische Idee im 20. Jahrhundert*, S. 213. Hermannn Rauschning, *Hitler Told Me*.

[502]François Furet, *Die Vergangenheit einer Illusion, Essay über die kommunistische Idee im 20. Jahrhundert*, S. 350.

[503]François Furet, *Die Vergangenheit einer Illusion, Essay über die kommunistische Idee im 20. Jahrhundert*, S. 152, 153, 156, 169, 222, 218.

Persönlichkeiten. Rosa Luxemburg, schrieb er, war „die erste, die den Oktober im Namen des revolutionären Marxismus kritisierte... sie war besorgt über die russische Revolution, bevor sie ermordet wurde... Aber der Oktober machte ihr Angst. Sie hatte Angst vor dem aufsteigenden Ungeheuer, das ihrer Existenz jeden Sinn rauben würde. Sie ist eine junge polnische Jüdin, die in Warschau geboren und aufgewachsen ist. Danach verbrachte sie ihre Universitätsjahre in Zürich und studierte Geschichte, Volkswirtschaft und *Kapital*. 1898 lässt sie sich in Berlin als Zentrum der europäischen Arbeiterbewegung nieder...sie gehört keinem Heimatland an, sondern ganz der Revolution504." „Die beiden wichtigsten Männer der Komintern in Paris waren Fried und Togliatti. Eugen Fried, ein ungarischer Jude aus der Slowakei, wurde in den 1920er Jahren Mitglied des Organisationsbüros der Komintern. Im Herbst 1930 wurde er als Attaché der PCF-Führung nach Frankreich entsandt, wo er ein „Führungskollegium" leitete, das für die Überwachung der aktuellen Politik zuständig war und die Methoden der Kaderauswahl einführte. Ab 1932 bildet er mit M. Thorez eine Art Tandem, in dem Fried Thorez schützt. Er unterstützte ihn 1934 gegen Doriot und leitete die „Wende" zur Politik der Volksfront ein...Am 24. Oktober sollte Thorez, der unter der Obhut von Fried, seinem unmittelbaren Vorgesetzten in der Internationale, stand, der Radikalen Partei eine antifaschistische Volksfront vorschlagen, deren Umfang über den der SFIO505 hinausgehen sollte. Fried scheint den Begriff „Volksfront" erfunden zu haben, der eine große Zukunft haben sollte". Eugen Fried", schrieb Furet, ein junger slowakischer Veteran der ersten Periode, der 1919 den Abenteuern von Béla Kun entkam und 1924 in den Apparat der Internationale eintrat; 1928 wurde er Mitglied des Politbüros der tschechischen Partei und wurde dann mit vollen Vollmachten in Paris eingesetzt. Fried ist in Frankreich der Mann dessen, was Robrieux die „Vergletscherung" nennt, ein Begriff, der die vollständige und direkte Vorherrschaft der Internationale über die PCF506 bezeichnet." Unter den Anhängern und Enttäuschten des Kommunismus beschreibt François Furet die politische Entwicklung dreier herausragender Persönlichkeiten: Pascal, Boris Souvarine und Georg Lukacs.

Pascal, einer der ersten ausländischen Zeugen der russischen Revolution, war ein junger französischer katholischer Intellektueller. Er

---

[504]François Furet, *Die Vergangenheit einer Illusion, Essay über die kommunistische Idee im 20. Jahrhundert*, S. 99.

[505]Die Französische Sektion der Arbeiterinternationale, besser bekannt unter der Abkürzung SFIO, war die politische Partei der französischen Sozialisten von ihrer Gründung im Jahr 1905 bis 1969. Ihr Name weist auf ihren Charakter als nationale Sektion der Zweiten Internationale (Arbeiterinternationale) hin (wikipedia, NdT).

[506]François Furet, *Die Vergangenheit einer Illusion, Essay über die kommunistische Idee im 20. Jahrhundert*, S. 599 (Anmerkung 298), 242, 249-250.

schrieb täglich in einem Notizbuch alles auf, was er von 1917 bis 1927 in Russland sah und dachte. Er hatte sich im Februar 1917 den Bolschewiki angeschlossen. Als Russischsprachiger wurde er in die französische Militärmission in St. Petersburg entsandt, wo er lange Zeit blieb, bis er durch die Entwicklung der Ereignisse verbittert wurde. Am russischen Volk liebte er „die Gleichheit der Armen, den utopischen Sozialismus, den christlichen Geist der Gemeinschaft. „Die Gründe für seine Verbitterung waren etwas unklar: „Die bolschewistische Revolution ist tot, sie hat nichts als einen bürokratischen Staat hervorgebracht, der Nutznießer eines neuen Kapitalismus ist", schrieb Furet. Pascal hatte mit Boris Suvarin korrespondiert, der 1924 aus der Internationale ausgeschlossen worden war. Furet behauptete sogar: „Pascal liebte die Revolution nicht, auch wenn sie russisch war, wie die westlichen Kommunisten und sogar viele Bolschewiken, sondern weil sie russisch und damit christlich war507. „Pascal kehrte schließlich 1933 nach Frankreich zurück, wo er eine Karriere als Professor für russische Geschichte machte.

Boris Suvarin stammte aus derselben Generation wie Pascal. „Er wurde in Kiew geboren und entstammt einer kleinen jüdischen Juweliersfamilie, die Ende des letzten Jahrhunderts nach Paris auswanderte und sich dort niederließ. Er gehörte in den ersten Monaten des Jahres 1918 zu den ersten französischen Bolschewiki und war von da an einer der Architekten der Eingliederung einer Mehrheit der sozialistischen Partei in das Lager Lenins. Er wurde zusammen mit so illustren Bolschewiken wie Sinowjew, Radek, Bucharin und Bela Kun in das Präsidium der Internationale gewählt. Im Alter von sechsundzwanzig Jahren wurde er Exekutivsekretär der Internationale, obwohl er nach Lenins Tod wegen Rechtsabweichung aus der Partei ausgeschlossen wurde. Er verließ Moskau und ließ sich in Jalta auf der Krim nieder, der kleinen libertären Kommune, in der er Pascal kennenlernte. Suvarin sollte ein Historiker des Scheiterns des Kommunismus werden. Nach dem Zweiten Weltkrieg war er fast der einzige Intellektuelle, der gegen die fast einhellige pro-sowjetische Stimmung in der französischen Öffentlichkeit ankämpfte.

Während im Fall von Pascal und Boris Suvarin „der eine und der andere schließlich dem Fluch entkam", war dies bei dem dritten von François Furet ausgewählten illustren Mann nicht der Fall: George Lukacs, der das Gegenteil veranschaulichte. Er war ein typisches Beispiel für eine politische Überzeugung, die mehr als ein halbes Jahrhundert der Beobachtung und Erfahrung überlebt hat. „Der größte zeitgenössische Philosoph der kapitalistischen Entfremdung lebte sein Leben lang als Gefangener der kommunistischen Entfremdung.... Lukács wurde 1885 in die jüdische Aristokratie Budapests hineingeboren: die Familie ist auf

---

[507]François Furet, *Die Vergangenheit einer Illusion, Essay über die kommunistische Idee im 20. Jahrhundert*, S. 124, 125,

beiden Seiten reich: die Mutter durch Erbschaft, der Vater durch sein Talent508. Der Vater, Joseph Löwinger, „lernte das Handwerk von der Pike auf". Nachdem er im Alter von 18 Jahren ins Bankgeschäft eingestiegen war, leitete er mit 24 Jahren die ungarische Niederlassung der Anglo-Austrian Bank und war einer der führenden Finanzmänner des Empire. Bald von Kaiser Franz Joseph geadelt und konvertiert, änderte er 1910 seinen Namen in Joseph von Lukács. Sein Sohn Georg zog gegen seinen Vater in den Krieg: Er wurde Volkskommissar für Bildung in der kurzlebigen ungarischen Räterepublik nach sowjetischem Vorbild. „Wir haben außergewöhnliche Fotos von diesem Lukács, halb Zivilist, halb Soldat, der die „proletarischen" Soldaten anpöbelt, in einem langen Trenchcoat, der bis zum Hals zugeknöpft ist, aus dem ein feines intellektuelles Gesicht herausschaut, halb Groucho Marx, halb Trotzki", sagte François Furet sardonisch509. Später wurde er mit Büchern wie *Geschichte und Klassenbewusstsein* (Moskau, 1923) und *Der Angriff auf die Vernunft* (1954) zum „größten Philosophen des Kommunismus". Nach dem Krieg war er aktiv an der Errichtung der stalinistischen Diktatur in Ungarn beteiligt. Im Jahr 1956, wenige Tage vor dem Einmarsch der sowjetischen Panzer in die Hauptstadt, übernahm er das Amt des Kulturministers im Kabinett von Nagy.

Das Buch von François Furet enthielt daher hier und da einige Informationen, die das Werk von Solschenizyn bestätigten. Nur war es verstreut und anekdotisch, so dass es für einen uninformierten Leser unmöglich war, das wesentliche Phänomen, das für die jüdische Weltgemeinschaft so wichtig war, hervorzuheben und zu würdigen. Bei der Lektüre von Nolte und mehr noch von Furet hat man den Eindruck, dass die Sorge um die Seriosität diesen beiden großen Historikern verboten hat, das zu schreiben, was sie zu wissen schienen.

---

[508]François Furet, *Die Vergangenheit einer Illusion, Essay über die kommunistische Idee im 20. Jahrhundert*, S. 127, 136, 137, 138.
[509]François Furet, *The Past of an Illusion, Essay on the Communist Idea in the 20th Century*, S. 138, 141. Dies erinnert an Solschenizyns Bild der Redner auf Seifenkisten, die 1917 die Menge ansprachen.

Schwarzes Buch, weiße Bescheidenheit

Zwei Jahre nach *The Past of an Illusion* wurde *The Black Book of Communism* veröffentlicht510, ein berühmtes kollektives Werk unter der Regie von Stéphane Courtois. Leider war sie auch nicht sehr kühn. Dieses Buch, das in alle europäischen Länder übersetzt wurde, stellte einen Wendepunkt in der Analyse der kommunistischen Erfahrung dar, auch wenn die Rolle der Juden nur oberflächlich gestreift wird. Die hier erwähnten, aneinander gereihten Passagen sollten nicht in die Irre führen, denn auf den 850 Seiten des Buches wird das Thema nur sehr am Rande behandelt.

Nicolas Werth, einer der Autoren, räumte jedoch ein, dass „der alte Hintergrund des populären Antisemitismus, der immer bereit ist, wieder aufzutauchen, Juden und Bolschewiki sofort miteinander in Verbindung brachte, sobald letztere das Ansehen verloren hatten, das sie unmittelbar nach der Oktoberrevolution von 1917 kurzzeitig genossen hatten. Die Tatsache, dass ein erheblicher Teil der bekanntesten bolschewistischen Führer (Trotzki, Sinowjew, Kamenew, Rykow, Radek511 usw.) Juden waren, rechtfertigte in den Augen der Massen diese Identifizierung der Bolschewiki mit den Juden. 512„

Sätze wie diese waren zweideutig: „1942 setzte die sowjetische Regierung, die Druck auf die amerikanischen Juden ausüben wollte, um die amerikanische Regierung zu ermutigen, schneller eine „zweite Front" gegen Nazideutschland in Europa zu eröffnen, ein jüdisch-sowjetisches antifaschistisches Komitee unter dem Vorsitz von Solomon Mikhoels, dem Direktor des berühmten jiddischen Theaters in Moskau, ein. Mehrere hundert jüdische Intellektuelle waren in ihr keusch und aktiv: der Romancier Ilia Ehrenburg, die Dichter Samuel Marshak und Peretz Markish, der Pianist Emile Guilels, der Schriftsteller Vassili Grossman, der große Physiker Piotr Kapitza, Vater der sowjetischen Atombombe, und so weiter. Das Komitee wuchs schnell über seine Rolle als inoffizielles

---

510Stéphane Courtois, Nicolas Werth, *Le Livre noir du communisme. Verbrechen, Terreur, Unterdrückung*. Paris, Robert Laffont, 1997.

511Im Jahr 1938 veröffentlichte die Schriftstellerin Marieta Chaguinian ein Buch über die Uljanows, in dem sie an Lenins jüdische Wurzeln erinnerte. „Stalin wollte sogar Lenins jüdische Wurzeln auslöschen, als die ältere Schwester des bolschewistischen Führers versuchte, eine Geschichte der Familie Uljanow (Lenins richtiger Nachname) zu schreiben. „Es ist sicherlich kein Geheimnis für Sie, dass Nachforschungen über unseren Großvater ergeben haben, dass er aus einer armen jüdischen Familie stammte", schrieb sie an Stalin. Diese Tatsache könnte zur Bekämpfung des Antisemitismus beitragen. -Kein Wort darüber", antwortete der Diktator. „ (zitiert in Thierry Wolton, *Rouge, brun, le mal du siècle*, S. 132).

512Stéphane Courtois, Nicolas Werth, *Das Schwarzbuch des Kommunismus. Verbrechen, Terror und Unterdrückung*. Espasa-Planeta, 1998, S. 105.

Propagandagremium hinaus und wurde zu einer Dachorganisation der jüdischen Gemeinschaft, einem repräsentativen Gremium des sowjetischen Judentums513. „Bedeutet dies, dass die amerikanischen Juden bei ihrer eigenen Regierung Lobbyarbeit betrieben haben, um das Schlachtfeld des Krieges auszuweiten, so als hätten sie Lobbyarbeit betreiben können, um in den Krieg einzutreten, trotz des Pazifismus der Bevölkerung und des Wahlversprechens von Präsident Roosevelt?

Das Kapitel mit dem Titel *Das andere Europa, Opfer des Kommunismus*, wurde von Andrzej Paczkowski und Karel Bartosek verfasst. In diesem Teil des Buches lesen wir: „Jüdische Kommunisten, die im internationalen kommunistischen Apparat gut vertreten waren, besetzten nach dem Krieg weiterhin Schlüsselpositionen in vielen Parteien und Staatsapparaten in Mitteleuropa. In seiner Synthese über den ungarischen Kommunismus schrieb Miklos Molnar: „An der Spitze der Hierarchie sind die Führer fast ausnahmslos jüdischer Herkunft, ebenso, in geringerem Maße, im Apparat des Zentralkomitees, in der politischen Polizei, in der Presse, im Verlagswesen, im Theater, im Kino...Die starke und unbestreitbare Förderung der führenden Kader der Arbeiter kann nicht darüber hinwegtäuschen, dass sie aus dem jüdischen Kleinbürgertum stammen514." Dieselbe Geschichte in Rumänien: „In Rumänien wurde 1952 das Schicksal der jüdischen Kominternistin Anna Pauker geklärt. Sie gehörte zusammen mit Gheorghiu Dej, dem Parteivorsitzenden, und Vasile Luca zur Führungstroika. Nach einer in anderen Quellen nicht überlieferten Aussage war Stalin bei einem Treffen mit Dej im Jahr 1951 überrascht, dass die Agenten des Titoismus und Zionismus in Rumänien noch nicht verhaftet worden waren, und forderte eine „eiserne Faust". So wurde der Finanzminister Vasile Luca im Mai 1952 zusammen mit dem Innenminister Teohari Georgescu entlassen und später zum Tode verurteilt; seine Strafe wurde in lebenslange Haft umgewandelt, und er starb im Gefängnis. Ana Pauker, Ministerin für auswärtige Angelegenheiten, wurde Anfang Juli entlassen. Nach ihrer Verhaftung im Februar 1953 und ihrer Entlassung im Jahr 1954 widmete sie sich dem Familienleben. Die Unterdrückung antisemitischer Ressentiments betraf bei ihr515 auch die unteren Kader."
In seinem Kapitel über „*Weltrevolution, Bürgerkrieg und Terror*" ging Stéphane Courtois sehr diskret auf die Revolutionen in Deutschland, Bayern und Ungarn ein. Da die oben zitierten Aussagen die einzigen

---

[513] Stéphane Courtois, Nicolas Werth, *El Libro negro del comunismo*, Espasa-Planeta, 1998, S. 279.

[514] M. Molnar, *Von Béla Kun bis Janos Kadar. Soixante-dix ans de comunisme hongrois*, Paris, Presses de la Fondation nationale des sciences politiques, S. 187, in Stéphane Courtois, Nicolas Werth, *El Libro negro del comunismo*, Espasa-Planeta, 1998, S. 485.

[515] Stéphane Courtois, Nicolas Werth, *El Libro negro del comunismo*, Espasa-Planeta, 1998, S. 485, 486.

Passagen des Buches sind, die die von Solschenizyn aufgeworfene Frage erwähnen, kann erneut festgestellt werden, dass das Problem weitgehend umgangen wurde.

Indem *sie mit der Vergangenheit aufräumt. Geschichte und Erinnerung des Kommunismus in Europa, einem* weiteren 2002 erschienenen Sammelwerk zur Geschichte des Kommunismus in Europa, zeigte Stéphane Courtois etwas mehr Mut und zitierte zum Beispiel den berühmten Fall von Oberst Nicolski: „Sein richtiger Name war Boris Grünberg. Er war KGB-Agent in Rumänien und wurde 1948 stellvertretender Direktor der finsteren Securitate - der politischen Polizei -, die persönlich in Tausende von Morden verwickelt war und Erfinder des schrecklichen Experiments der „Umerziehung" im Gefängnis von Pitesti. Nicolski starb am 16. April 1992 friedlich in seiner prächtigen Villa in Bukarest. Warum ist sein Name in der europäischen Öffentlichkeit unbekannt, insbesondere bei den Linken und der extremen Linken, die so bereit sind, für die Verteidigung der Menschenrechte zu mobilisieren? Hatten die von Nicolski vernichteten „Volksfeinde" nicht das Recht, verteidigt zu werden516? „

Ebenso lesen wir in diesem Buch, dass die Justiz in Russland unter den Zaren unendlich viel milder war als unter dem bolschewistischen Regime: „Während in Russland von 1900 bis 1913 die ordentlichen Gerichte 1.085.422 Urteile fällten, wurden zwischen 1937 und 1954 33.374.906 Urteile verhängt - darunter 13.033 Todesurteile. Bei den Haftstrafen ist das Verhältnis 1 zu 20 zwischen dem Zeitraum 1900-19013 und dem Zeitraum 1940-1953...Stalins Leutnants riefen zu mehr Vorsicht auf, während Molotow den Terror rechtfertigte und Kaganóvich - der die organisierte Hungersnot im Kuban und im Nordkaukasus beaufsichtigt hatte - empfahl, „kaltblütig zu handeln517."" Denjenigen, die die ganze Last der Verbrechen auf die Schultern Stalins legen wollen, um Lenin und Trotzki zu entschuldigen, entgegnete Stéphane Courtois im Voraus: „Trotzki war der Begründer der sowjetischen Konzentrationslager im Sommer 1918 und hat unter seiner Verantwortung unzählige Massaker gedeckt. „Er war der Oberbefehlshaber der Repression gegen die Matrosen, Arbeiter und Bauern auf der Insel Kronstadt, die sich im März 1921 gegen die „bolschewistische Autokratie" auflehnten; nach heftigen Kämpfen wurden die Aufständischen am Morgen des 18. März, nur fünfzig Jahre nach der Ausrufung der Pariser Kommune, blutig niedergeschlagen; tausend Gefangene und Verwundete wurden an Ort und Stelle erschossen, 213 weitere wurden zum Tode verurteilt....Im Sommer 1923 ermutigte

---

[516]*Du passé faisons table rase, Histoire et mémoire du communisme en Europe*, ouvrage collectif, sous la direction de Stéphane Courtois, Robert Laffont, 2002, S. 49.
[517]*Du passé faisons table rase, Histoire et mémoire du communisme en Europe*, Stéphane Courtois, Robert Laffont, 2002, S. 81.

Trotzki erneut nachdrücklich zur Vorbereitung eines bewaffneten Aufstands in Deutschland und trug dazu bei, das im Lande herrschende Klima des Bürgerkriegs zu verschlechtern...und erklärte in *Verteidigung des Terrorismus*, veröffentlicht 1920: „Wir müssen ein für allemal mit der päpstlich-quäkeristischen Fabel über das heilige Zeichen des menschlichen Lebens Schluss machen". Edwy Plenel518 vergisst, dass Trotzki sich nicht damit begnügte, zu handeln, sondern auch seine Handlungen, selbst die kriminellsten, in seinem Buch ausgiebig rechtfertigte... Man ist daher verblüfft über die systematische Amnesie bei einem informierten Journalisten und eingefleischten Trotzkisten wie ihm. Offenbar tötet zu viel Erinnerung die Geschichte519." In der Geschichtsschreibung des Kommunismus, so Stéphane Courtois, kristallisierten sich die konservativen Reaktionen „in vier emblematischen Büchern heraus: *The Age of Extremes* von Eric Hobsbawm, *The Road to Terror* von J. Arch Getty und Oleg Naoumov, *The Century of the Communists von* einer Gruppe französischer Akademiker und *The Furies* von Arno Mayer. Alle vier stehen stellvertretend für drei philo-kommunistische Generationen: die der alten westlichen Marxisten und Kommunisten, die akademische Generation der 1970er Jahre und schließlich die linke und kommunistische Generation der 68er Jahre. „Stéphane Courtois hätte noch weitere Ähnlichkeiten zwischen den Autoren dieser Bücher feststellen können, die unserem Untersuchungsgegenstand näher stehen.

Hobsbawm zufolge ist seine Analyse sehr voreingenommen: „Er geht nicht nur nicht auf den deutsch-sowjetischen Pakt von 1939, die Teilung Polens - kein Wort über Katyn - oder Stalins Annexion der Balkan- und Bessarabienländer ein, sondern er erwähnt nicht einmal den von den Kommunisten 1946 in Griechenland ausgelösten Bürgerkrieg, den „Prager Putsch" von 1948 oder die Blockade Berlins 1948-1949520."

Einige dieser Blockaden sind auch in Frankreich zu beobachten, wo zum Beispiel anlässlich der traditionellen *Fête de l'Humanité* im September 2000 „*Das Jahrhundert des Kommunismus"* veröffentlicht wurde, ein kollektives Werk, das mit einer attraktiven Anzeige beworben wurde, die lautete: „Was wäre, wenn das Schwarzbuch nicht alles gesagt hätte? Das ist in der Tat möglich. Das von Michel Dreyfus herausgegebene Buch, das Texte von etwa zwanzig Autoren enthält, verharmlost alles, was Stéphane Courtois anprangerte.

---

[518]Edwy Plenel, ein reueloser Trotzkist, war eine Zeit lang Chefredakteur der „Referenzzeitung" *Le Monde*. Heute leitet er Mediapart.fr, ein Internetportal für Information, Forschung und Verbreitung.

[519]*Du passé faisons table rase, Histoire et mémoire du communisme en Europe*, Stéphane Courtois, Robert Laffont, 2002, S. 83-84.

[520]*Du passé faisons table rase, Histoire et mémoire du communisme en Europe*, Stéphane Courtois, Robert Laffont, 2002, S. 92-93.

Was Arno Mayer betrifft, so hat er die beiden großen provozierten Hungersnöte von 1921-1923 und 1932-1933 buchstäblich verschwiegen: „Der ersten, die fast fünf Millionen Tote forderte, widmet er nur wenige Zeilen, ohne darauf hinzuweisen, dass sie größtenteils durch die exorbitanten Requisitionen der bolschewistischen Macht provoziert wurde... Der Hungersnot von 1932-1933 und ihren sechs Millionen Toten widmet er nur eine halbe Seite - etwa 680!", und ohne ihren organisierten Charakter zu erwähnen, „der heute hinreichend bewiesen ist521." Auf den 567 Seiten des Buches von Stéphane Courtois findet sich kaum ein Hinweis auf die Rolle der Juden im Kommunismus. Martin Malia, Spezialist für die sowjetische Frage und Mitverfasser eines Kapitels über die Gräueltaten in dem Buch, zeigte sich überrascht: „In *Le Monde gab* es sogar ein aufgeregtes offenes Forum, verfasst von einem bekannten Forscher, der Courtois' Einleitung zum *Schwarzbuch* als antisemitisch bezeichnete522." Ein bisschen ist in der Tat noch zu viel.

Fußnoten

Wir stellen jedoch fest, dass vieles gesagt wurde, wenn auch in verwässerter, verstreuter und anekdotischer Form, um keine schrecklichen Anschuldigungen zu erheben und die Leser nicht zu beunruhigen. In einer gut dokumentierten Hitler-Biographie, die 1976 von dem amerikanischen Historiker John Toland veröffentlicht wurde, finden sich ebenfalls einige Hinweise, die Solschenizyns Schriften bestätigen. Nach dem Ersten Weltkrieg befanden sich Deutschland und Ungarn in einer revolutionären Situation: Die ungarische Sowjetrepublik wurde ausgerufen, angeführt von einem Unbekannten, Bela Kun. „Er war Jude, ebenso wie fünfundzwanzig seiner zweiunddreißig Kommissare523, was die *Times* of London dazu veranlasste, das Regime als „jüdische Mafia" zu bezeichnen. Der Triumph von Bela Kun ermutigte die Münchner Linken524." Die Revolution in München war eine Café-Revolution, eine unschuldige Version der blutigen Wirklichkeit: „Ihr geistiger Führer war der Dichter Ernst Toller, und ihre Plattform forderte auch neue künstlerische Reformen in Theater, Malerei

---

[521]*Du passé faisons table rase, Histoire et mémoire du communisme en Europe,* Stéphane Courtois, Robert Laffont, 2002, S. 106.
[522]*Du passé faisons table rase, Histoire et mémoire du communisme en Europe,* Stéphane Courtois, Robert Laffont, 2002, S. 218.
[523]Ein 2002 von *Publications de l'Université de Saint-Étienne* veröffentlichtes Werk bestätigt diese Aussage, allerdings mit einigen Unterschieden: „Viele der Mitglieder der Regierung von Bela Kun gehörten zu den „assimilierten Juden" des späten 19. Von den fünfundvierzig Volkskommissaren, die die Regierung bildeten, waren fünfunddreißig jüdischer Herkunft. „(Suzanne Schegerin-Vulin, *Une Famille sur les chemins de l'Europe,* Publications de l'Université de Saint-Étienne, 2002, S. 67).
[524]John Toland, *Adolf Hitler,* Ediciones B, Barcelona, 2009, S. 132.

und Architektur, um den Geist der Menschheit zu befreien. Das Kabinett war eine Ansammlung von bunten Exzentrikern... Diesmal übernahmen professionelle Kommunisten die Regierungsgeschäfte, angeführt von Eugen Leviné, einem gebürtigen St. Petersburger und Sohn eines jüdischen Kaufmanns. Die Kommunistische Partei hatte sie nach München geschickt, um die Revolution zu organisieren, und nachdem sie den Dichter Toller verhaftet hatten, bildeten sie schnell einen regelrechten Sowjet525."

Das bayerische Szenario bestätigte Ernst Noltes Analyse von Adolf Hitler: „Der Hass, den er gegen die Juden hegte, war durch das, was er selbst auf den Straßen Münchens erlebt hatte, noch verstärkt worden. Überall Juden an der Macht: erst Eisner, dann Anarchisten wie Toller und schließlich russische Kommunisten wie Leviné. In Berlin war Rosa Luxemburg in den Vordergrund getreten, in Budapest Béla Kun, in Moskau Trotzki, Sinowjew und Kamenjew. Die Verschwörung, die Hitler zuvor nur vermutet hatte, bestätigte sich zunehmend in der Realität[526]." Wir sehen hier dieselben Bemerkungen, die Churchill über die bolschewistische Revolution äußerte, in Bezug auf diese „finstere Bande jüdischer Anarchisten... Ideologen einer furchterregenden Sekte, der furchterregendsten in der Welt[527] „, die das russische Reich an der Kehle gepackt hatte. John Toland fügte hinzu: „Überall auf der Welt hielten andere Menschen als Hitler die Juden für die Saat der Revolution und des Kommunismus... Im Westen verbreitete sich eine Gerüchtekampagne, dass die russische Revolution mit jüdischem Geld bezahlt worden sei: Einer der Hauptverantwortlichen für die Bereitstellung von Mitteln für Lenin war Max Warburg, dessen Bruder Paul Warburg, ein Direktor des US Federal Reserve System, war; und war der Schwiegervater seines Bruders Felix Warburg nicht derselbe Jacob Schiff von Kuhn Loeb and Company, der die bolschewistische Revolution finanziert hatte? Diese Anschuldigung wurde Jahre später, am 3. Februar 1939, vom New York *Journal American* erneut erhoben: „Heute schätzt Jacobs Enkel, John Schiff, dass der alte Mann etwa 20 Millionen Dollar für den endgültigen Triumph des Bolschewismus in Russland gespendet hat528." Es sei jedoch darauf hingewiesen, dass diese Überlegungen in die Fußnoten am Ende des Buches auf Seite 1362 verwiesen wurden. Auch hier sollte nicht aus den Augen verloren werden, dass die zitierten Passagen die einzigen sind, die sich in einem Buch von fast 1500 Seiten auf dieses schmerzhafte Thema beziehen.

---

[525] John Toland, *Adolf Hitler*, Ediciones B, Barcelona, 2009, S. 132-133.

[526] John Toland, *Adolf Hitler*, Ediciones B, Barcelona, 2009, S. 137.

[527] John Toland, *Adolf Hitler*, Ediciones B, Barcelona, 2009, S. 1362 (Lackanmerkung 313-314).

[528] John Toland, *Adolf Hitler*, Ediciones B, Barcelona, 2009, S. 1361-1362 (Anmerkungen)

Andere Texte hatten bereits einige Aspekte der Zeitgeschichte bestätigt, die wir bisher überraschenderweise übersehen hatten und die Aleksandr Solschenizyn enthüllen würde. So kann man zum Beispiel in der Encyclopaedia Britannica lesen: „Die Regierung von Béla Kun bestand fast ausschließlich aus Juden529. „Der Historiker Barnet Litvikof, Autor von *A Peculiar People: Inside the Jewish World Today*, schrieb: „Auf dem Höhepunkt von Stalins Tyrannei, als die Kontrolle über die Satellitenländer total war, wurden mächtige jüdische Persönlichkeiten in den kommunistischen Hierarchien Polens, der Tschechoslowakei, Ungarns und Rumäniens sehr sichtbar: Hillary Minc und Jacob Berman in Warschau, Erno Gero, Mátyás Rákosi und Mihály Farkas [geb. Hermann Löwy] hatten ähnliche Positionen in Ungarn inne, während Ana Pauker zur unbestrittenen Herrin und Mätresse Rumäniens wurde, mit einer Autorität, die mit der von Rudolf Slansky in der Tschechoslowakei vergleichbar war530." Derselbe Autor fügte hinzu: „Lavrenti Beria, ein Mitglied des Präsidiums der Kommunistischen Partei der Sowjetunion, warf Rákosi vor, Juden in Schlüsselpositionen der Partei eingesetzt zu haben. „Es war daher sehr wahrscheinlich, wie Solschenizyn argumentierte, dass der ungarische Aufstand von 1956 eine antisemitische Dimension hatte531 : „Der Aufstand von 1956 in Ungarn hatte einen antijüdischen Charakter - was von den Historikern übersehen wurde - vielleicht wegen der großen Anzahl von Juden im ungarischen KGB. War dies nicht einer der Gründe, wenn auch nicht der Hauptgrund, warum der Westen den ungarischen Aufstand nicht unterstützte?"

Trotzkistischer Messianismus

Für die Trotzkisten hat die sowjetische Episode, so unglücklich sie auch war, die Gültigkeit der marxistischen Doktrin und der Lehren Lenins in keiner Weise entkräftet. Für sie war die UdSSR kein kommunistischer Staat, sondern lediglich ein „degenerierter bürokratischer Staat". Alle Exzesse, die möglicherweise begangen wurden, wurden Stalin angelastet, der die Hauptverantwortung für das Scheitern des „Vaterlandes des Proletariats" trug. Indem er nach Lenins Tod 1924 den Aufbau des „Sozialismus in einem Land" anordnete, konnte seine Politik nur zum Scheitern verurteilt sein, während auf wirtschaftlicher Ebene die NEP als ein Geschenk Stalins und Bucharins an die reichen Bauern, Händler und Kaufleute angesehen wurde. Die Trotzkisten traten dieser rechtsgerichteten Tendenz entgegen und schlugen eine Alternative vor, die sich in drei

---

[529]Encyclopedia Britannica, Ausgabe 1946, Bd. 13, S. 517
[530]Barnet Litvikoff, *A peculiar People: inside the jewish world today*, Weidenfield and Nicholson, London, 1969, S. 104-105.
[531]Alexandre Soljénisyne, *Deux siècles ensemble*, Éditions Fayard. 2003, S. 449.

Worten zusammenfassen lässt: Industrialisierung, Kollektivierung und Planung. Für sie konnte die Lösung nicht in einer revolutionären Pause bestehen, sondern eher in ihrer Beschleunigung. Es ging darum, die totale Militarisierung des Landes voranzutreiben, ein Programm, das Stalin einige Jahre später buchstabengetreu umsetzen sollte. Die These der linken Opposition gegen den Stalinismus lautete schließlich, dass die Revolution mit ihnen an der Spitze radikaler und vor allem sauberer gewesen wäre und die ganze Erde erfasst hätte.

Lew Dawidowitsch Bronstein, „Trotzki", wurde 1879 in eine „bäuerliche" Familie wohlhabender Juden geboren: Sein Vater hatte sein Vermögen im Getreidehandel gemacht; er besaß hundert Hektar Land und verpachtete etwa dreihundert. Er war nicht religiös und sprach kein Jiddisch, aber sein Sohn, der junge Lev (Leon), besuchte trotzdem eine hebräische Schule. Nach der gescheiterten Revolution von 1905 in Russland reiste Leo Trotzki nach Wien, wo er die Zeitung *Prawda* gründete *und* dort die Theorie der „permanenten Revolution" entwickelte, mit der er die Ausbreitung der Revolution auf ganz Europa und später auf den gesamten Planeten vorhersah. Im Jahr 1917 wurde er Chef der Roten Armee. Nach seiner Ausweisung aus der UdSSR im Jahr 1929 versuchte er in den ersten Monaten des Exils, seine Memoiren zu schreiben, die heute unter dem Titel *Mein Leben"* Kultstatus genießen. Marcel Bleibtreu erinnerte sich noch daran: „1934 wurde *Mein Leben* in einer gekürzten Fassung veröffentlicht. Das hat mich fasziniert. Für das Kind, das ich war, war das Buch eine Fundgrube für politische, historische und militärische Überlegungen. Für meinen Vater war der Name Trotzki Teil der monumentalen Trilogie: Freud, Einstein, Trotzki - die drei großen jüdischen Herrlichkeiten532!"

In der Tat wurde das trotzkistische Phänomen stark durch die Präsenz von Aktivisten jüdischer Herkunft, insbesondere aus Mitteleuropa, beeinflusst. In *Die Trotzkisten* hat der Autor Christophe Nick für eines seiner Kapitel den Titel des 1983 erschienenen Buches von Alain Brossat und Silvia Klinberg aufgegriffen: *The Revolutionary Yiddishland533*. Die Ankunft einer großen jüdischen Einwanderungswelle aus Osteuropa in Frankreich zu Beginn des 20. Jahrhunderts sollte für die Entwicklung der Bewegung entscheidend sein. Tatsächlich waren viele der wichtigsten Führer dieser Bewegung aschkenasische Juden: Frank, Gründer der Internationalistischen Kommunistischen Partei (PCI), war der Vater der *pabloistischen* Tendenz, die zur Gründung des revolutionären

---

[532]Christophe Nick, *Les Trotskistes*, Éditions Fayard, 2002, S. 44.
[533]Der Leser kann auch die Bücher dieser Autoren lesen: *Il était une fois la révolution*, von Benoît Rayski; *Les Juifs de mai*, von Benjamin Stora; *68: une révolution juive*, von Annie-Paule Derczansky; sowie die Zeitschrift *Passages* n°8. [Siehe auch Hervé Ryssen, *Jüdischer Fanatismus*].

Kommunistischen Bundes führen sollte. „Er wurde 1905 in Paris als Sohn von Eltern geboren, die vor kurzem aus Vilna in Litauen gekommen waren. „Barta war der Gründer der Internationalistischen Kommunistischen Union (IKU) im Jahr 1947. Er wurde 1914 in Buhusi, Rumänien, in einer Familie kleiner jüdischer Kaufleute geboren. Sein richtiger Name war David Korner. Er war ein Aktivist im Verborgenen: Der Mann, der die Bewegung ins Leben rief, aus der später der Arbeiterkampf (LO) hervorging, gab in seinem ganzen Leben nur ein einziges diskretes Interview, und zwar mit einem ehemaligen LO-Aktivisten für eine Universitätsarbeit. Eine weitere große Figur des französischen Trotzkismus war Lambert, der Gründer der dritten großen französischen trotzkistischen Organisation. Sein richtiger Name war Boussel und er wurde am 9. Juni 1920 in Paris als Sohn russisch-jüdischer Eltern geboren, die sich vor kurzem in der Hauptstadt niedergelassen hatten. Er und seine Freunde schlossen sich der *Achomer Hatzaïr*, der „jungen Garde", einer linksgerichteten zionistischen Pfadfinderorganisation, an. Der historische Führer der Revolutionären Kommunistischen Liga (LCR), Alain Krivine, stammte aus einer Familie, die vor den Pogromen in Russland geflohen und Ende des 19. Jahrhunderts nach Frankreich gekommen war. Henri Weber, heute sozialistischer Senator, der zusammen mit Alain Krivine den Kommunistischen Bund gegründet hat, stammt aus Mitteleuropa: „1938, am Vorabend des Krieges, lebten seine Eltern, jüdische Uhrmacher, in Cznanow in Oberschlesien534. „Maurice und Charly Najman, „die beiden wichtigsten trotzkistischen Führer der Universitäts- und Gymnasialstudenten der Jahre 1969-1978", sowie Robi Morder, „ein weiterer Studentenführer der 1970er Jahre", stammten ebenfalls aus Mitteleuropa, ebenso wie Michel Rodinson, der Sohn von Maxime, dem Herausgeber von *Lucha Obrera*. Am 8. Oktober 1998 enthüllte die Zeitschrift *L'Express* endlich die wahre Identität des Mentors von Arlette Laguiller, der passionierten Lucha Obrera: der berühmte und geheimnisvolle Hardy war in Wirklichkeit Robert Barcia; er wurde 1928 in Paris geboren und machte seine ersten politischen Schritte mit Barta (David Korner).

„Diese Beispiele ließen sich endlos fortsetzen", so Christophe Nick. „In der LCR brachte in den 1970er Jahren ein Witz die Situation perfekt auf den Punkt: „Warum wird im politischen Büro des Kommunistischen Bundes kein Jiddisch gesprochen? Weil Bensaid ein Sephardit ist535." Daniel Bensaid, der ursprünglich aus Nordafrika (sephardisch) stammte, verstand das Jiddisch, das die anderen trotzkistischen Führer aschkenasischer Herkunft sprachen, tatsächlich nicht.

---

[534]Henri Weber (1944-2020). Siehe den Nachruf auf den Elysée-Palast in der Anmerkung des Übersetzers im Anhang. (NdT).
[535]Christophe Nick, *Les Trotskistes*, Éditions Fayard, 2002, S. 31-34.

Auch der israelische Historiker Ya'ir Auron hat sich mit dieser Facette der jüdischen Welt beschäftigt und *im Mai 1968* ein Buch mit dem Titel *Die Juden der extremen Linken* veröffentlicht, in dem er die Angaben von Christophe Nick weitgehend bestätigt: „Von den zwölf Mitgliedern des politischen Büros der Liga zu Beginn musste Bensaid zu den anderen zehn Juden aus Osteuropa und einem einzigen nichtjüdischen Mitglied hinzugefügt werden. „Jeder würde sagen, dass es sich dabei um den Sabbat-Goj des Büros handelte, d.h. um einen „Dienst-Goj", wie er in jüdischen Familien traditionell eingesetzt wurde, um am Sabbat die Türen zu öffnen, das Licht einzuschalten oder das Telefon abzunehmen. Yaír Auron schrieb auch: „Von den „großen Vier" des Mai '68, Daniel Cohn-Bendit, Alain Krivine, Alain Gesmar, Jacques Sauvageot, sind die ersten drei Juden. „Marc Kravetz spielte ebenfalls eine wichtige Rolle im Mai '68 und ist ebenfalls jüdischer Herkunft. „Dies wurde auch von Daniel Cohn-Bendit in seiner Autobiographie *The Big Fuss* ausdrücklich anerkannt: „Die Juden stellten eine nicht unbeträchtliche Mehrheit, um nicht zu sagen die große Mehrheit der Aktivisten." Natürlich wissen wir, dass der Trotzkismus während der Ereignisse im Mai 1968 seine Sternstunden hatte. Am 19. Mai trafen sich die Führer der drei wichtigsten trotzkistischen Organisationen, um die Bildung eines ständigen Koordinierungsausschusses zu beschließen und zur Vereinigung aufzurufen. Barcia traf bei dieser Gelegenheit im Namen der ICU mit „Frank und Michel Lequenne von der PCI, Alain Krivine und Daniel Bensaid von der LCR zusammen. Gemeinsam verfassten sie eine feierliche Proklamation", schrieb Christophe Nick. Mit Alain Geismar, dem Führer der Maoisten, und Daniel Cohn-Bendit, dem Vertreter des anarchistischen Flügels, war der Aufstand vom Mai 1968 in der Tat in guten Händen.

Auf der maoistischen Seite war die Tendenz dieselbe: Die proletarische Linke wurde von Alain Geismar, dem heutigen Generalinspektor für das nationale Bildungswesen, und Benny Levy (alias Victor) angeführt, der Privatsekretär von Jean-Paul Sartre werden sollte, bevor er seine *Teschuwa* und *Alija machte*536. Letzterer wurde später Rabbiner und Lehrer an einer Jeschiwa (jüdische Schule) in Jerusalem. In ähnlicher Weise, so schrieb Yair Auron, „waren an der Spitze der Studentenorganisation der französischen kommunistischen Partei in den 1970er Jahren auch viele Juden. „Erinnern wir uns zum Beispiel an Zarka, der Herausgeber der Zeitung *L'Humanité* wurde. Dasselbe lässt sich auch bei Aktivisten beobachten, die dem harten Gangstertum verfallen sind, wie etwa Goldman, der zahlreiche Raubüberfälle verübt hat. Aus seiner offiziellen Biografie geht hervor, dass Goldman, obwohl er ein Revolutionär war, nach den israelischen Offensiven im Juni 1967, während

---

[536] Teschuwa: Reue über die eigenen Sünden und Rückkehr zur Praxis des Judentums. Aliyah: Auswanderung in das Land Israel.

des Sechstagekriegs, mit Betar-Mitgliedern zu feiern pflegte. Die Aussagen von Marek Halter oder Guy Konopnicki, auf die wir auf diesen Seiten bereits hingewiesen haben, bestätigen wiederum, dass die linksextremen internationalistischen Revolutionäre ihre Liebe zu Israel immer mehr oder weniger heimlich aufrechterhalten hatten.

Letztendlich zeigt sich, dass die Trotzkisten die gleichen kämpferischen und, wie man sagen muss, offen messianischen Neigungen hatten wie die eher formalen und ruhigen Intellektuellen, die wir bereits untersucht haben. In den Reihen des revolutionären Kommunistischen Bundes, schrieb Christophe Nick, stach der Filmemacher Romain Goupil hervor: „Er ist voller Hass auf diejenigen, die in der Besessenheit des Warschauer Ghettos leben. Ein Hass, der ihn dazu brachte, in den 1990er Jahren in Sarajevo sein Leben zu riskieren, wo er in einem kurzen Fernsehfilm in einem markierten Auto als freiwilliger Lockvogel für serbische Scharfschützen die Scharfschützen-Allee hinunterfuhr, an den Aufmärschen vorbei und tausende Male in sein Megaphon-Mikrofon wiederholte: „Sarajevo-Sarajevo-Sarajevo-Sarajevo-Sarajevo-Sarajevo537! „In einer etwas ursprünglicheren Form war dies eine Besessenheit, die mit der von Bernard-Henri Levy vergleichbar war, der ebenfalls ein leidenschaftlicher Verteidiger von Sarajevo war, allerdings mit Stift und Mikrofon. Nach 1968 setzten die drei Führer der Liga - Alain Krivine, Daniel Bensaïd und Henri Weber - Romain Goupil an die Spitze der Jugendbewegung.

Im Jahr 1968 war Shapira für die Sicherheit der revolutionären Kommunistischen Jugend zuständig. Jean-Luc Benhammias, heute Mitglied des Wirtschafts- und Sozialrats und ehemaliger nationaler Sekretär der Grünen, erinnert sich gut an diese glücklichen Studentenjahre, ebenso wie der Philosoph André Glucksmann, der von der revolutionären Kommunistischen Jugend zur proletarischen Linken wechselte. Der Belgier Ernest Mandel, Sekretär der Vierten Internationale, war auch Castros Wirtschaftsberater in Kuba, und Boris Fraenkel war der französische Übersetzer von Wilhelm Reich.

Die 1970er Jahre waren in der Tat sehr turbulent. „Das ist Gérard Karstein. Er war Student an der Universität von Orsay, als der Verteidigungsminister Michel Debré 1973 versuchte, die militärischen Erweiterungen zu reformieren. Gérard stürzte sich in einen Kampf, der in dem längsten Streik in der Geschichte des nationalen Bildungswesens gipfelte: sechs Wochen lang wurden Gymnasien und Universitäten besetzt. Die Kommunistische Liga war zweifellos die treibende Kraft hinter der Bewegung mit ihrer damaligen Studentenfigur: Michel Field538. „Gérard Karstein war in den 1970er Jahren auch an der Entstehung der

---

[537]Christophe Nick, *Les Trotskistes*, Éditions Fayard, 2002, S. 73.
[538]Christophe Nick, *Les Trotskistes*, Éditions Fayard, 2002, S. 218.

Soldatenkomitees beteiligt. Auch während seines Militärdienstes kam er nicht umhin, weiterhin Propaganda zu betreiben. Denn ob sie nun Romanautoren, Filmemacher oder Politiker waren, die messianische Hoffnung in ihnen führte sie immer zu einem ununterbrochenen Militärdienst mit einer unerbittlichen und immerwährenden Propaganda, die nie aufhört: „Ich kaufte dann eine gebrauchte Vervielfältigungsmaschine bei Emmaus539 und brachte sie in die Kaserne... Wir liebten alles, was heimlich war540. „Zwei Jahre später gab es in ganz Frankreich mehr als zweihundert Soldatenkomitees. Für die traditionelle Parade am 1. Mai 1976 organisierte die Liga die erste landesweite Demonstration von Soldaten in Uniform: mehr als hundert Militante, die gerade den Eid auf den Militärdienst abgelegt hatten, marschierten mit Sturmhauben und erhobenen Fäusten, schwer bewacht von mehreren hundert Mitgliedern des Sicherheitsdienstes der Liga.

Bekanntlich haben viele Persönlichkeiten aus Kunst, Showbusiness, Film, Politik und Medien ihre ersten Schritte in trotzkistischen Organisationen gemacht, und sie bleiben ihren Idealen oft insgeheim treu. Was die Ausbildung trotzkistischer Militanter am besten charakterisiert, ist die Verstellung und das Eindringen in feindliche oder rivalisierende Organisationen durch ausgebildete und loyale Militante, die ihre wahren Ansichten verbergen. Hunderttausende hatten die Aufgabe, feindliche Umgebungen zu infiltrieren, um Informationen zu sammeln und Einfluss auf deren politische Ausrichtung zu nehmen. Diese Neigung zur Verheimlichung, diese Vorliebe für Heimlichkeit und polizeiliche Organisation, der Kult der Geheimhaltung, die Strenge, ja die Strenge des Lebens des Militanten, wie der große bolschewistische Führer, machen die Besonderheit der trotzkistischen Bewegung aus. In den Medien sind die Trotzkisten zahlreich vertreten, und ein guter Beweis dafür ist die symbolische Feier zum 50. Geburtstag von Alain Krivine, die in Saint-Denis in den berühmten Filmstudios von AB Productions an den Filmsets von Azoulay (A) und Bensoussan (B)541 stattfand.

In seinem 2001 veröffentlichten *Essay über die Allgemeine Topologie542* hat sich Daniel Bensaid, der Ideologe des Kommunistischen Bundes, ausführlich mit dem Fall der Marranos beschäftigt, jener Juden in Portugal und Spanien, die im 16. Sie hatten sich für den Übertritt zum

---

539Bekannte Wohltätigkeitsstiftung, die vom Abbé Pierre gegründet wurde, der jahrzehntelang eine beliebte Persönlichkeit der Franzosen war (NdT).

540Christophe Nick, *Les Trotskistes*, Éditions Fayard, 2002, S. 86.

541*AB Productions* audiovisuelle Gruppe. Insgesamt wurden mehr als 30 Serien und 3000 Episoden geschrieben und gedreht, hauptsächlich für die französische Jugend in den 1990er Jahren.

542*Essai de taupologie générale*. Daniel Bensaïd. [Von dem französischen Säugetier „taupe", d. h. dem „Maulwurf", nicht „topologie". (NdT)].

Christentum entschieden, um der Ausweisung zu entgehen, und damit offiziell ihrem mosaischen Glauben abgeschworen, auch wenn sie weiterhin im Geheimen Gottesdienst feierten. Die Marranische Gemeinschaft, die sich dann über die ganze Welt ausbreitete, konnte so durch die Jahrhunderte hindurch vorgeben, gute Katholiken zu sein, indem sie sonntags zur Messe ging. Für Daniel Bensaid symbolisierte diese Gemeinschaft den Geist des jüdischen Messianismus, und in diesem Sinne war der Trotzkismus lediglich dessen moderner Avatar: „Der Messianismus, schrieb Bensaid, ist eine inbrünstige Erwartung... Er behauptet sich in der Erwartung der historischen Katastrophen, die die Propheten zu vermeiden mahnen, und folgt der tiefen Dialektik von Katastrophe und Hoffnung. Im Gegensatz zum apokalyptischen Pessimismus, der sich aus der Bestrafung speist, regt dieser einen Optimismus des Willens an... Die messianische Hoffnung, die nach einer neuen Ära dürstet, entwirft somit ein politisches Projekt... und lässt sich vom Traum einer Eroberung ohne Kampf mitreißen. Als friedliches Vorspiel zum messianischen Krieg selbst ist das geheime revolutionäre Streben dann untrennbar mit der traditionellen Vorstellung vom jüdischen Leben verbunden... Das ist die große Lehre, die man aus der Geschichte der Marranos ziehen kann: Der wahre Glaube muss immer verborgen bleiben: „Jeder Jude muss ein Marrano werden". Mit anderen Worten: Er muss lernen, im Verborgenen zu leben[543]."

---

[543]Daniel Bensaïd, *Résistances, essai de taupologie générale*, Fayard, 2001, in *Les Trotskistes*, S. 224.
Hervé Ryssen hat die Untersuchung dieser Aspekte der jüdischen Religion in *Psychoanalyse des Judentums* erweitert, insbesondere das Konzept des Messianismus, das von dem bedeutenden jüdischen Denker Gershom Scholem analysiert wurde, der in einem seiner Werke Folgendes schrieb:
„Es gibt einen wichtigen Punkt, an dem die säkularisierte Apokalypse oder Katastrophentheorie der Revolution (die in den aktuellen Debatten eine so wichtige Rolle spielt) mit ihrem Ausgangspunkt in der jüdischen Theologie verbunden bleibt, von dem sie sich ableitet, auch wenn sie sich nicht dazu bekennt. Es ist diese Ablehnung der radikalen Verinnerlichung der Erlösung. Es ist nicht so, dass es in der Geschichte des Judentums an Versuchen gefehlt hätte, eine solche Dimension auch im jüdischen Messianismus zu entdecken (vor allem, und das ist nicht überraschend, in der Mystik). Aber das Judentum hat in all seinen historischen Ausprägungen die These einer chemisch reinen Verinnerlichung der Erlösung völlig abgelehnt. Eine Innerlichkeit, die sich nicht auch im Äußeren ausdrückt, die nicht von Anfang bis Ende mit ihm verbunden ist, war hier absolut nichts wert. Die Annäherung an den Kern ist hier gleichzeitig eine Annäherung an das Äußere. Die Erlösung, verstanden als die Wiederherstellung aller Dinge an ihrem richtigen Platz, reproduziert eine Totalität, die eine solche Unterscheidung zwischen Innerem und Äußerem nicht kennt. Das utopische Element des Messianismus, das die jüdische Tradition so sehr beherrscht, bezog sich auf diese Gesamtheit, und nur auf diese Gesamtheit.
Der Unterschied zwischen der modernen „Theologie der Revolution", die uns von verschiedenen Seiten angeboten wird, und der messianischen Idee des Judentums

TEIL DREI

DIE KOSMOPOLITISCHE MENTALITÄT

Die kommunistische Erfahrung hat uns einen ausgezeichneten Einblick in die mosaische Mentalität gegeben. Nie zuvor hatten sich Juden so massiv und mit so viel Elan für ein politisches Projekt engagiert. Das Scheitern dieser ersten Erfahrung hat die Hoffnungen des Planeten nicht zunichte gemacht, ganz im Gegenteil, denn die Fortschritte der westlichen Demokratie zeigen, dass der Liberalismus und die Sozialdemokratie Erfolg haben, wo der Kommunismus so kläglich gescheitert ist. Dennoch sind wir der Meinung, dass wir ein Recht auf eine Erklärung der Rolle jedes einzelnen bei den begangenen Gräueltaten haben, auch wenn man, gelinde gesagt, über die Erklärungen einiger westlicher Intellektueller zu diesem Thema ziemlich verwirrt ist. Die „Sündenbock"-Theorie ist auch hier eine unschätzbare Hilfe für diese Autoren, obwohl sie auch nicht zögern, sich die unwahrscheinlichsten und verdrehtesten Theorien auszudenken, um ihre Leser an Wahrheiten glauben zu lassen, die ihrer Fantasie entspringen. Die Ankläger sind entweder unwissend oder geisteskrank. In beiden Fällen handelt es sich um eine bedauerliche Undankbarkeit, denn, um die Wahrheit zu sagen, die jüdischen Gemeinden waren immer in die lokale Bevölkerung integriert und haben die nationalen Gemeinschaften kulturell und materiell bereichert. Der Beitrag der Juden zur Kultur zeigt in der Tat, dass sie ein begabtes Volk von erfrischender Vitalität sind.

---

besteht im Wesentlichen in einer terminologischen Verschiebung: In der neuen Version wird die Geschichte zur Vorgeschichte und die menschliche Erfahrung, von der wir bisher gesprochen haben, ist nicht mehr die authentische Erfahrung, die nur einer erlösten Menschheit zuteil wird. Dies vereinfachte die Überlegungen über den Wert oder Unwert der Vorgeschichte, aus der das wesentliche Element der menschlichen Freiheit und Autonomie bereits verschwunden war, und verlagerte so die gesamte Diskussion über die authentischen, echten Werte des Menschen auf die eschatologische Ebene. Dies ist die Haltung, die hinter den Schriften der wichtigsten Ideologen dieses revolutionären Messianismus steht, wie Walter Benjamin, Theodor Adorno, Ernst Bloch und Herbert Marcuse, bei denen alle, ob sie es zugeben oder nicht, eine Verbindung zu ihrem jüdischen Erbe aufweisen. „Gershom Scholem, *Es gibt ein Geheimnis in der Welt. Tradition und Säkularisierung (Einige Überlegungen zur jüdischen Theologie in dieser Zeit)*, Minima Trotta, 2006, Madrid, S. 40-41.

1. Fehlendes Gedächtnis

Die Analyse des kommunistischen Phänomens durch akademische Werke zeigt unbestreitbar, dass die Rolle der Juden in der Revolution der westlichen Intelligenz bekannt war. Solschenizyn war einfach der erste, der 2003 in einem Buch mit einer Synthese das ganze Ausmaß dieses Problems aufzeigte. Wie wir gesehen haben, beklagte er auch, dass viele Intellektuelle sich immer noch weigerten, die Verantwortung einiger Mitglieder ihrer Gemeinschaft für das russische Drama zwischen 1917 und 1949 anzuerkennen. Ziel dieses Kapitels ist es, diese Tendenz anhand der Veröffentlichungen von Spezialisten der „Sowjetologie" zu beobachten, aber auch anhand der Überlegungen, die hier und da in Büchern für die breite Öffentlichkeit angestellt werden. Wir haben keine andere Wahl, als uns den Schlussfolgerungen des großen russischen Dissidenten anzuschließen. Wir verstehen, dass dies eine heikle Angelegenheit ist, vor allem nachdem das Phänomen jahrzehntelang verheimlicht wurde. Es wäre zum Beispiel gesünder gewesen, nach dem Fall der Berliner Mauer eine Debatte über dieses Thema zu eröffnen, wenn es nicht schon vorher geschehen wäre. Der Zweite Weltkrieg nach 1945 hat diesen Aspekt der Geschichte des 20. Jahrhunderts völlig verdrängt. Man kann sogar mit Fug und Recht behaupten, dass die zunehmende Berichterstattung in den Medien über das Drama, das die europäischen Juden zwischen 1942 und 1945 erlebten, eine überstürzte Aktion war. Anstatt eine demokratische und friedliche Debatte zu eröffnen, wird wieder einmal ein unerbittliches Propagandabombardement vorgezogen, um von einem Thema abzulenken, das zu schmerzhaft ist. Die Wahrheit ist, dass die messianischen Geister sehr wohl wissen, dass die sowjetische Erfahrung ein schwerer Fehler war. Der Kommunismus galt nur als mobilisierende Utopie, als Stachel des planetarischen Ideals, und nicht als System zur Steuerung der Gesellschaft. Nach einem solch katastrophalen Fehler und vor allem, nachdem die Wahrheit über die Gräueltaten ans Licht gekommen ist, kann man sich nur unwohl fühlen. Dieses Unbehagen, das in den Büchern, die wir analysieren werden, spürbar ist, bleibt jedoch sehr im Hintergrund, verglichen mit der ungeheuren Frechheit, die einige Autoren dazu bringt, kategorisch jede Verantwortung zu leugnen, oder noch besser (schlimmer), sich als Opfer darzustellen.

Vor allem nicht darüber reden

Was wir durch Solschenizyns Werk entdeckt haben, war, wie wir gesehen haben, den Intellektuellen bekannt, wurde aber in den Büchern über die russische Revolution kaum so entwickelt und erklärt, dass sich die Öffentlichkeit der Tragweite des Phänomens bewusst werden konnte. Im Gegenteil, viele Autoren, darunter die bekanntesten „Spezialisten" des Kommunismus, haben versucht, das Thema des sowjetischen Dissidenten zu beschönigen.

Das berühmte Buch von Robert Conquest über die stalinistischen Säuberungen der 1930er Jahre, *The Great Terror,* war nicht sehr ausführlich über die Rolle der Juden im bolschewistischen Regime. Auf den 528 dicht gedrängten Seiten seines Buches hat der Autor nicht ein einziges Mal die Herkunft der verschiedenen Protagonisten erwähnt. Der Begriff taucht nur einmal auf, und zwar auf Seite 289, um zu erklären, dass „ein jüdischer Ingenieur verhaftet wurde, weil er Pläne für eine wissenschaftliche Einrichtung in Form eines Hakenkreuzes gezeichnet hatte. Es ist erlaubt, die Täter zu kritisieren, sofern ihre Herkunft nicht genannt wird: „Die Säuberung hat auch die ungarischen Kommunisten heimgesucht", schrieb Robert Conquest. Béla Kun, der Anstifter der ungarischen Revolution von 1919, war eines der Hauptopfer. Er hatte bei der Ausführung des Terrors in Budapest und später auf der Krim solche Grausamkeiten entfesselt, dass Lenin selbst ihn wegen seiner übermäßigen Grausamkeit ermahnte und ihn von der Regierung der Halbinsel absetzte544. Er operierte dann von der Komintern aus und war mitverantwortlich für das Scheitern des Kommunismus in Deutschland im Jahr 1921. Victor Serge beschreibt ihn als einen typischen inkompetenten Intellektuellen und einen verachtenswerten und korrupten Despoten545." Ein weiterer großer „Spezialist" auf diesem Gebiet ist Martin Malia, der 1995 die *sowjetische Tragödie546* veröffentlichte, „ein lang erwartetes Werk von einem der besten Spezialisten für russische Geschichte", wie es auf der Rückseite des Buches heißt: „Bis vor kurzem sahen wir dieses Phänomen nur durch ein dunkles Glas. Bis zum Ende, oder fast bis zum Ende, war die sowjetische Realität ein gut gehütetes Geheimnis. Da die sowjetische Erfahrung nun ein abgeschlossenes Kapitel der Geschichte ist, ist es an der Zeit, das kommunistische Phänomen in seiner Gesamtheit zu betrachten und mit dem Realismus und der Gelassenheit des Historikers zu analysieren." Und mit großer Gelassenheit, das muss man zugeben, hat Martin Malia das Kunststück vollbracht, auf den 630 Seiten seines Buches nicht ein einziges Mal die Rolle der Juden im Bolschewismus zu erwähnen. Erst auf Seite 372 lesen wir von ihrer Existenz in Russland: „Zahlreiche

---

[544]Dies erinnert an die ähnliche Strafe, die General de Gaulle Raymond „Aubrac" für die Grausamkeiten auferlegt hat, mit denen er 1944 Marseille verwaltet hat.
[545]Robert Conquest, *La grande terreur*, Stock, 1970, S. 408.
[546]Martin Malia, *La Tragédie soviétique*, Éditions du Seuil, 1995.

Kremlärzte, von denen viele einen jüdischen Nachnamen trugen, wurden unter dem Vorwurf verhaftet, Schdanow ermordet und andere antisowjetische Verbrechen begangen zu haben. „Es war 1953, als das berüchtigte „Ärztekomplott" ausbrach. So bleibt dem Leser nur die Tatsache, dass die Juden Opfer von Verfolgungen waren. Martin Malia, Geschichtsprofessor an der renommierten kalifornischen Universität Berkeley, hat das Thema an keiner Stelle, auch nicht im Zusammenhang mit den Säuberungen von 1936-1938, angesprochen. All dies geschah nicht zufällig, sondern entweder in bewusster Absicht oder aus Angst, angeklagt oder von seinem Posten an der Universität entlassen zu werden.

Die gleichen Vorsichtsmaßnahmen wurden von der großen französischen Spezialistin für die Sowjetunion, Helena Carrère d'Encausse (geborene Surabitschwili), Mitglied der Académie française, in ihrem 1993 erschienenen Buch *Die UdSSR von der Revolution bis zum Tod Stalins getroffen*. Der Historiker hat es auch sorgfältig vermieden, über das Thema zu sprechen, das uns interessiert, nicht einmal, um uns zu sagen, dass zahlreiche jüdische Würdenträger den großen Säuberungen der 1930er Jahre zum Opfer gefallen sind, was natürlich ein Hinweis auf die große Rolle gewesen wäre, die sie gespielt haben. Auch hier wird die Frage erst nach dem Krieg aufgeworfen, nur um die abscheulichen Verfolgungen aufzuzeigen, denen die Juden in der UdSSR ausgesetzt waren: „Der Antisemitismus entwickelte sich ab Ende 1948 mit der Auflösung des Jüdischen Antifaschistischen Komitees und der Verhaftung vieler seiner Mitglieder547. „Über das ungarische Revolutionsexperiment von 1919 schrieb er diskret: „Für die große Mehrheit der Ungarn erinnert die Regierung von Bela Kun an Unordnung und sogar Gewalt548." Lassen Sie uns über das ungarische Experiment sprechen. In *Die russische Tradition549* hat Tibor Szamuely in dem Kapitel *Die russische revolutionäre Tradition* (Seiten 171 bis 498) unser Thema nicht ein einziges Mal erwähnt. Es sei darauf hingewiesen, dass das Vorwort des Werks von Robert Conquest selbst verfasst wurde, der über den Autor sagte: „Der Onkel, dessen Namen er trägt, hatte eine herausragende Rolle in der ungarischen Revolution von 1919 gespielt". Diese Rolle war in der Tat „bedeutend", wenn auch nicht ruhmreich, was den Neffen des Henkers nicht daran hinderte, später eine Professur an der Universität Budapest anzunehmen, wo er 1958 zum Rektor ernannt wurde, was beweist, dass die Ungarn kein undankbares Volk sind. Um nicht ungerecht zu sein, muss

[547] Hélène Carrère d'Encausse, *L'URSS de la Révolution à la mort de Stalin*, Édditions du Seuil, 1993, S. 256.
[548] Hélène Carrère d' Encausse, *L'URSS de la Révolution à la mort de Stalin*, Édditions du Seuil, 1993, S. 308.
[549] Tibor Szamuely, *La Tradition russe*, 1974, Stock, 1976, für die französische Übersetzung.

betont werden, dass das Buch gut referenziert ist und viel Kultur enthält; außerdem ist es wichtig, dass die Verbrechen, die von den Verwandten begangen wurden, nicht einzelnen Personen zugeschrieben werden. Tatsache ist jedoch, dass sein Onkel und Namensvetter Tibor Szamuely wahrscheinlich eine der düstersten Figuren der ungarischen Geschichte war.

Jerôme und Jean Tharaud von der Académie française haben einen erschütternden Bericht über die ungarische Revolution hinterlassen, den wir im Folgenden zusammenfassen: Tibor Szamuely, ein unausgebildeter Journalist, stand an der Spitze einer etwa dreißigköpfigen Truppe, die aus den „Lenin Boys" rekrutiert wurde. Seine Aufgabe war es, das Land zu durchkämmen, um die ungarischen Bauern zur Herausgabe ihrer Lebensmittel zu zwingen und die hier und da ausbrechenden Unruhen zu unterdrücken. Sein gepanzerter und mit Maschinengewehren bewaffneter Zug fuhr in Dörfer, in denen verdächtige Aktivitäten oder Unruhen gemeldet worden waren. Die vom örtlichen Sowjet denunzierten Bauern wurden dann einer nach dem anderen vor das Revolutionsgericht gebracht und systematisch gehängt. Unter den dreißig Männern, die Szamuely überall hin begleiteten, befanden sich acht qualifizierte Scharfrichter. Ihr Anführer, der dreiundzwanzigjährige Arpad Kohn Kerekes, hatte nach eigenen Angaben fünf Menschen erschossen und dreizehn erhängt; seine Anklage lautete jedoch auf hundertfünfzig Morde. Manchmal vergnügte sich Tibor Szamuely damit, dass er dem Gefolterten das Seil selbst um den Hals legte und einen schönen Knoten machte. Er genoss es auch, von letzterem geküsst zu werden, bevor er starb. „Es wurde beobachtet, dass er seinen Sadismus so weit trieb, dass er einen Verwandten des Verurteilten zwang, den Stuhl zu ziehen, auf dem der arme Teufel saß. Oder er zwang die Kinder einer Schule, auf dem Platz, an dem seine Opfer hingen, eine Parade abzuhalten; oder er schaffte es, dass eine Frau, die nichts vom Verbleib ihres Mannes wusste, vor seinem Leichnam, der am Ast einer Akazie hing, vorbeiging. „Jede seiner Expeditionen wurde von Requisitionen von Tieren, Wein, Gemüse und Weizen begleitet, die dann in Waggons nach Budapest transportiert wurden. „Dann kehrte Szamuely in die Stadt zurück, wo man ihn abends im Othon-Club sah, dandyhafter als alle anderen, das schwarze Haar zurückgekämmt, ein tadellos geschnittenes Jackett, abwesend Hände schüttelnd und so tuend, als würde er niemanden kennen. „Während des Debakels versuchte er mit dem Auto zu fliehen, wurde aber an der österreichischen Grenze aufgehalten. Er zog ein Taschentuch aus der Tasche, tat so, als würde er sich die Stirn abwischen, und blies sich mit einem kleinen Revolver das Hirn weg. Die örtliche israelische Gemeinde weigerte sich, seinen Leichnam auf dem Friedhof aufzunehmen. Er wurde separat begraben, und auf den Grabstein wurde mit blauem Stift geschrieben: „Hier starb ein Hund". Dies ist die „herausragende" Persönlichkeit, von der Robert Conquest sprach.

Der berühmte Historiker Michel Winock, Professor am Institut für Politikwissenschaft in Paris, hat das Problem auf seine Weise gelöst. In seinem Buch *Nationalismus, Antisemitismus und Faschismus in Frankreich* geht er von der Situation zu Beginn des 20. Jahrhunderts direkt zum folgenden Kapitel über die Situation in den 1930er Jahren über. In seiner Schlussfolgerung erwähnt er das Thema nur am Rande, um die völlige Unwahrscheinlichkeit der Frage zu unterstreichen: „Die sozialistische und kommunistische Revolution vervollständigt die Kristallisation des jüdischen Mythos", schreibt Winock. Er ist nicht nur der Mann des Kapitals, er ist auch der revolutionäre Subversive. Er zerstört nicht nur die Gesellschaft von oben (Banker, Geschäftsleute, Freimaurerpolitiker), sondern untergräbt auch die Grundlagen der Gesellschaft. Rothschild und Marx, der gleiche Kampf: die Zerstörung der westlichen Gesellschaft. Die bolschewistische Revolution von 1917 erscheint den Antisemiten als eines der letzten Opfer des „jüdischen Komplotts". Das Thema „Judeo-Marxismus", „Judeo-Bolschewismus" wird in der rechtsextremen Presse der 1930er Jahre bis zum Überdruss verwendet, selbst als Stalin mit der Liquidierung der jüdischen Kommunisten begonnen hatte550." Bei „nicht spezialisierten" Autoren über den Kommunismus sehen wir die gleiche Schwierigkeit, wenn wir über die Rolle der Juden in der bolschewistischen Revolution sprechen. Wie zum Beispiel bei dem weltberühmten Primo Levi, der schrieb: „Die Identifizierung des Judentums mit dem Bolschewismus, Hitlers fixe Idee, hat nie eine objektive Grundlage gehabt. Besonders in Deutschland, wo die überwiegende Mehrheit der Juden der bürgerlichen Klasse angehörte551. „Primo Levi hat wahrscheinlich gemeint, dass man nicht gleichzeitig Bourgeois und Bolschewist sein kann. In *The Craft of Others (L'altrui mestiere)* schrieb er: „Im Laufe von kaum mehr als einer Generation gelangten die Ostjuden von einer zurückgezogenen und archaischen Lebensweise zu einer aktiven Beteiligung an den Arbeiterkämpfen, zu nationalen Forderungen und zu Debatten über Rechte und Menschenwürde. Juden gehörten zu den Protagonisten der russischen Revolutionen von 1905 und Februar 1917. In den 1920er Jahren wurden allein in Warschau bis zu drei Tageszeitungen gedruckt, usw.552. „Wie bitte? Oktober 1917? Die bolschewistische Revolution": - Da klingelt's bei mir nicht!

---

[550]Michel Winock, *Nationalisme, antisémitisme et fascisme en France*, Points Seuil collection, 1990, S. 204-205, 220.
[551]Primo Lévi, *L'asymétrie et la vie, Artikel*, Robert Laffont, 2002, S. 166.
[552]Primo Lévi, *Le Métier des autres*, 1985, Gallimard, 1992, Folio, S. 275.

Jacques Attali erläuterte an einigen Stellen die revolutionären Neigungen einiger seiner Glaubensgenossen: „1848 nahmen in ganz Europa viele jüdische Intellektuelle, Händler, Arbeiter, Kaufleute und Handwerker an nationalen Revolutionen teil. Bevor sie Juden waren, fühlten sie sich als Deutsche, Österreicher oder Franzosen. In Deutschland war Gabriel Riesser, der Enkel eines berühmten Rabbiners aus Altana und Führer einer Bewegung „liberaler Juden", einer der Anführer der Aufstände. Die Oberhäupter der jüdischen Gemeinden des Reiches - reiche Kaufleute - stehen auch an der Spitze der Revolution in Wien553. „Attali erkannte auch an, dass Juden eine „herausragende" Rolle in der russischen revolutionären Bewegung gespielt haben könnten: „Die Juden sind in der Vorhut der Bewegung so zahlreich, dass der russische Führer Plechanow 1896 auf dem 11. Kongress der Zweiten Internationale erklärte, sie seien „die Vorhut der Arbeiterarmee" in Russland554. „Ihre Anwesenheit bei allen großen modernen Veränderungen ist in der Tat unbestreitbar: „Während die russischen Juden den Sozialismus erfanden und die österreichischen Juden die Psychoanalyse entdeckten, waren die amerikanischen Juden in allererster Linie an der Geburt des amerikanischen Kapitalismus und an der Amerikanisierung der Welt beteiligt555." Wir müssen auch anerkennen, dass jüdische Finanziers eine Schlüsselrolle im Krieg zwischen Japan und Russland 1905 spielten. Aus Hass auf das Zarentum und Russland, wo Juden keine Staatsbürgerschaft besaßen, unterstützten amerikanische Juden Japan mit all ihrer finanziellen Macht: 1906 wurden „Max Warburg und Jacob Schiff dann Japans Hauptfinanziers. Schiff unternahm sogar eine triumphale Reise auf die Inselgruppe, sehr zum Ärger der Russen. Zum ersten Mal lud ein japanischer Kaiser einen Ausländer an seine Tafel ein, der nicht zu einer Herrscherfamilie gehörte556." Attali erwähnte dann die Rolle einiger Juden während der schweren Umwälzungen, die Deutschland nach dem Ersten Weltkrieg erschütterten: „Hugo Preuss, ein jüdischer Jurist, entwarf die Weimarer Verfassung. Kurt Eisner steht an der Spitze der revolutionären bayerischen Regierung, an der Spitze eines Teams, dessen Minister mehrheitlich Juden sind. Der Antisemitismus explodiert. Die Jagd auf Juden war bald eröffnet. Im Frühjahr 1921 werden Kurt Eisner und mehrere seiner jüdischen Geistlichen sowie Hugo Preuss ermordet557."

---

[553]Jacques Attali, *Los judíos, el mundo y el dinero*, Fondo de cultura económica, 2005, Buenos Aires, S. 308.

[554]Jacques Attali, *Los judíos, el mundo y el dinero*, Fondo de cultura económica, 2005, Buenos Aires, S. 349.

[555]Jacques Attali, *Los judíos, el mundo y el dinero*, Fondo de cultura económica, 2005, Buenos Aires, S. 357.

[556]Jacques Attali, *Los judíos, el mundo y el dinero*, Fondo de cultura económica, 2005, Buenos Aires, S. 378.

[557]Jacques Attali, *Los judíos, el mundo y el dinero*, Fondo de cultura económica, 2005,

Aber denjenigen, die die Juden als Hauptakteure des bolschewistischen Regimes zu bezeichnen gedachten, antwortete Attali auf eine Art und Weise, die keinen Raum für Zweideutigkeiten ließ: „1925 glaubt der Korrespondent der *Times* in der UdSSR, Robert Wilton, immer noch schreiben zu können, wobei er seine Behauptung mit Namen belegt, dass drei Viertel des Zentralkomitees der Kommunistischen Partei Juden sind, ebenso wie 17 von 23 Ministern und 41 von 60 Mitgliedern des Politbüros. Sie ist nicht nachprüfbar: Die Namen beweisen nichts, und der Autor legt keine überzeugenden Beweise vor." Außerdem wurden die Juden in der UdSSR bekanntlich verfolgt, denn bereits 1920 wurden „jüdische Organisationen, die beschuldigt wurden, eine „bürgerlich-klerikale Tendenz" zu vertreten, liquidiert... Der Unterricht in Hebräisch, einer „reaktionären und klerikalen Sprache", wurde ebenfalls verboten... Die Vernichtung des russischen Judentums ging weiter. Das Exil ist den Juden verschlossen: von der Ausreise nach Amerika ganz zu schweigen. Russland war eine offene Hölle; die UdSSR wird zu einer geschlossenen Hölle558. „Es sollte lange dauern und viel Leid und Entbehrungen mit sich bringen, bis es den Juden gelang, dieser sowjetischen Hölle zu entkommen: „Von 1968 bis 1981 verließen 250.000 Juden die UdSSR, einer nach dem anderen, weggerissen durch westliche Interventionen, im Austausch für Weizenlieferungen oder andere Lebensmittelrationen559. „Es war eine Art neuer Aufbruch aus Ägypten. Die Russen ihrerseits konnten an Ort und Stelle in aller Ruhe weiter leiden.

Juden, Opfer des Kommunismus

Wenn man die Scheidung zwischen den Juden und dem Kommunismus und ihre Bereitschaft, sich davon zu distanzieren, um ihre Verantwortung auf andere abzuwälzen, weiter untersucht, stößt man schnell auf Analysen, die die Juden als die ersten Opfer des sowjetischen Systems darstellen. Noch besser wäre es, wenn der Kampf gegen das tyrannische Regime von ihnen geführt worden wäre. Das mag stimmen, wie Soros bewiesen hat („Ich war tief in den Zerfall des sowjetischen Systems involviert560 „), aber wenn dies der Fall war, war es keineswegs ein glorreicher Akt der Waffen. Sicher ist, dass für die große Mehrheit von

---

Buenos Aires, S. 405.

[558]Jacques Attali, *Los judíos, el mundo y el dinero*, Fondo de cultura económica, 2005, Buenos Aires, S. 401-402.

[559]Jacques Attali, *Los judíos, el mundo y el dinero*, Fondo de cultura económica, 2005, Buenos Aires, S. 472.

[560]George Soros, *La crisis del capitalismo global; La sociedad abierta en peligro*. Editorial Debate, Madrid, 1999, S. 12.

ihnen der Kampf gegen den Kommunismus erst 1949 begann, als das Regime begann, sie aus Führungspositionen zu entfernen.

Hören wir uns die Klage von Shmuel Trigano an: „Dass der Kommunismus kriminell war, wer kann daran zweifeln? Die sowjetischen Juden, die so sehr gelitten haben, sicherlich nicht... Der weltweite Kampf der jüdischen Welt gegen die Unterdrückung, die sie erdulden mussten, war ein wichtiges Moment in dem Prozess, der zum Fall des Kommunismus beigetragen hat561. „Nach so viel Schmerz und so vielen Opfern können die Anschuldigungen bestimmter Intellektueller wie Stéphane Courtois nur verletzend sein. Dies ist in der Tat der Fall in *Das Schwarzbuch des Kommunismus*, einem Buch, in dem „wir das Wiederauftauchen einer „internationalen jüdischen Gemeinschaft" sehen, um zu erklären, dass das kommunistische Verbrechen zugunsten des Verbrechens gegen die Juden verheimlicht wurde. „All dies ist wirklich entmutigend. Umso entmutigender ist es, dass im *Schwarzbuch des Kommunismus*562 nichts davon zu finden ist.

Als Marek Halter ausführlich über seinen Kampf gegen den Kommunismus sprach, schien es, als ob am Ende alles in einer bitteren Enttäuschung endete, als er die Rückkehr zum „Tribalismus" der Menschen in Mitteleuropa sah. Und doch hatten Leute wie er alles für die Menschen gegeben, die unter dem sowjetischen Joch litten; oder zumindest für die Refuzniks, die sich danach sehnten, nach Israel fliegen zu können... In einem seiner Bücher, *One Man, One Cry*, spricht Halter von seiner Verzweiflung und Traurigkeit darüber, was die vom Kommunismus befreiten Menschen aus dieser Befreiung gemacht haben: „Wir waren besorgt um die, die dort, im Osten, litten, wir kämpften für ihre Freiheit. Hatten wir nicht Kampagnen für ihre Befreiung organisiert? Die westliche öffentliche Meinung aufgewühlt? Einige Dissidenten befreit, die im Gulag vergessen oder in psychiatrischen Anstalten eingesperrt waren?....Nachdem wir uns so sehr um diese Länder gesorgt hatten, empfanden wir eine echte Traurigkeit, die einer großen Enttäuschung gleichkam, als diese Männer und Frauen, die gerade erst aus der Sklaverei befreit worden waren, sich von Stammesansprüchen treiben ließen, anstatt diese Befreiung zu verfolgen, um von der Natur und dem Geist des primitiven Clans wegzukommen... Aber wie können wir den Männern des Ostens ihren „Stammesimpuls" vorwerfen, wir, die wir immer das Recht

---

561Shmuel Trigano, *L'Idéal démocratique...à l'épreuve de la shoah*, Éditions Odile Jacob, 1999, S. 72.
562Shmuel Trigano, *L'Idéal démocratique...à l'épreuve de la shoah*, Éditions Odile Jacob, 1999, S. 74. Nach Überprüfung haben wir keine Spur davon im *Schwarzbuch* gefunden, weder auf Seite 27 noch sonst irgendwo. Stattdessen lesen wir auf dieser Seite die folgende Aussage: „Jean Ellenstein hat das stalinistische Phänomen als eine Mischung aus griechischer Tyrannei und orientalischem Despotismus definiert." „

der Völker auf Selbstbestimmung unterstützt hatten563? „Als wir diesen letzten Satz lasen, hatten wir einen kurzen Hoffnungsschimmer. Für einen kurzen Moment hätte man sogar hoffen können, dass er endlich seinen eigenen „Stammesimpuls" zugeben würde, was logischer gewesen wäre. Aber wieder einmal wurden unsere Hoffnungen enttäuscht.

Marek Halter hätte die Rolle, die seine Glaubensgenossen zwischen 1917 und 1949 gespielt haben, noch etwas ausführlicher darstellen können. Marek Halter wurde in Warschau geboren und während des Zweiten Weltkriegs in die UdSSR vertrieben, wo er seine Kindheit verbrachte. Seine Familie war von den sowjetischen Behörden in den Ostural evakuiert worden, was Solschenizyns Worte über die vorrangige Massenevakuierung von Juden aus den von den Deutschen besetzten Gebieten bestätigte. „Meine Mutter, so schrieb er, hatte einen Mitgliedsausweis des Verbandes der sowjetischen Schriftsteller... Ich gehörte zur Delegation der Pioniere Usbekistans, die an der Siegesfeier in Moskau teilnehmen sollte... Im letzten Moment wurde ich dazu bestimmt, Stalin den Strauß der Pioniere Usbekistans zu überreichen. Ich war so aufgeregt, dass sie mich schubsen mussten. Stalin nahm meine Blumen, fuhr mit der Hand durch mein Haar und sagte etwas, das ich vor lauter Aufregung nicht verstand564. „Es liegt also auf der Hand, dass der Widerstand gegen die Tyrannei in einigen sozialen Milieus erst spät einsetzte und dass er vor allem auf sehr spezifische Interessen reagierte. Wieder einmal ist die „Erinnerung" fehlerhaft. Nach „Erinnerung, die blutet" haben wir mit Marek Halter „Erinnerung, die versagt".

Elie Wiesel war ein weiterer Protagonist dieser Zeit. Er behauptet auch oft, im Namen sowjetischer Dissidenten gehandelt zu haben. Und es wäre unangebracht, ihn zu beschuldigen, nur für seine Glaubensgenossen zu mobilisieren: „Wenn ich den Judenhass anprangere, verurteile ich dann nicht auch den Hass der Anderen? Wenn ich Freiheit für die russischen Juden fordere, unterstütze ich dann nicht auch die Sache der Dissidenten565? „Die Frage ist, ob er sich für die Dissidenten eingesetzt hätte, bevor sich das Regime gegen den „Zionismus" wandte. Die Antwort liegt auf der Hand.

Die Aussage von Samuel Pisar in seinem Buch *The Human Resource* litt unter denselben Mängeln. Im folgenden Text, der die Ankunft der sowjetischen Truppen in Polen im Jahr 1939 schildert, kann der Leser den Eindruck gewinnen, dass das Regime Juden verfolgte und nach Sibirien deportierte, obwohl bekannt ist, dass es sich um Schutzmaßnahmen handelte. Auch hier zeigt sich wieder die Tendenz, das Opfer zu spielen: „1939, als ich zehn Jahre alt war, sah ich die Sowjets zum ersten Mal. Hitler

---

[563]Marek Halter, *Un Homme, un cri*, Robert Laffont, Paris, 1991, S. 19.
[564]Marek Halter, *Le Fou et les rois*, Albin Michel-Poche, 1976, S. 26, 33
[565]Elie Wiesel, *Mémoires, tome II*, Éditions du Seuil, 1996, S. 172.

und Stalin hatten das Land aufgeteilt. Vom Balkon unseres Hauses aus sah ich die rote Kavallerie - Slawen, Mongolen und Muslime - vorbeiziehen. Ich weiß noch, wie erleichtert meine Eltern waren. Und ich habe sie geteilt. Diese Menschen kamen, um uns vor dem Schlimmsten zu bewahren: dem Zorn der Nazis zu entkommen. In Wahrheit haben wir für diese Rettung teuer bezahlt. Endlose Schlangen für Brot, Gemüse und Kleidung. Angst wegen der nächtlichen Besuche, dem Klopfen an der Tür um Mitternacht. Eine große Zahl jüdischer Familien wurde heimlich zusammengetrieben und nach Sibirien verbannt. Alle Fabriken, alle Geschäfte wurden enteignet und verstaatlicht und den Staatsbeamten übergeben. So kam es, dass wir zwanzig Jahre nach dem russischen Volk in Bialystock die bolschewistische Revolution erlebten." Wie Marek Halter war auch Samuel Pisar in seiner Jugend ein begeisterter kleiner Soldat des Bolschewismus: „Auch ich wurde ein kleiner Bolschewik... Unsere Lehrer erzählten uns viele, viele Geschichten über die Verbrechen des Ancien Régime, insbesondere gegen unsere Glaubensgenossen. Ein neuer Mensch, der sozialistische Mensch, ist aus der Geschichte hervorgegangen566." Solschenizyn hatte wahrscheinlich Recht, dass die jüdischen Finanziers in den Vereinigten Staaten niemals mit dem Regime kollaboriert hätten, wenn es antisemitisch gewesen wäre. Samuel Pisar und viele andere haben ihr kolossales Vermögen gerade wegen dieser fruchtbaren Zusammenarbeit aufgebaut: „In den letzten fünfundzwanzig Jahren", erklärte er, „bin ich in der Sowjetunion herumgereist. „Dank seines Freundes Armand Hammer, dem berühmten Milliardär und Präsidenten des westlichen Unternehmens Petroleum, verbrachte er dort mehrere Aufenthalte: „Hammer ging im Alter von dreiundzwanzig Jahren in die Sowjetunion. Der junge amerikanische Kapitalist lernte die meisten sowjetischen Führer persönlich kennen, freundete sich mit ihnen an und entwickelte schließlich mit ihnen die erste amerikanisch-sowjetische Wirtschaftskooperation... Zurück in den Vereinigten Staaten sollte Hammer zum „König" vieler Dinge werden: Whiskey, Rinder, Kunst, Öl usw... Er häufte eines der größten Vermögen der Welt an und wurde zu einer Macht, die in der Lage war, die Wirtschaft vieler Länder zu stürzen, wenn er es wollte. Sein luxuriöses Büro in Los Angeles ist voll von Fotos mit Staatsoberhäuptern, die mit Lob unterschrieben sind... Mit diesem fabelhaften und unergründlichen Hammer kam ich 1972 in Moskau an567."

Samuel Pisar war ein wunderbarer Überlebender von Auschwitz. In seinem Buch schildert er seinen Leidensweg und erklärt, was zur existenziellen Leitlinie seines gesamten Lebens werden sollte: „Finde den Ausweg, schnell, um jeden Preis. „Die folgende Geschichte ist außergewöhnlich:

---

[566]Samuel Pisar, La Ressource humaine, Jean-Claude Lattès, 1983, S. 112-113.
[567]Samuel Pisar, *La Ressource humaine*, Jean-Claude Lattès, 1983, S. 170, 171.

„Ich war der kleine Junge, der nur wenige Meter entfernt, nur wenige Minuten vor der Gaskammer, das Schicksal und den Tod überwinden musste - gegen alle Widerstände - indem er „einen Ausweg" erfand. „Der Junge war damals vierzehn Jahre alt, und die einzige Überlebenschance bestand darin, in sich selbst einen Weg zu finden, das Schicksal zu erzwingen: „Wir haben das Krematorium erreicht. Keiner kann mehr entkommen. Die Kolonnen ziehen vor uns vorbei. Dann werden wir in Gruppen eingeteilt. Die Verurteilten tauschen schweigend Blicke aus, in denen sich die Wut über das Eingesperrtsein mit der Angst vor dem bevorstehenden Tod mischt. Im hinteren Teil des Warteraums, wo wir zusammengepfercht sind, sehe ich einen Holzeimer und eine Bürste. Inmitten der seelischen und körperlichen Lähmung, der Verzweiflung, gehe ich in die Hocke und beginne den Boden zu schrubben, mit dem Elan eines aktiven und gefügigen Gefangenen, der die ihm zugewiesene Aufgabe erfüllt. Ich vernachlässige keine Ecke und keinen Winkel und mache mich gleichmäßig und zielstrebig an die Arbeit, während ich mich Zentimeter für Zentimeter einem vermeintlichen Ausgang nähere. Die Wachen, die regelmäßig durch die offene Tür hereinschauen, sehen mich. Sie werden zu dem, was ich mir von meinem unwahrscheinlichen Plan erhofft hatte: meine Komplizen. -Hey, dieser Teil ist noch schmutzig, mach's nochmal! Ich schrubbe den Boden noch gründlicher. Ich krieche die Stufen hinauf, die zu dieser Fata Morgana führen: einem Ausgang. Ich schnappe mir den Eimer und die Bürste und mache mich auf den Weg. Ein Ruf oder ein Pfiff, der mich zum Anhalten auffordert; ich warte nur auf den Todesfall. Aber die Wachen sind nicht mehr an mir interessiert. Mit trägem Schritt kehre ich in die Anonymität des Lagers zurück. Noch am Leben, erreiche ich meine Kaserne und breche auf meinem Bett zusammen568." Wie Marek Halter wurden er und seine Familie am 22. Juni 1941, als die deutschen Truppen in die UdSSR einmarschierten, in den Osten evakuiert: „Als ich mit einem Lastwagen, den mein Vater ergattert hatte, in den Osten floh, sah ich, wie sich die Bataillone der Roten Armee in zerlumpte, zerlumpte, hungernde Kolonnen verwandelten. Kein Befehl, keine Autorität, kein Widerstand. Mehr als ihre Niederlage hat mich die Art und Weise, wie ihr Mut schwand, verblüfft. Unverhohlener Verrat, eifrige Kollaboration mit dem Feind und Korruption schienen bei ihnen eine Selbstverständlichkeit zu sein, für viele sogar eine Erlösung569." In seinen Aussagen über die Rote Armee schwang eine Bestürzung und Verachtung mit, die einmal mehr deutlich machte, dass er völlig unfähig war, die Mentalität von Menschen zu verstehen, die nicht wie sie waren. Tatsache ist, dass das russische Volk, das so sehr unter dem Kollektivismus und der antislawischen Politik des Bolschewismus gelitten hatte, 1941 vielleicht

---

[568]Samuel Pisar, *La Ressource humaine*, Jean-Claude Lattès, 1983, S. 48.
[569]Samuel Pisar, *La Ressource humaine*, Jean-Claude Lattès, 1983, S. 115.

nicht sein Leben für ein Regime geben wollte, das es im eigenen Land als Feind behandelte. Weder Samuel Pisar noch Marek Halter scheinen diesen Umstand zu sehen oder zu spüren. Andererseits ist es schade, dass Samuel Pisar in seinem Buch nicht erzählt, wie er nach seiner Evakuierung in den Osten nach Auschwitz gelangen konnte. Eine solche Episode aus seinem Leben hätte geholfen, die Geschichte zu verstehen.

Unsere Recherchen haben ergeben, dass einige Zeugenaussagen tatsächlich die Rolle der Juden im sowjetischen Bolschewismus bestätigen. Shmuel Trigano hat diese Rolle durchaus anerkannt, allerdings erst nach dem Zweiten Weltkrieg. Wie immer hat er sich genau gegen die Realität gestellt. Ihm zufolge haben die Juden den Kommunismus mit großem Opferwillen angepackt. Wie üblich taten sie es nicht für sich selbst, sondern für die gesamte Menschheit. Im Gegensatz dazu war der Fall des Kommunismus eine sehr schmerzhafte Erfahrung, und die Juden erlebten danach unendliches Leid: „Das Engagement für den Kommunismus wurde mit der UdSSR identifiziert, die über den Nationalsozialismus gesiegt hatte. Sie bot den Juden, die sich an ihre Entrechtung erinnerten, ein Identifikationsmodell und eine Situation, die im Gegensatz zu der von ihnen erlittenen Marginalisierung und Ablehnung außerhalb des modernen Systems stand. So fanden sie einen Weg, ihre Gefühle und Erfahrungen zu rationalisieren... Im Namen der Menschlichkeit traten sie zu einem beträchtlichen Teil in die Reihen einer Parteipariah des politischen Systems ein... Das paroxysmale und einzigartige Engagement der Juden spiegelte somit letztlich das gemeinsame Schicksal der Europäer wider.... Es ist daher verständlich, dass der Zusammenbruch der UdSSR 1989 für einen Großteil der jüdischen Welt einen Wendepunkt darstellte, der fast so einschneidend war wie die *Shoah* [Holocaust], die durch das militante Engagement der Nachkriegszeit idealisiert wurde. In den 1990er Jahren kamen die Juden wirklich aus den Konzentrationslagern „heraus" und erkannten in ihrem zensierten Inneren die Verwüstung der Welt und die Krise der demokratischen Staatsbürgerschaft570." Der Schmerz ist unermesslich, das können wir uns vorstellen. Aber hat Shmuel Trigano nicht dreißig Seiten später geschrieben, dass die Juden unter dem kommunistischen Regime zu leiden hatten? Es ist nicht das erste Mal, dass wir in ein und demselben Werk Widersprüche feststellen. Vor allem verstehen wir, dass einige Geister die Gabe haben, Situationen zu verdrehen, um das Wasser zu trüben und schließlich anderen ihre eigene Schlechtigkeit zuzuschreiben. Wir werden im Folgenden die antiken Ursprünge dieser einzigartigen Begabung für intellektuelle Verrenkungen sehen. Wir haben bereits den Fall von Norman Mailer erörtert, der christliche Konservative und Patrioten beschuldigte, den Krieg gegen den

---

[570]Shmuel Trigano, *L'Idéal démocratique...à l'épreuve de la shoah*, Éditions Odile Jacob, 1999, S.34-35.

Irak anzuzetteln. In das gleiche, offenkundig verdrehte Genre gehört die folgende Passage von Jacques Attali: „Die Juden werden sogar beschuldigt, indirekt für die Shoah verantwortlich zu sein: Hitler, sagen einige deutsche Historiker wie Ernst Nolte, war nichts anderes als eine Antwort auf den Marxismus und die Sowjetunion. Es genügt, hinzuzufügen, dass der Marxismus und die UdSSR „jüdische Schöpfungen" sind, damit der verfolgende Jude - mit höchster Raffinesse - für seine eigene Verfolgung verantwortlich wird571! „Das kann natürlich nicht sein, denn der Jude ist sozusagen von Natur aus unschuldig.

Damit haben wir nichts zu tun

Einige Analysten betrachten den Kommunismus als eine Ideologie, die Rassismus hervorbringt. Dies ist natürlich eine These, die wir in keiner Weise gutheißen können. Anfang der 1980er Jahre hatte ein kommunistischer Stadtrat in der Region Paris in der Tat strenge Maßnahmen gegen die eingewanderte Bevölkerung ergriffen, um seine Wählerschaft zufrieden zu stellen. Dies war ein hervorragender Vorwand für unsere Intellektuellen, sich noch weiter zu distanzieren. Offensichtlich war dies ein Ausweg, um eine Ideologie, in die sie sich gefährlich verstrickt hatten, mit Abscheu zurückweisen zu können.

Wenn der Essayist Albert Memmi über den Kommunismus sprach, hob er bewusst bestimmte Aspekte der Situation hervor: „Erinnern wir uns, so schrieb er, an die überraschende Aktion einiger kommunistischer Gemeinden, die nordafrikanische Arbeiter mit außerordentlicher Brutalität vertrieben... Als sachkundige Politiker wussten sie, wie sie den potenziellen Rassismus ihrer Truppen zum Ausdruck bringen konnten. Es genügt, die Begründungen zu prüfen, die sie für ihre Handlungen anführen: Junge Paare finden keine Wohnung mehr in den HLMs572, die Kinder der Arbeiter haben keinen Platz mehr in den Schullagern, sie sprechen wegen des Kontakts mit ausländischen Kindern immer schlechter Französisch; die Einwanderer sind nachts auf der Straße zu laut, ihre Kochkünste stinken auf den Fluren und Treppen, ihre Musik ist ohrenbetäubend, sie machen alle Möbel kaputt, usw. Das Verbrechen der Kommunisten besteht darin, dass sie diese leider sehr realen Gefühle ausgenutzt haben573." Marek Halter hat die gleiche Analyse vorgenommen und sich dagegen ausgesprochen, wobei er wie üblich stark übertrieben hat. Nach den „kommunistischen Bulldozern in Vitry, den faschistischen

---

571Jacques Attali, *Los judíos, el mundo y el dinero*, Fondo de cultura económica, 2005, Buenos Aires, S. 483.
572Sozialer Wohnungsbau (NdT).
573Albert Memmi, *Le Racisme*, Gallimard, 1982, Neuauflage im Taschenbuchformat, 1994, S. 121.

Demonstrationen in Dreux und den rassistischen Morden in Lyon und Marseille usw. war die Situation in Frankreich 1981 mehr als alarmierend. „Die Situation in Frankreich im Jahr 1981 war mehr als alarmierend. Die Kommunistische Partei selbst gibt den unsäglichen Rassismus der einheimischen Franzosen wieder: „In Frankreich wird heute, in diesen Zeiten der Krise und der Arbeitslosigkeit, versucht, die Bevölkerung gegen die Einwanderer, die französischen Arbeiter gegen die eingewanderten Arbeiter auszuspielen. Die kommunistische Partei mit den Bulldozern und die Regierung mit diskriminierenden Dekreten machen sie zu Sündenböcken. Sie sind dabei, sie zu vertreiben. Fünfhunderttausend Kinder von Einwanderern, die hier geboren sind und unsere Sprache sprechen, sind von Ausweisung bedroht574. „So war es in der *Pariser Tageszeitung Le Quotidien vom* 2. Mai 1981 zu lesen.

In seiner *Französischen Ideologie* brach Bernard-Henri Lévy alle Brücken ab, um diesen Kommunismus, mit dem man keine Kompromisse eingehen kann, anzuprangern: „Wir sehen, dass die Reihen der Kommunistischen Partei bereitwillig von diesen neuen Fremdenhassern genährt werden", schrieb er, als er eine Umfrage unter den Franzosen im Jahr 1980 kommentierte. „Diese Sammlung von Heucheleien und versteckten Schandtaten ist seit einem Jahrhundert vielleicht das, was in Frankreich am meisten verbreitet ist. Auch heute noch gibt sich die Mehrheit der Menschen in diesem Land, ob links oder rechts, ob extrem links oder extrem rechts, gerne damit zufrieden575. „Als 1969 Georges Pompidou als Premierminister in Matignon eintrat, wagten es sowohl die kommunistische Zeitung *L'Humanité* als auch die monarchistische Tageszeitung *Aspects de la France,* auf ihren Titelseiten zu titeln und ihre Abneigung gegen ihn zu bekunden: „Der Chef der Rothschild-Bank hat die Regierung gebildet576." Für die BHL war also klar, dass die kommunistische Partei antisemitisch und rassistisch war, und dass dies Grund genug war, diese widerliche Ideologie abzulehnen. Ein Mann wie George Marchais, der den Refrain von „Jeanne die Bäuerin" aufgriff und seine „Sorge um die moralische Gesundheit unseres Volkes577 „ zum Ausdruck brachte, war ihm zutiefst zuwider. Sein „Kommunismus in den Farben Frankreichs" war der von Georges Sorel, der einen „gallischen Sozialismus, dreifarbig und patriotisch" forderte. „Man sollte diese gewöhnliche Fremdenfeindlichkeit nicht gutheißen, die dazu führt, dass im Paris von 1980 ein Mann, eine Frau und ein Kind buchstäblich in

---

574Marek Halter, *Un Homme, un cri*, Robert Laffont, Paris, 1991, S. 142-146, 199.

575Bernard-Henri Lévy, *L'Idéologie française*, Grasset, 1981, S. 216.

576Bernard-Henri Lévy, *L'Idéologie française*, Grasset, 1981, S. 280.

577Berühmte Rede von George Marchais, Sekretär der PCF, am 21. Februar 1981 in Montigny-les-Cormeilles. Georges Marchais hatte angesichts der bereits damals hohen Arbeitslosigkeit einen Einwanderungsstopp gefordert.

Lebensgefahr schweben, weil sie eine etwas andere Hautfarbe haben als wir578. „Wir müssen jedoch feststellen, dass die Einwanderer seit mehreren Jahrzehnten immer zahlreicher werden und sich der Gefahr stellen wollen, ohne die Bosheit, die Aggressivität und die Schmach der Franzosen zu berücksichtigen. Kurzum, weder die russischen Mujiks noch die französischen Tölpel werden jemals in der Lage sein, diese Herren zufrieden zu stellen.

Wir sehen, dass die Anprangerung des Kommunismus bei diesen Schriftstellern umso heftiger ausfällt, als sie es ermöglicht, all jenen den Boden unter den Füßen wegzuziehen, die die Juden noch beschuldigen könnten, Propagandisten des „Judenbolschewismus" zu sein. Die „Pflicht zum Erinnern" ist nicht mehr gültig angesichts der lebenswichtigen Notwendigkeit des Vergessens - so schnell wie möglich!

Grobe antisemitische Fälschungen und Provokationen

Für den großen Historiker des Judentums, Leon Poliakov, darf die Rolle der Juden in der Russischen Revolution nicht völlig geleugnet werden, sondern muss ins rechte Licht gerückt werden, um antisemitische Abschweifungen zu vermeiden und so „den Schimären ein Ende zu bereiten, die die christliche Vorstellungskraft in bestimmten Punkten so sehr beherrschen", wie er es freundlich ausdrückte: „Einige Juden, so gab er zu, spielten eine herausragende Rolle, eine Rolle, die mehr als ausreichend war, um den alten Mythos der jüdischen Revolution in den Augen der großen Masse der Antibolschewiki aller Art und unter allen Umständen zu bestätigen und zu bestätigen. „Aber es bleibt die Tatsache, dass „die erste Regierung, die im November 1917 von den Bolschewiki gebildet wurde, nur einen Juden (Trotzki) unter fünfzehn Mitgliedern hatte." Inmitten der antisemitischen Tiraden „fehlte ein Teil des Puzzles. Jüdische oder jüdisch-deutsche Revolution, schön und gut: aber welche Rolle spielten die jüdischen internationalen Kapitalisten? Eine Reihe von Fälschungen, die der Journalist Eugene Semjonow in Petrograd an den Diplomaten Edgar Sisson verkaufte, lieferte die Antwort: Die Bolschewiki, allen voran Trotzki, wurden von einem „rheinisch-westfälischen Syndikat" über den jüdischen Bankier Max Warburg und den jüdischen Bolschewiken Furstenberg finanziert. „Die US-Regierung selbst veröffentlichte die Dokumente im September 1918 unter dem Titel *The German-Bolshevik Conspiracy*. Das Datum des Dokuments ist bemerkenswert", schrieb Poliakov, „da es die erste offizielle Veröffentlichung einer antisemitischen Fälschung darstellt. „Die antisemitische Propaganda ging sogar noch weiter mit „dem angeblichen Geheimbericht der französischen Regierung,

---

[578]Bernard-Henri Lévy, *L'Idéologie française,* Grasset, 1981, S. 97.

der in New York von einem russischen Emigranten fabriziert worden war und in dem die Liste der wichtigsten kommunistischen Führer, alles Juden außer Lenin, aufgeführt und ihre Ziele der universellen zionistischen Herrschaft beschrieben wurden. „Dieser Bericht war „in einer völlig unglaubwürdigen Sprache verfasst, die in gewisser Weise die Schimären vermittelte, die die christliche Vorstellungskraft an manchen Stellen, vielleicht chronisch, so sehr beschäftigen." Diese abscheulichen Lügen wurden auch nach dem Sieg der Kommunisten fortgesetzt. „Eine dritte Fälschung, das Zunder-Dokument, hatte 1922 die Ehre, auf der Tribüne des jungen tschechoslowakischen Parlaments vollständig verlesen zu werden. Nach einer vierten, die 1922 in den Vereinigten Staaten vom Automobilkönig Henry Ford in Umlauf gebracht wurde, hatten die Juden der New Yorker East Side den Nachfolger des letzten Zaren bestimmt. Solche in den Büros von Rostow oder Kiew ausgeheckten Fabeln alarmierten alle Völker der Erde über die Existenz einer weltweiten jüdischen Verschwörung. Wir sollten auch nicht den historisch einflussreichsten und dynamischsten Mythos vergessen, *die Protokolle der Weisen von Zion*, die in den von den Weißen kontrollierten Gebieten in Hunderttausenden von Exemplaren gedruckt wurden[579]. „Am 8. Mai 1920 veröffentlichte die Londoner *Times* einen Artikel mit dem Titel *The Jewish Peril, in dem* behauptet wurde, dass der britische Premierminister Lloyd George Verhandlungen mit einer Gruppe von Verschwörern aufgenommen habe. „Die Demonstration basierte auf den *Protokollen der Weisen von Zion und* trug so zu deren weltweiter Bekanntheit bei und verstärkte die abscheuliche und irreführende Propaganda[580]." In der Fortsetzung seiner

---

[579]Léon Poliakov, *Histoire de l'antisémitisme*, 1981, Calmann-Lévy, 1991, Points Seuil, Bd. 2, S. 394-395. Die Weißrussen waren der Teil der russischen Bevölkerung, der den bolschewistischen Staatsstreich nicht akzeptierte und im Bürgerkrieg kämpfte.

[580]Léon Poliakov, *Histoire de l'antisémitisme*, 1981, Points Seuil, Bd. 2, S. 411-412. [Interessant ist auch die Erwähnung eines Briefes, der nach seiner Veröffentlichung am 1. Juni 1928 in der *La Revue de Paris* eine gewisse Kontroverse auslöste. Es handelt sich um einen angeblichen Brief von Rabbi Baruch Levy an Karl Marx aus dem Jahr 1879, in dem es heißt: „Das jüdische Volk als Ganzes wird sein eigener Messias sein. Seine Herrschaft über das Universum wird durch die Vereinigung der anderen menschlichen Rassen, die Abschaffung der Monarchien und Grenzen, die das Bollwerk des Partikularismus sind, und die Errichtung einer Universellen Republik, die überall die Bürgerrechte der Juden anerkennen wird, verwirklicht werden. In dieser neuen Organisation der Menschheit wird es den Kindern Israels, die jetzt über die ganze Oberfläche der Erde verstreut sind, alle derselben Rasse angehören und die gleichen Traditionen haben, ohne großen Widerstand gelingen, das führende Element in allem und überall zu werden, wenn es ihnen gelingt, den arbeitenden Massen die jüdische Führung aufzuzwingen. So werden mit dem Sieg des Proletariats die Regierungen aller Nationen durch die Verwirklichung der Weltrepublik in die Hände der Israeliten übergehen. Das individuelle Eigentum kann dann von den Herrschern der jüdischen Rasse abgeschafft werden, die dann in der Lage sein werden, den Reichtum der Völker

Geschichte des Antisemitismus äußerte sich Leon Poliakov zum „Historikerstreit". „Wir finden in Nolte den Keim für eine Wiederbelebung des Hitler-Mythos und eine Legitimierung des Nationalsozialismus als einzig wirksame Form des Kampfes gegen den Marxismus. Hitler wird als der erste nationale und internationale Held des Kampfes gegen den jüdischen Weltbolschewismus dargestellt581. „Poliakov zog dieses unanfechtbare Fazit: „Noltes Argumentation kann die antisemitischen Verbrechen rechtfertigen, die kommen582. Es stimmte zwar, dass „die Juden an den Kommandoposten siegreich und allmächtig schienen". Im Zentralkomitee der Partei waren drei von sieben Mitgliedern Juden: Trotzki, der damals mit Lenin vergleichbar war und in der Armee beliebter sein sollte als er, sowie Kamenjew und Sinowjew, der Leiter der Dritten Internationale. Außerdem wurde Jakow Swerdlow zum Vorsitzenden des Exekutivkomitees, d.h. zum Oberhaupt des jungen Sowjetstaates, gewählt... Dennoch machten die Juden nur 16% der Parteimitglieder aus, gegenüber 60% russischer Herkunft583." In der *Wintersonne* trug auch Jean Daniel mit seiner Analyse des „Historikerstreits" sein Scherflein bei. Seiner Argumentation zufolge könnten Ernst Nolte und Stéphane Courtois des Antisemitismus verdächtigt werden, weil sie - wenn auch äußerst vorsichtig - das Problem der starken Präsenz von Juden im bolschewistischen Regime angesprochen haben. Dies sei natürlich in höchstem Maße verwerflich und als Argument zur Erklärung der Entstehung des Nationalsozialismus inakzeptabel, und zwar aus dem einfachen Grund, dass die deutschen Juden perfekt in die deutsche Gesellschaft integriert seien. „Ich wusste - im Gegensatz zu François Furet, Besançon und Revel - dass dieser Stéphane Courtois keiner von uns war. Dass es ihm mehr darum ging, Stalins Ungeheuerlichkeit über Hitlers584 zu stellen... Es ist anzumerken, dass keiner der beiden Historiker, die einen so erbaulichen Dialog über dieses Thema geführt haben, jüdischer Herkunft ist: der Franzose François Furet und der Deutsche Ernst Nolte... Unglücklicherweise hatte für Ernst Nolte die Integration der deutschen Juden in das deutsche Vaterland einen so hohen Grad erreicht, dass er das Hindernis der jüdischen Differenz hätte ignorieren müssen. Wie konnte Hitler diese Integration der Juden in seinem Land unter dem Vorwand

---

überall zu verwalten. Und so wird sich die Verheißung des Talmuds erfüllen, dass die Juden, wenn die messianische Zeit gekommen ist, das Eigentum aller Völker der Erde hinter Schloss und Riegel haben werden. „Die Echtheit des Briefes war überzeugend genug, um von Flavien Brenier „Salluste" in seinem Buch *Die geheimen Ursprünge des Bolschewismus: Heinrich Heine und Karl Marx*, Paris: J. Tallandier, 1930, Déterna Éditions, 2014, wiedergegeben zu werden. (NdT)]

[581]Léon Poliakov, *Histoire de l'antisémitisme 1945-1993*, Points Seuil, 1994, S. 42-43.
[582]Léon Poliakov, *Histoire de l'antisémitisme 1945-1993*, Points Seuil, 1994, S. 54.
[583]Léon Poliakov, *Histoire de l'antisémitisme 1945-1993*, Points Seuil, 1994, S. 260.
[584]Jean Daniel, *Soleil d'hiver*, Carnets 1998-2000, Grasset, Poche, 2000, S. 330.

ignorieren, dass es in den großen Staaten des Bolschewismus in Russland und anderswo eine ungewöhnliche Anzahl von Juden gab? Es ist eine Frage, die Nolte nicht stellen will. Er weigert sich verdächtigerweise, dies zu tun585. „Das nennt man um den heißen Brei herumreden.

Wir sehen also, dass Solschenizyn zu Recht empört war über die Weigerung der großen Mehrheit der jüdischen Intellektuellen, ihren Teil der Verantwortung für das kommunistische Experiment zu übernehmen. Während dieser schwierigen Mea-Culpa-Übung konnten wir zumindest die große Beherrschung aller Formen der intellektuellen Verdrehung erkennen, eine erstaunlicher als die andere. Schließlich waren Barnum, Zavata, Gruss, Amar, Pinder und andere Wanderzirkusse immer da, um die unverbesserlichen Trottel, die wir im Grunde genommen sind, abzulenken und zu unterhalten.

585Jean Daniel, *Soleil d'hiver*, Carnets 1998-2000, Grasset, Poche, 2000, S. 354.

2. Erklären Sie das Phänomen

Den Antisemitismus gab es schon lange vor der bolschewistischen Revolution, so dass er nicht als alleinige Ursache des Phänomens angeführt werden kann. Welche Erklärungen gibt es für die grausamen Verfolgungen, denen die Juden im Laufe ihrer Geschichte ausgesetzt waren? Die Intellektuellen vertraten zunächst die Sündenbocktheorie, d. h. die Benennung eines Feindes, der für alles Übel verantwortlich war und der beseitigt werden musste, um die soziale Harmonie und den Frieden zu sichern. Eine zweite Art der Erklärung betont die menschliche Ablehnung von Unterschieden und den Neid der Mittelmäßigen gegenüber den Erfolgreichen. Die vorherrschende soziale Gruppe hat in der Tat eine natürliche Tendenz, den Fremden, den Außenseiter, den Randständigen und den Emporkömmling abzulehnen. Eine dritte Reaktion zeugt eher von einem völligen Unverständnis des Phänomens. Die Unmöglichkeit, das Böse zu erklären, führt dann zu einer vierten Erklärung: der Wahnsinn der Menschen, die Geisteskrankheit der Betroffenen.

Die Sündenböcke

Hannah Arendt war eine zentrale Figur in der intellektuellen Welt der Nachkriegszeit, und ihr Buch *The Origins of Totalitarianism (Die Ursprünge des Totalitarismus)* ist immer noch ein Referenzwerk für das Verständnis der großen Umwälzungen des 20. Jahrhunderts. Ihr interessanter *Antisemitismus* bildet den ersten der drei Teile ihres Buches. Hannah Arendt versuchte darin zu zeigen, dass der Aufstieg des Antisemitismus im 19. Jahrhundert keineswegs dem ungeheuren Machtzuwachs der Juden in der europäischen Gesellschaft seit ihrer Emanzipation entsprach, wie oberflächliche Geister bis dahin glaubten, sondern paradoxerweise dem Macht- und Einflussverlust jüdischer Finanziers. Im alten germanischen Reich, das in Hunderte von kleinen, fast unabhängigen Fürstentümern aufgeteilt war, war bekannt, dass die deutschen Fürsten immer so genannte „Palastjuden" als große Schatzmeister um sich hatten. Im 17. und 18. Jahrhundert waren dies ihre Finanzberater und Vermittler auf europäischer Ebene.

Nach dem Vorbild der Französischen Revolution erhielten Juden im Laufe des 19. Jahrhunderts in fast allen europäischen Ländern die Staatsbürgerschaft, mit der bemerkenswerten Ausnahme von Russland und Rumänien. Nach den revolutionären Veränderungen und der territorialen

Neuordnung Deutschlands, so Hannah Arendt, „verloren die Juden in den ersten Jahrzehnten dieser Entwicklung ihre exklusive Stellung im öffentlichen Finanzwesen an imperialistisch gesinnte Unternehmer; ihre Bedeutung als Gruppe nahm ab, obwohl einige Juden ihren Einfluss behielten, sowohl als Finanzberater als auch als zwischeneuropäische Vermittler. Diese Juden hatten jedoch trotz ihres Reichtums noch weniger Bedarf an der breiteren jüdischen Gemeinschaft als die Palastjuden des 17. und 18. Jahrhunderts und trennten sich daher oft ganz von der jüdischen Gemeinschaft. Jüdische Gemeinden waren nicht mehr wirtschaftlich organisiert, und obwohl in den Augen der nichtjüdischen Welt einige hochrangige Juden immer noch das Judentum im Allgemeinen repräsentierten, stand hinter dieser Vorstellung wenig oder gar keine materielle Realität586. Wir müssen also davon ausgehen, dass „das westliche Judentum als Gruppe zusammen mit dem Nationalstaat in den Jahrzehnten vor dem Ausbruch des Ersten Weltkriegs zerfiel". Es ist festzustellen, dass „der Antisemitismus seinen Höhepunkt erreichte, als die Juden ebenfalls ihre öffentlichen Funktionen und ihren Einfluss verloren hatten und nur noch ihr Vermögen besaßen". Als Hitler an die Macht kam, waren die deutschen Banken bereits fast vollständig *judenrein* (und gerade in diesem Sektor hatten die Juden seit über hundert Jahren entscheidende Positionen inne).... Das Gleiche gilt für fast alle Länder Westeuropas. Die Dreyfus-Affäre ereignete sich nicht während des Zweiten Kaiserreichs, als das französische Judentum auf dem Höhepunkt seines Wohlstands und seines Einflusses stand, sondern während der Dritten Republik, als die Juden fast vollständig aus wichtigen Positionen (wenn auch nicht von der politischen Bühne) verschwunden waren. Gewalttätig wurde der österreichische Antisemitismus nicht unter Metternich und Franz Joseph, sondern in der österreichischen Nachkriegsrepublik, als deutlich wurde, dass keine andere Gruppe durch den Untergang der Habsburgermonarchie einen derartigen Einfluss- und Prestigeverlust erlitten hatte587. „Eine herrschende Gruppe wird respektiert, wenn sie eine nützliche Funktion für die Gesellschaft erfüllt. Sie wird schnell zur Zielscheibe von Ressentiments in der Bevölkerung, wenn sie nur die Privilegien ihrer Funktion behält, ohne ihre soziale Verantwortung zu übernehmen.

„Das nationale und innereuropäische jüdische Element wurde gerade wegen seines nutzlosen Reichtums zum Objekt des allgemeinen Hasses

---

[586]Hannah Arendt, *Die Ursprünge des Totalitarismus, Antisemitismus*, 1951, Taurus-Santillana, Madrid, 1998, S. 37. Elisabeths marranischer Bankier, die Finanziers der Armeen von Cromwell, Friedrich II., dem Kaiser von Österreich und Bismarck diktierten den Herrschern nicht die Politik, denn wenn sie es gewagt hätten, sie zu betrügen, hätten sie ihre Tage wahrscheinlich in einem ungesunden Kerker beendet.
[587]Hannah Arendt, *Die Ursprünge des Totalitarismus, Antisemitismus*, 1951, Taurus-Santillana, Madrid, 1998, S. 29.

und wegen seiner Machtlosigkeit zur Verachtung588. „Die Anschuldigungen der Antisemiten über die Macht der Juden entbehren also jeder Grundlage. Antisemiten, die die „menschliche Niedertracht" verkörpern, greifen nicht die Mächtigen an, sondern „entmachtete oder vom Machtverlust bedrohte Gruppen", d.h. Gruppen ohne Schutz. Der Fall Dreyfus sei ein gutes Beispiel, schrieb Hannah Arendt, denn „es war kein Zufall, dass dies geschah, kurz nachdem das einheimische französische Judentum während des Panama-Skandals der Initiative und Skrupellosigkeit einiger deutsch-jüdischer Abenteurer nachgegeben hatte589." Der Erfolg des Antisemitismus im Frankreich des späten 19. Jahrhunderts „kann auch auf die mangelnde Autorität der Dritten Republik zurückgeführt werden, die mit knapper Mehrheit angenommen wurde. In den Augen der Massen hatte der Staat zusammen mit der Monarchie sein Ansehen verloren, und Angriffe auf den Staat waren kein Sakrileg mehr..... Hier war es viel einfacher, die Juden und den Staat gemeinsam anzugreifen590."

„Der wachsende Einfluss des Großkapitals auf den Staat und der abnehmende Bedarf des Staates an jüdischen Dienstleistungen bedrohten den jüdischen Bankier mit seinem Untergang und führten zu gewissen Veränderungen in den jüdischen Berufen...... Immer mehr Juden gaben die staatliche Finanzierung auf und machten sich selbständig. „Sie widmeten sich verstärkt dem kulturellen und künstlerischen Leben: „Der Zustrom von Kindern wohlhabender jüdischer Eltern in gebildete Berufe war besonders in Deutschland und Österreich zu beobachten, wo ein großer Teil der kulturellen Einrichtungen wie Zeitungen, Verlage, Musik und Theater jüdische Unternehmen wurden. Was durch die traditionelle jüdische Vorliebe und Achtung für intellektuelle Berufe ermöglicht wurde, führte zu einem echten Bruch mit der Tradition, zur intellektuellen Assimilierung und Nationalisierung wichtiger Schichten des west- und mitteleuropäischen Judentums. Politisch bedeutete es die Emanzipation der Juden vom Schutz des Staates591."

Trotz ihrer bemerkenswerten Genialität wurde Hannah Arendts These von keinem Autor aufgegriffen. Abgesehen davon, dass sie das sozialistische Phänomen völlig ausklammerte, widersprach ihre Erklärung eines Antisemitismus, der eine durch ihren Machtverlust im 19.

[588]Hannah Arendt, *Die Ursprünge des Totalitarismus, Antisemitismus,* 1951, Taurus-Santillana, Madrid, 1998, S. 37.

[589]Hannah Arendt, *Die Ursprünge des Totalitarismus, Antisemitismus,* 1951, Taurus-Santillana, Madrid, 1998, S. 88.

[590]Hannah Arendt, *Die Ursprünge des Totalitarismus, Antisemitismus,* 1951, Taurus-Santillana, Madrid, 1998, S. 60.

[591]Hannah Arendt, *Die Ursprünge des Totalitarismus, Antisemitismus,* 1951, Taurus-Santillana, Madrid, 1998, S. 64.

Jahrhundert geschwächte Gemeinschaft angreift, völlig der bis dahin allgemein akzeptierten Auffassung, dass die Emanzipation der europäischen Juden von Anfang an zu einer erheblichen Zunahme ihres Einflusses geführt hatte. Wie wir gesehen haben, zahlt sich das manchmal aus, aber in diesem Fall hat sich diese These nie durchgesetzt. Das Bild der fabelhaften Macht der fünf Rothschild-Brüder, die das Europa des 19. Jahrhunderts beherrschten, bleibt die mythische Referenz des „anonymen und vagabundierenden Vermögens592."

Der große Schriftsteller Primo Levi, dessen Werk in allen europäischen Gymnasien studiert wird, hatte eine klassischere Interpretation des Antisemitismus. In Erinnerung an die traurigen Zeiten, die er durchleben musste, sagte er: „Es gab absurde, ungerechte und lästige Gesetze. Jeden Tag waren die Zeitungen voll von Lügen und Beleidigungen. Wir wurden Zeuge einer lächerlichen und grausamen Umkehrung der Wahrheit: Die Juden wurden nicht nur als Staatsfeinde betrachtet, sondern auch als Verweigerer von Gerechtigkeit und Moral, als Zerstörer von Wissenschaft und Kunst, als Termiten, die durch ihre verborgene Aktivität die Fundamente des sozialen Gebäudes untergraben, als Verursacher des bevorstehenden Konflikts. „Sie flößte den jungen Deutschen „einen unbändigen Hass, eine physische Abscheu gegenüber dem Juden ein, dem Zerstörer der Welt und der Ordnung, dem Schuldigen an allen Übeln. Wie jede absolute Macht brauchte auch der Nationalsozialismus eine Gegenmacht, einen Antistaat, auf den er die Schuld für alle aktuellen und vergangenen, realen und vermeintlichen Probleme der Deutschen schieben konnte. Wehrlos und oft als die „Anderen" betrachtet, stellten die Juden den idealen Antistaat dar, gegen

---

[592]Interessanter für uns ist seine Analyse der Assimilation einer bestimmten jüdischen Mittelschicht von Intellektuellen, Künstlern und Emporkömmlingen: „Die Säkularisierung bestimmte also schließlich jenes für die Psychologie der modernen Juden so entscheidende Paradoxon, durch das die jüdische Assimilation in ihrer Liquidierung des Nationalbewusstseins, in ihrer Verwandlung von einer nationalen Religion in eine konfessionelle Glaubensgemeinschaft und in ihrer Art, auf die kalten und zweideutigen Forderungen von Staat und Gesellschaft mit ebenso zweideutigen Mitteln und psychologischen Tricks zu reagieren - einen sehr realen jüdischen Chauvinismus hervorgebracht hat, wenn man unter Chauvinismus jenen pervertierten Nationalismus versteht, in dem „der Einzelne selbst das ist, was er verehrt"; das Individuum ist sein eigenes Ideal und sogar sein eigenes Idol". Dort, wo Juden unter den zweideutigen Bedingungen von Gesellschaft und Staat in West- und Mitteleuropa erzogen, säkularisiert und assimiliert wurden, verloren sie jenes Maß an politischer Verantwortung, das ihre Herkunft mit sich brachte und das jüdische Honoratioren stets empfunden hatten, wenn auch in Form von Privilegien und Herrschaft. Jüdische Herkunft, ohne religiöse und politische Konnotationen, wurde überall zu einer psychologischen Eigenschaft, wurde zum „Jüdischsein" und konnte von da an nur noch in den Kategorien von Tugend oder Laster betrachtet werden. „In *Die Ursprünge des Totalitarismus, Antisemitismus*, S. 81, 88.

den sich die nationalistische und manichäische Verherrlichung richtete, die die nationalsozialistische Propaganda im Lande nährte593. „Für Primo Levi ist „der Antisemitismus eine uralte und komplexe Tatsache, deren Wurzeln barbarisch, fast vormenschlich sind (es gibt bekanntlich einen zoologischen Rassismus bei den sozialen Tieren); aber er wird periodisch wiederbelebt aufgrund eines zynischen Kalküls, dessen Nützlichkeit in Zeiten der Instabilität und des politischen Leids es erlaubt, einen Sündenbock zu finden oder zu erfinden, dem man alle vergangenen, gegenwärtigen und zukünftigen Probleme zuschreibt und auf den man die aggressiven und rachsüchtigen Spannungen des Volkes abladen kann. Die Juden, zerstreut und schutzlos, wurden nach der Diaspora als ideale Opfer dargestellt. Weimarer Deutschland war krank und instabil, es brauchte einen Sündenbock594. „

Die gleiche Art von Erklärungen finden wir bei französischen Intellektuellen. Albert Memmi analysierte den deutschen Antisemitismus in den 1930er Jahren wie folgt: Der Jude, schrieb er, „war besonders bequem. Sein negatives Stereotyp war bereits weit verbreitet, und er konnte leicht als Ventil für die Aggressivität des deutschen Volkes, wie auch aller anderen eroberten Völker, dienen... Aus seinem Fett konnte man Seife herstellen, aus seiner Haut Laternen und aus seinem Haar Stoff595." In *Tierra-Patria* gab der Soziologe Edgar Morin auch seine Erklärung für den Antisemitismus der Hitlerianer. Nach dem Krieg „beleben das Unglück und die Qualen der Arbeitslosigkeit und des Elends das durch den Versailler Vertrag hervorgerufene Gefühl der nationalen Demütigung, und die Furcht vor dem „staatenlosen" Kommunismus wird den Wunsch nach nationalistischer Rache und den Hass auf die Juden entfachen, die von Hitler als teuflische Drahtzieher eines internationalen plutokratisch-bolschewistischen Komplotts bezeichnet werden596. „Dies war in der Tat eine wahnhafte Sicht der Realität.

Der Humanist Marek Halter, der unermüdliche Verfechter des Friedens, verhehlte seinerseits nicht eine gewisse Düsternis über die Entwicklung der Länder des Ostens nach dem Sturz der totalitären Regime: „Diese neue Situation hat die archaische Feindseligkeit gegenüber dem Anderen, dem Andersartigen, der wieder aller Übel beschuldigt, gedemütigt und, wenn nötig, getötet wird, zurückgebracht. In der

---

[593]Primo Lévi, *L'asymétrie et la vie*, Artikel, Robert Laffont, 2002, S. 90.

[594]Primo Lévi, *La Stampa*, 20. Mai 1979, in *L'asymétrie et la vie*, Artikel, Robert Laffont, 2002.

[595]Albert Memmi, *Le Racisme*, Gallimard, 1982, réédition de poche, 1994, S. 92, 93. So überraschend sie heute auch erscheinen mögen, diese Gräueltaten wurden von der Geschichtsschreibung der 1980er Jahre allgemein anerkannt. Sie wurden in den 1990er Jahren aufgegeben.

[596]Edgar Morin und Anne-Brigitte Kern, *Tierra-Patria*, 1993, Editorial Kairós, Barcelona, 2005, S. 25-26.

Geschichte dieser Länder ist der Andere, der Fremde, der Teufel, immer der Jude gewesen. Daher auch das Wiederaufleben des Antisemitismus. Die Juden werden für alles verantwortlich gemacht, was in der Sowjetunion schief gelaufen ist, schief läuft oder schief laufen wird. Sie werden für die stalinistischen Verfolgungen, für die Zerstörung des russischen Erbes, für die wirtschaftliche Misere und sogar für die Perestroika verantwortlich gemacht." All dies war natürlich völlig falsch, aber diese Verleumdungen gaben Anlass zu den schlimmsten Hypothesen: „Die Juden haben also Angst", erklärte Marek Halter, „und wieder einmal werden sie ins Exil gezwungen, immer Opfer, immer Verfolgte. Deshalb fliehen sie nach Israel. „Es ist wichtig zu verstehen, dass „Israel die Palästinenser nicht aufnimmt, um ihnen zu schaden, wie manche Araber glauben, sondern um verfolgte Menschen zu retten597. „Wir müssen also verstehen, dass die Verfolgungen der Juden in den osteuropäischen Ländern nach dem Fall des Kommunismus von keinem Medium berichtet wurden, weil die Antisemiten, denen die Medien gehörten, wahrscheinlich eine Verschwörung des Schweigens zu diesem Thema organisiert haben. „Meinen palästinensischen Freunden sage ich Folgendes: Keine Angst. Diese sowjetischen Juden verlassen ihr Land, weil das Umfeld für sie feindlich geworden ist; sie werden sich à weder im Westjordanland noch im Gazastreifen niederlassen, wo das Umfeld noch feindlicher wäre. „Diese Rede war wahrscheinlich notwendig, um die palästinensische Bevölkerung zu beruhigen, die zu Recht über den Zustrom von Hunderttausenden von Siedlern sowjetischer Herkunft in den 1990er Jahren besorgt war. Es bleibt nur zu hoffen, dass die Palästinenser in diesem Fall etwas mehr Dankbarkeit zeigen als die vom kommunistischen Joch befreiten Völker Europas, sonst droht Marek Halter in tiefster Verzweiflung zu versinken.

Zur Interpretation des Antisemitismus schrieb Shmuel Trigano: „Ich weiß aus Erfahrung, dass der Antisemitismus ein Phänomen ist, das mit einem sozialen Messinstrument vergleichbar ist. Sie ermöglicht es, den Grad der Krankheit in einer Gesellschaft zu erkennen... Im Sturm, in der Arbeitslosigkeit, in der Inflation, im sozialen Chaos, im Terrorismus, in der Angst muss man einen Schuldigen finden. Irgendwer ist immer schuld - der andere598."

In einem 1989 in Deutschland erschienenen Interviewbuch mit dem Titel *Jüdische Porträts599* decken sich die Ansichten mehrerer jüdischer Persönlichkeiten aus Deutschland und Mitteleuropa, die die tragischen Stunden des Zweiten Weltkriegs miterlebt haben, mit den oben genannten

---

[597]Marek Halter, *Un Homme, un cri*, Robert Laffont, Paris, 1991, S. 291-292.
[598]Shmuel Trigano, *L'Idéal démocratique...à l'épreuve de la shoah*, Éditions Odile Jacob, 1999, S. 43.
[599]Herlinde Loelbl, *Portraits juifs, Photographies et entretiens*, L'Arche éditeur, Francfort-sur-le Main, 1989, 2003 für die französische Fassung.

Zeugnissen. Wir haben im Folgenden einige Aussagen herausgegriffen, die sich auf unser Thema beziehen, nämlich die Wurzeln des Antisemitismus, die jüdische Identität und den universalistischen Geist. Diese Zeugnisse sind besonders wichtig, weil alle diese Persönlichkeiten zur sozialen und intellektuellen Elite der jüdischen Gemeinschaft gehören.

Der erste von ihnen ist der 1903 in Wien geborene Psychosoziologe Bruno Bettelheim: „- Was waren Ihrer Meinung nach die Ursachen des historischen Antisemitismus? - Sie unterscheiden sich von Periode zu Periode. Ich glaube jedenfalls, dass die Christen den Juden nicht verziehen haben, dass der Ursprung ihrer Religion jüdisch ist und dass Christus selbst Jude war. Das war schwer zu verkraften, nicht wahr? Aber die Unbewussten wussten trotzdem, dass Jesus Christus ein Jude war. Außerdem war es immer sehr praktisch, einen Sündenbock zur Hand zu haben." Edward Goldstücker, Professor für Literatur in Brighton, geboren 1913 in Odbiel, Tschechoslowakei:

„Welche Erklärung haben Sie für Antisemitismus? - Die Juden waren eine fremde Minderheit, die in ihrer Andersartigkeit gefangen war. Als Minderheit waren sie daher schutzlos und ein ideales Ziel für diejenigen, die ihren aggressiven Impulsen freien Lauf lassen wollten." Arthur Brauner, Filmproduzent in Berlin, geboren 1918 in Lodz, Polen:

„Kann man den Antisemitismus der Deutschen und anderer Völker erklären? - Hätte es in den zweitausend Jahren der Diaspora einen Staat Israel gegeben, hätte es keinen Antisemitismus gegeben. Zumindest nicht in dieser Form und Dimension. Da es aber zweitausend Jahre lang keinen Staat Israel gab, waren die Juden machtlos. Man wird respektiert und geachtet, wenn man stark ist, und sei es nur aus Angst." George Tabori, Schriftsteller, Schauspieler und Regisseur in Wien, geboren 1914 in Budapest: „Was den Antisemitismus betrifft, so passen die üblichen soziologischen und wirtschaftlichen Erklärungen nicht zusammen. Die Feindseligkeit gegenüber Juden hat sich sogar dort manifestiert, wo sie eindeutig keine Konkurrenz oder wirtschaftliche Bedrohung darstellten. Das jüngste Beispiel, das mir einfällt, ist Österreich. Der Antisemitismus ist schließlich eine Ideologie der Feigheit. Man projiziert die eigenen Ängste und die eigene Aggression auf andere, die sich dann bedroht fühlen und um sich schlagen. Natürlich ist es besser, eine schwache und unbewaffnete Gruppe zu wählen, eine Gruppe, die sich nicht selbst verteidigen kann. Juden waren schon immer die idealen Sündenböcke und die ersten Opfer in Krisensituationen. Es waren die Juden, die die Gesetze formuliert haben - die Zehn Gebote, die Hygienevorschriften des Mose - und die Bergpredigt ist in der Tat nichts anderes als eine Wiederholung der alten prophetischen Texte. Diese Gesetze sind gut, vernünftig, in gewisser Weise ein perfekter Moralkodex. Aber es ist uns unmöglich, sie alle bis zum Ende zu beobachten. Daher das schlechte Gewissen, die ständige

Irritation gegenüber den Juden. Sie repräsentieren das biblische Gesetz und ihre bloße Existenz erinnert die Christen an das unerreichbare Ideal600. - Gibt es ein Land, das Sie als Ihr Heimatland betrachten? - Lange Zeit habe ich mich nach Ungarn gesehnt, aber das ist jetzt Schnee von gestern. Für mich ist dieses ganze Gerede über Heimat und Patriotismus schädlich. „Zuvor hatte er erklärt: „New York ist eine jüdische Stadt. Man fühlt sich gewissermaßen zu Hause." Der große amerikanische Journalist und Schriftsteller Norman Mailer schien sich in seiner Analyse der Situation im Nahen Osten vor allem mit dem Schicksal der Juden zu befassen, ohne Rücksicht auf fremde Völker. Der Antisemitismus sei nichts weiter als ein sehr praktisches Mittel, mit dem die arabischen Länder ihre Vernachlässigung rechtfertigen. „Es ist im Interesse der arabischen Länder, dass Israel der Bösewicht ist. Obwohl ich durch und durch Jude bin, bin ich kein jüdischer Patriot in dem Sinne, dass ich Israel, mein Israel, gegen alle Widerstände verteidige. Ich habe keine solchen Gefühle. Aber ich denke, dass das Ende des Holocausts uns ein großartiges Beispiel dafür gegeben hat, wie grausam, wie unmenschlich die Scheichs und die obersten Führer vieler arabischer Länder zu dieser Zeit waren. Sie hätten sagen können: „Lasst die Juden dieses Land besetzen. Es wird uns nicht schaden. Wir könnten sie sogar für unsere Zwecke nutzen. Das haben sie nicht. Sie haben sich entschieden, die Überlebenden des Holocaust als Feinde zu betrachten. Sie benutzten Israel, um den Hass gegen ihre eigenen Regime auf Israel zu übertragen. „Und wieder sehen wir die gleichen Kreisverkehre, die gleichen üblichen Verrenkungen, die es uns ermöglichen, die Probleme auf die unwahrscheinlichsten Arten zu drehen. Hören Sie sich das an: „Die Saudis haben jetzt eine großartige List: Sie benutzen die Palästinenser als Rechtfertigung für ihren Hass auf Israel, während sie in Wirklichkeit Israel als ihren Schutz vor den Palästinensern sehen601. „Diese Dialektik erinnert uns an Cohn-Bendits Worte zur Einwanderung in Deutschland, als er ausdrücklich schrieb, dass die Grenzen geöffnet werden sollten, um die Einwanderung zu begrenzen, und dass die Einwanderung gefördert werden sollte, um den Rassismus zu verringern.

Diese unterschwellige Tendenz zur Umkehrung von Werten und zur Verleugnung von Beweisen hat Friedrich Nietzsche in seiner *Genealogie der Sitten* trefflich zum Ausdruck gebracht: „Es waren die Juden, die es mit erschreckender Konsequenz gewagt haben, die aristokratische Wertbestimmung (gut = edel = mächtig = stark = schön = schön = glücklich = gottgeliebt) umzukehren und mit den Zähnen des abgrundtiefsten Hasses

---

[600]Nehmen wir dieses bewundernswerte Beispiel intellektueller Verdrehung zur Kenntnis.
[601]Norman Mailer, *Warum sind wir im Krieg?* Editorial Anagrama, 2003, Barcelona, S. 104, 105.

(dem Hass der Ohnmacht) diese Umkehrung aufrechtzuerhalten, nämlich: „Die Elenden sind die Guten; die Armen, die Ohnmächtigen, die Niedrigen sind die einzig Guten; die Leidenden, die Mittellosen, die Kranken, die Entstellten sind auch die einzigen Frommen, die einzigen Gesegneten Gottes, nur für sie gibt es Glückseligkeit, - aber ihr, ihr, die Edlen und Gewalttätigen, ihr seid in alle Ewigkeit die Bösen, die Grausamen, die Lasziven, die Unersättlichen, die Atheisten, und auch ihr werdet auf ewig die Elenden, die Verfluchten und die Verdammten sein602! „Die anklagende Umkehrung ist eine mächtige und furchterregende Kraft603.

Schließlich setzte Norman Mailer den Faden seiner Überlegungen zum Antisemitismus der arabischen Nationen im Nahen Osten naiv fort und erklärte: „Wenn die arabischen Führer ein wenig freundlich gewesen wären, hätten sie sagen können, dass diese Menschen durch die Hölle gegangen sind... Stattdessen haben sie sie zu Feinden erklärt. Die Israelis hatten keine andere Wahl, als zu versuchen, sich selbst zu stärken. Dabei wurden einige der besten Eigenschaften des jüdischen Charakters - Ironie, Witz, Wahrheitsliebe, Liebe zur Weisheit und Gerechtigkeit - innerlich geschädigt... Ich bin also geneigt zu glauben, schloss Mailer, dass die beste Erklärung für 9/11 darin besteht, dass der Teufel an diesem Tag eine große Schlacht gewonnen hat. Ja, Satan war der Pilot, der diese Flugzeuge in dieses grausame Ergebnis gelenkt hat604."

Politische Attentate

Wir sollten nicht denken, dass Juden nicht in der Lage sind, sich zu verteidigen. Diese nach den dramatischen Erfahrungen des Holocaust weit verbreitete Meinung bestärkt die antisemitische Vorstellung von der inneren Schwäche des jüdischen Volkes und der angeblichen Überlegenheit der „arischen Rasse". Die Juden haben im Gegenteil bei vielen Gelegenheiten bewiesen, dass sie die Kraft hatten, sich gegen ihre Unterdrücker zu wehren, und dass sie in der Lage waren, ihre Rechte und Interessen mit großem Nachdruck zu verteidigen.

Um auf die Behauptung von Boris Pasternak über „die bescheidene, aufopferungsvolle Art der Juden, sich abzugrenzen", „ihre Zerbrechlichkeit und ihre Unfähigkeit, zurückzuschlagen", zu antworten, könnten wir zunächst einige Beispiele für mutige Taten anführen, die Solschenizyn in seinem Buch darlegt und die den physischen und anhaltenden Mut veranschaulichen, der vom Geist der Rache angetrieben

---

[602]Friedrich Nietzsche, *La Genealogía de la moral*, Alianza Editorial de bolsillo, 2005, Madrid, S. 46.

[603]Siehe Hervé Ryssen, *Der Spiegel des Judentums*.

[604]Norman Mailer, *Warum sind wir im Krieg?* Editorial Anagrama, 2003, Barcelona, S. 105-106, 121.

wird. In der Zarenzeit, als die russischen Revolutionäre auf Terrorismus setzten, waren Juden in diesen Bewegungen noch eine seltene Ausnahme. Aber Ende der 1870er Jahre gab es in der Bewegung „Der Wille des Volkes" (*Narodnaja Volia*) einige Juden wie Aaron Gobet, Salomon Wittenberg, Meir Mlodetsky, Grigori Goldenberg, Aaron Zundelevitch, Saveli Zlatopolsky, Deitch und Hessia Helfmann. Nach der Ermordung Alexanders II. löste ihre Anwesenheit einen Ausbruch der Empörung in der Bevölkerung gegen sie aus. Tatsache ist jedoch, dass *die Zeitschrift des Volkswillens* diesen Störungen zustimmte, indem sie die Rolle der Juden als „Ausbeuter des Volkes" beschwor. Dies zeigt, dass ihr Einfluss innerhalb der Organisation zu diesem Zeitpunkt unbedeutend war. Doch Ende der 1880er Jahre, so Solschenizyn, hatte sich die Situation geändert. Nach der Gründung der S.R. (Sozialistisch-Revolutionäre) Partei bildeten die Juden eine solide Mehrheit in der Führung dieser Bewegung. Die Mitglieder des inneren Kreises der Parteiführung waren Mendel, Wittenberg, Levine, Levite und Azef. Die Kampfabteilung der SR wurde gegründet und von 1901 bis 1903 von Grigori Gershuni, von 1903 bis 1906 von Yevno Azef und von 1906 bis 1907 von Zilberberg geleitet. Eine ähnliche Entwicklung ist bei den sozialdemokratischen Bewegungen zu beobachten.

Ein Buch von Roland Gaucher aus dem Jahr 1965 mit dem Titel *Die Terroristen*[605] gibt einen Einblick in die Aktionen der Sozialistisch-Revolutionären Partei. Von Anfang an setzte die Partei bewaffnete Aktionen ein, um das zaristische Regime zu stürzen. Von Anfang an wurde die Kampforganisation gegründet. Sie war die Speerspitze der Partei. Schon bald wurde sie quasi autonom und war in der Lage, den feindlichen Apparat in Angst und Schrecken zu versetzen. „Gershuni war der eigentliche Schöpfer der C.O. Er war jüdischer Herkunft, ein ehemaliger Apothekenpraktikant und etwa dreißig Jahre alt, als er die Statuten der Organisation entwarf. Unter seiner Führung ermordeten die O.C.-Männer den Innenminister Dmitri Sipiaguin, erschossen Fürst Obolenski und töteten 1903 Gouverneur Bogdanowitsch". Von Pleve wurde 1902 Nachfolger von Sipiaguin als Innenminister. Ein Jahr nach Von Pleves Ernennung löste der Ingenieur Yevno Azef Gershuni ab, wurde jedoch von der Polizei in Kiew festgenommen. Am 15. Juli 1904 wurde von Pleve durch eine Bombe getötet. Großfürst Sergius wurde selbst bei einem Attentat ermordet. Die C.O., die schwere Verluste erlitten hatte, wurde nach mehreren Meinungsverschiedenheiten innerhalb des Zentralkomitees aufgelöst. Daraufhin gründete Zilberberg eine neue Gruppe von Terroristen unter dem Namen „Combat Detachment". Doch im Februar 1907 löste sie sich auf. Bekannt ist auch, dass Pjotr Stolypin, der Innenminister des Zaren,

---

[605]Roland Gaucher, *Les Terroristes*, Albin Michel Verlag, 1965.

der zwischen 1906 und 1910 eine große Bodenreform durchgesetzt hatte, am 2. September 1911 in Kiew von dem jüdischen Extremisten Bogrow während der Feierlichkeiten zum 300-jährigen Bestehen der Dynastie ermordet wurde.

Während der bolschewistischen Revolution wurde der deutsche Botschafter Graf von Mirbach von Blumkine, einem achtzehnjährigen jungen Mann, erschossen. Er gehörte der Tscheka an und war Mitglied der linken S.R.-Partei. Seine Ermordung sollte die Feindschaft zwischen Russland und Deutschland neu entfachen.

In Rotrussland verdienen zwei berühmte Terrorakte, die von Juden gegen die Bolschewiki selbst verübt wurden, einen besonderen Platz: Am 30. August 1918 wurde Moisei Uritski, der Chef der Tscheka, von einem Studenten der Sowjetunion namens Leonid Kannegisser ermordet. Am selben Tag hielt Lenin eine Rede auf einer Kundgebung, auf der er gegen die Feinde der Revolution wetterte. Nachdem er den Saal verlassen hatte und in sein Auto steigen wollte, kam Fanny Kaplan, eine ehemalige Anarchistin, auf ihn zu und gab drei Schüsse ab, von denen zwei Lenins Schulter und Hals trafen.

Leonid Kannegisser, der durch seinen Großvater in den Adelsstand erhoben wurde, war 1917 in die Offiziersschule eingetreten. Seine Motive sind aus einem Brief bekannt, den er am Vorabend des Attentats an seine Schwester schickte und in dem er schrieb, dass er den Frieden von Brest-Litowsk rächen wolle, dass er sich schäme, dass die Juden dazu beitrügen, die Bolschewiki an die Macht zu bringen, und dass er auch die Hinrichtung eines seiner Kameraden von der Militärschule[606] durch die Petrograder Tscheka rächen werde. „Aber eines ist rätselhaft, fragte sich Solschenizyn: Wie ist es möglich, dass später, auf dem Höhepunkt des Roten Terrors und während Tausende unschuldiger Geiseln, die nichts mit dem Fall zu tun hatten, im ganzen Land erschlagen wurden, die Familie Kannegisser aus dem Gefängnis entlassen wurde und auswandern durfte? Die Eltern und Freunde hatten sogar einen Plan für einen bewaffneten Angriff auf die Petrograder Tscheka ausgearbeitet, um den Gefangenen zu befreien, und alle wurden nach ihrer Verhaftung freigelassen und lebten unbehelligt in Petrograd weiter. Die bolschewistische Kralle ist in diesem Fall nicht zu erkennen. Diese Nachsicht erklärt sich vielleicht aus der Sorge der bolschewistischen Behörden, die einflussreichen jüdischen Kreise in Petrograd nicht zu verärgern. Die Familie Kannegisser hatte ihren jüdischen Glauben beibehalten, und Leonids Mutter sagte bei einem Verhör aus, ihr Sohn habe Uritski erschossen, weil er sich vom Judentum abgewandt habe." Auch bei Fanny Kaplans Angriff auf Lenin wurden verdächtige Umstände bekannt. „Es könnte sich um eine politische Tat

---

[606]Alexandre Soljénitsyne, *Deux siècles ensemble*, Fayard, 2003.

einer den Sozialisten-Revolutionären nahestehenden Aktivistin gehandelt haben, aber nach neueren Studien607 gibt es starke Vermutungen, dass Fanny Kaplan Lenin nicht erschossen hat und dass sie lediglich verhaftet wurde, „um die Ermittlungen abzuschließen" und als bequemer Schuldiger zu dienen." Andere politische Attentate wurden von Mitgliedern der jüdischen Gemeinschaft außerhalb Russlands verübt: Der Fall Friedrich Adler ist bekannt. Er hatte 1916 den österreichischen Ministerpräsidenten erschossen, wurde aber später begnadigt. Aus seinem österreichischen Gefängnis heraus erlangte er im Sommer 1918 durch einen Brief an Lenin die Begnadigung von R. Abramowitsch, einem wichtigen menschewistischen Führer.

1927 fand in Paris der vielbeachtete Prozess gegen Samuel Sholem Schwarzbard statt, einen Uhrmacher, dessen Familie bei den ukrainischen Pogromen umgekommen war und der von dem ukrainischen Nationalistenführer Simon Petliura in Paris fünfmal erschossen worden war. Die Juristen hatten den Mord als gerechte Strafe legitimiert. Schwarzbard wurde von dem französischen Gericht freigesprochen und freigelassen. Dennoch hatte der Staatsanwalt den Angeklagten wissen lassen, dass Petliura in Polen lebte und dass: „Sie haben ihn dort nicht getötet, weil Sie wussten, dass Sie in Polen vor ein Militärgericht gestellt worden wären." Auch 1927 wollte der junge Koverda mit dem Attentat auf den Bolschewiken Voikov in Warschau „die Aufmerksamkeit des Weltgewissens erregen". Er wurde zu einer zehnjährigen Haftstrafe verurteilt, die er vollständig verbüßte. 1929 ermordete Lazar Kolenberg in Moskau Slatchev, einen ehemaligen weißen General, der zu den Sowjets übergelaufen war und sich schuldig gemacht hatte, die Pogrome von Nikolajew toleriert zu haben. Kolenberg wurde im Rahmen der Ermittlungen als unverantwortlich eingestuft und freigelassen608.

In Rumänien „war die erste entscheidende Aktion der Kommunisten, noch vor der offiziellen Gründung der Partei, das Attentat des militanten Max Goldstein im Senatssaal in Bukarest am 8. Dezember 1920, das zahlreiche Opfer forderte609.

Der Historiker Ernst Nolte erwähnt in seinem Buch *Der Europäische Bürgerkrieg*610 auch andere Fälle von politischen Attentaten: 1936 ermordete der junge David Frankfurter den Schweizer NS-

---

607B. Orlov, *Le Mythe de Fanny Kaplan*, ME, 1975, Nr. 2, zitiert von Solschenizyn, *Deux siècles ensemble*, S. 124.

608Alexandre Soljénitsyne, *Deux siècles ensemble*, Fayard, 2003, S. 212.

609Romulus Rusan, in *Du Passé faisons table rase, Histoire et mémoire du communisme en Europe*, ouvrage collectif, sous la direction de Stéphane Courtois, Robert Laffont, 2002, S. 372.

610Ernst Nolte, *The European Civil War, 1917-1945*, Fondo de cultura económica, Mexiko, 2001, S. 292.

Organisationschef Wilhelm Gustloff. Damals hatte die oberste Staatsführung mit Blick auf die bevorstehenden Olympischen Spiele jegliche Exzesse und Ausschreitungen verhindert.

Zu erwähnen ist natürlich auch die Ermordung des deutschen Gesandtschaftssekretärs Ernst vom Rath am 7. November 1938 durch den jungen Herschel Grynszpan in der Pariser Reichsbotschaft. Nolte schrieb: „Dieser Akt mag einer der Faktoren sein, die „das auffällige Wiederaufleben des Antisemitismus gerade zu einem Zeitpunkt auslösten, als alles darauf hinzudeuten schien, dass sich eine erfolgreiche Politik ausschließlich auf den Antikommunismus konzentrieren müsste. Unter der Schirmherrschaft der Nürnberger Gesetze hatten die deutschen Juden mehrere Jahre relativer Ruhe erlebt, in denen sie bei der Auswanderung unterstützt wurden, und die große Zahl der im Land verbliebenen Juden entwickelte ein Gemeindeleben von erstaunlicher Vielfalt und Vitalität. In der Wirtschaft waren die jüdischen Positionen intakt, und wer bemerkt hat, dass die Wirtschaftsgesetze neben der Unterschrift Adolf Hitlers nicht selten von verschiedenen jüdischen Bankiers611 unterzeichnet wurden. „Dennoch folgten auf Grynszpans Tat Ausschreitungen aller Art gegen die Juden in Deutschland während der so genannten „Reichspogromnacht", die sechsunddreißig Todesopfer forderte.

Die Ermordung Trotzkis in Mexiko durch einen stalinistischen Agenten im Jahr 1940 ist in den Memoiren festgehalten. Der Auftrag wurde mit außerordentlicher Grausamkeit ausgeführt, denn der ehemalige Chef der Roten Armee wurde mit einem Pistolenkolben in den Schädel getötet. Doch das bewahrte die für den von Stalin beauftragten Mord Verantwortlichen nicht vor dem sowjetischen Fleischwolf, wie das *Schwarzbuch* feststellte: „Im Oktober 1951 versetzte Stalin Beria einen weiteren Schlag, indem er ihn anwies, eine Gruppe alter jüdischer Sicherheits- und Justizkader zu verhaften, darunter Oberstleutnant Eitingon, der 1940 auf Berias Befehl die Ermordung Trotzkis organisiert hatte; General Leonid Raijman, Chefvernehmer des NKWD, der an der Inszenierung der Moskauer Prozesse beteiligt war; Oberst Lew Schwarzmann, Folterer von Babel und Meyerhold, und Untersuchungsrichter Lew Schinin, die rechte Hand von Wyschinski, dem Ankläger der großen Moskauer Prozesse von 1936-1938....Alle wurden beschuldigt, die Organisatoren einer großen „jüdisch-nationalistischen Verschwörung" zu sein, die von... Abakumov, Berias Minister für Staatssicherheit und enger Mitarbeiter612." In Palästina schlugen die Juden ein neues Kapitel ihrer Geschichte auf. Sie hatten schnell die

---

[611]Ernst Nolte, *The European Civil War, 1917-1945*, Fondo de cultura económica, Mexiko, 2001, S. 291.
[612]Stéphane Courtois, Nicolas Werth, *El Libro negro del comunismo*, Espasa-Planeta, 1998, S. 283, 284.

Gelegenheit, ihre offensiven Fähigkeiten unter Beweis zu stellen. Als sie begannen, sich in Palästina niederzulassen, brachen sofort Konflikte mit den Arabern aus, und auf beiden Seiten bildeten sich Kampfgruppen. Menachem Begin war einer der Führer der Irgun. In der Stern- oder Leji-Gruppe war die Gewaltanwendung jedoch viel systematischer. Die von Abraham Stern gegründete Gruppe ging aus einer Spaltung der Irgun hervor, die ihrerseits aus einer Abspaltung von der Haganah, einer jüdischen antiarabischen Miliz, hervorgegangen war. 1920 gründete Zeev Jabotinsky die revisionistische zionistische Bewegung, um sofort die Gründung eines unabhängigen jüdischen Staates auf dem Gebiet zu fordern, das den Grenzen des historischen Palästina entspricht. Dieses Ziel, so glaubte er, könne nur erreicht werden, wenn die Juden bereit seien, zu den Waffen zu greifen und sich Schlag für Schlag gegen die terroristischen Angriffe der Araber auf die jüdischen Kolonien zu wehren. Im Jahr 1937 gründete er seine eigene Kampforganisation, die Irgun (*HaIrgun HaTzva'i HaLe'umi BeEretz Yisra'el*), die Nationale Militärorganisation. Die Irgun war nach den militärischen Prinzipien organisiert, die bereits unter den Mitgliedern einer früheren Jugendbewegung, der Betar, galten.

Die Irgun begann ihre Aktivitäten mit dem Abwurf von Bomben auf arabischen Märkten oder in Passagierbussen als Vergeltung für arabischen Terrorismus. Im Februar 1939 startete die Irgun eine Reihe von schrecklichen Anschlägen. Die Haganah verbreitete ein Flugblatt, das an das biblische Wort „Du sollst nicht töten" (*Exodus* XX, 13) erinnerte, worauf die Irgun mit einem weiteren Zitat antwortete: „Aber wenn andere Verletzungen auftreten, wird die Strafe Leben für Leben, Auge für Auge, Zahn für Zahn, Hand für Hand, Fuß für Fuß, Brandwunde für Brandwunde, Wunde für Wunde, Schlag für Schlag sein. „(*Exodus* XXI: 23-25) Es dauerte nicht lange, bis sich diese Gewalt gegen die Briten wandte, die die Region unter dem Mandat des Völkerbundes verwalteten. Zu diesem Zeitpunkt hatten sich bereits vierhundertfünfzigtausend Juden in Palästina niedergelassen, was den Zorn der Palästinenser auf sich zog. Die Regierung Chamberlain veröffentlichte daraufhin am 17. Mai 1939 das Weißbuch, in dem sie zu dem eindeutigen Schluss kam, dass die jüdische Auswanderung zu beenden sei. Es kam zu gewaltsamen Demonstrationen und zur Verhaftung von Mitgliedern der Irgun State-major. Während des Krieges gegen Nazi-Deutschland waren die meisten Irgun-Führer der Meinung, dass die Operationen gegen die Briten auf jeden Fall bis zum Ende des Krieges ausgesetzt werden sollten. Abraham Stern war jedoch der Ansicht, dass der einzige Feind Großbritannien war.

Eine radikale jüdische Partei ermordet Folke Bernadotte, Graf von Wisborg, weil er sich bei der UNO für die Zugehörigkeit Jerusalems zu Jordanien eingesetzt hat. Graf Bernadotte wurde vom jüdischen Gedächtnis nie richtig geehrt, denn obwohl auch er während des Krieges Tausende von

Juden gerettet hatte, wurde er danach als zu proarabisch verachtet. Der spätere israelische Minister Isaac Schamir ordnete seine Ermordung an. Jacques Attalis Erklärung des Ereignisses war lakonisch und aufschlussreich: „Im August kommt Graf Bernadotte, um im Namen der UNO ein Abkommen auszuhandeln: Er schlägt Israel die Rückgabe des Negev und Jerusalems im Austausch gegen Galiläa vor, was beide Seiten ablehnen; Bernadotte wird ermordet613." Lord Moyne (Walter Edward Guinness), Staatsminister in Churchills Regierung im Nahen Osten, wurde ebenfalls ermordet, mit drei Schüssen aus nächster Nähe, ebenso wie sein Chauffeur. Der Anschlag wurde von zwei jüdischen Jugendlichen im Alter von 23 und 17 Jahren verübt: Bet Zuri und Hakim. Die Irgun griff militärische Einrichtungen an und hängte sogar britische Offiziere auf. Am 1. Juli 1946 sprengten Irgun-Männer das King David Hotel, das als britisches Hauptquartier in Jerusalem diente. Zweihundert Menschen wurden getötet und verwundet. All diese Gewalt hat zweifellos den endgültigen Abzug der Briten beschleunigt.

Auch während des Algerienkrieges spielten Mitglieder der jüdischen Gemeinde dort eine führende Rolle. Am 6. Mai 1956 kam es im Mustafa-Krankenhaus in Algier zu einer versehentlichen Explosion, als ein Außenseiter namens Daniel Timsit mit seinen Zutaten experimentierte. Die FLN (Nationale Befreiungsfront) hatte ihrerseits der Kommunistischen Partei Algeriens (Meyer, die Brüder Timsit, Smadja, Habib Giorgio) eine Villa am Stadtrand von Algier als Labor zur Verfügung gestellt. Die Auflösung der PKA im September 1955 veranlasste ihre Mitglieder, den bewaffneten Kampf aufzunehmen. Am 30. September 1955 explodierten zwei Bomben in mehreren Geschäftsstraßen. Eine in der *Milchbar*, Place d'Isly, die andere in der *Cafetaria*, Rue Michelet. Ein junges „europäisches" Mädchen, Daniela Mine, hatte die Bombe offenbar im Auftrag der FLN614 in der *Milk Bar* platziert.

Aus jüngerer Zeit ist die Ermordung des militanten französischen Nationalisten François Duprat im März 1978 in Paris zu erwähnen und in Erinnerung zu rufen. Er kam bei der Explosion seines Wagens ums Leben und seine Frau wurde schwer verletzt. Der Anschlag wurde nie aufgeklärt, aber die antizionistische Gesinnung der Opfer lässt keinen Zweifel an der Herkunft der möglichen Anstifter des Anschlags.

Diese Liste ist nicht erschöpfend, aber angesichts dieser Fälle wird deutlich, dass die Juden keine Lämmer sind, die man sanftmütig zur Schlachtbank führt. Das Thema der Rache ist ansonsten in ihren Schriften immer wieder präsent, entweder explizit oder unterschwellig. Im jüdischen Kalender werden zwei Tage der Rache gefeiert: der erste ist Purim, der Tag,

---

[613]Jacques Attali, *Los judíos, el mundo y el dinero*, Fondo de cultura económica, 2005, Buenos Aires, S. 454.

[614]Roland Gaucher, *Les Terroristes*, Albin Michel Verlag, 1965.

an dem die Juden laut dem Buch Esther 75.000 Heiden in Persien getötet haben. An diesem Purimtag, dem 25. Februar 1994, massakrierte Baruch Goldstein, ein Einwanderer aus Brooklyn (New York), der sich in Hebron (Israel) niederließ, mit einem Sturmgewehr neunundzwanzig fromme Muslime, die sich am Grab der Patriarchen615 versammelt hatten. Er wurde von den Überlebenden des Massakers gelyncht, aber sein Grab ist seither zu einem Wallfahrtsort für orthodoxe Juden geworden. Es war auch das Purimfest, an dem 1946 in Nürnberg die Minister des nationalsozialistischen Deutschlands hingerichtet wurden. So wie das Purimfest auch gewählt wurde, um mit der Offensive der US-Luftwaffe im Jahr 1991 zweihunderttausend Iraker zu opfern. Im Jahr 2003 erklärten die USA am 20. März den Krieg: Dieser Tag fiel auf den 16. Aadar, den letzten Tag des religiösen Feiertags Purim, der an den Sieg der Juden über die Perser des bösen Haman, des Großkanzlers von König Ahasverus, erinnert. In einem langen Artikel der Jewish Telegraphic Agency vom 18. März 2003 heißt es: „Für die Rabbiner ist es kein Zufall, dass der Krieg gegen den Irak wieder mit dem Purim-Tag verbunden ist". Erinnern wir uns auch daran, dass Stalin an diesem Tag starb. Purim ist ein verheißungsvoller Tag für Rache, obwohl der Tag des Jüngsten Gerichts ebenso verheißungsvoll sein kann. Kurz darauf wird das Sukkot-Fest (Laubhüttenfest) gefeiert, bei dem sich der Messias endlich offenbaren könnte.

Besseres Kennenlernen der anderen

Antisemitismus lässt sich auch durch die Unwissenheit der Menschen und durch die Angst vor dem, was anders ist als sie, erklären. Sich selbst besser zu kennen, würde das Übel natürlich verringern. Es stimmt, dass Juden aufgrund ihres sozialen und materiellen Erfolgs Aufmerksamkeit erregen und Neid hervorrufen konnten. Dies kommt zu dem alten Antisemitismus christlichen Ursprungs hinzu.

In der hellenistischen Welt der Antike und Ägyptens, so Albert Memmi, „war die Judenfeindlichkeit Teil einer allgemeineren Fremdenfeindlichkeit gegenüber Außenseitern. In der Antike war es in erster Linie eine kulturelle und nicht eine religiöse Phobie. Der Glaube und die Gebräuche der Juden waren nicht gut bekannt, oft auf eine phantasievolle Art und Weise, was die Ängste ihrer Mitbürger verstärkte. „Die Weisheit und Vernunft der Griechen und Ägypter war letztlich begrenzt, denn nach mehreren Jahrhunderten des Zusammenlebens hatten sie die edlen Sitten der „Juden" noch nicht begriffen. Sie hatten es versäumt, die ganze Menschlichkeit dieses kleinen Volkes zu erkennen.

---

[615]Ein hochheiliger Ort, an dem drei sehr wichtige biblische Paare begraben sein sollen: Abraham und Sarah; Isaak und Rebekka; Jakob und Lea.

Doch das Schlimmste sollte noch kommen: „Die spezifische Feindseligkeit gegen die Juden begann etwa im ersten Jahrhundert, mit dem Aufkommen des Christentums. „So erreichte die europäische Zivilisation im Laufe ihrer Geschichte neue Höhen der Intoleranz und Dummheit. Im Spanien der Katholischen Könige wurde die erste rassistische Gesetzgebung in Europa eingeführt, um das spanische Blut vor der Verunreinigung durch die zum Katholizismus konvertierten, aber immer noch heimlich judaisierenden Juden zu schützen. Die Marranos waren allmählich zur Phobie der wohlgeborenen Spanier, der alten Christen, geworden. In jenem historischen Moment gab Europa ein Beispiel für den Gipfel menschlicher Dummheit: „Wenn die Spanier von der Reinheit des Blutes sprechen, natürlich ihres eigenen, suggerieren sie, dass das der anderen, der Juden und der Mauren, unrein wäre. Streng genommen macht dies natürlich keinen Sinn. Vielleicht war es eine Art dunkle Angst vor den Marranos, mehr oder weniger geheime Zeichen616. „Wie wir sehen, waren die Spanier des 16. Jahrhunderts nicht viel intelligenter als die Griechen und Ägypter der Antike617.

Das Buch „*Jüdische Porträts"*618 enthält einige interessante Aussagen zu diesem Thema, die aus Interviews mit herausragenden Persönlichkeiten stammen.

Rafael Buber, Nachlassverwalter des 1900 in Sils geborenen und 1990 in Jerusalem verstorbenen Philosophen Martin Buber: „Ich bin heute überzeugt, dass ein großer Teil des Gefühls der Ablehnung auf die Fremdheit unseres Glaubens zurückzuführen ist. Nicht-Juden wissen fast nichts darüber." Fred Lessing, New Yorker Geschäftsmann, geboren 1915 in Bamberg: „Dass alle Menschen Juden hassen, ist ganz normal: einfach weil sie anders sind. In Bayern zum Beispiel waren die Preußen am meisten verhasst, weil sie anders waren und es auch bleiben wollten. Und auch, weil sie glauben, sie seien besser als andere." Erika Landau, Psychotherapeutin in Tel Aviv, geboren 1931 in Tschernobyl: „Unterschiede werden gefürchtet, weil sie nicht verstanden werden. Juden haben sich immer von den Gesellschaften, in denen sie lebten, abgegrenzt. Deshalb waren sie ein Grund zur Besorgnis. Als Minderheit mussten die Juden die Besten sein, besser lernen, bessere Noten bekommen, mehr Geld verdienen. Und das hat offensichtlich kolossalen Neid geweckt. Dieses

---

[616]Albert Memmi, *Le Racisme*, Gallimard, 1982, Poche, 1994, S. 88.

[617]Jahrhundert, als er auf unzeitgemäße Weise schrieb: „Mäuse sind, Herr, Feinde des Lichts, Freunde der Finsternis, unrein, hydiondos, ekelhaft, unterirdisch"; „Gott lässt diese höllische Rasse nur bestehen, damit der Antichrist in ihrer abscheulichen Niedertracht einen Schoß hat, in dem er gezeugt werden kann", in *Execración de los judíos*, Madrid, 1633 (NdT).

[618]Herlinde Loelbl, *Portraits juifs, Photographies et entretiens*, L'Arche éditeur, Frankfurt-sur-le Main, 1989, 2003.

Unbehagen und dieser Neid haben zum Hass auf die Juden geführt." Erwin Leiser, Regisseur und Journalist, geboren 1923 in Berlin: „Sie waren immer ein Ärgernis. Sie setzten immer Maßstäbe, die andere unerträglich fanden, obwohl sie sie nur für sich selbst setzten. Juden müssen immer ein bisschen mehr tun als andere, auch in ihrer Beziehung zu Gott. Sie sind nicht „auserwählt", weil sie eine Elite sind, sondern weil sie „besonders" sind. Gott beabsichtigt, durch sie ein bestimmtes Projekt zu verwirklichen: die Menschlichkeit der anderen Völker zu testen. Vielleicht würde sich die Welt ohne die Juden leichter und ruhiger anfühlen619! Ich weiß, dass ich von meiner Vergangenheit gezeichnet bin. Ich vermeide sie nicht, ich erwecke sie in meinen Filmen zum Leben. „Bücher und Filme sind die bevorzugten Überträger dieser universellen Botschaft, die ich anderen Menschen zu vermitteln versuche.

Gershom Schocken, Verleger und Politiker, geboren 1912 in Zwickau, gestorben 1990 in Tel Aviv: „Antisemitismus hat es immer gegeben und wird es immer geben, solange es Juden gibt. Es gab ihn schon in der Antike, noch vor dem christlichen Antisemitismus. Und dieser Antisemitismus erklärt sich ganz klar aus der Tatsache, dass von allen Völkern der griechischen Welt die Juden die einzigen waren, die sich weigerten, sich mit anderen zu verbrüdern. Sie durften nicht essen, trinken oder Nicht-Juden heiraten. Hinzu kam die Weigerung der Juden, sich für die Religion anderer Völker zu interessieren. Sie erklärten unerschütterlich: „Es gibt nur einen Gott, er ist unser Gott und alles andere ist nur Götzendienst". Diese Haltung, die darin besteht zu sagen: „Die Sitten der anderen sind abscheulich, wir müssen uns von ihnen fernhalten", haben die Christen offensichtlich von uns, den Juden, übernommen. Es ist dieses hartnäckige Bekenntnis zu einem einzigen Gott, zu dem man nur beten kann, das die Juden des Altertums von anderen Völkern unterschied. Die Christen ihrerseits warfen den Juden vor allem vor, Jesus nicht erkannt zu haben. Zu diesem Zeitpunkt hatte einer der Apostel die aus propagandistischer Sicht geniale Idee, zu behaupten, die Juden hätten den Erlöser getötet. Dieser frühe Antisemitismus des Christentums beruhte auch auf Konkurrenzdenken, denn die Christen waren von Anfang an eine jüdische Sekte, die wollte, dass alle Juden Jesus als den Messias anerkennen. Etwas Ähnliches geschah übrigens in diesem Jahrhundert in Russland zwischen Juden und Kommunisten. In der Tat waren in den Anfängen der kommunistischen Bewegung ihre Führer fast ausschließlich jüdisch, und die Kommunisten betrachteten die jüdische Jugend damals als das Hauptreservoir an Aktivisten. Aber es gab auch jüdische antikommunistische oder nichtkommunistische Bewegungen wie den Zionismus und den Bund, weshalb der Kommunismus auf den Zionismus

---

[619]Diese Idee findet sich auch bei Levinas, Cohn-Bendit und George Steiner.

und den Bund wütend war, weil sie ihm potenzielle Kämpfer wegnahmen. Dies erklärt die anfängliche Feindschaft zwischen Kommunisten und Zionisten: Für einen einfachen Kommunisten musste vor siebzig Jahren ein Zionist ein Kommunist gewesen sein. Stattdessen hielt er sich an diesen schwachsinnigen, reaktionären, bürgerlichen Nationalismus, den Zionismus. Die letzte Ursache des Antisemitismus ist natürlich der Neid, der allein alles erklären kann. Ganz zu schweigen von der Fremdenfeindlichkeit, die überall auf der Welt unter allen Völkern herrscht. Es gibt viele Ursachen für Antisemitismus! „

Von den achtzehn befragten Persönlichkeiten, die sich in diesem Buch mit dem Titel *Jüdische Porträts* zu diesem Thema geäußert haben, war Gershom Schoken der einzige, der die starke Beteiligung von Juden an dem großen bolschewistischen Abenteuer zugegeben hat. Die häufigste und bei allen Befragten wiederkehrende Erklärung war, dass Antisemitismus ein Ausbruch gegen einen „Sündenbock ohne Verteidigung" sei.

Der große russische Schriftsteller Wassili Grossman, „der Tolstoi des 20. Jahrhunderts", vertrat eine härtere Auffassung von den bedauerlichen Erscheinungsformen des Antisemitismus. Er war zusammen mit Ehrenburg, Eisenstein und Zalavsky einer der führenden Propagandisten der stalinistischen Ära. Gleichzeitig schrieb er jedoch heimlich mehrere antistalinistische Werke, die erst nach seinem Tod veröffentlicht wurden[620]. Sein Roman *Alles fließt* enthält eine scharfe Kritik an Stalin und Lenin, zeigt aber auch eine gewisse Sympathie für Trotzki. Grossman zeigte auch eine gewisse Verachtung für die Russen, etwas, das die Franzosen auch von den erbaulichen Lesungen von Alain Minc, BHL oder Daniel Cohn-Bendit gewohnt sind. Vasili Grossman behauptete, dass die gesamte russische Geschichte nichts anderes als Sklaverei sei, dass die slawische Seele ein uralter Sklave sei. In seinen Artikeln während des Krieges schlug er jedoch einen ganz anderen Ton an, um die tapferen „*Popovs*" gegen die Nazis aufzubringen. In jenen Jahren sah er in derselben russischen Seele „einen unwiderstehlichen Impuls" und „eine eiserne Kraft, die weder gebogen noch gebrochen werden kann". Wir können dieselbe Besonderheit bei Albert Einstein feststellen, der 1933 ein überzeugter Pazifist und nach Hitlers Machtübernahme ein glühender Militarist war. Auch hier wird ausschließlich mit den ganz besonderen Interessen des jüdischen Volkes argumentiert.

Für Grossman sind Antisemiten, die ihre Wut an einem Sündenbock auslassen, schwach und nutzlos. In *Leben und Schicksal* beklagte er, dass „selbst ein Genie wie Dostojewski einen wucherischen Juden sah, wo er die gnadenlosen Augen des russischen Bauunternehmers, Fabrikanten und

---

[620]Dies erinnert uns an Spinoza, der in seinem ersten Buch zugab, dass er das Gegenteil von dem schrieb, was er dachte, und dies dem Leser in seinem Vorwort mitteilte (in Alain Minc, *Spinoza*).

Sklavenhändlers hätte sehen müssen. „Andererseits ist es in der Regel kein Problem, einen wunderbaren jüdischen Geiger oder einen großen jüdischen Humoristen hervorzuheben.

Antisemitismus ist ein Spiegel, der die Unzulänglichkeiten von Individuen, sozialen Strukturen und staatlichen Systemen widerspiegelt", erklärte er. Sagen Sie mir, wessen Sie einen Juden beschuldigen, und ich werde Ihnen sagen, wessen Sie schuldig sind.... Und indem der Nationalsozialismus dem von ihm selbst erfundenen jüdischen Volk Rassismus, Weltherrschaftsstreben und kosmopolitische Gleichgültigkeit gegenüber der deutschen Nation vorwarf, projizierte er seine eigenen Züge auf die Juden. „Diese Art von Argumentation ist uns bereits begegnet.

Aber das ist nur ein Aspekt des Antisemitismus", schrieb Vasili Grossman. Antisemitismus ist Ausdruck eines Mangels an Talent, der Unfähigkeit, in einem mit gleichen Waffen ausgetragenen Wettbewerb zu gewinnen; und das gilt für alle Bereiche, für die Wissenschaft ebenso wie für den Handel, das Handwerk, die Malerei. Der Antisemitismus ist das Maß der menschlichen Mittelmäßigkeit..... Der Antisemitismus ist Ausdruck der Unkultur der Masse der Bevölkerung, die nicht in der Lage ist, die wahren Ursachen ihrer Armut und ihres Leidens zu analysieren. Ungebildete Menschen sehen in den Juden die Ursache für ihr Unglück und nicht in der sozialen Struktur und dem Staat. Aber auch der Antisemitismus der Massen ist nur ein Aspekt davon. Antisemitismus ist das Maß für die religiösen Vorurteile, die in den unteren Schichten der Gesellschaft latent vorhanden sind.... Es zeugt nur davon, dass es Idioten, Neider und erfolglose Menschen auf der Welt gibt[621]." Das absolute Geheimnis

Die folgenden Zeilen werden uns helfen, Solschenizyns Erstaunen und Empörung besser zu verstehen. Angesichts einer solchen Diskrepanz zur Realität weiß man nicht, ob das Unverständnis der Situation einem listigen Versuch entspricht, „den anderen" zu täuschen, oder ob es irgendwie eine rührende Aufrichtigkeit widerspiegelt.

Shmuel Trigano machte keinen Hehl aus seiner Überraschung über die Erscheinungsformen des Antisemitismus, indem er sagte: „Eines der größten Rätsel der Moderne ist zweifellos (lange vor dem Rassismus) das Phänomen des Antisemitismus, das trotz einer immensen Bibliothek zu diesem Thema immer noch unerklärt ist....Man hat bis heute nicht verstanden, warum die modernen Menschen, die Bürger des *Demos*, andere Bürger unter dem Vorwand angegriffen haben, dass sie Juden seien... Der

---

[621]Vasili Grossman, *Leben und Schicksal*, Galaxia Gutenberg, 2007, Barcelona, S. 362, 363, 364.

größte Historiker des Antisemitismus, Leon Poliakov, hat eine große Geschichte des Antisemitismus geschrieben, aber wenn man sie liest, weiß man immer noch nicht, warum es den Juden passiert ist. Das antisemitische Phänomen ist sicherlich eines der wichtigsten Phänomene, das ebenso wie der Faschismus und der Totalitarismus ein Geheimnis geblieben ist[622]." Genau das hat auch der französische Philosoph André Glucksmann in seinem 2004 erschienenen Buch *Der Diskurs des Hasses* gesagt: „Der Hass auf die Juden ist das Rätsel aller Rätsel. Diese zerstörerische Leidenschaft überspannt die Jahrtausende, nimmt verschiedene Formen an und wird immer wieder aus der Asche der verschiedenen Fanatismen, die sie motivieren, neu geboren. Sie schien christlich zu sein, aber als Europa entchristlicht wurde, erreichte sie ihren Höhepunkt. Wir dachten, sie wäre nach Hitler ausgelöscht worden, aber jetzt ist sie global geworden... Für den Antisemiten ist das Objekt seiner Abneigung immer noch ein UFO. Er weiß nicht, von wem oder was er spricht... Der Jude ist keineswegs die Ursache des Antisemitismus; wir müssen diese Leidenschaft für sich selbst analysieren, als ob der Jude, den er verfolgt, ohne ihn zu kennen, nicht existieren würde... Seit zwei Jahrtausenden ist der Jude eine Quelle des Unbehagens. Zwei Jahrtausende lang war sie eine lebendige Frage für die ganze Welt. Zwei Jahrtausende der Unschuld, die nichts mit[623] zu tun haben." Für den Nobelpreisträger Elie Wiesel sind Antisemiten die Feinde der Menschheit. Es sei schlichtweg unmöglich, dass Menschen rational eine Feindschaft gegen Juden hegen könnten: „Es ist so, und man kann nichts dagegen tun, schrieb er: Der Feind der Juden ist der Feind der Menschheit. Und andersherum. Indem er Juden tötet, tötet der Mörder mehr als nur Juden. Er fängt mit den Juden an, aber dann wird er es unweigerlich an den anderen ethnischen Gruppen, Religionen oder sozialen Gruppen auslassen... Indem sie die Juden töteten, nahmen die Mörder den Mord an der gesamten Menschheit auf sich[624]." In seinen *Memoiren* schrieb Elie Wiesel auch: „Eine französische Schriftstellerin hat in einer Pariser Monatszeitschrift einen Artikel veröffentlicht mit dem Titel: „Die Juden nerven mich" - in Wirklichkeit hat sie einen gröberen Ausdruck verwendet, aber die Bedeutung bleibt dieselbe. Was beweist das? Dass die Gesellschaft krank ist? Der Antisemitismus war schon immer ein moralisches Barometer. Der Judenhass war nie auf die Juden allein beschränkt: Er schwappt über und richtet sich gegen andere Minderheiten. Es beginnt mit dem Hass auf den Juden und endet mit der Abscheu vor denen, die anders sind, die von woanders kommen, die anders denken und leben. Deshalb betrifft der Antisemitismus nicht nur Juden, sondern die gesamte Gesellschaft, in der wir leben... Während ich diese Zeilen

---

[622]Shmuel Trigano, *L'Idéal démocratique...*, Odile Jacob, 1999, S. 17, 92
[623]André Glucksmann, *Le Discours de la haine*, Plon, 2004, S. 73, 86, 88.
[624] Elie Wiesel, *Mémoires, tome II*, Éditions du Seuil, 1996, S. 72, 319.

schreibe, steigt die antisemitische Flut. Fünfundsechzig mehr oder weniger einflussreiche rassistische Gruppen verbreiten in den Vereinigten Staaten Hass. In Japan stehen antisemitische Bücher auf den Bestsellerlisten... Einmal entfesselt, kennt der Hass keine Grenzen mehr. Hass ruft nach Hass. Der Hass tötet den Menschen in seinem Inneren, bevor er ihn tötet[625]." Ist es das Schicksal des jüdischen Volkes, alles Leid ewig ertragen zu müssen? Gibt es eine Möglichkeit, dem Unrecht in dieser Welt ein Ende zu setzen: „Juden waren in der Geschichte Opfer, nicht Mörder.... Juden wurden nicht für das verurteilt, was sie getan oder gesagt hatten, sondern dafür, dass sie waren, was sie waren: die Söhne und Töchter eines Volkes, dessen Leiden das älteste in der Geschichte ist626. „Aber wir wissen immer noch nicht, warum sie die ewigen Opfer sind.

Auch Alexandre Adler, der Herausgeber der bekannten Zeitung *Courrier international*, konnte sich das Phänomen trotz seiner immensen Kultur nicht erklären: „Warum sind die Juden zu einer Art Schutzpatron geworden, zum absoluten Nullpunkt der Politik der rassistischen Vernichtung der Menschheit? Ich behaupte in aller Ruhe, dass diese Frage durch eine Reihe von Verkettungen von Ursachen und Wirkungen beantwortet wurde, die ein kurzes Licht auf bestimmte Aspekte dieser Politik werfen, dass aber ihr plötzliches Auftauchen noch nie erklärt wurde. Wir verweisen unsere Leser auf die aktuellen Erklärungen, in denen der koloniale Rassismus des 19. Jahrhunderts mit dem heidnischen Sektierertum der Anfänge der modernen Biologie vermischt wird, auf den weit verbreiteten Eugenizismus, selbst in demokratischen Regimen, auf den deutschen Antisemitismus, der in den Erwiderungen Richard Wagners reifte, im dummen und selbstgefälligen Glanz Wilhelms II. und seines Sohnes, verschärft durch den rasanten Aufstieg jüdischer Eliten in der Weimarer Republik und die vermeintlich unerträglichen Traumata des Ersten Weltkriegs, die merkwürdigerweise anderswo, wie etwa in Frankreich oder England, nur übersteigerte pazifistische Stimmungen hervorriefen. Wir verstehen den Modus Operandi des Völkermords immer besser, aber wir verstehen nicht ganz das plötzliche Auftauchen dieses schwarzen Lochs, dieses Abgrunds627." In „*Schwierige Freiheit"* äußerte der große Philosoph Emmanuel Levinas zunächst eine gewisse Zurückhaltung gegenüber den Worten von Simone Weil, die behauptete, sie sei „empört" über die unzähligen Grausamkeiten, die von den Juden begangen wurden und von denen im Alten Testament berichtet wird. Sie stimmte zwar zu, dass „die Ausrottung der kanaanäischen Völker bei der Eroberung des Gelobten Landes die unverdaulichste aller unverdaulichen

---

[625]Elie Wiesel, *Mémoires, Tome II*, Éditions du Seuil, 1996, S. 128-129.
[626]Elie Wiesel, *Mémoires, Tome II*, Éditions du Seuil, 1996, S. 241, 283.
[627]Alexandre Adler, *Le Figaro*, 26. Januar 2005

Stellen in der Bibel" sei, wie Simone Weil behauptete628, aber ihre Antwort war stattdessen überraschend scharf - oder unverhohlen, je nachdem, was man wählt: „Das Außergewöhnliche ist, dass das Gleiche für uns gilt. Das Außergewöhnliche ist, dass das jüdische Gewissen, das gerade im Kontakt mit dieser strengen Moral mit Verpflichtungen und Sanktionen geformt wurde, dort den absoluten Horror vor Blut gelernt hat629." „Verfolgt zu werden, schuldig zu sein, ohne eine Schuld begangen zu haben, ist keine Erbsünde, sondern die andere Seite einer universellen Verantwortung - einer Verantwortung gegenüber dem Anderen -, die älter ist als jede Sünde[630]." Das Buch „Jüdische Porträts" lieferte uns wieder einige anschauliche und übereinstimmende Zeugnisse:

Walter Laqueur, Historiker und Schriftsteller in London, geboren 1921 in Breslau: „Woher kommt der Antisemitismus? - Das wisse man nicht genau, antwortete er. Es ist sehr selten, dass Historiker klare und unmissverständliche Antworten haben. Dieses Phänomen der Ausgrenzung ist bei allen verstreuten Völkern zu beobachten: bei den Chinesen in Asien, den Indern in Afrika und bei allen Völkern, die nicht in einem Land zusammenleben, das ihnen gehört." Der 1903 in Riga geborene Religionsphilosoph und Biochemiker Yeshayahu Leibowitz sagte: „Adolf Hitler ist nicht der Höhepunkt des traditionellen deutschen Antisemitismus: Es handelt sich um ein Phänomen ganz anderer Art, das historisch nicht nachvollziehbar ist. Für mich ist der Antisemitismus kein Problem der Juden, sondern der Nichtjuden[631]." Genau das schrieb Jean-Paul Sartre 1946 in seinem berühmten Essay Reflexionen über die Judenfrage632 : „Richard Wright, der schwarze Schriftsteller, sagte kürzlich: „Es gibt kein schwarzes Problem in den Vereinigten Staaten; es gibt nur ein weißes Problem. Genauso werden wir sagen, dass Antisemitismus kein jüdisches Problem ist: Es ist unser Problem... wir müssen schon sehr blind sein, um nicht zu sehen, dass Antisemitismus in erster Linie unser Problem ist633." „Wir würden in der Tat nichts vom Antisemitismus verstehen, wenn wir uns nicht daran erinnern würden, dass der Jude, das Objekt so vieler Verunglimpfungen, vollkommen unschuldig und, ich wage es zu sagen,

---

[628]Es handelt sich um die Philosophin Simone Weil (1909-1943) und nicht um die französische Politikerin Simone Veil, Überlebende von Auschwitz und treibende Kraft hinter dem Gesetz zur Legalisierung der Abtreibung in Frankreich im Jahr 1975. [Die Politikerin Simone Veil ruht seit 2018 im Pariser Pantheon, zusammen mit den großen Persönlichkeiten der französischen Nation (NdT)]

[629]Emmanuel Levinas, Schwierige Freiheit, Aufsätze zum Judentum. Ediciones Lilmod, Buenos Aires, 2004, S. 166.

[630]Emmanuel Levinas, Difficile liberté, Albin Michel, 1963, 1995, S. 290.

[631]Herlinde Loelbl, Portraits juifs, L'Arche, 1989, 2003 für die französische Fassung.

[632]Jean-Paul Sartre, Réflexions sur la question juive, 1946, Gallimard, 1954.

[633]Jean-Paul Sartre, Überlegungen zur Judenfrage, Ediciones Sur, Buenos Aires, 1948, S. 141.

harmlos ist. Deshalb bemüht sich der Antisemit, uns von geheimen jüdischen Vereinigungen, von gefährlicher und heimlicher Freimaurerei zu erzählen. Trifft er aber einen Juden von Angesicht zu Angesicht, so ist er meist ein schwacher Mensch, der sich nicht einmal verteidigen kann, weil er auf Gewalt nicht vorbereitet ist. Es ist diese individuelle Schwäche des Juden, die ihm Hand und Fuß bei den Pogromen634 gibt." „Juden sind die friedlichsten Menschen. Sie sind leidenschaftliche Gegner der Gewalt. Und diese hartnäckige Sanftmut, die sie inmitten der grausamsten Verfolgungen bewahren, dieser Sinn für Gerechtigkeit und Vernunft, den sie als einzige Verteidigung gegen eine feindselige, brutale und ungerechte Gesellschaft vorbringen, ist vielleicht die beste Botschaft, die sie uns überbringen, und das wahre Zeichen ihrer Größe635. „In Wirklichkeit sind die Verleumdungen gegen sie und die ständige Feindseligkeit der Europäer die eigentliche Wurzel des Problems: „Denn kaum zeigen sie uns hinter dem Juden den internationalen Kapitalismus, den Imperialismus der „Trusts" und der Waffenhändler, kaum zeigen sie uns den Bolschewismus mit dem Messer zwischen den Zähnen, zögern sie nicht, für den Kommunismus die israelischen Bankiers, die entsetzt sein müssten, und für den kapitalistischen Imperialismus die elenden Juden, die die *Rue des Rosiers636* bevölkern, gleichermaßen verantwortlich zu machen." „Der Jude ist ein Mensch, den andere Menschen als Juden betrachten: das ist die einfache Wahrheit, von der man ausgehen muss...der Antisemit macht den Juden...Tatsächlich haben wir gesehen, dass entgegen einer weit verbreiteten Meinung nicht der jüdische Charakter den Antisemitismus verursacht, sondern dass es umgekehrt der Antisemit ist, der den Juden erschafft...Wenn es den Juden nicht gäbe, würde der Antisemit ihn erfinden637." Der Jude, so Sartre, „kann sich entscheiden, mutig oder feige, traurig oder fröhlich zu sein; er kann sich entscheiden, die Christen zu töten oder sie zu lieben. Aber er kann sich nicht dafür entscheiden, kein Jude zu sein. Oder besser gesagt, wenn er sich für Letzteres entscheidet, wenn er erklärt, dass der Jude nicht existiert, wenn er gewaltsam und verzweifelt den jüdischen Charakter in sich selbst verleugnet, ist er gerade deshalb ein Jude. Denn ich, der ich kein Jude bin, habe nichts zu leugnen, nichts zu beweisen, während der Jude, wenn er beschlossen hat, dass seine

---

[634]Jean-Paul Sartre, *Überlegungen zur Judenfrage*, Ediciones Sur, Buenos Aires, 1948, S. 42.

[635]Jean-Paul Sartre, *Überlegungen zur Judenfrage*, Ediciones Sur, Buenos Aires, 1948, S. 109.

[636]Jean-Paul Sartre, *Reflexiones sobre la cuestión judía*, Ediciones Sur, Buenos Aires, 1948, S. 35 [Die *Rue des Rosiers* befindet sich im Zentrum des traditionellen jüdischen Viertels Marais (heute „Schwulenviertel", wie Chuecas in Madrid, im 4.]

[637]Jean-Paul Sartre, *Überlegungen zur Judenfrage*, Ediciones Sur, Buenos Aires, 1948, S. 64, 133, 12

Rasse nicht existiert, dies zu beweisen hat638." Auf den ersten Blick ist die Angelegenheit für diejenigen, die mit dem Thema nicht vertraut sind, zweifellos ein wenig kompliziert. Wir wissen nicht, ob es klar werden würde, dass „Sartre", vom lateinischen sartor, „Schneider" bedeutet und dass Jean-Paul Sartre der Großneffe des Friedensnobelpreisträgers Albert Schweitzer war; Schweitzer war der Nachname von Jean-Paul Sartres Mutter.

In der Tat scheint all dies ziemlich verworren, aber wir finden unsere Leuchttürme wieder, wenn Sartre zu Recht ein anderes charakteristisches Merkmal des jüdischen Denkens herausstellt: „Der beste Weg, sich nicht jüdisch zu fühlen, ist, zu argumentieren, weil das Argumentieren für jeden gilt und von jedem überarbeitet werden kann: Es gibt keine jüdische Art, Mathematik zu betreiben.Er hat einen Hang zur reinen Intelligenz, die er gerne über alles und nichts ausübt...Er sieht sich selbst als Missionar des Universellen...Es ist kein Zufall, dass Leon Brunschvieg, ein israelitischer Philosoph, den Fortschritt der Vernunft und den Fortschritt der Einigung (Einigung der Ideen, Einigung der Menschen)639 gleichsetzt. „In der Tat sind wir bereits mit dieser Art von Vorliebe für das Argumentieren konfrontiert worden.

Bei Jean-Paul Sartre sind marxistische Themen (Klassenkampf, Revolution, Internationalismus usw.) sehr präsent. Seine Analyse des Antisemitismus ähnelt daher der des von Solschenizyn zitierten bolschewistischen Führers Larin: „Der Antisemitismus ist eine mythische und bürgerliche Darstellung des Klassenkampfes und könnte in einer klassenlosen Gesellschaft nicht existieren....In einer klassenlosen Gesellschaft, die sich auf das kollektive Eigentum an den Arbeitsmitteln gründet, wenn der Mensch, befreit von den Halluzinationen der Welt, endlich sein Unternehmen in Angriff nehmen wird, das darin besteht, das Reich der Menschheit ins Leben zu rufen, wird der Antisemitismus keine Existenzberechtigung mehr haben640." Abschließend schrieb der Philosoph: „Kein einziger Franzose wird frei sein, solange die Juden nicht in den vollen Genuss ihrer Rechte kommen. Kein einziger Franzose wird sicher sein, solange ein Jude in Frankreich und in der ganzen Welt um sein Leben fürchten kann641. „Mit diesen Worten endete dieser brillante Aufsatz, der so stark zum Verständnis des Problems beigetragen hat.

---

638 Jean-Paul Sartre, *Überlegungen zur Judenfrage*, Ediciones Sur, Buenos Aires, 1948, S. 83.

639 Jean-Paul Sartre, *Überlegungen zur Judenfrage*, Ediciones Sur, Buenos Aires, 1948, S. 103-105.

640 Jean-Paul Sartre, *Überlegungen zur Judenfrage*, Ediciones Sur, Buenos Aires, 1948, S. 139.

641 Jean-Paul Sartre, *Überlegungen zur Judenfrage*, Ediciones Sur, Buenos Aires, 1948, S. 142.

Der Antisemitismus ist umso schwerer zu verstehen, als sich die Juden des Westens seit ihrer Emanzipation im 19. Jahrhundert in ihre jeweiligen Länder integriert haben und häufig einen ausgeprägten Patriotismus an den Tag legen. So argumentierte Patrice Bollon in der Literaturzeitschrift *Le Figaro littéraire* vom 18. November 2004. Frankreich könne stolz darauf sein, das erste europäische Land gewesen zu sein, das den Juden die Emanzipation und die volle Anerkennung von Rechten gewährt habe, die denen der anderen Bürger gleichgestellt seien. Es war auch das Land, das 1870 „35.000 sephardische Juden aus Algerien kollektiv einbürgerte, die jahrhundertelang von den Osmanen als Untertanen zweiter Klasse gehalten, in ihrer Religionsfreiheit mit unverhältnismäßigen Steuern belastet und wirtschaftlich und sozial ausgegrenzt worden waren. „Das republikanische Frankreich befreite sie 1870 dank des energischen Einsatzes des Justizministers Gambetta und von Adolphe (Isaac Jacob) Cremieux, der selbst Präsident der Universal Israelite Alliance war. Der Patriotismus der französischen Juden hat sich im Laufe der Jahre bei vielen Gelegenheiten zugunsten des Landes der Menschenrechte gezeigt. Während des Ersten Weltkriegs zum Beispiel, schrieb Patrice Bollon, „gab es in ihren Reihen proportional mehr Tote als unter den einheimischen Franzosen. „Diese Behauptung schien jedoch der bis dahin verbreiteten Meinung zu widersprechen, wie Sartre selbst 1946 schrieb: „Wenn man geglaubt hat, dass die Zahl der jüdischen Soldaten 1914 geringer war, als sie hätte sein müssen, dann nur, weil man die Neugier hatte, die Statistiken zu konsultieren642. „Im Armeemuseum in Paris, im großen Saal, der dem Ersten Weltkrieg gewidmet ist, kann man jedoch in einer großen Glasvitrine nebeneinander zwei von feindlichen Kugeln durchbohrte *Pilotenhelme* sehen643. Eine der beiden gehörte einem „Dupont", die andere aber, und das ist das Wichtigste, gehörte einem „Lévy", was sehr deutlich zeigt, dass viele Juden ihr Blut vergossen haben, um das Vaterland zu verteidigen, wie die Aufschrift auf dem Helm verriet.

Schließlich stimmte Patrice Bollon mit Daniel Sibony überein, als er sagte, dass die Juden „eine Vogelscheuche sind, die von Antisemiten erfunden wurde, um unter dem Deckmantel ihrer Identität ihre eigenen „Fehler" oder ihren „Mangel an Identität" zu leugnen oder zu verdrängen. An diesem Punkt unseres Studiums und angesichts einer solch subtilen Argumentation wird der aufmerksame Leser den unverwechselbaren „Stil" erkennen, jenen intellektuellen „Stil", den man sich nach langen Jahren des Studiums des Talmuds644 angeeignet hat. Dieses wunderbare Buch ist sehr

---

[642]Jean-Paul Sartre, *Überlegungen zur Judenfrage*, Ediciones Sur, Buenos Aires, 1948, S. 13.

[643]Französische Soldaten des Ersten Weltkriegs, daher der Spitzname (NdT).

[644]Patrice Bollon berichtet, dass gerade drei Werke zum selben Thema erschienen sind: *La France et les Juifs, de 1789 à nos jours,* von Michel Winock, 22€; *La République et*

nützlich, um zu lernen, wie man aus den extremsten Situationen herauskommt, um „den Ausweg zu finden", wie Samuel Pisar und George Soros sagen würden.

Das Unverständnis der Juden gegenüber dem Phänomen des Antisemitismus wurde durch ein anderes wertvolles Zeugnis, das des großen Schriftstellers Stefan Zweig, gut illustriert. In *Die Welt von gestern, Erinnerungen eines Europäers,* schildert er das Leben in der österreichischen Hauptstadt zu Beginn des 20. Jahrhunderts und die großen Veränderungen, die darauf folgten. Sein aus Mähren stammender Vater war ein mächtiger Textilindustrieller, seine Mutter stammte aus einer Bankiersfamilie mit Sitz in der Schweiz, Paris und New York. „Seine Lebensweise erscheint mir so typisch für das sogenannte „gute jüdische Bürgertum" (jenes Bürgertum, das der Wiener Kultur so wesentliche Werte gab und das im Gegenzug vollständig ausgerottet werden musste645)". Wien war zu dieser Zeit neben Paris die kulturelle und künstlerische Hauptstadt Europas. „Die Stadt war einladend und mit einem besonderen Sinn für Empfänglichkeit ausgestattet, sie zog die unterschiedlichsten Kräfte an, spannte sie auf, besänftigte und beruhigte sie; das Leben in einer solchen Atmosphäre der geistigen Versöhnung war Balsam, und der Bürger wurde unbewusst auf einer supranationalen, kosmopolitischen Ebene zum Weltbürger erzogen646. „Das Genie Wiens", schrieb Zweig, „hatte immer darin bestanden, alle nationalen und sprachlichen Gegensätze in sich zu harmonisieren, und seine Kultur war eine Synthese aller westlichen Kulturen; wer dort lebte und arbeitete, fühlte sich frei von der Enge der Vorurteile. Nirgendwo sonst war es einfacher, Europäer zu sein647." In Wien waren jedoch einige vorherrschende Traditionen dem jungen Intellektuellen zutiefst zuwider. Offensichtlich war die Integration der jungen Juden in die germanische Gesellschaft nicht vollständig: „In den Fechtstuben der „Zünfte" wurde den neuen Studenten diese edle und wichtige Tätigkeit beigebracht, und außerdem wurden sie in die Sitten des Vereins eingeweiht.... Trinken bis zum Erbrechen, einen großen Krug Bier in einem Zug bis zum letzten Tropfen leeren (die Feuerprobe), um glorreich zu beweisen, dass man kein „Weichei" war, oder Studentenlieder im Chor schreien und die Polizei verhöhnen, indem man den Stechschritt markiert

---

les antisémites, von Nicolas Weill, 12€; *L'Énigme antisémite*, von Daniel Sibony, 14€. Schnell, der ganze Bestand muss weg.

[645]Stefan Zweig, *El mundo de ayer; memorias de un Europeo*, Acantilado 44, Barcelona, S. 8.

[646]Stefan Zweig, *El mundo de ayer; memorias de un Europeo*, Acantilado 44, Barcelona, S. 11, 12.

[647]Stefan Zweig, *El mundo de ayer; memorias de un Europeo*, Acantilado 44, Barcelona, S. 17.

und nachts auf der Straße Krawall macht. All das galt als „männlich", „studentisch" und „deutsch", und wenn die Korporationen mit ihren Mützen und bunten Armbinden auf ihren samstäglichen „Straßenparaden" fahnenschwenkend umherzogen, fühlten sich diese einfältigen Burschen, getrieben von ihrem eigenen Trieb zu absurdem Stolz, als die wahren Vertreter der intellektuellen Jugend....Wir hingegen waren nur angewidert von diesem *albernen* und brutalen *Treiben*, und als wir über eine dieser Horden mit Armbinden stolperten, bogen wir klugerweise um die Ecke... und vermieden so jede Begegnung mit diesen traurigen Helden648." Während des Ersten Weltkriegs gelang es Stefan Zweig, sich dem Militärdienst zu entziehen: „Obwohl ich zweiunddreißig Jahre alt geworden war, hatte ich vorerst keine militärische Verpflichtung, weil ich bei allen Prüfungen für unbrauchbar erklärt worden war, worüber ich damals sehr froh war... Heldentum liegt nicht in meinem Wesen. In allen gefährlichen Situationen war es immer meine natürliche Einstellung, sie zu vermeiden. Also suchte ich nach einer Tätigkeit, bei der ich etwas tun konnte, ohne als Aufwiegler dazustehen, und die Tatsache, dass ein Freund, ein hochrangiger Offizier, im Archiv arbeitete, ermöglichte es mir, dort eingestellt zu werden. „In Wien hatte ich mich von meinen alten Freunden entfremdet, und es war nicht die Zeit, um neue Freunde zu finden. Mit Rainer Maria Rilke habe ich nur wenige Gespräche geführt, weil wir uns sehr gut verstanden haben. Es gelang uns auch, ihn für unser einsames Kriegsarchiv zu gewinnen, da er als Soldat wegen seiner überempfindlichen Nerven, denen Schmutz, schlechte Gerüche und Geräusche echtes körperliches Unbehagen bereiteten, der unbrauchbarste Mensch gewesen wäre649." Stefan Zweig wetterte gegen die Lügen, mit denen der kriegerische Patriotismus der österreichisch-ungarischen Monarchie bedient werden sollte: „Dutzende von Menschen in Deutschland schworen, dass sie kurz vor Ausbruch des Krieges mit eigenen Augen gesehen hätten, wie mit Gold beladene Wagen von Frankreich nach Russland fuhren; Geschichten über ausgehöhlte Augen und abgetrennte Hände, die in allen Kriegen pünktlich am dritten oder vierten Tag zu kursieren beginnen, füllten die Zeitungen650. „Wir sehen, dass die Leichtgläubigkeit des Pöbels keine Grenzen kannte; was die Augenzeugenberichte angeht, so waren sie definitiv fragwürdig. Die staatliche Gehirnwäsche und die Propaganda, die das öffentliche Leben von allen Seiten durchdrang, brachten ihn dazu, sich für den Pazifismus zu

---

648Stefan Zweig, *El mundo de ayer; memorias de un Europeo*, Acantilado 44, Barcelona, S. 51.
649Stefan Zweig, *El mundo de ayer; memorias de un Europeo*, Acantilado 44, Barcelona, S. 118-122.
650Stefan Zweig, *El mundo de ayer; memorias de un Europeo*, Acantilado 44, Barcelona, S. 121.

engagieren. Mitten im Krieg war das nicht einfach zu bewerkstelligen. Zu Ostern 1917 präsentierte Stefan Zweig eine Tragödie, die dem vorherrschenden Geist widersprach. Er thematisierte die Figur des jüdischen Propheten Jeremia: „War es nicht mein Volk, das immer wieder von allen anderen Völkern besiegt wurde und doch dank einer geheimnisvollen Macht überlebte, nämlich der, die Niederlage in einen Sieg zu verwandeln... Haben unsere Propheten nicht jene ewige Verfolgung und Vertreibung vorausgesehen, die uns heute wieder wie Müll auf die Straße wirft651? „ Entgegen seinen Erwartungen wurde das Stück gut aufgenommen und war recht erfolgreich. Die Realität ist, dass drei Jahre Krieg den Chauvinismus gedämpft haben und der Wunsch nach Frieden größer geworden ist.

Nach dem Waffenstillstand war die Lage in Österreich und vor allem in Deutschland äußerst schwierig. Die Ermordung von Walter Rathenau, dem wohlhabenden deutschen Elektrizitätsmagnaten, der gerade zum Minister ernannt worden war, erschütterte das gesamte Kaiserreich. Der Autor hinterließ uns eine erschütternde Schilderung der Situation im Reich nach der Niederlage und dem Tod von Rathenau, der auch ein Freund von ihm war:

„Ich habe Tage erlebt, da mußte ich morgens fünfzigtausend Mark für eine Zeitung bezahlen und abends hunderttausend... Schnürsenkel kosteten mehr als ein Paar Schuhe, nein, was soll ich sagen, mehr als ein Luxusschuhgeschäft mit zweitausend Paar Schuhen; ein zerbrochenes Fenster kostete mehr als ein ganzes Haus; ein Buch kostete mehr als eine Druckerei mit allen Maschinen; mit hundert Dollar konnte man Reihen von sechsstöckigen Häusern am Kurfürstendamm kaufen; ein Buch kostete mehr als eine Druckerei mit allen Maschinen. Mit hundert Dollar konnte man Reihen von sechsstöckigen Häusern am Kurfürstendamm kaufen; Fabriken kosteten nach dem damaligen Wechselkurs nicht mehr als früher eine Schubkarre... Tausende von Arbeitslosen irrten müßig durch die Straßen und erhoben ihre Fäuste gegen die Lumpensammler und die Ausländer in ihren Luxusautos, die eine ganze Straße aufkauften, als wäre sie eine Streichholzschachtel... Ich glaube, ich kenne die Geschichte ziemlich gut, aber soweit ich weiß, hat es noch nie eine Zeit des Wahnsinns von so gewaltigem Ausmaß gegeben. Alle Werte, nicht nur die materiellen, hatten sich verändert; die Menschen spotteten über staatliche Verordnungen, hatten keinen Respekt vor Ethik und Moral, Berlin wurde zum Babel der Welt. Bars, Nachtclubs und Kneipen schossen wie Pilze aus dem Boden. Was wir in Österreich gesehen hatten, erwies sich als ein zaghaftes und sanftes Vorspiel zu diesem Hexenzirkel, denn die Deutschen setzten ihre ganze Vehemenz und Systematisierungsfähigkeit für die

---

[651]Stefan Zweig, *El mundo de ayer; memorias de un Europeo*, Acantilado 44, Barcelona, S. 131.

Perversion ein. Entlang des Kurfürstendamms flanierten junge Männer mit Schminke und künstlichen Taillen, nicht alle von ihnen waren Berufstätige; alle Abiturienten wollten etwas verdienen, und in schäbigen Bars sah man Staatssekretäre und wichtige Finanziers, die betrunkenen Matrosen liebevoll den Hof machten, ohne zu zögern. Selbst das Rom des Sueton kannte keine solchen Orgien wie die Berliner Transvestitenbälle, bei denen Hunderte von als Frauen verkleideten Männern und als Männer verkleidete Frauen vor den wohlwollenden Augen der Polizei tanzten. Mit dem Verfall aller Werte setzte eine Art Wahnsinn gerade in den bürgerlichen Kreisen ein, die bis dahin in ihrer Ordnung sehr konservativ waren. Die Mädchen rühmten sich stolz, pervers zu sein; in jeder Berliner Schule wäre es eine Schande gewesen, mit sechzehn im Verdacht der Jungfräulichkeit zu stehen; sie wollten alle ihre Abenteuer erklären können, und je exotischer, desto besser....

„Der deutsche orgiastische Kult, der mit der Inflation kam, war im Grunde nichts anderes als eine fiebrige Affenimitation... Diejenigen, die diese apokalyptischen Monate und Jahre erlebten, waren abgestumpft und wütend und spürten, dass es eine Reaktion geben musste, eine schreckliche Reaktion". „Nichts hat das deutsche Volk so vergiftet, das sollte man sich immer vor Augen halten, nichts hat seinen Hass so entfacht und ihn so reif gemacht für die Ankunft Hitlers wie die Inflation... eine ganze Generation hat der deutschen Republik diese Jahre weder vergessen noch verziehen." Doch für Stefan Zweig waren die Verantwortlichen für dieses gigantische Debakel nicht die marxistischen Bosse, die wir in den vorangegangenen Kapiteln am Werk sahen, und auch nicht die spekulativen Plutokraten, die ihr kolossales Vermögen auf dem deutschen Elend aufbauten; nein, es waren die Reaktionäre und die Nazis, die dafür verantwortlich waren: „Diejenigen, die das deutsche Volk in dieses Chaos gestürzt hatten, standen nun lächelnd im Hintergrund, die Uhr in der Hand: „Je schlechter es dem Land geht, desto besser für uns652 „„. Stefan Zweig hätte an die ruchlose Rolle einiger Finanziers erinnern können. Drei von ihnen, Strauss, Goldschmidt und Gutman, organisierten den Fall der Mark, um einen Teil der deutschen Industrie zu einem horrenden Preis aufzukaufen. Zu ihrem Glück konnten sie den Folgen entgehen: Strauss starb in der Schweiz, Gutman in den Vereinigten Staaten und Goldschmidt in London.

Hitlers Machtübernahme im Jahr 1933 sollte einen neuen Exodus der Juden nach sich ziehen. Zweigs Aussage zu diesem Punkt war aufschlussreich: „Eine gigantische Masse" floh „in Panik vor Hitlers Feuer, belagerte die Bahnhöfe an allen Grenzen" Europas. Ein „ganzes vertriebenes Volk, dem das Recht verweigert wurde, ein Volk zu sein, und doch ein Volk, das sich zweitausend Jahre lang nichts anderes gewünscht

---

652Stefan Zweig, *El mundo de ayer; memorias de un Europeo*, Acantilado 44, Barcelona, S. 160-162.

hatte, als nie wieder auswandern zu müssen und unter seinen ruhenden Füßen ein Land zu spüren, ein ruhiges und friedliches Land. „1942, noch in Unkenntnis des Völkermordes, schrieb Zweig aus den Vereinigten Staaten: „Das Tragischste an dieser jüdischen Tragödie des Jahrhunderts ist jedoch, dass diejenigen, die sie erlitten haben, keinen Sinn oder keine Schuld in ihr fanden. „Dieser scharfe Beobachter, Stefan Zweig, hatte er wirklich nichts von der marxistischen Agitation gesehen, die seine eigenen Glaubensgenossen in allen Städten Deutschlands betrieben, und auch nichts von der Rolle der großen Spekulanten? Wie ist es möglich, dass dieser brillante Schriftsteller - unserer Meinung nach der einzige unter allen, die wir rezensiert haben, der ein wirkliches literarisches Talent aufweist - so stumpfsinnig und paradox ist, wenn es darum geht, die feindseligen Reaktionen der Bevölkerung zu verstehen? Das Gefühl für die eigene Identität, das er über sein Theaterstück von 1917, seine erklärte Verachtung für seine Kommilitonen oder seine Identität als „Weltbürger" zum Ausdruck brachte, hätte ein Ansatzpunkt für eine Erklärung oder zumindest ein Fragezeichen sein können. Wie konnte er den offensichtlichen Widerspruch zwischen dem Stolz, vor dem europäischen Konflikt Jude zu sein, und der anschließenden Behauptung, er sei immer „integriert" gewesen, nicht erkennen? Für ihn gab es, trotz seiner brillanten Intelligenz, auch keine „Erklärung" für das Wiederaufleben antisemitischer Ressentiments.

„Die Juden des Jahrhunderts hingegen waren schon lange keine Gemeinschaft mehr. Sie hatten keinen gemeinsamen Glauben, betrachteten ihr Judentum eher als Last denn als Quelle des Stolzes und hatten kein Sendungsbewusstsein...Mit all ihrem immer ungeduldiger werdenden Eifer strebten sie danach, sich in die sie umgebenden Völker einzugliedern und zu integrieren, sich in der Gemeinschaft aufzulösen...So verstanden sie sich nicht mehr, verschmolzen mit den anderen Völkern: Sie waren längst mehr Franzosen, Deutsche, Engländer oder Russen als Juden...Was war die Ursache, der Sinn und das Ziel dieser absurden Verfolgung? Sie wurden von ihrem Land vertrieben und erhielten kein anderes Land. Man sagte ihnen: Wir wollen nicht, dass ihr unter uns lebt, aber man sagte ihnen nicht, wo sie leben sollten. Man machte sie für ihre Schuld verantwortlich und verweigerte ihnen die Möglichkeit, sie zu sühnen. Und sie sahen sich im Moment der Flucht mit brennenden Augen an und fragten: Warum ich? Warum du?

Warum ich und du, den ich nicht kenne, dessen Sprache ich nicht verstehe, dessen Denkweise ich nicht verstehe, mit dem mich nichts verbindet? Warum wir alle? Und niemand wusste die Antwort. Nicht einmal Freud, der klarste Kopf der Zeit, mit dem ich damals oft gesprochen habe, sah in dieser Absurdität eine Lösung oder einen

Sinn653. " Wir können hier die Worte von Primo Levi wiederholen, der in Asymmetrie und Leben wenige Tage vor seinem Tod voller Trauer sagte: „Es gab Auschwitz, also kann es keinen Gott geben. Ich kann keine Lösung für dieses Dilemma finden. Ich suche sie, aber ich kann sie nicht finden. " Die Undankbarkeit der anderen

Auch der Milliardär und Philosoph Georges Soros äußerte das gleiche Unverständnis für den Antisemitismus, zumal der Mann in unverantwortlicher Weise investiert hatte, um die Lebensbedingungen der vom Joch des Kommunismus befreiten Menschen in Europa zu verbessern: „Wegen meiner übertriebenen Macht, so schrieb er, bin ich zur Hauptzielscheibe der antisemitischen Diskurse geworden, die die ewige jüdische Verschwörungstheorie nähren. Wenn es jemals einen Mann gab, der dem Stereotyp des jüdisch-plutokratisch-zionistisch-bolschewistischen Menschen entsprach, dann bin ich es..... Darin liegt der Beweis, dass gute Taten immer bestraft werden! Als ich 1979 die *Open Society Foundation* gründete, war es mein Ziel, eine Gesellschaft zu schaffen, in der solche Theorien nicht mehr gebraucht würden. Aber dadurch, dass ich zum Verfechter der offenen Gesellschaft geworden bin, habe ich eine Art mystische Macht in mir konzentriert, die letztlich die Verschwörungstheorie befeuert hat. „Dies führte ihn zu der Schlussfolgerung, dass „man Antisemitismus nicht frontal bekämpfen kann und dass er auch nicht verschwindet, wenn man ihn verbietet. Bildung ist nach wie vor die beste Option, um das Problem zu lösen. Antisemitismus ist der Trost der Unwissenden. Wenn man sie an die frische Luft bringt und dem Licht aussetzt, verschwindet sie654." In Jacques Attalis „Die Juden, die Welt und das Geld" findet sich ebenfalls der Gedanke, dass diejenigen, die sich den Juden widersetzen, große Undankbarkeit zeigen. Im Jahr 325, dem Gründungsdatum des Konzils von Nizäa, schrieb Jacques Attali: „Der christliche Antijudaismus ist gefestigt und beruht auf dem Hass gegen den, der das gute Wort gebracht hat. Hass auf denjenigen, der einen Dienst geleistet hat. Dies wird sich viel später in der Beziehung zum Geld wiederfinden: Hass auf denjenigen, der Geld an diejenigen verleiht, die nicht dafür sind.

andere, nachdem sie sie mit ihrem Gott655 versorgt haben." Was andere Episoden der jüdischen Geschichte betrifft, so verzichtet der Autor darauf, dem Leser weitere Erläuterungen zu geben. Die Vertreibung der Juden aus den Zünften zum Beispiel erklärt Attali nicht mit Logik, sondern

---

[653]Stefan Zweig, *El mundo de ayer; memorias de un Europeo*, Acantilado 44, Barcelona, S. 218-219.
[654]George Soros, *Le Défi de l'argent*, Plon, 1996, S. 185, 188.
[655]Jacques Attali, *Los judíos, el mundo y el dinero*, Fondo de cultura económica, 2005, Buenos Aires, S. 95.

mit der Dummheit und Bosheit der Gojim: „Zu Beginn des Jahrtausends gründeten die Juden sowohl in Südeuropa als auch im Land des Islam und in Konstantinopel ihre eigenen Handwerkszünfte. Im Norden schlossen sie sich den christlichen Zünften an, manchmal offen, manchmal heimlich. Dann wurden sie sowohl im Norden als auch im Süden von den allmächtig gewordenen Zünften von den handwerklichen Berufen ausgeschlossen, selbst von den am wenigsten gefragten Berufen.... Und so bleibt ihnen in vielen Teilen Europas praktisch nichts anderes übrig als der Kuhhandel, das Schlachten und vor allem - tragischerweise - der Geldverleih, eine strategische Beschäftigung in dieser Phase des entstehenden Kapitalismus und der Verfassung der Nationen. Da sie dazu gezwungen sind, werden sie es nach Herzenslust tun. Zu ihrem großen Unglück. Wieder einmal werden sie nützlich sein und man wird sie für die geleisteten Dienste hassen656.'' Dieser Gedanke zieht sich wie ein roter Faden durch das Werk von Jacques Attali: „Sicherlich haben die Rabbiner Recht, wenn sie misstrauisch sind: Trotz des beliebten Zusammenlebens und seines wirtschaftlichen Nutzens ist der Hass zurück. Durch eine kluge Mischung aus Theologie und Wirtschaft wird sich der Westen bald von seinen Gläubigern befreien, indem er sie des Gottesmordes bezichtigt. So werden die jüdischen Gemeinden zur Zielscheibe neuer Angriffe und rutschen unaufhörlich von einem Lager ins andere. Es gibt einen Groll gegen die Juden, weil sie ihren Gott und ihr Geld geliefert haben, denn sie ärgern sich darüber, dass sie weder auf das eine noch auf das andere657 verzichten können.'' Die Undankbarkeit der Gojim hat sich im Laufe der Geschichte bei vielen anderen Gelegenheiten gezeigt: „Während der Gefangenschaft Ludwigs IX. im Jahr 1253 beschloss die Regentin Blanca von Kastilien, seine Mutter, alle Juden aus ihren Staaten zu vertreiben; dann entschied sie sich, wie so viele andere Herrscher, dafür, sie einen Teil des enormen Lösegelds - 400.000 Pfund - zahlen zu lassen, das für die Befreiung des Herrschers gefordert wurde. Bei seiner Rückkehr verbannt der künftige Heilige Ludwig als Zeichen der Dankbarkeit gegenüber denjenigen, die ihm seine Rückkehr ermöglicht haben, die Juden... Die Juden dürfen jedoch bleiben, wenn sie eine neue Steuer zahlen.'' Eine andere beredte Passage lautet: „Die zweitausend venezianischen Juden sind so gut in die verschiedenen Berufe integriert, dass der Doge besorgt ist und sie ab 1420 zur Unterscheidung einen gelben Hut tragen lässt. „Die gleiche Situation nach der Vertreibung aus Spanien im Jahr 1492: „Arme und Reiche gehen gemeinsam, ohne Güter oder fast ohne sie, und ohne zu verstehen, warum sie vertrieben werden.'' „Jahrhundert, in London im zwölften, in Córdoba

---

[656]Jacques Attali, *Los judíos, el mundo y el dinero*, Fondo de cultura económica, 2005, Buenos Aires S. 167.
[657]Jacques Attali, *Los judíos, el mundo y el dinero*, Fondo de cultura económica, 2005, Buenos Aires S. 177, 178.

im dreizehnten, in Sevilla im fünfzehnten, in Frankfurt im achtzehnten Jahrhundert: Je mehr sie gehasst wurden, desto breiter wurde das Spektrum der Dienste, die sie leisteten658. „Der große Reporter Albert London wusste den großen Schmerz des jüdischen Volkes angesichts so vieler Ungerechtigkeiten mit dem Ausruf auszudrücken: *Schalom!* bedeutet *Frieden mit euch!* und überall, wo ihr eure Grüße hinschickt, Juden, antwortet euch der Krieg659! „

Ein Zeugnis aus dem Buch *Jüdische Porträts* veranschaulicht sehr gut diese Denkweise und das Unverständnis angesichts der Ablehnung und Rachsucht der „Anderen".

Gottfried Reinhardt, Filmproduzent, geboren 1913 in Berlin: „Die Juden spielten in Deutschland eine wichtigere Rolle, als es ihr Anteil an der Bevölkerung erwarten ließ. Fast alle deutschen Banken, Deutsche Bank, Dresdner Bank und Commerz Bank, wurden von Juden gegründet. Und ich spreche nicht einmal von den zahlreichen Privatbanken. Bismarcks Bankier war Herr Bleichröder. Der beste Freund Kaiser Wilhelms II. war Albert Ballin, Besitzer der Reederei Hamburg-New York, der den Ausgang des Ersten Weltkriegs so dramatisch empfand, dass er Selbstmord beging. Auch in der Wissenschaft spielten deutsche Juden eine wichtige Rolle. Ullstein und Mosse waren die Päpste der deutschen Presse, und das *Berliner Tageblatt* war damals wohl eine der besten Zeitungen der Welt. Tragischerweise gelang es den Nazis gerade in Deutschland, einem Land, das den Juden so viel verdankte, die Oberhand zu gewinnen. Die Juden haben sich um Deutschland verdient gemacht, und sie haben es gerne getan. Natürlich konnten sie nicht ahnen, dass es so schlimm enden würde. Das ist das Tragischste, was es gibt. Immerhin hatte Goebbels bei Gundolf in Heidelberg studiert und dort auch seine Dissertation verteidigt. Er bewarb sich daraufhin um eine Stelle als Journalist beim *Berliner Tageblatt*, und wenn Theodor Wolff sie ihm gegeben hätte, wäre vielleicht alles anders gekommen." Wie soll man sonst ausdrücken, dass die Goebbels unter der Bedingung geduldet werden, dass sie als vorbildliche kleine Schreiberlinge in einer Zeitung, in der der Chef noch der Chef ist, an ihrem Platz bleiben?

Die Analyse eines Universitätsstudenten bot keine weitere Erklärung, sondern nur die Bestätigung dieses mentalen Universums, das von der mosaischen Religion geerbt wurde und sich so sehr von dem der Gojim

---

658Jacques Attali, *Los judíos, el mundo y el dinero*, Fondo de cultura económica, 2005, Buenos Aires S. 197, 218, 327.

659Albert Londres, *El judío errante ya ha llegado*, Editorial Melusina, 2012, S. 201. [Albert Londres (1884-1932) war ein französischer Schriftsteller und Journalist. Er war einer der Begründer des investigativen Journalismus, der die Missstände des Kolonialismus und der Zwangsarbeitsgefängnisse kritisierte].

unterscheidet660. Professor A. Neher von der Universität Straßburg drückte sich bei einem Symposium am Institut für zeitgenössische Soziologie in Brüssel so aus: „Was das Judentum besitzt, was andere Spiritualitäten nicht haben, ist die Unschuld. Wir sind unschuldig, und wir fühlen uns sogar noch unschuldiger, weil wir angeklagt wurden. Wir wurden zwischen 1933 und 1945 und werden auch heute noch oft beschuldigt, die Feinde der Welt und der Menschheit zu sein, Ausbeuter zu sein, die Zerstörer der europäischen Zivilisationen gewesen zu sein, usw. usw. usw. usw. Wir wissen, dass wir unschuldig sind, und dass diese Unschuld, die spiritueller Natur ist und unsere gesamte religiöse Tradition inspiriert, aus den Quellen der Tradition der Tora, der jüdischen Mystik und des Talmuds schöpft. Dieser Unschuld müssen wir uns heute bewusst sein, und wir dürfen sie unter keinen Umständen verleugnen. Ja, wir sind unschuldig an verschiedenen Verbrechen, die begangen wurden, aber von anderen begangen wurden. Ja, das Christentum ist schuldig. Die gesamte Geschichte des Mittelalters und alles, was zum 20. Jahrhundert, zu Auschwitz und Hiroshima geführt hat, ist weitgehend das Ergebnis, sicherlich nicht der christlichen Botschaft, sondern der Interpretation, die Christen und christliche Kirchen dieser Botschaft gegeben haben. Das Judentum seinerseits steht außerhalb dieser Verantwortung in Europa... Das Judentum wird nur in dem Maße mit der Dritten Welt in Dialog treten können, in dem es sich zu dieser Unschuld bekennt... mit dieser Welt der schwarzen Völker, der farbigen Völker, die auch nicht an den Verbrechen beteiligt waren, die Europa begangen hat, und die in der jüdischen Botschaft eine brüderliche Botschaft finden werden, eine Botschaft, mit der sich die Dritte Welt identifizieren und das Licht dieser Unschuld erkennen wird, das diese Völker und das jüdische Volk gemeinsam haben661. „Es bleibt nur noch, die Palästinenser und Iraker von dieser Unschuld zu überzeugen.

Infame Anschuldigungen

Trotzdem sind wir verpflichtet, den Schleier über den Anschuldigungen der Christen und Nichtjuden im Allgemeinen zu lüften. In seinem Buch *Die Juden, die Welt und das Geld* hat Jacques Attali uns zumindest einige Hintergründe zu diesem seit Jahrhunderten andauernden, alle Grenzen überschreitenden Antisemitismus geliefert. Schon in der Antike, im Ägypten der Pharaonen, waren die Reaktionen deutlich spürbar: „Ihre Pharaonen, darunter Ramses II. Sie waren besorgt über ihre Größe,

---

[660]Es scheint uns angebracht, die talmudische Methode des Lernens radikal mit der des *Organon* des Aristoteles (NdT) zu vergleichen.

[661]Herlinde Loelbl, *Portraits juifs, Photographies et entretiens,* L'Arche éditeur, Frankfurt-sur-le Main, 1989, 2003.

ihre Solidarität, ihren nicht zu vernachlässigenden Einfluss im Staatsapparat und in der Armee. „Die Reaktion der Ägypter ließ nicht lange auf sich warten: „Sie isolierten die Hebräer, verboten ihnen, bestimmte Berufe auszuüben, zu heiraten, Kinder zu bekommen, töteten alle Neugeborenen und machten die Überlebenden zu Sklaven662." Auch im christlichen Europa, der Christenheit, waren die Juden Gegenstand allgemeiner Anfeindungen: „Gottesverleiher, Geldverleiher, sie beschuldigen sie unterschiedslos, Diebe, Ausbeuter, Schmarotzer, Hehler, Wucherer, Verschwörer, Bluttrinker, Giftmischer, Kindermörder, Hostienschänder, Gottesfeinde, Christusmörder, Jesusneider zu sein. „In Polen „beschuldigten 1683 christliche Schneider ihre jüdischen Konkurrenten der Unehrlichkeit. Es kam zu neuen Massakern. Pius V. beschuldigte sie 1569 erneut der „Unwahrheit", des „Verrats" und der „Verderbnis der Kirchenstaaten durch ihre „Raffgier"663 „„ Natürlich waren alle diese Anschuldigungen völlig absurd, ebenso wie der Vorwurf des Verrats, der in dem Werk von Jacques Attali wiederkehrt: „In allen Ecken des Römischen Reiches werden sie beschuldigt, Aufstände gegen Rom zu finanzieren. „Der Erzbischof von Toledo beschuldigt die Juden des Verrats zugunsten der Sarazenen und provoziert damit einen Aufstand; er organisiert auch die Plünderung der Synagogen664. „Mit ihrer Hilfe besiegten die muslimischen Truppen im Juli 711 König Roderich und eroberten in kurzer Zeit die gesamte Halbinsel, mit Ausnahme einiger Enklaven im Norden. „Das multikulturelle Spanien unter muslimischer Herrschaft, in dem die Christen auf Eseln reiten und Steuern zahlen mussten, während die Muslime auf Pferden ritten, blieb den Juden als ein goldenes Zeitalter in Erinnerung, das sie sehr vermissen: „Die Juden haben nie einen schöneren Aufenthaltsort gekannt als den europäischen Islam des 8. Jahrhunderts" Tatsächlich besetzten sie in diesem goldenen Zeitalter die höchsten Positionen und Verantwortlichkeiten: „Der Kalif Omar II. verpflichtet sich, die muslimische Präsenz im Staatsapparat zu stärken. Er versuchte, alle *Dhimmis-Beamten*665 durch Muslime zu ersetzen. Daher

---

[662]Jacques Attali, *Los judíos, el mundo y el dinero*, Fondo de cultura económica, 2005, Buenos Aires, S. 27.

[663]Jacques Attali, *Los judíos, el mundo y el dinero*, Fondo de cultura económica, 2005, Buenos Aires, S. 178, 238-239, 242.

[664]Jacques Attali, *Los judíos, el mundo y el dinero*, Fondo de cultura económica, 2005, Buenos Aires, S. 102, 204. [„Es ist bekannt, dass die Invasion der Araber ausschließlich von den in Spanien lebenden Juden unterstützt wurde. Sie öffneten ihnen die Tore der wichtigsten Städte. Denn sie waren zahlreich und reich, und schon zu Zeiten von Egica hatten sie sich verschworen und die Sicherheit des Königreichs ernsthaft gefährdet. „Marcelino Menendez Pelayo, *Historia de los Heterodoxos españoles, Tomo I*, Ed. F. Maroto, Madrid, 1880. p. 216].

[665]*Dhimmis*: Gläubige monotheistischen Glaubens, die in einer von den Muslimen eroberten Region in Unterwerfung leben und denen ein geschützter Status gewährt wird

versuchte er, die jüdischen hohen Beamten loszuwerden, die zu zahlreich und zu einflussreich geworden waren. Aber es gelingt ihm nicht, weil es an wertvollen Führungspersönlichkeiten mangelt, so dass die religiösen Muslime den Kalifen ihr übertriebenes Wohlwollen gegenüber den Juden vorwerfen666. „Es ist also festzustellen, dass die Muslime nicht besser als die bolschewistischen Russen in der Lage waren, ihren eigenen Staat zu verwalten.

Dieses Engagement für die Eroberung des Islam zeigt sich auch in der Rolle einiger Finanziers des Großtürken. John Ha-Nassi, so schrieb Attali, war der wichtigste Finanzier von Sultan Suleiman II. Im Jahr 1565 überzeugte er ihn, „den Papst um die Freilassung der in Ancona als Geiseln gehaltenen Juden zu bitten. „1569 rät Nassi Suleiman, Venedig anzugreifen, um Zypern einzunehmen, das er zu einem Zufluchtsort für die Juden machen will. Der Krieg endet 1571 mit einer Niederlage bei Lepanto gegen die venezianische Armee unter dem Kommando von Don Johann von Österreich667. „Zwei Jahre später, nach dem Sieg bei Lepanto, beschloss die venezianische Regierung ihrerseits, alle Juden aus dem Ghetto zu vertreiben, die zu Komplizen der Türken und Agenten des Herzogs von Naxos [Ha-Nassi, ndla] erklärt wurden; dann machte sie, wie so oft in der Geschichte, diesen Beschluss gegen die Zahlung einer Steuer rückgängig668. „Jacques Attali hätte hinzufügen können: „Und wie so oft in der Geschichte ziehen es die Juden vor, zu zahlen, anstatt zu gehen. „So wurden „die Juden von Venedig als Komplizen von Johannes Ha-Nassi betrachtet, der in Ungnade fiel und 1579 starb.... Aber die Zeit der Faust ist vorbei. Wie immer in einer Zeit der Dekadenz werden die Juden verfolgt." Das Buch von Jacques Attali enthält auch eine weitere abscheuliche Anschuldigung des Verrats: „Als Kaiser Maria Theresia 1744 beschloss, die Juden aus Böhmen zu vertreiben, weil sie beschuldigt wurden, für die Preußen zu spionieren... Auf Ersuchen von Juden in ihrem Gefolge intervenierten der König von England und die Generalstaaten der Niederlande bei Maria Theresia, die schließlich das Vertreibungsdekret gegen die Zahlung von 240.000 Gulden aufhob669." Dieser Vorwurf kehrte etwas später wieder, obwohl er von Jacques Attali angesichts des

---

und die ihren ursprünglichen (abrahamitischen) Glauben beibehalten dürfen, wobei sie einer besonderen Besteuerung unterliegen.

[666] Jacques Attali, *Los judíos, el mundo y el dinero*, Fondo de cultura económica, 2005, Buenos Aires, S. 134.

[667] Jacques Attali, *Los judíos, el mundo y el dinero*, Fondo de cultura económica, 2005, Buenos Aires, S. 226, 227 [Armee der katholischen Koalition, genannt Heilige Liga, die hauptsächlich aus dem spanischen Reich und der Republik Venedig bestand].

[668] Jacques Attali, *Los judíos, el mundo y el dinero*, Fondo de cultura económica, 2005, Buenos Aires, S. 242.

[669] Jacques Attali, *Los judíos, el mundo y el dinero*, Fondo de cultura económica, 2005, Buenos Aires, S. 283.

heldenhaften Verhaltens vieler Juden während des Rückzugs der napoleonischen *Grande Armée* abgeschwächt wurde: „In Preußen kam eine zaghafte Emanzipation, die 1812 beschlossen wurde, nicht zustande, weil die Juden beschuldigt wurden, Spione im Dienste Napoleons zu sein - aber sie sollten ihre Flucht während des Rückzugs aus Russland schützen". „100.000 Polen (einschließlich Juden) sterben als Helden beim Rückzug der Großen Armee670." Trotz all dieser Informationen, die wir auf den Seiten dieses dicken Buches verstreut lesen konnten, ist es wichtig zu wissen, dass das jüdische Volk bestimmte unantastbare Gesetze befolgt: „Akzeptieren Sie das Gesetz des Gastgebers, ohne sein eigenes zu verletzen... Auch mit dem Bürger, der jeder Republik, die ihn aufnimmt, absolut treu sein muss671 ", erklärte uns Attali. Dies scheint in der Tat die einzige Möglichkeit zu sein, im Haus des Gastgebers in Frieden zu leben.

Die „Loyalität gegenüber dem Gastland" scheint jedoch kein so immaterieller Grundsatz zu sein. Karl Popper zum Beispiel, der Mentor von George Soros, der vor dem Ersten Weltkrieg ein österreichischer Untertan war, hatte eine sehr persönliche Vorstellung von „Loyalität gegenüber dem Gastland". Dieser Wiener Philosoph, der zum „leidenschaftlichen Verteidiger der Freiheiten und unparteiischen Kritiker aller Formen des Totalitarismus", zum „unermüdlichen Verächter intellektueller Moden und des Obskurantismus", zum „Autor der radikalsten und umfassendsten Kritik des Marxismus" werden sollte, wählte im Krieg seine Seite, aber nicht gerade die seines Gastlandes: „Schon in den ersten Monaten des Jahres 1915, nach dem Einmarsch in Belgien, wurde mir klar, dass ein Akt begangen wurde, der gegen internationale Vereinbarungen verstieß und eine Verletzung von Verträgen darstellte. Das hat mich davon überzeugt, dass wir falsch lagen, dass unsere Seite falsch war. Daraus schloss ich, dass wir672 verlieren mussten. „Der Patriotismus der kosmopolitischen Intellektuellen hat meist nichts mit dem Land zu tun, in dem sie leben, sondern entspricht den Interessen der planetarischen Idee. Das Land, das in einem Konflikt unterstützt werden soll, ist dasjenige, das die größten demokratischen und finanziellen Garantien bietet. Und in diesem Fall spielten Frankreich und England 1915 diese Rolle.

---

[670]Jacques Attali, *Los judíos, el mundo y el dinero*, Fondo de cultura económica, 2005, Buenos Aires, S. 306, 342. In den *Cahiers du capitaine Coignet* finden wir jedoch dieses Zeugnis: „Die Juden und die Russen schlitzten tausend Franzosen die Kehlen auf; die Straßen von Vilna waren mit Leichen übersät. Die Juden waren die Henker unserer Franzosen. Glücklicherweise hielt die Garde sie auf und der unerschrockene Marschall Ney stellte die Ordnung wieder her. „(*Cahiers du capitaine Coignet*, 1850, la retraite de la Grande Armée, 1812).

[671]Jacques Attali, *Los judíos, el mundo y el dinero*, Fondo de cultura económica, 2005, Buenos Aires, S. 490.

[672]Karl Popper, *La Leçon de ce siècle*, Anatolia, 1992, S. 32.

Im Werk von Jacques Attali gibt es noch weitere Widersprüche aufzuzeigen. So deutete er beispielsweise an, dass die Juden zum Geldhandel gezwungen waren, weil sie im Mittelalter unverständlicherweise von allen anderen Berufen ausgeschlossen worden waren. Etwa hundert Seiten zuvor hatte uns der Autor jedoch darüber informiert, dass im alten Rom die Rabbiner selbst den Mitgliedern der jüdischen Gemeinschaft verboten hatten, solchen Vereinigungen beizutreten: „Sie verwalten auch die Beziehungen zu Nicht-Juden, manchmal um sie zu begrenzen. Als Rom die Einrichtung von Handwerkerkollegien vorschreibt, ermahnen die rabbinischen Gerichte die Juden, nicht Mitglied zu werden, um nicht am Schabbat arbeiten zu müssen673." Die freiwillige Isolierung der Juden von den anderen Gemeinschaften zeigt sich auch in dieser Passage: „Der Talmud sagt: „Der Wein der Heiden ist wegen ihrer Töchter verboten. Es ist nicht möglich, ihn gemeinsam zu trinken". Wieder einmal taucht die Angst vor Mischehen auf. „Weiter heißt es: „Da man aber vor allem die Assimilation fürchtet, achten die Rabbiner auf die Einhaltung der Speisevorschriften und verbieten jedem Juden, mit einem Christen zu essen oder zu trinken. Sie fordern ihre Anhänger auf, sich in denselben Vierteln, rund um eine Synagoge, ein rituelles Bad oder einen Friedhof zu versammeln. Manchmal beanspruchen sie das Recht, beide Enden ihrer Straße mit einem Tor abzusperren, um sich im Falle eines Angriffs besser verteidigen zu können. Von nun an haben in dieser Art von Nachbarschaft der Rabbi, der Schulmeister, der Metzger und einige Handwerker keinen Kontakt mehr mit den Nichtjuden674. „So hätten die Juden selbst die Initiative ergriffen, sich in das einzuschließen, was später als Ghetto bezeichnet wurde.

Die weltliche Zurückhaltung der Juden gegenüber der Landwirtschaft lässt sich zum Teil durch religiöse Erwägungen erklären. Jacques Attali gab folgende Erklärung: „Die Söhne Adams töten sich gegenseitig. Kain - dessen Name „erwerben" oder „beneiden" bedeutet - erhält die Erde. Abel - dessen Name Nichts, Atem, Eitelkeit, Rauch bedeutet - bekommt die Herden. Als der Bauer dem Hirten die Vorfahrt verweigert, verliert einer der beiden Brüder sein Leben... Der Mord an dem Hirten ist kein einfacher Brudermord; der wahre Schuldige ist das Land selbst, das verfluchte Land, das Kain nur gegeben wurde, um seinen Bruder aufzunehmen. Wenn die Bibel dem nomadischen Opfer die gute Rolle zuweist, wenn sie den sesshaften Mörder überleben lässt, dann nur, um ihn seinerseits auf eine erlösende Reise zu schicken675. „Das Land ist also schuld, und

---

673Jacques Attali, *Los judíos, el mundo y el dinero*, Fondo de cultura económica, 2005, Buenos Aires, S. 83.

674Jacques Attali, *Los judíos, el mundo y el dinero*, Fondo de cultura económica, 2005, Buenos Aires, S. 144, 177.

675Jacques Attali, *Los judíos, el mundo y el dinero*, Fondo de cultura económica, 2005,

„andererseits verbietet ihnen der Talmud, fremden Boden zu bebauen676
„, erinnerte uns Albert London, der „Prinz der Reporter". Hier sind also
einige Hinweise auf das Scheitern der landwirtschaftlichen Kolonien der
UdSSR auf der Krim und in Birobiyan.

Andere Widersprüche waren offensichtlich. Als Attali auf Seite 242
die Anschuldigungen von Papst Pius V. wiederholte, der sie 1569 „erneut
der „Unwahrheit", des „Verrats" und des „Verderbens der Kirchenstaaten
durch ihren Raub" beschuldigte, als ob es sich dabei um krude Erfindungen
handelte, schien er zu vergessen, dass er selbst die Beweise für diese
Anschuldigungen schriftlich festgehalten hatte. Auf Seite 263 lesen wir
zum Beispiel diese Zeilen: Zur gleichen Zeit importieren, verkaufen und
verwandeln die maskierten Juden... Gewürze, Drogen, Baumwolle, Seide,
Perlen und Diamanten in Lissabon. Sie verwirren die Indizien, so dass der
wahre Eigentümer der von ihnen transportierten Ladung nicht bekannt ist.
„In ähnlicher Weise schreibt er auf Seite 199: „Manchmal verweisen die
gewählten Namen absichtlich auf bescheidene Berufe, um das Vermögen
zu verbergen". Und auf Seite 150: „Nach talmudischem Recht sind sowohl
die Verträge als auch die Kredite der jüdischen Kaufleute besonders
geschützt. Ihre Wechsel und Kreditbriefe sind oft in hebräischer Sprache
verfasst, um sie für potenzielle Piraten unleserlich zu machen. Wenn die
örtlichen Polizisten lernen, das hebräische Alphabet zu entziffern,
verwenden die Kuriere geheime Codes, die aus denselben Zeichen
bestehen. Streitigkeiten werden von rabbinischen Gerichten entschieden,
die ihr eigenes Recht anwenden und nicht das des Landes, durch das sie
reisen. Das Recht ist nomadisch, es reist mit dem Händler. „Mit anderen
Worten: Das Gesetz der Sesshaften ist null und nichtig677.

Aber „Betrug" und „List", wie es der Dichter Ronsard so treffend
formulierte, reichen in der Geschichte viel weiter zurück, wie Jacques
Attali diskret zugab: „Alle Mittel sind gut, auch die List: Abraham ging so
weit, seine Frau Sarah als seine Schwester auszugeben, in der Hoffnung,
Geschenke von denen zu erhalten, die sie heiraten wollten678! „

Buenos Aires, S. 19.

[676]Albert Londres, *The Wandering Jew Has Already Arrived*, Editorial Melusina, 2012,
S. 73.

[677]In seinem *Wörterbuch des 21. Jahrhunderts* schreibt Attali: „Es wird notwendig sein,
ein sehr spezifisches Recht zu erfinden, das sich vom Recht der Sesshaften
unterscheidet, denn ohne Recht gibt es kein Nomadentum" (Kapitel „Alle Nomaden").
„ (Kapitel „Alle Nomaden") War die Absicht, die Gojim dem Gesetz der Juden
anzupassen, nicht wirklich unverhüllt?

[678]Jacques Attali, *Los judíos, el mundo y el dinero*, Fondo de cultura económica, 2005,
Buenos Aires, S. 22.

Empfindlichkeit der Epidermis

Wir stellten fest, dass die meisten kosmopolitischen Intellektuellen sich weigerten, die Verantwortung für die tragischen Ereignisse zu übernehmen, die die kommunistische Geschichte, insbesondere in Russland, prägten. Wir haben auch festgestellt, dass viele von ihnen keine stichhaltige Erklärung für Antisemitismus sehen und der Meinung sind, dass das Böse notwendigerweise von anderen kommt. Gewiss, die mosaische Mentalität mag uns ziemlich einzigartig und entwaffnend aufrichtig erscheinen. Betrachten wir nun anhand der Literatur und der Phantasie des großen Schriftstellers Albert Cohen ein weiteres Beispiel für diese „Unschuld". Albert Cohen, ein Schriftsteller von internationalem Rang, wurde 1895 in Korfu, Griechenland, geboren. Er besaß also vor 1914 die osmanische Staatsangehörigkeit. Seine Kindheit verbrachte er in Marseille, bevor er sich in der Schweiz einbürgern ließ. In seinem schönen Buch „*O ihr Menschenbrüder*", das er im hohen Alter geschrieben hat, erzählt er mit viel Poesie von einer schmerzlichen Kindheitserinnerung in Marseille und gibt uns einen Einblick in die scharfe mosaische Sensibilität. Fast das gesamte Buch ist ein Monolog, der um diese Erinnerung kreist. Hier sind einige Auszüge:

„Antisemiten, bereitet euch darauf vor, das Unglück eines Kindes zu genießen, ihr, die ihr bald sterben werdet, ohne dass euer bevorstehender Schmerz euch daran hindert, zu hassen. O falsch lachende Fratze meines jüdischen Jammers. O Traurigkeit des Mannes im Spiegel, den ich betrachte. O falsch lachende Fratze, o meine enttäuschte Liebe. Weil ich liebe, und wenn ich ein Baby in seinem Kinderwagen sehe, das mir ein zahnloses Lächeln schenkt... oh Täubchen, diese Versuchung, seine süße kleine Hand zu nehmen, sich über diese neue Hand zu beugen und sie zärtlich zu küssen, sie mehrmals zu küssen, sie mehrmals an meine Augen zu halten... aber sofort bin ich besessen davon, dass es nicht immer ein entzückendes, harmloses Baby sein wird, und dass in ihm ein zähnefletschender Erwachsener gefährlich zuschaut und sich vorbereitet, ein haariger Antisemit, ein Hasser, der mich nicht mehr anlächeln wird. Oh, arme jüdische Fratze, oh, die müden und resignierten Achselzuckungen, kleine Tode unserer Seelen... Wer weiß, sagte ich mir, was ich ihnen sagen werde, wird vielleicht die Judenhasser verändern, ihnen die Zähne aus den Seelen ziehen....Meine Mutter billigt mich, ich weiß, meine Mutter, die während der deutschen Besatzung starb, meine Mutter, die naiv und gütig war und die leiden musste... Ich erinnere mich, dass Er mir eines Tages, um mir die Größe des Ewigen zu erklären, erklärte, dass Er sogar die Fliegen liebte, und jede Fliege im Besonderen, und Er fügte hinzu: Ich habe versucht, es den Fliegen gleichzutun, aber ich konnte nicht, es gibt zu viele679." An diesem schicksalhaften Tag wurde Cohen als Kind von einem Hausierer beleidigt. Als er sich vertrauensvoll und voller Ehrfurcht dem Mann näherte, wurde er als Jude beschimpft und verleumdet. Dieses schmerzhafte Ereignis hat sich als Trauma tief in das Gedächtnis des zehnjährigen Jungen eingebrannt. Albert Cohen erinnerte sich an diesen Affront so: „Ich schaute den Henker, der mich entehrte, flehend an, ich versuchte, ein Lächeln zu komponieren, um ihn zu bewegen, ein zitterndes Lächeln, ein krankes Lächeln, das Lächeln eines gestörten Menschen, ein zu süßes jüdisches Lächeln, das ich durch seine Weiblichkeit und seine Zärtlichkeit entwaffnen wollte. Aber mein Henker war unerbittlich, und ich sehe noch immer sein Schlächterlächeln mit den langen Reißzähnen, seine schadenfrohe Fratze, ich sehe noch immer den ausgestreckten Finger, der mir befahl zu gehen, während diese Trottel sich mit zustimmendem Gelächter abwandten, um den kleinen ausgestoßenen Aussätzigen passieren zu lassen. Und ich gehorchte, mit gesenktem Kopf, ich gehorchte und ging, allein... Ich setzte mich in eine dunkle Ecke, um in Ruhe zu weinen..., um im zehnten jüdischen Jahr meines Lebens zu weinen... Du bist ein dreckiger Jude, nicht wahr...? Ich wiederholte mich und dachte über die Worte des Händlers nach, über den unerwarteten Satz, der mich zum Gefangenen gemacht hatte... Oh, mein stolzes Volk, das eifrig bemüht ist, zu überleben und seine Seele zu bewahren, ein Volk des Widerstands, des Widerstands nicht für ein Jahr, nicht für fünf Jahre, nicht für zwanzig Jahre, sondern ein Volk des Widerstands für zweitausend Jahre, welches andere Volk hat so widerstanden? Ja, zweitausend Jahre Widerstand, und die anderen Völker sollen es lernen... Verdammt, ich segnete alle Bösen und vor allem die Blonden, ich segnete sie und liebte sie im Namen Israels, mischte in meine Segnungen vage hebräische Worte des einzigen Gebets, das ich kannte, erfand aber vor allem Worte, von denen ich hoffte, dass sie irgendwie hebräisch waren, und die mich bewegten und mir erhaben erschienen....ich ging, völlig wahnsinnig...gerächt ging das verrückte Kind, wohlwollend und verächtlich...ich verkündete ihnen, dass sie mich eines Tages lieben würden und dass dieser Tag der Tag des endlosen Kusses aller Menschen für mich sein würde, der Mensch geworden ist. Ich schritt, mit prächtig gleitenden Füßen, und segnete die Menge und lächelte und grüßte königlich..., ich schritt, privilegierter Träger des Gesetzes, heilige Gebote des Ewigen, ich schritt inmitten des Knackens der Zedern, falscher König Israels und wahrer Nachkomme Aarons, des großen Priesters, Bruder

---

[679]Albert Cohen, *Oh ihr, menschliche Brüder*, Editorial Losada, 2004, Madrid, S. 29-30, 35-36. Dieses Bild finden wir auch bei dem Schriftsteller Joseph Roth: „Die Handbewegung eines Kellners auf der Terrasse eines Cafés, um eine Fliege zu töten, ist bedeutender als das Schicksal aller Kunden auf der Terrasse. Die Fliege ist frei und der Kellner ist enttäuscht. Warum, Herr Kellner, sind Sie der Fliege böse?" (Joseph Roth, Artikel vom 24. Mai 1921, *Berliner Börsen-Courier*, Éditions du Rocher, 2003).

Moses....Ohne den Hausierer und seinesgleichen, die zahllosen Gleichgesinnten aus Deutschland und anderswo, hätte es keine Gaskammern gegeben...die Leichen....von den blonden, stiefeltragenden Athleten, die Judenhasser so lieben, genüsslich in deutsche Öfen geworfen...Sagt, ihr Antisemiten, ihr Hasser, die ich es plötzlich wage, Menschenbrüder zu nennen...Sagt, ihr Antisemiten, Brüder, seid ihr wirklich glücklich, zu hassen, und seid ihr damit zufrieden, böse zu sein?...Seit jenem Tag des Falschspielers konnte ich keine Zeitung mehr in die Hand nehmen, ohne das Wort zu finden, das sofort, auf den ersten Blick, sagt, was ich bin. Und ich erkenne sogar die Wörter, die dem schrecklichen, schmerzhaften und schönen Wort ähneln, ich erkenne sofort „*juin*" und „*suif*", und im Englischen erkenne ich sofort *few, dew, jewel*. Das ist genug680." Verwundet und zerrissen von rachsüchtigem Hass, verzweifelter Hilflosigkeit, vorgetäuschter Liebe zum Fremden und messianischem Glauben: Ähnelt Albert Cohen nicht Golum, dem Fabelwesen aus *Herr der Ringe*?

In *Beautiful of the Lord* schien Albert Cohen in einem Zustand ekstatischer Trance zu schreiben. In einem besonderen Schreibstil schüttete Cohen seine Gedanken über mehrere Seiten aus, ohne Pause oder Interpunktion, und offenbarte so die tiefen Gefühle, die in seinem Wesen verborgen waren, sowie einige Merkmale der mosaischen Mentalität:

„Unter meinen jüdischen Freunden habe ich die edelsten Wesen mit Herz und Manieren kennengelernt.....vielleicht ist es ein schrecklich verschleierter Wunsch, das größte Volk der Erde zu verleugnen ein schrecklicher Wunsch, sich von ihnen zu emanzipieren vielleicht ist es Rache an meinem Unglück, sie dafür zu bestrafen, dass sie die Ursache meines Unglücks sind es ist ein Unglück, dass sie dich nicht lieben und dich immer verdächtigen ja Rache an meinem schönen Unglück, zum auserwählten Volk zu gehören oder schlimmer noch vielleicht ist es ein unwürdiger Groll gegen mein Volk nein nein nein ich verehre mein schmerztragendes Volk Israel Heiland Heiland für ihre Augen für ihre Augen, die wissen für ihre Augen, die die Beleidigungen der Menge geweint haben Heiland für ihr Gesicht für ihr schmerzhaftes Gesicht für ihr entstelltes Gesicht für ihr Gesicht, wo in langem Geifer das Lachen und der Hass ihrer Kinder fließt Männer oh Schande vielleicht ist es eine abscheuliche unbewusste Antipathie...und ich werfe es ihnen ins Gesicht vielleicht in der gleichen Zelle eingesperrt die Gefangenen verabscheuen sich gegenseitig nein ich liebe sie nicht meine geliebten meine zarten intelligenten Juden die Angst vor der Gefahr hat sie intelligent gemacht die Notwendigkeit immer wach zu sein um den grimmigen Feind zu erraten der sie in das Bedürfnis, immer wach zu sein, um den erbitterten Feind zu

---

680 Albert Cohen, *Oh du, menschliche Brüder und Schwestern*, Editorial Losada, 2004, Madrid, S. 61-62, 67-68, 103, 155-156, 201-203, 213, 217, 92

erraten, der sie in phänomenale Psychologen verwandelt hat, ist auch eine Ansteckung mit dem Spott derer, die uns hassen, und ich ahme diese Ungerechten nach, vielleicht ist es auch, weil ich mich leider über meinen Schmerz amüsiere und mich damit tröste, auch eine Ansteckung mit ihrem Hass, ja, indem wir ihre abscheulichen Anschuldigungen hören, haben sie uns die verzweifelte Versuchung spüren lassen die verzweifelte Versuchung, auf den Gedanken zu kommen, dass, wenn sie uns so sehr und überall hassen, es daran liegt, dass wir es verdienen, und bei Gott, ich weiß, dass wir es nicht verdienen, und dass ihr Hass der törichte Stammeshass auf die Andersartigen ist und auch ein Hass auf den Neid und auch ein tierischer Hass auf die Schwachen, weil wir zahlenmäßig schwach sind. tierischer Hass auf die Schwachen, denn schwach sind wir überall und die Menschen sind nicht gut und Schwäche zieht die angeborene bestialische versteckte Grausamkeit an und es ist zweifellos angenehm, die Schwachen zu hassen, die man ungestraft beleidigen und schlagen kann, oh mein gequältes Volk, ich bin dein Sohn, der dich liebt und dich verehrt...und du wirst sehen, wie im Lande Israel die Kinder meines zurückgekehrten Volkes sanftmütig und hochmütig und schön und von edler Haltung und furchtlose Krieger sein werden, wenn es sein muss, und du wirst endlich ihr wahres Gesicht sehen Halleluja, du wirst mein Volk lieben, du wirst Israel lieben, das dir Gott gegeben hat, das dir das größte Buch gegeben hat, das er dir gegeben hat der Prophet, der die Liebe war, und in der Tat ist es seltsam, dass die Deutschen, das Volk der Natur, Israel, das Volk der Unnatur, immer verabscheut haben, denn in der Tat hat der deutsche Mann mehr als andere die junge, ruhige Stimme gehört und gehört, die aus den Wäldern der Nacht kommt, leise und rauschende Wälder.... und wenn sie von ihren alten Legenden singen und von ihren Vorfahren mit langen blonden Zöpfen681 und gehörnten Hufen ja gehörnt, weil es vor allem darauf ankommt, einem Tier zu ähneln, und es ist gewiss exquisit, sich als Stier zu verkleiden, was besingen sie dann anderes als eine unmenschliche Vergangenheit, nach der sie sich sehnen und zu der sie sich hingezogen fühlen, und wenn sie sich ihrer Rasse und ihrer Blutsgemeinschaft freuen, was tun sie dann anderes, als zu tierischen Vorstellungen zurückzukehren, von denen selbst Wölfe verstehen, dass sie sich nicht gegenseitig fressen und Wenn sie die Kraft oder die Übungen des Körpers preisen, was preisen sie dann anderes als die Rückkehr zur großen Einheit des prähistorischen Dschungels, und in der Tat, wenn sie Juden abschlachten oder foltern, bestrafen sie das Volk des Gesetzes und der Propheten, das Volk, das die Ankunft des Menschen auf der Erde wollte, wenn sie wissen oder spüren,

---

[681]Wir stellen bei Albert Cohen ein gewisses Misstrauen gegenüber blonden Menschen fest. Diese Neigung ist auch bei dem Schriftsteller Joseph Roth zu beobachten. Bei Filmproduktionen ist diese Feindseligkeit jedoch deutlicher zu erkennen, wie wir bereits gesehen haben.

dass sie das Volk der Natur sind und dass Israel das Volk der Unnatur ist, das eine verrückte Hoffnung trägt, die das Natürliche verabscheut....und ob sie es wissen oder nicht, ob sie es mögen oder nicht, die edelsten Teile der Menschheit sind von jüdischer Seele und stehen fest auf ihrem Felsen, der die Bibel ist, oh meine Juden, zu denen ich im Stillen spreche, kennt euer Volk, verehrt sie dafür, dass sie Spaltung und Trennung gewollt haben, dass sie den Kampf gegen die Natur und ihre Gesetze aufgenommen haben682..." Zweifellos ist dies ein großer, ein sehr großer Schriftsteller. In diesem Text zeigt sich der ungeheure Stolz des auserwählten Volkes, die Verachtung des „Anderen", des Nichtjuden, das Gefühl der Rache, das Gefühl, missverstanden zu werden, aber vor allem der spürbare Zweifel an der Grundlage der Mission des jüdischen Volkes und die Versuchung des Selbsthasses.

Es ist klar, dass Albert Cohen, ähnlich wie Kafka in seinen *Tagebüchern*, von seinem Jüdischsein völlig besessen zu sein schien. Dieses bewegende Buch muss für ihn ein Versuch gewesen sein, seine Dämonen zu exorzieren. In einer Biografie über ihn schrieb der Autor diese Worte, die für den besonderen Stil und die ambivalenten Stimmungen des großen Schriftstellers so charakteristisch sind: „Üppig, o du, meine goldene Feder, greife nach dem Blatt, greife wahllos zu, solange mir noch ein Fünkchen Jugend bleibt, folge deinem langsamen, unregelmäßigen Lauf, schwankend wie im Traum, unbeholfen, aber beherrscht den Lauf. Geh, dass ich dich liebe, mein einziger Trost, blättere durch die Seiten, in denen ich traurig schwelge und deren Schieflage mich stillschweigend erfreut. Ja, Worte, mein Heimatland, Worte trösten und rächen683. „Rache war offensichtlich ein tief verwurzeltes Gefühl in diesem geschundenen Mann. Vielleicht liegt der Ursprung seines Talents als Romancier und Dichter in seiner leidvollen Kindheit. Das Genie Albert Cohens konnte jedenfalls nicht lange ignoriert werden, wie einige Literaturkritiker jener Zeit bezeugten: „1933, als der erste Roman in den Vereinigten Staaten erschien, sagte ein New Yorker Kritiker: „*Solal* ist religiös wie die Romane von Dostojewski. „Als *Ezekiel* an der *Comédie-Française* uraufgeführt wurde, verkündete der Kritiker von *Paris-Midi*: „Es gibt ein Echo von Shakespeare in dem Stück684. „Die Sensibilität dieses „literarischen Genies" wurde auch in diesen wenigen Zeilen deutlich, die Albert Cohen bekannt machen

---

682Albert Cohen, *Bella del Señor*, Anagrama, Barcelona, 2017, S. 711-716. Das ist der Bewusstseinsstrom, ein ununterbrochener Fluss ohne typografische Interpunktion oder Differenzierung, in dem die Gedanken und Eindrücke der Figur auftauchen (zu lesen in Molly Blums berühmtem Selbstgespräch in James Joyces *Ulysses* und in den Romanen von Marcel Proust).

683Albert Cohen, *El libro de mi madre*, Anagrama, Barcelona, 1999, S. 6, in Gérard Valbert, Albert Cohen, *Le Seigneur*, Grasset, 1990.

684Gérard Valbert, Albert Cohen, *Le Seigneur*, Grasset, 1990. Die Nachnamen der beiden Journalisten werden nicht genannt.

sollten: „Ein Verrückter der Sensibilität, bereit zu absolutem Schmerz für alles, zu absoluter Freude für alles, der fast so sehr darunter leidet, seine Schlüssel nicht zu finden, wie seine Frau verloren zu haben685. „Das beruhigt uns zumindest ein wenig über die Tiefe seines Leidens.

Die Verfolgungen der Juden im Laufe der Jahrhunderte haben ihre „nomadische Sensibilität" mit rotem Feuer gezeichnet, und für die ältere Generation sind die Wunden des Holocausts noch immer lebendig. Die jüdische Sensibilität war bei einem Autor wie Marek Halter spürbar. „1981, so schrieb er, kaufte ich ein baufälliges Bauernhaus mit sichtbaren Balken, um es zu restaurieren. Die Autobahn war in der Nähe, die Nachbarn hielten Hühner und fette Kühe. Ich besaß es. Mein Haus war wunderschön, umgeben von zerfurchten Straßen. Als mein Vater erfuhr, dass ich wirklich ein Stück Land besaß, weinte er. „Das Judentum manifestiert sich auch in religiösen Texten mit einer erhöhten Sensibilität für den Schaden, den man seinem „Nächsten" zufügen kann: „Hat uns nicht der Traktat Metzia des Talmuds gelehrt, dass „wer seinen Nächsten in der Öffentlichkeit erröten lässt, es ist, als hätte er ihn getötet686?" „

Elie Wiesel bestätigte, dass dieser Trend wieder einmal weit in die Vergangenheit zurückreicht: „Unsere Weisen zitieren die Schrift: Als Esau seinen Bruder Jakob küsste, weinte Jakob. Warum weinte er? Denn, so antworteten die Weisen, Jakob verstand, dass Esaus Kuss eine gefährlichere Falle war als sein Hass687. „Man weint um nichts, um ein Ja oder ein Nein: das ist die Tradition.

Auch der sozialistische Finanzier Samuel Pisar legte in seinen Werken ein Zeugnis in diesem Sinne ab: „Ich war mit Judith in Italien, am Comer See. Eines Abends schaltete ich meinen Transistor ein. Ich hörte die negative Antwort von General de Gaulle auf das Referendum, seinen Rücktritt und seine sofortige Abreise. Beim Hören des lakonischen Textes („Ich lege mein Amt als Präsident der Republik nieder. Diese Entscheidung tritt mittags in Kraft"), hatte ich das Gefühl, dass ein Kapitel der Geschichte brutal abgeschlossen wurde. Und ein Kapitel in meinem Leben. In diesem Augenblick stelle ich fest, dass ich weine. Ich bin ein amerikanischer Staatsbürger und ich weine. Mit seinem Weggang läuft der Film meines Lebens wieder vor meinen Augen ab688. „Diese Sensibilität konnte bei unserer Analyse des antisemitischen Phänomens nicht außer Acht gelassen werden.

---

[685]Gérard Valbert, Albert Cohen, *Le Seigneur*, Grasset, 1990, S. 11.
[686]Marek Halter, *Un Homme, un cri*, Robert Laffont, Paris, 1991, S. 176. Juden betrachten den „Nachbarn" in ihren Texten als andere Juden. Zu diesem Thema kann man das aufschlussreiche Buch von Israel Shahak lesen, *Historia judía, Religión judía, El peso de tres mil años*, Ediciones A. Machado, 2016, Madrid.
[687]Elie Wiesel, *Memoires (Tome II)*, Éditions du Seuil, 1996, S. 242.
[688]Samuel Pisar, *La Resource humaine*, Jean-Claude Lattès, 1983, S. 50.

Joseph Roth ist ein weiterer Autor mit einem beachtlichen schriftstellerischen und journalistischen Schaffen. *Radetskys Marsch brachte* ihm internationalen Ruhm ein. Auch er hatte diese einzigartige jüdische Veranlagung zum Leiden: „Wo immer ein Jude stehen bleibt, erhebt sich eine Klagemauer. Wo immer sich ein Jude niederlässt, wird ein Pogrom geboren... Ebenso ist die Gegenwart der Juden wahrscheinlich größer als ihre Vergangenheit, denn sie ist noch tragischer[689]. „Diese Aussage stammt aus einem Artikel in *Das Tagebuch* vom 14. September 1929, also vor der Wirtschaftskrise und der Machtergreifung Hitlers, aber offenbar wurde die Zeit bereits als „tragisch" genug empfunden.

Diese Neigung zum „Lamento", zum Selbstmitleid, könnte einer der Gründe für die Unfähigkeit sein, Mitleid mit anderen zu haben, insbesondere mit den unzähligen Opfern der bolschewistischen Revolution. In diesem Zusammenhang ist es interessant, noch einmal einige Worte von Hannah Arendt zu zitieren, die 1951 schrieb: „Je mehr die Tatsache der jüdischen Geburt ihre religiöse, nationale und sozioökonomische Bedeutung verlor, desto obsessiver wurde das Jüdischsein; die Juden waren von ihr besessen, wie man von einem körperlichen Defekt oder Vorteil besessen sein kann, und ihr ergeben, wie man einem Laster ergeben sein kann[690]. „Es scheint also, dass viele Juden bewusst oder unbewusst diese Angst, diese innere Unruhe nähren, die Georges Perec so gut ausgedrückt hat, und die eine der Eigenschaften des jüdischen Charakters ist, die am meisten dazu beiträgt, in ihnen ein Gefühl des Jüdischseins auf Kosten ihrer Integration in den Rest der Bevölkerung zu fördern. Shmuel Trigano war sich dieser bedauerlichen Situation sehr wohl bewusst, als er schrieb: „Die Juden werden oft beschuldigt, sich in diesem viktimisierenden Lamento zu suhlen, und ich bin der erste, der es beklagt[691]."

Eine ständige Bedrohung

Diese jüdische Sensibilität spiegelt sich auch in anderen Merkmalen wider. Wie Jacques Derrida bereits zum Ausdruck gebracht hat, gibt es zum Beispiel bei vielen Juden jenen Instinkt, der sie immer auf der Hut sein lässt und sie sofort auf den kleinsten Hinweis oder Verdacht auf Rassismus und Antisemitismus reagieren lässt. Diese unmerkliche Unruhe, die die jüdische Seele seit jeher unterirdisch quält, äußert sich in alarmistischen Reflexen angesichts dessen, was als Aufkommen der „Geißel" wahrgenommen wird. Beim geringsten Anzeichen von Widerstand oder

---

[689]Joseph Roth, *A Berlin*, Éditions du Rocher, 2003, S. 33.
[690]Hannah Arendt, *Los orígenes del totalitarismo*, Taurus-Santillana, 1998, Madrid, S. 88.
[691]Shmuel Trigano, *L'Idéal démocratique...* Odile Jacob, 1999, S. 43.

Kritik an den Handlungen eines Juden springt die gesamte Gemeinschaft ins Rampenlicht der Medien, und die herzzerreißenden Schreie der schrecklichen Bedrohung sind ebenso zu hören wie der Chor der Trauernden im Hintergrund. Persönlichkeiten, die wir für würdig und vernünftig hielten, geraten in übertriebene Interpretationen, die fast lächerlich wirken, sobald sich der Trubel gelegt hat. So veröffentlichte beispielsweise Elie Wiesel bereits 1974 Artikel, in denen er seine tiefsten Befürchtungen über das Wiederaufleben des Antisemitismus zum Ausdruck brachte: „Ich veröffentliche einen Artikel in der *New York Times* und in *Le Figaro* mit dem Titel „Warum ich Angst habe".... Es gibt Anzeichen dafür, und sie sind beunruhigend. Das abstoßende Schauspiel einer internationalen Versammlung im Delirium, die einen Wortführer des Terrors feiert[692]. Die Reden, die Stimmen gegen Israel. Die dramatische Einsamkeit dieses Volkes mit einer universellen Berufung. Ein arabischer König bietet seinen Gästen Deluxe-Ausgaben der berüchtigten *Protokolle der Weisen von Zion* an. Geschändete Friedhöfe in Frankreich und Deutschland. Pressekampagnen in Sowjetrussland. Die Retrowelle, die unser Leiden verharmlost, und die antizionistischen, antijüdischen Pamphlete, die unsere Hoffnungen verzerren. Man müsste schon blind sein, um es nicht zu erkennen: Judenhass ist wieder in Mode[693]." Zweifellos gibt es unter jüdischen Intellektuellen eine Tendenz zur Überdramatisierung und Systematisierung dessen, was als „Umwelt-Antisemitismus" wahrgenommen wird. Der frühere Präsident der Republik Valéry Giscard d'Estaing sah sich einst mit üblen Anschuldigungen konfrontiert. Das hat Elie Wiesel geschrieben:

„Das Jahr 1977 hatte einen schlechten Start. Im Januar ließ die französische Regierung den palästinensischen Terroristen Abu Daoud frei, bevor Israel ein Auslieferungsverfahren einleiten konnte. In der ganzen Welt löste der Skandal eine beispiellose Protestwelle aus. Noch nie wurde Frankreich so sehr in Frage gestellt. In den Vereinigten Staaten riefen viele Stimmen694 zu einem Boykott seiner Produkte auf. Mit finanzieller Unterstützung von Freunden ließ ich in der *New York Times* eine Anzeigenseite in Form eines offenen Briefes an den Präsidenten der Französischen Republik, Valéry Giscard d'Estaing, veröffentlichen: „Was nun, Herr Präsident? Was ist nun mit Frankreich passiert, Herr Präsident? Ihre moralische Führungsrolle ist verschwunden und ihr Ruhm hat sich in den Augen der Menschen mit Gewissen getrübt. Nur wenige Länder haben in so kurzer Zeit so viel Prestige verloren: Was ist mit Frankreich passiert? Sie hat ihre eigenen Traditionen verraten. Frankreich ist genauso zynisch

---

[692]Jassir Arafat, der palästinensische Präsident, vor der Generalversammlung der Vereinten Nationen.
[693]Elie Wiesel, *Mémoires, Band II*, Editions du Seuil, 1996, S. 97.
[694]Raten Sie mal, welche?

geworden wie der Rest der Welt: Warum hat Ihre Regierung Abu Daoud freigelassen?...Ihr eigenes Volk hat sich gegen Sie aufgelehnt. Denn während Sie Auschwitz besuchten, haben Sie die Lektionen dieses Ortes ignoriert. Das war ja auch zu erwarten. In letzter Zeit haben sich die Anzeichen vervielfacht. Verletzende Aussagen. Ironische Kommentare. Änderungen der Politik. Seltsame Allianzen. Verratene Versprechen. Einseitige Embargos. Die Cherbourg-Affäre695. Der Verkauf von Mirages. Die französischen Regierungen haben selten eine Gelegenheit ausgelassen, ihre Feindseligkeit gegenüber Israel und dem jüdischen Volk zu demonstrieren. Aus ideologischen Gründen? Schlimmer noch: für Geld. Das stimmt, Herr Präsident: Früher war ich stolz auf Frankreich und auf das, wofür es stand. Ich bin nicht mehr696." Wir können sehen, dass das Gefühl der Verfolgung real ist, auch wenn wir zwanzig Jahre später feststellen, dass diese Ängste unwirklich sind. In diesem Sinne ist auch dieser Text von Samuel Pisar aus dem Jahr 1983 zu verstehen: „Die jüngsten Bombenexplosionen in den Großstädten, die antisemitischen Graffiti, die Schändung von Schulen und Friedhöfen sind dieselben, die meine Kindheit erschüttert und meine Welt zerstört haben". Er lebte in Paris, nur wenige hundert Meter von der Rue Copernicus entfernt. Wir werden wachsam sein und auf das leiseste Geräusch der Schritte des Monsters achten. Unsere Feinde beobachten uns bereits unermüdlich. Für sie werden wir immer schuldig sein. Schuldig, in Israel Juden zu sein, anderswo Juden zu sein, Juden zu sein. Je nachdem, ob sie als Kapitalisten oder als Bolschewiken schuldig sind. Schuldig in Europa, wie Schafe geschlachtet worden zu sein, und schuldig in Israel, zu den Waffen gegriffen zu haben, um nicht wieder Schafe zu sein. Schuldig, in der Tat, weiter zu existieren[697]." Als Pisar diese Zeilen 1983 schrieb, waren in Frankreich die Sozialisten an der Macht, und die Zahl der Minister und Persönlichkeiten jüdischer Herkunft, die sich um Präsident Mitterrand scharten, zeigte, dass die Situation der Gemeinschaft im Lande recht gut war: Robert Badinter, George Kiejman, Bernard Kouchner, Jacques Attali, Jack Lang, Dominique Strauss-Kahn, Laurent Fabius, Roger-Gérard Schwartzenberg, Pierre Bérégovoy, Henri Emmanuelli, Michel Sapin, Jean-Denis Bredin, Véronique Néiertz, Charles Fiterman, Georges-Marc Benamou und viele andere waren in der Regierung, um den Kampf gegen jede Form von ranzigem Antisemitismus sicherzustellen.

---

[695]Bei der Cherbourg-Vedetten-Affäre handelte es sich um eine israelische Militäroperation im Dezember 1969, bei der fünf Schiffe der Sa'ar-III-Klasse aus dem französischen Hafen von Cherbourg gestohlen wurden. Die Schiffe waren von der israelischen Regierung bezahlt worden, wurden aber aufgrund des von Charles de Gaulle 1967 verhängten Embargos zurückgehalten (NdT).

[696]Elie Wiesel, *Mémoires, Band II*, Editions du Seuil, 1996, S. 108-110.

[697]Samuel Pisar, *La Ressource humaine*, Jean-Claude Lattès, 1983, S. 250-251.

Dieser Verfolgungswahn ging so weit, dass bei der geringsten Abweichung Persönlichkeiten, die der jüdischen Gemeinschaft bis dahin die größte Sympathie und das größte Wohlwollen entgegengebracht hatten, auf das Schärfste denunziert wurden. Präsident Mitterrand selbst wurde durch den Dreck gezogen, als seine Vergangenheit und seine Komplizenschaft mit dem Vichy-Regime in seinem hohen Alter aufgedeckt wurden. Lesen Sie, wie sich die berühmte Journalistin Françoise Giroud nach seinem Tod über ihn äußerte. In ihrem Tagebuch vom 29. August 1999 prangerte sie an, was manche als „den starken und schädlichen Einfluss der jüdischen Lobby in Frankreich" zu bezeichnen wagen. „Unglaublich! Und um wen geht es? François Mitterrand, wenn wir Jean d'Ormesson glauben, der diesen Satz wiederholt hat. Mitterrand soll dies kurz vor seinem Tod in einem privaten Gespräch mit seinem Lieblingswissenschaftler gesagt haben. Hat er es wirklich gesagt? Seine Tochter verschluckt sich. Seine Kinder lüften sich selbst. Natürlich hat er es gesagt! Wie de Gaulle, wie Mauriac698... Der Einfluss der jüdischen Lobby ist ein Klassiker der französischen Kultur. Mitterrand hat es aus der Flasche gesaugt. Er hasste es, wenn man ihm von René Bousquet699 erzählte. Als Jean d'Ormesson dies tat, ärgerte er sich ein wenig und platzte mit dieser jämmerlichen Antwort heraus: „All das verdient keine drei Zeilen." Diese Undankbarkeit zeigt sich sofort bei der kleinsten Entgleisung des Betreffenden, unabhängig davon, ob er zuvor Freundschaft oder Unterwürfigkeit gezeigt hat. Beim kleinsten Fehler wird der Beschuldigte ausgeschlossen und in der Geschichte an den Pranger gestellt. Wir wissen, dass Undankbarkeit ein weiterer Vorwurf ist, den kosmopolitische Intellektuelle häufig gegen Antisemiten erheben. Auch hier zeigt sich, dass der beste Weg, Beleidigungen zu vermeiden, darin besteht, das Opfer zu beschuldigen. „Der Mörder schreit danach, dass man ihm die Kehle durchschneidet", heißt es in einem Sprichwort.

Zu Beginn des 21. Jahrhunderts wird uns in Frankreich von den Medien versichert, dass der Antisemitismus noch nie so virulent war, während die rechtsliberalen Regierungen, die weltweit an der Macht sind, dieselbe Agenda und dieselben Ideen vertreten wie die der Linken. Die alarmistische Berichterstattung zu diesem Thema ist seit langem eine Konstante in unserem Mediensystem. Das Interesse ist ein dreifaches: einerseits die „republikanische Wachsamkeit" der französischen Bevölkerung aufrechtzuerhalten, andererseits den Zusammenhalt der jüdischen Gemeinschaft zu gewährleisten und schließlich durch die

---

[698]François Mauriac (1885-1970) war ein französischer Journalist, Kritiker und Schriftsteller. Er wurde 1952 mit dem Nobelpreis für Literatur ausgezeichnet und gilt als einer der größten katholischen Schriftsteller des 20. Jahrhunderts.
[699]René Bousquet (1909-1993) war ein hochrangiger französischer Beamter und Kollaborateur mit den Nazi-Besatzern während des Zweiten Weltkriegs.

Beunruhigung, die die Situation hervorrufen kann, die *Alija* einiger Juden nach Israel zu beschleunigen, dessen demographische Situation durch die der Palästinenser bedroht ist.

Das war übrigens etwas, was Hannah Arendt schon 1951 angedeutet hat: Als die alten jüdischen Gemeinden Europas, die jahrhundertelang in sich geschlossen waren, mit dem den Juden im neunzehnten Jahrhundert gewährten Bürgerrecht zerfielen und sich in die sie umgebenden Gesellschaften integrierten, war es nur natürlich, dass die Juden, „die um das Überleben ihres Volkes besorgt waren... auf die tröstliche Idee kamen, dass der Antisemitismus schließlich ein ausgezeichnetes Mittel sein könnte, um ihr Volk zusammenzuhalten.... kamen auf die tröstliche Idee, dass der Antisemitismus schließlich ein hervorragendes Mittel sein könnte, um ihr Volk zusammenzuhalten, und so würde die Annahme eines ewigen Antisemitismus zu einer ewigen Garantie der jüdischen Existenz werden[700]. „Marek Halter bestätigte diesen Gedanken in einem Interview, das am 8. Oktober 1999 in der Tageszeitung *Le Point* veröffentlicht wurde: „Zunächst einmal muss man sagen, dass viele Juden Juden geblieben sind, weil sie nicht, wie zum Beispiel Bergson[701], ihre Gemeinschaft verlassen wollten, als diese bedroht war. „Die antisemitische Bedrohung, ob fiktiv oder real, ist daher ein Segen für die Führer der jüdischen Gemeinschaft, die die Assimilierung mehr als alles andere fürchten.

Antisemitischer Wahnsinn

Dieselben Persönlichkeiten mit starken Zwangstendenzen betrachten den Antisemitismus häufig auch als „Krankheit" und vermeiden so jede Form der Selbstbeobachtung. Es ist ein Thema, das in den Erklärungen des antisemitischen Phänomens sehr präsent ist, wie wir in der Analyse der großen Politikwissenschaftlerin Hannah Arendt sehen können: „Obwohl antijüdische Gefühle unter den gebildeten Klassen in Europa während des 19. Jahrhunderts weit verbreitet waren, blieb der Antisemitismus als Ideologie das Vorrecht von Fanatikern im Allgemeinen und Verrückten im Besonderen. „Antisemitismus ist eine „Beleidigung des gesunden Menschenverstands", eine „verrückte" Idee. Der berühmte Text „*Die Protokolle der Weisen von Zion*" ist das beste Beispiel dafür. Das Dokument sei eine grobe Fälschung, eine „groteske" Fabel, ein „weit hergeholtes Märchen[702] „, und es sei einfach unglaublich, dass eine solche

---

[700]Hannah Arendt, *Die Ursprünge des Totalitarismus, Antisemitismus*, 1951, Taurus-Santillana, Madrid, 1998, S. 31.
[701]Henri-Louis Bergson (1859-1941) war ein berühmter französischer Philosoph und Schriftsteller, der 1927 den Nobelpreis für Literatur erhielt.
[702]Hannah Arendt, *Die Ursprünge des Totalitarismus, Antisemitismus*, 1951, Taurus-Santillana, Madrid, 1998, S. 8, 9.

„eklatante Fälschung" „von so vielen geglaubt" und „zum Text einer ganzen politischen Bewegung" werden könne. Wenn man an „die lächerliche Geschichte der *Protokolle der Weisen von Zion*" und „die Verwendung dieser Fälschung durch die Nazis als Lehrbuch für eine globale Eroberung703 „ denkt, ist man verblüfft über solch blinde Dummheit und Bösgläubigkeit. Kurzum, Hannah Arendt zufolge würde es genügen, *die Protokolle* zu verbieten, um den Antisemitismus verschwinden zu lassen, was eine große Torheit wäre. In Wirklichkeit war Hannah Arendt vielleicht ein wenig unehrlich, denn sie gab vor zu glauben, dass *die Protokolle* die Grundlage des Antisemitismus seien, obwohl bekannt war, dass es sich um eine Fälschung handelte und die Antisemiten selbst dies oft zugaben. Zar Nikolaus II. weigerte sich sogar, eine so offensichtliche Fälschung zu billigen.

Um die Absurdität des Antisemitismus zu unterstreichen, fuhr Arendt mit einer weiteren Unwahrscheinlichkeit fort: „Der Kern der Schöner-Bewegung [der österreichischen antisemitischen Parteien] befand sich in den deutschsprachigen Provinzen ohne jüdische Bevölkerung, wo es nie eine Konkurrenz mit Juden oder einen Hass auf jüdische Bankiers gab. „Antisemitismus ist also genauso absurd wie die rechtsextreme Wählerschaft in Gebieten, in denen es keine Einwanderer gibt, wie Daniel Cohn-Bendit brillant gezeigt hat. Dieser Antisemitismus sei umso absurder, als er „mit der jüdischen Assimilation, der Säkularisierung und der Schwächung der alten religiösen und spirituellen Werte des Judentums einherging und mit ihnen verbunden war". „Die Juden wurden zu einem Symbol für die Gesellschaft als solche und zu einem Hassobjekt für alle, die von der Gesellschaft nicht akzeptiert wurden. Nachdem der Antisemitismus seine Grundlage in den besonderen Bedingungen, die seine Entwicklung im 19. Jahrhundert beeinflusst hatten, verloren hatte, konnte er von Scharlatanen und Fanatikern ungehindert zu jenem phantastischen Gemisch aus Halbwahrheiten und wildem Aberglauben weiterentwickelt werden, das nach 1914 in Europa entstand und zur Ideologie aller frustrierten und ressentimentgeladenen Elemente wurde704. „Ein „herausragender Antisemit" wie Louis-Ferdinand Céline705, zum Beispiel, „verstand den vollen Umfang und die Möglichkeiten der neuen Waffe. „Zum Glück", schrieb Hannah Arendt, „haben der den französischen Politikern innewohnende gesunde Menschenverstand und ihre tief verwurzelte Ehrbarkeit sie daran gehindert, einen Scharlatan und

[703] Hannah Arendt, *Die Ursprünge des Totalitarismus, Antisemitismus*, 1951, Taurus-Santillana, Madrid, 1998, S. 31, 9
[704] Hannah Arendt, *Die Ursprünge des Totalitarismus, Antisemitismus*, 1951, Taurus-Santillana, Madrid, 1998, S. 59, 31, 65.
[705] Siehe Fußnote 155.

Fanatiker zu akzeptieren706. „In der Tat ist es schwer vorstellbar, dass Céline von Daladier, Paul Reynaud oder Léon Blum empfangen wird.

In seiner monumentalen *Geschichte des Antisemitismus* hat der große Historiker Leon Poliakov in dem Kapitel *Der Ausbruch des Konflikts (1914-1933)* eine ähnliche Interpretation der antisemitischen Tendenzen in Deutschland nach der Niederlage von 1918 vorgelegt. Die Erklärung war ganz einfach: Die Deutschen wurden von einer bekannten Krankheit heimgesucht - dem Verfolgungssyndrom oder Delirium -, die die Betroffenen in den totalen Wahnsinn treiben kann: „Am Tag nach der Oktoberrevolution grenzten die Äußerungen einiger Verantwortlicher für Deutschlands Schicksal an ein Delirium, weil ihrer Meinung nach eine unbestimmte Anzahl von Bolschewiken jüdischer Herkunft war... Diese delirante Tendenz wurde noch verstärkt, als klar wurde, dass Deutschland den Krieg verloren hatte. „Leon Poliakov zufolge verfiel General Ludendorff selbst, der Führer des Sieges von Tannemberg 1914, nachdem er als Stratege die Mittelmächte zwischen 1916 und 1918 geführt hatte, „in den vollkommensten antijüdischen Wahnsinn". Das Übel war sichtlich ansteckend, aber „die Mechanismen seines Deliriums waren leicht zu durchschauen", erklärte Poliakov. Glücklicherweise hat das „Verfolgungsdelirium" ihn nicht daran gehindert, „seine ungeheure Arbeitsleistung zu erbringen, die es ihm ermöglichte, während er ein Buch nach dem anderen über die Juden oder das alte Rom veröffentlichte und eine Wochenzeitschrift leitete, Werke über den totalen Krieg zu verfassen, die von einigen Experten immer noch bewundert werden. „Der Wahnsinn von General Ludendorff kam erst wieder zum Vorschein, als er begann, sich mit einem ganz bestimmten Problem zu beschäftigen.

Wir haben bereits gesehen, dass auch Winston Churchill in einem Moment der Schwäche diesem Wahn erlegen war. Ende 1919 rechtfertigte er den antibolschewistischen Kreuzzug in einer Rede vor dem Unterhaus, in der er, so Poliakov, „die furchtbarste Sekte der Welt" geißelte. In einem am 8. Februar 1920 veröffentlichten Artikel mit dem Titel *Zionismus gegen Bolschewismus* führte er seine Ideen sogar noch weiter aus. In diesem Artikel unterschied er „die Juden in drei Kategorien: einige, die sich als loyale Bürger ihrer jeweiligen Länder verhielten, andere, die ihr eigenes Heimatland wieder aufbauen wollten, und schließlich die internationalen Juden, die „terroristischen Juden". Churchills Beschreibung der dritten Kategorie grenze an ein Delirium, schrieb Poliakov, denn die wütendsten Antisemiten könnten sich dies zunutze machen[707]." Der berühmte Historiker des Pariser Instituts für Politikwissenschaft, Michel Winock, stellte fest, dass „die Dämonologie und das Delirium der extremen Rechten

---

[706]Hannah Arendt, *Die Ursprünge des Totalitarismus, Antisemitismus*, 1951, Taurus-Santillana, Madrid, 1998, S. 62.
[707]Léon Poliakov, *Histoire de l'antisémitisme II*, 1981, Points Seuil, 1990, S. 409.

über gewöhnliche Fiktionen hinausgehen: Der Antisemitismus ist ein permanenter Wahn708.‟

In einer Sammlung von Artikeln, die unter dem Titel „*Asymmetrie und Leben*" veröffentlicht wurde, gab Primo Levi eine Erklärung für den deutschen Antisemitismus: „Ich glaube nicht, dass es möglich ist, weder jetzt noch in Zukunft, eine erschöpfende Antwort auf diese Frage zu geben. Wir können uns irgendwie in einen Dieb oder einen Mörder hineinversetzen, aber nicht in einen Verrückten. Genauso unmöglich ist es für uns, den Weg der großen Täter nachzuvollziehen: Für uns werden ihre Taten und ihre Worte immer im Dunkeln bleiben... Für mich kann Auschwitz nur so interpretiert werden: als der Wahnsinn einer kleinen Minderheit und die dumme und feige Zustimmung der Mehrheit. Das Massaker der Nazis trägt die Handschrift des Wahnsinns. Es ist die Verwirklichung eines wahnsinnigen Traums, in dem einer befiehlt und keiner mehr denkt709. „Zweifellos war das nationalsozialistische Regime „dämonisch710.‟

Revisionistische Historiker haben die gleichen schwerwiegenden Fehler: „Ich weiß nicht, wer Professor Faurrisson ist. Vielleicht ist er nur ein Verrückter, es gibt auch solche an den Universitäten711. „Bei solchen Idioten ist „Schwarz zu Weiß geworden, Unrecht zu Recht, die Toten sind nicht mehr tot, es gibt keine Mörder mehr, es gibt keine Schuld mehr, oder besser gesagt, es gab nie eine Schuld. Nicht nur, dass ich die Tat nicht begangen habe, sondern es gibt auch keinen Beweis für ihre Existenz. „Die Verbrechen der Deutschen hingegen sind zahllos, und Primo Levi kann sie uns in allen Einzelheiten schildern. Während der Kristallnacht zum Beispiel: „In ganz Deutschland bricht ein Pogrom aus‟, schrieb er. Siebentausendfünfhundert Geschäfte und Räumlichkeiten, die Juden gehören, werden zerstört und geplündert: davon werden achthundertfünfzig vollständig zerstört, einhundertfünfundneunzig Synagogen zertrümmert, sechsunddreißig Juden getötet und

---

708Michel Winock, *Nationalisme, antisémitisme et fascisme en France*, Points Seuil, 1990, S. 7.
709Primo Lévi, *La Stampa*, 18. Juli 1959, in *L'asymétrie et la vie, Artikel*, Robert Laffont, 2002, S. 26-28.
710Primo Lévi, *L'Asymétrie et la vie*, Robert Laffont, 2002, S. 73.
711Er ist der bekannte französische revisionistische Historiker Robert Faurrisson (1929-2018). Laut Elisabeth Roudinesco ist Faurrisson ein Fälscher, ein gefährlicher Geschichtsfälscher: „Ein negationistischer Autor, dessen Schriften so wahnhaft sind, dass sie ein enormes Interesse wecken. Es kann nicht oft genug gesagt werden: Je verfälschter die Wahrheit, je gröber die Lüge, je offensichtlicher der Betrug, desto größer die Wahrscheinlichkeit, dass sie Anhänger findet. Halluzination, Verleugnung, Paranoia, kurzum alles, was den Negationismus als extreme Ausprägung des Antisemitismus kennzeichnet. „In Jacques Derrida, Élisabeth Roudinesco, *Y mañana, qué?* Fondo de Cultura Económica, Buenos Aires, 2002, S. 144.

zwanzigtausend verhaftet, ausgewählt aus den reichsten712." „Es ist unmöglich, Hitler zu verstehen, wenn man die Wunden ignoriert, die die Niederlage von 1918, die darauf folgenden revolutionären Versuche, die katastrophale Inflation von 1923, die Gewalt der *Freikorps* und die schwindelerregende politische Instabilität der Weimarer Republik dem deutschen Stolz zugefügt haben. Ich will damit nicht sagen, dass alle diese Ursachen ausreichen, um den Hitlerismus zu verstehen, aber sie sind zweifellos notwendig... Es gibt auch wirtschaftliche Erklärungen. Es stimmt, und es ist unbestreitbar, dass die Juden zu Beginn des Jahrhunderts zum deutschen Bürgertum gehörten, dass sie im Finanzwesen, in der Presse, in der Kultur, in der Kunst, im Kino und so weiter stark verwurzelt waren. Das hat zweifellos Neid geweckt713." Über Hitlers Motive und das Ausmaß seines Antisemitismus sind Dutzende von Büchern geschrieben worden", so Primo Levi weiter. Das zeigt auch, dass es schwer zu erklären ist. Wahrscheinlich war es eine persönliche Obsession, deren Wurzeln unbekannt sind, obwohl viel darüber gesprochen wurde. Es heißt, er fürchtete, jüdisches Blut in seinen Adern zu haben, weil eine seiner Großmütter schwanger geworden war, als sie in einem Haus arbeitete, das Juden gehörte; diese Angst hatte er sein ganzes Leben lang gespürt; besessen von der Reinheit des Blutes, hatte er Angst, selbst nicht rein zu sein. Andere Erklärungen wurden von Psychoanalytikern vorgeschlagen, Erklärungen, die alles offenbaren, genau: Sie sagen und haben gesagt, dass Hitler paranoid und pervers war, dass er seine Eigenschaften auf die Juden projiziert hat, um sich von ihnen zu befreien. Die Wahrheit ist, dass ich das nicht sehr gut verstehe. Ich kenne die Sprache der Psychoanalytiker nicht, und vielleicht steht es mir nicht zu, mich dazu zu äußern; auf jeden Fall ist es ein Prinzip, das einer weiteren Erklärung bedarf... Es lohnt sich, daran zu erinnern, dass das Testament, das Hitler diktierte, als die Russen achtzig Meter vom Bunker entfernt waren, eine Stunde vor seinem Selbstmord, mit diesem Satz endete: „Ich beauftrage meine Nachfolger, den Rassenfeldzug zur Ausrottung des jüdischen Volkes zu vollenden, das Träger aller Übel der Menschheit ist". Dies reicht meiner Meinung nach aus, um zu zeigen, dass das Bedürfnis, alle möglichen Übel einem Sündenbock zuzuschreiben, das der Mensch Hitler verspürte, die Grenzen der Vernunft, der rationalen714, völlig überschritten hat. „

Es sei darauf hingewiesen, dass es nicht die Juden sind, die „paranoid und pervers" sind, wie vereinfachende Denker meinen könnten, sondern die Antisemiten. Und dass es auch letztere sind, die ihre Eigenschaften auf

---

[712]Primo Lévi, *La Stampa*, 9. November 1978, in *L'asymétrie et la vie*, Artikel, Robert Laffont, 2002, S. 92, 98.
[713]Primo Lévi, *L'Asymétrie et la vie*, Robert Laffont, 2002, S. 113.
[714]Primo Lévi, *L'Asymétrie et la vie*, Robert Laffont, 2002, S. 205-206.

die Juden projizieren, um sich von ihnen zu befreien, und keineswegs umgekehrt.

Der große Historiker William Shirer, Autor einer monumentalen Geschichte des Dritten Reiches, gab eine ähnliche Erklärung für den Antisemitismus der Hitlerianer. Man kann nicht behaupten, dass er sich ausführlich mit dem Thema befasst hat, denn von den 1500 Seiten seiner beiden Bände ist nur einer der Erklärung des nationalsozialistischen Antisemitismus gewidmet. Tatsächlich zitierte er nur ein paar kurze Passagen aus Mein Kampf: Hitler, so schrieb der Historiker, „entdeckte den moralischen Makel dieses ʻauserwählten Volkesʼ.... Gab es irgendeine Form von Schmutz oder Ausschweifung, insbesondere im kulturellen Leben, ohne dass mindestens ein Jude dabei war? „Er zitierte ferner einige kurze Auszüge über Prostitution und den weißen Sklavenhandel: „Mein Kampf ist gespickt mit reißerischen Anspielungen auf fremde Juden, die unschuldige christliche Mädchen verführen und so ihr Blut verfälschen. In Hitlers Tiraden über die Juden steckt eine Menge morbider Sexualität. „Hitler war, kurz gesagt, ein wahrhaft obsessiver Antisemit, und „er würde es bleiben, verschleiert und fanatisch, bis zum bitteren Ende; sein Testament, das er wenige Stunden vor seinem Tod verfasste, würde den letzten Schlag gegen die Juden enthalten, mit dem er sie für den Krieg verantwortlich machte, den er begonnen hatte und der nun mit ihm und dem Dritten Reich endete. „Aber, so William Shirer, nichts könne „diesen schrecklichen Hass erklären, der so viele Deutsche anstecken würde[715]." Das Naziregime hatte das Schicksal zahlreicher Intellektueller kompromittiert, wie zum Beispiel das von Stefan Zweig, „dem bedeutenden österreichischen jüdischen Schriftsteller". Mehrere ebenso „bedeutende" Politiker sollten verfolgt werden, wie Kurt Eisner, „ein beliebter jüdischer Schriftsteller", der Ende November 1918 nach München zurückgekehrt war, um nach der Abdankung des wittelsbachischen Herrschers die Führung eines „Volksstaates" zu übernehmen; oder als Walter Rathenau, „der brillante und gelehrte Außenminister, den die Extremisten hassten, weil er Jude war und weil er die nationale Politik in Richtung eines Versuchs lenkte, einige der Klauseln des Versailler Vertrags umzusetzen"; er wurde in München ermordet. Auf der anderen Seite, auf der Seite der Nazis, sahen wir weitaus beunruhigendere Figuren. Alle Nazi-Würdenträger wurden auf die unheimlichste Art und Weise porträtiert. „In einer normalen Gesellschaft hätte man sie sicherlich als groteske Ansammlung von Menschen abgetan, die nicht dazugehören. Doch in den letzten Tagen

---

[715]William L. Shirer, *Auge y caída del Tercer Reich, Band I*, Editorial Planeta, Barcelona, 2013, S. 54-55, 52, 63, 65.

der Weimarer Republik begannen sie, Millionen von verwirrten Deutschen als echte Retter zu erscheinen716." Das politische Testament

Wir mussten in diesem *politischen Testament717* die Aussagen von Primo Levi und William Shirer überprüfen. Beide hatten in der Tat Recht, als sie Hitlers Besessenheit anprangerten, in seinem Wahn die Verantwortung für den Krieg dem jüdischen Volk zuzuschreiben. In diesem Text steht jedoch nicht, wie Primo Levi Hitler zitierte, dass Hitler seine „Nachfolger beauftragt hat, den Rassenfeldzug zur Ausrottung des jüdischen Volkes, das Träger aller Übel der Menschheit ist, zu vollenden". In Bezug auf die Juden haben wir nur diese Worte gefunden: „Ich habe mich den Juden gegenüber loyal gezeigt; ich habe ihnen am Vorabend des Krieges eine letzte Warnung gegeben. Ich habe sie gewarnt, dass sie, sollten sie die Welt erneut in einen Krieg stürzen, dieses Mal nicht verschont würden: dass wir diesen Wurm ein für alle Mal aus Europa ausrotten würden. Auf diese meine Warnung antworteten sie mit einer Kriegserklärung, die besagte, dass überall dort, wo ein Jude sei, er per definitionem ein unschuldiger Feind des nationalsozialistischen Deutschlands sei. „(Führerhauptquartier, *Notizen*, 13. Februar 1945). „Jahrhunderte werden vergehen, aber aus den Trümmern unserer Städte und unserer Kunstdenkmäler wird wieder der Hass auf die Hauptverantwortlichen wachsen, auf diejenigen, denen wir das alles zu verdanken haben: das internationale jüdische Volk und diejenigen, die ihm helfen...Ich habe auch deutlich gemacht, dass, wenn die Völker Europas wieder als bloße Aktienpakete der internationalen Geld- und Finanzverschwörer betrachtet werden, sich die wahren Schuldigen an diesem mörderischen Krieg verantworten müssen: die Juden. Ich habe auch keinen Zweifel daran gelassen, dass es diesmal nicht dazu kommen darf, dass Millionen von Kindern der europäischen und arischen Völker verhungern, Millionen von erwachsenen Männern umkommen und Hunderttausende von Frauen und Kindern in den Städten verbrannt und zerbombt werden, ohne dass die wahren Schuldigen für ihre Schuld bezahlen, wenn auch auf humanere Weise. „ (*Mein politisches Testament*, 29. April 1945).

Zum Rassismus: „Die Weißen haben diesen Völkern trotz allem etwas gebracht, das Schlimmste, was man ihnen hätte bringen können, die Plagen dieser unserer Welt: Materialismus, Fanatismus, Alkoholismus und Syphilis. Im Übrigen sind diese Völker, da sie etwas Eigenes besaßen, das

[716]William L. Shirer, *Auge y caída del Tercer Reich, Band I*, Editorial Planeta, Barcelona, 2013, S. 218-219.
[717]Adolf Hitler, *Mein politisches Testament* und die im Führerhauptquartier gesammelten Aufzeichnungen von Martin Bormann, Minister der Nationalsozialistischen Partei Deutschlands.

besser war als das, was wir ihnen geben konnten, sie selbst geblieben. Und was mit Gewalt versucht wurde, führte zu noch schlechteren Ergebnissen. Die Intelligenz würde uns gebieten, von solchen Bemühungen abzusehen, wenn wir wissen, dass sie sich als vergeblich erweisen werden. Nur einen Erfolg können wir den Kolonisatoren zugutehalten: Sie haben überall Hass geweckt. „ (*Notizen*, 7. Februar 1945). „Ich habe nie geglaubt, dass ein Chinese oder ein Japaner uns unterlegen ist. Sie gehören zu alten Zivilisationen, und ich akzeptiere sogar, dass ihre Vergangenheit der unseren überlegen ist. Ich gebe ihnen allen Grund, stolz darauf zu sein, so wie wir stolz auf die Zivilisation sind, der wir angehören. Ich glaube sogar, je stolzer die Chinesen und Japaner weiterhin auf ihre Rasse sind, desto leichter wird es mir fallen, sie zu verstehen. „ (*Notizen*, 13. Februar 1945).

„Wir allein hätten die muslimischen Länder, die von Frankreich beherrscht werden, emanzipieren können. Und das hätte in Ägypten und im Nahen Osten, die von den Briten unterjocht wurden, eine enorme Resonanz gehabt. Da wir unser Schicksal an das der Italiener geknüpft hatten, wurde dies politisch unmöglich. Der ganze Islam war von der Ankündigung unserer Siege erschüttert. Die Ägypter, die Iraker und der Nahe Osten waren bereit zum Aufstand, alle zusammen... Die Anwesenheit der Italiener an unserer Seite lähmte uns und sorgte für Unbehagen bei unseren islamischen Freunden, denn sie sahen in uns nur Komplizen, ob sie wollten oder nicht, ihrer Unterdrücker. Nun sind die Italiener in diesen Regionen noch verhasster als die Franzosen und Engländer718. „ (*Notizen*, 17. Februar 1945).

„Unser Rassismus ist nur in Bezug auf die jüdische Rasse aggressiv. Der Einfachheit halber sprechen wir von einer jüdischen Rasse, denn es

---

[718]„Der größte Dienst, den Italien uns hätte erweisen können, wäre gewesen, sich aus dem Konflikt herauszuhalten. Diese Enthaltung hätte ihr alle Opfer, alle Geschenke von uns eingebracht. Wäre sie in dieser Rolle geblieben, hätten wir sie mit Gunstbezeugungen überhäuft. Im Falle eines Sieges hätten wir mit ihr alle Vorteile und darüber hinaus den Ruhm geteilt. Wir hätten voll und ganz zur Schaffung des historischen Mythos von der Überlegenheit der Italiener, der legitimen Söhne der Römer, beigetragen. Es wäre besser und besser gewesen, sie nicht als Kombattanten auf unserer Seite zu haben! „ (Notizen, 17. Februar). Über Franco sagte Hitler: „Ich kann Franco nicht verzeihen, dass er es nicht verstanden hat, die Spanier gleich nach dem Ende des Bürgerkriegs zu versöhnen, dass er die Falangisten, denen Spanien die Hilfe verdankt, die wir ihm gegeben haben, beiseite geschoben hat und dass er die früheren Gegner, die bei weitem nicht alle Rote waren, wie Banditen behandelt hat. Es ist keine Lösung, das halbe Land außerhalb des Gesetzes zu stellen, während sich eine Minderheit von Räubern auf Kosten aller bereichert... mit dem Segen des Klerus. Ich bin sicher, dass es unter den angeblichen spanischen Roten nur sehr wenige Kommunisten gab. Man hat uns betrogen, denn ich hätte niemals akzeptiert, dass unsere Flugzeuge dazu benutzt werden, arme, hungernde Menschen zu vernichten und den spanischen Priestern ihre schrecklichen Privilegien zurückzugeben, wenn ich gewusst hätte, worum es wirklich geht. „ (Notizen, 10. Februar) (NdT).

gibt, wenn wir uns genau ausdrücken wollen und vom Standpunkt der Genetik aus, keine jüdische Rasse. Dennoch gibt es eine faktische Realität, der man diese Bezeichnung ohne das geringste Zögern zugestehen kann und die sogar von den Juden selbst zugegeben wird. Es ist die Existenz einer geistig homogenen menschlichen Gruppe, der sich die Juden überall auf der Welt zugehörig fühlen, unabhängig von den Ländern, deren Bürger sie verwaltungstechnisch gesehen sind. Diese Menschengruppe nennen wir die jüdische Rasse. Es handelt sich jedoch keineswegs um eine Religionsgemeinschaft und auch nicht um ein Band, das durch die Zugehörigkeit zu einer gemeinsamen Religion entsteht, auch wenn die hebräische Religion als Vorwand dient.

Die jüdische Rasse ist in erster Linie eine geistige Rasse. Obwohl sie ihren Ursprung in der hebräischen Religion hat, obwohl sie teilweise von ihr geprägt wurde, ist sie dennoch nicht rein religiöser Natur; denn sie umfasst sowohl überzeugte Atheisten als auch aufrichtige Praktizierende. Dazu kommt die Verbindung, die durch die im Laufe der Jahrhunderte erlittenen Verfolgungen entstanden ist, über die die Juden aber immer vergessen, dass sie selbst es sind, die nicht aufgehört haben, sie zu provozieren[719]... Ein geistiges Rennen, das ist etwas viel Solideres, viel Dauerhafteres, als ein Rennen, ohne mehr oder mehr. Verpflanzen Sie einen Deutschen in die Vereinigten Staaten, und Sie werden einen Amerikaner machen. Der Jude bleibt ein Jude, wohin er auch geht. Er ist von Natur aus ein unanpassungsfähiges Wesen. Und gerade dieser Charakter ist es, der ihn für die Assimilation ungeeignet macht, der seine Rasse definiert, ein Beweis für die Überlegenheit des Geistes über das Fleisch" (*Notizen*, 13. Februar 1945).

Das unterjochte Kleinbürgertum

---

[719]„Juden haben schon immer Antisemitismus hervorgerufen. Die nichtjüdischen Völker, von den Ägyptern bis zu uns, haben im Laufe der Jahrhunderte alle auf die gleiche Weise reagiert. Irgendwann haben sie es satt, von einem missbrauchenden Juden ausgenutzt zu werden. Sie schnauben und schnauben wie Tiere, die den Wurm abschütteln. Sie reagieren brutal, sie rebellieren schließlich. Es ist eine instinktive Reaktion. Es handelt sich um eine fremdenfeindliche Reaktion gegenüber dem Fremden, der sich weigert, sich anzupassen, der sich einfügt, der sich uns aufdrängt und der uns ausbeutet. Der Jude ist per definitionem der Ausländer, der unzulässig ist und sich auch weigert, sich zu assimilieren. Das ist es, was den Juden von anderen Ausländern unterscheidet: Er beansprucht, in unserem Haus die Rechte eines Mitglieds der Gemeinschaft zu haben und Jude zu bleiben. Er betrachtet diese Möglichkeit, gleichzeitig auf zwei Matten zu spielen, als etwas, das ihm zusteht, und er ist der Einzige auf der Welt, der ein solch exorbitantes Privileg für sich beansprucht. „ (Notizen, 13. Februar) (NdT).

Die Analyse des Antisemitismus wäre unvollständig, wenn man nicht Wilhelm Reichs Werk über den Faschismus berücksichtigen würde, das wir bereits weiter oben erörtert haben und das sich auch auf die Analyse des Antisemitismus anwenden lässt. Wilhelm Reichs zwischen 1930 und 1933 geschriebener Klassiker Die Massenpsychologie des Faschismus ist nach wie vor ein wichtiger Beitrag zum Verständnis nicht so sehr des Faschismus als vielmehr der antifaschistischen Mentalität und dieser außergewöhnlichen Fähigkeit, wie Attali schrieb, die verdrehtesten und entmutigendsten Theorien zu „erfinden", die die Realität zunehmend verdunkeln. Indem er sich weigerte, im Faschismus die Ideologie oder das Handeln eines isolierten Individuums zu sehen, und auch die von orthodoxen Marxisten vertretene sozioökonomische Erklärung ablehnte, sah Reich „den Faschismus als den politisch organisierten Ausdruck der Charakterstruktur des Durchschnittsmenschen", dessen ursprüngliche und biologische Bedürfnisse und Triebe seit Jahrtausenden unterdrückt wurden: „Die sexuellen Schuldgefühle und sexuellen Ängste des reaktionären Menschen... erzeugen das unbewusste psychische Leben des in die Masse integrierten Lesers. Hier müssen wir nach der Wurzel des nationalsozialistischen Antisemitismus suchen", so Reich. „In der irrationalen Sphäre der Angst vor der Syphilis finden die nationalsozialistische Weltanschauung und der Antisemitismus eine ihrer wichtigsten Quellen. Folglich ist die Rassenreinheit, d.h. die Reinheit des Blutes, ein erstrebenswertes Ideal, für dessen Erreichung alle Mittel eingesetzt werden müssen... Wir werden Rosenberg selbst zu Wort kommen lassen, um zu zeigen, dass der Kern der faschistischen Rassentheorie die tödliche Angst vor der natürlichen Sexualität und ihrer Funktion des Orgasmus ist. In der Tat versucht er „die Gültigkeit der These zu beweisen, dass der Aufstieg und der Niedergang von Nationen auf Rassenkreuzungen und „Blutvergiftung" zurückzuführen ist720." Der Faschismus, so Reich, erkläre sich aus dem unbefriedigten orgastischen Verlangen der Massen. Um menschliche Reaktionen zu beurteilen, müssen wir drei verschiedene Schichten der biopsychologischen Struktur berücksichtigen: „In der oberflächlichen Schicht seiner Persönlichkeit ist der Durchschnittsmensch zurückhaltend, freundlich, mitfühlend, verantwortungsbewusst, gewissenhaft... diese oberflächliche Schicht der sozialen Kooperation steht nicht in Kontakt mit dem tiefen biologischen Kern des Individuums; sie wird von einer zweiten, einer Zwischenschicht des Charakters getragen, die ausschließlich aus grausamen, sadistischen, lasziven, raubgierigen und neidischen Impulsen besteht. Sie stellt Freuds „Unbewusstes" oder „Verdrängtes" dar. „Wenn man dann durch diese

---

[720]Wilhelm Reich, *Massenpsychologie des Faschismus*, (1933), EspaPdf (en.scribd.com), S. 3, 298-299, 375-376, 381-382

zweite Schicht des Perversen tiefer in die biologische Grundlage des menschlichen Tieres eindringt, entdeckt man regelmäßig die dritte und tiefste Schicht, die wir den „biologischen Kern" nennen. Auf der tiefsten Ebene ist der Mensch hier unter günstigen sozialen Bedingungen ein ehrliches, fleißiges, kooperatives, liebendes oder, wenn es einen Grund dafür gibt, ein rationales, hassendes Tier. In keinem Fall jedoch, in dem sich der Charakter des heutigen Menschen entspannt, kann man zu dieser tiefen, vielversprechenden Schicht vordringen, ohne zuvor die unauthentische und nur scheinbar soziale Oberfläche zu entfernen. Wenn die Maske des Zivilisierten gefallen ist, erscheint nicht zuerst die natürliche Sozialität, sondern nur die sadistisch-perverse Schicht des Charakters721." „In den ethischen und sozialen Ideen des Liberalismus erkennen wir die Darstellung der Züge der oberflächlichen Charakterschicht, die sich mit Selbstbeherrschung und Toleranz befasst. Dieser Liberalismus betont seine Ethik, um das „Ungeheuer im Menschen" zu bändigen. „Der Liberale missachtet die natürliche Sozialität der tiefsten Schicht, der dritten, der nuklearen. Er beklagt und bekämpft die Pervertierung des menschlichen Charakters durch ethische Normen, aber die sozialen Katastrophen des zwanzigsten Jahrhunderts zeigen, dass er mit dieser Aufgabe nicht sehr weit gekommen ist. Alles wirklich Revolutionäre, jede wahre Kunst und Wissenschaft entspringt dem natürlichen biologischen Kern des Menschen... Ganz anders, und das Gegenteil von Liberalismus und wahrer Revolution, ist die Situation des Faschismus. In seinem Wesen ist weder die oberflächliche noch die tiefere Schicht vertreten, sondern im Wesentlichen die zweite, die Zwischenschicht des Charakters, die der sekundären Instinkte..... Dieser „Faschismus" ist nichts anderes als der politisch organisierte Ausdruck der Charakterstruktur des Durchschnittsmenschen, einer Struktur, die weder an bestimmte Rassen oder Nationen noch an bestimmte Parteien gebunden ist, sondern allgemein und international ist. In diesem Sinne ist der „Faschismus" die emotionale Grundhaltung des autoritär unterworfenen Menschen der maschinistischen Zivilisation und ihrer mystisch-mechanistischen Lebensauffassung722." „Die faschistische Mentalität ist die des kleinwüchsigen, unterwürfigen, autoritätssüchtigen und zugleich rebellischen „kleinen Mannes". Es ist kein Zufall, dass alle faschistischen Diktatoren aus der Lebenswelt des reaktionären kleinen Mannes stammen... Man muss den Charakter des unterjochten kleinen Mannes jahrelang eingehend studiert haben, während sich die Tatsachen hinter der Fassade entfalten, um zu

---

[721]Wilhelm Reich, *Massenpsychologie des Faschismus*, (1933), EspaPdf (en.scribd.com), S. 23-25
[722]Wilhelm Reich, *Massenpsychologie des Faschismus*, (1933), EspaPdf (en.scribd.com), S. 28-31

verstehen, auf welchen Kräften der Faschismus beruht723.'' Männer mögen andere Männer

Wir haben bereits gesehen, dass das Gefühl des Jüdischseins nicht auf einen Nebenaspekt der Persönlichkeit reduziert werden darf, sondern diese zutiefst konstituiert. Das geht so weit, dass sie nicht nur Meinungen, insbesondere solche, die von Gleichheitswahn und planetarischer Hoffnung geprägt sind, sondern auch eine bestimmte Denkweise, kommunale Gewohnheiten und religiöse Überzeugungen in den Menschen festlegt. Manchmal, je nach den Umständen, werden Juden behaupten, perfekt in die Gemeinschaft integriert zu sein, in der sie sich - oft vorübergehend - niedergelassen haben; ein anderes Mal werden sie im Gegenteil ihr Jüdischsein als den wichtigsten ihrer Werte betonen. „Stolz darauf, Jude zu sein'' ist das Ergebnis der Analyse einiger Aussagen in dem bereits erwähnten Buch *Jewish Portraits*.

Ilse Bing, Fotografin in New York, geboren 1899 in Frankfurt am Main: „Was bedeutet das Wort 'Heimat' für Sie? - Für mich ist die Heimat die ganze Welt. Ich habe keine Bindungen an die Welt. - Sie sagten, dass Sie Jude sind, dass dies aber keinen Einfluss auf Ihr Leben hatte und dass Sie sich dessen erst spät bewusst wurden. Was bedeutet Ihre jüdische Herkunft heute für Sie? - Ich bin mir meiner jüdischen Herkunft im rassischen Sinne des Wortes sehr bewusst. Natürlich reicht es nicht aus, wenn ich Moshe Isaak auf der Straße begegne, um mich ihm nahe zu fühlen. Es gibt etwas in uns, das sehr lange zurückreicht, weit über drei Generationen hinaus. Ich habe das Gefühl, von alten Vorfahren aus mehreren Jahrtausenden abzustammen. Das hat nichts mit Israel zu tun.''

Ernst Gombrich, Kunsthistoriker in London, geboren 1909 in Wien: „Wie kann man die Verfolgungen erklären, die die Juden in der Geschichte erdulden mussten? - Sie wollen nicht anerkennen, dass Jesus Christus der Messias ist.... Das Muster ist immer das gleiche: Diese Menschen sind ehrgeizig, sie haben enge Beziehungen zueinander, sie helfen sich gegenseitig, und andere sind neidisch auf sie. Die zweite Ursache des Antisemitismus ist der Nationalismus.... Jüdische Gemeinschaften haben Nichtjuden wahrscheinlich sehr oft mit einer gewissen Herablassung betrachtet. Daran gibt es keinen Zweifel. Aber es ist unmöglich, darüber ohne Vorurteile zu sprechen. Wenn man heute sagen würde, dass auch die Juden schuld sind, würde dies unweigerlich als Versuch der Verharmlosung von Auschwitz angesehen werden. Deshalb müssen wir schweigen, wir sind verpflichtet zu schweigen. Aber das Problem besteht.'' Marcel Reich-Ranicki, Literaturkritiker in Frankfurt am Main, geboren 1920 in

---

[723]Wilhelm Reich, *Massenpsychologie des Faschismus*, (1933), EspaPdf (en.scribd.com), S. 38-39, 41

Wloclawek an der Weichsel. In Deutschland gilt er als „Papst der Literatur": „Die ganze Menschheit hat Kafka als den Schriftsteller unseres Jahrhunderts anerkannt724. Franz Kafka legte die Grundlagen der modernen Literatur; Gustav Malher und Arnold Schönberg legten die Grundlagen der modernen Musik; Karl Marx legte die Grundlagen der modernen Soziologie. Sie waren alle jüdisch und deutschsprachig. Allein diese Doppelmitgliedschaft hat solche Genies hervorgebracht. Ich kann Ihnen nicht sagen, warum, aber ich kann eine Hypothese formulieren: Die Tatsache, dass die (im 18. Jahrhundert weltweit verfolgten) Juden in einigen deutschen Staaten die Möglichkeit hatten, sich trotz allem der geistigen Arbeit zu widmen, hat wahrscheinlich eine Rolle gespielt. Das galt besonders in Preußen725...Ihr habt kein Recht, aus mir einen Deutschen zu machen. Ich bin sicherlich ein Bürger der Bundesrepublik, und das gebe ich auch gerne zu. Ich mag dieses Land, trotz allem. Ich schreibe auf Deutsch, ich bin ein deutscher Literaturkritiker, ich gehöre zur deutschen Literatur und Kultur, aber ich bin kein Deutscher und werde es auch nie sein. Und doch betrachte ich mich nicht als Gast in Deutschland und auch nicht als Ausländerin. Ich bekräftige die Legitimität meiner Anwesenheit und beanspruche das Recht, voll am kulturellen Leben dieses Landes teilzunehmen." Curt Siodmak, Filmemacher, Produzent und Autor; geboren 1902 in Dresden und gestorben 2000 in Three Rivers: „- Gibt es einen latenten Antisemitismus in Amerika? -Aber natürlich! Der Los Angeles Tennis Club akzeptiert keine Juden. Und die Chrysler-Fabriken stellen sie auch nicht ein. - Leiden Sie darunter? - Ich? Überhaupt nicht. Ich bin überhaupt nicht daran interessiert, dem „Club" anzugehören. Juden haben auch ihre eigenen Golfclubs, von denen andere ausgeschlossen sind. Gelegentlich machen sie einen Christen zu einem „Ehrenjuden"! „

Simon Wiesenthal, Leiter des jüdischen Dokumentationszentrums in Wien; geboren 1908 in Buchach: „- Sie gehen nicht in die Synagoge, und es scheint mir, dass Sie kein gläubiger Jude sind. Worin besteht also Ihr Judentum? - Ich habe das jüdische Ethos beibehalten. Für mich ist es das Wertvollste, das, was mich stolz macht, Jude zu sein. Außerdem fühle ich mich mit allen Juden, wo auch immer sie leben, in einer Art Schicksalsgemeinschaft." Artur Brauner, Filmproduzent in Berlin, geboren 1918 in Lodz, Polen: „Herr Brauner, wie sehen Sie die Zukunft des jüdischen Volkes? - Was mich ehrlich gesagt sehr beunruhigt, ist die Assimilation, die große Zahl der Mischehen. Dadurch wird das jüdische

---

[724]Wir wissen jetzt, was „Menschlichkeit" bedeutet.

[725]Es scheint, dass M. Reich-Ranicki den Begriff „verfolgt" verwendet, um sich auf die Tatsache zu beziehen, dass die Juden in Europa zu dieser Zeit keine Staatsbürgerschaft der Länder hatten, in denen sie lebten. Die Umwälzungen der Französischen Revolution und des napoleonischen Kaiserreichs, Erben der Ideen der Aufklärung, haben diese Grundlagen geschaffen.

Volk dezimiert. Es werden auch sehr wenige jüdische Kinder geboren. Aber vielleicht müssen wir einfach nur warten. Das jüdische Volk hat schon immer Wunder erlebt726." Wenn der Stolz auf die Zugehörigkeit zum jüdischen Volk in einem Interviewbuch für ein jüdisches Publikum frei zum Ausdruck gebracht werden kann, ist es nicht sicher, dass dieselben Personen dasselbe gegenüber Menschen außerhalb ihrer Gemeinschaft erklärt hätten. In der Tat sieht man im Fernsehen, in den Medien oder in der Politik kaum berühmte Männer und Frauen, die ihr Jüdischsein erklären und behaupten, jüdisch zu sein, während die jüdische Presse im Gegenteil regelmäßig entsprechende Aussagen wiedergibt. Diese Doppelzüngigkeit, die für einige Leute in dieser Gemeinschaft recht charakteristisch ist, zeigt sich, wie wir bereits gesehen haben, auch je nach den Umständen des Augenblicks. Man könnte darauf wetten, dass Herr Reich-Ranicki, wenn Deutschland unglücklicherweise beschließen sollte, den Juden die deutsche Staatsangehörigkeit wieder zu entziehen, bei Gott schwören würde, dass er perfekt in die deutsche Gemeinschaft integriert ist, und jedem, der zuhören würde, versichern würde, dass es nach allem, was er für das Land geleistet hat, nicht anständig wäre, ihn wieder zu „diskriminieren".

Dieser Charakterzug ist eindeutig nicht spezifisch für deutsche Juden. In seinem Buch *Ein Geheimnis*, das 2004 mit dem Goncourt-Preis für Sekundarstufe II ausgezeichnet wurde, offenbart der junge Schriftsteller Philippe Grimbert ebenfalls eine offensichtliche Besessenheit von seiner jüdischen Herkunft. „Ich war stolz auf das, was ich geerbt hatte... stolz auf meinen Nachnamen, so stolz, dass ich seine ursprüngliche Schreibweise wiederherstellen wollte727." In Anbetracht dieser Aussagen muss man zugeben, dass das Jüdischsein für die meisten Juden keine Nebensache ist. All diejenigen, die behaupten, dass „Juden wie andere Menschen sind" und damit implizieren, dass das Judentum keinerlei Einfluss auf ihre Denkweise und ihre Wahrnehmung der Welt hat, sollten ihre Gedanken zunächst mit den Hauptakteuren teilen.

Der Verlust des Lebenssaftes des Judentums ist zweifellos ein wesentliches Problem für dieses Volk, das inmitten anderer Völker lebt. Das Vergessen der Wurzeln und die Zunahme der Mischehen sind schlichtweg eine Bedrohung für das Aussterben. Die Stärkung des Zusammenhalts der jüdischen Gemeinschaft ist daher seit der Emanzipation der Juden und der Zerstörung der alten organisierten Gemeinden absolut notwendig. Der Historiker Israel Shahak hat zu diesem Punkt wichtige Erkenntnisse geliefert: „All dies änderte sich jedoch aufgrund von zwei parallelen Prozessen, die in Holland und England

---

[726]Herlinde Loelbl, *Portraits juifs, Photographies et entretiens*, L'Arche éditeur, Frankfurt-sur-le Main, 1989, 2003.
[727]Philippe Grimbert, *Un Secret*, Prix Goncourt des lycéens, 2004, Grasset, S. 178.

begannen und sich im revolutionären Frankreich und in den Ländern, die dem Beispiel der Französischen Revolution folgten, fortsetzten. Die Juden erlangten ein beträchtliches Maß an individuellen Rechten (in einigen Fällen die volle rechtliche Gleichstellung), und die rechtliche Macht der jüdischen Gemeinde über ihre Mitglieder ging zu Ende... Seit der Zeit des späten Römischen Reiches hatten die jüdischen Gemeinden erhebliche rechtliche Befugnisse über ihre Mitglieder. Es handelte sich nicht nur um eine Macht, die auf der freiwilligen Mobilisierung von sozialem Druck beruhte (z. B. die Weigerung, mit einem exkommunizierten und aus der Gemeinschaft ausgeschlossenen Juden zu verkehren, bis hin zur Weigerung, seinen Leichnam zu begraben), sondern um eine Macht des reinen Zwangs: Auspeitschung, Inhaftierung, Ausweisung; rabbinische Gerichte konnten einem jüdischen Individuum all dies für alle möglichen Vergehen rechtmäßig auferlegen....Dies war die wichtigste soziale Tatsache der jüdischen Existenz vor dem Aufkommen des modernen Staates: Sowohl die Einhaltung der religiösen Gesetze des Judentums als auch ihre Vermittlung durch die Erziehung wurden den Juden durch physischen Zwang auferlegt, dem man nur entkommen konnte, indem man zur Religion der Mehrheit konvertierte, was unter diesen Umständen einem absoluten sozialen Bruch gleichkam und gerade deshalb unmöglich zu bewerkstelligen war, es sei denn in einer religiösen Krise. (All dies wird in der gängigen jüdischen Geschichtsschreibung gewöhnlich weggelassen, um den Mythos zu verbreiten, dass die Juden ihre Religion auf wundersame Weise oder aufgrund einer besonderen mystischen Kraft aufrechterhielten[728].")"

Diese unerbittliche und gnadenlose Wachsamkeit gibt es heute nicht mehr, so dass es angebracht ist, die Bedrohung durch den Antisemitismus permanent zu nähren und zu fördern, um das Identitätsgefühl zu festigen und zu versuchen, die Zahl der Mischehen zu verringern, die gefährlich zunimmt und das Überleben der Gruppe gefährdet. Es muss alles getan werden, um die Flamme des Jüdischseins in jedem Juden zu erhalten, und zu diesem Zweck kann die Angst vor Antisemitismus als mächtiger Klebstoff dienen, der die Gemeinschaft zusammenhält. Auf diese Weise wird das jüdische „Gedächtnis" dauerhaft lebendig gehalten, ebenso wie die ständige Angst vor Pogromen und antisemitischer Gewalt, ob real oder eingebildet. Marek Halter war sich „der grundlegenden Rolle der Erinnerung für das Schicksal eines Volkes, das zur Zerstreuung und zum Exil bestimmt ist, sehr bewusst[729]." „Ja, ich kenne das biblische Gebot: „Zakhor", „Gedenke" auf Hebräisch. Dieses Verb kommt in der Bibel nicht weniger als einhundertneunundsechzig Mal vor". „Das Gedächtnis, das

---

[728]Israel Shahak, *Historia judía, religión judía. El peso de tres mil años*, A. Machado Libros, Madrid, 2002, S. 70, 72.
[729]Marek Halter, *Un Homme, un cri*, Robert Laffont, Paris, 1991, S. 244.

Buch, der Name: das sind die drei Säulen, die „das unsichtbare Gebäude des Judentums" stützen, von dem Sigmund Freud730 sprach."

Für Elie Wiesel ist „der Jude eher vom Anfang als vom Ende besessen. Sein messianischer Traum bezieht sich auf das Königreich Davids. Er fühlt sich dem Propheten Elia näher als seinem Nachbarn... alles, was seine Vorfahren getroffen hat, betrifft ihn. Ihre Trauer belastet ihn, ihre Triumphe ermutigen ihn[731]." „Ich gebe zu, dass von allen Charakterzügen, die das jüdische Volk auszeichnen, derjenige, der mich am meisten schockiert, die Pflicht zur Hoffnung ist[732]." Der Schriftsteller Joseph Roth ging sogar noch weiter. Für ihn ist das Jüdischsein eine Wahl und eine Vorbestimmung, von der man sich in keiner Weise lösen kann: „Religiosität wird zu einer organischen Funktion des jüdischen Individuums. Ein Jude erfüllt seine „religiösen Pflichten", auch wenn er sie nicht erfüllt. Er ist allein durch die Tatsache seines Daseins religiös. Er ist ein Jude. Alle anderen müssen sich zu gegebener Zeit zu ihrem „Glauben" oder ihrer „Nationalität" bekennen, nur bei den Juden geschieht dies automatisch. Er ist bis in die zehnte Generation identifiziert733." Die jüdische Identität beruht in erster Linie auf der Erinnerung und der messianischen Hoffnung, lange bevor sie ein rassisches oder religiöses Merkmal ist. Antisemitismus kann also kein Rassismus sein, und die beiden Begriffe werden fälschlicherweise miteinander verknüpft, so wie auch die Probleme von Schwarzen, Frauen, Homosexuellen und anderen Minderheiten systematisch mit der Diskriminierung von Juden gleichgesetzt werden. Offensichtlich ist dies alles Teil einer gut durchdachten Strategie, die darin besteht, zu behaupten, dass Judenfeindschaft, und zwar nur gegen Juden, absolut unbegründet ist. Wenn wir von dem Grundsatz ausgehen, dass den Juden das, was die Antisemiten ihnen vorwerfen, völlig fremd ist, bedeutet ein Angriff auf die Juden einen Angriff auf jede Gemeinschaft und damit auf die gesamte Menschheit.

Dieses Identitätsgefühl trägt zweifellos dazu bei, das Schlimmste zu verhindern: die Auflösung innerhalb der nationalen Gemeinschaft und mit der Zeit das Verschwinden der jüdischen Gemeinschaft. Jacques Attali zufolge „geht es bei den meisten Mischehen nicht um den Übertritt des jüdischen Ehepartners zu einer anderen Religion, sondern um die Weigerung des nichtjüdischen Ehepartners, zu konvertieren, und vor allem um den Verzicht auf das Judentum in der nächsten Generation. Heute heiratet zwar ein Drittel der jungen Menschen in der Diaspora einen Nicht-Juden, der nicht konvertiert, aber mehr als die Hälfte der Kinder aus Mischehen in den Vereinigten Staaten werden nicht jüdisch. In diesem

---

[730]Marek Halter, *Un Homme, un cri*, Robert Laffont, Paris, 1991, S. 303.
[731]Elie Wiesel, *Memoires Tome II*, Editions du Seuil, 1996, S.46.
[732]Elie Wiesel, *Mémoires Tome II*, Éditions du Seuil, 1996, S. 156.
[733]Joseph Roth, *A Berlin*, Éditions du Rocher, 2003, S. 33.

Land werden 700.000 junge Menschen unter 18 Jahren, von denen ein Elternteil jüdisch ist, in einer anderen Religion erzogen, und 600.000 Erwachsene, die von mindestens einem jüdischen Elternteil abstammen, praktizieren eine andere Religion734. „Die Oberhäupter der jüdischen Gemeinschaft betrachten die Mischehen daher zu Recht als ein Unglück.

Der traditionelle Schutz des jüdischen Volkes vor der Korruption durch fremdes Blut wurde durch dieses bewundernswerte Beispiel demonstriert: Ein israelischer Polizeisprecher erklärte am 23. Dezember 2003, dass „ein israelisches Unternehmen von Tausenden von chinesischen Arbeitern verlangt hat, einen Vertrag zu unterzeichnen, in dem sie sich verpflichten, keine sexuellen Beziehungen zu israelischen Frauen zu unterhalten oder zu versuchen, sie zu bekehren. „Es ist paradox, andere des Rassismus zu beschuldigen, während man selbst den strengsten und unerbittlichsten Rassismus anwendet. Die Situation wird noch verworrener, wenn wir hören, wie einige Juden Antisemiten beschuldigen, in Juden das Spiegelbild ihrer eigenen Fehler zu sehen - eine Haltung, die genau ihre eigene zu sein scheint. Erinnern wir uns an die oben zitierten Worte von Vasili Grossman: „Der Antisemitismus ist ein Spiegel, der die Defekte von Individuen, sozialen Strukturen und staatlichen Systemen reflektiert. Sagen Sie mir, wessen Sie einen Juden beschuldigen, und ich sage Ihnen, wessen Sie schuldig sind. „Auch die folgenden Worte Sigmund Freuds sind bekannt: „Es war auch kein unbegreiflicher Zufall, dass der Traum von der germanischen Weltherrschaft als Ergänzung zur Aufhetzung des Antisemitismus735 diente. „Wieder einmal haben wir den Eindruck, dass die Realität völlig verdreht ist. Die beste Verteidigung ist ein guter Angriff: Anstatt sich denunzieren zu lassen, wirft man dem anderen die eigenen Unzulänglichkeiten vor und nutzt dabei die Tatsache, dass diese Form des intellektuellen Verbrechens gesetzlich nicht sanktioniert ist.

Wer sich über diese einzigartige Neigung der Juden wundert, zu argumentieren, zu streiten, um den heißen Brei herumzureden, alle möglichen Tricks zu finden, um einer Sache auszuweichen, und sich auf jede erdenkliche Weise zu verrenken, um ihre Gutgläubigkeit zu beweisen, sollte sich mit dem vertraut machen, was man den „talmudischen Geist" nennt. Albert London, der „Prinz der Reporter", hat uns in seinem Buch *„The Wandering Jew Has Arrived" (Der wandernde Jude ist angekommen)*

---

[734]Jacques Attali, *Los judíos, el mundo y el dinero*, Fondo de cultura económica, 2005, Buenos Aires, S. 497.

[735]Sigmund Freud, *Das Unbehagen in der Kultur, Teil V, Gesammelte Werke*, EpubLibre, Trans. Luis López Ballesteros y de Torres, 2001, S. 4092. [In der Übersetzung von Presses Universitaires de France (1971) heißt es: „Es war kein Zufall, dass die Deutschen zum Antisemitismus griffen, um ihren Traum von der Weltherrschaft besser verwirklichen zu können". (NdT)]

von 1929 einen sehr interessanten Text zu diesem Thema hinterlassen, in dem er die alten jüdischen Gemeinden Mitteleuropas, die „Schtetl" und die jüdischen Viertel beschreibt:

„Ich stehe an der Schwelle der *Mesybtha*, des großen Seminars des Weltjudentums. Die aufsehenerregende Jugend... die schlanken, blassen Intellektuellen mit den runden Hüten, die Gesichter der Sechzehn- bis Zweiundzwanzigjährigen, asketisch, inspiriert, verschlungen vom Geist des Molochs736, die Träger des Feuers Israels aus Polen, Rumänien, der Ukraine, der Tschechoslowakei und sogar Belgien, sie alle sind da. Ich höre sie vom Treppenabsatz aus. Das Gemurmel ihrer Stimmen schwillt an, wird leiser, verstummt und wird neu geboren. Die Rabbinerfabrik ist in vollem Gange. Lass uns reingehen. Natürlich, geh rein! Riecht es hier nicht schrecklich? Hast du andere nicht gerochen? Tun Sie so, als wären Sie erkältet, beißen Sie in das Taschentuch unter der Nase, aber nur zu, Sie werden sich daran gewöhnen! Der Geruch ist besonders jüdisch - orthodox jüdisch. In einem Kino in Cernauti musste ich vor dem Ende gehen. Dieser Geruch ist eine Mischung aus Zwiebelduft, Salzheringsduft und Kaftan-Rauch... Nichts, was von außen kommt, kann diese Studenten beeindrucken. Absolut nichts... In die Geheimnisse eindringen, die Schatten zurückdrängen, die eigene Intelligenz peitschen, die nie zu schnell galoppiert, einen Gipfel des Verstehens erreichen, um dann zu einem anderen Gipfel zu rasen, über alle Ursachen und alle Prinzipien spekulieren: Das sind die einzigen Beschäftigungen dieser unermüdlichen Theoretiker. Dieses Rabbinerseminar ist außergewöhnlich... Sie arbeiten so sechzehn bis siebzehn Stunden am Tag. Was lernen sie dabei? Zunächst einmal den Talmud, auswendig, sogar die beiden Talmuds: den Jerusalemer Talmud und den Babylonischen Talmud. Sie fressen sich buchstäblich durch alle alten rabbinischen Traditionen. Was ist ein Talmud? Es ist das Buch der Auslegungen, die tausend Rabbiner seit Jahrtausenden zum Gesetz des Moses gemacht haben. Es ist die Liebe zur Diskussion, die fast bis zum Wahnsinn geht. Die Bedeutung und die Widersprüche eines Wortes sind Gegenstand endloser Kontroversen. Zum Beispiel wird dieses Wort Gottes nicht leichtfertig diskutiert: „Ein jeder bleibe in seinem Hause, und niemand verlasse seinen *Ort* am siebten Tag". Was ist dieser *Ort*? Wie weit kann man am Sabbat gehen, ohne den Herrn zu beleidigen? Bezeichnet das Wort *Ort* die unmittelbare Umgebung des Hauses? Kann das ganze Dorf als der vom Ewigen gewollte *Ort* betrachtet werden? Wenn ja, kann dies für alle Dörfer gelten, unabhängig von ihrer Größe? Und was für ein Dorf akzeptabel ist, kann es auch für eine Stadt sein? Wo beginnt eine Stadt, wo endet sie? Wenn die Grenzen einmal festgelegt sind, ist die Stadt dann nicht zu groß, um als *Ort* behandelt zu werden?... Oh, unersättlicher Geist

---

736Semitische Gottheit, der Feueropfer von Kindern dargebracht wurden. Notiz in Albert London, *Der wandernde Jude ist angekommen.*

Israels!...Und was diese jungen Gedankenakrobaten, diese Intelligenzbestien hier lernen, ist nicht so sehr jüdische Literatur, Ethik und Moral, sondern subtiler, schärfer, durchdringender, wacher zu werden. Ein schöner Sport!

(...) Die Reinheit ihrer Bräuche ist legendär. Sie kommen wie Engel und gehen wie Engel. Die ganze Heftigkeit ihrer frühen Jugend ist für den Talmud. Sie träumen nur davon, und damit leben und schlafen sie. Wenn die Thora die gekrönte Braut ist, ist der Talmud die blühende Braut737."
Pauken und Trompeten

Die Gründe, stolz zu sein, werden am häufigsten und am überzeugendsten zum Ausdruck gebracht, wenn es darum geht, die eigenen Landsleute zu loben. Dies ist einer der bemerkenswertesten und lobenswertesten Aspekte des Gemeinschaftssinns, solange er gerechtfertigt ist und nicht auf Kosten der „anderen" geht.

Beschrieb er 1930 noch das Berlin seiner Lieben, „die Berliner Vergnügungsindustrie" und alle Freuden des Lebens in der Hauptstadt der neuen Weimarer Republik, so änderte sich 1933 plötzlich der Ton: Joseph Roth fühlte sich nicht mehr als heimatverliebter Deutscher, sondern vollzog einen abrupten und radikalen Wandel, der uns unter anderem aus den Fällen Albert Einstein und Stefan Zweig bekannt ist. Auch hier ist diese abrupte Wendung durchaus symptomatisch für eine ambivalente Mentalität, deren verborgenes Gesicht nur unter besonderen Umständen zum Vorschein kommt: unmittelbar nach einem Sieg oder im Zuge der Rache. Hinzu kam eine souveräne Verachtung des Volkes, das sie abgelehnt hatte: „Wir, Nachkommen der alten Hebräer, Vorfahren der europäischen Kultur, sind bis heute die einzigen legitimen deutschen Vertreter dieser Kultur....Dank der unergründlichen göttlichen Weisheit sind wir physisch nicht in der Lage, sie zugunsten der heidnischen Zivilisation der erstickenden Gase, des mit Ammoniak bewaffneten germanischen Kriegsgottes zu verraten... Man kann sagen, dass diese „Oberschicht" der deutschen Juden seit 1900 das künstlerische Leben in Deutschland weitgehend bestimmt, wenn nicht gar dominiert hat.

Im ganzen riesigen Reich, das von sechzig Millionen Einwohnern bevölkert war, gab es, außer natürlich in Einzelfällen, kein einziges Medium, das ein aktives Interesse an Kunst und Geist zeigte. Was die preußischen Junker betrifft, so stellte die zivilisierte Welt fest, dass sie kaum lesen und schreiben konnten... Nur deutsche Juden zeigten Interesse an Büchern, Theater, Museen, Musik... Zeitschriften und Zeitungen

---

[737]Albert Londres, *The Wandering Jew Has Arrived*, Editorial Melusina, 2012, S. 160-165.

wurden von Juden herausgegeben, von Juden bezahlt, von Juden gelesen... Eine ganze Schar jüdischer Kritiker und Intellektueller entdeckte und förderte zahlreiche „rein arische" Dichter, Schriftsteller und Schauspieler." Der intellektuellen Sterilität der Deutschen stand also die unglaubliche Fruchtbarkeit des jüdischen Geistes gegenüber, und dieser offenen Verachtung für die Gojim stand nur die Bewunderung für die eigenen Glaubensgenossen gegenüber, so dass es an Beinamen fehlte, um sie zu loben: „Seit Beginn des 20. Jahrhunderts", so schreibt Joseph Roth weiter, „haben folgende jüdische, halb- und vierteljüdische Schriftsteller zur deutschen Literatur beigetragen: Peter Altenberg, zarter Dichter der süßesten und geheimsten Weiblichkeit, der von den Barbaren der rassistischen Theorien längst als „dekadenter Pornograph" behandelt wird; Oscar Blumenthal, Autor feiner Komödien ohne Großsprecherei, aber voller gutem Geschmack; Richard Beer-Hoffmann, edler Fälscher der deutschen Sprache, Erbe und Interpret des biblischen Erbes; Max Brod, Autor von Kurzgeschichten von großem Format, voller Pikanterie und Gelehrsamkeit; Bruno Frank, gewissenhafter Handwerker des Wortes und erfahrener Dramatiker; Ludwig Fulda, Lyriker und Autor von Komödien voller Charme und Finesse; Walter Hasenclever, einer der leidenschaftlichsten Dramatiker; Hugo von Hofmansthal, einer der edelsten Dichter und Prosaisten; Alfred Kerr, Theaterkritiker voller Poesie; Karl Krauss, großer Polemiker, Professor für deutsche Literatur, Fanatiker der sprachlichen Reinheit; Else Lasker-Schüler, unermessliche Dichterin; Klauss Mann (Halbjude, Sohn von Thomas Mann), vielversprechender junger Schriftsteller mit beachtlichem stilistischem Talent; Alfred und Robert Neumann, herausragende epische Autoren; Rainer Maria Rilke (Vierteljude), einer der größten lyrischen Autoren Europas; Peter Panter, Pamphletist von brillantem Geist; Carl Sternheim, eindringlicher Romancier und Dramatiker; Ernst Toller, Chor der Schwalben, revolutionärer Dramatiker, der aus Liebe zur Freiheit des deutschen Volkes sieben Jahre in einer bayerischen Festung verbrachte[738] ; Jacob Wassermann, einer der größten Romanciers Europas; Franz Werfel, lyrischer Dramatiker, Kurzgeschichtenschreiber und großartiger Dichter: Carl Zuckmayer, kraftvoller Dramatiker; Arnold Zweig, Romancier und Essayist von Gottes Gnaden. „Alles in allem große, sehr große Männer, verglichen mit den hiesigen Intellektuellen und Künstlern, diesen armen, ungehobelten, brutalen und unfähigen Deutschen.

„Wenn man die Juden verfolgt, schrieb Joseph Roth mit der Logik, die dem Leser bereits vertraut ist, verfolgt man Jesus Christus. Für einmal werden die Juden nicht geschlachtet, weil sie Jesus Christus gekreuzigt haben, sondern weil sie ihn gezeugt haben[739]. Wenn Bücher von jüdischen

---

[738]Ernst Toller war einer der Anführer der bayerischen Revolution von 1919.

[739]Das erste „Massaker" findet im November 1938 statt, während der Nacht der

oder mutmaßlich jüdischen Autoren verbrannt werden, wird das Buch der Bücher - die Bibel - tatsächlich in Brand gesetzt. Wenn jüdische Richter und Anwälte ausgewiesen und inhaftiert werden, ist dies im Grunde ein Angriff auf Recht und Gerechtigkeit. Wenn Kommunisten gemartert werden, wird die russische und slawische Welt angegriffen, die Welt von Tolstoi und Dostojewski noch mehr als die von Lenin und Trotzki". Diesmal wurden die Christen, das Gesetz und die russische Welt assimiliert, um sich neue Verbündete gegen die „bösen Buben" zu verschaffen. Und Joseph Roth schloss mit den Worten: „Wir haben Deutschland, das wahre Deutschland, gepriesen! Deshalb verbrennt uns Deutschland heute740! „

In *Leben und Schicksal* zeigt Vasili Grossman die gleiche Tendenz, Mitglieder seiner Gemeinschaft auf ein Podest zu stellen, wenn er sagt: Albert Einstein ist „das erste Genie unserer Zeit"; „Die Faschisten haben den brillanten Einstein vertrieben, und seine Physik ist zur Physik der Affen geworden. Aber Gott sei Dank haben wir den Vormarsch des Faschismus gestoppt.... Die heutige Physik ohne Einstein wäre eine Physik der Affen741. „Souveräne Verachtung für die einen, absoluter Ruhm für die anderen. Dies ist eines der vielen Symptome der Hysterie. Es handelt sich um eine der Krankheiten, die bei anderen Völkern nur bei Frauen vorkommen, wie Professor Charcot seinerzeit feststellte.

Auch Stefan Zweig kommt in seinem Buch *Die Welt von gestern* zu diesem Schluss: „In Wien galten Liebe und Kunst als gemeinsames Recht, und die Rolle, die das jüdische Bürgertum mit seinem Beitrag und seinem Schutz in der Wiener Kultur spielte, ist unermesslich. Sie waren das Publikum, sie füllten die Theater und Konzerte, sie kauften die Bücher und Gemälde, sie besuchten die Ausstellungen und wurden mit ihrem flexibleren und weniger traditionsgebundenen Verständnis überall zu den Förderern und Vorreitern aller Neuerungen. Juden schufen fast alle Kunstsammlungen des 19. Jahrhunderts, ihnen ist es zu verdanken, dass die meisten künstlerischen Aufsätze möglich wurden; ohne das unablässige und anregende Interesse des jüdischen Bürgertums wäre Wien in Sachen Kunst hinter Berlin zurückgeblieben...Wer in Wien etwas Neues machen wollte, konnte auf das jüdische Bürgertum nicht verzichten...Neun Zehntel dessen, was die Welt als Wiener Kultur des 19. Jahrhunderts feierte, war eine Kultur, die von der jüdischen Gemeinde Wiens gefördert, gepflegt und

---

zerbrochenen Scheiben (36 Opfer), als der Autor dieses Buch im September 1933 schrieb.

740Er verweist auf „verbrannte" Bücher. Joseph Roth, *A Berlin*, Éditions du Rocher, 2003, S. 195-204.

741Vasili Grossman, *Leben und Schicksal*, Galaxia Gutenberg, 2007, Barcelona, S. 339, 340.

sogar geschaffen wurde742." Am Ende des 19. Jahrhunderts „war das Wiener Judentum, wie Spanien vor seinem ebenso tragischen Niedergang, künstlerisch sehr produktiv, wenn auch keineswegs auf spezifisch jüdische Weise, sondern durch ein Wunder der Durchdringung all das, was typisch österreichisch und wienerisch war, mit größter Energie ausdrückend. Goldmark, Gustav Mahler und Schönberg wurden zu internationalen Größen des Musikschaffens; Oscar Strauss, Leo Fall und Kálmán ließen die Tradition von Walzer und Operette wieder aufblühen; Hofmannsthal, Arthur Schnitzler, Beer-Hofmann und Peter Altenberg hoben die Wiener Literatur auf einen europäischen Rang, den nicht einmal Grillparzer und Stifter erreichten; Sonnethal und Max Reinhardt belebten den Ruhm der Theaterstadt und trugen ihn in die Welt hinaus; Freud und die großen Autoritäten der Wissenschaft zogen die Augen der Welt auf die berühmte Universität; überall sicherten sich Juden als Gelehrte, Virtuosen, Maler, Kunstdirektoren, Architekten und Journalisten hohe und bedeutende Positionen im geistigen Leben Wiens. Dank ihrer leidenschaftlichen Liebe zu dieser Stadt und ihrer Bereitschaft, sich anzupassen, hatten sie sich völlig angepasst und waren glücklich, dem Ruhm Österreichs zu dienen; Sie empfanden ihren Status als Österreicher als Auftrag an die Welt, und es ist der Ehrlichkeit halber zu wiederholen, dass ein großer Teil, wenn nicht der größte Teil all dessen, was Europa und Amerika heute als Ausdruck einer wiederbelebten österreichischen Kultur bewundern - in der Musik, der Literatur, dem Theater und der Industriekunst - von den Wiener Juden geschaffen wurde, die ihrerseits durch diesen Verzicht eine sehr hohe Rendite auf ihren uralten geistigen Impuls erhielten." Eine Figur „faszinierte, verführte, berauschte und erregte uns", schrieb Stefan Zweig, „das einzigartige Phänomen Hugo von Hofmannsthal", der die „absolute poetische Vollkommenheit" repräsentierte. Er hatte „eine so unfehlbare Beherrschung der Sprache", dass „dieses große Genie, das im Alter von sechzehn und siebzehn Jahren mit seinen unauslöschlichen Versen und Prosa, die bis heute unübertroffen sind, in die ewigen Annalen der deutschen Sprache eingeschrieben ist". „Es gab „ein übernatürliches Ereignis"; „ein Junggeselle, der eine solche Beherrschung der Kunst, eine solche Hellsichtigkeit, eine so tiefe Vision und eine so beeindruckende Kenntnis des Lebens besaß, bevor er es lebte! Er hatte „eine so wendige Intelligenz"; „eine so vollkommene Dichtung, eine so tadellose Plastizität, so von Musik durchdrungen"; „eine Meisterschaft, wie sie seither kein Deutscher mehr besaß"; sie „lag in einer Weltkenntnis, die für einen Jungen, der seine Tage auf einer Schulbank verbrachte, nur einer magischen Intuition entspringen konnte"; „er musste ein Bruder in der Welt werden"; „er musste ein Bruder in der Welt werden"; „er musste ein Bruder

---

[742]Stefan Zweig, *El mundo de ayer; memorias de un Europeo*, Acantilado 44, Barcelona, S. 16.

in der Welt werden"; „er musste ein Bruder in der Welt werden"; „er musste ein Bruder in der Welt werden"; „er musste ein Bruder in der Welt werden"; er musste der Bruder von Goethe und Shakespeare werden"; „man spürte, dass etwas Unbewusstes und Unbegreifliches ihn heimlich auf diesen Pfaden zu nie betretenen Orten führen musste"; „ein reiner, erhabener Dichter, ein Dichter, den man sich nur in den legendären Formen eines Hölderlin, eines Keats vorstellen konnte", und er war in unserem Alter; „sein Gesicht, mit markantem Profil und dunklem Teint, war „etwas italienisch"; „jedes der Worte des Dichters war „ein wenig italienisch"; „jedes der Worte des Dichters war „ein wenig italienisch"; „jedes der Worte des Dichters war „ein wenig italienisch": Er war „ein kleiner Italiener"; „jeder seiner Sätze hatte jenen Heiligenschein der Vollkommenheit, der sich aus dem magischen Sinn für Form ergibt"; „alles, was er schrieb, war wie ein von innen heraus leuchtender Kristall"; so groß war „die magische Kraft dieses Erfinders"; „ich habe nie ein Gespräch von so hohem intellektuellem Flug erlebt wie das seine"; „er war ein unnachahmliches Wunderkind von frühreifer Perfektion743." Die Anwesenheit eines solchen Genies weckte natürlich die Hoffnungen aller jungen Schüler. Ruhm und Berühmtheit waren also möglich: „Schließlich stammte sein Vater, ein Bankdirektor, aus dem gleichen bürgerlich-jüdischen Milieu wie wir alle; das Genie war in einem ähnlichen Haus wie wir aufgewachsen, mit den gleichen Möbeln und der gleichen Klassenmoral...." Dieser Enthusiasmus, diese Werbung für ihre Glaubensgenossen war offensichtlich ein Symptom für ein latentes Minderwertigkeitsgefühl. Auch auf die Gefahr hin, dass es uns missfällt, müssen wir zugeben, dass uns mit Ausnahme von Stefan Zweig keiner der in dieser Arbeit untersuchten Autoren besondere literarische Qualitäten zu besitzen scheint. Ihre Produktionen sind oft mittelmäßig, und es scheint, dass ihr Erfolg vor allem auf die Genialität der Werbung zurückzuführen ist. Heutzutage sind die Buchhandlungen mit mittelmäßigen Büchern überschwemmt, das muss man sagen. In Wahrheit sind die „Menschen des Buches" vor allem die Menschen des Mikrofons und des Fernsehbildschirms, oder noch besser, die Menschen des Megaphons, denn ohne Öffentlichkeitsarbeit würden viele dieser Veröffentlichungen in Vergessenheit geraten. Nur sehr wenige der von uns überprüften Unternehmen wissen, wie man richtig schreibt. Guy Sorman scheint uns ein hervorragender Journalist zu sein, Stefan Zweig hat zweifellos eine schöne Feder, aber den anderen fehlt es an literarischem Talent. Der Wissenschaftler Michel Serres schafft sogar das Kunststück, mit französischen Worten in einer Sprache zu schreiben, die wir nicht verstehen. Einige profitieren einfach von der Selbstgefälligkeit aller Medienkanäle und der ausschließlichen Hilfe ihrer Glaubensgenossen, was

---

[743]Stefan Zweig, *El mundo de ayer; memorias de un Europeo*, Acantilado 44, Barcelona, S. 16-17, 28-31.

wahrscheinlich eine weitere uneingestandene Ursache für Antisemitismus ist, die einige Juden jedoch gerne auf „Neid" schieben. Auch hier ist es nicht ausgeschlossen, dass das, was man seinen Gegnern vorwirft, in Wirklichkeit ein Spiegelbild der eigenen Unzulänglichkeiten ist.

Wir wissen heute, dass Jacques Derrida „der Papst des universitären Denkens" war, dass Armand Hammer „der König des Öls, der Viehzucht und des Whiskys" war, dass Albert Londres der „Prinz der Reporter" war und dass Isidore Partouche „der Kaiser der Kasinos" war. Uns fehlte eine „Königin", und wir fanden sie in der Person von Françoise Giroud, der großen, 2004 verstorbenen Journalistin, die zweifellos die „Königin der Journalisten", die „Beste der Besten", eine „große Dame" und eine „illustre Figur" war. In ihrem *Tagebuch einer Pariserin*[744] finden wir für den Zeitraum 1996-1999 erneut die charakteristischen Merkmale dieser besonderen Mentalität: die missbräuchliche Verherrlichung von Glaubensgenossen, die unbändige Neigung, moralische Lektionen zu erteilen, intellektuelle Verrenkungen, militanter Antirassismus und selektive Empörung:

„13. Februar 1996: Der Surrealismus wird wiederentdeckt, dessen emblematischste Figur, der 1996 verstorbene Victor Brauner, derzeit im Beaubourg ausgestellt wird. Beaubourgs späte Hommage an ihn versammelt rund dreißig Gemälde und Zeichnungen. Wenn man sie betrachtet, wird klar, dass dieser provokante Magier unterschätzt wurde. Üppigkeit, Kraft, absolute Beherrschung seiner Kunst, das muss man einfach gesehen haben.

„11. April: Marcel Bleustein stirbt im Alter von 89 Jahren. Er war immer noch bei guter Gesundheit, obwohl er völlig taub war, was es schwierig machte, mit ihm zu kommunizieren. Ich mochte diesen alten Banditen mit dem offenen Blick, voller Kühnheit, Phantasie und Talent. Er hatte die Gabe der Werbung, so wie andere die Gabe der Musik hatten. Er machte sein Vermögen mit ihm[745].

„20. April: Abbé Pierre... wie traurig. Dieser Mann, den wir nur lieben können, hat sich verirrt, indem er sich kopfüber in eine düstere Geschichte stürzte. Hier positioniert er sich plötzlich als moralischer Garant für den Negationisten Roger Garaudy, unter dem Vorwand, dass er ihn seit vierzig Jahren kennt. Er kann in Zuneigung gehalten werden, wie ein müder alter Mann. Sie können keinen Respekt mehr vor ihm haben.

„26. Juni: Jean-Marie Le Pen beschuldigt die französische Fußballmannschaft, die Marseillaise nicht zu kennen, ja nicht einmal Franzosen zu sein. Falsch. Das sind sie alle, auch wenn sie manchmal schön schwarz sind. Das nennt man die verpasste Gelegenheit, den Mund zu halten.

---

[744]Françoise Giroud, *Journal d'une parisienne*, Éditions du Seuil, 1997, 2000.
[745]Ehemaliger Eigentümer von Publicis, Frankreichs führender Werbegruppe.

„9. August: Die von der Familie Nahon organisierte Ausstellung afrikanischer Kunst in der Galerie von Vence wird zum vierten Mal gezeigt. Die Ausstellung ist wegen ihres Reichtums, ihrer Vielfalt und der beeindruckenden Qualität der präsentierten Objekte immer wieder sehenswert. So einfach ist das: Sie wollen alles haben. Eine kleine Terrakotta aus Nigeria zieht mich in ihren Bann, unwiderstehlich.

„12. September: Empörung über die Erklärung von Jean-Marie Le Pen zur „Ungleichheit der Rassen". Außerdem betont er: „Juden und Eskimos haben in der Weltgeschichte nicht die gleiche Rolle gespielt. Auch die Pygmäen und die Griechen, die Zeitgenossen des Perikles, haben das nicht getan. Deshalb gibt es minderwertige Rassen. Eine alte, wissenschaftlich falsche Behauptung: Das genetische Erbe der gesamten menschlichen Rasse ist gleich, ihr Blut ist gleich. Und wer ist zwischen Nelson Mandela und Le Pen der „Unterlegene"?

„27. September: Die Memoiren von Brigitte Bardot verkaufen sich wie geschnitten Brot. Man wirft ihr ihre Sympathie für Le Pen vor - „ein charmanter Mann" -, ihre unverblümten Worte über Einwanderer und auch einige versnobte kleinbürgerliche Sätze wie: „Ich hasse bezahlten Urlaub". Sollte Bardot verbrannt werden? Nein. Sie sollte an den Ohren gezogen werden.

„27. Oktober: Marek Halter wurde zur Buchmesse in Toulon eingeladen. Er hatte gerade ein umfangreiches Buch mit dem Titel *The Messiah* veröffentlicht. Ihm sollte eine Ehrung zuteil werden. Doch alles geriet aus den Fugen, als der Bürgermeister von Toulon, Herr Le Chevalier vom Front National, Marek Halter zur Persona non grata erklärte. Man wird ihm nicht verbieten zu bleiben, aber der Tribut wird für... Brigitte Bardot sein. Was wird Marek Halter vorgeworfen? Herr Le Chevalier drückte es unverblümt aus: Marek Halter hat „eine Vision der Welt, die mehr internationalistisch, mehr globalistisch ist, als dass sie in einer Nation, in einem Heimatland verwurzelt ist". Marek Halter verschluckte sich fast. So beginnt der Faschismus. Er sagt nie seinen Namen, er schleicht umher, er schwebt in der Luft, wenn er sich zeigt, fragen alle: Ist er das? Man darf nicht übertreiben! Und dann steht man eines Tages vor ihm und es ist zu spät, ihn zu vertreiben.

„14. Januar 1999: Ich habe das Stück von Jacques Attali über Karl V., gespielt von Depardieu, gesehen: großartig. Rothko-Ausstellung: ein großer amerikanischer Maler, den die Franzosen kaum kennen. Es handelt sich um ein abstraktes, metaphysisches Gemälde: große Farbquadrate, vor denen, wenn man innehält und sie betrachtet, Spiritualität eindringt, Kommunikation mit einer unendlichen[746]... Einer bleibt dort stecken. Subtile, kostbare, kunstvolle Farben, aus denen ein Licht aufsteigt;

---

[746]Der Satz ist unvollständig; wahrscheinlich handelt es sich um eine Redewendung.

Schwarz auf Grau, das den Tod ankündigt. Ein einzigartiges Werk. „Ich habe die absolute Gewalt auf jedem Quadratzentimeter eingefangen", sagte er. Rothko beging 1970 Selbstmord.

„18. Januar: Françoise-Dolto-Kolloquium; ein Triumph. Der große Saal der Unesco war vier Tage lang voll.

„23. Januar: Mein Drucker ist kaputt. Ich muss ein neues kaufen, ich kann nicht darauf verzichten. Aber kein Geschäft liefert mir einen Drucker nach Hause. Und er wiegt viel, und ich habe kein Auto: Wie soll ich ihn nach Hause bringen?

„16. März: Yehudi Menuhin, der Erhabene, starb im Alter von 82 Jahren. Er spielte die Geige der Engel.

„21. April: Mittagessen mit Jacques Attali. Es ist ein Vergnügen, ihn zu sehen... Sein Stück über Karl V. hatte einen sehr ehrenvollen Erfolg zu einer Zeit, in der die Theater leer sind[747]... Niemand ist fruchtbarer als er selbst. Er fasziniert und irritiert, natürlich. Ich mag ihn sehr.

„30. April: Ein interessanter Teil des *Tagebuchs* von Paul Léautaud handelt von der Zeit der Besatzung, wie er sie erlebt hat: Leute, denen alles egal ist, die die Deutschen ganz nett finden und die von der Versorgung besessen sind, allen voran er selbst.

„14. September: Der Landwirtschaftsminister José Bové zieht auf seinem Kreuzzug gegen „Junk Food" durch die Gegend und zerschlägt McDonald's. Das hat ihm einige Tage Gefängnis eingebracht und ihn zu einer beliebten Figur gemacht. Das hat ihm ein paar Tage Gefängnis eingebracht, und er ist zu einer beliebten Figur geworden. Er sagte diese außergewöhnlichen Worte: „Die Scientology-Kirche und McDonald's sind ein und dasselbe...". Mit anderen Worten: Sie sehen das alles, er ist Amerikaner.

„Igitt[748]! „

Es ist klar, dass wir es hier mit einem großen, einem sehr großen Journalisten zu tun haben.

Hören wir uns nun ein Zeugnis aus unserem *Porträtbuch* an, *nämlich das* von Erwin Chargaff, einem 1905 in Czernowitz geborenen Biologen in New York:

„Stellen Sie die besonderen Talente der Juden in Frage?

„Ich habe den Eindruck, dass die Juden ein ziemlich begabtes Volk sind. Sehen Sie sich nur an, wie die Situation in Israel ist, wenn man sie sich selbst überlässt. Sie sind keine wirklich guten Wirtschaftswissenschaftler. Juden sind außerordentlich begabt in der Übertragung, d.h. es gibt viele hervorragende jüdische Solomusiker, Sänger, Instrumentalisten. Sie scheinen besonders begabt darin zu sein, zu

---

[747]Übersetzung: ein Fiasko.
[748]Dies ist der Kommentar von Françoise Giroud.

interpretieren und wiederzugeben, was andere geschrieben haben. Aber es scheint mir ein dummer Chauvinismus zu sein, zu behaupten, die Juden seien das Hauptelement der westlichen intellektuellen Welt. Das ist absolut falsch. Im Gegenteil, ich würde sagen, dass die Juden immer ein gewisses Defizit im Bereich der Schöpfung gezeigt haben. Sie sind eher weniger kreativ als andere. Unter Juden gibt es viel weniger offensichtliche Genies als unter Nicht-Juden. Ich glaube, sie haben wenig Talent in der Literatur und noch weniger in der bildenden Kunst. Ich glaube auch nicht, dass den Juden Unrecht getan wurde. Hätten sie bessere Gedichte geschrieben, wären sie auch gedruckt worden. Karl Marx war zweifelsohne eine Art philosophisches oder politisch-philosophisches Genie[749], aber abgesehen von ihm gibt es nur sehr wenige jüdische Genies. Juden haben nicht gezögert, viele von ihnen als Genies zu bezeichnen. Bei allen Minderheiten geht es immer darum, sich selbst zu loben, aber Minderheiten haben im Allgemeinen kein Augenmaß, und ich bedaure diesen Chauvinismus sehr. „Dies war bereits Spinozas Meinung.

Austritt aus dem Judentum

Die Ablehnung der eigenen Gemeinschaft durch einige Juden ist ein Thema, das eine eigene Studie erfordern würde. Das bekannteste Beispiel ist das von Karl Marx. Er wurde „in eine Familie jüdischer Rabbiner und Kaufleute in Trier geboren (sein Vater ist Hirschel Ha Levi und seine Mutter Henrietta Pressburg Hirshel), konvertierte im Alter von 6 Jahren zum Protestantismus. „Vier Jahre vor dem *Manifest* veröffentlichte er 1844 *Die Judenfrage*. Für ihn ist „der Jude die Matrix des Kapitalismus; ihn zu assimilieren, würde daher seinen Status in keiner Weise ändern. Er kann sich nur durch das gemeinsame Verschwinden von Kapitalismus und Judentum emanzipieren. „In „diesem schrecklichen Text" hat Jacques Attali eine der unfreiwilligen Quellen des modernen wirtschaftlichen Antisemitismus identifiziert. In der Tat schrieb Marx: „Suchen wir nicht das Geheimnis des Juden in seiner Religion, suchen wir stattdessen das Geheimnis der Religion im wirklichen Juden. Was ist das profane Substrat des Judentums? Praktische Notwendigkeit, persönlicher Gewinn: Was ist die profane Anbetung des Juden? Verkehr. Was ist sein profaner Gott? Geld (...) Die chimärische Nationalität des Juden ist die Nationalität des Kaufmanns, des Mannes des Geldes. Das Judentum erreicht seinen Höhepunkt erst mit der Vollkommenheit der bürgerlichen Gesellschaft; diese aber erreicht ihre Vollkommenheit erst in der christlichen Welt (...).

---

[749]Marx hatte eine große Vision", schrieb Sollers. Ich bedauere jeden, der diese Strenge nicht gespürt hat. Das tat Freud auch. „(Philippe Sollers, *Vision à New York*, Grasset, 1981, S. 16).

Das Christentum ist aus dem Judentum hervorgegangen; und es endete damit, dass es sich vor dem Judentum verneigte. (...) Wir finden daher das Wesen des Juden unserer Tage nicht nur im Pentateuch und im Talmud, sondern in der heutigen Gesellschaft. (...) Geld ist der eifersüchtige Gott Israels, vor dem kein anderer Gott bestehen darf[750]." Marx wollte zeigen, dass die Befreiung des Juden bedeutet, dass die Gesellschaft ihrerseits vom Judentum befreit wird: „Marx erklärt, dass das Judentum und das Geld untrennbar sind, dass das eine nicht beseitigt werden kann, ohne das andere zu beseitigen, dass der Arbeiter durch eine Revolution gegen das Privateigentum gleichzeitig von Gott und vom Kapital befreit werden kann". „So werden Antikapitalismus und Antijudaismus in einer Mischung vermengt, von der sich viele nach Marx ernähren werden", bemerkte Jacques Attali und erinnerte an den Antisemitismus eines Teils der revolutionären Linken im 19. Wir haben jedoch bereits gesehen, dass das Werk von Karl Marx, ebenso wie das von Spinoza, vollkommen im Einklang mit den prophetischen Texten und dem Universalismus steht, die Israel so sehr am Herzen liegen.

Ein anderer deutscher Jude, Ferdinand Lassalle, Begründer der sozialistischen Bewegung, schrieb 1860: „Ich kann behaupten, dass ich aufgehört habe, Jude zu sein (...) Ich liebe die Juden nicht und würde eher dazu neigen, sie im Allgemeinen zu verabscheuen[751]."

Der jüdische Selbsthass ist ein Phänomen, das auch bei vielen anderen Autoren zu beobachten ist. Israel Shamir zum Beispiel ist ein Israeli, der anscheinend aufrichtig zum orthodoxen Christentum konvertiert ist und seine Herkunftsgemeinschaft verlassen hat. Heute enthält sein Denken nichts mehr von dem, was wir als konstitutiv für die jüdische Mentalität identifizieren konnten, und daher gibt es keinen Grund mehr, ihn als Vertreter des „auserwählten Volkes" zu betrachten. In seinem 2004 verfassten Buch *Pardes, A Study in Kabbalah*, erinnerte er daran, dass Golda Meir, die israelische Premierministerin, eines Tages erklärt hatte: „Die Mischehen sind schlimmer als der Holocaust". Israel Shamir kommentierte: „Meir und Lipstadt sind der traditionellen jüdischen Linie gefolgt: Das Alte Testament verherrlicht Phineas, der einen jüdischen Mann tötete, weil er Sex mit einer nichtjüdischen Frau hatte; Esra schloss alle jüdischen Priester aus, die sich mit einheimischen palästinensischen Frauen vermischt hatten; der Talmud verglich die Mischehe mit Bestialität: „denn die Nichtjuden sind den Tieren näher als den Juden". Nach jüdischer Tradition soll eine jüdische Familie die Beerdigungsriten nur formell durchführen, wenn ihr Sohn oder ihre Tochter einen Nichtjuden heiratet":

---

[750]Jacques Attali, *Los judíos, el mundo y el dinero*, Fondo de cultura económica, 2005, Buenos Aires, S. 329-330.

[751]Jacques Attali, *Los judíos, el mundo y el dinero*, Fondo de cultura económica, 2005, Buenos Aires, S. 331.

„Trotz dieser Verurteilungen heiraten Männer und Frauen jüdischer Herkunft untereinander und brechen bewusst mit dem Judentum. Dieser Akt ist ein wichtiger Beweis für ihre Bereitschaft, auf Partikularismus zu verzichten und sich mit den Menschen zu vereinen, mit denen sie zusammenleben. Sie ist in gewisser Weise eine ebenso endgültige Form des Coming-outs wie die Taufe".

Der Bruch mit dem Judentum ist jedoch nicht so einfach. „Kinder aus gemischten Ehen verstehen die ikonoklastische Handlung ihrer Eltern oft nicht, und die Eltern zögern oft, ihren Kindern die heilige Bedeutung ihrer Handlung zu erklären". Kinder, die in solche Ehen hineingeboren werden, „neigen dazu, anstatt stolz zu sein - und auch wegen des ihrem Alter innewohnenden Widerspruchsgeistes -, ihren Eltern zu widersprechen und in die jüdische Gemeinschaft zurückzukehren". Es ist ein kontraproduktiver Wunsch, schrieb Israel Shamir, denn „ihr Versuch der „Rückkehr" ist zum Scheitern verurteilt, weil ein solches Kind nach jüdischem Recht niemals ein „Volljude" werden kann. Er oder sie wird nicht in eine Cohen- oder überhaupt in eine „echte" jüdische Familie einheiraten können. Seine oder ihre Position ist praktisch dieselbe wie die eines *Mamzers*, eines Bastards, „eines Hurensohns". Er wird das Recht haben, die Juden zu unterstützen, für die Juden zu sterben, aber nicht auf einem jüdischen Friedhof begraben zu werden". Aber beklagt euch nicht, unsere halbjüdischen und vollmenschlichen Kinder", schrieb Schamir, „denn es ist nicht nur unmöglich, dass ihr euch den Juden anschließt, es ist auch nicht wünschenswert, denn das Judentum ist keine gute Organisation. Das Judentum ist keineswegs eine Eintagsfliege[752]." Marek Halter stimmte in seiner Analyse des Judentums merkwürdigerweise mit Israel Shamir überein, allerdings in umgekehrter Weise, wenn ich es so ausdrücken darf: Während man für Shamir das Judentum verlassen, aber nicht oder nur sehr schwer betreten kann, kann man für Marek Halter eintreten, aber nicht austreten: „Man wird nicht als Jude geboren, man wird es", sagte er in einem Interview, das am 8. Oktober 1999 in der Zeitung *Le Point* veröffentlicht wurde. „Es gibt schwarze Juden, äthiopische Juden, chinesische Juden, indische Juden usw., die nicht einen Tropfen Blut gemeinsam haben, ohne die Konvertiten zu zählen! Die Juden sind weder eine Rasse noch nur eine Religion, sondern eine Gruppe von Menschen, die seit Jahrhunderten eine bestimmte Tradition, eine spezifische Beziehung zur Sprache und zur Geschichte bewahrt haben, die sie sich heute zu eigen machen können... oder nicht". Marek Halter wird jedoch zugeben, dass Konversionen sehr selten sind und dass es viel einfacher ist, in eine andere Religion aufgenommen zu werden als in die jüdische Religion, in der die Abstammung von der Mutter die fast unantastbare

---

[752]Israel Shamir, *Pardes: eine Studie der Kabbala*, Pdf, Trad. Germán Leyens, S. 3, 4

Norm bleibt. Was die schwarzen Juden betrifft, so werden sie vom hebräischen Staat offenbar recht hart behandelt.

Israel Shamir möchte seinen ehemaligen Glaubensbrüdern helfen, sich von ihrem Jüdischsein zu befreien". Und dafür ist die Mischehe - die große Angst der Rabbiner - die einfachste Möglichkeit. Die bewusst geschürte Angst des Antisemitismus konterkariert jedoch diese Möglichkeit der Befreiung: „Zu Beginn des 20. Jahrhunderts wurde das Kind einer Mischehe fast immer mit den Einheimischen seines Landes identifiziert. Diese Tendenz wurde jedoch durch das Holocaust-Narrativ konterkariert, ein ideologisches Konstrukt, das den Nachkommen der Juden ein fatalistisches Gefühl der „Unausweichlichkeit" aufzwang[753]." Shamir wiederholte die Aussagen eines Abram Leon, „eines jungen Anhängers Trotzkis, der 1944 in Auschwitz umkam". In seinem Buch „Die Judenfrage" erklärt Abram Leon, dass ein Mensch jüdischer Herkunft immer die Möglichkeit hat, die Juden zu verlassen und sich der „menschlichen Gemeinschaft" anzuschließen. „Ich bin Noam Chomsky dankbar, dass er mich auf diesen Autor aufmerksam gemacht hat", schrieb Israel Shamir, dessen im Internet veröffentlichte Texte voller Energie sind. Israel Shamir informierte uns auch über die Existenz von Rabbi Abraham Isaac Kook, „ein großer Rabbiner Israels, jetzt verstorben, der größte Verfechter des zeitgenössischen Judentums", der schrieb: „Der Unterschied zwischen einer jüdischen Seele und einer nicht-jüdischen Seele ist wichtiger und tiefgreifender als der zwischen einer menschlichen Seele und einer Kuhseele". Nach dem wenigen, was wir über ihn wissen, scheint uns klar zu sein, dass Israel Shamir mit illustren Juden in Verbindung gebracht werden sollte, die mit der Gemeinschaft gebrochen haben. Doch während bei Spinoza und Marx einige Aspekte ihrer Lehren noch mit dem Judentum verbunden sind, macht bei Israel Schamir und Israel Schahak der Antisemitismus, der sie zu beseelen scheint, den Bruch mit dem Judentum vollständig. Andere prominente Intellektuelle waren ihnen auf diesem Weg vorausgegangen. Wir denken zum Beispiel an Otto Weininger, für den das Judentum „weder eine Rasse, noch ein Volk, noch ein anerkannter religiöser Glaube, sondern eine geistige Disposition" war. „Sein „Monotheismus", so erklärte er, sei keine Stammesreligion, wie

---

[753]Ein Artikel des Pew Research Centers vom 16. März 2016 mit dem Titel „A Closer Look at Jewish Identity in Israel and the United States" (Ein genauerer Blick auf die jüdische Identität in Israel und den Vereinigten Staaten) enthält die Ergebnisse einer Umfrage unter israelischen und amerikanischen Juden über ihre Identität. In beiden Umfragen wurden Juden zu einer Liste von acht möglichen Verhaltensweisen und Eigenschaften befragt, die für ihre persönliche jüdische Identität „wesentlich" oder „wichtig" sein könnten. In beiden Ländern gab eine Mehrheit an, dass die Erinnerung an den Holocaust für ihre jüdische Identität wesentlich sei (73 % in den USA, 65 % in Israel). Unter https:// www.pewresearch.org/fact-tank/2016/03/16/a-closer-look-at-jewish-identity-in-israel-and-the-u-s/. (NdT).

seine Kritiker behaupten. Nein: Es ist die extreme Selbstbezogenheit einer Ameise, die sich überhaupt nicht vorstellen kann, dass es außerhalb ihres Ameisenhaufens eine andere Lebensform geben könnte oder dass es einen anderen Gott als den Gott der Ameisen geben könnte." Seit Jahrhunderten", schrieb Schamir, „haben Hunderte von Juden dem Glaubensbekenntnis abgeschworen, sich Christus zugewandt und das Geheimnis ihres Hasses auf die Gojim und ihres Strebens nach absoluter Macht preisgegeben. „Dank ihm wissen wir, was die vorherrschende Ideologie in Israel innerhalb der orthodoxen jüdischen Bewegung ist: „Das Streben nach absoluter Macht ist ihr bestimmendes Ziel, das ihre Schritte auf die Zerstörung der israelischen Demokratie, den Wiederaufbau des Dritten Tempels (der die Ära des Messias einläuten wird) und vielleicht auf die Herbeiführung der Weltapokalypse[754] lenkt. „Aber Jacques Attali hatte uns bereits einen Einblick in diesen Aspekt des Messianismus gegeben. Erinnern wir uns an die Passage aus dem Dialog, den er sich in seinem Roman *The Coming* ausgedacht hatte und den wir im ersten Teil dieses Buches zitiert haben: „- Die Juden sind mit ihrem Wahnsinn in der Lage, Massaker und Katastrophen zu verursachen. - Das ist wahr! Wenn die Verrückten der Wiederaufbaupartei mit dem Wiederaufbau des Tempels beginnen würden, würde das sicherlich einen planetarischen Krieg auslösen[755]." Shamir sieht Israel nur als bloßen Stützpunkt für die jüdische Weltgemeinschaft und nicht als das Herz der Diaspora. „Die Zionisten bilden ein einfältiges Volk.... Intelligente und erfolgreiche Juden sind fast nie nach Israel eingewandert". Vielmehr wären es die heutigen Vereinigten Staaten, die laut Shamir das Herz der jüdischen Weltgemeinschaft bilden würden. Dort würden sie am wohlhabendsten und einflussreichsten sein. Israel Shamir erinnerte daran, dass es den Anschein hat, dass „die wichtigsten Kandidaten für die US-Präsidentschaft im Jahr 2004 darum ringen, ihre jüdischen Wurzeln zu finden. General Wesley Clark[756] sagte, er stamme „aus einer langen Reihe von Rabbinern in Minsk". Hillary Clintons Großmutter heiratete einen Mann namens Max Rosenberg, und John Kerry fand heraus, dass seine beiden Großväter väterlicherseits Juden waren[757] (Kerry hieß ursprünglich Kohn). Die Kinder von Howard Dean

---

[754]Israel Shamir, *Pardes: eine Studie der Kabbala*, Pdf, Trad. Germán Leyens, S. 18, 19, 43, 4

[755]Jacques Attali, *Il viendra*, Fayard, 1994, S. 309.

[756]General Wesley Clark, ehemaliger NATO-Oberbefehlshaber in Europa, hatte während der Aggression gegen Serbien 1999 erklärt, dass es in Europa keinen Platz mehr für ethnisch homogene Nationen geben sollte." „

[757]Man beachte, dass Shamir das Wort „Jude" nicht groß schreibt. Er ist nämlich der Ansicht, dass diese Eigenschaft weniger die Zugehörigkeit zu einem Volk als vielmehr eine Meinung und eine bestimmte Mentalität widerspiegelt. Man ist Jude, genauso wie man Kommunist, Liberaler oder Anhänger der Scientology-Kirche ist; und vor allem: man kann gehen.

und seiner christlichen Frau jüdischer Herkunft wurden jüdisch erzogen. Alle Bemühungen der vorangegangenen Generation werden also in unserer Zeit zunichte gemacht." Für Shamir ist der Krieg der USA „gegen den Islam nicht nur ein Krieg um Öl, nicht nur ein Krieg für den Staat Israel und seine Interessen, sondern auch ein Religionskrieg, um den Glauben an den „Gott Israels" durchzusetzen und den bestehenden Glauben zu entwurzeln. „In diesem Sinne „versuchten die USA während der militärischen Besatzung, jede Erwähnung Allahs und des Korans in irakischen Schulbüchern zu verbieten. USAID-Mitarbeiter baten Experten des irakischen Bildungsministeriums, alle Koranverse aus den experimentellen arabischen Grammatikbüchern zu streichen und durch neutrale Formulierungen zu ersetzen. „Wenn ein Satz wie „Gott sei Dank" in einem Grammatiklehrbuch auftaucht, werden wir eine Diskussion anstoßen, um einen anderen Satz zu finden, der ihn ersetzt", erklärte ein US-Experte[758]." In den Vereinigten Staaten wird übrigens „der Glaube an Christus kaum toleriert. Sogar die Passion Christi scheint verboten zu sein: Der von den Juden verurteilte Film von Mel Gibson findet keinen Verleih, und sogar das Aufstellen von Krippenfiguren zu Weihnachten ist an öffentlichen Plätzen verboten. Die protestantischen Calvinisten haben wahrscheinlich weniger Probleme: Man kann sagen, dass sie „das Judentum praktisch ohne Juden neu geschaffen haben". Sie wandten sich dem Alten Testament zu, legitimierten den Wucher, verzichteten auf die Jungfrau Maria, lehnten die Kirche und die Sakramente ab, verursachten zahlreiche Völkermorde und brachten den Raubtierkapitalismus hervor". Wir werden weiter unten sehen, wie ihre Rolle bei der unerschütterlichen Unterstützung Israels erklärt wird.

Es ist also möglich, dass ein Jude das Judentum verlässt: Karl Marx, Abram Leon, Otto Weininger, Noam Chomsky, Israel Shamir, Ferdinand Lassalle, Israel Shahak, Norman Finkelstein und wahrscheinlich viele andere distanzierten sich von einer Religion, die ihnen nicht ihrer Vorstellung von den „Gesetzen der Gastfreundschaft" entsprach, wie Edgar Morin sagen würde. Für Edgar Morin und andere Messianisten gelten diese guten Gebote allerdings nur für korrupte und schuldige Nationen. Sie predigen Gleichheit unter den Menschen, glauben aber immer noch, dass sie das auserwählte Volk sind; sie treten die Traditionen anderer mit Füßen, halten aber an den Gesetzen ihrer Vorfahren fest; sie schimpfen über die christliche Religion, leben aber in Erwartung ihres Messias; sie fördern die Einwanderung in den Westen, bekämpfen sie aber in Israel[759] ; sie preisen das Gute der Rassenmischung für die Gojim, halten sie aber für einen

---

[758]Israel Shamir, *Pardes: eine Studie der Kabbala*, Pdf, Trad. Germán Leyens, S. 28, 32
[759]Sie kritisieren den Bau einer Mauer zwischen den USA und Mexiko, haben aber in Palästina und im Westjordanland eine 800 Kilometer lange und 8 Meter hohe Mauer gebaut (NdT).

Horror für ihre eigene Familie. Dies sind die Widersprüche, die bei vielen Juden zu Zweifeln an der Gültigkeit dieser Lehre geführt haben könnten. Die Identitätskrise, die diese Infragestellung auslösen kann, ist wahrscheinlich schmerzhaft, und wir werden später in diesem Buch sehen, dass diese Angst manchmal tragisch enden kann. Umso mehr sollten wir diejenigen brüderlich willkommen heißen, die sich entscheiden, andere menschliche Gesetze anzunehmen.

3. Eine schwierige Integration

Die von uns vorgestellten Texte unterstreichen die tiefgreifenden Unterschiede, die trotz des jahrhundertelangen Zusammenlebens zwischen kosmopolitischen Intellektuellen und der sie umgebenden Welt bestehen. Wenn man die wiederholten Leugnungen und ideologischen Verrenkungen beobachtet, mit denen sie sich gegen bestimmte Anschuldigungen verteidigen, könnte man ohne weiteres zu dem Schluss kommen, dass sie in böser Absicht handeln. Und doch scheinen die Erklärungen zum Antisemitismus, die wir gelesen haben, so aufrichtig zu sein, dass sie fast rührend wirken, und man fragt sich, ob eine gewisse Bosheit zu vermuten ist oder ob die zur Schau gestellte Unschuld wirklich die unergründliche Tiefe ihrer Seele widerspiegelt. In beiden Fällen haben wir es mit einem echten Problem des Unverständnisses zu tun.

Die Überzeugung von ihrer vollkommenen Unschuld, ihr messianischer Glaube, die Gewissheit, über allen anderen Nationen zu stehen, hemmt bei vielen Intellektuellen jegliches Schuldbewusstsein. Zu diesem Zeitpunkt ist der Spielraum für Diskussionen bereits geschrumpft. Aber die Situation wird noch komplizierter durch die Doppelzüngigkeit, die der europäischen Tradition so fremd ist: Je nach Situation ist man entweder „jüdisch und stolz darauf" oder „perfekt integriert"; man ist für die Zerstörung der Nationen und sagt, man sei gekommen, um ihnen zu dienen; man schwelgt in den wunderbaren Traditionen des jüdischen Volkes und kann gleichzeitig die „traditionellen" Kulturen anderer Völker „nicht ertragen", wie Bernard-Henri Levy erklärte; man betet Jahwe an, respektiert die Rabbiner, zeigt aber auf den Plakaten in der U-Bahn feuchte Sachen mit Strumpfbändern; kolossale Finanzkraft zeigen und die Schwäche des ewigen Sündenbocks in Anspruch nehmen; die Weißen beschuldigen, für die Sklaverei verantwortlich zu sein, obwohl sie die größten Nutznießer davon waren; die Weißen des Rassismus beschuldigen und ihre Gemeinschaft vor Mischehen warnen; die muslimische Einwanderung in Frankreich fördern und in Israel bekämpfen; sich gegen den angeblichen Rassismus der Weißen auf die Seite anderer unterdrückter Minderheiten stellen: Frauen, Schwarze, Kolonisierte, Homosexuelle, usw.Um den plötzlichen Antisemitismus der Araber zu bekämpfen, wird eine Vereinigung „gegen den anti-weißen Rassismus" gegründet; es wird Druck für den Krieg gegen den Irak ausgeübt, der Israel bedroht, aber dies geschieht im Namen der westlichen Zivilisation und nicht als Jude; der Imperialismus wird angeprangert, der Wille der Europäer, die Welt zu beherrschen, aber stattdessen wird erklärt, dass Jahwe es ihnen auf einem Tablett bringen muss[760]. Sie werden zugeben, dass dies alles den Dialog nicht erleichtert.

Die Fernsehdebatte, die am 4. Mai 2005 am Set von *Culture et dépendance stattfand*, befasste sich erneut mit dem Thema „Anti-Weißer-Rassismus". Eingeladen zum Programm waren auf der einen Seite des Tisches der radikale Muslim Tariq Ramadan, ein Vertreter der militanten schwarzen Gemeinschaft, Calixte Beyala, und ein „Weißer", der ein heftig antikolonialistisches, schuldbeladenes Buch vorstellte, ein gewisser Grandmaison. Ihnen gegenüber standen ein „Korse", der sein Buch vorstellte, in dem er anprangerte, dass Korsika zur Vorreiterregion des antiarabischen Rassismus geworden sei, und der Philosoph Alain Finkielkraut, der sich als Verteidiger der Vereinigung gegen den Rassismus der Weißen präsentierte. Er, der Antirassist, der Verfechter der pluralistischen Gesellschaft, fand sich nun in der Position des weißen Rassisten wieder, der von der Gegenseite beschuldigt wurde, ein zweideutiges und gefährliches Spiel zu spielen. Als er von „Weißen" sprach, warf ihm das Publikum seinen unerträglichen Rassismus vor. Darauf antwortete er, wenn er sich für die Franzosen einsetzen würde, würden sie ihm unmissverständlich zu verstehen geben, dass die Schwarzen und Araber „genauso französisch seien wie er". Unmittelbar danach erfuhren wir, dass der antikorsische Korsen, der den Rassismus der Korsen anprangerte, ein Lehrer für Nationale Erziehung, von seinen Schülern mit Migrationshintergrund als „dreckiger Jude" bezeichnet worden war. Darüber hinaus wurde Grandmaison, der den Rassismus der Franzosen und die Arroganz der weißen Kolonialisten anprangerte, von der Journalistin Elisabeth Levy in die Schranken gewiesen, die ihn fragte, warum die Afrikaner in einem so schrecklichen Land wie dem unseren alle Kandidaten für die Auswanderung seien. Kurz gesagt, wir leben heute, im Jahr 2005, in einer totalen Kakophonie, die ans Phrenopathische grenzt. Klar war, dass sich alle am Tisch als Antirassisten bezeichneten. Wir hatten einen antirassistischen Araber, der sich für die Rechte der Araber und Muslime einsetzt; eine antirassistische und antikolonialistische Schwarze Frau, die „wir" sagte, wenn sie von Schwarzen sprach, die aber den Weißen vorwarf, „wir" zu sagen, um sich im Namen der Weißen auszudrücken; und einen antirassistischen und antikolonialistischen Weißen, der zu anti-weiß

---

[760] „Deine Tore sollen immer offen sein - sie sollen weder Tag noch Nacht geschlossen sein -, um den Strom der Völker mit ihren Königen einzulassen, die in Prozession kommen. Denn das Volk oder Königreich, das dir nicht dienen will, soll untergehen; solche Völker sollen vernichtet werden. „Jesaja, LX, 11-12. „Sie werden sich erinnern, und alle Enden der Erde werden sich zu Jahwe bekehren; die Familien aller Völker werden sich vor dir niederwerfen. Denn das Reich ist Jahwes, und er herrscht über die Völker. „Psalmen, Tehillim, XXII, 27-28.

war, um ganz weiß zu sein. Auf der anderen Seite konnten es sich die „Weißen" nicht erlauben, des Rassismus beschuldigt zu werden, weil sie Juden und antirassistische Aktivisten waren: ein antirassistischer jüdischer Korse, der im Namen der Korsen sprach, und ein antirassistischer jüdischer Philosoph, der im Namen der Weißen im Allgemeinen sprach, der vor dem anti-weißen Rassismus warnte, um das Spiel des Rassismus nicht zu spielen - weiß! Wie der Leser verstehen wird, waren die einzigen, die in diesem Fernseher nicht zu sehen waren, die einheimischen, nicht-jüdischen Weißen, die in diesem Land immer noch in der Mehrheit sind, denen aber jede Möglichkeit der Meinungsäußerung genommen wurde und die Gefahr laufen, vor Gericht zu landen, wenn sie es wagen, ihre Meinung zu dieser Situation zu laut zu äußern.

Natürlich wäre alles einfacher, wenn sich alle darauf einigen würden, im Namen ihrer eigenen Gemeinschaft zu sprechen. Warum konnte Madame Calixte Beyala nicht für die Schwarzen in Frankreich sprechen, wie Alain Finkielkraut ihr vorwarf, indem er den Kommunitarismus im Namen der Werte der republikanischen Einheit anprangerte? Warum konnte sich Tariq Ramadan nicht im Namen der Araber Frankreichs äußern? Und warum konnte sich Alain Finkielkraut, der sich nicht im Namen der Weißen Frankreichs äußerte, sondern ein Kämpfer für ein plurales Frankreich ist, nicht im Namen der Juden Frankreichs äußern? Das würde die Dinge viel klarer machen. Es würde den weißen Nichtjuden Frankreichs erlauben, ihre eigenen Vertreter auf den Fernsehgeräten[761] zu haben.

---

[761]Vielleicht kommt die Lösung für eine so komplizierte Situation jetzt im Jahr 2022 von der anderen Seite des Atlantiks, wie es oft der Fall ist. Tatsächlich hat die ADL, die Anti-Defamation League, früher bekannt als Anti-Defamation League of B'nai B'rith (ausschließlich jüdische Freimaurerei), eine internationale jüdische Nichtregierungsorganisation mit Sitz in den USA, Fortschritte bei der Definition von Rassismus gemacht. Das Konzept des „systemischen Rassismus" ist der neue Beitrag der Organisation zur sozialen Gerechtigkeit. Sie wird definiert als: „Eine Kombination von Systemen und Faktoren, die weiße Menschen begünstigen und für farbige Menschen weit verbreiteten Schaden und Benachteiligung beim Zugang und bei den Möglichkeiten verursachen. Systemischer Rassismus wurde nicht von einer Person oder gar einer Gruppe von Menschen geschaffen, sondern ist erstens in der Geschichte unserer Gesetze und Institutionen verwurzelt, die auf der Grundlage der weißen Vorherrschaft entstanden sind; zweitens existiert er in Institutionen und politischen Maßnahmen, die Weiße begünstigen und Farbige benachteiligen; und drittens manifestiert er sich in zwischenmenschlicher Kommunikation und Verhalten (z. B. Beschimpfungen, Mobbing, beleidigende Sprache), die systemische Ungleichheiten und systemischen Rassismus aufrechterhalten und unterstützen. „Unter https://www.adl.org/racism. (Die weißen Völker Europas hätten ihre Länder für sich selbst geschaffen, zum Nachteil der anderen Völker der Welt.) (NdT).

Eine vermeintlich invasive Präsenz

Der Kommunitarismus ist keine französische republikanische Tradition. Die Einwohner Frankreichs äußern sich als französische Bürger, nicht als Vertreter einer ethnischen Gemeinschaft. In diesem Land gibt es keine Rassen mehr, und einige Intellektuelle, die sich gegen die ihrer Meinung nach übermäßige Präsenz von Juden in der Medienwelt ausgesprochen haben, wurden streng gemaßregelt.

So sorgte der Schriftsteller Renaud Camus im Jahr 2000 für Schlagzeilen, als er im Verlagshaus Fayard sein Tagebuch *Kampagne für Frankreich* veröffentlichte, in dem er die Anzahl der jüdischen Journalisten in einer Radiosendung von *France Culture zum Thema* Einwanderung und Kommunitarismus zählte: „Fünf Teilnehmer und welcher Anteil an Nicht-Juden? Nun, das scheint mir, vielleicht nicht gerade skandalös, aber übertrieben und unangebracht, nicht korrekt. Und nein, ich bin nicht antisemitisch, und ja, ich bin der Meinung, dass die jüdische Rasse einen der höchsten geistigen, intellektuellen und künstlerischen Beiträge zur Menschheit geleistet hat.... Aber nein, ich halte es nicht für angemessen, dass eine vorbereitete und angekündigte, d.h. offizielle Talkshow über die Integration in unserem Land in einem öffentlich-rechtlichen Sender ausschließlich von jüdischen Journalisten und Intellektuellen oder solchen jüdischer Herkunft bestritten wird... Ich glaube, ich habe das Recht, das zu sagen. Und wenn ich es nicht tue, sage ich es trotzdem. Ich sage das im Namen dieser französischen Kultur und Zivilisation mit ihren uralten Wurzeln, die meine sind und deren Errungenschaften im Laufe der Jahrhunderte mehr als beachtlich sind und von denen ich bedaure, dass man in diesem Land kaum mehr hört, dass sie die ihren waren." Der Verlag Fayard sah sich durch einen unbekannten Druck gezwungen, das Buch aus dem Verkauf zu nehmen, bevor er es ohne die inkriminierten Passagen neu auflegte. „Die Äußerungen von Herrn Camus, die in *Le Monde* vom 12. Februar 2004 zu lesen waren, lösten Empörung aus, obwohl mehrere Persönlichkeiten ihn verteidigten und einen „medialen Lynchmord" anprangerten. Doch obwohl Camus alle Kriterien der Ehrbarkeit erfüllte - er war homosexuell und ein Linker - reichte dies nicht aus, um ihn zu retten. In der Tat war er nicht der erste, der unter dem intellektuellen Terrorismus zu leiden hatte, der in Frankreich seit Ende des 20. Von nun an wird es kein prominenter Schriftsteller mehr wagen, seine Meinung zu diesem Thema zu äußern, da er sonst von den Medien anathematisiert und von den Gerichten schikaniert werden könnte.

Die Reaktionen der Hauptakteure zeugten einmal mehr von einer unglaublichen Bereitschaft, sich auf intellektuelle Verrenkungen einzulassen. Der bekannte Zeitungsredakteur und Schriftsteller Jean Daniel äußerte sich in „*Wintersonnen"* zu dem Fall, in dem neben der üblichen

Verachtung für die rückständigen Einheimischen auch eine recht subtile Form der Reflexion zu erkennen war. Sein Diskurs war durch das Unausgesprochene etwas verzerrt, denn Jean Daniel war offensichtlich empört über die Ideen von Renaud Camus als Jude, auch wenn er sich seinen Lesern gegenüber als Franzose präsentierte, die sich seiner Zugehörigkeit zur Gemeinschaft wahrscheinlich nicht bewusst waren[762]. Er war nicht als Jude gegen den Verrückten, den man als geisteskrank hinstellte, sondern als Journalist, der für seine Objektivität und tadellose Ehrlichkeit bekannt war. Er wandte sich damit gegen den Kommunitarismus, der unberechtigterweise will, dass jede ethnische Gemeinschaft ihre Vertreter hat, im Namen des individuellen Talents und der Professionalität, und vor allem im Namen der Freiheit von der Flut des „politisch korrekten" Kommunitarismus. Zu diesem Zweck ist man dann ein gewöhnlicher Bürger, ein gewöhnlicher Franzose: Möge der beste Mann gewinnen! Die multikulturelle Gesellschaft wird gelobt, solange jeder seinen Platz behält, d.h. die Bretonen in der Marine, die Korsen im Zoll, die Antillen in der kleinen Verwaltung und die Albaner in der Mafia. Doch wer es wagt, die Zahl der Juden in den Medien nicht mehr zu kritisieren, sondern nur noch darauf hinzuweisen, wird sofort als hasserfüllter Antisemit denunziert. In Wirklichkeit gab Jean Daniel vor zu glauben, dass sich die Anschuldigungen gegen die Juden richteten, während der Kern der Angelegenheit in der Voreingenommenheit bestimmter jüdischer Intellektueller lag. Er gab vor, dies nicht zu verstehen und wich dem Thema geschickt aus.

Jean Daniel schrieb: „Diese Verärgerung über die überwiegend jüdische Zusammensetzung der Talkshow" von *France Culture*, „diese misstrauische, antipathetische Stimmung typisch französischer Tradition offenbart eine ganz bestimmte Mentalität. Was bedeutet der Ausdruck „Überrepräsentation"? Zunächst einmal gibt es Über- und Unterrepräsentationen, aber von wem? Von den Gemeinschaften, aus denen sich die französische Gesellschaft zusammensetzt? Wäre es im Sinne der Parität und der politischen Korrektheit angemessen, wenn jede der Gemeinschaften, wenn schon nicht nach Provinzen, so doch zumindest nach Religionen, gleichmäßig vertreten wäre? Würden die Muslime und die Schwarzen, die sich kürzlich im Fernsehen und im Radio für falsch repräsentiert erklärt haben, auf diese Weise legitimiert? Das kann man

---

[762]„In der Bretagne gibt es viele Daniels, Bretonen, deren Nachname dieser biblische Name ist. Ich erhalte oft Briefe von Leuten, deren Nachname Daniel ist, und die mich fragen, ob ich mit ihrer Familie verwandt bin. So sehr, dass ich manchmal den Eindruck habe, dass ich hier Vorfahren habe, denn ich vergesse, dass dieser Nachname von meinem Vater als Name gewählt wurde, in der klaren Erwartung, dass ich ihn annehmen würde. „(Jean Daniel, *Soleils d'hiver*, Carnets 1998-2000, Grasset, Poche, 2000, S. 172).

bedauern oder auch nicht. Würde diese Ausdehnung der Parität zwischen Männern und Frauen auf alle Kategorien zu Lasten von Verdienst und Fähigkeiten gehen?...Es wird gesagt, es kann gesagt werden oder es wird gesagt werden: Es gibt zu viele Schwarze in Fußballmannschaften, zu viele Westinder in Krankenschwestern, zu viele Katalanen in Rugbymannschaften, zu viele Korsen bei den Zollbeamten, usw. Aber das hat natürlich nicht dieselbe Bedeutung wie der Hinweis darauf, dass es zu viele Albaner in der Mafia, zu viele autodiebe Zigeuner, zu viele Nordafrikaner und Schwarze in den Gefängnissen, zu viele protestantische Manager in den Banken - und zu viele Juden in den Medien gibt. Ist das Überrepräsentation? Und wenn ja, wo liegt die Gefahr in einer so pluralistischen, multikonfessionellen und multiethnischen Gesellschaft? Wer kann noch, ohne an der Blindheit des Hasses zu leiden, Sehnsucht nach dem reinen katholischen Frankreich haben, in einem Europa, das vor den Mauren und Sarazenen sicher war?... In Wirklichkeit fürchte ich, dass Herr Renaud Camus ein echter Antisemit ist, und, wenn ich das sagen darf, ein Antisemit in guter Gesellschaft. Ich bin sicher, dass er ausgezeichnete jüdische Freunde hat und ihnen gegenüber loyal ist. Aber glauben Sie mir, er ist durch und durch antisemitisch. In Fällen wie seinem - so friedlich - bezweifle ich, dass er geheilt werden kann[763]." Der große Philosoph Jacques Derrida gehörte zu den Unterzeichnern der von Claude Lanzman[764] gestarteten Petition, die die antisemitischen Passagen in Renaud Camus' Buch als „kriminell" bezeichnete. Sein Buch, so der Philosoph, sei ein „Buch, das sowohl durch die naive Blindheit und die soziologische Dummheit, die auf jeder Seite zu sehen sind, als auch durch die literarischen Ticks und Impulse im Stil des „alten rechten Frankreichs" verblüfft... Man sollte sich fragen, was in unserem öffentlichen Raum passiert, wenn ein Verleger und eine gewisse Anzahl von „Intellektuellen" die Augen vor diesen ebenso erschreckenden wie grotesken Phrasen verschließen[765]. „Als großer Humanist interessierte sich Jacques Derrida für das Problem der Todesstrafe und des amerikanischen Gefängnissystems: „Wir müssen uns daran erinnern, dass in den Vereinigten Staaten trotz der Fortschritte bei den Bürgerrechten der Rassismus ein massives Phänomen ist. Ich beschäftige mich derzeit mit der Todesstrafe, und es besteht kein Zweifel daran, dass fast alle zum Tode verurteilten Häftlinge schwarz sind. Unter den Gefangenen ist die große Mehrheit schwarz. Und schwarze (afro-amerikanische!) Arme. Ist das

---

[763]Jean Daniel Bensaid, *Soleils d'hiver*, Grasset, Poche, 2000, S. 337, 323
[764]Claude Lanzmann (1925-2018) war ein französischer Filmregisseur, Drehbuchautor, Produzent und Journalist. Sein wegweisendes Werk ist *Shoah*, ein fast zehnstündiger Dokumentarfilm über den Holocaust.
[765]Jacques Derrida, Élisabeth Roudinesco, *Y mañana, qué...*. Fondo de Cultura Económica, Buenos Aires, 2002, S. 36, 136.

Erinnern oder Aufzeigen, das beharrliche Analysieren dieses Phänomens, ein Nachgeben gegenüber der „politischen Korrektheit[766]?" „Sicherlich nicht. Jacques Derrida, der Gegner des Systems, ist kein Mann, der sich dem Druck der „politischen Korrektheit" beugt. In diesem mutigen Geist der Opposition und des Widerstands können Schwarze in den Gefängnissen gezählt werden, aber keine Juden in den Medien.

Der moralische, juristische und finanzielle Druck auf die französische Geistes- und Kunstwelt wirkt sich nicht nur auf das Verlagswesen aus. Obwohl das Kino lange Zeit dem kosmopolitischen Denken vorbehalten war, reicht ein einziger Film im Strom von Hunderten von anderen aus, um gegebenenfalls die epidermale Reaktion des Systems auszulösen.

Der erste unabhängige französische Filmverleiher, Marin Karmitz, Präsident der MK2-Gruppe, war einer der Vorkämpfer für den Boykott des Films *Die Passion Christi*. Während Mel Gibsons Film in Frankreich keinen Verleih finden konnte, sagte er: „Einige Medien haben uns vorgeworfen, wir würden die *Passion* aus Angst oder aufgrund des Drucks einer angeblichen jüdischen Lobby boykottieren. Dies ist jedoch eine bewusste Taktik von Icon, der Firma von Mel Gibson, um sich als Märtyrer darzustellen. Es bedurfte schließlich eines gewissen Tarek Ben Ammar, eines Moslems, um den Film in 530 Kinos in Frankreich zu vertreiben. Was er wirklich dachte, verriet Karmitz später in einem Interview mit *The Hollywood Reporter* am 24. März 2004: „Ich habe den Faschismus immer bekämpft, vor allem durch die Filme, die ich vertreibe. Für mich ist *The Passion ein* faschistischer Propagandafilm. „Am 25. März erklärte er gegenüber AFP, der Film sei „antisemitisch", „unerhörte Gewalt" und „revisionistisch". Es handelt sich um „eine Martyrologie, die auf Gewalt, Körperverachtung und Menschenhass beruht". Schließlich vertrat sie die Auffassung, dass Mel Gibson eine Vertriebskampagne für seinen Film durchgeführt hat, die „der von Jean-Marie Le Pen geführten Kampagne sehr ähnlich ist"." 1989 war ein bekannter Journalist, Jean-Marie Domenach, in die Schlagzeilen geraten und hatte die Empörung von Elie Wiesel hervorgerufen: „Ich habe den Skandal, den Herr Domenach verursacht hat, mit Bedauern verfolgt. Ich habe seine Interviews in *L'Événement du jeudi* und *Le Figaro* gelesen, ich habe sein pedantisches Gekicher auf *Europe 1* gehört und die Ermahnungen, die er uns Juden mit auf den Weg gibt, um antisemitische Reaktionen zu vermeiden. Was ist die Methode, die er uns vorschlägt? Es ist ganz einfach, fast banal: leiser sprechen, sich nicht zeigen, die jüdische Loyalität verleugnen (z. B. Israel anprangern), das Jüdischsein der jüdischen Opfer nicht erwähnen. Ich gebe zu, dass dieser Vorschlag wegen seiner perversen Implikationen einige Juden abschreckt - erstens, weil er die Antisemiten dazu bringt, sich nicht

---

[766]Jacques Derrida, Élisabeth Roudinesco, *Y mañana, qué...* Fondo de Cultura Económica, Buenos Aires, 2002, S. 38.

mehr schuldig zu fühlen. Wie? Wäre der Antisemitismus nicht mehr die Schuld der Antisemiten, sondern der Juden selbst? Wäre der Hass, den die Juden hervorrufen, nur auf ihr Verhalten zurückzuführen? Sie verachten uns, sie verfolgen uns, und wir sollen das an uns selbst auslassen[767]? „

Und wieder können wir beobachten, wie ein jüdischer Intellektueller in eine Richtung abschweift, um den anderen immer wieder seiner eigenen Fehler zu beschuldigen und ihm vorzuwerfen, dass er den Juden sehr reale Fehler vorwirft:

„Wenn das, was er sagt, wahr ist", fuhr Wiesel fort, „dann würden die Juden - entschuldigen Sie: 'einige' Juden - den Holocaust nutzen, um sich zu bereichern, und außerdem, um ihn und andere ehrenwerte Menschen zu verfolgen.... Verfolgungskrankheit? Es ist unglaublich, aber wahr: „einige" Antisemiten fühlen sich von den Juden verfolgt, die sie selbst verfolgen." Bei dieser Gelegenheit war Jean Daniel seinem Freund Elie Wiesel zu Hilfe gekommen und hatte die Gelegenheit genutzt, um sein Bedauern auszudrücken: „Ich fand es unerträglich und habe es auch gesagt, dass man dich beschuldigt hat, „Auschwitz-Dividenden" zu sammeln. Aber ich war traurig, in Ihrem Interview mit Anne Sinclair zu sehen, dass Sie den französischen Kontext nicht kennen. Lieber Elie Wiesel, Sie leben zu sehr in Amerika. Sie vergessen, dass die Juden in Frankreich strahlender, wohlhabender und mächtiger sind als in Wien zu Beginn des Jahrhunderts oder in Weimarer Deutschland. Und sie genießen auch den Schutz der katholischen Hierarchie[768]. „Interessant, nicht wahr?

Die hasserfüllten Vorwürfe von Antisemiten über die angebliche „Überbesetzung" von Juden wurden bereits im 19. Dies beweist, wie hartnäckig Vorurteile sind. In *Le Figaro littéraire* vom 18. November 2004 erklärte Patrice Bollon, dass die angebliche jüdische „Invasion", die Edouard Drumont in seinem berühmten *Bestseller La France Judaise* von 1886 anprangerte, einfach grotesk sei, da die Juden „0,5 % der Bevölkerung ausmachten! „In der Tat musste Drumond blind oder unehrlich sein, um solche Unwahrheiten zu behaupten, und außerdem waren Hunderttausende von Lesern zu naiv, um auf seinen Appell zu reagieren. Offensichtlich basierte Drumond „auf alten Vorurteilen", und das ist sicherlich die Erklärung für diese Blindheit.

Angst vor dem Schwarzen

In der Welt des Showbusiness ist der Fall des französisch-kamerunischen Mulattenkomikers Dieudonné769 das beste Beispiel für die

---

[767]Elie Wiesel, *Mémoires, Tome II*, Seuil, 1996, S. 169, 171.
[768]Elie Wiesel, *Mémoires, Tome II*, Seuil, 1996, S. 193.
[769]Siehe erneut Fußnote 293.

moralische und intellektuelle Diktatur, die in Frankreich herrscht. Als er sich darauf beschränkte, das alte reaktionäre Frankreich und den Katholizismus mit seinem Kameraden Elie Semoun in den Dreck zu ziehen und zu verhöhnen, lief alles wie geschmiert. Jahrelang kritisierte Dieudonné schonungslos „den weißen, sektiererischen, männlichen und katholischen Staat", ohne dass irgendjemand einen Aufschrei erhob. Dieser libertäre Dieudonne erschien eines Tages plötzlich in einer modischen Fernsehsendung, gekleidet als Rabbi mit Locken, mit erhobenem Arm und einem donnernden „Isra-Heil!", wobei er die Jugend der „Vorstädte" ironisch aufforderte, sich der „amerikanisch-zionistischen Achse" im Krieg gegen den Irak anzuschließen. Dies löste einen beispiellosen Skandal aus, der eine Flut von Protesten, öffentlichen Beschwerden, Drohungen, Beleidigungen, Leitartikeln sowie einen Aufruhr in der Regierung und die Ablehnung aller Antirassisten im Lande zur Folge hatte. Dieudonné sah sich mit dem großen Geschrei der allgemeinen Verurteilung konfrontiert, die wir gemeinhin „öffentliche Meinung" nennen. Er wurde ein Stinker. Seine „Kollegen" in der Kunstwelt wandten sich von ihm ab, und nach dem Wurf einer Brandflasche in Lyon wurde eine Ausstellung nach der anderen abgesagt. Dieudonné, fest und kämpferisch, kapitulierte vor den Beweisen: „Während es relativ einfach ist, gegen die extreme Rechte zu kämpfen, ist es nicht so einfach, wenn es sich um die jüdische extreme Rechte in Frankreich und in der Welt handelt." *Le Nouvel Observateur* veröffentlichte dazu am 26. Februar 2004: „Am Ausgang der Metro stürmt ein imposanter schwarzer Mann in einem Mantel auf die Menschenmenge vor dem *Olympia zu*. Wir haben ihn befragt: -Warum demonstrieren Sie? Der junge Mann antwortet ohne zu zögern: -...gegen die unsichtbare Macht zu kämpfen, die uns eine Lektion erteilen wollte. -Doch was ist diese unsichtbare Macht? Keine Antwort, aber wem wollten sie denn eine Lektion erteilen, beharrte der Journalist. -Die Gemeinschaft, die schwarze Gemeinschaft", antwortete er, bevor er sich abwandte." *Le Point* vom 10. März 2005 berichtete, dass Dieudonné während seiner Reise nach Martinique zweimal angegriffen worden sei. Seine Angreifer, zwei Handelsvertreter, hatten einen französischen Pass und zwei Visa, die einen längeren Aufenthalt in Israel bescheinigten.

Während die Spannungen zwischen der jüdischen Gemeinschaft und der schwarzen Gemeinschaft in Frankreich ein neues Phänomen sind, gibt es sie in den Vereinigten Staaten schon seit Jahrzehnten. In *The World is My Tribe* berichtet der Essayist Guy Sorman über rassistische Vorfälle in New York. In Brooklyn wurde am 19. August 1991 ein siebenjähriger schwarzer Junge von einem Auto überfahren, das von einem Lubawitscher Juden gesteuert wurde. Drei Stunden später wurde ein neunundzwanzigjähriger australischer chassidischer Student, Yankel Rosenbaum, von einer Bande von zwanzig Schwarzen erstochen. Die

Polizei griff erst nach vier Nächten der Unruhen ein. Der junge Schwarze, der wegen des Mordes an Rosenbaum verhaftet worden war, wurde von einer Jury aus sechs Schwarzen, vier Hispanics und zwei weißen Goyim freigesprochen. Seit diesem Ereignis in Brooklyn „schwelt die Angst in den jüdischen Vierteln und wird durch immer neue Zusammenstöße neu entfacht. 1995 wurde in Harlem ein jüdisches Geschäft von einem Schwarzen in Brand gesetzt. Er wurde verhaftet und es kam zu einer gewalttätigen Demonstration von schwarzem Antisemitismus... Es stimmt zwar, dass weiße Amerikaner antisemitisch sind, schlussfolgerte Guy Sorman, aber befragte Schwarze sind doppelt so häufig antisemitisch wie Weiße und begehen häufiger antisemitische Beleidigungen oder antisemitische Straftaten[770]." Die pluralistische Gesellschaft, die von allen westlichen Behörden so gepriesen wird, könnte sich also nicht als das erhoffte Paradies erweisen, sondern eher als das Nest einer wahrhaft antisemitischen Internationale.

Und doch, wie der Historiker Leon Poiliakov feststellte, „war die amerikanische jüdische Gemeinschaft, die überwiegend liberal ist, der aktivste und wertvollste Unterstützer der schwarzen Gemeinschaft während der schwierigen Jahre des Kampfes[771] [für die Bürgerrechte]." Pastor Martin Luther King huldigte ihnen in seiner Abschlussrede des großen Marsches auf Washington 1968 mit dem Titel „I have a dream", denn sein Traum lautete wie folgt: „Wenn wir die Stimme der Freiheit erklingen lassen, wenn wir sie in jedem Dorf und in jeder Stadt, in jedem Staat und in jeder Stadt erklingen lassen, können wir den Tag beschleunigen, an dem alle Kinder Gottes, Schwarze und Weiße, Juden und Christen, Protestanten und Katholiken, sich die Hände reichen und mit den Worten des alten Negro Spirituals singen können: „Endlich frei, endlich

---

[770]Guy Sorman, *Le Monde est ma tribu*, Fayard, 1997, S. 410 [Das war nicht immer so: „Bis in die 1960er Jahre kämpften amerikanische Schwarze und Juden, die beide Opfer des weißen Rassismus waren, Seite an Seite für die Bürgerrechte. Ihre Führer waren häufig in der Kommunistischen Partei der Vorkriegszeit und bei den Demokraten zu finden. In der weißen, angelsächsischen, protestantischen Sichtweise wurde der Jude lange Zeit mit dem Neger gleichgesetzt, obwohl seine Vorfahren Sklaven in Ägypten und nicht in Alabama gewesen waren. „In *El Mundo es mi tribu*, Editorial Andrés Bello, Barcelona, 1998, S. 386].

[771]Léon Poliakov, *Histoire de l'antisémitisme 1945-1993*, Points Seuil, 1994. Hier sei daran erinnert, dass die junge Schauspielerin Jean Seberg die Frau des großen Schriftstellers Romain Gary war. Das Paar finanzierte die schwarzen Aktivisten der Black Panther Party. Jean Seberg erkrankte schließlich an Schizophrenie und beging 1979 Selbstmord. Romain Gary, der Held des freien Frankreichs, der „Junge aus dem Ghetto von Wilno, der Widerständler, der Diplomat, der Depressive", wie ihn *Le Nouvel Observateur* am 26. Februar 2004 beschrieb, würde ebenfalls Selbstmord begehen. „Bayard Rustin war der Organisator des Marsches von Martin Luther King auf Washington", erinnert sich auch Elie Wiesel in seinen *Mémoires, Tome II*, Seuil, 1996, S. 278.

frei; Danke, allmächtiger Gott! „Der Tod des großen Führers würde eine große Lücke in der schwarzen Gemeinschaft hinterlassen, die zum Teil von jenen gefüllt wurde, die Nationalismus predigten, wie die Muslime von Imam Wallace D. Muhammad. Nach dem Sechs-Tage-Krieg 1967 explodierte schließlich der Antisemitismus des Black-Panther-"Premierministers" Stokely Carmichael, alias Kwame Ture (Kwame in Anlehnung an Nkrumah, dessen Sekretär er war, und Ture in Anlehnung an Sekou Touré, dessen Freund er war). Die Bewegung für eine *„gemeinschaftliche Kontrolle"* setzte sich dann in der schwarzen Gemeinschaft durch. Jede Gemeinde musste ihr Gebiet, ihre Krankenhäuser und Schulen kontrollieren und ihre Programme durchsetzen. An den Universitäten gerieten die schwarzen Professoren unweigerlich mit den jüdischen Professoren aneinander, die in New York sehr zahlreich waren. Als Pastor Jesse Jackson, ein zukünftiger Präsidentschaftskandidat, 1984 erklärte, New York sei „die Hauptstadt der Juden", war den Juden klar, dass er kein neuer Martin Luther King sein würde.

In den 1990er Jahren erlangte Louis Farrakhan, der Führer der Organisation „Nation of Islam", die Oberhand. Er forderte die Trennung der Rassen und befürwortete einen schwarzen Nationalismus, der von muslimischen Regimen in Afrika und im Nahen Osten unterstützt wurde. Im Herbst 1995 gelang es ihm, eine Million schwarzer Männer in Washington zu versammeln, die nichts anderes wollten, als ihre Würde gegenüber den Weißen zu behaupten. Farrakhan redete vier Stunden lang auf sie ein, ohne unterbrochen oder widersprochen zu werden, und untermauerte seine Rede mit antisemitischen Slogans. Auf den Straßen von New York oder Chicago vermarkteten Farrakahns Jünger geschichtsrevisionistische Bücher, in denen die Gaskammern geleugnet wurden, Aufsätze, in denen dargelegt wurde, wie die Juden die Vereinigten Staaten übernommen hatten, andere über die „entscheidende Rolle" vieler Juden beim Sklavenhandel im 17. und 18.[772]. Der Streit zwischen den beiden Gemeinschaften ist derzeit ziemlich heftig. Schwarze Studenten und Intellektuelle erhalten zunehmend Zugang zu Hochschulbildung und Professuren, aber wer hält sie zurück? Jüdische Universitätsstudenten, die im Vergleich zu Schwarzen überrepräsentiert sind; „wir sollten nicht länger nach der Ursache für den Antisemitismus unter jungen Schwarzen suchen", schrieb Guy Sorman. Auf dem Campus der besten Universitäten zeigen sie

---

[772]Die gegenseitigen Beschuldigungen der Neger in dieser Frage sind einer der Hauptstreitpunkte zwischen den beiden Gemeinschaften. Sie können ausgezeichnete Artikel zu diesem Thema in *Le Libre Journal* vom 31. Mai 2001, 31. Januar 2004, 11. Februar 2004 und 28. April 2005 lesen. Sie können auch das Werk von Bernard Lugan, dem französischen Spezialisten für die Geschichte Afrikas, konsultieren. [Zum Sklavenhandel siehe Hervé Ryssen, *Die jüdische Mafia*].

oft ein verächtliches und beleidigendes Verhalten gegenüber Juden. „Nicht im Ghetto, sondern in der Universität rekrutiert die Nation of Islam ihre Eiferer". Der Konflikt zwischen Schwarzen und Juden hat sich überall ausgebreitet, und nicht mehr nur in New York. Selbst in Israel warten beispielsweise „tausend schwarze New Yorker Juden, die sich in Galiläa niedergelassen haben, seit Jahren darauf, dass die örtlichen Rabbiner ihre Authentizität anerkennen und ihnen das Rückkehrrecht zuerkennen." Man kann ein ziemlich einzigartiges Zeugnis aus dem bereits erwähnten Buch *Jüdische Porträts vorbringen*. In einem der Interviews machte Fed Lessing, ein New Yorker Geschäftsmann, eine verblüffende Aussage, in der er uns über das Misstrauen einiger Juden gegenüber der schwarzen Gemeinschaft informierte und nebenbei erwähnte, dass Juden „die Macht haben, Wahlen zu entscheiden" in den Vereinigten Staaten: „Wer weiß, sagte Lessing, was in zwanzig oder dreißig Jahren passieren wird? Es ist ein Irrglaube zu glauben, dass wir die Macht haben werden, Wahlen zu entscheiden. Aber wer kann garantieren, dass die Verfassung gleich bleibt? Was wäre, wenn beim nächsten Mal ein schwarzer Vizepräsident gewählt würde? Es würde schon reichen, wenn der amtierende Präsident einen Unfall hätte, so dass der Präsident schwarz wäre. Und dieser Präsident hätte keinen Grund, den Juden gegenüber sehr freundlich zu sein. Es ist also durchaus möglich, dass meine Kinder oder Enkelkinder auswandern müssen." Guy Sorman hat diese Überlegung in seinem Buch *The World is My Tribe (Die Welt ist mein Stamm)* festgehalten: „Sie ähneln sich in ihrer obsessiven Beziehung zu ihren Ursprüngen, zur Bibel und zur Eschatologie. Ähnlich im Exzess: Exzess des Intellekts bei den einen, Exzess des Körpers bei den anderen (Sport, Tanz, Drogen). Physischer Überfluss versus psychischer Überfluss. Zwei unausgeglichene Völker, für die der Ausdruck *mens sana in corpore sano* immer unübersetzbar sein wird[773]." Sie hätten also die gleiche Neigung, das Opfer zu spielen: „Ein seltsamer Wettbewerb zwischen Schwarzen und Juden, um sich die Opferrolle in der Geschichte anzueignen[774]! „In der Tat, aber in der Geschichte der Sklaverei reisten Schwarze nicht auf den Decks der Schiffe. Daran erinnert uns Israel Shahak in seinem Buch *Jüdische Geschichte, jüdische Religion*. Dieser Aspekt der Geschichte wird in der Tat oft übersehen, und schwarze Intellektuelle haben wahrscheinlich Recht, wenn

---

[773]Guy Sorman, *Die Welt ist mein Stamm*, Editorial Andrés Bello, Barcelona, 1998, S. 393, 394.

[774]Guy Sorman, *Waiting for the Barbarians*, Seix Barral, 1993, Barcelona, S. 100: „Wie viele afroamerikanische Führer hört Mazrui nie auf, über die Juden zu sprechen oder zu schreiben: „Es ist inakzeptabel", sagt er mir, „dass die Juden die Begriffe Diaspora und Holocaust monopolisieren. Die Deportation der Schwarzen nach Amerika, ihre Versklavung, ist ebenfalls ein Holocaust. Die auf allen Kontinenten lebenden Afrikaner sind ebenfalls eine Diaspora".

sie daran erinnern wollen. Man muss bis 1965 zurückgehen, um einen jüdischen Historiker zu finden, der sich mit diesem schmerzhaften Thema beschäftigt hat. Hugh Trevor-Roper war einer der wenigen modernen Historiker, die auf „die vorherrschende Rolle der Juden im frühmittelalterlichen Sklavenhandel zwischen dem christlichen (und heidnischen) Europa und der muslimischen Welt[775] hingewiesen haben." Israel Shahak fügte in diesem Zusammenhang hinzu, dass „Maimonides im 12. Jahrhundert Juden erlaubte, im Namen der jüdischen Religion nichtjüdische Kinder zu entführen, um sie zu Sklaven zu machen, und es besteht kein Zweifel daran, dass seine Meinung befolgt wurde oder die Praktiken der damaligen Zeit widerspiegelte. „Wir sollten uns daran erinnern, dass Maimonides sich nicht nur der Kodifizierung des Talmuds widmete, sondern auch ein hervorragender Philosoph war. Sein *Wegweiser für die Verwirrten* gilt zu Recht als das größte Werk der jüdischen Religionsphilosophie und wird auch heute noch von vielen Menschen gelesen, die sich davon inspirieren lassen, trotz der vielen beleidigenden Passagen über Christen, Türken und Neger, zumindest in den ungeschwärzten Fassungen.

Die Bestie muss gejagt werden

Der Aufbau der pluralistischen Gesellschaft, die sich in den letzten fünfzehn Jahren herausgebildet hat, verlief nicht ohne Spannungen zwischen den verschiedenen Gemeinschaften. Inmitten der Millionen von Verbrechen und Vergehen, die auf unserem Territorium begangen wurden (Morde, Vergewaltigungen, Raubüberfälle, Einbrüche, Betrügereien usw.), stellten die Behörden schließlich fest, dass das rassistische Phänomen und insbesondere der Antisemitismus eine beunruhigende Entwicklung nahmen (Graffiti auf Briefkästen, Ohrfeigen, Tritte und Schläge, anonyme Briefe usw.). Die derzeitige liberale Regierung hat daher beschlossen, den Stier bei den Hörnern zu packen: „Mehr Energie für das Thema aufwenden". Premierminister Jean-Pierre R. (sein Nachname spielt keine Rolle) definierte die Ziele des Kampfes gegen Rassismus und Antisemitismus nach einer Sitzung mit seinem Kabinett in Matignon am 9. Juli 2004. Es ist das fünfte Treffen zu diesem Thema seit November 2003. Es ist klar, dass er das Problem nicht auf die leichte Schulter nimmt. Am Tag nach der Rede des Präsidenten der Republik, in der er die Behörden zu einer „Reaktion" gegen die Intoleranz aufrief, wollte der Premierminister die Entschlossenheit der Behörden zeigen, sich gegen eine Geißel zu

---

[775]Hugh Trevor-Roper, *The Rise of Christian Europe*, Thames and Hudson, London, 1965, S. 92-93, in Israel Shahak, *Historia judía, Religión judía, El peso de tres mil años*, Ediciones A. Machado, 2016, Madrid, S. 115 (Anmerkung).

mobilisieren, die die französische Gesellschaft schwer trifft. Die neuesten Zahlen zu rassistischen und antisemitischen Handlungen sind besorgniserregend. Die Bilanz des ersten Halbjahres 2004 zeigt eine „sehr starke Beschleunigung" bei der Zahl der erfassten Taten und Beleidigungen. Die Zahl der antisemitischen Angriffe lag bei 135, verglichen mit 127 im Jahr 2003, während 376 Drohungen registriert wurden. Rassistische Handlungen gegen Maghrebiner und Schwarze erreichten 95 gegenüber 51 im Jahr 2003; 161 Drohungen wurden registriert. Von den 4,3 Millionen offiziell erfassten Verbrechen und Vergehen scheint dies sicherlich sehr wenig zu sein (0,0003 %), aber in Matignon ist man der Ansicht, dass „wir unbestreitbar eine besorgniserregende Grundtendenz haben[776]. „Um die Maßnahmen des Staates zu verstärken und seine Dienste besser zu mobilisieren, wird Herr R. Anfang September alle Präfekten und Unterpräfekten zusammenbringen, um eine Bilanz der durchgeführten Maßnahmen zur Bekämpfung von Fremdenfeindlichkeit und Antisemitismus zu ziehen. Der Justizminister wurde angewiesen, die Staatsanwälte aufzufordern, „exemplarischere" Strafen für diejenigen zu fordern, die solche Taten begehen. „Jeder, der eine rassistische oder antisemitische Handlung begeht, muss mit Entschlossenheit verfolgt und in einer Weise verurteilt werden, die dem inakzeptablen Charakter solcher Handlungen entspricht", sagte der Regierungssprecher.

Roger Cukierman, Präsident des Repräsentativen Rates der jüdischen Institutionen in Frankreich (CRIF), der die Mehrheit der jüdischen Verbände vertritt, zeigt sich empört über die „Welle antisemitischer Gewalt" (*Le Figaro*, 18. Februar 2004). Sie räumt schließlich ein, dass „die Gewalttäter hauptsächlich junge Menschen mit arabisch-muslimischer Herkunft sind". Sie entwickelt sich seit drei Jahren im Schatten des israelisch-palästinensischen Konflikts und vermischt Antisemitismus und Antizionismus. Es gebe keinen interkommunalen Konflikt, erklärt er, da die Gewalt einseitig sei, und „Juden haben keine Moschee oder einen Imam in Europa angegriffen. Andererseits wurden viele Synagogen niedergebrannt777, Schulen, Schulbusse, Rabbiner und jüdische Kinder wurden angegriffen, belästigt und wegen ihres Judentums verfolgt. „Hinzu kommt, dass „ein Teil der Europäer immer noch für die Thesen der rassistischen und antisemitischen extremen Rechten empfänglich ist, und dass die andere, die links-trotzkistische Strömung, einen systematischen Antizionismus betreibt, der sie, ob sie will oder nicht, in die Nähe des Antisemitismus rückt, dann sehen wir, dass die Ideologien, die im 20. Jahrhundert so viel Schaden angerichtet haben, der Nazismus und der

---

[776]*Le Monde*, Montag, 12. Juli 2004.
[777]Im Jahr 2003 wurden die Türen einer Synagoge am Stadtrand von Lyon in Brand gesetzt.

Stalinismus, mit dem islamischen Fundamentalismus des 21." Natürlich hat Roger Cukierman in seiner Eigenschaft als EU-Beamter gesprochen. Später wechselte er die Fahne und wurde zu einem gewöhnlichen Franzosen, um zu erklären: „Diejenigen, die sich entschieden haben, in unserem Land zu leben, müssen sich unseren Regeln und Sitten unterwerfen". Die fünfzehn französischen Minister, die beim Crif-Dinner im Februar 2005 anwesend waren, mussten die gleiche Art von Vorträgen über die Nahostpolitik über sich ergehen lassen. Die Verantwortlichen des Crif verfügen über einen Verbindungsausschuss mit den Ministerien für Inneres, Justiz und Bildung und treffen sich regelmäßig mit dem CSA (Conseil Supérieur Audiovisuel), „der von der Regierung beauftragt wurde, die Ausstrahlung antisemitischer Fernsehprogramme zu überwachen und zu verhindern, die aus dem Nahen Osten per Satellit übertragen werden und deren Signale von 2,5 Millionen in Frankreich installierten Satellitenschüsseln empfangen werden. Kurzum", so Roger Cukierman, „wir müssen bestrafen, wir müssen erziehen, wir müssen integrieren und wir müssen energisch gegen den Vormarsch des islamischen Fundamentalismus auf unserem Territorium kämpfen, der versucht, unser Wertesystem durch sein eigenes zu ersetzen. „Hier wissen wir nicht mehr, unter welcher Flagge er zu uns gesprochen hat.

Sehr besorgniserregend ist auch die Tatsache, dass laut einer von den europäischen Behörden in Auftrag gegebenen Umfrage 59 % der Europäer den Staat Israel als die größte Bedrohung für den Frieden in der Welt ansehen. Sie scheinen nicht verstanden zu haben, dass die Juden angesichts der islamistischen Gefahr die Wächter der westlichen Werte sind. Jacques Chirac sagte am 17. November 2003: „Wenn ein Jude in Frankreich angegriffen wird, dann wird ganz Frankreich angegriffen. „Dies ist auch die Meinung von Bernard-Henri Levy, der in der populären Sendung *Tout le monde en parle* ganz selbstverständlich erklärte, die Juden seien der „Tempel der Republik".

Auf der anderen Seite des Atlantiks wurde ebenfalls eine Mobilisierung gegen die Stimmungsschwankungen eines Landes angeordnet, dessen „*Jungs*" wieder einmal in einen fremden Krieg geschickt wurden, um zweifelhafte Interessen zu wahren. Darüber hinaus erließ Präsident George W. Bush am 16. Oktober 2004 ein neues Gesetz, das das Außenministerium verpflichtet, antisemitische Handlungen in der ganzen Welt zu erfassen und die diesbezügliche Haltung der Länder sowie die Haltung gegenüber dem Staat Israel zu bewerten. „Unsere Nation wird wachsam sein und dafür sorgen, dass die alten Reflexe des Antisemitismus in keinem Land der modernen Welt Wurzeln schlagen können", sagte er auf einer Kundgebung in Florida, wo sich nach Israel und New York die drittgrößte jüdische Gemeinde der Welt befindet.

Medien-Prosopopöie

Auch wenn es bedauerlich ist, dass es in der Welt immer noch antisemitische Ressentiments gibt, so haben doch einige Ereignisse von der übermäßigen und wahrscheinlich übereilten Berichterstattung in den Medien profitiert.

So wurde im Januar 2003 die Messerstecherei auf den Rabbiner Gabriel Fahri übertrieben publik gemacht und politisiert, bevor der Fall schließlich zu Grabe getragen wurde: In Wirklichkeit hatte es keinen Angriff gegeben. Das medizinische Gutachten sprach von einer „zweifelhaften Wunde", die nicht zu einer Unterleibsverletzung geführt habe. Außerdem sei der 10 Zentimeter lange Riss in der Kleidung „nicht mit der angeblichen Körperverletzung vereinbar". Da es keine Zeugen gab, stützte sich der gesamte Fall auf die Aussagen des Opfers, das einen „Mann mit Helm" beschuldigte, der „Allah Akbar" mit „französischem Akzent" gerufen haben soll. In Wirklichkeit hatte sich Rabbi Farhi selbst erstochen.

Über den Brandanschlag auf ein jüdisches Sozialzentrum in Paris am 22. August 2004 wurde in den Medien ausführlich berichtet. Die Täter hatten antisemitische Graffiti, umgekehrte Hakenkreuze und islamistische Parolen mit groben Schreibfehlern hinterlassen. Der Bürgermeister von Paris und der Premierminister besuchten den Brandherd, um ihrer Empörung Ausdruck zu verleihen. Nach dem Anschlag stellte der Bürgermeister zusätzlich 300.000 Euro für die Sicherheit von Orten bereit, die von der jüdischen Gemeinde in Paris frequentiert werden. Die Ermittlungen ergaben jedoch, dass es sich bei dem 52-jährigen Mann um ein Mitglied der Gemeinde und einen fleißigen Freiwilligen handelte, der sich an den Mahlzeiten für die Unterprivilegierten erfreute. Er war „psychisch labil" und konnte den Verlust der Wohnung, die ihm das Sozialzentrum vermietet hatte, nicht verkraften, was ihn sehr verärgerte.

Wir erhielten auch Nachrichten über einen Fall aus dem Jahr 2004: Auf etwa zwanzig jüdische Geschäfte in den New Yorker Stadtteilen Brooklyn und Queens sowie auf Synagogen waren Hakenkreuze gemalt worden. Die Empörung war groß. Ein Rabbiner bot eine Prämie von 5.000 Dollar als Gegenleistung für Informationen an. Am 18. Oktober 2004 verhaftete die Polizei schließlich den Täter. Olga Abramovich, 49, erklärte, sie wolle sich an ihrem 78-jährigen Ehemann Jack Greenberg rächen, der sich gerade hatte scheiden lassen, um eine jüngere Frau zu heiraten. Die Presse und die jüdischen Organisationen haben die ganze Geschichte dann totgeschwiegen. Zum Glück vergisst die Öffentlichkeit schnell, was sie im Fernsehen sieht.

Auch über das Urteil der 17. Kammer des Pariser Strafvollzugsgerichts, mit dem Alex Moïse zu einer Geldstrafe von 750 Euro verurteilt wurde, hatte kein französisches Medium berichtet. Moïse hatte antisemitische Drohungen und Beleidigungen in seiner Wohnung angezeigt, doch die Ermittlungen ergaben, dass er sie selbst verschickt hatte. Alex Moïse, Generalsekretär der Zionistischen Föderation Frankreichs (Vollmitglied des CRIF) und ehemaliger Sprecher von Likoud France, war ebenfalls einer der Initiatoren der Auftrittsverbote für den schwarzen Komiker kamerunischer Herkunft Dieudonné M'Bala. In den 1990er Jahren war er Vorsitzender des Koordinationskomitees des Sentier, der örtlichen jüdischen Selbstverteidigungsmiliz, und 1995 leitete er eine Gemeindevereinigung, die sich für die Wahl von Jacques Chirac bei den Präsidentschaftswahlen einsetzte.

„Als der Sohn eines Rabbiners in Boulogne, einem eleganten Vorort von Paris, behauptete, antisemitische Beleidigungen und ein paar Ohrfeigen erhalten zu haben, rief der Innenminister sofort an, um „seine tiefe Bestürzung über diese unsäglichen Taten und seine entschiedene Verurteilung dieser offenkundigen antisemitischen Aggression" zum Ausdruck zu bringen. Er versicherte, dass „alles unternommen wird, um die Täter so schnell wie möglich zu finden". Am selben Tag bemerkte ein Imam in Straßburg, dass jemand die Mülltonne in seinem Garten angezündet hatte. Der Minister reagierte sofort und rief an, um seine tiefe Betroffenheit, seine Solidarität und seine Unterstützung in dieser schwierigen Zeit zum Ausdruck zu bringen sowie seine schärfste Verurteilung dieser verabscheuungswürdigen Taten und seine Entschlossenheit, die Täter so schnell wie möglich zu finden, zum Ausdruck zu bringen, wobei er erklärte, dass er „die Polizei angewiesen hat, alle notwendigen Mittel zur Durchführung der Ermittlungen zu mobilisieren. „Am selben Tag starb, ebenfalls in Ivry, ein Passant bei einer Abrechnung zwischen zwei ethnischen Banden. Diesmal hat Herr de Villepin den behinderten Vater des Opfers nicht angerufen, um ihm etwas mitzuteilen. Die arme Laura (die Presse nannte ihren Namen, aber nicht den ihres „zufälligen" Mörders) war wahrscheinlich weder Jüdin noch Araberin: eine einfache Französin. „Wir werden keinen Chip für so wenig Geld ausgeben", kommentierte Serge von Beketech[778] in seinem Leitartikel vom 5. Juni 2004. Man stelle sich vor, man würde sein Leben dafür geben: In Frankreich werden jedes Jahr vier Millionen Straftaten begangen. Der

---

[778]Serge de Beketch (1946-2007) war ein französischer Journalist, Radiomoderator, Schriftsteller und „rechtsextremer" Aktivist. Er war Mitbegründer von *Radio Courtoisie* und bis zu seinem Tod für das Mittwochabendprogramm dieses Senders verantwortlich. Er gründete und redigierte auch die Zeitschrift *Le Libre Journal de la France courtoise*. Serge de Beketch war russischer Herkunft. Sein Großvater mütterlicherseits war ein Oberst in der französischen Armee gewesen. Sein Großvater väterlicherseits war Adjutant von General Denikin, dem Chef der Weißen Armee während des russischen Bürgerkriegs. Sein Vater Youri, ein Unteroffizier der Fremdenlegion, fiel in der Schlacht von Dien Bien Phu in Indochina, wo er auch begraben ist (NdT).

Minister kann offensichtlich nicht mit den vier Millionen Opfern telefonieren. Er hat genug damit zu tun, geschändete jüdische Friedhöfe, verunstaltete Moscheen, sich selbst erstochene Rabbiner, von sunnitischen Gläubigen angegriffene schiitische Imame und umgekehrt von ihren jeweiligen Mafias erpresste Halal- oder Koscher-Schlächter zu besuchen; Wenn er sich dann auch noch mit niedergebrannten Kirchen, verwüsteten christlichen Friedhöfen, vergewaltigten einheimischen Französinnen, angegriffenen jungen weiß-rubischen Katholiken, in ihren Vorstadthäusern misshandelten alten Galliern und Tausenden von in Brand gesteckten Fahrzeugen jedes Jahr auseinandersetzen muss, dann hat er keine Zeit mehr, seine antirassistischen Reden zu polieren." Es gibt weitaus mehr schockierende Nachrichten, die darauf abzielen, einen Meinungsumschwung zu bewirken, als wir uns vorstellen können. Aleksandr Solschenizyn hat bereits in *Zweihundert Jahre zusammen* einen ähnlichen Fall geschildert: „Im Mai 1978 erregte ein besonders ergreifender Fall die Aufmerksamkeit der Weltpresse: Ein kleines siebenjähriges Moskauer Mädchen, Jessica Katz, litt an einer unheilbaren Krankheit, durfte aber nicht mit ihren Eltern in die Vereinigten Staaten reisen. Was für ein Skandal! Die Presse spielte verrückt und Senator Edward Kennedy schaltete sich persönlich ein. Alle Fernsehsender zeigten die Begrüßung am Flughafen, die Freudentränen des kleinen Mädchens in den Armen seiner Eltern in ihren Hauptnachrichtensendungen. *Die Voice of America* widmete der Rettung von Jessica Katz eine ganze Sendung auf Russisch (ohne daran zu denken, dass andere russische Familien mit ähnlich unheilbar kranken Kindern in Russland geblieben sind). Plötzlich erfuhren wir nach ärztlichen Untersuchungen, dass Jessica nicht an einer Krankheit litt, sondern dass ihre schlauen Eltern die ganze Welt ausgetrickst hatten, damit sie Russland verlassen durften. Das Radio berichtete nur widerwillig darüber", und die ganze Sache geriet in Vergessenheit.

Zum gleichen Genre der Bluffs gehört auch die Medienkampagne zugunsten der kleinen Jila. Am 25. Oktober 2004 veröffentlichte die Zeitschrift *Elle* einen Appell von Elisabeth Badinter, der Tochter von Marcel Bleustein-Blanchet (dem französischen Werbekönig und Eigentümer von Publicis), um „Jila" zu retten, ein 13-jähriges iranisches Mädchen, das zur Steinigung verurteilt wurde, weil es sexuelle Beziehungen zu ihrem Bruder hatte. Zahlreiche Persönlichkeiten und Verbände haben den Appell unterzeichnet. Nach einer Untersuchung berichteten das Außenministerium und die EU-Ratspräsidentschaft im Januar 2005, dass es den „Fall" nie gegeben habe und dass die bösen Muslime seit Monaten kein Steinigungsurteil ausgesprochen hätten. Wir wissen nicht mehr, was wir tun sollen", erklärten mehrere Diplomaten in *Le Point* vom 2. Dezember 2004. Wir wollen in einem verantwortungsvollen und ehrlichen Dialog mit dem Iran vorankommen, aber diese Art von Initiative diskreditiert uns. „Gewiss, nach dem Irak ist nun der Iran das Ziel der westlichen Globalisten; es ist einfach ein Mittel, um die öffentliche Meinung zu testen und auf einen neuen kleinen militärischen Kreuzzug „zugunsten von Demokratie und Menschenrechten" vorzubereiten, umso mehr, als 2005 gerade ein „Ultra" in die Regierung dieses Landes gewählt wurde.

Es gäbe auch viel zu sagen über die „Massengräber" von Timisoara, die nach dem Sturz des kommunistischen Diktators Ceaucescu in Rumänien entdeckt wurden, oder die von den Serben in Bosnien hinterlassenen Gräber. Im *Tagebuch einer Pariserin* schrieb Françoise Gourdji-Giroud am 22. Januar: „In Bosnien sind Massengräber entdeckt worden. Siebentausend Menschen, die nach der Einnahme von Srebrenica durch die Serben verschwunden sind, sollen in einem Massengrab aufgehäuft sein. „Beachten Sie die Verwendung des Konditionals. Die Vervielfachung der Zahl der Toten um zehn, zwanzig oder dreißig verbarg oft die Tatsache, dass es sich lediglich um Friedhöfe handelte, die nach den Kämpfen ausgehoben wurden.

Intellektuelle Kriminalität

Die westlichen Zuschauer sind bereits an solche Medienoperationen gewöhnt. Das Schüren von Angst und Schrecken in der Öffentlichkeit ist in der Tat ein hervorragendes Mittel, um von anderen Problemen abzulenken. Wir wissen, welchen Platz der ökologische Katastrophismus und die angebliche Bedrohung durch die Zerstörung des Planeten im globalistischen Instrumentarium der medialen „Sensibilisierung" einnehmen. Aber heute, seit den Anschlägen vom 11. September 2001, ist der radikale Islamismus zweifellos das schreckliche Schreckgespenst, das die zionistischen Interessen in der Welt direkt bedroht. Das Phänomen wird uns als monströses Ungeheuer beschrieben: eine Hydra mit kolossaler Finanzkraft, die plötzlich aufgetaucht ist und angeblich terroristische Organisationen mit unzähligen Verästelungen in der ganzen Welt unterstützt. Die Weltöffentlichkeit könnte auch auf andere Organisationen aufmerksam gemacht werden, wie das Opus Dei in Spanien, die Moon-Sekte oder die berühmte Scientology-Kirche - jene gefürchteten Scientologen, von denen wir gehört haben, dass sie „Hollywood regieren".

All diese Organisationen drohen natürlich, den Planeten zu erobern, und vor ihren heimtückischen Reden sollte man sich hüten. Die jüngste aller Bedrohungen, die am schnellsten wächst und uns am ehesten unterwerfen wird, ist jedoch die evangelikale christliche Kirche: eine schreckliche Sekte, die in den letzten Jahren in den Vereinigten Staaten beträchtlichen Einfluss gewonnen hat und bereits die US-Regierung in ihrer Gewalt hat. Wie jeder weiß, ist Präsident George Bush selbst Mitglied der evangelikalen Kirche, und die fanatischen Christen in seinem Umfeld haben einen enormen Einfluss auf seine Entscheidungen. Es ist erwiesen, dass der Krieg im Irak und der Einmarsch der US-Truppen in dieses Land im Jahr 2003 von dieser faschistischen extremen Rechten gewollt und geplant war, wie eine große progressive Wochenzeitung nachweisen konnte. Diese Kriegstreiber sind - trotz der Tatsache, dass ihre Mitglieder aller Rassen angehören - rassistische und antisemitische Faschisten, wie *Le Nouvel Observateur* am 26. Februar 2004 in einem alarmierenden Dossier aufdeckte:

„Die evangelikale Lehre, deren Lieblingsland nach wie vor Amerika ist, ist heute die weltweit am schnellsten wachsende religiöse Bewegung seit dem Zweiten Weltkrieg, zum Nachteil der katholischen Kirche, der historischen protestantischen Kirchen (Baptisten, Methodisten) und sogar des Islam. Die Zahlen sind erschütternd: Von 4 Millionen im Jahr 1940 gibt es heute 500 Millionen Evangelisten[779], einschließlich der Pfingstbewegung und der Charismatiker sind es über 2 Milliarden Christen. „George Bush, der mächtigste Mann der Welt, ist weder ein hochrangiger Exeget noch ein Wahnsinniger. Er ist einfach ein treues Mitglied dieser protestantischen, expansionistischen, millenaristischen und apokalyptischen Kirche. George Bush ist ein *wiedergeborener Christ*, buchstäblich ein wiedergeborener Christ? Diese neo-protestantischen Kirchen wollen Amerika erobern, bevor sie die Welt erobern! Nicht mehr und nicht weniger. Mit einem Mann wie Bush im Weißen Haus ist das ein guter Anfang." Die auf den Seiten des Magazins vorgestellte Planisphäre ist sehr aussagekräftig. In Rot die „starke Präsenz": die beiden Amerikas sind in leuchtendem Rot, ebenso wie Teile Nordeuropas und des südlichen Afrikas; in Gelb die „signifikante Präsenz"; in Rosa die „jüngste Präsenz". Nur Grönland, die Mongolei, Libyen, Birma, Somalia, Mali und Marokko sind weiß. Abgesehen von diesen Ländern ist die ganze Erde bedeckt! Wir müssen reagieren, und zwar schnell!

Die Pfingstströmung betont „die Vereinigung mit Jesus Christus, die Heilung durch das Gebet, die freiwillige Verpflichtung des Gläubigen. In der Mitte des 20. Jahrhunderts wurde die charismatische Bewegung geboren. Sie übernimmt vom Pfingstlertum den Glauben an Wundergaben. Sie ist gekennzeichnet durch lebhafte Gebetsversammlungen mit Orchestern, Weinen, Trancezustände, öffentliche Exorzismen, Handauflegung, wundersame Heilungen, eine große Hingabe an andere, eine ständige Verfügbarkeit für den Dienst der Kirche. „Kurz gesagt: Fanatiker. „Sie glauben an Armageddon, die kommende letzte Schlacht zwischen den Mächten des Guten und des Bösen. Sie nutzen das

---

[779]660 Millionen im Jahr 2020.

Fernsehen, das Internet, Videospiele oder Science-Fiction-Romane, um die Massen zu bekehren. George W. Bush, wie auch viele seiner Minister und Berater, teilen ihre messianische Vision von der Welt und der Zukunft... Die Columbia International University in South Carolina bildet Schockmissionare aus, deren Ziel es ist, „den Islam zu liquidieren". Die Southern Baptists waren „die einzige Kirche, die die Invasion des Irak abgesegnet hat." „Die Zeit ist gekommen, um diese dekadente Gesellschaft zu retten, sagen die Evangelikalen, um das Land von all den Homosexuellen, Feministinnen und Liberalen zu säubern. „Für sie wird die Rückkehr des Messias nur unter der unabdingbaren Voraussetzung stattfinden, dass alle Juden in das Heilige Land zurückkehren. „So finanzieren sie die Auswanderung nach Zion, unterstützen die Kolonien und verteidigen das Projekt Groß-Israel in Washington. Aber das ist noch nicht alles: Wenn Jesus Christus ins Heilige Land zurückkehrt, können sich die Juden selbst erlösen, indem sie ihn endlich als ihren Messias anerkennen. Andernfalls werden sie für immer ausgelöscht werden. „Sie lieben die Juden nicht", empört sich der israelische Amerikaner Gershom Goremberg, Autor des Buches *The End Times*. Die evangelische Heilslehre ist ein Theaterstück in fünf Akten, in dem die Juden im letzten Akt verschwinden"." Was sollte der Leser des *Nouvel Observateur nach der* Lektüre dieses Dossiers in Erinnerung behalten: Erstens, dass diese Evangelisten eindeutig Rassisten sind, da sie den amerikanischen Kreuzzug gegen den Irak und die Muslime abgesegnet haben. Außerdem wird er wissen, dass diese Leute schreckliche Antisemiten sind. Andererseits wird er nicht sehen, dass das US-Militär eine multirassische Armee ist, ebenso wie die Philister dieser Kirche, und er wird übersehen, dass diese Evangelisten in Wirklichkeit die treuesten Unterstützer Israels und der zionistischen Lobby in den USA sind. Ihm wird genau das Gegenteil zu verstehen gegeben.

Nach den Anschlägen vom 11. September 2001 war der Feind, das absolut Böse, der Islam, der Israel im Nahen Osten bedrohte. Seit der Invasion des Irak geht die Bedrohung nun von den faschistischen amerikanischen Sekten aus, die mit ihrer imperialistischen Politik die US-Regierung leiten. Die Farce hört damit nicht auf, denn die Evangelisten werden trotz ihrer unerschütterlichen Unterstützung der zionistischen Politik als faschistische Fanatiker bezeichnet. All dies soll offensichtlich vergessen machen, dass die Hauptmacht, die seit Ende des 19. Jahrhunderts die amerikanischen Regierungen, ob Demokraten oder Republikaner, beeinflusst, weder katholisch, noch scientologisch oder evangelikal ist. Im Klartext: Die christliche extreme Rechte wird beschuldigt, dafür verantwortlich zu sein, dass wir in einen neuen Krieg gestürzt sind.

Israel Shamir lieferte uns entscheidende Informationen, um die unerschütterliche Unterstützung dieser amerikanischen evangelikalen

Sekten für den Zionismus und für jene einflussreichen Persönlichkeiten zu verstehen, die im Umfeld von Präsident George Bush maßgeblich an der Invasion des Irak beteiligt waren. Um das Phänomen zu verstehen, muss man einige Fakten kennen, insbesondere die Tatsache, dass die Bibel, die in den Vereinigten Staaten am weitesten verbreitet ist, seit langem verfälscht wurde:

„Die Juden haben bis heute nicht aufgehört, die Bibel zu ändern: C.E. Carlson und Steven Sizer haben beobachtet, dass die bahnbrechende Scofield-Bibel, die von der Oxford University Press herausgegeben wird, mit jeder Neuauflage immer deutlicher zur Anbetung Israels auffordert: „Dank grenzenloser Werbe- und Verkaufsförderungskampagnen ist diese Ausgabe zur meistverkauften „Bibel" in den Vereinigten Staaten geworden, und das seit mehr als neunzig Jahren. Scofield entschied sich mit großer Intelligenz dafür, nichts am Text der King James Bible zu ändern. Noch schlimmer ist, dass er fast die Hälfte der Seiten mit Hunderten von leicht lesbaren Fußnoten versehen hat, und die Anmerkungen mischen Zitate aus dem Alten und dem Neuen Testament völlig ungeniert, als hätten sie dieselben Leute zur gleichen Zeit geschrieben. Die erste Ausgabe wurde von Samuel Untermeyer herausgegeben und finanziert, einem New Yorker Anwalt, dessen Firma noch heute besteht und der zu den reichsten und einflussreichsten Zionisten in den Vereinigten Staaten gehörte. Diese wichtige zionistische Ausgabe des Alten Testaments trägt viel dazu bei, das seltsame Phänomen des christlichen Zionismus[780] zu erklären." In der Tat verfügen die Christen heute in ihren Bibeln über ziemlich eindeutige und direkte Fußnoten: „Wer die Juden segnet, wird gesegnet werden, und wer den Juden flucht, wird verflucht werden[781]." Aber in der Tat „gibt es keine solche Aussage in der Bibel", erinnerte Israel Shamir.

In der gleichen Ausgabe finden sich auch Überlegungen wie diese: „Es gibt eine Verheißung des Segens für diejenigen, die unter den Nationen die Nachkommen Abrahams segnen. Und ein Fluch liegt auf denen, die die Juden verfolgen. Diese Warnung hat sich in der Geschichte der Verfolgungen Israels buchstäblich erfüllt. Es ist immer schlecht ausgegangen für die Menschen, die die Juden verfolgt haben, und sehr gut für diejenigen, die sie geschützt haben. Wenn ein Volk die Sünde des Antisemitismus begeht, wird es unweigerlich gerichtet werden. Die Zukunft wird die Gültigkeit dieses Grundsatzes noch deutlicher beweisen (Seite 19, Scofield Bible, 1967, Genesis XII: 1-3)". „Dies ist ein riesiges

---

[780]Israel Shamir, *La otra cara de Israel*, Ediciones Ojeda, Barcelona, 2004, S. 200-201. (Anmerkung Shamir: *„Why Most Christian Evangelicals Favor War"*, C. E. Carlson, http://www.whtt.org.articles/02080.htm ; http://virginiawater.org.uk/christchurh).

[781]„Ich will segnen, die dich segnen, und verfluchen, die dich verfluchen", Genesis XII: 3, Messianische Israelitische Kadosch-Bibel.

Propagandaunternehmen, das bei den einfältigen Predigern Amerikas ein unerhörtes Echo findet", schloss Israel Shamir[782].

Im Sommer 2004 wurde ein außergewöhnliches Buch in den Vereinigten Staaten millionenfach verkauft. Das Phänomen wurde in Frankreich und Europa mit großem Tamtam aufgenommen. Die christliche Bedrohung war real und sehr alt: Der *Da Vinci Code* von einem gewissen Dan Brown enthüllte schließlich die unaussprechlichen Geheimnisse des Vatikans über die Nachkommen von Jesus Christus.

Die zentrale Idee des Romans ist, dass Jesus Christus, der Ehemann von Maria Magdalena, einen Nachkommen hatte, der bis heute überlebt hat, dank der Wirksamkeit einer schattenhaften Organisation, der Prieuré de Sion, deren Aufgabe es ist, die heilige Abstammung des Paares zu verteidigen. Diese phantasievolle These wurde bereits in mehreren zuvor veröffentlichten Büchern aufgegriffen. Dan Brown griff das Thema wieder auf und stellte die These auf, dass der Gral eine Metapher für die Abstammung Christi ist, eine Wahrheit, die von der katholischen Kirche verborgen wird. Um die Geschichte ein wenig aufzulockern, genügte es, hinzuzufügen, dass die Templer gegründet worden waren, um das Geheimnis des Heiligen Grals zu schützen, und das war's. Die Tatsache, dass der erwähnte Dan Brown nicht im Fernsehen auftritt, um alle von den Historikern angeprangerten Unwahrscheinlichkeiten zu erklären, ist nicht von Bedeutung. Entscheidend ist, dass die Menschen glauben, dass die Kirche immer gelogen hat, dass sich das Buch gut verkauft und dass die Zeitschriften ihre Titelseiten so gestalten, dass sie die Kontroverse anheizen.

Pierre-André Taguieff, Philosoph, Politologe und Ideenhistoriker, erklärte das Geheimnis in *Le Point* vom 24. Februar 2005: „Was die Neugierde weckt, ist die These, dass die Wahrheit von zynischen Individuen, die sich hinter sozialen Masken verbergen, verschleiert wird. Was verführt, ist das Spektakel eines Kampfes auf Leben und Tod zwischen organisierten Rebellen (in Geheimgesellschaften oder Sekten) und den sichtbaren oder unsichtbaren Machthabern. Was uns in Atem hält, sind die Wechselfälle dieser großen Konfrontation zwischen den Verteidigern der offiziellen Wahrheiten (Lügen der Kirche) und denjenigen, die im Besitz der verbotenen Wahrheit sind und zu allem bereit sind. Erfreulich ist, dass die offiziellen Drahtzieher endlich entlarvt und ihre Geheimnisse aufgedeckt werden. Was uns Spaß macht, sind die „Enthüllungen"." Dies erklärt den gewaltigen Erfolg des *Da Vinci Code*, der einen neuen Rekord in den Annalen des Verlagswesens darstellt: 32 Millionen Exemplare wurden weltweit in 42 Übersetzungen verkauft.

---

[782]Siehe Joseph M. Canfield, *Der unglaubliche Scofield und sein Buch*, Chalcedon/Ross House Books, 2005.

„Dan Brown, so Taguieff weiter, hat ein heikles Gleichgewicht erreicht: Er hat aus einem symbolischen Wirrwarr, das von Verschwörung und Antisemitismus beherrscht wird, das Material für eine „gereinigte" Intrige herausgeholt. Obwohl die Spuren der antijüdisch-freimaurerischen Mythologie von der Autorin verwischt wurden, nehmen die für diese Mythologie empfänglichen Leser sie dennoch wahr. Der Hintergrund kommt an die Oberfläche... Was den Leser befriedigt... ist auch die Illusion, Zugang zu den „Geheimnissen" der Geschichte zu haben und sie besitzen zu können."

Ein weiterer intellektueller Bluff der gleichen Art wurde kürzlich in einem Artikel des *Nouvel Observateur* aufgedeckt. Am 5. August 2004 veröffentlichte die Wochenzeitung einen von Fabien Gruhier unterzeichneten Artikel, der die Entdeckung der Relativitätstheorie und die Arbeit von Albert Einstein klarstellte: „Nach Ansicht des Physikers Jean Hladik hat der geniale Erfinder der Relativitätstheorie die Entdeckungen von Henri Poincaré in krasser Weise plagiiert.Jean Hladik, Universitätsstudent, Spezialist für theoretische Physik und Autor mehrerer Werke über die Relativitätstheorie, erkannte schon während seiner Studienzeit, dass mit der Art und Weise, wie die Relativitätstheorie entwickelt wurde, etwas nicht stimmte. Darüber hinaus wurde seine Urheberschaft einstimmig dem berühmten Albert Einstein zugeschrieben. Obwohl er vor vier Jahren noch ein Werk seiner *Relativitätstheorie nach Einstein* betitelte, war er bereits bestrebt, Poincaré zurückzugeben, was Poincaré gehörte. Seitdem hat Hladik seine Forschungen fortgesetzt und schließlich beschlossen, ein frevelhaftes Buch mit dem Titel *„Wie der junge und ehrgeizige Einstein sich Poincarés Spezielle Relativitätstheorie aneignete*[783] „* zu veröffentlichen. Im Gegensatz zu den meisten Wissenschaftlern hat sich Jean Hladik direkt mit den Quellen beschäftigt. Er las die „völlig unbeachteten" Veröffentlichungen von Henri Poincaré, einem genialen Physiker und Mathematiker „viel besser als Einstein", und fand darin schwarz auf weiß alle Elemente der „Raum-Zeit"-Relativität geschrieben. Dazu gehörten die Verlangsamung von laufenden Uhren, die Kontraktion von Körpern in Richtung ihrer Bewegung und die Unmöglichkeit, die Gleichzeitigkeit von zwei weit entfernten Ereignissen absolut zu bestimmen. In den 1898 und am 5. Juni 1905 veröffentlichten Texten stand also alles unter der Handschrift von Poincaré. Am 30. Juni 1905 erhielten die „*Annalen der Physik*" jedoch das Manuskript des berühmten Gründungsartikels der Speziellen Relativitätstheorie, der von Einstein unterzeichnet war. Ein Artikel, der laut Hladik „nichts Neues" im Vergleich zu Poincarés Schriften beisteuerte und in dem der Autor auf jegliche Bezugnahme auf Poincarés Werk verzichtete. Es stellt sich also die

---

[783]Jean Hladik, *Comment le jeune et ambitieux Einstein s'est approprié la Relativité restreinte de Poincaré*, Éditions Ellipses, 2004.

Frage: Hat Einstein alles selbst entdeckt oder hat Poincaré absichtlich und schamlos plagiiert?

Für Jean Hladik ist nach einer gründlichen Untersuchung kein Zweifel mehr möglich und nur die zweite Hypothese macht Sinn. Denn Einstein konnte nicht nur perfekt Französisch lesen, sondern war zum Zeitpunkt der Ereignisse auch für eine Rubrik in den *„Annalen der Physik"* zuständig, in der über Artikel berichtet wurde, die in verschiedenen ausländischen wissenschaftlichen Zeitschriften veröffentlicht worden waren, darunter kurioserweise auch in den *„Comptes-rendus de l'Académie des Sciences de Paris"*, in denen am 5. Juni 1905 der umfangreichste Artikel von Poincaré zu diesem Thema veröffentlicht worden war. Der große Albert konnte nicht umhin, dies zur Kenntnis zu nehmen. Darüber hinaus ist bekannt, dass Einstein in jenen Jahren Mühe hatte, über die Runden zu kommen. Er hatte es kaum geschafft, ein Diplom als Gymnasiallehrer zu erwerben, seine Doktorarbeit war dreimal abgelehnt worden, und er versuchte, sich einen Namen zu machen, indem er „die Ideen anderer ausnutzte[784]." In diesem Fall ist ihm ein großartiger Coup gelungen, und Hladik fasst die Geschichte so zusammen: „Der Kater Poincaré zog mit seiner zierlichen Pfote die Kastanien aus dem relativistischen Feuer, um sie dem Affen Einstein zu schenken, der sie schamlos auffraß und damit die berühmte Fabel von Jean de la Fontaine illustrierte. „Später wurde es „von der Geschichte totgeschwiegen und tabuisiert", und es dauerte fast ein Jahrhundert, bis es aufgeklärt werden konnte. Dies hatte bereits François de Closets angedeutet, den Hladik in seiner kürzlich erschienenen Biographie über Eisntein[785] zitierte, als er schrieb: „Poincaré hatte alle Teile des Puzzles in seinen Händen. „Dies war der Grund für das absolute und beharrliche Verschweigen von Poincaré, dem Einstein 1955, zwei Monate vor seinem Tod, eine lakonische und verspätete Ehrung zuteil werden ließ.

Die Zeitung *Le Monde* (17./18. November 1996) hatte den berühmten Wissenschaftler bereits durch die Veröffentlichung einiger seiner persönlichen Notizen etwas in Verruf gebracht. Einsteins Desinteresse an seiner Familie und den Menschen, die ihm nahe standen, ist inzwischen bekannt, doch die verschlüsselte Behandlung, die er seiner ersten Frau Mileva Maric per Brief zuteil werden ließ, ist immer noch überraschend: „Du wirst dafür sorgen, dass: 1. 2- Du wirst mir drei Mahlzeiten am Tag in meinem Büro servieren...Du wirst auf jede persönliche Beziehung zu mir verzichten...3- Du wirst mir sofort antworten, wenn ich mit dir spreche". Wie Montesquieu sagte: „Ich liebe die Menschheit, das erlaubt mir, meinen

---

[784]Neben Poincaré gab es viele andere Wissenschaftler vor Einstein, deren Arbeit entscheidend war: Olinto de Pretto, Hendrik Lorentz, Paul Gerber, Heinrich Hertz, James Maxwell, Hermann Minkowski, Bernhard Riemann (NdT).

[785]François de Closets, *Ne dites pas à Dieu ce qu'il doit faire*, Éditions du Seuil, 2004.

Nächsten zu hassen." In dem hier bereits erwähnten Buch *Naked Power786* konnten wir lesen, was Einstein im November 1945 in der Zeitschrift *Atlantic Monthly* schrieb: „Ich betrachte mich nicht als Vater der Atomenergie. Meine Teilnahme daran war eher indirekt..... Ich habe nur geglaubt, dass es theoretisch möglich ist. Praktisch wurde es durch die zufällige Entdeckung der Kettenreaktion, und das konnte ich nicht vorhersehen. Sie wurde von Hahn in Berlin entdeckt, und er selbst hat das, was er entdeckt hat, falsch interpretiert. Es war Lise Meitner, die die richtige Interpretation lieferte und aus Deutschland floh, um die Informationen in die Hände von Niels Bohr[787] zu geben." In diesem Buch findet sich auch sein letzter Brief, der am 11. März 1955 an Königin Elisabeth von Belgien geschrieben wurde. Dies war angesichts der kürzlich veröffentlichten Enthüllungen über die Plagiatsvorwürfe eher überraschend: „Ich muss gestehen", schrieb er, „dass mich die übertriebene Wertschätzung meiner Arbeit oft sehr unbehaglich macht. Manchmal habe ich das Gefühl, dass ich trotz meiner selbst ein 'Hochstapler' bin. Aber wenn ich versuchen würde, etwas dagegen zu unternehmen, würde das die Sache wahrscheinlich nur noch schlimmer machen. „In dem Buch wurde dieses Thema nicht näher behandelt. Vielleicht war es das Bedauern über die Vaterschaft der Speziellen Relativitätstheorie, das ihn plagte.

Am 13. Mai 2005 wurde im Fernsehen und in den großen Zeitungen ein weiterer unglücklicher Schwindel aufgedeckt. Der Präsident der Vereinigung der spanischen Deportierten, Enric Marco, hatte gerade ein schockierendes Geständnis gemacht788. Die Tageszeitung *Le Monde* berichtet darüber: „Er hatte nie die Identifikationsnummer 6448. Er war nie Teil der Résistance in Frankreich. Er hat das deutsche Konzentrationslager Flossenburg in Bayern nie durchlaufen. Dreißig Jahre lang hat er gelogen. Aufgedeckt wurde der Schwindel durch den Verdacht eines Historikers, der anlässlich des 60. Jahrestages der Befreiung von Mathausen recherchierte. Da der Historiker den Namen von Enric Marco nicht auf der Häftlingsliste fand, alarmierte er sofort den Verein der Deportierten, der, um einen weiteren Skandal zu vermeiden, beschloss, seinen Präsidenten dringend zu den Feierlichkeiten vom 5. bis 9. Mai in Österreich in Begleitung des spanischen Ministerpräsidenten José Luis Rodríguez Zapatero einzuladen." Dreißig Jahre lang hat Enric Marco, ein Bewohner Barcelonas, alle getäuscht. Er wurde von seinem Amt als Präsident der Vereinigung der spanischen Deportierten entbunden, hatte aber wenigstens die Ehrlichkeit, seine Lüge in einer Pressemitteilung am

---

[786]Albert Einstein, *Le Pouvoir nu, Propos sur la guerre et la paix*, Hermann, 1991.
[787]*Atlantic Monthly, Boston, November 1945 und November 1947*, in *Ideas and Opinions by Albert Einstein*, Crown Publishers, Inc. New York, 1954, S. 121.
[788]https://elpais.com/diario/2005/05/11/ultima/1115762401_850215.html. *El País*, 11. Mai 2005: *El deportado que nunca estuvo allí* (Der *Abgeschobene, der nie da war*).

Dienstag, den 10. Mai 2005, zuzugeben: „Ich gebe zu, dass ich nicht im Lager Flossenbürg interniert war, obwohl ich unter dem Vorwurf der Verschwörung gegen das Dritte Reich in Untersuchungshaft war. „Nach seiner Entlassung im Jahr 1943 kehrte er nach Spanien zurück, wo er sich nach der Franco-Diktatur Ende der 1970er Jahre darauf spezialisierte, Vorträge in katalanischen Schulen zu halten. Enric Marco, Generalsekretär der Gewerkschaft CNT und Präsident des katalanischen Elternverbandes, wurde für seinen Kampf gegen den Franquismus und den Nationalsozialismus mit dem St. Georgskreuz, der höchsten zivilen Auszeichnung Kataloniens, ausgezeichnet. Im Jahr 1978 unterzeichnete er sogar eine Autobiographie, *Memoria del infierno*, ein bewegendes Buch[789], das in allen Studien über das Universum der Konzentrationslager zitiert wird. Im vergangenen Januar ergriff er im Alter von 84 Jahren vor spanischen Abgeordneten das Wort, um die Barbarei der SS zu bezeugen: „Als wir in diesen verseuchten Viehzügen in den Konzentrationslagern ankamen, zogen sie uns nackt aus, ihre Hunde bissen uns, ihre Lichter blendeten uns", sagte er weinend. Dreißig Jahre Lügen und Täuschung durch einen falschen Deportierten haben[790] schließlich entlarvt.

Ein weiterer schwerer Schlag hat kürzlich eine Ikone des planetarischen Denkens getroffen. Am 28. April 2005 veröffentlichte die Zeitung *Le Point* ein sehr schmerzhaftes Sonderdossier über den Schriftsteller Marek Halter mit dem Titel „Marek Halter, der Mann, der alles durchlebte", verfasst von dem Journalisten Christophe Deloire.

„Marek Halter erzählt mit Talent, wie er am Tisch der Großen dieser Welt Tee getrunken hat, von Golda Meir bis Johannes Paul II, von Nasser bis Jelzin, von Scharon bis Putin... Marek Halters Lebenslauf ist so schwer zu entziffern wie die Kabbala, denn er scheint so viele Leben gehabt zu haben. Mit seinem Bart, seinem alten Gesicht und seinem Samson-Haar hat

---

[789]Ein fortschrittlicher Intellektueller wie Javier Cercas versuchte, die Angelegenheit zu entschärfen, indem er sein Leben in einen Kontext stellte und sogar ein von dieser Figur inspiriertes Buch schrieb. In einem Interview mit einer Zeitung aus Barcelona ging der Schriftsteller so weit zu sagen: „Was Marco getan hat, haben alle getan" und fügte leichtfertig hinzu: „Er ist der Maradona, der Picasso der Hochstapler. Wenn sie ihn mit jemandem vergleichen, bin ich beleidigt. „ (*El Periódico*, 18. November 2014). (NdT).

[790]Im Jahr 2016 gab ein weiterer falscher Häftling seine Betrügereien zu. Dies war Joseph Hirt, der im Alter von 86 Jahren erklärte: „Ich schreibe heute, um mich öffentlich für den Schaden zu entschuldigen, den die falschen Beschreibungen meines Lebens in Auschwitz verursacht haben. Ich war dort kein Gefangener und hatte auch nicht die Absicht, die tatsächlichen Ereignisse in den Schatten zu stellen. Ich habe mich geirrt und entschuldige mich dafür." (*La Vanguardia, Joseph Hirt und seine Lügen über den Holocaust in Auschwitz*, 25. Juni 2016, https://www.lavanguardia.com/internacional/20160625/40275197869/joseph-hirt-mentiras-holocausto-auschwitz.html). (NdT).

dieser Depardieu der biblischen Geschichte eine Figur, die der Rolle des Moses in einem Film würdig ist. Auf jeden Fall stimmt es, dass „Halter Geschichten zu erzählen hat".

„Das Geheimnis von Marek Halter reicht bis zu seiner Geburt zurück. Er wurde vor dem Krieg in Warschau geboren. Seine Mutter, Perl, war eine jiddische Dichterin, sein Vater, Solomon, ein Drucker. Ansonsten ist der Familienstand des Autors rätselhaft. Erstens heißt Marek nicht Marek, sondern Aron, wie aus der Kopie seiner Geburtsurkunde hervorgeht. Er hat eine Erklärung: „Es gab einen Fehler im Sammelvisum meiner Familie, als wir kurz nach dem Krieg nach Frankreich kamen.".... Geburtsdatum? Der Schriftsteller gibt den 27. Januar 1936 überall an, zum Beispiel auf der „Who's Who"-Karte und in offiziellen Dokumenten. Die Jahreszahl ist falsch. Das offizielle Datum des französischen Personenstands auf seinem Personalausweis oder Reisepass ist der 27. Januar 1932: „Das ist ein weiterer Fehler im Personenstand", sagt er, „und ich habe nie versucht, ihn zu korrigieren. Manchmal kommt es vor, dass man die Dinge durcheinander bringt. Auf Seite 23 von *Judaism Told to My Godchildren* (Pocket, 2001) schreibt Marek Halter in einer Szene, die logischerweise im Jahr 1941 spielt, „Ich war 9 Jahre alt". Mit anderen Worten, ein Geburtsdatum, das dem Jahr 1932 entspricht... Die List eines Mannes, der sein Alter verbergen will? Das Detail ist nicht unwichtig. Denn sie ermöglicht es uns, die ersten Jahre seines Lebens zu verstehen, insbesondere das grundlegende Ereignis seiner Biografie: seine Flucht aus dem Warschauer Ghetto durch die Kanalisation. Von dem Moment an, als er an Sartres Tür klopfte, zu dem er sagte: „Ich bin ein Überlebender des Ghettos", spricht Halter über seine Erfahrungen von klein auf. Im Jahr 1995 fragte ihn der Papst: „Sie sind also in Warschau geboren? Der Schriftsteller antwortet: „Nein, Heiliger Vater, ich wurde im Warschauer Ghetto geboren". Die jüdischen Viertel von Warschau wurden erst im November 1940 eingemauert. Davor gab es kein Ghetto." „In jiddischen Kreisen in Paris sind die Widersprüche von Marek Halter seit langem in aller Munde", kommentiert Christophe Deloire. Im März 1980 veröffentlichte Michel Borwicz, ein Historiker des Ghettos, einen Artikel in der Tageszeitung *Unzer Wort, in dem er* behauptete, Halter habe nie im Ghetto gelebt. Nach *„Die Erinnerung an Abraham"* schrieb der Historiker 1983 ein weiteres 14-seitiges Pamphlet, in dem er seine groben Ungereimtheiten entlarvte, mit dem Titel: „Der Fall Marek Halter, wie weit darf man gehen? Die Tochter enger Freunde von Marek Halter, Rachel Hertel, verrät: „Mareks Eltern haben nie erzählt, dass sie im Ghetto gelebt haben, sondern behaupteten, sie hätten es gleich nach Kriegsausbruch 1939 verlassen", wie Zehntausende von Juden aus Polen, die in die Sowjetunion flohen. Halter verteidigt sich: „Ich weiß nicht, warum Borwicz wütend auf mich ist, ich habe übrigens nie gesagt, dass ich lange im Ghetto war." „Das

Leben von Marek Halter ist ein Roman. Aus seiner offiziellen Biografie geht hervor, dass er 1945 als Delegierter der Pioniere aus Usbekistan am Festival „Sieg in Moskau" teilnahm. Der Direktor des Jüdischen Instituts in Warschau, Felix Tych, kann das nicht glauben: „Es ist sehr seltsam, dass ein junger Jude aus Polen Delegierter einer Republik der Sowjetunion sein soll, vor allem zu dieser Zeit. Marek Halter schwört, dass er an diesem Tag dem „Vater der Völker" einen Blumenstrauß überreichte: „Stalin nahm meine Blumen, fuhr mir mit der Hand durchs Haar und sagte etwas, das ich nicht verstand, weil ich so schockiert war. Ihre erste Begegnung mit einem großen Mann dieser Welt. Rachel Hertel sagt, dass Marek Halter vor dem Tod seiner Eltern nie darüber gesprochen hat." Nach ihrer Rückkehr aus der Sowjetunion ließ sich die Familie Halter in Lodz, Polen, nieder, bevor sie nach Frankreich ging. In Paris schloss sich Halter der Bella Artes an und war Preisträgerin des Internationalen Preises von Deauville. Seiner Biografie zufolge ließ er sich in Buenos Aires nieder, um dort zu arbeiten, wo er sich mit dem argentinischen Präsidenten Perón anfreundete". „Perón hatte offenbar einen seltsamen Sinn für Freundschaft", schrieb der Journalist, denn Marek Halter verkehrte mit einigen Revolutionären und musste zwei Jahre später Argentinien verlassen." „Der Schriftsteller erzählt oft diese Anekdote: Am 6. Juni 1967 „wurde ich im Elysée-Palast von General de Gaulle empfangen". Maurice Clavel hätte ihn mit den Worten vorgestellt: „Mein General, ich stelle Ihnen diesen Mann vor, der alles gesehen und alles erlebt hat". In der *Le Monde* vom 7. Juni 1967 wird eine „Delegation" erwähnt, ohne dass Halter namentlich genannt wird. Er selbst schrieb in *The Madman and the Kings*: „In Wahrheit wurde nur Clavel empfangen".

„1977 stürzte er sich in ein großes Abenteuer: die Vorbereitung von *The Memory of Abraham*. „Roman", schreibt er unter dem Titel. Einige kursiv gedruckte Passagen lassen jedoch vermuten, dass es sich um die Geschichte der Familie des Autors handelt, einem 2000 Jahre alten Geschlecht von Schriftgelehrten... Marek Halter hat ein Team von Dokumentarfilmern hinzugezogen. Der Historiker Patrick Girard ist amüsiert: „Der Stammbaum ist völlig falsch. Die jüdische Chronologie geht nicht über das 16. oder 17. Jahrhundert hinaus. Das kleine Team suchte nach kulturellen Bezügen, um die Handlung der Geschichte aufzubauen. Das Schreiben des Buches wird einem „Ghostwriter", Jean-Noël Gurgand, anvertraut, der zwei Monate lang an dem Manuskript arbeitet...

„Ihm werden immer mehr offizielle Aufgaben anvertraut. Im Jahr 1991 wurde er zum Präsidenten des Französischen Universitätskollegs in Moskau ernannt. Marek Halter behauptet, die Idee zur Gründung eines französischen Instituts im Büro von Gorbatschow lanciert zu haben, zu dem ihn sein „Freund" Sacharow gebracht haben soll. „Die in Boston lebende Witwe Sacharows, Elena Bonner, bestätigte auf Anfrage von *Le*

Point, dass sich der französische Schriftsteller und der russische Wissenschaftler nur einmal 1986 in Moskau getroffen haben, nach der Rückkehr ihres Mannes aus dem Exil, und fügte hinzu, dass ihr Mann nie im Büro von Gorbatschow gewesen sei.

„1999 bat der Schriftsteller Innenminister Jean-Pierre Chevènement um die Aufhebung des Aufenthaltsverbots für einen Usbeken. Es stellte sich jedoch heraus, dass diese Person ein wichtiges Mitglied der organisierten Kriminalität war. Die französischen Dienste waren noch verblüffter, als ein anderer usbekischer Mafioso, der an der französischen Grenze zurückgewiesen wurde, rief: „Ich bin ein Freund von Marek Halter!

Der Journalist Christophe Deloire fügte am Ende seines Artikels verschmitzt hinzu: „Wenn Marek Halter unangenehme Fragen gestellt werden, antwortet er sanft und legt seine Hand auf den Unterarm seines Gesprächspartners." In der Ausgabe von *Le Point vom* 9. Mai 2005 veröffentlichte Marek Halter ein Recht auf Gegendarstellung: „Der Artikel vom 28. April 2005 „Der Mann, der alles überlebt hat" hat meine Verwandten und mich verletzt. Als ich ihn erneut las, musste ich lachen. In meinem Alter zu entdecken, dass mein Name nicht mein Name ist, dass meine Kindheit, meine Arbeit, mein Leben auch nicht mein Name sind... Kurz gesagt, dass ich nicht ich bin. Sie müssen zugeben, dass das lächerlich ist. Ich wäre Ihnen dankbar, wenn Sie diese kurze Antwort in Ihrer Zeitschrift veröffentlichen würden, aus Respekt vor meinen Freunden in Frankreich und im Ausland, aus Respekt vor all denen, die meine Kämpfe teilen, aus Respekt vor meinen Lesern. „Vielleicht verbirgt sich hinter Marek Halters Lachen ein tiefer Schmerz: Warum sind die Menschen so schlecht? Warum können sie sich nicht lieben, hier und jetzt, anstatt die Erinnerung bluten zu lassen?

Wir können hier das ganz außergewöhnliche Zeugnis von Elie Wiesel während des ersten Golfkriegs 1991 wiedergeben. Der große Schriftsteller reiste dann nach Israel, um seine Gemeinde in den schwierigen Zeiten zu unterstützen, als der von US-Bombenangriffen verwüstete Irak seine alten Scud-Raketen mit großer Wucht auf den hebräischen Staat abfeuerte:

„Mein Cousin Eli Hollender ist froh, dass ich gekommen bin: „Komm nach Hause, sagt er. Komm zum Abendessen. Wir werden gemeinsam auf die Scuds warten. Seltsame Einladung, seltsame Idee... Ich nehme seine Einladung an und wir vereinbaren ein Treffen. In letzter Minute sage ich ab. Ein unvorhergesehenes Hindernis. Am selben Abend hören wir im Radio, jeder nacheinander, die Informationen über den Raketenangriff, der gerade begonnen hat... Einen Monat später erhalte ich einen Brief von Eli, in dem er Gott für meine Behinderung dankt: „Wenn du gekommen wärst, wären wir zu Hause geblieben, anstatt die Nacht im Haus unserer Kinder zu verbringen. Und wer weiß, was dann mit uns passiert wäre. Eine Scud fiel auf unser Haus und zerstörte es vollständig. Es ist ein Wunder, dass Sie nicht gekommen sind[791]." Elie Wiesel ist zweifelsohne ein Überlebender des Golfkriegs. Sein Abenteuer ist umso bemerkenswerter, als die Scuds nach seinen eigenen Angaben „keine Opfer forderten. Der Mann, der in Bnei Brak starb? Herzstillstand. An anderer Stelle schloss sich eine Frau in einem Schrank ein und betete Psalmen. Der Raum stürzte ein, aber der Schrank blieb unversehrt. „Es ist genau so, wie sie es euch sagen: Israel ist das Land der Wunder!

Zuflucht in Israel

Die intellektuellen Betrügereien, die die Geschichte prägen, sind für die breite Öffentlichkeit nicht so leicht zu erkennen. Westler sind sich dessen oft nicht bewusst und wissen nichts von dem Abenteuer, auf das sie sich einlassen. Finanzbetrug ist viel greifbarer, da die Opfer die Auswirkungen auf ihren Kontostand direkt messen können. Dieses Kapitel soll eine Antwort auf die Behauptung von Jacques Attali in seinem Buch *Juden, die Welt und das Geld geben,* dass Israel sich weigert, Gangster und Mörder aufzunehmen, die dort Zuflucht suchen. Über den berüchtigten amerikanisch-jüdischen Gangster Meyer Lansky schrieb Attali: „Einige Jahre später wird Lansky versuchen, in Israel Zuflucht zu finden, das ihm den Nutzen des Rückkehrgesetzes verweigern wird: für seine Verbrechen wird er das Recht verloren haben, als Jude anerkannt zu werden. Er wird in Miami in seinem Bett sterben[792]. „Die Aussage war zu unverblümt und realitätsfremd, um nicht ausführlich beantwortet zu werden. In der Tat hat Israel oft als Zufluchtsort für Juden gedient, die in ihren eigenen Ländern wegen Verbrechen, Unterschlagung und Betrug verurteilt wurden. Natürlich muss betont werden, dass die Juden bei weitem nicht den Großteil der Bataillone von Betrügern und Phöniziern ausmachen, die in allen Gesellschaften ihr Unwesen treiben, und außerdem machen sie, wie Patrice Bollon zu Recht betont hat, nur einen winzigen Prozentsatz der Bevölkerung aus.

Um Jacques Attali zu antworten, können wir zum Beispiel den berühmten Fall des Betrügers Samuel Szyjewicz anführen. Samuel Szyjewicz, genannt Flatto-Sharon, wurde am 18. Januar 1930 in Lodz, Polen, als Sohn von Josef Flatto und Esther Szyjevicz geboren. Nachdem er sich in Frankreich niedergelassen hatte, nahm er den Nachnamen Flatto-Sharon an, um seine Karriere zu beginnen.

Flatto-Sharon führte neunundzwanzig Immobilientransaktionen durch, sei es für zu bebauende Grundstücke, zu renovierende Immobilien

---

[791]Elie Wiesel, *Mémoires, tome II,* Éditions du Seuil, 1996, S. 148.
[792] Jacques Attali, *Los judíos, el mundo y el dinero,* Fondo de cultura económica, 2005, Buenos Aires, S. 412.

oder für den Wiederaufbau nach einem Abriss. Er verkaufte sie an von seinen Komplizen gegründete Briefkastenfirmen weiter. Er hatte auch von der Komplizenschaft der Politiker profitiert, die die Baugenehmigungen beschleunigten. Samuel Flatto-Sharon hat damit einen Kapitalgewinn von 324 Millionen Franken (rund 50 Millionen Euro) erzielt. Doch das war ihm nicht genug: Er erfand fiktive Renovierungsarbeiten und verschuldete sich auch noch, um sie zu finanzieren. Mit Hilfe von Strohmännern wurden die Kredite abgehoben und sofort bei anderen Finanzinstituten eingezahlt. Als der Betrug 1975 in Frankreich endlich aufflog, waren 550 Millionen Francs verschwunden und Flatto-Sharon hatte sich in ein Land abgesetzt, mit dem es keine Auslieferungsabkommen gibt: Israel. Dort kaufte er ein prächtiges, 1700 m2 großes Anwesen in Savyon, einem Vorort von Tel Aviv, und schaffte es sogar, in die Knesset - das israelische Parlament - gewählt zu werden, wo er bis Juli 1981 saß. Als bekennender Patriot finanzierte er Milizen zum Schutz von Synagogen in Frankreich und eine Gruppe von Auftragskillern zur Ermordung von Bundeskanzler Kurt Waldheim in Österreich. Nach seiner Verhaftung in Italien, wo er seinen Anwalt Klarsfeld treffen sollte, gelang ihm wie durch ein Wunder die Flucht, ohne dass Frankreich ein Auslieferungsersuchen stellte. Zum weiteren Verlauf des Falles und den undurchsichtigen politischen Beziehungen von Flatto-Sharon zu einer Person, die später Präsident der französischen Republik werden sollte, siehe *Le Crapouillot* vom März 1989.

Wir erinnern uns auch an den Fall Elf-Bidermann in Frankreich. Von 1990 bis 1994 schüttete die Erdölgesellschaft Elf unter dem Vorwand, „die französische Textilindustrie" zu retten, rund 183 Millionen Francs an die Textilunternehmen von Maurice Bidermann, dem „König der Kleidung", aus. Im Gegenzug bezahlte Bidermann den Vorsitzenden von Elf, Loïc Le Floch-Prigent, und seine Frau Fatima Belaïd mit Sachleistungen (Reisen, Hotels, Wohnungen...). Der Skandal wurde zu einem Medienskandal: Moses Zylberberg, alias Maurice Bidermann, war der Bruder von Régine Choukroun, der Besitzerin der berühmten Pariser Diskothek „Chez Régine" (die „Königin der Pariser Nächte"). In *Le Figaro* vom 2. September 1996 ist zu lesen: „Der Richter hat große Erwartungen an die Erklärungen des Pariser Anwalts Claude Richard. Letzterer, der von mehreren Immobilientransaktionen der Erdölgesellschaft Elf wusste, hatte sich nach Israel geflüchtet, dessen Staatsbürgerschaft er seit 1992 besitzt". Alfred Sirven, der den Freimaurerkreisen nahesteht, war der Hauptakteur in der Blackbox-Affäre und beschuldigte bei der Anhörung seinen ehemaligen Chef. Er war bereits seit seiner Verhaftung im Jahr 2001 nach drei Jahren auf der Flucht inhaftiert und wurde 2003 zu weiteren drei Jahren verurteilt. Der Bretone Loïc Le Floch-Prigent wurde wegen Missbrauchs des gesellschaftlichen Eigentums zu fünf Jahren Gefängnis verurteilt. Maurice

Bidermann wurde zu drei Jahren Gefängnis, zwei Jahren auf Bewährung und einer Geldstrafe von einer Million Euro verurteilt.

Natürlich können wir nicht alle Fälle von Korruption und Betrug aufzählen, die in Frankreich während der Dritten, Vierten und Fünften Republik bekannt wurden. Sie sind zu zahlreich und würden eine ausführliche Studie verdienen. Es genügt jedoch, einige aus den letzten Jahren zu nennen, um das Ausmaß dieses Phänomens zu verdeutlichen.

Dazu gehört auch der Fall von Jean Frydman, der 1996 wegen Missbrauchs von sozialem Eigentum, Urkundenfälschung und Verwendung falscher Dokumente angeklagt wurde. Ihm wurde vorgeworfen, 1989 eine große Pressekampagne organisiert zu haben, in der er die Kosmetikfirma L'Oréal des Antisemitismus beschuldigte und sie zwang, überhöhte Preise für die Eigentumsrechte an alten Filmen ohne Urheberrechte zu zahlen, die sie über Scheinfirmen erworben hatte.

Erinnern wir uns auch an den großen Skandal der ARC (Association for Cancer Research), der im Januar 1996 ausbrach, und an ihren Präsidenten Jacques Crozemarie, den wir dutzende Male im Fernsehen in Werbespots gesehen haben. Mit der ganzen Autorität seines weißen Kittels schaute er den Zuschauern in die Augen („Spenden Sie für die Krebsforschung, treten Sie der ARC bei!"), um all die bescheidenen Familien, die von dem Aufruf berührt waren, davon zu überzeugen, einen Teil ihrer Ersparnisse zu schicken. All die guten Menschen, die einen Teil ihrer Ersparnisse gespendet haben, wussten nicht, dass die Hunderte von Millionen Franken, die der Betrüger abgezweigt hat, zur Finanzierung seiner Flugreisen, seiner Dienstwagen, seines Swimmingpools, seiner hochmodernen Video- und Tonanlagen, der Renovierung seiner Wohnung in Villejuif, der Klimaanlage in einer seiner Villen und der Gehälter seiner Diener und Mätressen verwendet wurden. Mindestens 300 Millionen Franken wurden abgezweigt, wie der im Mai 1999 eröffnete Prozess ergab.

Jacques Crozemarie, Ehrendoktor der Universität Tel-Aviv und Mitglied der Freimaurerloge des Großorientes von Frankreich, vergab seine Kommunikationskampagnen an die Firma International Developpement, die ihre Leistungen überhöht in Rechnung stellte und dem Betrüger anschließend unangemessene Gehälter zahlte. Der Bericht des Rechnungshofs aus dem Jahr 1996 hatte ergeben, dass nur 26 % der bei der ARC eingegangenen Spenden tatsächlich bei den Wissenschaftlern ankamen. Es zeigte sich auch, dass sein weißer Kittel eine Verkleidung der Umstände war: Der Leiter des ARC war nie Arzt gewesen. Der studierte Radioelektroniker war 1954 im Alter von 29 Jahren als „stellvertretender Dienstleiter" zum CNRS gekommen. Dank seiner phänomenalen Frechheit war es ihm gelungen, das Räderwerk des Hauptvereins, der um die Großzügigkeit der Franzosen warb, Schritt für Schritt zu kontrollieren. *Le Nouvel Observateur* vom 14. August 1996 schrieb: „Es gibt einen Mann, der die Zweifel des Ermittlungsrichters hätte ausräumen können: Ronald Lifschultz, Finanzdirektor von International Developpement. Anfang Juni tauchte die Finanzbrigade morgens in seiner Wohnung auf, einer HLM des Pariser Rathauses [Sozialwohnungen]. Leider war der vorsichtige Mieter ein paar Wochen zuvor nach Israel geflogen. Jacques Crozemarie wurde im Juni 2000 zu vier Jahren Gefängnis, einer Geldstrafe von 380.000 Euro und 30,5 Millionen Euro (200 Millionen Franken) Schadenersatz an die ARC verurteilt. Jacques Crozemarie, der im Oktober 2002 nach 33 Monaten Haft entlassen wurde, erklärte in einem Interview mit der Tageszeitung *Le Parisien*: „Ich bin kein Dieb. Ich habe nie verstanden, warum ich verurteilt wurde, und das werde ich auch nie. Ich möchte nicht für den Rest meines Lebens verurteilt werden. Das entrüstet mich, denn ich habe für nichts bezahlt! Wir werden später in unserer Studie noch einmal auf diese sehr pittoreske Mentalität stoßen, die darin besteht, trotz unwiderlegbarer Beweise alles auf schäbige Art und Weise zu leugnen.

Wir erinnern uns auch an Didier Schuller, die große Hoffnung der liberalen Rechten im Departement Hauts-de-Seine und rechte Hand von Minister Charles Pasqua. Zusammen mit Patrick Balkany hatte der Bürgermeister von Levallois ein Netz falscher Rechnungen für öffentliche Wohnungsbauprojekte aufgebaut. 1995 beschloss er zu fliehen und segelte zwischen Israel, den Bahamas und Santo Domingo, wo er heute friedlich in einer Multimillionärsresidenz lebt, wie sein eigener Sohn im Januar 2002 in einer Fernsehsendung sagte. Der Prozess gegen ihn läuft derzeit im Juli 2005.

Auch der ehemalige Bürgermeister von Cannes, Michel Mouillot, musste sich mit der französischen Justiz auseinandersetzen. Die Tageszeitung *Libération* vom 13. August 1996 erklärt, was passiert ist: „Mouillot... hat privilegierte Beziehungen zum Gaon-Clan [eine jüdische Familie aus Ägypten, die mehrere Noga-Hotels - ein Anagramm von Gaon - in der Welt besitzt] und insbesondere zu seinem Schwiegersohn Joël Herzog, dem Sohn des ehemaligen Präsidenten der Republik Israel, der heute das Casino von Cannes leitet, aufgebaut. Wie sein Freund François Léotard, der spätere Verteidigungsminister, reiste Mouillot häufig nach Jerusalem und Tel Aviv, wo er mit den höchsten Auszeichnungen des Landes geehrt wurde. Im Oktober 1995 erhielt das im Unterholz der Noga gelegene Casino Cannes Riviera nach zweimaliger Ablehnung die Genehmigung zur Aufstellung von etwa 100 Spielautomaten. Plötzlich taucht ein weiterer möglicher Komplize auf, den Michel Mouillot anzusprechen versucht: Es handelt sich um keinen Geringeren als Isidore Partouche, den Kaiser von Casinos...."

Die Franzosen kennen den „Sentier case[793] „, einen gigantischen Betrug, der Ende des 20. Jahrhunderts im Bekleidungsviertel im Herzen von Paris Schlagzeilen machte. Achtzehn Monate gerichtlicher Ermittlungen, begleitet von zwei spektakulären Polizeirazzien im Bezirk Sentier und 188 Verhaftungen, führten zur Aufdeckung einer „außergewöhnlichen Reihe von Operationen, die in einem sehr kurzen Zeitraum durchgeführt wurden, bevor die Banken von dem Betrug erfuhren", so der Bericht der Brigade zur Untersuchung von Finanzkriminalität (Brif). Der Prozess, der am 20. Februar 2001 begann, dauerte angesichts des Umfangs der Gerichtsverhandlung nicht weniger als zehn Wochen. 124 Angeklagte haben sich vor dem Pariser Strafgericht wegen organisierten Betrugs verantworten müssen. Sie hatten ein Netz von „cavalerie" und „carambouille" organisiert. Ersteres bestand aus einem System, bei dem ungedeckte Wechsel bei Fälligkeit ausgestellt wurden, um nicht existierende Transaktionen über Banken zu finanzieren. Carambouille ist ein etwas primitiveres Verfahren, das darin besteht, Waren zu kaufen, ohne sie zu bezahlen, sie mit einem Rabatt zu verkaufen und zu gegebener Zeit auf Kosten des Lieferanten zu verschwinden. Cavalerie" - der Austausch falscher Wechsel - gilt als einer der ältesten Betrügereien der Welt. Die Täuschung ist zu simpel, als dass sie zum Raub des Jahrhunderts ausarten könnte, es sei denn, sie wird in sehr großem Maßstab praktiziert. In diesem Fall haben 93 Unternehmen Banken und Lieferanten um 540 Millionen Franken betrogen. Hätte sich die Untersuchung auf die 768 potenziell betroffenen Unternehmen erstreckt, wäre die Milliardengrenze überschritten worden.

Ein Wechsel ist ein Schriftstück, in dem festgelegt ist, dass die zum Zeitpunkt T gelieferten Waren innerhalb von zwei Monaten bezahlt werden. Die Diskontierung eines Wechsels durch eine Bank ermöglicht es dem Verkäufer, sofort bezahlt zu werden. Zwei Monate später zieht die Bank das Geld vom Käufer ein. Alle gewinnen: Die Bank erhält eine Provision, und der Verkäufer erhält das Geld in bar. Wenn der Käufer nach zwei Monaten zahlungsunfähig wird, hat die Bank das Nachsehen; das sind die Risiken des Geschäfts. Im Übrigen prüft niemand - oder fast niemand -, ob die Waren geliefert worden sind. Wenn jedoch überall mehrere Wechsel im Umlauf sind und die Käufer gleichzeitig in Konkurs gehen, ist die Bank definitiv aus dem Geschäft. Deshalb ist es notwendig, eine große Anzahl von Banken einzubeziehen, damit sie den Schritt nicht bemerken. Daher der Anreiz, die riesige Operation „Bankenrettung" durchzuführen. Man hätte es auch „Aufstehen für die Lieferanten" nennen können, denn schließlich haben sie mehr verloren als die Banken. Aber es wäre weniger populär gewesen.

---

[793]*Libération*, 20. Februar 2001, S. 17; 31. März 2001, S. 18, *Le Parisien*, 29. Januar 2002, S. 12.

Der Drahtzieher der Operation war Haïm Weizman, der in der Nachbarschaft in einer Tsahal-Uniform herumlief, um an seinen Rang als Oberfeldwebel in der israelischen Armee zu erinnern. Weizman hatte die *Kavallerie* bereits 1995 ausprobiert, um sich einzuarbeiten. In der ersten Jahreshälfte 1997 machte er sich dann ernsthaft an die Arbeit und startete die Operation „Stand up the bank", bei der innerhalb weniger Wochen 2.700 Wechsel ausgestellt wurden, was den Auftakt zu einer Kette von Konkursen und seiner Flucht nach Israel bildete. Die *Kavalerie* wurde von einem umfangreichen Versicherungsbetrug begleitet. Am 25. April 1997 brannte in Aubervilliers ein Bekleidungsgeschäft ab. Mit den falschen Wechseln, die dem Betrug zugrunde lagen, wurden 16 Millionen von den Versicherungsgesellschaften erpresst. Als die Banken im Juli beschlossen, die Staatsanwaltschaft zu alarmieren, war es bereits zu spät.

Im September erlebten die Ermittler eine große Überraschung. Hinter dem „toten Netz", dessen Hauptakteure auf der Flucht waren, war ein „lebendiges Netz" in Betrieb. Am Vorabend seiner Verhaftung war Samy Brami kurz davor zu fliehen, aber den Ermittlern gelang es schließlich, ihn in einem Hotel festzunehmen. Samy, alias Little Sam, erklärte im Gegensatz zu seinem Partner Samson Simeoni, alias Big Sam (auf der Flucht in Israel), dass er sich allein in das Hotel geflüchtet habe, um „eine Bestandsaufnahme der Situation zu machen". Gilles-William Goldnapel[794], der Anwalt von Samy Brami, äußerte sich vernichtend über den Schauprozess, der seiner Meinung nach nur das Ergebnis einer „heterogenen Ansammlung kleiner und mittlerer Betrügereien" sei, die einen solchen Skandal nicht verdient hätten: „Es fällt mir schwer zu verstehen, wie der Sentier auf dem Gebiet der Farce und Provokation besiegt werden kann". Die Präsidentin des Gerichts, Anny Dauvillaire, nahm die Sache gelassen. Nur eines störte sie: die ständigen Ausgänge der Angeklagten aus dem Gerichtssaal, um zu telefonieren. Die Ermittler ihrerseits erinnerten sich an einige eher pittoreske Verhaltensweisen: die spontane Ohnmacht einer Frau, „wenn die Fragen lästig waren"; die Geständnisse, denen nach „großen Umwegen" zugestimmt wurde; oder der Leiter des Netzwerks, der seinen Cousin nicht mehr erkannte; oder die Konfrontation, die fast in einer Schlägerei in den Gerichtssälen des Gerichtsgebäudes endete.

Am 28. Januar 2002 hatte das Pariser Strafgericht 88 der 124 Angeklagten zu Haftstrafen verurteilt. Das härteste Urteil - 7 Jahre

---

[794]Gilles-William Goldnadel ist ein französisch-israelischer Rechtsanwalt mit starker Präsenz in der französischen Politik- und Medienszene. Er ist auch Essayist und assoziativer und politischer Aktivist. Er ist rechtskonservativ und bekannt für sein pro-israelisches politisches Engagement und seine glühende Verteidigung des Staates Israel. Gilles-William Goldnadel war 1993 der Gründer und Präsident von Avocats sans frontières (Rechtsanwälte ohne Grenzen).

unbedingte Haft - wurde gegen Haïm Weizman verhängt. Er blieb jedoch zusammen mit zwölf weiteren Angeklagten in Israel. Samy wurde zu fünf Jahren Gefängnis mit dreißig Monaten Bewährung verurteilt.

Zusätzlich zu den Haftstrafen verpflichtete der beibehaltene Vorwurf des organisierten Betrugs die Angeklagten zur gesamtschuldnerischen Rückerstattung an die Banken und die Lieferanten. Der zu zahlende Betrag belief sich auf 280 Millionen Franken. Diese Verurteilung zur Erstattung des Schadens kam nicht sehr gut an. „Sie wollen uns tot sehen", klagte Samy Brami, das „Wiesel", nach der Anhörung. Sie wollen uns mit dem Geld umbringen", schrie er schließlich unter Schmerzen.

Am 10. Mai 2004 untersuchte die Untersuchungskammer des Pariser Gerichts die Akte Sentier II795, in der es um die Geldwäschenetze zwischen Frankreich und Israel ging. 142 Personen wurden wegen Geldwäsche angeklagt: 138 Einzelpersonen und vier Banken. Im Gegensatz zu Sentier I waren nicht nur Händler (Textil, Leder, Transport) und Zeitarbeitsfirmen beteiligt. Die Banken wurden als juristische Personen angeklagt (z. B. Société Générale, Bred und American Express), und 33 Banker (z. B. Daniel Bouton, Vorsitzender der Société Générale) wurden als natürliche Personen angeklagt. Aber es gab auch vier Rabbiner der Chabad-Lubacitch-Bewegung[796] und eine nebulöse Zahl von 140 religiösen Vereinigungen, die das System ausgiebig genutzt hatten.

Der Handel bestand darin, Schecks zu „indossieren", d. h. den Namen des Begünstigten durch einen einfachen Vermerk auf der Rückseite mit einem Bankstempel zu ändern. Seit den 1970er Jahren ist die Werbung in Frankreich verboten, wie fast überall auf der Welt, außer in Israel. Der Scheck wurde einem „Geldwechsler" gegen Bargeld (abzüglich einer Provision) übergeben. Der Geldwechsler würde dann den Scheck bei seiner israelischen Bank einreichen, und diese würde das Konto von der französischen Bank gutschreiben lassen. Das Bargeld ermöglichte es, die französischen Steuerbehörden zu betrügen oder Gehälter unter der Hand zu zahlen. Die Finanzermittlungsbrigade (Brif) hatte alle Schecks über 20 000 Francs, die zwischen Frankreich und Israel zirkulierten, genauestens untersucht, und es stellte sich heraus, dass sich der Verkehr von Schecks, die in Bargeld umgewandelt wurden, auf mehr als 1 Milliarde Francs belief.

Es ist so gut wie sicher, dass die Banken während der gesamten Untersuchung bei den Behörden hartnäckig Lobbyarbeit betrieben haben, um ihren Willen durchzusetzen. Die Staatsanwaltschaft gab ihnen schließlich Recht. Im Grunde genommen konnten die Banken angesichts der Anzahl der im Umlauf befindlichen Schecks - mehrere zehntausend pro

---

[795]*Libération* vom 10. Mai 2004 und 19. Juni 2004, Artikel von Renaud Lecadre.
[796] „Bouton" ist Teil der hebräischen Onomastik. Zur Jabab-Lubawitsch siehe *Psychoanalyse des Judentums und jüdischer Fanatismus.*

Tag - nicht alles überprüfen. Die Ermittler hatten jedoch einen begründeten Verdacht, als sie feststellten, dass eine Bank sich bereit erklärte, einen auf das Schatzamt oder die Urssaf[797] ausgestellten Scheck mit einem einfachen hebräischen Vermerk auf der Rückseite an eine dritte Partei zu überweisen. Dies war entweder eine einfache Nachlässigkeit oder nach Angaben der Staatsanwaltschaft eine weit verbreitete Praxis. Der Staatsanwalt nutzte also einen Verfahrensfehler aus, um die Verweisung des Falles an das Strafgericht rückgängig zu machen, wahrscheinlich um zu verhindern, dass große Namen aus dem Finanzsektor, die in den Fall verwickelt waren, verwickelt werden.

Im selben Monat Mai 2004 sorgte ein anderer, damit zusammenhängender Fall in EU-Kreisen für Aufsehen. Sechs französische Rabbiner wurden wegen Geldwäsche in die Justizvollzugsanstalt eingeliefert. Diese religiösen Mitglieder der Chabad-Lubawitsch-Bewegung und mehr als zwanzig weitere Führungspersönlichkeiten der Vereinigung wurden verwickelt[798]. Sie versorgten die Kaufleute des Sentier mit Koffern voller Bargeld. In der Tat gab es einen Nebel von jüdischen konfessionellen Vereinigungen, die weit verbreitet waren. Rabbiner und ihre Fundraiser-Teams boten den Spendern eine Rendite von bis zu 50 % an. Ein entscheidendes Argument, um einige schwarzmarktsüchtige Händler zu verführen. Die Untersuchungskammer, die sich zwei Tage lang mit dem Fall Sentier II befasst hatte, musste entscheiden, ob diese Rabbiner separat oder zusammen mit den etwa hundert anderen an diesem spektakulären Plan Beteiligten vor Gericht gestellt werden sollten.

Zwei Rabbiner, Joseph Rotnemer und Jacques Schwarcz, gehörten zu den Hauptangeklagten. Die Rotnemers waren eine wichtige Familie in der jüdischen Gemeinde. Sie standen an der Spitze eines der wichtigsten jüdischen Schulnetzwerke in Frankreich. Rabbiner Elie Rotnemer war der Gründer von The *Refuge*, einer Einrichtung, die 1 % für den sozialen Wohnungsbau sammelt. Das *Refuge* und seine 92 zivilen Immobiliengesellschaften kontrollierten fast 4000 Sozialwohnungen. Anfang der 1990er Jahre hatte eine Untersuchung ergeben, dass die Mittel des *Flüchtlingsfonds* nicht in den sozialen Wohnungsbau, sondern in Investitionen in Gewerbebetriebe flossen.

Als Elie Rotnemer 1994 starb, wurde sein Sohn Joseph Rotnemer der neue Familienpatriarch. Er hatte die Methoden der Mittelbeschaffung zugunsten von 150 Vereinen (öffentliche Schulen, Altersheime...), die alle im Departement Seine-et-Marne und im 19. Arrondissement von Paris

---

[797]In Frankreich sind die Gewerkschaften für den Einzug der Sozialversicherungsbeiträge und der Familienzulagen (URSSAF) private Einrichtungen mit öffentlichem Auftrag, die dem Bereich „Einzug" des allgemeinen Systems der sozialen Sicherheit zugeordnet sind (NdT).

[798]*Le Parisien*, 12. Mai 2004, S. 15, Artikel von Renaud Lecadre.

angesiedelt sind - den beiden Zentren der chabadisch-lubawitischen Chassidim - erweitert und diversifiziert: In fünf Jahren (von 1997 bis 2001) hatten die Rotnemers so 450 Millionen Francs, etwa 70 Millionen Euro, absorbiert. Joseph Rotnemer und Rabbiner Jacques Schwarcz waren beide in Israel auf der Flucht.

Die progressive Abweichung des ursprünglich auf dem Prinzip der gemeinschaftlichen Solidarität gegründeten Vereins begann 1997 in Mulhouse mit einem unheiligen Netzwerk, das von Georges Tuil (ebenfalls ein Flüchtling in Israel) geschaffen wurde. Er war der erste, der die Indossierung von Schecks in Israel als Gegenleistung für Barzahlungen vorschlug. Wie einer seiner Gefolgsleute gestand: „Um die Schecks zu verschicken und das Geld zurückzubekommen, mussten wir Überbringer finden". Dann kam die Idee auf, die Umschläge an religiöse Menschen zu verteilen, da diese am Flughafen wahrscheinlich nicht durchsucht werden würden.

Der oberste Geldbeschaffer übertrieb vielleicht ein wenig, als er gegenüber den Ermittlern wiederholte: „Ich riskiere mein Leben und das meiner Familie, denn wer seinen Nachbarn denunziert, wird von der Gemeinschaft zum Tode verurteilt. Ich kann nicht mehr reden. „Das war in der Tat eine ausgezeichnete Ausrede, um zu schweigen.

Am 10. Mai 2004 veröffentlichte die Tageszeitung *Libération* einen Artikel von Renaud Lecadre, in dem er die wichtigsten Betrugsfälle in der Gemeinschaft zusammenfasste:

Gestohlene Schecks: Postsäcke mit Schecks, die auf die Urssaf oder das Schatzamt ausgestellt waren, wurden aus Verteilzentren gestohlen. Die „Geldwäsche des armen Mannes" bestand darin, den Scheck, der beispielsweise auf M. Urssafi, Hussard oder Gorssappian ausgestellt war, zu schmuggeln und dann in Israel zu indossieren: Der auf den Urssaf ausgestellte Scheck wurde einem „Geldwechsler", einem legalen Beruf in diesem Land, gegen Bargeld (abzüglich der Provision) ausgehändigt. Der Betrüger würde das Geld eintreiben, und der Geldwechsler würde den Scheck bei seiner israelischen Bank einzahlen, die ihr Konto von der französischen Bank gutschreiben lassen würde.

Betrügereien mit Händlern: ein großer Klassiker. Es geht darum, kleinen Gewerbetreibenden vorzugaukeln, dass eine Anzeige für sie in einem Polizeimagazin oder in einem Steuerjahrbuch geschaltet wird und dass dies ihnen im Falle einer Geldstrafe oder einer Steuerberichtigung sehr helfen wird. Diese Werbeträger gab es nicht, wohl aber die auf sie ausgestellten Schecks, die auch in Israel eingelöst wurden.

Falsche Werbung: Diesmal war der Gewerbetreibende ein Komplize. Er würde bei einer Werbeagentur einen Scheck für eine Anzeige unterschreiben, die nie veröffentlicht werden würde. Die Agentur würde dann den Betrag in bar zurückzahlen, indem sie eine Provision verlangt.

Der Händler, der den Bargeldabfluss gerechtfertigt hat, erhält das Geld abzüglich der Steuer zurück; die Agentur erhält ihre Position zurück, indem sie den Scheck in Israel indossiert. Der Leiter der französisch-jüdischen Rundfunkagentur RPMP (die Radios waren nicht beteiligt) hat gestanden und enthüllt, wie das System funktioniert hat.

Falsche Spenden: In diesem Fall waren einige jüdische Kulturvereine beteiligt. Der Händler tat etwas sowohl Gewinnbringendes als auch Angenehmes, denn er finanzierte eine wohltätige Arbeit und bekam die Hälfte davon zurück, da sich einige Rabbiner darauf einigten, den Gewinn 50:50 zu teilen. Ein Beamter von Lubawitsch räumte ein, dass zwischen „koscheren Spenden[799] „, bei denen es sich um echte Spenden handelte, und „nicht-koscheren" Spenden, bei denen es sich um Scheckgeschäfte gegen Bargeld handelte, unterschieden werden müsse.

Le Parisien vom 22. Juni 2004 enthüllte einen weiteren Fall in einem Artikel, der den Titel tragen könnte: „Wie kann man französische Polizisten, Gendarmen und Feuerwehrleute betrügen? „Im Juni 2004 fand in Paris eine Durchsuchung bei einer merkwürdigen israelischen Bank statt, deren Adresse nicht in den Gelben Seiten aufgeführt war. „Selbst wenn man an der Repräsentanz in der Rue Marbeuf 33 vorbeikam, musste man genau hinschauen, um zu sehen, ob sie existierte. Die Hapoalim Bank ist eine der größten Banken in Israel, zieht es aber offenbar vor, diskret zu sein. Die Polizeibeamten von Brif haben im Rahmen der Ermittlungen zu einem Betrugsfall, in den mehrere Werbeagenturen verwickelt waren, eine umfangreiche Durchsuchung des Pariser Büros durchgeführt. Etwa zwanzig Komplizen wurden wegen schwerer Geldwäsche und organisiertem Betrug angeklagt. Der Betrug bestand darin, Anzeigen in Fachzeitschriften der Polizei, der Gendarmerie, der Feuerwehr und des Finanzministeriums an große Unternehmen zu verkaufen. Die Anzeigen wurden zwar nicht veröffentlicht, die Schecks jedoch schon. Die Beute wurde auf 55 Millionen Euro geschätzt, die in achtzehn Monaten angehäuft wurden. Um ein solches Vermögen zu reinvestieren, brauchte man ein großes Geldwäschenetz, und die Hapoalim-Bank konnte es zur Verfügung stellen. Abhörmaßnahmen deuteten darauf hin, dass der Drahtzieher der Operation, Samy Souied, mit einem Manager des Finanzinstituts in Israel in Verbindung stand. Bei der Durchsuchung entdeckten die Polizeibeamten Blankoüberweisungsaufträge und ausgefüllte Kontoeröffnungsanträge, obwohl derartige Vorgänge für eine Repräsentanz verboten sind. „Ein Komplize brachte die Dokumente zu Hapoalim-Banken in Luxemburg, der Schweiz oder Israel, um die Konten zu eröffnen. Auf diese Weise war es möglich, keine Spuren der Reinvestition des schmutzigen Geldes zu

---

[799] „Richtig" oder „angemessen" zu verzehren, d. h. es entspricht den Vorschriften der jüdischen Religion. Das *Koscher-Siegel* ist ein Qualitätssiegel, das eine Steuer für die Rabbiner beinhaltet.

hinterlassen." *Le Parisien* vom 4. September 2004 berichtete über einen neuen Betrugsfall: „Riesiger französischer Versicherungsbetrug", hieß es auf den Seiten der Zeitung. „Einer der größten Versicherungsbetrügereien, die jemals in Frankreich aufgedeckt wurden. „Die Grundlage des Betrugs war sehr einfach: Die Mechaniker rekrutierten Opfer von Verkehrsunfällen und stellten auf der Grundlage von Schadensmeldungen falsche Forderungen. Mit der Komplizenschaft von Experten wurden die Schäden dann maßlos überschätzt. Schließlich mussten sie nur noch falsche Rechnungen im Namen echter oder nicht echter Werkstätten ausstellen. All dies - falsche Schadenserklärungen, falsche Gutachten und falsche Rechnungen - wurde an die Versicherer geschickt. Die von dieser gut organisierten Gruppe zwischen 2000 und 2003 erzielten Gewinne wurden auf 8 Millionen Euro geschätzt und gingen zu Lasten der wichtigsten französischen Versicherungsgesellschaften (AGF, Matmut, Axa, Macif, Maaf). Alle von den Konzernchefs erzielten Gewinne wurden nach Israel transferiert. Insgesamt wurden 1.200 Betrugsverfahren eingeleitet und etwa zwanzig Personen in Paris angeklagt. „Das Unglaublichste ist, dass dieses System vier Jahre lang funktioniert hat, ohne dass die Versicherungsgesellschaften es bemerkt haben", sagte ein Polizist. Es wurden mehrere internationale Haftbefehle ausgestellt, insbesondere gegen Bruce Chen-Lee, einen 48-jährigen „Französisch-Israeli", der in Israel auf der Flucht ist[800]. Den Ermittlern zufolge besaß der mutmaßliche Drahtzieher der Bande, Chen-Lee, einen in Griechenland stationierten Hubschrauber, ein zweimotoriges Flugzeug auf einem Flughafen in der Region Paris sowie mehrere Villen in Frankreich und Israel. Vor einer Anhörung in Israel hatte er geleugnet, der Anstifter des Betrugs zu sein, und sich als Einsiedler dargestellt, als spiritueller Führer, der sein Leben dem Schreiben religiöser Bücher gewidmet hat.

Im Gegensatz zu dem, was Jacques Attali schrieb, scheint Israel ein wahrer Zufluchtsort für Kriminelle zu sein. Offensichtlich sind nicht alle Betrüger Juden, und nicht alle Juden sind Betrüger. Aber wie Attali schrieb: „Aber unter ihnen, wie immer, gibt es keine halben Sachen: da sie Verbrecher sind, ist es besser, der Erste zu sein[801]." Andererseits sollte man nicht denken, dass Kriminelle jüdischer Herkunft nur Gojim betrügen: Ein Artikel vom September 2000, der auf der Website *www.sefarad.org* veröffentlicht wurde, informiert uns über diesen reißerischen Betrug: „Mehr als 1000 Holocaust-Überlebende in Israel haben einen israelischen Anwalt angezeigt. „Die Informationen wurden vom israelischen Justizministerium bestätigt. Der Fall wurde in der deutschen

---

[800]Nachnamen sind manchmal irreführend. Hier fehlt bei „Chen" offensichtlich ein Buchstabe: vielleicht ein „O"?

[801] Jacques Attali, *Los judíos, el mundo y el dinero*, Fondo de cultura económica, 2005, Buenos Aires, S. 410.

Wochenzeitung *Der Spiegel*, in der Schweizer *Sonntags Zeitung und in* der *Tribune de Genève* erwähnt. Der in London ansässige Israel Perry soll das Vertrauen zahlreicher Holocaust-Überlebender missbraucht haben, die von Deutschland eine Altersrente erhielten. Mit Hilfe zweier deutscher Finanziers schoss der Anwalt einen kleinen Betrag vor, um die Anträge bei der deutschen Rentenkasse zu bearbeiten, behielt aber die monatlichen Zahlungen für diese älteren Menschen ein. Als sich seine Mandanten darüber beschwerten, dass ihre Anträge nicht vorankamen, verwies Israel Perry auf den „deutschen Unwillen" und die Langsamkeit der internationalen Diplomatie. Der „deutsche Rentenbetrug" war ein großer Skandal in Israel. In zwanzig Jahren hatte der Vermittler Tausende von Akten bearbeitet und 320 Millionen Mark (fast 150 Millionen Euro!) abgezweigt, die bei drei Banken in Zürich deponiert waren. Dem israelischen Justizministerium war es jedoch gelungen, Rechtshilfeabkommen mit der Schweizer Justiz durchzusetzen, um diese Einlagen zu blockieren.

Diese Betrugsfälle sind keineswegs eine vollständige Liste. Eine gründliche Untersuchung würde zweifellos noch viele weitere Fälle aus den letzten Jahrzehnten aufdecken, da die Medien darüber eher diskret berichten, vor allem, wenn es sich um Fälle im Ausland handelt. Einer der größten Betrügereien der Welt wurde zum Beispiel vor kurzem in Frankreich aufgedeckt, ohne dass jemand davon erfuhr.

Es geht um den gigantischen Betrug von Rabbi Sholam Weiss, einem 1954 geborenen chassidischen Juden, der einen amerikanischen Lebensversicherungsriesen, die National Heritage Life Insurance Company, an den Rand des Bankrotts brachte. Wir sprechen hier von einer Summe von 450 Millionen Dollar. Weiss war bereits zu acht Monaten unbedingter Haft verurteilt worden, weil er eine Versicherungsgesellschaft mit einem vorgetäuschten Brand betrogen hatte, der angeblich Badewannen im Wert von einer Million Dollar zerstört hatte, die seiner Firma für Sanitär- und Haushaltsgeräte gehörten. Aber da der Rabbiner ein guter Ehemann, ein fürsorglicher, kranker und tief religiöser Familienvater war, hatte der Richter zugestimmt, ihn das Pessachfest mit seiner Familie feiern zu lassen. Kaum aus dem Gefängnis entlassen, flog der Rabbiner mit einem Privatflugzeug in ein Kasinohotel in Atlantic City, um in vier Tagen nicht weniger als siebzigtausend Dollar auszugeben.

Dann lernte er Michael D. Blutrich kennen, den Besitzer eines von der Mafia geschützten Geschäfts in der 60th Street in Manhattan. Weiss wurde Stammkunde und entdeckte, dass der Leiter der Bar auch einer der Anwälte der National Heritage Life Insurance Company war: So fing alles an. Weiss behauptete, die Kunst des Betrugs an der Talmudschule in Boro Park, New York, gelernt zu haben, und erklärte, dass sein Verhängnis auf das Scheitern seiner Ehe zurückzuführen sei. Im Alter von dreißig Jahren musste er *einen*

Get (talmudische Scheidung) *erwirken,* indem er sich bereit erklärte, seiner Frau eine *Ketuva* von hunderttausend Dollar für jede Bar Mitzwa[802] und Hochzeit ihrer fünf Kinder zu zahlen.

Doch sein Anwalt Joel Hirschorn schien für seine Notlage nicht sehr empfänglich gewesen zu sein. Jedes Mal, wenn sein Mandant vor ihm erwähnt wurde, schimpfte er: „Reden Sie nicht mit mir über diesen ekelhaften Kerl! „Er war entrüstet, als er sich an die Tiraden von Weiss erinnerte, der seine Komplizen am Telefon im Foyer des Gerichts und sogar im Gerichtssaal „beschimpfte" und sich vor dem Gericht unausstehlich verhielt. Er erklärte, dass er „das Gericht immer wieder daran erinnern musste, dass sein Mandant nicht wegen seiner Arroganz und Unhöflichkeit verurteilt wurde, sondern wegen seiner Betrügereien". Entgegen der Meinung aller Gerichtsbeobachter hatte Weiss durch die Zahlung einer lächerlichen Kaution von fünfhunderttausend Dollar, also einem Tausendstel der enormen 450-Millionen-Dollar-Beute, das Recht erhalten, auf freiem Fuß zu bleiben. Jeder wusste, dass Weiss auf der Flucht sein würde. Der amerikanische Journalist Mickael A. Hoffman fragte sich, warum die Bundesregierung die von allen erwartete Flucht nicht vorhergesehen hatte. Tatsächlich verschwand Weiss und verhöhnte damit die am 15. Februar 2000 verhängte Strafe: lebenslange Haft, mehr als 845 Jahre Gefängnis, eine Geldstrafe von 123 Millionen Dollar und eine Rückzahlung von 125 Millionen Dollar an die Versicherungsgesellschaft. Aber in Israel konnte Rabbi Weiss die Ersparnisse von 25.000 Amerikanern, zumeist Rentnern, die ihre Renten bei dieser Versicherungsgesellschaft angelegt hatten, genießen.

Am 31. Januar 2001 griff die Zeitung *Le Monde* schließlich den Fall Marc Rich auf. Der 1934 in Antwerpen geborene und 1941 mit seinen vor dem Nationalsozialismus geflohenen jüdischen Eltern nach New York gekommene Marc Rich gehörte zusammen mit seinem Partner Pincus Green - der wie er begnadigt wurde - zu den Händlern, die den Weltölmarkt durch den *Spot-Handel* und später durch eine andere, völlig illegale Technik, das so genannte *Daisy-Chaining,* umgestalteten, mit der er nach der Krise von 1973 sehr teures und sehr billig eingekauftes Öl weiterverkaufte. Bei ihren Ermittlungen entdeckten die US-Bundesbeamten, dass die in der Schweiz ansässige Rich-Gruppe nicht nur betrügerische Geschäfte mit dem US-Energieministerium getätigt und die Bundesregierung um 48 Millionen Dollar an Steuern betrogen hatte, sondern auch gegen das von Präsident Carter während der Geiselkrise gegen den Iran verhängte Ölembargo verstoßen hatte.

Rich wurde 1983 in der Schweiz wegen 65 Fällen angeklagt und hat die USA nie wieder betreten. Er erhielt die spanische und dann die

---

[802]Die Bar-Mitzvah ist der jüdische Ritus des Übergangs zum Erwachsensein im Alter von 13 Jahren.

israelische Staatsbürgerschaft. Nach Angaben der US-Presse rief der israelische Premierminister Ehud Barak direkt bei US-Präsident Bill Clinton an, um sich für den Milliardär einzusetzen. Marc Rich wurde schließlich im Februar 2001 begnadigt. In diesem Zusammenhang wird oft der Einfluss von angeblich großzügigen Spenden der ehemaligen Ehefrau von Marc Rich an das Ehepaar Clinton und die Demokratische Partei" erwähnt. *Point d'Information Palestine* Nr. 217 vom 1. April 2003 veröffentlichte einen Artikel von Israel Shamir vom Dezember 2002, der weitere Einzelheiten enthielt: Abel Foxman, ein amerikanischer Jude, der berühmte Direktor der ADL, der Anti-Defamation League, war auf frischer Tat ertappt worden, als er „eine riesige Geldsumme aus den Händen des Superbetrügers Marc Rich entgegennahm.Foxmans bester Freund war ein gewisser Ariel Sharon, der Schlächter von Sabra, Chatila, Qibya und Jenin" und Premierminister des hebräischen Staates.

Die Amerikaner werden sich wahrscheinlich nicht mehr an den Fall Martin Frankel erinnern, der mehr als 200 Millionen Dollar von Versicherungsgesellschaften in mehr als fünf Bundesstaaten erpresst hatte und 1999 aus den Vereinigten Staaten floh; ebenso wenig an den Fall der „New Square Four", jener vier orthodoxen Juden aus New Square City vor den Toren New Yorks, die eine fiktive Jeschiwa (jüdische Universität) gegründet hatten, um mehr als 40 Millionen Dollar an Krediten vom Staat zu erhalten. Wenige Stunden vor seinem Ausscheiden aus dem Amt hatte Präsident Bill Clinton die Strafen für die vier Verbrecher Chaim Berger, Kalmen Stern, David Goldstein und Jacob Elbaum umgewandelt. Das Gericht verurteilte sie lediglich dazu, die 40 Millionen Dollar zurückzuzahlen... was mehr als genug Grund war, die Füße hochzulegen.

Im Rahmen des berühmten Enron-Skandals erinnerte der israelische Journalist Israel Shamir daran, dass „der Leiter der Enron-Finanzen Andrew Fastow war, den der Rabbiner seiner Synagoge als „einen Menschen, ein sehr engagiertes Mitglied der Gemeinde" beschrieb. Er setzt sich aktiv für jüdische Belange ein und ist ein treuer Anhänger Israels", während seine Frau Lea Weingarten, die „aus einer prominenten und hoch angesehenen philanthropischen Familie stammt", nie eine Unterrichtsstunde in der Synagoge verpasst.

Aber „Kenneth Lay, der Nichtjude auf dem Höhepunkt des Enron-Skandals, war auch der jüdischen Sache zugetan. Laut dem *Jerusalem Report* spendeten er und seine ebenfalls nichtjüdische Frau Linda letztes Jahr 850.000 Dollar für das Holocaust-Museum in Houston, Texas, bei einer Spendenaktion." Als ewige Opfer, so schlussfolgerte Israel Shamir in seinem Buch *Pardes: A Study in Kabbalah*, haben einige Juden das Bedürfnis, „Ungerechtigkeit" durch eine außergesetzliche Maßnahme zu korrigieren. Die Israelis erklären ihren Diebstahl von jordanischem Land im Arava-Tal mit ihrem Wunsch, die „Ungerechtigkeit" der Natur zu korrigieren: Aus geologischen Gründen sammeln sich die besten Schwemmlandböden am ostjordanischen Arava-Ufer. Der Diebstahl von palästinensischem Land wurde (u. a. von Rabbi Lerner) mit der Notwendigkeit erklärt, das „Unrecht" der römischen Besetzung Palästinas vor 2000 Jahren zu korrigieren. Die Gründung des jüdischen Staates wird mit der „Ungerechtigkeit" begründet, dass die Araber 22 Staaten hatten, die Juden aber keinen. Der tägliche Überfall auf Schweizer Banken korrigierte das „Unrecht" der Nazi-Konfiskationen, obwohl die Banken nie jüdische Einlagen hatten. In gewisser Weise sind die Holocaust-Museen ein wichtiger Faktor für die Zunahme der jüdischen Kriminalität, weil sie das Gefühl der jüdischen Opferrolle verstärken[803]." Die Worte von Israel Shamir werden durch die Worte von Jacques Attali, der den Auszug des jüdischen Volkes aus Ägypten beschreibt, perfekt bestätigt: „Vier Texte bekräftigen dies. Zunächst die vor langer Zeit an Abraham gerichtete Vorhersage, dass sie reich ausziehen werden: „Du sollst mit großem Reichtum aus diesem Land ziehen" (*Genesis 15, 13-14)*; dann der Befehl an Mose vor dem brennenden Dornbusch: „Jede Frau soll ihre Nachbarin und ihr Haus um goldene und silberne Gefäße bitten, um Kleider, mit denen ihr eure Kinder bedecken könnt, und ihr sollt Ägypten ausplündern" (*Exodus 3,21-22)*; dann der Befehl, den Mose kurz vor dem Aufbruch an die Oberhäupter der Stämme richtete: „Jeder soll um Gold und Silber bitten" (*Exodus 11,1-2-3)*; schließlich die brutale Zusammenfassung der Situation etwas später: „Sie baten und plünderten" (*Exodus 12,35-36)*". Wenn wir uns im Originaltext umsehen, ohne Attali zu bemühen, lesen wir die Einzelheiten der Geschichte im Alten Testament: „Die Söhne Jisraels hatten getan, was Mosche gesagt hatte - sie hatten die Mitsrayimim [Ägypter] gebeten, ihnen Gold- und Silberschmuck zu geben; und Jahwe hatte die Mitsrayimim den Söhnen Jisraels gegenüber so wohlwollend gestimmt, dass sie ihnen gaben, worum sie gebeten hatten. So plünderten sie das Mitzrayim (*Exodus XII, 35-36* Messianische Israelitische Kadosch-Bibel)."

Kurz gesagt, die Israeliten hatten das Vertrauen der Ägypter missbraucht. Und „denjenigen, die sich über den Reichtum der entlaufenen Sklaven wundern, werden die Kommentatoren im Laufe der Jahrhunderte antworten, dass dieser Reichtum ihnen als Entschädigung für die in den Jahren der Sklaverei unentgeltlich geleistete Arbeit oder als Abschiedsgeschenk oder sogar als Tribut eines besiegten Heeres an die Sieger zusteht[804]." „Nach der Überlieferung findet dieser Aufbruch im Jahr -1212 statt. Die ägyptischen Texte jener Zeit erwähnen auch die Vertreibung eines kranken Volkes oder eines Volkes mit einem aussätzigen

[803]Israel Shamir, *Pardes: eine Studie der Kabbala*, Pdf, Trad. Germán Leyens, S. 10-11
[804]Jacques Attali, *Los judíos, el mundo y el dinero*, Fondo de cultura económica, 2005, Buenos Aires, S. 28, 29.

König und einen Aufstand ausländischer Sklaven... Zehntausende von Frauen, Männern und Kindern machten sich dann auf den Weg, einige reich an Gold, Silber und allen möglichen Gütern, sogar mit Sklaven" in Richtung Kanaan durch die Wüste Sinai. Die Hebräer wollten dann ihr Goldenes Kalb machen, denn „indem sie Gold von den Ägyptern nahmen, nahmen die Hebräer tatsächlich etwas, womit sie ein Goldenes Kalb machen konnten". Was die ägyptischen Soldaten anbelangt, die sie verfolgten und anscheinend im Roten Meer versanken, so versuchten sie vielleicht nur, ihr Eigentum zurückzuholen.

Wenn es für mich gut genug ist, ist es auch gut genug für Sie.

Gewinnstreben und Geldliebe sind zweifellos weitere allgemein akzeptierte Charaktereigenschaften, die sogar von jüdischen Humoristen selbst oft karikiert werden. Es stimmt, dass Juden, die nicht an ein Leben nach dem Tod glauben, ihren irdischen Aufenthalt eher genießen als Völker, deren Religion metaphysische Tröstungen in einem ewigen Paradies verspricht. Diese religiösen Wurzeln können wichtige Erklärungselemente liefern, wie es Jacques Attali in *Die Juden, die Welt und das Geld* ausdrückt: „Isaak und Jakob bestätigen die Notwendigkeit, sich zu bereichern, um Gott zu gefallen. Isaac sammelt Tiere. „Er wurde reicher und reicher, bis er extrem reich war. Er hatte große Schafherden, große Rinderherden und viele Sklaven" (1. Mose 26,13-14). Dann wurde Jakob „sehr reich und hatte viele Schafe, Mägde und Knechte, Kamele und Esel" (1. Mose 30,43). Gott segnet sein Vermögen und erlaubt ihm, sein Erbrecht von seinem Bruder Esau zu kaufen - ein Beweis dafür, dass alles zu Geld gemacht wird, selbst ein Teller Linsen...." Attali hat uns noch ein weiteres amüsantes und aufschlussreiches Detail verraten: „Im Gegensatz zu ihren Nachbarn begraben die Hebräer ihre Toten außerhalb der Städte, in Gräbern. Sie gehörten zweifellos zu den ersten, die es verboten, Gegenstände oder Lebewesen darin unterzubringen: Das Glück darf nicht mit dem Tod verschwinden, dem höchsten Grad der Unreinheit805. „Und ganz nebenbei haben sie auch noch ein bisschen Geld gespart, muss man sagen.

Geld war für die Hebräer so wichtig, dass sie nicht zögerten, es am heiligsten Ort zu deponieren: „Der Tempel, der am besten bewachte Ort des Landes, wurde so zu einer befestigten Kammer, die auch vom Staat und den großen Privatvermögen zur Sicherung ihres Reichtums genutzt wurde. Sie wurde schnell zur Hauptattraktion des Landes und zum Treffpunkt aller Hebräer aus den Nachbarreichen. Das Atrium wurde sogar zum

---

[805]Jacques Attali, *Los judíos, el mundo y el dinero*, Fondo de cultura económica, 2005, Buenos Aires, S. 23, 39.

Arbeitsplatz für Edelmetallwäger und später für Geldverleiher, die entweder mit Privatpersonen oder mit Arbeitgebern zusammenarbeiteten, insbesondere mit Landbesitzern, die sich vor der Ernte Geld liehen, um die Löhne ihrer Pächter zu zahlen. Eine echte *avant l'heure-Bank*...

Während der römischen Besatzung mussten an den fremden Besatzer Tribut und dem Reichtum entsprechende Steuern gezahlt werden, sehr zum Leidwesen der Einwohner Judäas. Als Titus' Nachfolger Domitian beschloss, „den *fiscus judaicus* zu erhöhen und ihn auf jeden als Jude geborenen Menschen anzuwenden... Viele verstecken sich, um die Steuer nicht zu zahlen[806]." Die Juden in der Diaspora haben große Vermögen angehäuft. Im 10. Jahrhundert geht es ihnen im Nahen Osten so gut, dass die Fatimiden-Dynastie in einigen Pamphleten jüdischer Herkunft bezichtigt wird... Dann geht Bagdad unter; die wirtschaftliche Macht der Kalifen versinkt im Wüstensand. Die jüdischen Eliten gingen dann nach Ägypten und Spanien", wo sie vermutlich andere... Möglichkeiten fanden, sich zu bereichern, bevor sie als Opfer eines grausamen Schicksals wieder gingen. „Bereits im 10. Jahrhundert wurden in Bagdad ganze Gemeinden verfolgt, weil einige von ihnen sich bereit erklärt hatten, als Bankiers zu arbeiten... Die *Ravim diskutierten* diese Angelegenheit ausführlich; sie tauschten Briefe aus. Und sie kommen immer wieder auf dieselbe Frage zurück: Warum sollte man riskieren, von wütenden Schuldnern ausgerottet zu werden[807]? „In aller Bescheidenheit glauben wir, Jacques Attali folgende Erklärung vorschlagen zu können: „Vielleicht, weil man auf diese Weise eine Menge Geld verdienen kann". Aber die Frage bleibt offen.

Auf jeden Fall ist es wahr, dass die Anwesenheit von Juden nicht, wie man meinen könnte, die Bevölkerung ruiniert, sondern im Gegenteil für die Wirtschaft unverzichtbar ist. Ein Land, das seine Juden vertreibt, versinkt im Sumpf. Dies war der Fall des Königreichs Spanien, das „mit der Entdeckung Amerikas und seines Goldes glaubte, dass seine Stunde des Ruhms gekommen war". „Doch mit der Vertreibung der Juden im Jahr 1492, so Attali, wurde Spanien „eines großen Teils seiner kulturellen, kommerziellen und administrativen Elite beraubt [und] kennt nur eine Vitalität ohne Zukunft, jenseits des Goldenen Zeitalters. Die Geschichte Spaniens zeigt mehr als jede andere, wie nützlich jüdische Gemeinden für die Entwicklung eines Landes sind[808]. „Nach 1492 erlebte Spanien tatsächlich das große spanische Goldene Zeitalter, auch wenn Jacques Attali dies wahrscheinlich etwas irreführend dargestellt hat.

---

[806]Jacques Attali, *Los judíos, el mundo y el dinero*, Fondo de cultura económica, 2005, Buenos Aires, S. 44, 85.

[807]Jacques Attali, *Los judíos, el mundo y el dinero*, Fondo de cultura económica, 2005, Buenos Aires, S. 137, 169.

[808]Jacques Attali, *Los judíos, el mundo y el dinero*, Fondo de cultura económica, 2005, Buenos Aires, S. 219.

Verzinsliche Kredite sind die exklusive und einzigartige Grundlage aller großen Bankvermögen: „Es ist nicht ungewöhnlich, dass ein Bankier in Holland zu 3 % borgt, um in England zu 7 % zu leihen[809]." „Bei den Hebräern wird die Solidarität durch Tauschhandel und zinslose Darlehen organisiert[810]. „Für die Gojim hingegen ist die Kreditvergabe gegen Zinsen rechtmäßig. Im Gegensatz zu dem, was Attali schrieb, verbot die Kirche bei den Christen nicht das Verleihen von Geld, sondern das Verleihen von Geld *mit Zinsen*. Paradoxerweise hat die Kirche den Gläubigen nicht verboten, Kredite aufzunehmen. Die Juden sollten dann die Rolle von Geldverleihern spielen und so zu einer beträchtlichen Bereicherung der gesamten Bevölkerung Mitteleuropas, Marokkos, Algeriens und auch der elsässischen Bauern beitragen, die sich noch heute mit Tränen in den Augen an sie erinnern. Denn die Juden haben unbestreitbar eine große Fähigkeit, Reichtum zu schaffen, und ihre natürliche und sprichwörtliche Großzügigkeit kommt der gesamten Bevölkerung zugute, wie Jacques Attali eindringlich wiederholte: „Das jüdische Volk kann nicht glücklich sein, wenn die anderen nicht glücklich sind. Als auserwähltes Volk ist ihr Reichtum nur dann sinnvoll, wenn er zum Wohlstand anderer beiträgt. Nichts ist gut für die Hebräer, wenn es nicht auch für andere gut ist, und aller Reichtum muss mit dem Rest der Welt geteilt werden. „ (Seite 44). „Immer der alte Gedanke: Nichts ist gut für die Juden, wenn es nicht auch gut für andere ist. „ (Seite 177).

Das Problem ist, dass Juden leider nicht dazu neigen, lange an einem Ort zu bleiben. Ab dem 11. Jahrhundert „häufen Kaufleute und Handwerker, die keine Immobilien kaufen können und sich Sorgen machen, im Falle einer Bedrohung etwas mitzunehmen, eine gewisse Liquidität in Form von Münzen, Gold und Edelsteinen an, die sie verleihen können, während sie ihr anderes Gewerbe weiter ausüben, wenn sie das Recht dazu haben. Andererseits sind die Zinssätze so hoch (manchmal sogar über 60 % pro Jahr, aufgrund der Nachfrage und der Risiken), dass ihre Liquidität rasch zunimmt[811]. „Ein Phänomen, das Albert London verstanden hatte und weise zusammenfasste: „Dieses Volk darf also sein Geld nicht verschleudern, sondern muss es behalten, um zu fliehen. Geld ist der Reisepass des Juden[812]." In der Tat sind die Juden trotz aller erbrachten Leistungen weiterhin den schlimmsten Anschuldigungen ausgesetzt. Ein Beweis dafür war das von Attali zitierte Buch von Eustace

---

[809]Jacques Attali, *Los judíos, el mundo y el dinero*, Fondo de cultura económica, 2005, Buenos Aires, S. 262.

[810]Jacques Attali, *Los judíos, el mundo y el dinero*, Fondo de cultura económica, 2005, Buenos Aires, S. 26.

[811]Jacques Attali, *Los judíos, el mundo y el dinero*, Fondo de cultura económica, 2005, Buenos Aires, S. 168.

[812]Albert Londres, *The Wandering Jew Has Arrived*, Editorial Melusina, 2012, S. 196.

Mullins, das kürzlich in den Vereinigten Staaten veröffentlicht wurde, *The Federal Reserve Conspiracy*[813], das die üblichen alten Vorurteile aufgriff: „Das amerikanische Volk ist mit Hunderten von Milliarden Dollar Schulden belastet, nur weil wir einer Handvoll feindlicher Ausländer die Kontrolle über unser Geldsystem überlassen haben. Die drei wichtigsten sind: Paul Warburg, der deutsche Jude, der den Federal Reserve Act entwarf; Emmanuel Goldenweiser, der russische Jude, der dreißig Jahre lang die Einzelheiten der Tätigkeit des Federal Reserve Board kontrollierte; und Harry Dexter White, der Sohn litauischer Juden, der den Internationalen Währungsfonds[814] gründete. Wieder einmal müssen wir uns dem Beweis hingeben, dass Juden „immer für die Dienste, die sie leisten, gehasst werden"." Der Reichtum der Juden sollte jedoch nicht übertrieben werden, stellte Jacques Attali fest: „Amsterdam ist zum Tempel der Spekulation geworden, zum Ort der Bildung von Finanzblasen". Während die Gemeinde eine prächtige Synagoge baut, kommt die Stadt dazu, den Reichtum der Juden zu übertreiben... In Wirklichkeit ist das Vermögen der Juden mehr Schein als Sein[815]." So wie man auch nicht glauben sollte, dass die Rothschilds die reichsten waren, beim besten Willen nicht, denn das wäre ein Fehler, da solche Lügen die antisemitische Propaganda nähren: „Die Rothschilds sind nicht mit dem hundertsten britischen Vermögen vergleichbar, und Fred Krupp bleibt unbestritten der reichste Deutsche seiner Zeit... in Frankreich hat kein Jude ein Vermögen, das auch nur annähernd dem der Mornys oder der Hottinger entspricht. Sie bilden eher eine kulturelle als eine materielle Elite[816]. „Juden sind schwach und verletzlich, das ist allgemein bekannt. Das „jüdische Bankwesen" ist ein Mythos der antisemitischen und reaktionären Propaganda, um die Massen zu täuschen und ihnen die ewigen Sündenböcke vorzuwerfen.

Die Glücksmafia

Der beste Weg, schnell ein großes Vermögen aufzubauen, ist jedoch immer noch, legal und offen zu handeln. Dies erfordert jedoch bestimmte günstige Umstände. Kriege, Revolutionen und große Veränderungen sind sehr günstig für die reaktionsschnellsten, mit dem Geldmanagement vertrautesten und skrupellosesten Menschen.

---

[813]Eustace Mullins, *Die Geheimnisse der Federal Reserve: The London Connection*, Omnia Veritas Ltd, 2017. (NdT).

[814]Jacques Attali, *Los judíos, el mundo y el dinero*, Fondo de cultura económica, 2005, Buenos Aires, S. 481, 488.

[815]Jacques Attali, *Los judíos, el mundo y el dinero*, Fondo de cultura económica, 2005, Buenos Aires, S. 262-263.

[816]Jacques Attali, *Los judíos, el mundo y el dinero*, Fondo de cultura económica, 2005, Buenos Aires, S. 324.

Ein Beispiel von Tausenden: Wir wissen, dass das Vermögen der Rothschilds auf der Niederlage der napoleonischen Armeen in der Schlacht von Waterloo 1815 beruhte. Rothschild, der vor allen anderen über den Ausgang der Schlacht informiert wurde, erschien an der Londoner Börse mit einer niedergeschlagenen Miene, die darauf schließen ließ, dass Napoleon gewonnen hatte. So konnte er alle Wertpapiere, die in aller Eile zu einem sehr niedrigen Preis verkauft worden waren, an sich nehmen. Diese berühmte Episode hatte Victor Hugo zu einigen Versen inspiriert, und so sah er den Finanzier in seinen *Betrachtungen* an sich vorüberziehen:

„Alter Mann, ich ziehe meinen Hut! Dieser, der vorbeikommt/ Hat sein Glück gemacht, in der Stunde, als du dein Blut vergossen hast/ Er wettete niedrig und stieg, während er ging/ Dass unser Fall tiefer und sicherer war/ Es musste ein Geier für unsere Toten sein, er war[817]*."*

Das Chaos, das auf den Zusammenbruch des Kommunismus in Russland folgte, war ein hervorragendes Jagdgebiet für Raubtiere. Russland wurde dann die Beute einiger weniger kosmopolitischer Geschäftsleute, die alle ehemals kollektivierten Unternehmen und Fabriken zu Spottpreisen aufkauften. Einige Personen haben während der Privatisierungen in den 1990er Jahren kolossale Vermögen angehäuft, während die große Mehrheit der Bevölkerung in bittere Armut und Elend fiel. Heute scheint Russland wieder im Visier einiger westlicher Kriegstreiber und Finanzkreise zu stehen, seit sein Präsident Wladimir Putin beschlossen hat, dem Chaos und der Korruption ein Ende zu setzen.

Im Jahr 2003 führte Wladimir Putins „Kampagne gegen die Oligarchen" zur Verhaftung von Michail Chodorkowski. Nach Angaben des Magazins *Forbes* war Chodorkowski im Alter von 41 Jahren der reichste Mann Russlands geworden. Er war der größte Erwerber von kollektivierten Unternehmen, die der russische Staat nach dem Zusammenbruch des kommunistischen Regimes verkauft hatte. Russlands berühmte Oligarchen waren jene Männer, die im Chaos der 1990er Jahre die gesamte Beute des Staates an sich rissen und dazu neigten, die Regeln des Rechtsstaates zu ignorieren und sich wie Füchse im Hühnerstall zu verhalten. Putin ging diese Situation 2003 mit seiner Kampagne gegen die

---

[817]Victor Hugo erinnerte daran, dass die Juden die Leichenfledderer auf den Schlachtfeldern waren. In Austerlitz, in der Nacht des 2. Dezember 1805, unternahm Talleyrand einen unheimlichen Spaziergang mit Marschall Lannes: Der Marschall „war so aufgeregt, dass er mir in einem Moment, als er mir die verschiedenen Punkte zeigte, von denen aus die Hauptangriffe erfolgt waren, sagte: „Ich kann es nicht mehr ertragen! Es sei denn, Sie wollen mit mir kommen, um all diese elenden Juden, die die Toten und Sterbenden ausnehmen, zu entkristallisieren. (in Jean Orieux, *Talleyrand*, Flammarion, 1970, S. 437). Die Zeitung *L'Illustration* vom 27. September 1873 schrieb, dass die Soldaten die Gewohnheit hatten, die Juden „Krähen" zu nennen, ein Spitzname, der später auf die Jesuiten übertragen wurde.

Oligarchen frontal an, die sich noch verschärfte, als die russische Staatsanwaltschaft die Einleitung von fünf Ermittlungen gegen Chodorkowski wegen Mordes und versuchten Mordes im Zusammenhang mit seinem Unternehmen Yukos bekannt gab. Vor seiner Verhaftung hatte der Milliardär jedoch versucht, die Leitung seiner Bank seinem britischen Glaubensbruder Jacob Rothschild zu übertragen. Die Börsenkurse fielen weiter, und die *New York Times* bezeichnete die Übernahme von Yukos durch die russische Regierung als „die größte Enteignung jüdischer Interessen seit den 1930er Jahren". „Stattdessen hat diese Politik das russische Volk erfreut, das mit Genugtuung zuhörte, wie Wladimir Putin diejenigen anprangerte, deren „hysterisches Verhalten" dem Land schadet. Der russische Präsident unterstützte die Ermittlungen der Staatsanwaltschaft gegen den Plutokraten, beruhigte aber die anderen Oligarchen, die sich damit begnügten, ihre Geschäfte im Rahmen der Gesetze zu führen. In Russland, so hämmerte der Präsident, könne sich niemand mit Milliarden über das Gesetz stellen; alle müssten vor den Gerichten gleich sein, um Verbrechen und Korruption zu bekämpfen.

Le Figaro vom 17. Mai 2005 berichtete über den Prozess gegen den Financier. Für die Journalistin Laura „Mandeville" hat der Fall Yukos das Image Moskaus offensichtlich „beschädigt", und Michail war ein armes Opfer des Faschismus. Dennoch erfuhren wir, dass sich sein Vermögen auf etwa 15 Milliarden Dollar beläuft. Ein Heer von zwanzig Anwälten war dabei, ihn zu verteidigen, während mehrere seiner Mitarbeiter geflohen waren: „Drei von ihnen leben in Israel, einem Land, von dem aus sie nicht aufhören werden, die russische Justiz zu beschuldigen, im Sold der Macht zu stehen. „Wie üblich beteuerte Chodorkowski seine Unschuld: „Der Fall ist aus der Luft gegriffen". Und er nannte die Schuldigen: „Eine kriminelle Bürokratie. „Der Milliardär, der den Ölkonzern Yukos leitete, wurde der Steuerhinterziehung beschuldigt: Sein Unternehmen hatte eine kolossale Steuerschuld von fast 27 Milliarden Dollar.

Im Leitartikel der Zeitung konnte man einige Zeilen voller gesundem Menschenverstand über die Oligarchen lesen: „Die Tatsache, dass diese Männer, die bei Null angefangen haben, sich für einen Teller Linsen ganze Teile der natürlichen Ressourcen Russlands aneignen konnten, hat sie in ihrem eigenen Land nicht besonders beliebt gemacht." Liest man die Berichte des Journalisten Albert Londres, so stellt man fest, dass die Abneigung, Steuern zu zahlen, nicht ganz neu war. In seinem Buch *The Wandering Jew Has Already Arrived (Der wandernde Jude ist schon da) aus dem* Jahr 1929 berichtet der Autor von einer erstaunlichen Aktion polnischer Steuerbeamter in einem jüdischen Viertel von Warschau: „Vierter Stock. Sieben Personen in einem großen Raum, darunter drei Jungen. Mutter und Tochter weinen. Zwei Juden in Kaftanen, die sich indolent auf Stühle stützen. Die drei Jungen, die den Talmud lesen, haben unsere Ankunft nicht einmal bemerkt. Die Quittung lautet auf einhundertsiebzehn Zloty. Es handelt sich um Steuern, die seit vier Jahren fällig sind. Der Beamte bittet die Frauen, die Möbelschubladen zu leeren. Die Frauen haben vierzig Zloty auf den Tisch gelegt. Sie leeren die Schubladen mit Stöhnen. Die beiden Kaftane wollen nichts mit der Szene zu tun haben. Sie betrachten die Hände des anderen, während sie sie vor ihren Augen tanzen lassen. Die Frauen schluchzen. Die drei Jungen wiegen sich, ganz angetan von dem Hebräer. Die Frauen entfernen die Anhänge von den Tischen. Die Kaftane bleiben ahnungslos, während sich die Jungen immer mehr für das heilige Buch begeistern. Der Beamte ordnet an, dass die Schränke geöffnet werden. Die Frauen knien nieder. Und während sie laut schluchzen, erhöhen die drei Jungen die Lautstärke ihrer Studie. Der Kutscher, der Helfer gefunden hat, senkt zuerst die Anrichte ab. Die Frauen schreien vor Angst. Die beiden Kaftane zucken nicht einmal mit der Wimper. Die drei Jungen lesen lauter und lauter. Dann nehmen sie den Schrank, den Tisch und einen Sessel weg, verschieben den rituellen Leuchter, der nicht beschlagnahmt werden kann, und nehmen das Möbelstück weg, das ihn trägt. Jetzt ist der Raum leer. Dann steht einer der beiden Kaftane auf; er erkennt, dass der Beamte es ernst meint. Mit einer noblen Geste zieht er zweihundert Zloty aus seiner Tasche und sagt: „Bitte sehr! Die Möbel werden wieder nach oben gebracht. Die Frauen weinten umsonst. Die drei Jungen haben weiter gelernt. Der Vater nimmt den siebenarmigen Kerzenständer und stellt ihn andächtig auf das restaurierte Möbelstück[818]! „

Auf der *Forbes-Liste der* größten Vermögen in Russland steht Roman Abramowitsch gleich hinter Chodorkowski. Abramowitsch besitzt 80 % von Sibneft, Russlands fünftgrößter Ölgesellschaft, 50 % von Rusal, das ein Monopol auf russisches Aluminium hat, und ein Viertel von Aeroflot. In Europa ist er durch den Kauf des Londoner Fußballclubs Chelsea bekannt geworden. Außerdem war er in zahlreiche Betrugsfälle verwickelt. 1995 lernte er Boris Beresowski kennen, der nach Großbritannien geflohen war, um einer Untersuchung wegen Steuerbetrugs zu entgehen. Von seinem Londoner Exil aus finanzierte er weiterhin die Opposition gegen Wladimir Putin, obwohl er den größten Teil seines Vermögens an Abramowitsch abtreten musste. Der nächste auf der Liste der neuen russischen Milliardäre ist Victor Vekselberg, der die Kontrolle über den Laptop-Markt übernommen hat. Sein Vermögen ermöglichte es ihm, die fabelhafte Fabergé-Schmuckkollektion zu übernehmen, die der amerikanische Forbes zusammengetragen hatte. Er unterhält Geschäftsbeziehungen zum Fünften auf der Liste, Michail Fridman, der mit Alfa, der größten Privatbank Russlands, die Telekommunikation des Landes kontrolliert. Oleg

---

[818]Albert Londres, *The Wandering Jew Has Arrived*, Editorial Melusina, 2012, S. 177-178.

Deripaska ist der jüngste der Oligarchen. Mit 35 Jahren ist er der Aluminium-Tycoon, obwohl er sein Imperium auch auf Gas, die Automobilindustrie und Aeroflot aufgebaut hat. Er gehörte auch zum Clan des alkoholkranken ehemaligen Präsidenten Boris Jelzin, kurz nach dem Sturz des kommunistischen Regimes. Gegen ihn läuft eine Klage wegen betrügerischen Kaufs mehrerer seiner Unternehmen, die er bedroht. Der siebte auf der Liste ist Vladimir Gusinsky, der sich in der Finanzwelt und in den Medien bereichert hatte und im Juli 2000 ins israelische Exil ging, um dem Gefängnis zu entgehen, nachdem er von der Wirtschaftspolizei von Präsident Putin wegen Steuerbetrugs festgenommen worden war.

Es folgen Michail Prochorow mit einem geschätzten Vermögen von 5,4 Milliarden Dollar (Metallurgie, Maschinenbau, Landwirtschaft, Medien) und Wladimir Potanin, Chef des Metallurgieriesen Norilsk Nickel und Partner des Finanzjägers George Soros. Neun der zehn größten Vermögen des Landes befinden sich in den Händen ehemaliger Sowjetbürger israelischer Konfession, die den Wechsel der Institutionen für sich nutzen konnten. Diese Situation scheint der russischen Bevölkerung nicht zu gefallen: „Neun von zehn Russen sind der Meinung, dass das derzeitige Vermögen unrechtmäßig erworben wurde, und mehr als fünfzig Prozent befürworten die Gerichtsverfahren", schrieb Helena Despic-Popovic in der Tageszeitung *Libération* am 19. Juli 2003. Der Journalist fügte hinzu: „Die Kampagne wird von einer Gesellschaft, die noch immer von Spuren des Antisemitismus verseucht ist, bereitwillig akzeptiert, da ein großer Teil der Oligarchen Juden sind." Bevor Wladimir Putin an die Macht kam, war Russland, wie Michail Chodorkowski in seinem Buch sagt, „ein Jagdrevier für alle". Weitere Recherchen im Internet ergaben, dass der Milliardär Chodorkowski vor seiner Inhaftierung als gewöhnlicher Hühnerdieb auch ein Freund von Richard Perle war, einem der neokonservativen zionistischen „Falken" im Weißen Haus, und ein glühender Befürworter der Invasion des Irak im Jahr 2003.

Die neureichen Russen machten auch in Frankreich Schlagzeilen, wo sie die schönsten Villen an der Côte d'Azur kauften, prächtige Jachten kauften und grandiose Partys veranstalteten, bei denen sie Hunderttausende von Euro ausgaben, die sie in vulgären, mit Geldscheinen gefüllten Plastiktüten transportierten. Boris Berezovski, Arcadi Gaydamak (heute Flüchtling in Israel), Boris Birshstein, Sergei Rubinstein, Alexandros Kazarian, Alexander Sabadsh, Georgy Jatsenkov, sind die neuen „*Nababs* aus der Kälte", wie die Zeitung *L'Express* am 2. Mai 2002 schrieb. Einige von ihnen waren offensichtlich in Netzwerke des organisierten Verbrechens, des Drogenhandels und der Prostitution verwickelt.

Zweifellos hatte der Zusammenbruch des Sowjetimperiums bestimmte Energien freigesetzt, die bis dahin von den kommunistischen Institutionen unterdrückt worden waren. Die berühmte russische Mafia, über die seit 1991 viel geredet wird, ist auch die Manifestation der Befreiung von Kräften, die zu lange eingedämmt waren und die der amerikanischen Mafia der Zwischenkriegszeit sehr ähnlich sind. In seinem Buch *Red Mafiya: How the Russian Mob has invaded America*[819] stellt der amerikanische Journalist Robert Friedman klar: Anfang der 1990er Jahre gab es in New York City bereits etwa 5.000 jüdische Gangster aus der Sowjetunion. Das waren mehr als alle Mitglieder italienischer Familien im ganzen Land. Diese Zahl stieg nach der zweiten Intifada (2000) nicht mehr an. Bei diesen „Russen" handelt es sich in Wirklichkeit um Juden, die ihre kriminellen Aktivitäten nach Israel verlegt hatten, bevor sie nach neuen Horizonten suchten, als der palästinensische Aufstand den Tourismus fast zum Erliegen brachte und zu einer schweren wirtschaftlichen Rezession führte.

„Da diese russische Unterwelt *größtenteils jüdisch* ist, ist ihre Ausrottung eminent politisch, insbesondere in der Region New York", schrieb Friedman, der betonte, dass „respektable" jüdische Vereinigungen, wie die Anti-Defamation League of B'nai B'rith, die wichtigste amerikanische Anti-Rassismus-Liga, setzte sich bei der Polizei, die diese Banden verfolgte, dafür ein, „keine Herkunft öffentlich zu erwähnen, die die christliche Öffentlichkeit dazu veranlassen könnte, gegen den ständigen Strom jüdischer Krimineller zu protestieren, die sich als Flüchtlinge ausgeben. „Hochrangige Polizeibeamte hatten dem Journalisten gegenüber gestanden: „Die Russen sind skrupellos und verrückt. Das ist eine miserable Kombination. Sie schießen aus jedem Grund. „Monya Elson, einer der Paten jener Jahre, hatte seine Karriere „mit der Liquidierung von Ukrainern in seiner Heimatstadt Chisinau begonnen, dann in Moskau, wo er Russen liquidierte, und schließlich in den Vereinigten Staaten, wo er Amerikaner liquidierte - vielleicht an die hundert Morde. „Ein weiterer berüchtigter Drahtzieher war Ludwig Fainberg, alias Tarzan, der aus Kiew stammte (wo er behauptete, dass „die Juden die reichsten in der Stadt seien. Sie hatten Autos, Geld, lebten in schönen Wohnungen und bezahlten für die schönsten Frauen") und Marat Balagula, ebenfalls aus der Ukraine, der bestätigte, dass „die Juden in den besten Positionen waren, weil sie das Geld hatten. „Friedman konnte auch den ehemaligen Generalstaatsanwalt der Sowjetunion, Boris Urov, treffen: „Es ist wunderbar, dass der Eiserne Vorhang weg ist, sagte er, aber er war ein Schutz für den Westen. Jetzt, da wir die Tore geöffnet haben, ist die ganze Welt in Gefahr[820]." Diese Worte können mit denen von Jacques Attali verglichen werden, der uns einige Informationen über das Gangstertum in den Vereinigten Staaten während der Prohibitionsjahre gegeben hat. Er schrieb: „Abgesehen von

---

[819]Robert Friedman, *La Mafia rouge: comment la pègre russe a envahi l'Amérique.* Robert Friedman, *Red Mafiya*, Hrsg. Little, Brown and Co., 2000.
[820]Über die „russische" Mafia lesen Sie Hervé Ryssen, *Die jüdische Mafia.*

Anschuldigungen wegen „Ritualverbrechen" gibt es keine ernsthaften Anschuldigungen wegen organisierten Bandenmordes vor der Massenankunft russischer Juden auf amerikanischem Boden um 1910...Laut *The jewish Almanach* „ist es keine Übertreibung zu sagen, dass ihr Einfluss auf das organisierte Verbrechen in den Vereinigten Staaten in den 1920er und 1930er Jahren dem der Italiener gleichkam und ihn sogar übertraf." Der erste jüdische Gangsterboss New Yorks, Arnold Rothstein, Spitzname „the Brain", organisiert bis 1910 die Korruption bei Baseballspielen, übernimmt die Kontrolle über die Polizei der Stadt, plant die Einfuhr von Alkohol (ab 1919 aus Kanada und Europa verboten), ist Schiedsrichter und sorgt für Ordnung unter anderen gefürchteten Gangsterbossen wie Arthur Flegenheimer (genannt „Dutch Schultz"), plant die Einfuhr von Alkohol (ab 1919 verboten) aus Kanada und Europa - und sorgt als Schiedsrichter für Ordnung unter anderen furchterregenden Bandenchefs wie Arthur Flegenheimer (genannt „Dutch Schultz") und Louis Buchalter, der mit Hilfe seines Leutnants Jack „Legs" Diamond seine eigene Bande auslöscht. Rothstein spürt Mayer Lansky auf, einen jungen Sohn russischer Einwanderer, der 1902 in Grodno, Russland, geboren wurde. „Er geht mit einem Sizilianer der neuen Generation namens Charlie Luciano ins Geschäft. „Der Russe und der Sizilianer schätzen sich gegenseitig und verstehen sich mit halben Worten. Gemeinsam übernehmen sie die Kontrolle über Geldverleiher und Versicherungsvertreter in den Ghettos und *Little Italy*, kaufen Glücksspielunternehmen in New York auf und gründen ein landesweites Syndikat von *Buchmachern*, während sie die von Rothstein bereits begonnene Korruption von Polizisten und Politikern planen...Im September 1928 wird Arnold Rothstein in New York ermordet, zweifellos auf Befehl von Dutch Schultz, der seinen Platz einnehmen will. Am 9. Mai 1929 versammelten Lansky und Luciano alle Verbrecherbosse des Ostens in Atlantic City: Guzik und Capone aus Chicago, Buchalter aus New York, Bernstein aus Detroit, Dalitz aus Cleveland, Hoff und Rosen aus Philadelphia. Um den Rachefeldzügen ein Ende zu setzen, „schlagen sie vor, die Union als eine Art Genossenschaft zu organisieren, ohne einen Chef, mit einer Aufteilung der Gebiete. Lansky gründete die so genannte „Murder Inc.", eine Gruppe von Attentätern in seinen Diensten, deren Leitung er Siegel und Buchalter anvertraute. Von da an sind Schultz und Lansky die großen Bosse des amerikanisch-jüdischen Gangstertums." Die italienische Mafia wurde schrittweise zerschlagen. Al Capone wurde 1932 wegen Steuerbetrugs verhaftet, Lucky Luciano 1935. Dutch Schultz, Lanskys Rivale, wurde in diesem Jahr ebenfalls bei einer Schießerei getötet. „Lansky, der ihn zweifellos hatte ausschalten lassen, schaltet seinen letzten Rivalen Charles „King" Solomon aus Boston aus, der den Großteil des Whiskeys ins Land importiert. Nach dem Ende der Prohibition wandte sich Lansky dem Glücksspiel zu... Einige Jahre später versuchte Lansky, nach Israel zu flüchten, wo ihm das Rückkehrgesetz verweigert wurde: Wegen seiner Verbrechen hatte er das Recht verloren, als Jude anerkannt zu werden. Er wird in Miami in seinem Bett sterben[821]. " Jacques Attali hätte uns auch von dem jüdischen Gangster Mickey Cohen erzählen können, der Geld für die jüdischen Irgun-Terroristen sammelte, die damals gegen die Briten kämpften, um einen jüdischen Staat in Palästina zu gründen. Er vergaß auch, darauf hinzuweisen, dass der Mafiaboss Mayer Lansky einen Waffenexporteur in arabische Länder ermordet hatte und dass er sein unrechtmäßig erworbenes Vermögen der Wohltätigkeitsorganisation *Combined Jewish Appeal (CJA)*[822] vermacht hatte. Attali hätte auch den Fall des Mafioso „Steinhardt der Rote" erwähnen können, Vater von Michael Steinhardt, einem der wichtigsten Gönner von Joseph Lieberman, dem Stellvertreter von Al Gore, dem demokratischen Kandidaten für die US-Präsidentschaft 1999.

Vor allem aber hätte er in diesem Kapitel die Ursprünge des kolossalen Vermögens von Edgar Bronfman, dem derzeitigen Präsidenten des Jüdischen Weltkongresses, einem der reichsten Männer der Welt mit einem geschätzten Nettovermögen von 30 Milliarden Dollar, aufdecken können. Sein Vater Samuel war der berühmte Alkoholhändler. Als tief religiöser, überzeugter Zionist bewaffnete er die Haganah-Miliz während des ersten israelischen Unabhängigkeitskrieges. Eine seiner Töchter heiratete Alain de Gunzburg, der der erste private Aktionär der französischen Zeitung *Le Monde* werden sollte. Zum Bronfman-Trust gehören viele berühmte Marken: Four Roses Whiskys, Glenlivet, White Horse, Chivas, London Gin, Absolut Vodka, Mumm Champagner, Perrier-Jouët, Martell Cognac, usw. Bronfman ist auch Eigentümer von Plattenfirmen wie Polygram, Deutsche Gramophon, Decca und Philips Music.

„Die relative Rolle der jüdischen „Unterwelt" in der Kriminalität nimmt mit der Globalisierung ebenfalls ab, obwohl einige ihrer Mitglieder immer noch als Vermittler in einigen Arten von Geldwäsche und Drogenhandel von Los Angeles bis Moskau, von Bogota bis Tel Aviv zu finden sind. Ein einziges spezifisch jüdisches Netz wurde im Februar 1990 in New York entdeckt; es nahm folgenden Weg: Ein Teil der Drogen des

---

[821] Jacques Attali, *Los judíos, el mundo y el dinero*, Fondo de cultura económica, 2005, Buenos Aires, S. 410-412.

[822] Wenn Israel nicht bedroht ist, scheinen Araber den Europäern vorzuziehen zu sein. Während des Algerienkrieges war David Serfati einer der größten Waffenhändler im Dienste der Felagas. Nach der Unabhängigkeitserklärung weihte die FLN aus Dankbarkeit einen nach ihm benannten Platz in Oran ein. Bekannt ist auch das berühmte „Curiel"-Netzwerk, benannt nach dem ägyptischen Juden, der die Aktion der „Kofferträger" organisierte.

Cali-Kartells wurde in Kolumbien gegen Diamanten eingetauscht; um sie in Bargeld umzuwandeln, wurden die Diamanten nach Mailand verschifft und zu Schmuckstücken verarbeitet, die dann nach Manhattan zurückgeschickt wurden, um legal - auf Rechnung - in der 47. Straße verkauft zu werden, wo es nach einem mitfühlenden Kommentar in der israelischen Zeitung Maariv, die den Fall aufdeckte, „mehr koschere Restaurants als in ganz Tel Aviv gibt und wo die größte Geldwäsche von Drogengeldern in den Vereinigten Staaten zu finden ist". Ein Teil des Erlöses wurde dann von den Juwelieren an jüdische Einrichtungen in New York geliefert, die einen Teil - immer in bar - an die Kartellschmuggler zurückgaben. Die Anführer des Rings ließen einige ihrer Schützlinge - orthodoxe Juden wie einen Rabbiner aus Brooklyn, dessen Verhaftung im Februar 1990 die ganze Angelegenheit aufdeckte - glauben, dass sie den Diamantenhändlern in der 47th Street halfen, die Steuerbehörden zu betrügen oder ihr Geld aus den iranischen Juden herauszuholen. Der Leiter dieses Netzwerks, ein Israeli, gestand, im Auftrag des Cali-Kartells 200 Millionen Dollar gewaschen zu haben, was weniger als 1 % der jährlich von dem Kartell umgeschlagenen Menge entspricht, das vier Fünftel des weltweit konsumierten Kokains und ein Drittel des Heroins vertreibt[823]. „Wenn Jacques Attali in Bezug auf die Rolle der Juden in der Kriminalität so diskret ist wie in Bezug auf ihre Rolle im Bolschewismus, dann ist diese Enthüllung allein schon viel.

Erinnern wir uns nun an die Aussagen von Bernard-Henri Levy, die wir oben bereits besprochen haben, und dann an die Schlussfolgerung des Philosophen: „Ich glaube, dass ganze Staaten unter die Aktionen der planetarischen Mafia fallen werden; und dass sie, wenn nicht unter ihre Aktionen, so doch in ihre Hände fallen werden. „Und weiter: „Ich glaube, dass die Welt auf dem Weg ist, ein Ghetto zu werden und der Planet eine Mafia. Und ich glaube nicht, dass wir da herauskommen, wenn wir nur murmeln, wie es einige kluge Leute bereits tun, dass die Welt schon immer eine Ansammlung von Ghettos war; Staaten, verkleidete Mafias, und Zivilgesellschaften, vertragliche Vereinigungen von Missetätern, und dass es deshalb besser ist, die Dinge so zu sagen, wie sie sind, dass die Menschlichkeit in Bekenntnisse übergeht und dass wir keine Überraschung vortäuschen, wenn die Masken der Welt fallen. Ich glaube an eine zukünftige Zersplitterung der Welt, an eine Pulverisierung der Staaten und eine Auflösung der alten friedlichen Nationen[824]." Kurzum, Bernard-Henri Levy erklärt uns auf die einfachste Art und Weise der Welt, die transnationale Mafias rechtfertigt, die letztlich als weniger pervers gelten als sesshafte Staaten und Nationen. Am Ende ist es vielleicht genau das,

---

[823]Jacques Attali, *Los judíos, el mundo y el dinero*, Fondo de cultura económica, 2005, Buenos Aires, S. 479, 480.
[824]Bernard-Henri Lévy, *La pureza peligrosa*, Espasa Calpe, Madrid, 1996, S. 167.

das Ideal von Bernard-Henri Levy und den planetarischen Philosophen: die Zerstörung der Nationen und an ihrer Stelle die Kontrolle des Planeten durch Mafias. Aber der Begriff „Mafia" ist vielleicht ein wenig „diskriminierend", so dass wir unserem großen Philosophen in aller Bescheidenheit vorschlagen, einen moderneren und akzeptableren Ausdruck für die zu hütende Herde zu wählen: „miteinander verbunden informelle Managementnetzwerke". Es ist zwar etwas länger, aber wenn wir uns dadurch das Grauen ersparen können, müssen wir uns die Mühe machen.

Mitten unter uns...

Die messianischen Geister scheinen jedoch fest davon überzeugt zu sein, dass sie kommen, um Wohlstand und Wohlergehen zu bringen. Juden sind für andere Nationen einfach unverzichtbar. Der letzte Indianerstamm im Amazonasdschungel kann nicht ohne seine grandiosen Ideen und seine beeindruckende Fähigkeit, Völker zu bereichern, leben. Trotzdem lassen einen die unzähligen Widersprüche in seinen Büchern manchmal ratlos zurück, was die Aufrichtigkeit seiner Reden angeht. Nach all dieser Lektüre ist man immer noch erstaunt über die unglaubliche Souveränität einiger Aussagen, die von seinen messianischen Überzeugungen inspiriert sind. Eine solche Moral ist wahrscheinlich ziemlich schwer zu tragen und anstrengend. Die Zahl der Selbstmorde unter den Anhängern dieses Glaubens lässt vermuten, dass diese Vorstellung vom Leben auf der Erde eine Art seelische und geistige Folter darstellt.

Jacques Attali betonte in seinem Buch die immense Großzügigkeit des jüdischen Volkes, als ob er etwas zu beweisen hätte. In *Die Juden, die Welt und das Geld* wiederholt er lanzinierend die Idee, dass die Juden für den Rest der Menschheit von Nutzen sind: Dem Talmud zufolge ist nichts für die Juden gut, wenn es nicht auch für die Menschen um sie herum gut ist". Es ist „die Grundlage des jüdischen Altruismus: Nichts ist gut für sie, wenn es nicht auch gut für ihre Gastgeber ist. „Das war auch die Meinung von Menasseh Ben Israel, dem Amsterdamer Rabbiner, der Cromwell im 17. Jahrhundert davon überzeugt hatte, Juden wieder nach England zu lassen: „Wo immer sie zugelassen werden, sind Juden gute Bürger, die nichts anderes wollen, als zum allgemeinen Wohlstand beizutragen. „Sie sind treue Vasallen[825]."" Juden sind nicht nur nützlich für andere, sie sind nach Jacques Attali auch unverzichtbar: „Keine der sesshaften Gesellschaften

---

[825]Jacques Attali, *Los judíos, el mundo y el dinero*, Fondo de cultura económica, 2005, Buenos Aires, S. 243, 256, 260: „Der englische Pragmatismus, genährt von den Argumenten, die ein halbes Jahrhundert zuvor von Menasseh ben Israel geäußert wurden, setzt sich so gegen drei Jahrhunderte der Ächtung durch: Die Engländer brauchen die Juden, deren Rolle in den Niederlanden sie kennen." „

hätte ohne Nomaden überleben können, die Waren, Ideen und Kapital zwischen ihnen transportierten und die es wagten, intellektuelle und materielle Risiken einzugehen, die kein sesshafter Mensch bereit gewesen wäre, einzugehen.... Das jüdische Volk spielte die Rolle des Nomaden, der Wohlstand für die Sesshaften schafft. So erfüllten sie ihre Aufgabe, „die Welt zu reparieren"[826]."..Nomadentum ist keine Überlegenheit, sondern lediglich eine Besonderheit, die sie mit anderen Völkern teilen und die für das Überleben und das Wohlergehen der Sesshaften absolut notwendig ist[827]." „Sie sind der Schlüssel für die Entwicklung der Welt. Es gibt keine sesshafte Entwicklung ohne diese Nomaden. Aber ohne sie gibt es auch keine Infragestellung der bestehenden Ordnung. Wenn Israel „versucht, seine Identität auf erworbenes Land zu beschränken, ist es verloren. Wenn er seinen Weg fortsetzt, kann er überleben und der Menschheit helfen, nicht zu verschwinden[828]." Unter diesen Bedingungen ist „das Unglück des jüdischen Volkes ein Unglück für alle Menschen[829]." Da, wie auch Elie Wiesel bemerkte, alles, was die Juden betrifft, die gesamte Menschheit betrifft, können wir mit Jacques Attali davon ausgehen, dass „das Verschwinden des Tempels auch eine Tragödie für die Nicht-Juden ist, denn die Hebräer haben für sie gebetet: „Sie wissen nicht, was sie verloren haben" (Sukkah 55a). (*Sukkah 55a*)830. „Das jüdische Volk steht im Zentrum der Menschheit, und es ist unvorstellbar, dass das Leben auf eine andere Weise konzipiert werden könnte. Die anderen Völker der Erde können ohne die Juden nicht existieren, nicht einmal der entlegenste

---

[826]Anspielung auf das *Tikkun-Olam-Konzept* des esoterischen Judentums: In der jüdischen Mystik wird die Erschaffung des Universums bildlich als ein Gefäß dargestellt, das das heilige Licht nicht aufnehmen konnte und in Stücke zerbrach (*Schewirat Hakelim*). Daher ist das Universum, wie wir es kennen, nach Ansicht der Kabbalisten buchstäblich kaputt und muss repariert werden. Indem sie die *Halacha* (jüdisches Gesetz) befolgen und die *Mitzvot* (Gebote) erfüllen, tragen die [jüdischen] Menschen dazu bei, das Gefäß des Universums zu reparieren. So lehren die Kabbalisten, dass jeder [jüdische] Mensch durch seine Handlungen an *tikkun olam* teilnehmen kann, also buchstäblich das Universum und die Menschheit als Teil der göttlichen Schöpfung reparieren kann (Quelle: wikipedia). Gelesen in Hervé Ryssen, *Psychoanalyse des Judentums* (NdT).

[827]Jacques Attali, *Los judíos, el mundo y el dinero*, Fondo de cultura económica, 2005, Buenos Aires, S. 485-486.

[828]Jacques Attali, *Los judíos, el mundo y el dinero*, Fondo de cultura económica, 2005, Buenos Aires, S. 489, 491.

[829]Jacques Attali, *Los judíos, el mundo y el dinero*, Fondo de cultura económica, 2005, Buenos Aires, S. 122: „Die Welt hat ein Interesse daran, den Juden genügend Freiraum zu lassen, damit sie diese Rolle erfüllen können. Einem Kommentar zufolge (*Sukkah 55b*) ist die Welt in einem besseren Zustand, wenn die Juden frei sind und daher in der Lage, für sie einzutreten." „

[830]Jacques Attali, *Los judíos, el mundo y el dinero*, Fondo de cultura económica, 2005, Buenos Aires, S. 75.

Stamm in Amazonien. Mit einer solch subjektiven Sichtweise erlaubte sich Jacques Attali schließlich, an die bekannten Regeln des Judentums zu erinnern: „Eine sehr strenge Moral auferlegen, keine Arroganz oder Unmoral dulden, um keine Eifersucht oder Vorwände für Verfolgung zu schaffen[831]. „Es war in der Tat an der Zeit, es zu sagen.

Schauen wir uns nun ein Werk an, das zweifellos zum besseren Verständnis von Dantes Warnung beiträgt: „In unserer Mitte lacht der Lügner über uns". Der berühmte französische Schriftsteller Patrick Modiano hat sich in seinem 1968 erschienenen Roman *Der Ort des Sterns* eine völlig wahnsinnige, närrische und sympathische Figur ausgedacht. Die Handlung spielt im Juni 1942 in Paris; der Erzähler, Schlemilovitch, ist ein wahnhafter, quixotischer Held, der sich einbildet, ein großer Schriftsteller zu sein. Unter einem grotesken Deckmantel legt Patrick Modiano so erstaunliche Worte über die Juden in den Mund, dass kein vernünftiger Leser sie lesen kann, ohne ihre Lächerlichkeit zu erkennen. Antisemitismus ist eine Halluzination. Was den Juden vorgeworfen wird, ist für den Durchschnittsleser so ungeheuerlich, dass die Anschuldigungen wie eine psychiatrische Störung desjenigen wirken, der sie vorbringt. Deshalb konnte es sich Patrick Modiano leisten, sie zu schreiben. Aber lassen wir Schlemilovitch sprechen:

„Im Übrigen widersprachen meine Taten und Reden den von den Franzosen gepflegten Tugenden: Diskretion, Sparsamkeit und Arbeit. Von meinen orientalischen Vorfahren habe ich schwarze Augen, eine Vorliebe für Exhibitionismus und verschwenderischen Luxus sowie eine unheilbare Faulheit. Ich bin kein Sohn dieses Landes... Ich führte die jüdische Weltverschwörung durch Orgien und Millionen... Ja, der Krieg von 1939 wurde meinetwegen erklärt. Ja, ich bin so etwas wie ein Blaubart, ein Menschenfresser, der junge Arien frisst, nachdem er sie vergewaltigt hat. Ja, ich träume davon, alle französischen Bauern zu ruinieren und das ganze Cantal[832] jüdisch zu machen...".

„Diese Franzosen haben eine übermäßige Vorliebe für Huren, die ihre Memoiren schreiben, pädophile Dichter, arabische Zuhälter, drogenabhängige Schwarze und provokante Juden. Es ist klar, dass Moral nicht mehr in Mode ist. Der Jude war eine geschätzte Ware, sie respektierten uns zu sehr." Lévy-Vendôme drückte seine Beweggründe aus: „Ich habe mich nicht damit begnügt, die Frauen dieses Landes zu pervertieren, sondern wollte auch die gesamte französische Literatur prostituieren. Die Heldinnen von Racine und Marivaux in Huren zu verwandeln. Junia schläft vor den schockierten Augen des Briten bereitwillig mit Nero. Andromache fällt bei der ersten Begegnung in die

---

[831]Jacques Attali, *Los judíos, el mundo y el dinero*, Fondo de cultura económica, 2005, Buenos Aires, S. 490.
[832]Patrick Modiano, *Der Ort des Sterns*, Pdf, http://Lelibros.org/, S. 14, 15, 26, 27

Arme von Pyrrhus. Die Gräfinnen von Marivaux ziehen sich die Kleider ihrer Mägde an und leihen sich ihren Liebhaber für eine Nacht aus. Sehen Sie, Schlemilovitch, weiße Sklaverei schadet nicht, ein kultivierter Mensch zu sein. Ich schreibe seit vierzig Jahren Apokryphen. Ich habe es mir zur Aufgabe gemacht, die berühmtesten französischen Schriftsteller zu verunglimpfen. Nimm dir ein Beispiel, Schlemilovitch! Rache, Schlemilovitch, Rache!

Schlemilovitch erhielt diesen guten Rat: „Du, Schlemilovitch, hast noch viel Zeit vor dir, mach das Beste daraus! Nutze deine persönlichen Trümpfe und perverse die jungen arischen Mädchen. Später werden Sie Ihre Memoiren schreiben. Man könnte sie „Die Entwurzelten" nennen: die Geschichte von sieben französischen Mädchen, die den Reizen des Juden Schlemilovitch nicht widerstehen konnten und sich eines Tages in orientalischen oder südamerikanischen Bordellen wiederfanden. Die Moral: Sie hätten nicht auf den verführerischen Juden hören sollen, sondern in den saftigen Almwiesen und grünen Hainen bleiben[833]." In einer anderen Passage lesen wir, wie unser schützenswerter Held ein großes Vergehen begeht: „Ins Gefängnis, Schlemilovitch, ins Gefängnis! Und du verlässt das Lyzeum noch heute Abend! Daraufhin erwiderte Schlemilovitch: „Wenn diese Herren mich vor Gericht bringen wollen", sagte ich, „dann werde ich mich ein für alle Mal erklären. Sie werden mir eine Menge Publicity verschaffen. Paris ist nicht Bordeaux, weißt du; in Paris gibt man immer dem armen, wehrlosen Juden das Recht, und nie den arischen Tieren! Ich werde die Rolle des Verfolgten bis zur Perfektion spielen. Die Linke wird Kundgebungen und Demonstrationen organisieren, und Sie können mir glauben, wenn ich Ihnen sage, dass es sehr elegant aussehen wird, ein Manifest zugunsten von Raphaël Schlemilovitch zu unterschreiben. Kurz gesagt, dieser Skandal wird Ihrer Beförderung sehr abträglich sein. Denken Sie gut nach, Herr Direktor, Sie haben es mit einem mächtigen Gegner zu tun. Erinnern Sie sich an Hauptmann Dreyfus und in jüngerer Zeit an die Aufregung um Jacob X, einen jungen jüdischen Deserteur... In Paris sind sie immer verrückt nach uns. Sie entschuldigen uns. Was soll ich sagen: Die ethischen Strukturen sind im letzten Krieg zum Teufel gegangen, oder besser gesagt, sie sind ins Mittelalter zurückgefallen! Erinnern Sie sich an diesen schönen französischen Brauch: Jedes Jahr zu Ostern schlug der Graf von Toulouse mit Pomp und Zeremonie das Haupt der jüdischen Gemeinde, und diese flehte ihn an: „Noch einmal, Herr Graf! Noch einmal! Mit dem Knauf des Schwertes! Ihr müsst mich durchbohren! Reißt mir die Eingeweide heraus! Tretet auf meinen Leichnam! „Wie konnte mein Vorfahre, der Jude von Toulouse, ahnen, dass ich eines Tages einem Val-Suzon die Wirbelsäule brechen

---

[833]Patrick Modiano, *Der Ort des Sterns*, Pdf, http://Lelibros.org/, S. 42-43

würde? Und dass ich einem Gerbier und einem La Rochepot das Auge ausstechen würde? Jeder kommt dran, Herr Direktor! Rache ist eine Delikatesse, die kalt gegessen werden muss! Und vor allem, glauben Sie nicht, dass ich es bereue! Lassen Sie die Eltern dieser jungen Männer von mir wissen, wie sehr es mir leid tut, dass ich sie nicht getötet habe! Stellen Sie sich die Zeremonie vor dem Strafgericht vor: ein junger Jude, der voller Leidenschaft erklärt, er wolle die systematischen Beleidigungen seiner Vorfahren durch den Grafen von Toulouse rächen! Sartre wäre ein paar Jahrhunderte jünger, um mich zu verteidigen! Sie würden mich auf ihren Schultern von der Place de l'Etoile zur Bastille tragen! Sie würden mich zum Prinzen der französischen Jugend krönen! -Sie sind ekelhaft, Schlemilovitch, ekelhaft! Ich will Ihnen keine weitere Minute zuhören. Das war's, Herr Direktor! Ekelhaft834! „

Aber der Leser wird verstehen, dass all dies nichts als Wahnsinn war, dass unser Held Schlemilovitch sich verrannt hat. Solche wilden Fantasien können nur die Frucht eines kranken Geistes sein: „Eine psychoanalytische Behandlung wird Ihren Kopf frei machen. Du wirst ein gesunder, optimistischer und sportlicher junger Mann werden, das verspreche ich dir. Schauen Sie, ich möchte, dass Sie den eindringlichen Essay Ihres Landsmannes Jean-Paul Schweitzer de la Sarthe lesen: *Reflections on the Jewish Question*. Das müssen Sie unbedingt verstehen: Juden gibt es nicht, wie Schweitzer de la Sarthe es so treffend formuliert. Sie sind kein Jude, Sie sind ein Mensch unter anderen Menschen, und das war's. Ich wiederhole, dass Sie kein Jude sind; Sie haben lediglich halluzinatorische Wahnvorstellungen, Obsessionen und nichts weiter, eine sehr leichte Paranoia... Niemand will Ihnen etwas antun, Söhnchen, jeder ist bereit, nett zu Ihnen zu sein. Wir leben heute in einer befriedeten Welt835. „Antisemitismus wird für die durchschnittliche nichtjüdische Öffentlichkeit niemals glaubwürdig sein. Das ist die Moral dieser Geschichte.

Aber nehmen Sie zum Beispiel die Anschuldigungen des „weißen Sklavenhandels". Wir haben gesehen, wie der große Historiker des Dritten Reiches, William Shirer, auf Hitlers absurde Anschuldigungen gegen Juden in dieser Hinsicht hingewiesen hat („*Mein Kampf* ist gespickt mit reißerischen Anspielungen auf fremde Juden, die unschuldige christliche Mädchen verführen und so ihr Blut verfälschen. Hitlers Tiraden über die Juden haben einen hohen Anteil an morbider Sexualität. „)

Um die Lächerlichkeit solcher Anschuldigungen zu demonstrieren, hatte Albert Memimi einen etwas in Vergessenheit geratenen Fall erwähnt: „Erinnern wir uns an das berühmte „Orléans-Gerücht", jene erstaunliche Anschuldigung von Serienvergewaltigungen, die angeblich von jüdischen

---

[834]Patrick Modiano, *Der Ort des Sterns*, Pdf, http://Lelibros.org/, S. 39-40
[835]Patrick Modiano, *Der Ort des Sterns*, Pdf, http://Lelibros.org/, S. 87

Ladenbesitzern an ihren chloroformierten Kundinnen organisiert wurden[836]." Auch der bedeutende jüdische Historiker Léon Poliakov spottete über diese grotesken Anschuldigungen: „Was geschah in der ruhigen Stadt Orléans im Mai 1969? Also doch nicht viel. Schülerinnen verbreiteten das Gerücht, dass die Umkleidekabinen einiger Bekleidungsgeschäfte in ihrer Stadt, die von jüdischen Geschäftsinhabern betrieben werden, als Ausgangspunkt für ein Netz von Menschenhandel mit Weißen genutzt werden. Bevor es abebbte, schaffte es dieses kleine Delirium dennoch, einen Teil der Bevölkerung von Orléans in den Wahnsinn zu treiben, während die örtlichen Juden ihrerseits glaubten, für einen Moment das Gespenst des Pogroms wieder auferstehen zu sehen. Ähnliche Phänomene, wenn auch weniger spektakulär, traten auch in anderen französischen Städten auf, insbesondere in Amiens, aber auch in Chalon-sur-Saône, Dinan, Grenoble und Straßburg, und führten hier und da zu einer Leichtgläubigkeit, die als Kehrseite eines diffusen Antisemitismus erscheinen könnte. „(Léon Poliakov, *Histoire de l'antisémitisme, 1945-1993*, Seuil, 1994, S. 141) Vierzig Seiten später, bei der Untersuchung anderer antisemitischer Anschuldigungen in Lateinamerika, räumt Poliakov, der einen solchen Unsinn nicht ernst nehmen kann, jedoch ein, dass „mehrere jüdische Persönlichkeiten zu Beginn des 20. Jahrhunderts in diesen elenden Handel verwickelt waren. „ (p. 181). Zu diesem Phänomen kann sich der Leser den 2005 erschienenen Film des israelischen Regisseurs Amos Gitai, *Promised Land*, ansehen, in dem der Leidensweg junger osteuropäischer Frauen nachgestellt wird, die in Prostitutionsringen gefangen sind, wie Vieh behandelt werden und in israelischen Bordellen am Rande des Toten Meeres landen. Aber das alles ist natürlich nur Fiktion, nicht wahr, Herr Poliakov?

Lassen Sie uns kurz über den Amazonas-Stamm sprechen, der uns von Beginn dieses Buches an verfolgt: Mario Vargas Llosa ist ein peruanischer Romanautor von Weltruf. Einer seiner Romane mit dem Titel *El Hablador (Der Schwätzer)* veranschaulicht sehr gut die planetarische Besessenheit, wenn sie den Geist und die Seele derjenigen ergreift, die darunter leiden. Auf den ersten Seiten des Romans geht es um einen peruanischen Touristen in Florenz, der eine Fotoausstellung in einer Kunstgalerie besucht. Plötzlich bleibt er vor einem Foto stehen, das seine Aufmerksamkeit erregt hat: Mitten im Amazonaswald scheinen hockende und aufmerksame Indianer in absoluter Bewegungslosigkeit zu erstarren, als wären sie von einer Art Zauberspruch hypnotisiert. In der Mitte des Kreises, den sie bilden, ist nur eine Silhouette zu erkennen, aber es ist zweifellos ein Mann, der zu ihnen spricht: es ist „The Talker".

---

[836]Albert Memmi, *Le Racisme*, Gallimard, 1982, réédition de poche 1994, S. 41.

In der Erinnerung des Erzählers tauchen dann Erinnerungen auf, denn er hatte El Hablador wahrscheinlich viele Jahre zuvor kennengelernt, als er Student an der Universität von Lima war. Dreiundzwanzig Jahre später hatte er als peruanischer Fernsehjournalist die Gelegenheit, seinen seltsamen, verschwundenen Kameraden wiederzusehen. Bis dahin hatte er zahlreiche Reportagen gemacht: „1981 hatte ich sechs Monate lang eine Sendung im peruanischen Fernsehen mit dem Titel La Torre de Babel (Der Turm zu Babel). Der Eigentümer des Senders, Genaro Delgado, nahm mich mit auf dieses Abenteuer... Wir machten La Torre de Babel zu viert: Luis Llosa, der für die Produktion und die Kameraführung zuständig war; Moshe Dan Furgang, der den Schnitt machte; Kameramann Alejandro Pérez und ich837."

In diesem beruflichen Kontext lernte sie ein Ethnologenpaar kennen, das sich mit den Indianern des Dschungels beschäftigte und dessen Mann das Glück hatte, El Hablador zu sehen und zu hören. „Das ist ein Thema, das kein Machiguenga gerne anspricht. Eine sehr private Angelegenheit, sehr geheim. Nicht einmal mit uns, die wir sie schon so lange kennen... Sie erzählen alles über ihren Glauben, ihre Riten... Sie haben keine Vorbehalte. Sie haben keine Vorbehalte gegen irgendetwas. Aber über die Talker, ja. „Es gab eine Art Geheimnis, ein Tabu für die Ethnologen: „Sicher war, dass das Wort „Hablador" von allen Machiguengas mit außerordentlichem Respekt ausgesprochen wurde und dass jedes Mal, wenn jemand es vor den Schneils ausgesprochen hatte, die anderen das Thema wechselten..." Die Ethnologen erzählten ihm, dass der Talker ein ziemlich furcherregendes Gesicht hatte: „Und der Talker? -Er hatte einen großen Leberfleck. Ein seltsamer Kerl... ein Exzentriker, jemand, der nicht der Norm entspricht. Wegen dieser karottenfarbenen Haare nennen wir ihn den Albino, den Gringo". Das war er! Es war diese seltsame Studentin, die sie „Mascarita" nannten. Sein Name war eigentlich Saul. Er war jener „kreolische Jude, marginal und ausgegrenzt", den der Erzähler so viele Jahre zuvor an der Universität kennengelernt hatte: „Er hatte ein dunkelviolettes Muttermal, Essigwein, das die ganze rechte Seite seines Gesichts bedeckte, und rotes, ungepflegtes Haar wie die Borsten eines Besens... Er war der hässlichste Junge der Welt". Er hatte eine Leidenschaft für eine indianische Gemeinschaft im Amazonasdschungel entwickelt. „Jetzt kannte er den Grund für das Tabu, oder? Ja. Wäre das möglich? Ja, das könnte es. Deshalb vermieden sie es, über sie zu sprechen, deshalb hatten sie sie in den letzten zwanzig Jahren eifersüchtig vor Anthropologen, vor Linguisten, vor dominikanischen Missionaren verborgen838..." Mario Vargas Llosa ist nicht nur ein produktiver Autor. Er kandidierte auch bei

---

[837]Mario Vargas Llosa, *El Hablador*, Alfaguara Santillana, Madrid, 2008, S. 162-163.
[838]Mario Vargas Llosa, *El Hablador*, Alfaguara Santillana, Madrid, 2008, S. 201, 17, 205

den Präsidentschaftswahlen in seinem Land. Er ist auch Mitglied der Trilateralen Kommission, dem mächtigen Globalistenclub, in dem die einflussreichsten Männer der Welt, Finanziers, Intellektuelle, Politiker, Industrielle und Gewerkschafter aus allen Ländern zusammenkommen. Seine Geschichte *The Talker* zeigt sehr gut die kosmopolitische Mentalität. Es wird gesagt, dass alle Völker der Welt auf ihre Meister hören und deren Vorschriften befolgen müssen. Kein einziger, auch wenn er sich im Dschungel verirrt hat, wird entkommen können. Nun, diese Geschichte ist nur die Frucht der Phantasie eines engagierten Romanautors, und was uns betrifft, so steht es uns völlig frei, uns die Dinge ganz anders und viel glaubwürdiger vorzustellen. Die Wahrheit ist, dass diese armen Amazonas-Indianer von der Wortgewandtheit und der Selbstsicherheit des Fremden unterjocht wurden, so dass wir uns vorstellen können, dass diese Situation nicht ewig andauern würde: Die Clanchefs würden früher oder später dazu kommen, den Eindringling zu verabscheuen, der kam, um die Abkehr von ihren alten Gewohnheiten zu predigen. Schließlich versammelten sie sich eines Nachts, um über den Untergang des Usurpators zu entscheiden, und brachen während seines Schlafes ein, um ihn von allen Seiten mit ihren vergifteten Speeren zu durchbohren839.

Im Rahmen dieser Studie sind wir bereits auf die herausragende Persönlichkeit des Schriftstellers Primo Levi gestoßen: „Ich wurde 1919 in Turin in eine mäßig wohlhabende piemontesische jüdische Familie hineingeboren", so seine eigenen Worte. In seinem bekanntesten Werk *If This Is a Man*, das 1947 veröffentlicht wurde, schildert er seine Erfahrungen in den Todeslagern. Wie durch ein Wunder überlebte sie Auschwitz und beging 42 Jahre später, am 11. April 1987, Selbstmord. Eines seiner Bücher, *Lilith*, eine 1981 veröffentlichte Sammlung von Kurzgeschichten, enthielt einen seltsamen Text mit dem Titel *Ein Testament*, in dem er seinem „lieben Sohn" ein schreckliches Geheimnis zu offenbaren schien. Hier ist der überraschende allegorische Text, in dem der Autor seine Lügen zu gestehen scheint:

„Ich zweifle nicht daran, dass Sie in meine Fußstapfen treten und Zahnzieher werden, wie ich es war und wie es Ihre Vorfahren waren... Es

---

839Natürlich stellte sich Mario Vargas Llosa einen passenderen „Abgang" für El hablador vor: „Der alte Mann hat es sich offenbar zur Gewohnheit gemacht, in Israel zu sterben. Und bei der Hingabe, die er für ihn empfand, bereitete ihm Mascarita natürlich Freude. Denn als Saul es mir erzählte, hatten sie den kleinen Laden, den sie hatten, bereits verkauft und waren dabei, ihre Koffer zu packen... Ich kramte in meinem Gedächtnis, um mich daran zu erinnern, ob ich ihn jemals über Zionismus, über die *Alija* sprechen gehört hatte. Niemals... Ich dachte, dass es für Saul nicht leicht gewesen wäre, *Alija zu machen*. Denn er war zu sehr in Peru verwurzelt, zu sehr von peruanischen Problemen geplagt und aufgewühlt, um all das über Nacht loszulassen, wie jemand, der sein Hemd wechselt. „Mario Vargas Llosa, *El Hablador*, Alfaguara Santillana, Madrid, 2008, S. 122-123. (NdT)

gibt keinen Beruf auf der Welt, der mit dem unseren konkurriert, wenn es darum geht, den Schmerz der Menschen zu lindern und ihren Mut, ihre Laster und Abscheulichkeiten zu durchdringen. Es ist meine Absicht, Ihnen hier von ihren Geheimnissen zu erzählen... Musik ist für die Ausübung unseres Berufs notwendig. Ein guter Zahnzieher muss immer von mindestens zwei Trompetern und zwei Schlagzeugern bzw. zwei Bassdrumspielern begleitet werden. Je lebendiger die Musik ist, die den Platz füllt, auf dem Sie arbeiten, desto mehr Respekt werden Ihre Kunden vor Ihnen haben, und desto mehr Respekt werden Ihre Kunden vor Ihnen haben, und desto weniger Schmerz werden sie empfinden. Ich bin sicher, dass Sie das selbst bemerkt haben, als Sie als Kind an meiner täglichen Arbeit teilnahmen. Die Schreie der Patienten sind wegen der Musik nicht zu hören, das Publikum bewundert Sie ehrfürchtig und die Kunden, die darauf warten, dass sie an der Reihe sind, legen ihre geheimen Ängste ab. Ein Zahnzieher, der ohne Blaskapelle arbeitet, ist so unschicklich und verletzlich wie ein nackter menschlicher Körper. Vergiss nicht, mein Sohn, dass Irren menschlich ist, aber seinen Fehler zuzugeben, ist teuflisch... Gib auf keinen Fall zu, dass du einen gesunden Zahn gezogen hast. Versuchen Sie vielmehr, den Lärm des Orchesters, die Benommenheit des Patienten, seine eigenen Schmerzen und Schreie sowie seine verzweifelten Zuckungen auszunutzen, um den kranken Zahn anschließend schnell zu ziehen. Denken Sie daran, dass ein sofortiger und direkter Schlag auf den Hinterkopf auch den widerspenstigsten Patienten ruhigstellt, ohne seine Vitalfunktionen zu beeinträchtigen (*ohne die Tiere zu verletzen*) und ohne dass die Zuschauer es bemerken. Denken Sie auch daran, dass ein guter Stecher für diese oder ähnliche Zwecke immer darauf achtet, dass der Wagen nicht weit von der Bühne entfernt und mit angeschirrten Pferden bereitsteht.

„Unsere Gegner verhöhnen uns, indem sie sagen, dass wir nur gut darin sind, Schmerz in Geld zu verwandeln. Narren! Sie sind sich nicht bewusst, dass dies das höchste Lob ist, das unserem Lehramt zuteil werden kann... Je nach der Stimmung der Anwesenden wird Ihre Rede scherzhaft oder streng, edel oder plebejisch, weitschweifig oder prägnant, subtil oder grob sein. Aber sie sollte immer undeutlich sein, denn der Mensch fürchtet sich vor der Klarheit... Denkt daran: Je weniger ihr von denen, die euch zuhören, verstanden werdet, desto mehr Vertrauen werden sie in eure Weisheit haben und desto mehr Musik werden sie in euren Worten hören. Und haben Sie keine Angst, dass man Sie um eine Erklärung bittet, denn das passiert nie: Niemand wird den Mut haben, Sie zu befragen, nicht einmal derjenige, der mit festem Fuß auf die Bühne steigt, um sich einen Zahn ziehen zu lassen. Und nennen Sie die Dinge in Ihrer Rede nie bei ihrem richtigen Namen. Du sollst nicht Backenzähne sagen, sondern Kiefervorwölbungen oder irgendeine andere Merkwürdigkeit, die dir in den Sinn kommt; auch nicht Schmerz, sondern Paroxysmus oder Erethismus. Du sollst das Geld nicht Geld nennen, noch weniger die Zange Zange; vielmehr sollst du diese Dinge überhaupt nicht nennen, nicht einmal andeutungsweise. Sie dürfen die Zange auch nicht für die Öffentlichkeit und schon gar nicht für den Patienten sichtbar machen, sondern müssen versuchen, sie bis zum letzten Moment im Ärmel zu verstecken.

„Aus allem, was Sie hier gelesen haben, werden Sie geschlossen haben, dass Lügen für andere eine Sünde ist, für uns aber eine Tugend. Verlogenheit ist untrennbar mit unserem Beruf verbunden. Wir lügen mit unserer Sprache, mit unseren Augen, mit unserem Lächeln, mit unserer Kleidung. Und das nicht nur, um Patienten zu vermeiden. Sie wissen sehr wohl, dass wir nach oben schauen, und dass die Lüge unsere wahre Stärke ist (nicht die unserer Hände). Mit der Lüge, geduldig gelernt und fromm geübt, werden wir, wenn Gott uns hilft, dieses Land und vielleicht auch die Welt beherrschen. Das wird aber nur gelingen, wenn wir es verstehen, besser und länger zu lügen als unsere Widersacher. Vielleicht können Sie es sehen, aber ich nicht: Es wird ein neues goldenes Zeitalter sein, in dem wir nur in extremen Fällen aufgefordert werden, die Zähne zu ziehen, während in der Regierung der Nation und in der Verwaltung der öffentlichen Angelegenheiten die fromme Lüge, die wir zur Perfektion gebracht haben, für uns ausreichen wird. Wenn wir uns dazu fähig zeigen, wird sich das Reich der Zahnzieher von Ost nach West bis zu den entlegensten Inseln erstrecken und niemals enden[840]."

Bei einer solchen Ethik ist es nicht verwunderlich, dass der Mensch, der sie praktiziert, eines Tages von Schuldgefühlen geplagt wird. Trotz aller irdischen Herrlichkeit und aller angehäuften Reichtümer werden die gefangenen Geister dieser prophetischen Überzeugungen im Allgemeinen von einer diffusen moralischen Angst zerfressen, die sie schließlich in eine Art Untergang treibt. Zweifelsohne sind Neurosen und Selbstmorde bei ihnen häufiger als bei der übrigen Weltbevölkerung. Wir haben bereits die Fälle von Primo Levi und Romain Gary gesehen. Unter den berühmten Persönlichkeiten sind der Fall Stefan Zweig, die Schriftsteller und Philosophen Walter Benjamin, Otto Weininger, Felice Momigliano, Albert Caraco, der Wiener Physiker Ludwig Boltzmann, der Maler Rothko, der deutsch-jüdische Dichter Paul Celan, die großen Finanziers Löwenstein und Manheimer, Barnato, der „König der Diamanten", die Minister Jacques Stern, Jacques Stern und Albert Caraco sowie die Minister Jacques Stern und Albert Caraco zu nennen; die Minister Jacques Stern, Pierre Beregovoy, General Mordacq, die beiden Brüder Wittgenstein, die beiden Töchter von Karl Marx; man kann auch den Fall der Tochter des großen Rabbiners Weil erwähnen, die sich von der Spitze des Eiffelturms stürzte,

---

[840] Primo Levi, *Lilít y otros relatos (Un testamento)*, Muchnik Editores, Barcelona, 1998, S. 190-195.

oder Baron Reinach während des Panamakanal-Skandals. Es gibt auch bekannte Fälle von Selbstmord eines Rothschild-Barons, des Pressemagnaten Robert Maxwell, der unter seltsamen Umständen starb, usw.

Jacques Attali erwähnt in seinem Werk das Gewicht, das die jüdischen Gemeinden vor der Emanzipation auf ihre Mitglieder ausübten: „Um 1660 protestierte Uriel Acosta - der Sohn eines Marranen, der sich zu Beginn des 17. Jahrhunderts zur gleichen Zeit wie der Vater von Menasseh ben Israel in Amsterdam niedergelassen hatte - gegen die Regeln der jüdischen Orthodoxie: 'Wer zum Teufel hat mich zu den Juden gedrängt', schrieb er am Ende seiner pathetischen Autobiografie. Von den Rabbinern ausgegrenzt, begeht er schließlich Selbstmord[841]." Elie Wiesel selbst sprach offen über die Fälle seiner tragisch verstorbenen Freunde: „Benno Werzberger in Israel, Tadeuz Borowski in Polen, Paul Celan in Paris, Bruno Bettelheim in den Vereinigten Staaten: Von allen Männern der verschwindenden Gemeinschaft der Holocaust-Überlebenden erlebten die Schriftsteller eine weitere Tragödie: Aus Verzweiflung über die Machtlosigkeit des geschriebenen Wortes wählten einige das Schweigen. Die des Todes... Ich kannte drei von ihnen. Ihre letzten Gesten verfolgen mich noch immer". Aber da war auch noch sein Freund Primo Levi: „Warum hat sich Primo, mein Freund Primo, eine Treppe hinuntergestürzt? Er, dessen Werke endlich die Gleichgültigkeit der Öffentlichkeit, auch außerhalb Italiens, überwunden hatten[842]?" Elie versteht das nicht.

Elie Wiesel erwähnte auch den Fall Jerzy Kosinski: „Ich schrieb die erste Rezension über seinen *Gemalten Vogel*. In der *New York Times*. Armer Jerzy, er war so gut in der Unterhaltung und so schlecht im Leben. Elie Wiesels lobende Kritik an Kosinski hatte ihm eine Reihe von beleidigenden Briefen von Juden eingebracht, die Kosinski in Polen gekannt hatten. „Ich hätte mich geirrt, sagten sie, wenn ich mich für diesen schändlichen Juden erwärmen würde... Offenbar ist sein Buch nichts weiter als ein Sammelsurium phantasievoller Vorstellungen... Ich weigere mich, das zu glauben: Schändlicher Jude, Jerzy? Unmöglich! Lügner, er? Undenkbar!... Als der Roman in Frankreich veröffentlicht wurde, kommentierte Piotr Rawicz ihn in *Le Monde*. Ich frage ihn: Ist Jerzy ein Jude? Natürlich ist er Jude, antwortet Piotr. Hat er dir das gesagt? Nein, das hat er nicht. Im Gegenteil, er leugnet es. Im Gegenteil, er leugnet es. Aber woher wissen Sie das? Ich weiß, sagt Piotr. Warum versteckt er seine jüdische Herkunft? Fragen Sie ihn. fragt Piotr ihn, und er bleibt standhaft. Piotr möchte wissen, ob er beschnitten ist. Jerzy weigert sich zu antworten. Erst als Piotr droht, Freunde zu rufen, die ihm beim Ausziehen helfen, erkennt er seinen

---

[841]Jacques Attali, *Los judíos, el mundo y el dinero*, Fondo de cultura económica, 2005, Buenos Aires, S. 261.
[842]Elie Wiesel, *Mémoires, Tome II*, Seuil, 1996, S. 471.

jüdischen Hintergrund an.... In einem langen Artikel in der *Village Voice* wurde er als Hochstapler bezeichnet. Eine kürzlich erschienene Biografie versucht, ihn zu entmystifizieren: Da er den Krieg mit seinen Eltern verbracht hatte, konnte er weder die grausamen Erlebnisse, von denen in *Der gemalte Vogel* berichtet wird, durchleben, noch konnte er seine Bücher allein schreiben. Die Nachricht von seinem Selbstmord hat mich - ebenso wie die von Bruno Bettelheim - schockiert. Dieser Hedonist war also ein unglücklicher Mensch. Er ist unglücklicher als seine verrückten und tragischen Figuren[843]." Elie versteht das nicht.

Auch Piotr Rawicz beschloss, seinem Leben ein Ende zu setzen: „Mein Kamerad, mein Gefährte, warum hat er die Welt der Lebenden verlassen? Ich sehe ihn wieder: zusammengekauert, den Blick verzweifelt und ironisch, aber mit einem klaren, furchtbar klaren Verstand. *Das Blut des Himmels* wird eines der Meisterwerke unserer Zeit bleiben. In dem Text, den ich ihm (im *Neuen Führer*) widme, schreibe ich:... „Sein Buch ist ein Schrei, kein Echo; eine Herausforderung, kein Akt der Unterwerfung. Er steht vor einem Grab voller Leichen und rezitiert kein Kaddisch, er vergießt keine Tränen"... Warum hat er sich dem Tod hingegeben, wo er doch dem Leben noch so viel zu geben hatte? Ein Schuss in den Mund mit einem Gewehr beendete ein einzigartiges Schicksal, lachend wie er war[844]. „Elie versteht das nicht.

Ganz gleich, wie viel Macht und Ehre man erlangt, man muss sich der Tatsache stellen, dass der messianische Glaube, indem er seine Anhänger vom Rest der Menschheit trennt und ein von allen verpöntes Verhalten legitimiert, den auch nur ansatzweise moralischen Menschen in eine unangenehme und unhaltbare Situation bringen kann.

1854 ließ der große Dichter Heinrich Heine in seinem Buch *Zur Geschichte der Religion und Philosophie in Deutschland* einen Anhang mit dem Titel *Bekenntnisse des Autors* veröffentlichen. Heine schrieb auch einige Bekenntnisse für die Nachwelt: „Wie die großen Leistungen der Juden, so ist auch der wahre Charakter der Juden der Welt nicht bekannt. Wir glauben, sie zu kennen, weil wir ihre Bärte gesehen haben, aber viel mehr haben wir nie gesehen, und wie im Mittelalter bleiben sie auch in der Neuzeit ein wandelndes Rätsel. Dieses Geheimnis wird an dem Tag offenbart werden, an dem es nach der Vorhersage des Propheten nur noch einen Hirten und eine Herde geben wird und der Gerechte, der für die Erlösung der Menschheit gelitten hat, seine herrliche Palme[845] empfangen

---

[843]Elie Wiesel, *Mémoires, Tome II*, Seuil, 1996, S. 475.
[844] Elie Wiesel, *Mémoires, Tome II*, Seuil, 1996, S. 476-477.
[845] Heinrich Heine, *De l'Allemagne, Aveux de l'auteur*, 1835, 1854, Gallimard, 1998, S. 462 [Wie bei vielen anderen Passagen dieses Buches in der französischen Fassung haben wir auch in den Ausgaben von Alianza Editorial, 2008 und Akal/Básica de Bolsillo/323 keine Spur dieses Anhangs gefunden].

wird." Viel mehr hat der Dichter nicht gesagt, aber wir denken, dass wir mit dieser Studie ein wenig von dem gezeigt haben, was die messianischen Geister unter „Hirte" und „Herde" verstehen. Es ist nicht nötig, auf den Messias zu warten, um „das Geheimnis zu lüften". Magier haben ihre Geheimnisse und Tricks, aber manchmal sind sie zu offensichtlich, und wenn die Tricks systematisch auf Kosten des Publikums durchgeführt werden, kommt es oft vor, dass verärgerte Leute den Eintrittspreis zurückverlangen und drohen, den Saal zu zerstören.

Apropos Magier, das ist es: Der Amerikaner David Copperfield ist „allgemein als der außergewöhnlichste Magier der Welt anerkannt". Er ist „der größte Zauberer aller Zeiten", heißt es an mehreren Stellen. Man könnte ihn, in Anlehnung an frühere Beispiele, als „Fürst der Magier" bezeichnen. Er wurde von der französischen Regierung zum „Chevalier des Arts et des Lettres" ernannt. In Anbetracht seiner bisherigen Erfolge hat der Mann diese Auszeichnung sicherlich verdient. Er hat eine Reihe ganz außergewöhnlicher, ja geradezu verblüffender Leistungen vollbracht, ganz im Stil seiner Glaubensgenossen in Philosophie, Geschichte und vielen anderen Bereichen. In der Tat hat der Zauberer vor einem erschrockenen Publikum, vor Tausenden von buchstäblich verblüfften Menschen „die Chinesische Mauer (wie ein Gespenst) überquert, die Freiheitsstatue in New York, den Orient-Express und sogar Flugzeuge verschwinden lassen. Er hat ein Schiff im Bermudadreieck wieder auftauchen lassen, ist aus dem Gefängnis von Alcatraz ausgebrochen, hat die Niagarafälle unbeschadet überstanden und ist durch die Luft über den Grand Canyon in Arizona geflogen. „David Copperfield hört nie auf, uns zu verblüffen, uns in Erstaunen zu versetzen und die Herzen und Seelen seines Publikums zu berühren.

Manche sagen sogar, er wäre in der Lage, eine ganze Zivilisation auszulöschen. Es wäre sicherlich nicht sein erster Versuch in der Geschichte, auch wenn seine verschiedenen Versuche bisher offenbar erfolglos waren: Das Christentum hat sich jahrhundertelang gegen ihn aufgelehnt; die französische Revolution hat sich schließlich mit der Entwicklung des Nationalismus gegen ihn aufgelehnt; der Kommunismus hat sich seinerseits nach dreißig Jahren Zerstörungswut gegen ihn aufgelehnt; und es gibt allen Grund zu der Annahme, dass das 21. Aber sie hält immer wieder an ihrem Wahnsinn fest, weil sie sich ihrer Legitimität und göttlichen Wahl sicher ist. Glücklicherweise wissen wir jetzt, dass die Klügeren unter ihnen sich für die „gemeinsame Menschheit" entscheiden können. Das ist es, was uns etwas Hoffnung gibt. Für die anderen gibt es vielleicht keine andere Lösung, als ihnen einen Spielplatz oder ein gepolstertes Zimmer zu bieten, um sie vor all dem Tumult zu schützen.

In den Synagogen Osteuropas, im Jiddischland von einst, hörte man sie nachts heulen, wie Elie Wiesel erzählte: „Wir tanzten, wie die

Chassidim tanzen: Hand in Hand, die Arme hin und her werfend, schneller und schneller, die Augen geschlossen und das Herz offen, die Seele zerrissen wie eine tiefe, brennende Wunde, wir tanzen, als zögen wir in die Höhe mit Gebeten, die zum siebten Himmel aufsteigen, wir tanzen wie Verrückte, deren Wesen zum Sein neigt, deren Flamme glühen will, niemand kann uns aufhalten, keine Kraft kann uns knebeln, wir singen weinend, wir weinen singend[846]." Diese wilden Sabbatnächte fanden an abgelegenen Orten statt, weit, weit weg von den Städten und Dörfern. Die Bauern konnten ihre Augen schließen und sich ausruhen. Am nächsten Tag mussten sie früh aufstehen, sie mussten auf den Feldern arbeiten. Jemand musste das Land bewirtschaften.

Paris, August 2005[847]

---

[846] Elie Wiesel, *Mémoires, Tome II*, Seuil, 1996, S. 420, was uns an die Worte von Erwin Leiser erinnert.

[847] Hervé Ryssen hat alle in diesem Buch behandelten Themen in den folgenden Jahren erweitert und vertieft: *Psychoanalyse des Judentums* (2006), *Jüdischer Fanatismus* (2007), *Die jüdische Mafia* (2008), *Der Spiegel des Judentums* (2009) und *Geschichte des Antisemitismus* (2010).

ANHANG

NACHRUF VON HENRI WEBER
(1944-2020)

Vom Zweiten Weltkrieg bis zur Vertiefung des europäischen Abenteuers, über den Mai 1968, wird sein Schicksal die Geschichte des Jahrhunderts durchquert haben, über Kilometer, Ländergrenzen und Ideen hinweg. Seine Eltern waren polnische Juden, die nur wenige Kilometer von Auschwitz entfernt lebten und vor der Bedrohung durch die Nazis in die UdSSR geflohen waren. Dort, am Ufer eines sibirischen Flusses, in der Nähe des Arbeitslagers, in dem seine Eltern lebten, wurde Henri Weber 1944 geboren, im Schatten der Geschichte. Mit dem Ende des Krieges war es für die Familie an der Zeit, nach Polen zurückzukehren, aber der antisemitische Hass war mit dem Untergang des Nationalsozialismus nicht verschwunden und zwang die Webers schließlich, nach Frankreich zu emigrieren.

Schon als Kind politisierte sich der junge Henri in der *Hachomer Hatzaïr*, einer zionistischen und sozialistischen Bewegung der „jungen Garde", die Schauplatz seiner ersten Kämpfe war, insbesondere gegen den Algerienkrieg. Als junger Sorbonne-Absolvent engagierte er sich in den Reihen der UNEF und der Union der kommunistischen Studenten (UEC), wo er sich mit Alain Krivine anfreundete. Seine Generation befand sich in einem großen Aufruhr. Gemeinsam mit seinen Mitstreitern entfachte Weber die Debatten und erhitzte die Gemüter, indem er die Glut der Revolte anfachte, um die Ideen und Impulse zu entfachen, die in den Universitäten brannten. Innerhalb der neu gegründeten Revolutionären Kommunistischen Jugend (JCR) wurde er zu einem der Anführer des Mai '68, einer derjenigen, die ihre Tage in den Klassenzimmern mit dem Aufbau einer besseren Welt und ihre Nächte auf den Straßen mit dem Errichten von Barrikaden verbrachten.

Er würde diese ständige Verflechtung von Denken und Handeln niemals aufgeben. Der große Akteur des Mai '68 wurde auch zu einem ihrer wichtigsten Denker: Er widmete ihr mehrere Bücher, hielt ihr Feuer am Leben, indem er die Wochenzeitung *Rouge* und später die Zeitschrift

Critique Communiste gründete und leitete, und nahm das Angebot von Michel Foucault an, an der brandneuen Universität Vincennes, der Bastion der linken Intellektuellen, politische Philosophie zu lehren. Henri Weber gab die Militanz jedoch nicht auf: 1969 nahm er an der Gründung des Kommunistischen Bundes aus der Asche der GFS teil und strukturierte die Partei durch seine Lektüre und seine Überlegungen, aber auch durch seinen ausgeprägten Sinn für Organisation. (...)

Sein rotes Denken wandelte sich allmählich in ein rosafarbenes und harmonisierte mit dem der Sozialistischen Partei, der er Mitte der 1980er Jahre beitrat und die bis zuletzt seine politische Heimat blieb. Zu Laurent Fabius entwickelte er eine freundschaftliche und vertrauensvolle Beziehung, die dazu führte, dass er zu dessen Berater ernannt wurde, als Fabius 1988 Präsident der Nationalversammlung wurde. Im selben Jahr begann seine Karriere als Abgeordneter, zunächst als stellvertretender Bürgermeister von Saint-Denis, dann von 1995 bis 2001 als Stadtrat von Dieppe und von 1995 bis 2004 als Senator für Seine-Maritime. Als glühender Befürworter Europas war er dann zwei Wahlperioden lang Mitglied des Straßburger Parlaments, mit der gleichen Leidenschaft und den gleichen hohen Ansprüchen. (...)

Der Präsident der Republik würdigt eine große politische Persönlichkeit, die die Kraft des Engagements mit dem Feingefühl des Denkens, mit einem freien, großzügigen und europäischen Geist verbunden hat. Sein aufrichtiges Beileid gilt seiner Frau Fabienne, seinen Kindern, seiner Familie und allen seinen politischen Kollegen.

Pressedienst des Elysée-Palastes, 27. April 2020.

Andere Titel

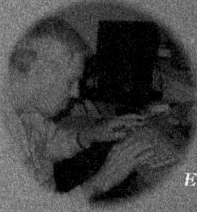

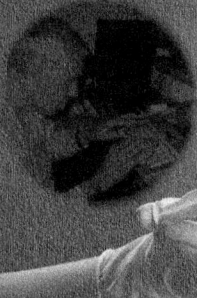

9 781805 400462